PUBLIC PERSONNEL MANAGEMENT IN KOREA

제 5 판

# 한국인사행정론

유민봉 / 박성민

제5판

# 머리말

이번 한국인사행정론 제5판은 전면개정판의 내용적 틀을 유지하면서 최근 주목받는 공공부문 인사관리의 새로운 경향과 내용들을 보강하고 관련 자료들과 최근 사례들을 추가함으로써 공공영역의 인사관리에 대한 이해도를 더욱 높이고자 하였다. 또한 일부 남아 있던 오탈자 및 어색한 문장들 또한 바로 잡았다. 본 개정판에서는 크게 5가지의 부분에서 수정, 보완 작업이 진행되었다. 이번 개정판의 주요 개정내용들을 간략히 요약하면 다음과 같다. 첫째, 제1장의 '인사행정의 의의' 부분에서 제3절의 '인사행정의 발전과정' 부분을 새롭게 추가하여 엽관주의, 실적주의, 직업공무원제, 대표관료제 등에 대한 논의를 통해 실적주의제와 직업공무원제의 도입 배경 및 발달과정을 좀 더 상세히 살펴보고자 하였다. 둘째, 제8장과 제9장의 '모집'과 '선발' 부분에서는 적극적 모집의 이해에 관한 내용과 사례 추가, 모집의 주요 쟁점과 한계 논의 내용 추가, 우리나라의 공무원 모집에 대한 내용 수정 및 추가, 공기업 채용 사례 및 책임운영기관 관련 개혁사례 삽입, 우리나라의 모집과 선발 부분에서의 제도적 문제점과 정책적 발전방향에 대한 내용 등을 추가하였다. 셋째, 제12장 '공무원 동기부여' 부분에서는 제2절의 '자기결정성 이론의 이해' 부분을 추가하여 최근 미국 및 유럽의 학회에서 주목받고 있는 자기결정성 동기이론을 공공인적자원관리적 시각에서 소개하고 적용하고자 하였다. 넷째, 제13장 '다양성 관리' 부분에서는 제3절 '우리나라 공직사회의 다양성 관리'의 기존내용을 대폭 수정하고 문제점과 발전 방향에 대한 논의를 더욱 세분화하였고 적극적 우대조치에 관한 미국 사례 및 판례 소개 및 분석 등을 통하여 다양성 및 다양성 관리에 쟁점 대한 이해의 폭을 넓힐 수 있도록 하였다. 다섯째, 본 개정판에서는 각 편마다 '연구로 보는 인사행정' 부분을 새롭게 구성함으로써 관련 있는 주요 인사행정연구들의 이론적 접근방식과 모형들을 간략히 소개하고 궁극적으로는 이를 통해 독자들이 스스로 인사행정 분야 연구 주제를 개발하고 지속적으로 인사연구에 대한 관심과 목표를 가질 수 있도록 하고자 하였다.

끝으로, 이 책의 개정작업 과정에 참여한 본교 대학원 박사과정의 김선아, 김민영, 홍혜승 연구원들의 노고에 진심으로 감사한다. 이들의 열정적인 참여와 협조가 없었으면 본 개정판의 작업이 진행되기가 매우 어려웠을 것이라 생각한다. 아울러 개정 시기를 인내심을 갖고 기다려 주고 수정 및 출판 작업을 주관해 준 박영사 안종만 회장님, 전략기획팀 조성호 부장님, 그리고 편집을 맡은 전채린 대리께도 감사 말씀을 드린다.

2014년 2월

유민봉(성균관대학교 행정학과)

박성민(성균관대학교 행정학과)

초판

# 머리말

인사행정론을 내놓은 지 벌써 5년이 지났다. 틀과 내용에 모두 충실한 교재를 만들려고 나름대로 최선을 다하였다. 그 3년 후 그 동안의 강의 경험을 바탕으로 다시 한국인사행정론을 출간하였다.

이번에 그 한국인사행정론을 출판사를 바꾸고 내용을 수정하여 다시 독자 앞에 내놓게 되었다. 인사행정을 인적자원의 확보, 개발, 유지 · 활용, 평가, 보상이라는 필수 활동을 중심으로 제도적인 측면에서 실적주의제와 직업공무원제, 계급제와 직위분류제 그리고 중앙인사기관을 전체 체제의 핵심으로 다룬 것은 이전과 같다.

내용면에서는 '한국'이라는 말에 맞게 외국의 제도를 소개하기보다는 우리의 현 인사제도와 운영을 알아보고 거기에 나타난 문제점과 개선방안을 중심으로 엮었다. 특히 인사행정은 현실의 제도적인 측면을 많이 다루다 보니 매년 새롭게 바뀌는 내용이 많기 때문에 제 때 수정을 하지 않으면 틀린 내용을 전하는 어려움이 있음을 항상 안타까워 해왔다. 특히 1999년 5월 중앙인사위원회 출범 이후 위원회의 주도적인 개혁 노력으로 많은 인사제도가 바뀌었다. 다행히 이번에 이들 변경된 제도를 모두 다루고, 보다 최근의 내용을 우리 학생들에게 전달할 수 있어 기쁘다. 보다 구체적으로 개방형 충원을 비롯한 탄력적인 충원 제도들, 고시제도 개선, 근무성적평정 방식의 다양화, 성과연봉제 및 성과상여금 제도 도입, 그리고 금년 1월 발효한 부패방지법에 이르기까지 최근의 주요 제도변화를 포함시켰다. 특히 교재와 이론의 딱딱함을 덜고 민간 분야를 포함한 폭넓은 인사관련 문제에 대한 감각을 익힐 수 있도록 많은 사례와 칼럼을 소개하였다.

학생들이 쉽게 읽고 이해할 수 있도록 글을 써야겠다고 다짐을 하곤 하지만 기본적으로 글에도 성격과 필체라는 것이 있어서 쉽게 고쳐지는 것이 아닌 것 같다. 혹시 읽어 가면서 어렵고 궁금한 것이 있으면 mbyoo@skku.ac.kr로 연락하거나 본인의 홈페이지 sksu.ac.kr/~mbyoo에 글을 올려 주면 이해를 도울 것이다. 특히 홈페이지에는 새로 바뀐 제도나 인사행정 관련 중요 이슈에 대한 글들을 올려놓고 있으니 이곳에 들러 이들 자료를 이 교재와 함께 참고하면 도움이 될 것이다. 아울러 인사행정을 강의하시고 연구하시는 많은 동료, 선후배님들의 따가운 조언을 구하는 바이다.

이 책의 편집과 교정에 참여해 준 박영사 심성보 과장님, 전체적으로 뒷바라지를 해 주신 황인욱 상무님께 감사드린다. 그리고 지난 5년간 인사행정론과 한국인사행정론을 출판해 온 문영사의 조우영 사장께도 다시 한번 그 동안의 만남을 아름답게 기억하면서 고마움을 전한다. 끝으로 이 책을 가지고 공부하는 우리 젊은 학생들의 무궁한 발전을 빈다.

2002년 2월 8일

유 민 봉

# 목차

## 제1편 인사행정의 기초

### 제1장 인사행정의 의의

## 제2장 인사행정의 이념과 목표



# 제2편 인사행정의 내부환경요소

## 제3장 실적주의제와 직업공무원제

## 제4장 계급제와 직위분류제

## 제5장 인사기관

## 제3편 인사행정의 전략

### 제6장 직무와 개인의 이해



### 제7장 전략적 인적자원관리

## 제 4 편 인적자원의 확보

### 제 8 장 모집

## 제9장 선발

## 제11장 인사이동과 경력개발

## 제6편 인적자원의 유지 · 활용

### 제12장 공무원 동기부여

## 제13장 다양성 관리

## 제14장 공무원 의무와 권리

## 제15장 공무원 노동조합

## 제7편 인적자원의 평가

### 제16장 공무원 성과관리

## 제 8 편 인적자원의 보상

### 제17장 보수와 연금

# 제 1 편

# 인사행정의 기초

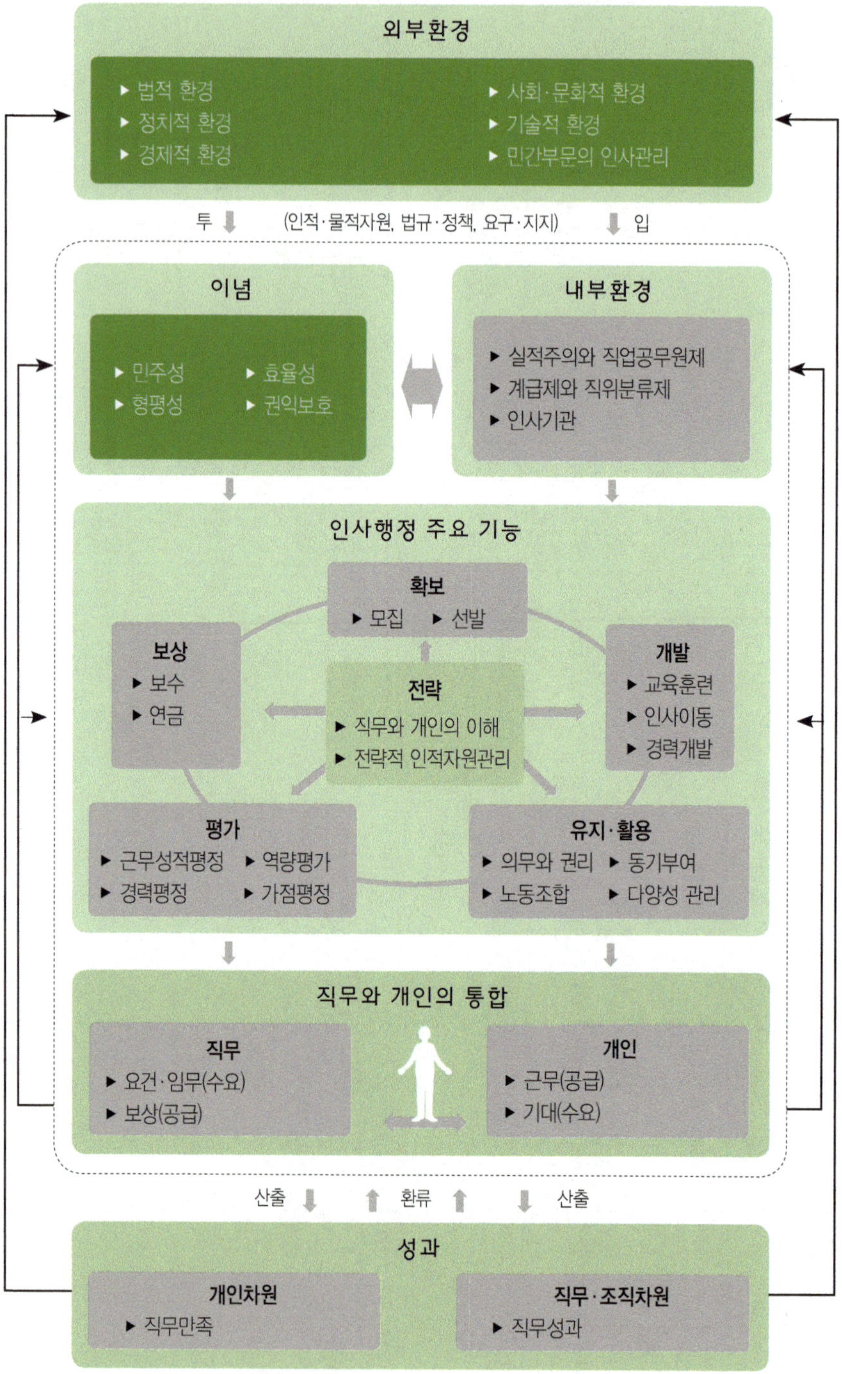
외부환경
▸ 법적 환경
▸ 정치적 환경
▸ 경제적 환경
▸ 사회·문화적 환경
▸ 기술적 환경
▸ 민간부문의 인사관리
투
(인적·물적자원, 법규·정책, 요구·지지)
입
이념
▸ 민주성
▸ 효율성
▸ 형평성
▸ 권익보호
내부환경
▸ 실적주의와 직업공무원제
▸ 계급제와 직위분류제
▸ 인사기관
인사행정 주요 기능
확보
▸ 모집 ▸ 선발
보상
▸ 보수
▸ 연금
전략
▸ 직무와 개인의 이해
▸ 전략적 인적자원관리
개발
▸ 교육훈련
▸ 인사이동
▸ 경력개발
평가
▸ 근무성적평정 ▸ 역량평가
▸ 경력평정 ▸ 가점평정
유지·활용
▸ 의무와 권리 ▸ 동기부여
▸ 노동조합 ▸ 다양성 관리
직무와 개인의 통합
직무
▸ 요건·임무(수요)
▸ 보상(공급)
개인
▸ 근무(공급)
▸ 기대(수요)
산출
환류
산출
성과
개인차원
▸ 직무만족
직무·조직차원
▸ 직무성과

# 제 1 장



# 인사행정의 의의

## 들어가는 말

인사행정은 공공조직에서 유능한 인적자원을 동원하고 관리함으로써 행정의 목표인 사회의 공공가치를 실현하는 과정을 의미한다. '인사(人事)가 만사(萬事)다'라는 말에서 알 수 있듯, 조직에 있어 사람을 관리하는 일은 모든 일의 성패를 좌우할 만큼 중요한 일이다. 따라서 인사행정은 정부의 역할수행에 있어 핵심적인 기능을 담당한다고 볼 수 있다.

제1장에서는 인사행정의 구체적인 기능과 과정을 공부하기에 앞서 인사행정에 대한 기초적인 이해를 돕고자, 주요 개념, 접근 방식, 외부환경 등을 공부해 보고자 한다. 이에 우선적으로 인사행정의 관리대상인 인적자원과 인사행정의 의의에 대해 살펴보고자 한다. 특히 정부에서의 인적자원관리가 민간부문에서의 인적자원관리와 어떠한 차이점이 있는지를 검토함으로써 인사행정의 특성을 확인할 수 있을 것이다. 이에 대한 이해를 바탕으로 인사행정에 대한 관점 혹은 접근 방식이 어떻게 변화하여 왔는가에 대해 살펴보고 이 책의 구성에 있어 개념적 틀을 제공하는 인사행정의 체제모형을 공부해보고자 한다. 마지막으로 개방체제 관점에서 인사행정에 영향을 미치는 외부환경 요소를 이해해보고자 한다. 외부 환경은 구체적으로 법적 환경, 정치적 환경, 경제적 환경, 사회·문화적 환경, 기술적 환경, 그리고 민간부문의 인사관리로 구분하여 제시하였다.

제1장에서 다루는 인사행정의 주요 개념, 접근 방식에 대한 이해와 인사행정을 둘러싼 외부환경에 대한 이해는 향후 구체적인 인사행정의 기능과 그 중요성을 이해하는 데 있어 준거틀로서의 역할을 할 것이다.

## 핵심용어

- 인사행정(PA: Personnel Administration)
- 인사관리(PM: Personnel Management)
- 인적자원관리(HRM: Human Resource Management)
- 인적자본관리(HCM: Human Capital Management)
- 인사행정의 체제모형
- 인사행정의 주요기능
- 인사행정의 외부환경

# 제1절 인사행정의 이해

## 1. 인사행정의 개념

'인사(人事)가 만사(萬事)다'라는 말에서 알 수 있듯, 조직에 있어 사람을 관리하는 일은 모든 일의 성패를 좌우할 만큼 중요한 일이다. 조직의 목표달성에 있어 사람의 중요성은 야구나 농구에서 유능한 선수들을 스카우트하여 팀 성적을 올리고자 하는 노력만 보아도 쉽게 인지할 수 있다. 물론 팀 성적은 유능한 선수를 스카우트하는 것뿐만 아니라, 조직이 스카우트한 선수를 얼마나 잘 훈련시켰는지, 선수 본인 또한 훈련 기간 동안 얼마만큼 능동적으로 참여하고 배우려고 노력하였는지 등에 따라 달라진다. 공무원도 마찬가지이다. 유능한 인적자원을 모집 · 선발하여 적재적소에 배치하고 다양한 방식으로 이들을 개발시키고 관리함으로써 행정의 효율성과 효과성을 향상시킬 수 있다. 사람을 관리하는 활동은 고대의 부족사회이든 현대의 계약사회이든, 조직의 형태를 취하고 있으면 시간과 공간을 초월하여 항상 존재하는 것이며 그 중요성 또한 마찬가지이다. 다만, 과거에는 상식과 관행에 의존하여 사람을 관리하였지만, 현대에는 인간행태에 대한 과학적 지식과 전략적 사고를 기반으로 관리가 이루어지고 있다는 점에서 차이를 발견해 볼 수 있다.

정부는 쓰레기 수거, 건축 인 · 허가, 위생검사, 교육 등의 서비스와 도로, 항만, 공공체육관 등의 공공재(Public Goods)를 국민에게 직 · 간접으로 제공하고 있다. 이것은 행정의 궁극적 목표라 할 수 있는 사회의 공공가치를 실현하는 구체적 활동이다. 이러한 재화와 서비스의 제공은 기계에 의해서 자동으로 이루어지는 것이 아니다. 돈을 포함한 물적자원과 사람, 즉 인적자원을 적절히 활용함으로써 효율적이고 효과적으로 공공재를 공급할 수 있게 된다. 이처럼 행정 활동은 국민생활과 직결되는 재화와 서비스를 제공하는 외부적 정책 활동과 이를 효과적으로 수행하기 위한 조직내부의 인적 · 물적자원의 관리활동으로 구분하여 생각해 볼 수 있다.

인사행정은 이 중에서 다양한 외부환경요소들과 상호작용하여 개방적 · 조절적 성격을 가지는 정부조직 내의 인적자원에 관한 수단적 관리활동을 의미한다. 따라서 인사행정은 조직의 목표를 달성하기 위하여 공공부문의 인적자원인 공무원을 확보하고, 개발하고 활용하며, 이들의 활동에 대한 평가와 보상을 제공하는 등 모든 관리 활동을 포함한다. 즉 인사행정은 국민에게 재화와 서비스를 효과적으로 제공하기 위해서 인적자원을 어떻게(How to) 동원하고 관리할 것인가에 대한 구체적인 방법과 기술을 다룬다. 그러므로 인사전문가에게는 계층구조의 수직선상에 있는 관리 책임자에게 요구되는 관리에 대한 일반적 지식이 아니라 인사에 관한 전문화된 지식과 기술이 요구된다.

이런 이유에서 인사행정은 지휘계통상에 있는 계선(Line)의 장을 돕는 참모(Staff) 기능으로 인식되는 것이 일반적이다. 따라서 인사전문가는 계선관리자가 목표달성을 원활히 할 수 있도록 자문 · 권고하여, 행정상의 여러 업무를 보좌 · 지원하는 역할을 수행한다고 볼 수 있다. 물론 인사행정을 인사전문가의 독점영역으로 한정시킬 수는 없다. 전문지식이나 기술적인 문제는 인사전문가가 담당하지만 실제 인적자원을 활용하고 평가하는 사람은 계선상의 장(長)이기 때문이다. 예를 들어, 공무원의 근무성적을 평가하기 위한 양식과 방법은 인사전문가가 개발하지만 실제 평가는 계선상의 상관에 의해서 이루어진다. 또한 우수인력의 채용 역시 인사전문가의 영역이지만, 계선상의 협조가 있을 때 조직이 필요로 하는 인재상을 정확히 파악할 수 있고 이를 바탕으로 성공적인 인력충원이 가능해진다. 즉 인사행정은 인사전문가뿐만 아니라 계선상의 감독자와 관리자 모두가 담당하는 것이며, 이들 간에 긴밀한 협조활동을 통해 보다 효과적으로 조직의 목표를 달성할 수 있게 된다.

인사행정을 좀 더 분명하게 이해하기 위해서는 우선 인사행정의 관리 대상인 인적자원에 대한 이해가 선행되어야 할 것이다. 또한 정부세출 중에서 인건비가 차지하는 비중이 높다는 점과 복잡하고 빠르게 변화하는 환경에 대응하기 위해 공무원에 대한 변화 요구도 높아지고 있다는 점을 고려할 때, 인사행정이 정부의 역할수행에 있어 차지하는 중요성도 검토해야 할 것이다. 한편 정부조직의 목표가 사회의 공공가치 실현에 있는 반면 일반적으로 민간조직은 이윤을 극대화하는 목표를 두고 있다는 점에서(Denhardt, 1993), 공공부문과 민간부문 인사관리의 유사점과 차이점을 알아보는 것도 인사행정의 의미를 이해하는 데 있어 중요할 것이라 생각된다. 끝으로, 체제모형에 따라 인사행정을 구성해 봄으로써 인사행정의 거시적 윤곽과 각 부분 및 기능 간의 상호관련성을 보다 쉽게 이해할 수 있을 것이다.

## 2. 인적자원의 개념

인사(人事)는 조직을 구성하고 있는 인간(人間)에 관한 것(事)이다. 전통적 인사행정은 인간을 타율적이고 제한된 능력의 소유자로 보았지만 현대의 인사행정은 인간을 그들의 능력을 무한하게 개발하고 발전시킬 수 있는 자원(Resource)의 관점에서 접근하고 있다. 특히 조직의 목표달성에 있어 조직 내 구성원이 보유한 전문지식과 기술의 기여도가 커지면서 인간을 단순한 비용(인건비) 측면에서 접근하던 과거의 시각에서 벗어나 비용 이상의 이득을 가져다 주는 자원 또는 투자의 대상인 자본(Capital)으로까지 인식하게 되었다. 이에 현재는 인사행정을 논의함에 있어 보다 현대적인 시각을 반영하여 인력(Manpower), 나아가 인적자원(Human Resource) 혹은 인적자본(Human Capital)이라는 용어가 사용되고 있다. 이들 용어는 구체적으로 개념적 차이를 갖고 있지만, 공통적으로 국가 · 조직 차원에서 사람이 얼마나 중요한 역할을 담당하고 있는가를 잘 반영하고 있다.

이 책에서는 인사행정이라는 전통적인 용어를 그대로 사용하지만 인간을 보는 시각은 '개발 가능한 자원 · 자본'의 현대적 의미를 반영한 '인적자원(Human Resource)'이라는 용어를 중심으로 사용하였다. 또한 문맥에 따라서 인적자원과 유사한 개념으로서 사람, 인간, 근로자, 종업원, 구성원, 조직 구성원, 공무원 등을 활용하였다.

인사행정의 관리 대상인 인적자원은 물적자원과 비교하여 다음의 두 가지 중요한 특징을 갖고 있다. 첫째, 인적자원은 물적자원과 마찬가지로 조직 내 관리의 대상이지만 물적자원과 달리 재화와 서비스를 제공하는 행정의 실질적 주체로서 자율적으로 판단하고 행동할 수 있는 능력을 갖고 있다. 풍부한 물적자원을 보유한 국가이지만 인적자원의 질적 수준이 낮아 오랫동안 후진국에 머물러 있는 일부 국가를 생각하면, 인적자원의 주체적 역할을 쉽게 이해할 수 있다.

특히 행정은 사람, 구조, 환경의 상호작용 속에서 이루어진다(박동서, 1990). 따라서 인적자원은 행정의 한 구성요소로서 다른 요소인 구조와 환경의 영향을 받게 되는데 이때 사람은 구조와 환경과의 상호작용 속에서 이들에 적응해 나가는 것뿐만 아니라 이들을 적극적으로 변화시켜나가는 주체가 된다.

1900년대 초반, 조직의 과학적 관리에 관심을 갖기 시작한 미국에서는 인간을 조직이라는 거대한 기계의 한 부속품에 비유하였다(Morgan, 1986). 이는 조직의 구조와 제도가 올바로 갖추어져 있다면 인간이 그 속에서 기계의 부품처럼 계획되고 지시된 대로 움직여 조직의 목표달성에 기여한다고 보는 것이다. 따라서 인간은 타율적인 존재이며 무생물인 물적자원과 크게 다를 바가 없었다. 이러한 시각에서 자율성을 갖고 있는 인간은 오직 기계를 설계하고 스위치를 올리고 내리는 관리자뿐이었다. 하위계급의 근로자는 관리자의 감독과 통제의 대상으로서, 미리 짜여진 일정대로만 과업을 수행하였다.

그러나 인간은 무생물도, 기계의 한 부품도 아니다. 인간을 '생각하는 동물'이라고 표현하는 것처럼 인간은 자신이 하는 일에 대한 지각능력과 복잡한 인지과정을 거쳐 실제 마음을 정하고 행동하는 자율인이다. 이 점에서 다른 물적자원과는 분명한 차이가 있다. 즉 인간은 상관-부하의 연쇄적 계층구조 속에서 필연적으로 관리의 대상이 되지만 동시에 여타 자원을 활용하는 주체이기도 하다. 특히 현대 행정에서와 같이 직급의 고하를 막론하고 어느 정도의 재량행위가 불가피한 상황에서, 공무원에게는 자율적인 결정을 할 수 있는 여지가 상당히 주어지게 되며 이때 공무원의 자율적 결정과 행동이 국민에게 미치는 영향은 매우 크다 할 수 있다.

둘째, 인적자원은 무한한 발전 가능성을 지닌 질적 요소이다. 따라서 인적자원은 물적자원과 달리 단순히 양적인 크기로 좋고 나쁨을 이야기할 수 없다. 인적자원은 인간이 지닌 지식(Knowledge), 기술(Skill), 능력(Ability)이라는 질적인 요소에 의해 그 가치가 평가되기 때문이다(McGregor, 1970). 이에 대한 이해를 돕기 위해 다음의 상황을 생각해 보자.

- 교육부 대학입학선진화과장이 대학입시제도 개선책을 구상하고 있다.
- 안전행정부 인사정책과 과장과 행정사무관들이 직종개편 관련 간담회 등을 개최하여 개선안 보고서를 작성하고 있다.
- 국토교통부 국토정책과장이 국토이용에 대한 계획을 세우고 있다.
- 초등학교 1학년 담임선생님이 학교에 적응하지 못하고 있는 결손가정의 아동을 지도하고 있다.
- 서울특별시청 공보실에서 대시민 홍보자료를 준비하고 있다.
- 구청 위생과 직원이 대중음식점의 위생상태를 점검하고 있다.
- 시립도서관 사서직원이 도서를 대출해 주고 있다.
- 주민센터 9급 공무원이 주민등록 등 · 초본을 발급하고 있다.

만약, 이 경우 담당공무원이 바뀌었다고 가정하면 업무수행성과에 분명한 차이가 생기기 마련이다. 극단적으로, 담당직무에 대하여 전문지식을 가지고 의욕적으로 일하던 공무원에서 승진에 몇 번 탈락한 뒤 근무의욕을 잃고 아침에 출근하여 시간만 보내는 사람으로 바뀌었다고 가정해 보자. 전자의 경우 후자보다 훨씬 양질의 정책결정이 이루어지게 될 것이고 빠른 시간 내에 친절한 서비스가 제공될 것이다. 이러한 인적자원은 산술적으로 몇 사람이 어떤 일을 하고 있다는 식으로 표현할 수 없다. 그 사람의 질적 수준에 의해 업무성과가 결정되기 때문이다.

물론, 물적자원인 기계의 경우에도 단순한 양적 표현 이외에 그 기계가 가지고

그림 1-1 인사행정과 인적자원

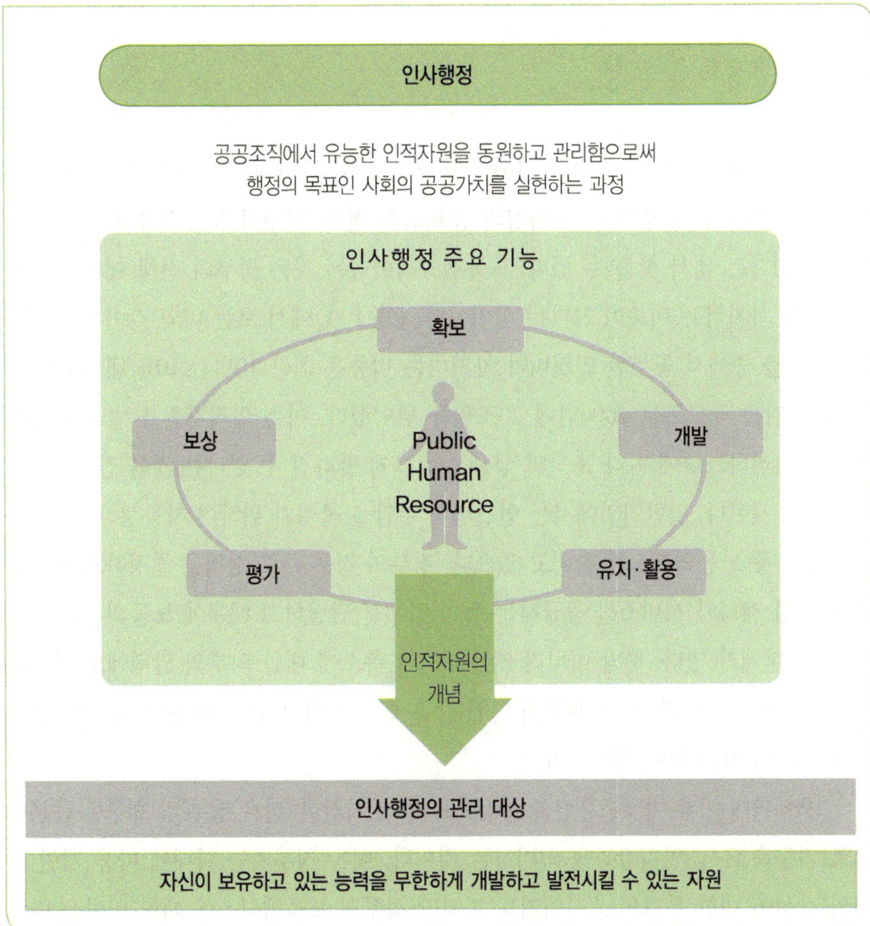

있는 성능(질)에 의해서 기계의 가치를 평가할 수 있다. 그러나 인적자원의 질적 수준은 기계와 달리 고정되어 있는 것이 아니라는 점에서 그 중요성을 찾아볼 수 있다. 지식, 기술, 능력 등과 같은 직무잠재역량(KSA: Knowledge, Skill, Ability)은 발현되기 이전까지 사람 안에 무형의 상태로 묻혀 있는 자원으로 사회에서의 끊임없는 학습과 체계적인 교육훈련을 통해 무한히 발전할 수 있는 가능성을 지니고 있다. 물론 기계와 마찬가지로 인간의 지식과 기술도 시간이 지남에 따라 그 가치가 감소하고 때로는 없어질 수도 있다. 하지만 인적자원이 지닌 발전 가능성이라는 특징으로 인해 사람의 지식, 기술, 능력은 재교육과 훈련을 통해 자연 연령에 의한 퇴화를 방지하고 지속적으로 개선될 수 있다. 특히 기계 등의 하드웨어에 의존하던 과거와는 달리, 정보화 시대에는 인간만이 가지고 있는 지식과 정보의 질적 가치가 더욱 중요시되고 있다.

## 3. 인사행정의 중요성

인적자원의 중요성에 대한 이해를 바탕으로 이를 관리하는 인사행정의 중요성을 살펴보면 다음과 같다. 인사행정의 중요성은 첫째, 정부가 노동집약적 산업의 성격을 가졌다는 데서 찾을 수 있다. 노동집약적이라는 것은 정부의 전체 예산 중에서 인건비가 차지하는 비중이 크다는 의미이다. 〈표 1-1〉에서 보는 바와 같이 중앙정부의 총 세출 중에서 공무원 인건비가 차지하는 비중은 최근 10년간 10% 내외 수준이었으며, 지출 규모로는 2006년에 20조원을 넘어섰다. 이는 인적자원을 얼마나 능률적으로 관리하느냐에 따라 조직의 생산성이 크게 달라질 수 있다는 것을 간접적으로 나타내는 것이다. 일반기업에서는 인건비의 부담을 줄이기 위하여 자동생산시스템을 도입하는 등 노동의존도를 줄이고 있으나, 정부의 경우 주로 정책을 결정하거나 국민에게 직접 재화와 서비스를 공급하는 등의 업무를 담당하기 때문에 노동의존도를 줄이는 데 한계가 있다. 뿐만 아니라 정부규모의 축소에 대한 외부의 압력에도 불구하고 공무원의 신분보장 규정 때문에 인원 감축에 있어 퇴직이나 의원면직 등 자연감축에 의존해야 하는 것이 일반적이다.

1980년대 이후 미국 · 유럽을 중심으로 일기 시작한 '작은 정부'의 요구는 근본적으로 기구축소 및 인원감축을 의미하는 것이다. 이는 정부기능 확대에 따른 개인 생활의 간섭에 대한 우려의 표시이기도 하지만 정부의 노동생산성에 대한 비판을 반영

**표 1-1 중앙정부 일반회계 총 세출 중 공무원 인건비**

(단위 : 원)

| 연도 | 인건비 | 세출 | 비율(%) |
|---|---|---|---|
| 2004 | 19,078,578 | 183,194,478 | 10.4 |
| 2005 | 18,913,367 | 192,399,820 | 9.8 |
| 2006 | 19,991,405 | 200,878,589 | 9.9 |
| 2007 | 21,028,698 | 196,904,666 | 10.7 |
| 2008 | 22,384,308 | 222,893,522 | 10.0 |
| 2009 | 22,912,129 | 252,182,448 | 9.1 |
| 2010 | 24,082,677 | 255,334,387 | 9.4 |
| 2011 | 25,438,134 | 264,092,862 | 9.6 |
| 2012 | 26,580,592 | 282,687,337 | 9.4 |
| 2013 | 27,878,743 | 298,405,677 | 9.3 |

자료: 디지털예산회계시스템(http: //www.digitalbrain.go.kr).

* 인건비: 일반회계와 특별회계를 포함한 인건비
* 2004~2011: 결산현황의 소관 – 성질별 세출결산 참고
* 2012~2013: 예산현황의 소관 – 성질별 세출예산 참고

한 것이기도 하다. 이처럼 정부의 비효율적 인력관리에 대한 납세자의 비판이 높아지면서 인사행정의 역할이 더욱 중시되었다. 이에 지시와 통제를 중심으로 하던 소극적 인사관리에서 새로운 관리기법을 도입하는 등 생산성 향상을 위한 적극적 인사관리로의 전환이 요구되었다.

둘째, 공무원의 가치관, 태도, 기술, 지식에 대한 변화의 요구가 높아지면서 인사행정의 중요성이 더욱 강조되고 있다. 공직사회를 개선하기 위한 방안으로는 크게 공무원을 변화시키는 방식과 법 · 제도를 변화시키는 방식을 생각할 수 있다. 그동안 우리나라는 공직사회의 개선을 위해 많은 법적 · 제도적 장치를 새롭게 만들고 보완해 왔지만 법과 제도만으로 행정의 변화를 이끌어 내는 데 한계가 있음을 경험하였다. 과거 정부는 물론 현 정부에서도 공직사회의 변화를 위한 다양한 제도개혁이 이루어졌지만, 제도개혁 자체의 바람직성에도 불구하고 때로는 이러한 제도개혁이 공무원의 무사안일이나 책임회피 등과 같은 부정적인 근무행태를 초래하기도 하였다.

행정 향상에 있어 제도가 반쪽을 차지한다면 공무원의 태도와 가치관은 또 다른 반쪽을 담당하게 된다. 이는 공무원의 의식변화 없이는 행정개선이 이루어지기 힘들다는 것을 의미한다. 공무원의 가치관과 태도변화는 특히 행정의 기본방향이 관주도형 경제발전에서 민간자율형 또는 관지원형의 형태로 바뀌어 가면서 더욱 절실히 요구되고 있다. 그동안 다수의 우리나라 공무원은 개발시대의 관우월적 사고와 군사정권하에서의 권위주의에 상당히 익숙해져 왔다고 할 수 있다. 그러나 2000년대 새로운 국제환경을 맞아 기존의 규제와 관주도적 행정방식이 오히려 국가경쟁력을 떨어뜨린다는 비판에 직면하게 되었다. 민간부문에서는 이미 생산자 중심에서 고객 중심으로, 양(量) 중심에서 질(質) 중심으로 관리 철학이 근본적으로 바뀌었다. 이러한 흐름에 따라 정부의 행정서비스도 국민과 기업의 요구를 경시한 채 일방적이고 독점적으로 제공되어 오던 과거 방식으로부터의 과감한 탈피가 요구되고 있다. 국민이나 기업의 생활을 규제하는 것이 아니라 이들의 경제활동을 지원하는 새로운 체질의 행정으로 다시 태어날 것을 요구하는 것이다.

또한 행정이 영향을 미치는 범위가 넓어지고 기술이 복잡해져 감에 따라 행정에 있어 그 어느 때보다 높은 수준의 전문성이 요구되고 있다. 예를 들어, 근래 OECD · WTO · IMF 등의 새로운 국제환경 속에서 안전행정부, 기획재정부, 외교부, 산업통상자원부, 농림축산식품부, 교육부, 미래창조과학부, 보건복지부, 고용노동부, 환경부 등 거의 모든 부처에서 외국어 능력은 물론 협상 능력을 갖춘 전문인력의 필요성이 계속 높아지고 있다. 외국어 능력, 협상 능력 등은 최근 새롭게 확대된 행정영역에서 필요한 전문 능력이다. 또한 업무수행방식도 기존의 전통적인 수작업 방식에서 정보통신기술(ICT)을 응용한 새로운 형태로 전환되고 있다. 이제 정부 각 부처에서 전자우편은 물론 전자결재가 보편화되는 단계에 이르렀다. 이에 따라 일반행정가(Generalist)뿐만 아니라 전문행정가(Specialist)에 대한 요구가 높아지고 있다.

이처럼 사회적으로 공무원의 가치관, 태도, 지식, 기술에 대한 변화와 발전 요구가 증대됨에 따라 인사행정은 그 어느 때보다 학문적 · 실무적 중요성이 강화되고 있다. 또한 이러한 변화와 인사행정의 위상 강화는 인적자원의 확보, 개발, 유지 · 활용, 평가, 보상 등과 같은 인사행정의 기능 차원에서 새로운 도전과 과제가 제시되고 있음을 의미하는 것이다.

셋째, 직장과 업무에 대한 근로자의 가치와 욕구체계가 변화하면서 이에 대한 적절한 인사관리체계의 수립과 적용이 중요한 과제로 등장하고 있다. 전통적으로 인간의 욕구는 무시되거나 혹은 경제적 욕구 차원에서 단순하게 다루어져 왔다. 그만큼 인사관리에서 근로자의 욕구에 대한 인식이 결여되었던 것이다. 그러나 조직의 성과 향상에 있어 조직 구성원의 자율성, 자아실현 및 성장욕구와 같은 고차원적 욕구를 충족시키는 것이 무엇보다 중요하다는 인식이 확산되면서 금전적, 물질적 인센티브 제공을 근간으로 하는 보상제도와 지시 · 감독 · 통제를 중심으로 하는 인사관리방식에 변화가 나타나기 시작하였다. 특히 최근에는 직장생활에서의 욕구체계뿐만 아니라 가정생활에서의 욕구체계까지 고려하여 통합적 시각으로 접근해야 한다는 인식이 강조되면서 관리의 범위가 확대되었다. 따라서 현재의 인적자원관리는 인간욕구의 다양성을 인정하여 다양한 형태의 사기진작 및 동기강화 정책을 활용함은 물론 통제와 지시 중심의 대응방식에서 개인의 잠재력 발견과 능력개발을 강조하는 자율과 성장 중심의 적극적 인사관리로 전환되었다.

공직사회에서 직무와 일과 삶의 균형을 통해 자아실현을 추구하고, 삶의 질 향상을 이루고자 하는 새로운 가치의 등장은 전통적으로 공무원에게 요구되어 오던 국민에 대한 봉사자로서의 사명감과 갈등관계에 놓일 수 있다. 노동과 보상 사이에 뚜렷한 불균등이 있거나 민간기업에 비해 현격한 보수의 격차가 있을 때 무작정 공직자로서 희생을 요구하는 것이 이제는 힘들게 된 것이다. 희생과 사명감만을 강조해서는 젊고 유능한 인재를 공직에 유인하거나 공직에 붙들어 놓을 수가 없다. 특히 공공조직은 외적 보상체계에 대한 제약이 많기 때문에 민간부문과 같은 원리에서 노동과 보상 사이에 균등한 교환을 추구한다는 것도 힘든 일이다. 따라서 공무원들의 변화된 직업관과 욕구 등을 전통적인 봉사자로서의 가치관과 어떻게 조화시켜 나갈 것인가는 현대 인사행정의 과제라 할 수 있다.

넷째, 국정운영에 있어 전통적이고 일방적인 관치중심의 국정관리 패러다임을 넘어 국가(정부), 시장(기업), 시민사회(NGO)들 간의 신뢰와 협동을 강조하는 협력적 · 참여적 거버넌스(Governance) 개념이 도입됨에 따라 공개경쟁 채용시험 및 폐쇄적 · 계급제적 승진체제에서 채용경로의 다양화를 통한 개방적 공직체제로의 전환 등 인사행정에 있어서도 다양한 변화가 시도되고 있다. 특히 다양성 관리의 시각에서 본다면, 이러한 개방적 공직체제로의 전환은 서로 다른 가치관과 이념, 문화, 업무적 · 경험적 지식을 가지고 있는 새로운 인적자원들을 충원함으로써 다양화되고 있는 국민의 요구와 급격히 변화하는 외부환경 변화에 신속한 대응을 가능케 할 것이다. 따라서 내적 · 외적 다양성을 갖고 있는 조직 구성원을 효과적으로 관리하기 위한 적절한 인사관리 전략과 제도 등의 개발과 실행이 요구된다. 이러한 인사 패러다임의 변화는 중 · 장기적으로 공직문화와 분위기를 보다 발전적이고 합리적인 방향으로 이끌어 나감으로써 궁극적으로 개인의 성과 및 조직효과성 향상에 기여할 수 있을 것이다.

## 4. 인사행정의 특징

행정학(Public Administration)과 경영학(Business Management)에서는 그 연구대상이 같은 경우에도 용어의 선택을 달리하는 경우가 많다. 조직, 인사, 재무관련 이론을 행정학에서는 조직행정론, 인사행정론, 재무행정론이라고 하는 반면, 경영학에서는 관리(Management)라는 접미어를 붙여 조직관리론, 인사관리론, 재무관리론이라고 부르고 있다.[1] 다만 인사분야의 경우 최근 행정학이나 경영학 모두 인적자원관리라는 용어를 쓰는 경향이 있다. 하지만 전통적으로 행정학에서의 인적자원관리는 공공조직의 특수성으로 인해 경영학에서의 인적자원관리와 몇 가지 차이점을 갖고 있다. 인사행정의 특징을 보다 명확히 이해하기 위해 공공부문과 민간부문의 인적자원관리를 비교해 보면 다음과 같다.

첫째, 정부의 인적자원관리는 법적 제약에 따른 인사의 경직성이 강하다. 기업의 주인은 주주이며 경영자는 이들 주주의 이익을 충족시킬 수 있도록 인적자원을 관리하게 된다. 즉 경영자는 기업의 이윤을 극대화하기 위하여 시장경제 논리에 따라 신축성 있게 인적자원을 동원 · 관리한다. 그러나 행정에 있어서는 인적자원을 탄력적으로 동원 · 관리하는 데 많은 제약이 따른다. 공무원을 확보하는 단계에서부터, 모든 국민에게 공직취임의 기회를 균등하게 부여하기 위하여 성 · 연령 · 학력 · 개인적 신분 등에 의한 차별이 발생하지 않도록 공무원의 자격요건이나 시험방법이 법적으로 엄격하게 규정되어 있다. 승진이나 전보, 근무성적평가, 보수체계, 신분보장 등에 있어서도 사기업보다 훨씬 구체적이고 엄격한 규정을 가지고 있으며 개별 행동에 있어

1) 행정학에서의 행정관리(Public Management)와 경영학에서의 관리(Management)의 개념적, 실제적 차이는 미국 행정관리학회(http://www.pmranet.org/)와 미국 경영학회 (http://www.aomonline.org/)에서 제공하는 정보들을 통하여 보다 명확히 구분할 수 있다.

서도 기업의 근로자와는 달리 정부의 공무원에게는 정치적 자유, 노동의 권리, 사생활 보호 등의 기본권을 제한하는 경우가 발생한다.

둘째, 인적자원에 대한 노동가치의 산출이 곤란하다. 이 특성은 정부가 공급하는 재화와 서비스의 비시장성에 기인한다. 기업의 경우 최종산물이 재화이든 서비스이든 시장에서 그 가치가 결정되기 마련이다. 따라서 이들 가치를 창출하는 데 근로자가 얼마나 기여했는가를 측정할 수가 있다. 그러나 정부가 제공하는 서비스나 재화는 양적으로 표현하기가 힘들고, 개별 공무원의 최종 산출에 대한 기여도를 측정하기가 곤란하다. 따라서 목표달성에 공헌한 정도에 따라 공무원의 보수를 산정하는 것도 어렵고 실적향상을 위한 인센티브제도를 적용하는 것도 어렵다. 더구나 정부와 기업 간의 인적 교류가 극히 드문 폐쇄형 공무원제에서는 민간부문과의 상호 비교에 의한 노동가치의 계산도 거의 불가능하다고 할 수 있다. 이러한 이유 때문에 공무원 노동가치는 정치 · 경제 · 역사 등의 거시적 요인에 의하여 많은 영향을 받으며 보상과 처벌에 있어 시장원리의 적용이 어렵다고 볼 수 있다.

셋째, 정부는 일반기업에 비해 특이성이 강한 직무들로 구성되어 있어 정부에서 수행하는 직무를 민간부문에서 찾아볼 수 없는 경우가 많다. 대표적인 예로는 치안이나 교정의 직무를 들 수 있다. 직무의 특이성은 곧바로 다른 직장의 유사한 직무로의 이동가능성을 제약하게 된다. 비록 상대적인 차이가 있기는 하겠지만 대부분의 공무원이 이러한 직장 간 유동성을 크게 제약받게 된다. 이러한 특성은 정부의 경우 공무원에 대한 신분보장, 연금관리, 퇴직관리 등이 사기업보다 강화되는 요인으로 작용하게 된다.

넷째, 정부의 인적자원관리에서는 정치성과 공공성이 강하게 반영된다. 정부에서의 인사문제는 단순히 정부 내의 내부관리 문제로 끝나지 않는다. 예를 들어, 공무원 보수의 인상폭을 결정할 때에는 여당과 정부 간의 협의과정을 거치게 된다. 정부의 고위직 인사이동에서도 능력요소뿐만 아니라 정치적 고려에 의해 출신지역이나 출신학교 등이 결정요인으로 작용하기도 한다. 더구나 지위를 막론하고 공무원의 비윤리적 행위가 나타나는 경우에는 즉시 매스컴에 의해 여론화되고 일반 국민의 비난을 면치 못한다. 공무원 채용시험에서도 시험의 신뢰성이나 공정성은 항상 국민의 감시를 받고 있다. 이처럼, 정부의 인적자원 확보와 관리활동은 공공성으로 인하여 기업의 그것과는 달리 정당, 언론, 사회단체, 국민의 민감한 반응을 초래하게 된다. 따라서 정부의 인사에 관한 결정은 이러한 잠재적 반응을 미리 계산하여 이루어지게 된다. 미국과 같이 민주성을 모든 정치와 행정의 기본원리로 받아들이는 국가에서는 공무원의 인적 구성을 일반 국민의 인적 구성과 비례하도록 구성함으로써 행정의 민주성을 실현할 수 있을 것이라는 대표관료제(Representative Bureaucracy) 논의로까지 확산되었다(Kingsley, 1944). 이는 정치성과 공공성이 인사행정에서 얼마나 강조되고 있는지를 단적으로 보여 주는 예이다.

지금까지 살펴본 인사행정의 특징은 정부 조직 및 정부가 수행하는 업무의 공공성과 특수성에 기인한 것임을 알 수 있었다. 특히, 민간부문과 구별되는 이러한 차이는 민간부문에서 통용되는 인사관리이론을 정부 혹은 공공부문에 적용할 때 이의 타당성을 다시 한 번 검증할 필요가 있음을 의미하는 것이다. 그러나 이러한 차이점이 공공부문과 민간부문의 인적자원관리를 이분법적으로 완전히 양분시키는 것은 아니다. 공공부문과 민간부문의 인적자원관리는 서로 공유하는 공통분모 또한 엄연히 존재하기 때문에 우리의 과제는 정부와 민간부문 간의 인적자원관리상의 차이점이 무엇인가에 대해 관심을 기울이기보다는 인사행정에 있어 이러한 차이점이 시사하는바가 무엇인가에 대해 관심을 갖고 이를 관리 전략에 반영하는 것이다.

## 제2절 인사행정의 관점

### 1. 인사행정 접근방식의 진화 과정

경영학의 관리적 시각과 조직사회학의 진화론적 시각에서 볼 때 인사행정의 개념, 기능, 전략, 가치들은 대내외적으로 다양한 기술적, 관리적, 사회적 요구들을 선택 · 수용하고 조직목표와 일치시켜 나가는 가운데 지속적으로 변화 · 발전해 나가고 있다고 볼 수 있다.

〈그림 1-2〉에서 보는 바와 같이, 인사행정은 과거의 기술적 · 법 해석적 · 몰가치적 · 최소비용 지향이라는 가치를 기반으로 하는 폐쇄적 인사관리(PM: Personnel Management) 접근방식에서 경쟁적 · 다가치적 · 성과 중심적 · 탈관료적 · 자율적 가

**그림 1-2 인사행정 접근방식의 진화 과정**

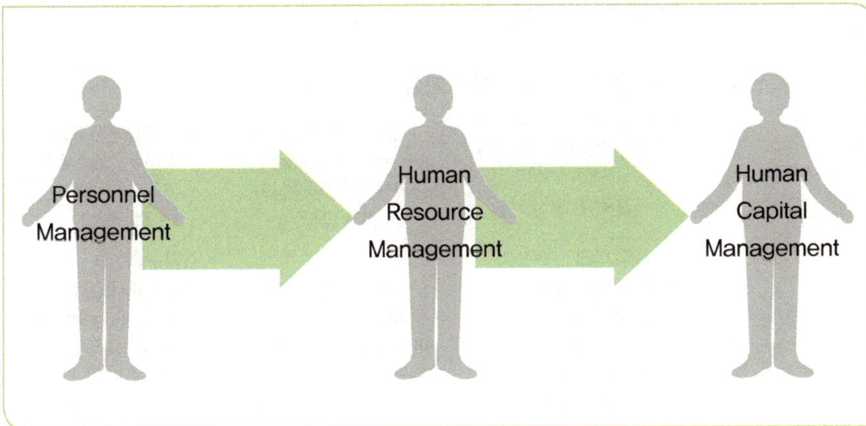


치를 기반으로 하는 개방적 인적자원관리(HRM: Human Resource Management) 접근방식으로 전환되고 있다. 이는 현대 인사행정이 ① 내부 및 외부적 환경과 상호작용하는 개방 체계적 성격을 띠고, ② 다양하고 대립적인 이념 및 가치와 조화를 이루고자 하며, ③ 신공공관리론적 관점에서 성과와 생산성, 효율성과 같은 기업가적(Entrepreneurial) 행정가치를 추구하고 있다는 의미로 해석할 수 있다(강성철 외, 2009).

이와 더불어 규율과 관리중심의 시각이 아닌 자율과 참여적 가치를 바탕으로 하는 탈 신공공관리론적 시각을 반영한 변혁적 인사행정 패러다임으로서 인적자본관리(HCM: Human Capital Management)에 대한 관심 또한 증대되고 있다. 변혁적 시각에서는 기관의 미션을 효과적으로 달성하고, 양질의 재화와 서비스를 제공하는 것은 물론, 변화하는 환경에 신속하게 적응하기 위해서 과거의 패러다임을 넘어서는 새로운 방식이 필요하다고 주장한다. 이를 위해서 무엇보다 조직 구성원을 단순한 자원(Resource)이 아닌, 목표달성에 있어 핵심적인 자산(Asset)이자 투자(Investment)의 대상으로 인식해야 함을 강조한다. 즉 사람을 자본(Capital)으로 인식함으로써 이들의 가치가 시간이 지남에 따라 줄어드는 것이 아니라 다양한 교육, 훈련, 능력 및 역량 개발 프로그램을 통해 가치가 지속적으로 증가될 수 있다고 본다. 사람에 대한 인식의 전환을 바탕으로 인적자본관리에서는 개인친화적 근무환경조성과 직장에서의 삶의 질 향상을 통한 인본주의적 성과지향 문화의 확산을 통해 궁극적으로는 인적자본관리를 조직의 전략적 관리와 연계하여 관리 역량을 향상시키며 개인과 조직이 전략적 파트너로서 조직의 발전과 변혁을 함께 만들어 나가도록 유도하는 전략적 · 장기적 · 미래 지향적 접근 방식이라고 볼 수 있다.

**표 1-2 인사행정 접근방식의 진화 과정별 특징**

| 구분 | 인사관리 (Personnel) : 통제적 접근방식 | 인적자원관리 (Human Resource) : 관리적, 효율성 중심의 접근 방식 | 인적자본관리 (Human Capital) : 전략적, 변혁적 접근방식 |
|---|---|---|---|
| 기능 (Functions) | • 사무처리 (Transactions)<br>• 규정준수 (Compliance)<br>• 기록관리 (Record Keeping) | • 자문서비스 (Advisory Service)<br>• 문제해결 (Problem Solving)<br>• 운영이슈 (Operational Issues) | • 역량구축 (Capacity Building)<br>• 기회규명(Identification of Opportunities)<br>• 전략적 이슈 (Strategic Issues) |
| 재정의 초점 (Financial Focus) | • 최소비용 (Minimal cost) | • 비용통제 (Cost Control) | • 투자분석 (Investment Analysis)<br>• 투자수익률(ROI) |
| 핵심전략 (Key Strategies) | • 규정에 대한 지식 (Rule Knowledge)<br>• 과정 효율성 (Process Efficiency) | • 인적자원관리 전략 (HR Practices)<br>• 사업적 맥락 (Business Context) | • 시스템 사고 (Systems Thinking)<br>• 전략적 컨설팅 (Strategic Consulting) |
| 산출물/서비스 (Products/Services) | • 임명(Appointments)<br>• 임금변동 (Pay Changes)<br>• 직위기술서 (Position Description)<br>• 인사자료 (Personnel Folders)<br>• 보고서(Reports)<br>• 급여지급 (Salary Payments)<br>• 복리혜택정보 (Benefit Information)<br>• 훈련관리(Traning Administration)<br>• 안전진단(Safety Inspections/Records) | • 채용(Recruiting)<br>• 분류/보상 (Classification/ Compensation)<br>• 성과평가(Performance Evaluation)<br>• 훈련계획/시행 (Training Planning/ Delivery)<br>• 직위관리(Position Management)<br>• 정보시스템 (Information System)<br>• 직원 간 관계 (Employee Relations)<br>• 급여관리(Payroll)<br>• 위험관리 (Risk Management) | • 인적자본계획(Human Capital Planning)<br>• 능력관리 (Talent Management)<br>• 리더십 개발 및 지속 계획(Leadership Development & Succession Planning)<br>• 성과지향적 문화 (Performance Culture)<br>• 능력시스템 (Competency Systems)<br>• 책임성(Accountability)<br>• 측정기준 (Metrics/Standards)<br>• 변화관리/의사소통 (Change Management/ Communications) |
| 메타포(Metaphor) : 조직과 개인 간의 관계 | 집행자 (Enforcer) | 업무 파트너 (Business Partner) | 전략적 파트너 (Strategic Partner) |
| 패러다임 (Paradigm)의 목표 | 기술적 정확성 (Technical Correctness) | 프로세스 향상 (Process Improvement) | 변혁 (Transformation) |

자료: https://www.opm.gov/policy-data-oversight/

위에서 살펴본 내용을 토대로 인사행정 패러다임의 변화는 ① 인사관리, ② 인적자원관리, ③ 인적자본관리 등 3단계로 구분하여 살펴볼 수 있다. 이러한 단계별 인사행정 접근방식의 특징은 기능, 재정, 핵심전략, 중점 서비스 내용, 조직-개인 간의 관계, 목표 등의 측면에서 비교해 볼 수 있다(〈표 1-2〉 참조).

## 2. 인사행정의 체제모형

### 1) 체제모형에 의한 구성

인사행정은 여러 가지 요소와 기능들이 각각 독립적인 경계를 형성하면서도 상호 연관성을 가지는 체제로서 파악할 수 있다. 특히 체제는 각각의 요소와 기능들 간의 상호작용과 더불어 환경으로부터 체제유지에 필요한 자원을 받아들이고, 환경에 유익한 산물을 내보내면서 정당성을 유지 · 발전시켜 나간다. 따라서 어느 한 체제는 환경과의 개방적 관계에서 투입 · 산출의 관계로 모형화 할 수 있다(〈그림 1-3〉 참조).

〈그림 1-3〉의 투입-산출 체제모형 자체는 사물을 보는 하나의 일반적인 틀에 지나지 않는다. 이 모형을 인사행정 현상을 분석하는 데 적용하여 각 요소별로 구체적 내용을 부여함으로써 인사행정의 종합적인 이해와 각 부분들 간의 유기적 관계를 이해할 수 있게 된다(〈그림 1-4〉 참조).

투입 · 산출모형에서 우선적으로 고려해야 할 것은 인사행정에 영향을 미치는 환경요소이다. 인사행정의 외부환경은 구체적으로 법적 환경, 정치적 환경, 경제적

그림 1-3 개방체제의 투입-산출 모형

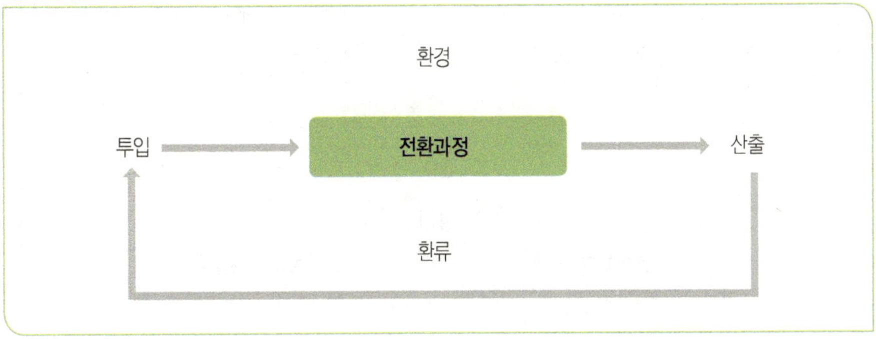

**그림 1-4** 체제모형에 의한 인사행정의 구성

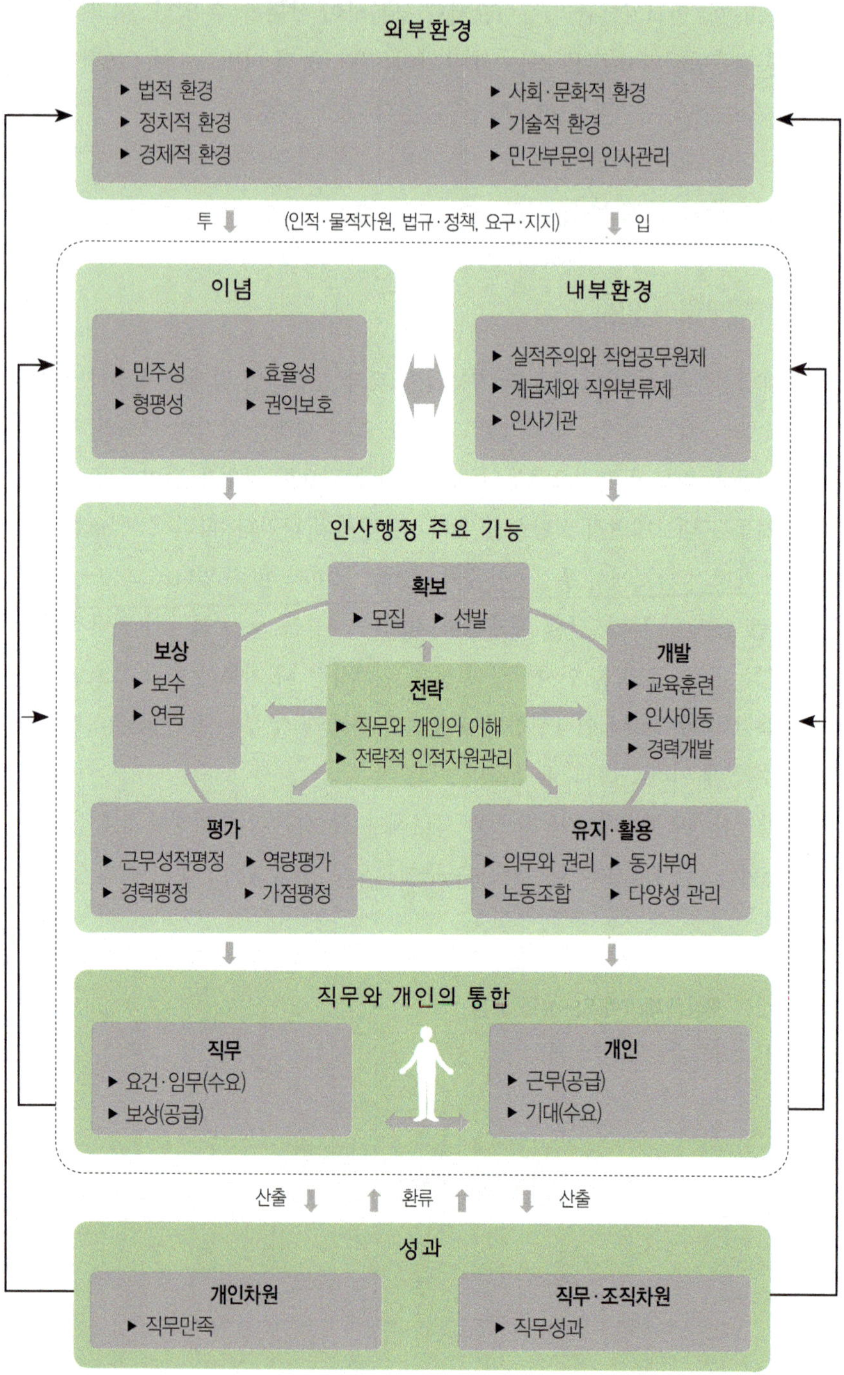

환경, 사회 · 문화적 환경, 기술적 환경, 그리고 민간부문의 인사관리로 나누어 생각할 수 있다. 이러한 환경으로부터 인사행정체제 내부로 직무를 수행할 인적자원과 직무수행에 필요한 물적자원이 투입된다. 즉 사람과 돈으로 대표되는 이들 자원은 정부에서 국민에게 재화를 공급하고 서비스를 제공하는 데 필수적인 투입요소라 할 수 있다. 또 다른 투입요소는 법규와 정책이다. 법규와 정책은 체제 내부의 전환과정에서 공무원이 수행하여야 할 임무가 무엇이고 그것을 어떻게 수행할 것인지에 대한 절차를 규정하게 된다. 이와 더불어 민주사회의 중요한 투입요소로 지적할 수 있는 것은 정부에 대한 국민의 요구와 지지이다. 국민주권의 원리에 따라 국민이 원하는 재화와 서비스를 제공하고 그에 대한 지지를 확보하는 데서 행정의 정당성이 형성되기 때문이다.

이러한 투입을 산출로 전환시키는 과정은 체제의 실질적인 몸체이다. 이 몸체는 연구자에 따라 다양한 부분들로 나누어 이들 간에 상호관련성을 부여하게 된다. 이 책에서는 전환과정을 다시 이념, 내부환경, 주요 기능, 그리고 개인과 직무의 통합으로 나누었다.

이념은 인사행정의 지침이 되어 줄 최고의 가치로서 민주성, 효율성, 형평성, 공무원의 권익보호를 다룰 것이다. 내부환경은 인사행정의 한 부분이면서 인사행정의 주요 활동에 중대한 영향을 미치는 제도적 요소이다. 여기에는 실적주의제와 직업공무원제, 공직의 분류제도, 그리고 인사행정을 담당하는 인사기관을 포함시킬 수 있다.

다음은 인사행정의 주요 기능 내지 활동 측면이다. 인사행정의 주요 기능을 쉽게 이해하기 위해서 프로구단의 선수관리를 예시로 살펴볼 수 있다. 유능한 선수를 스카우트하여 훈련을 시키고, 주전 선수로서의 능력을 갖추면 게임에 출전시키고, 한 시즌이 끝나면 선수의 성적에 대한 평가가 이루어지며, 이 성적을 토대로 선수를 계속 팀에 잔류시킬 것인지를 결정하게 된다. 만약 선수를 잔류시키기로 결정한다면 이러한 성적을 바탕으로 다음 연도의 연봉을 결정한다. 이러한 과정은 인적자원의 확보, 개발, 유지 및 활용, 평가, 보상의 일련의 기능이 순차적으로 상호관련성을 가지면서 이루어짐을 보여 주는 예이다(다케우치 유타카 외, 1991). 공무원의 경우 평가와 보상의 연계성 및 신분유지에 미치는 직접적인 영향은 부족하지만 확보, 개발, 유지 · 활용, 평가, 보상 등의 다섯 가지 기능 분야가 상호연관성을 가지면서 인사행정체제의 핵심적 역할을 수행한다고 보아도 무리가 없을 것이다. 특히, 이때의 다섯 가지 기능은 조직의 목표 및 성과달성을 목표로 개인과 조직이 일치성을 가지고 조직의 전략을 수행할 수 있도록 하는 '전략적 인적자원관리(SHRM: Strategic Human Resource Management)' 관점에서 조직의 전략과 유기적으로 연계되어 구성된다.

개인과 직무의 통합은 인사행정의 중요한 목표인 동시에 인사행정체제의 내부 산출이라고 볼 수 있다. 따라서 일과 사람 내지는 자리와 사람이 서로 조화롭게 균형을 이룰 수 있도록 하는 것이 인사행정의 1차적인 목표라고 할 수 있다. 자리가 요구하는 능력수준이 사람의 능력을 초과하거나 자리가 제공하는 보상수준이 개인이 기대하고 생각하는 보상수준에 미달해서는 좋은 성과를 거둘 수 없다. 그러므로 양자간의 적절한 통합은 인사행정의 전 과정에서 지향해야 할 목표라고 할 수 있다. 따라서 인사행정의 주요 기능 및 활동은 개인과 직무를 통합시키는 과정의 일부로 이해할 수 있다. 직무와 개인이 조화를 이루게 되면 인사행정체제는 성공적으로 기능을 수행한 것이 된다.

이와 더불어 인사행정에서의 두 번째 관리적 목표는 전략적 인적자원관리 실현을 통해 개인과 조직의 목표를 통합해 나가는 것이다. 즉 인적자원의 확보, 개발, 유지 · 활용, 평가, 보상 등의 다섯 가지 기능을 조직의 비전과 성과와 유기적으로 연계하여 개인과 직무, 조직이 통합되어 일치성을 가지고 조직의 전략적 목표를 수행할 수 있도록 하는 것이다. 그 결과 인사행정 체제의 구성원인 개별 공무원 차원에서는 직무수행을 통해 만족감을 느끼게 되고, 조직 차원에서는 직무의 성과는 물론 조직의 전략적 목표를 달성할 수 있게 된다. 또한 이러한 산출결과를 바탕으로 인적자원관리 과정에 대한 평가가 이루어지며 통제와 개혁과 같은 방식으로 체제모형 전반에 걸친 환류가 이루어진다.

### 2) 인사행정의 주요 기능

앞서 이야기한 대로 인사행정의 기능은 인적자원의 확보, 개발, 유지 · 활용, 평가, 보상의 다섯 가지 단계로 구분하여 설명할 수 있다. 특히 이러한 다섯 가지 인적자원관리의 기능은 조직의 비전과 성과달성을 목표로 개인, 직무, 조직이 일치성을 가지고 조직의 전략을 수행할 수 있도록 하는 전략적 인적자원관리(SHRM) 관점에서 조직의 전략과 유기적으로 연계되어 구성된다. 이를 구체적으로 살펴보면 다음과 같다.

(1) 확보

인사행정의 첫 번째 단계는 인적자원의 확보 단계로서 공직의 빈자리를 채우기 위한 과정이다. 공석은 새로운 직무가 추가되거나 담당 공무원의 퇴직 등의 사유로 생겨나게 되는데, 공석을 채우는 방법은 승진이나 수평적인 인사이동에 의해서 충원하는 방법과 외부로부터 새로운 인적자원을 확보하여 충원하는 방법이 있다. 일반적으로 인적자원의 확보란 후자를 의미한다.

인적자원의 확보는 크게 모집과 선발로 나눌 수 있다. 모집은 우수한 인재가 공직에 관심을 갖고 공무원 채용시험에 응시할 수 있도록 유인하는 활동을 의미하며, 선발은 시험에 응시한 수험생 중에서 직무수행능력이 상대적으로 뛰어난 사람을 선정하는 활동이다. 모집과 선발을 포함한 인적자원의 확보과정은 단순히 빈자리를 채우는 것이 아니라 보다 유능한 인적자원을 공직에 유입시키도록 한다는 측면에서 그 중요성이 크다. 처음에 어떤 사람이 공직에 들어오느냐에 따라 다음의 인적자원관리 활동인 교육 · 훈련, 유지 · 활용, 평가, 보상 등의 과정에 영향을 미치게 되고, 역으로 이러한 다른 인사기능이 우수인력의 확보 단계에 영향을 주기도 한다.

(2) 개발

인사행정의 두 번째 단계는 인적자원의 개발 단계로서 공무원의 지식 · 기술 · 태도 · 능력을 조직의 목표달성에 기여할 수 있도록 변화시켜 가는 과정이다. 처음 공직에 들어 온 예비공무원은 아직 보직을 맡아 행정을 담당할 능력까지는 갖추지 못한 상태이다. 따라서 이들에게 직무수행에 필요한 기본적인 능력을 길러 주어야 한다. 뿐만 아니라 기존의 공무원도 직무의 내용이나 기술이 바뀌는 경우 능력개발이 필요하게 된다. 능력개발은 직장 내에서 평소의 체험과 학습, 그리고 상관의 지도를 통해서 비공식적으로 이루어지는 경우가 많다. 그러나 승진과 같이 직무의 내용이 근본적으로 바뀌거나 새로운 기술의 습득이 필요한 경우에는 외부의 전문교육기관에서 공식적인 프로그램을 통해 체계적인 교육이 이루어지게 된다.

인적자원의 개발은 이와 같이 교육훈련을 중심으로 이루어지는 것이 일반적이나 각 개인이 가지고 있는 잠재적인 능력을 최대한 발휘할 수 있는 기회를 부여하고 직무수행에 있어서 성취감을 극대화시키기 위해 승진과 적재적소의 인사배치와 같은 인사이동이 활용되기도 한다. 최근에는 개인의 적성과 의견을 고려하여 근로자 본인과 조직이 함께 앞으로 맡을 보직(경력경로: Career Path)을 미리 계획하여 그에 따른 교육훈련과 보직이 이루어지는 경력개발 계획 및 관리를 활용하기도 한다. 이는 전통적인 교육훈련에서 한 단계 발전된 형태라고 볼 수 있다.

#### (3) 유지 · 활용

인사행정의 세 번째 단계는 인적자원의 유지 · 활용 단계이다. 신규 공무원에 대한 교육훈련이든 기존 공무원에 대한 재교육이든 능력개발이 이루어진 다음에는 실제 직무를 맡겨 이를 성공적으로 수행할 수 있도록 지속적으로 관심을 가져야 한다. 즉 인적자원의 유지 · 활용은 조직 구성원이 강한 의욕과 건전한 의식을 갖고 직무에 몰입하도록 관리하는 과정을 의미한다. 인적자원의 유지 · 활용 기능에는 동기부여 활동, 다양성 관리 활동, 공무원의 의무와 권리 확보 및 제한 활동 등이 포함된다.

우선, 목표를 향해 나아가고자 하는 능동적이고 지속적인 활동을 이끌어 내기 위해서는 동기부여가 중요하다. 공무원의 직무수행 성과는 개인이 가진 능력만으로 결정되지는 않는다. 능력이 중요한 요소이긴 하지만 능력을 최대한 발휘하고자 하는 동기가 수반되어야 한다. 따라서 동기부여를 통한 개인 및 조직의 성과향상을 위해서는 다양한 내적 · 외적 보상 요인들에 주목해야 한다.

동기부여를 통한 인사관리와 더불어 새롭게 주목받는 분야가 다양성 관리이다. 다양성 관리는 인구통계학적 특성과 같은 외적 다양성과 개인의 심리적 · 문화적 속성과 같은 내적 다양성에 통합적으로 접근하여 이를 공평하고 효율적으로 관리함으로써 개인적 수준에서는 직무만족을, 조직적 수준에서는 조직효과성 향상을, 사회적 수준에서는 사회적 정의 실현 및 삶의 질 향상을 기대할 수 있는 인적자원관리 과정이다. 특히 외적 다양성 관리는 조직 내 형평성 달성을, 내적 다양성 관리는 조직 구성원의 다양한 욕구충족이라는 기능을 담당함으로써 인적자원의 유지 · 활용 단계에서 중요한 위치를 차지한다.

또한 인적자원의 유지 · 활용 단계에서는 동기부여와 다양성 관리를 통해 공무원이 최선의 노력을 다하도록 유도함과 더불어 그 행동이 공공의 목적과 기대에 어긋나지 않도록 해야 한다. 따라서 공직자로서의 공공성과 윤리성을 유지할 수 있도록 관리해야 한다. 공무원은 불특정 다수를 상대로 공정하게 맡은 직무를 성실히 수행할 것이 요구되며 연고에 좌우되거나 금전에 현혹되어 부정한 행동을 해서는 안 된다.

전체 공무원 집단을 깨끗하고 건전하게 유지 · 관리하는 것은 현대 인사행정의 매우 중요한 과제이다.

뿐만 아니라 공무원의 유지 · 활용을 위해서 공무원의 권익을 보호하는 문제 또한 중요하다고 할 수 있다. 공무원도 한 국가 · 사회의 구성원으로서 일반국민과 마찬가지로 기본적인 권리를 향유할 수 있어야 한다. 그러나 공무원에게 부여되는 전체 국민에 대한 봉사자라는 특수한 지위로 인해 정치적 자유와 사생활의 자유 및 근로자의 기본적 권리를 제한받는 경우가 많다. 정치적으로 중립을 지킬 것이 요구되고, 본인뿐만 아니라 가족의 재산까지 공개할 것이 요구되기도 하며, 근로자로서 누리는 노동조합의 결성과 활동이 금지되기도 한다. 그러나 과거에는 국가 우월적 시각에서 공무원의 권리제한을 당연한 것으로 보는 경우가 많았지만 최근에는 국가와 공무원을 대등한 위치로 보고, 권리제한은 당연한 것이 아니라 직무의 공공성 때문에 발생하는 특수한 것으로 여겨지고 있다. 이에 공무원의 권익보호 차원과 공공의 필요성 사이에서 권리의 보장과 제한 간의 적정균형을 유지하는 것이 인사행정의 새로운 과제로 등장하게 되었다.

#### (4) 평가

인사행정의 네 번째 단계는 인적자원의 평가 단계이다. 인적자원을 실제 직무수행에 활용하고 나면 인적자원에 대한 평가의 문제가 대두된다. 인적자원을 확보하고 개발하며 유지 · 활용하는 활동 모두가 실제로는 직무수행 성과를 높이기 위한 전단계라 할 수 있다. 인적자원에 대한 평가는 다시 공무원의 채용과 교육훈련, 그리고 활용과 보상이 효과적으로 이루어지도록 유용한 정보를 환류하는 역할을 한다.

특히 인적자원의 평가는 주로 조직 구성원들의 근무성적을 평가하는 활동을 의미한다. 개별 공무원을 대상으로 하는 근무성적평가는 '근무성적평정'이라고 불리는데 이는 행위의 결과 측면인 실적만을 평가의 대상으로 한정하지 않고, 원인 혹은 과정 측면에서 능력이나 노력, 태도까지도 포함하여 평가를 진행한다.

더불어 전략적 인적자원관리의 시각이 강조되면서 개인과 조직이 지속적으로 발전해 나가기 위해 보다 성과 지향적인 개념이라 할 수 있는 역량에 대한 관심이 증가하고 있다. 역량은 조직적 차원에서, 조직 목표달성 및 조직 성과창출을 위한 개인의 자질에 초점을 맞춘 개념으로서 조직의 전략 목표달성 및 성과향상과 직결되는 부분이라 할 수 있다. 이에 역량기반 면접, 역량기반 교육, 역량 평가 등이 인사행정에서 중요한 과제로 등장하게 되었다.

(5) 보상

인사행정의 다섯 번째 단계는 인적자원의 보상 단계이다. 보상에는 여러 가지가 포함될 수 있지만 가장 대표적인 것이 금전적 보상이다. 일상적으로 말하는 보수나 봉급 또는 월급이 금전적 보상의 대표적인 예이며, 민간기업의 근로자가 부러워하는 공무원의 연금제도도 금전적 보상의 일종이다. 이 밖에도 의료보험금을 부담하거나 주택이나 학자금을 융자해 주는 것, 체육 · 문화시설을 지어 이용혜택을 부여하는 것 등과 같은 후생복지는 간접적이긴 하나 소득보조의 역할을 한다는 측면에서 보상의 일종이라고 볼 수 있다. 특히, 소득이 증대되고 개인의 욕구가 다양해지면서 이러한 후생복지에 대한 관심이 더욱 증가하고 있다. 승진이나 외국대학에서의 교육기회 등도 넓은 의미에서 보상(비금전적 보상)에 해당하는 것이지만 이는 인적자원의 개발에서 다루어지는 내용이기 때문에 여기서의 보상은 금전적 보상으로 한정하여 논의를 진행하고자 한다.

## 제3절 인사행정의 발전과정

현재 우리나라의 인사행정은 실적주의제와 직업공무원제 원리를 토대로 운영된다. 인사행정의 운영원리는 시대적 상황에 따라 달라졌는데, 현재의 운영 원리를 이해하기 위해서는 실적주의제와 직업공무원제의 도입 배경 및 발전 과정을 살펴볼 필요가 있다. 이에 본 절에서는 인사행정의 발전 과정을 이해하기 위한 중요 키워드로서 엽관주의, 실적주의제, 직업공무원제, 대표관료제 등에 대해 간략하게 살펴보고자 한다.

### 1. 엽관주의

엽관주의(Spoil System)는 선거에서 승리한 대통령 당선자가 정부의 모든 공직을 전리품(Spoils)으로 획득하게 되고 그 전리품을 선거에서의 충성도에 따라 정당원들에게 나누어 주는 인사제도를 의미한다. 이에 정권이 교체되면 전임 대통령이 임명한 공직자는 경질되고, 새로 부임한 대통령에 의해 공직의 전면교체가 이루어지게 된다. 이러한 엽관주의는 민주주의의 성숙과 함께 미국의 공직사회에서 대통령의 책임정치 구현을 위해 발달한 원리이다.

특히, 엽관주의는 영국에서 발달한 정실주의(Patronage System)와 유사한 개념으로 혼용되기도 한다. 엽관주의와 정실주의 모두 개인의 능력이나 자격, 성과와 같은 실적을 임용의 기준으로 삼지 않는다는 점에서 공통점을 갖고 있기 때문이다. 그러나 엽관주의는 정치적 신념이나 정당 관계와 같은 정치적 요인을 임용의 기준으로 고려하는 반면, 정실주의는 학벌, 지역, 혈연과 같은 개인적 친분 관계나 개인적 신임을 임용의 기준으로 고려한다는 점에서 구분된다.

미국에서 엽관주의가 발달하게 된 배경은 행정의 민주성 및 대응성 향상에 대한 기대로 요약할 수 있다. 건국 초기부터 미국에서는 상류계급의 엘리트들이 관직을 지배하면서 그들만의 이익이 대변되고 있었고, 이들이 관직을 장기간 지배하면서 부패 문제가 발생하였다(Mosher, 1982). 이에 공직을 소수의 엘리트에 의한 독점이 아니라 일반국민을 보다 잘 대표하고 그들의 의사를 대변할 수 있는 사람들에게 공유시킴으로써 민주정치의 발전에 기여할 수 있다고 보았고 이에 엽관주의를 도입하게 된 것이다.

그러나 1800년대 중반 미국에서 엽관주의의 병폐가 만연하면서 정부개혁 운동가를 중심으로 엽관주의의 문제점이 제기되기 시작했다. 엽관주의 병폐는 공직의 질적 저하로 요약할 수 있다. 공무원 임용에 있어 실제 일을 수행할 수 있는 능력이나 자격보다 정치적 이념이나 대통령에 대한 충성심이 우선되었기 때문에 행정의 질적 저하 및 국민에 대한 책임성 저하 문제는 당연한 것이었다. 또한 새 정부의 인사에서 살아남은 공무원도 다음 선거에 필요한 돈과 시간을 요구하는 당의 압력을 못 이겨 대부분 공직을 떠났기 때문에(Shafritz et al., 1992), 새로 임명된 사람은 전임 정부의 정책이나 행정사무를 인수받지도 못한 채 대부분 아마추어로서 업무를 수행할 수밖에 없는 구조였다. 이로 인해 행정의 지속성이나 전문성이 확보될 수 없었다. 뿐만 아니라 정치인들이 공직에 유입됨으로써 행정이 정치화되고, 기업인들과의 유착에 의한 부패가 만연되어 갔다. 소수 엘리트들의 공직독점에 의한 부패를 척결하고 행정의 민주성을 높이고자 개혁의 논리로 도입한 엽관주의가 역으로 개혁의 대상이 된 것이다.

## 2. 실적주의제

실적주의제(Merit System)는 인적자원의 확보 및 활용에 있어 개인의 능력, 자격, 기술, 지식, 업적, 성과 등과 같은 개인의 실적(Merit)이 기준이 되는 인사제도를 의미한다. 우리나라 인사행정의 제도적 근간이라 할 수 있는 실적주의제를 이해하기 위해서는 미국의 펜들턴법(Pendleton Act, 1883)에 대해 이해하는 것이 중요하다.

앞서 살펴본 바와 같이 행정의 민주성 및 대응성 향상을 위해 도입한 엽관주의가 행정의 지속성, 안정성, 전문성, 책임성 저하 및 공직사회의 부정부패 문제를 발생시키면서 다시 개혁의 대상이 되었다. 이러한 개혁운동의 결과 미국에서는 1883년 펜들턴법(Pendleton Act, 1883)이 제정되었다. 펜들턴법은 미국 인사제도의 대 전환을 가져오고 현대 인사제도의 기틀을 제공한 법이라는 측면에서 중요성을 갖는다. 대부분의 개혁입법이 그러하듯이 펜들턴법 역시 미래지향적이기보다는 과거에 벌어진 문제들을 어떻게 해결할 것인가에 더 큰 비중을 두었다. 이에 엽관주의의 병폐를 극복하고자, 팬들턴법은 공직을 정치적으로 중립화시킴으로써 정치적 충성심이나 개인적 정실이 공직임명에 개입되는 것을 금지하였다. 또한 정치적인 이유로 현직자의 신분상에 불이익을 주거나 선거운동에 참여하도록 강요하지 못하게 하였으며 공무원은 경쟁시험을 통해 선발하도록 하였다. 이러한 내용은 현재 실적주의를 기초로 하는 미국 공무원 인사제도의 법적 토대가 되었다.

펜들턴법 통과 이후 미국 공직사회에서는 실적주의가 점진적으로 진화되어 갔다. 개혁 초기에는 공무원의 90% 정도가 여전히 정치적 · 인간적 친분에 의해 임명되고 해고되었으나(Hays & Reeves, 1989), 지속적인 개혁의 결과 20년이 채 지나지 않아 전체 공무원의 60% 이상이 실적주의에 의해 관리되었다(Kaufman, 1965). 그러나 이러한 개혁 기조는 여전히 엽관주의의 병폐를 어떻게 하면 극복할 것인가에 중점을 두는 소극적 시각에 머물러 있었다. 이를 위해 공무원 해고에 대한 규정을 강화하고, 인사기능을 정치기능으로부터 독립시키는 노력이 이루어졌다. 행정을 정치로부터 분리시킴으로써 공직사회에서 발생하고 있는 문제가 해결될 수 있다고 믿었기 때문이다. 그러나 1900년대 초, 과학적 관리(Scientific Management)의 영향으로 실적주의의 개념에 커다란 변화가 일기 시작하였고(Mosher, 1982), 일부에서는 펜들턴법에 대한 비판이 제기되기도 하였다. 이러한 변화에 따라 소극적 시각에 머물러 있던 개혁의 기조가 적극적 시각으로 전환되기 시작하였다.

## 3. 직업공무원제

직업공무원제(Career Civil Service System)는 젊고 유능한 인재가 공직에 들어와서 공직에 근무하는 것을 명예로운 것으로 여겨 정년퇴임까지 전 생애에 걸쳐 성실하게 근무할 수 있도록 유도하고 단계적으로 경력발전을 이룰 수 있도록 하는 인사제도를 의미한다.

직업공무원제의 중요성은 공직의 계속성 · 안정성 · 일관성 확보 및 윤리성과 우수성 향상 측면에서 발견해 볼 수 있다. 정권교체나 정변에도 불구하고 정부의 단절이나 혼란 없이 안정적으로 국정운영이 가능한 데는 종신직 신분보장을 받은 직업공무원이 중요한 역할을 하고 있기 때문이다. 이처럼 직업공무원제는 공직 사회에서 신분보장을 통해 행정의 계속성 · 안정성 · 일관성을 확보하는 데 기여하였으며, 직업공무원제를 통해 높은 수준의 봉사정신과 행동규범의 준수를 요구하면서 윤리성 향상에도 기여하였다. 뿐만 아니라, 신분보장과 더불어 공직에 대한 높은 사회적 평가를 바탕으로 공공부문 인적자원의 우수성 확보에도 기여할 수 있었다.

인사행정에 있어 직업공무원제가 갖는 다양한 가치에도 불구하고 직업공무원제는 다음과 같은 한계를 지닌다. 첫째, 직업공무원제가 강하게 보장되는 경우 국민에게 직접 책임을 지는 대표기관이 국민의 요구대로 정책을 실행하는 데 어려움이 따른다. 대통령이 책임정치를 실현하기 위해 필요한 인력을 공직에 임명하고 싶어도 직업공무원의 신분보장 때문에 이들을 교체할 수가 없다. 정치권력의 부당한 남용으로부터 공무원을 보호하기 위해 만들어진 직업공무원제가 대통령의 국정수행에 요구되는 공무원의 탄력적 운용을 제한하는 것이다. 또한 공직계층의 중간에 외부인의 자유로운 충원이 곤란하기 때문에 직업공무원은 국민의 요구와 환경의 변화에 둔감하게 대응하는 속성이 강하게 나타난다. 공직은 침체되고 경직되기 때문에 전체 국민에 대한 봉사자로서의 본래 의무가 퇴색되어 버린다. 특히 관우월주의 사고가 잔존하고 있는 상황에서는 공직전체가 특권계급화되고 공무원 또한 특권의식 속에서 독선적으로 공직을 수행하는 폐단이 발생할 수 있다.

이에 직업공무원제의 운영에 있어서는 직업공무원과 정치 임명직 간의 경계문제, 외부인사에 대한 개방성의 범위, 내부교류의 범위, 신분보장의 정도 등 직업공무원제의 범위와 정도에 대해 어느 선에서 균형을 맞출 것인지에 대한 논의가 중요하다.

## 4. 대표관료제

대표관료제(Representative Bureaucracy)는 공무원의 인적 구성을 성별, 계층, 지역, 인종과 같은 사회 구성원의 인구학적 특성과 비례하도록 구성하여 공직의 대표성(Representativeness)을 확보하는 제도이다. 즉 대표관료제는 특정 인구학적 특성을 지닌 공무원이 자신이 속한 집단의 이익을 대변함으로써 사회적 형평성을 달성할 수 있을 것이라는 기대에서 출발한 제도이다.

펜들턴법을 기초로 하는 기존의 인사개혁은 채용과 해고 과정에서 정치권력의 남용을 어떻게 방지할 것인가에 관심을 기울였으나, 신공공관리 이후, 개혁 기조는 인사활동의 전 과정에서 실적주의의 원리를 적용하여 채용 후의 승진, 교육훈련, 활용, 보수 등과 같은 인사활동 전반으로 확대되었다. 과학적 관리론이 제공하는 관리철학을 기반으로 일에 대한 과학적 분석과 그 일을 가장 잘 수행할 수 있는 적격자를 찾아 일과 사람을 일치(Match)시키는 최선책을 찾기 시작했고, 실적주의가 과학적 관리 정신과 결합하면서 전문성을 갖춘 사람이 공직에 들어오기 시작했다. 그러나 이는 인종 · 성 차별 금지라는 다양성 관리의 시각과 결부되면서 변화가 요구되었다(Hays & Reeves, 1989).

공직채용에 있어 인종 · 성 · 지역 등에 대한 정치적 고려가 이루어지지 못하고 오로지 직무수행에 대한 개인의 능력과 전문성만을 중시하자 소수민족과 여성의 공직진출 비중이 절대적으로 낮아지는 결과가 초래되었다. 또한 처음에는 주로 채용에서 문제시되던 차별문제가 승진과 보수로까지 범위가 확대되어 갔다. 모든 국민에게 균등한 기회를 제공함으로써 공직의 국민 대표성을 확보하고자 했던 실적주의가 차별 문제로 인해 대표성에 도전을 받게 된 것이다. 이러한 차별 문제는 법적인 차원이 아니라 이론적 차원에서도 인종 · 성 · 지역 · 직업 등의 여러 기준에서 국민 전체 또는 지역주민 전체(지방자치단체의 경우)의 인적 구성에 비례하도록 공무원을 구성함으로써 공직의 인적 대표성을 확보해야 한다는 대표관료제(Representative Bureaucracy)의 필요성을 야기시켰다(Kingsley, 1994).

그러나 대표성 확보에 있어 이러한 노력 역시 다양한 문제점을 노정하고 있다. 대표적 문제점으로 산술비례에 의한 대표성(할당제)을 충족시키는 과정에서 능력 있는 사람이 채용이나 승진에서 배제되는 역차별(Reverse Discrimination) 문제를 지적할 수 있다. 차별 및 역차별에 대한 문제는 실적주의 및 성과주의를 근간으로 하는 현대의 인사행정에 있어 중요한 개혁과제라 할 수 있다.

## 제4절 인사행정의 외부환경요소

인사행정의 외부환경요소는 인사행정체제의 경계 밖에 있으면서 인사행정의 효과성, 인사결정, 인사관리과정 등에 공통적으로 영향을 미치는 요소들이다. 그러나 이는 너무나 막연하고 추상적일 수 있으므로 이를 논의하는 데 있어서는 다양한 환경 요소를 유사한 특징으로 묶어 다시 분류하는 것이 일반적이다. 예를 들어, 환경을 정치적 요구, 사회적 규범, 경제적 · 기술적 요인, 노동시장으로 구분하거나(강성철 외, 1996), 경제적 환경, 사회적 환경, 정치적 환경, 행정적 환경으로 분류하는 경우이다(오석홍, 1993). 또한 정치적 환경, 경제적 환경, 사회적 환경, 기술적 환경으로 분류할 수도 있다(Klingner & Nalbandian, 1985).

이 책에서는 외부환경의 구분에 있어 이러한 시각을 종합하여 정치, 경제, 사회 · 문화, 기술 환경과 공공조직의 특수성으로 인해 그 중요성이 더욱 강조된다 할 수 있는 법적 환경과 민간부문의 인사관리를 추가하여 설명하고자 한다.

### 1. 법적 환경

세계 각국의 인사행정에 대한 역사는 권력을 가진 개인이나 집단의 자의적 영향을 줄이고 합리성과 공정성을 확보하는 방향으로 흐르고 있다고 말할 수 있다. 합리성과 공정성을 확보하는 가장 확실한 방법은 법에 근거한 행정이다. 공무원은 특정인이나 집단에 대한 충성이 아닌 전체국민에 대한 봉사자이다. 따라서 이러한 공무원을 개인에 대한 충성심이나 정실을 기준으로 관리하도록 방임할 수는 없다. 현대의 인사행정이 민간부문의 인사관리에 비해 법적 제약이 강한 이유가 여기에 있다.

국민의 법의식이 높은 미국의 경우 인사행정에 미치는 법의 영향력은 그 범위와 정도에서 우리나라보다 훨씬 강하다고 할 수 있다. 우리나라에서는 과거 경찰공무원 채용시 남성 167cm, 여성 157cm 이상의 키와 남성 57kg, 여성 47kg 이상의 몸무게가 되어야 한다는 규정을 가지고 있었지만 2009년부터 이를 폐지하였고 5급 공개경쟁채용시험과 7, 9급(경찰, 소방 등 특수직 제외) 등 국가공무원법에 적용을 받는 국가공무원의 공채시험 응시연령 상한선 역시 2009년부터 폐지하였다. 미국에서는 일반적으로 이러한 신체조건에 의한 채용 제한이 체구가 작은 동양계나 남미계 시민을 제도적으로 차별하는 결과를 가져온다는 이유로 오래전부터 용인하지 않고 있다. 또한 인사담당기관에는 법률자문관이 있어 각종 인사결정의 법적 타당성을 자문받고 있다. 우리나라에서도 최근 공무원 스스로 자신의 권리를 적극적으로 법에 호소하는 경향이 증가하고 있고, 남녀고용평등과 일 · 가정양립지원에 관한 법률, 공직자윤리법, 장애인고용촉진 및 직업재활법 등 새로운 법이 제정됨에 따라 인사행정에 미치는 법적 영향이 증가하고 있다.

하지만 이러한 법적 제약의 강화는 인사행정의 경직화를 초래하기 쉽다. 즉 빠르게 변화하는 환경에 유연하게 대처하기 곤란해지는 것이다. 유휴 인력이 있어도 법적 신분보장 때문에 해고가 불가능하고, 긴급 인력이 필요해도 예산이나 공고절차 규정 등으로 적시에 채용하기가 곤란하다. 따라서 법에 의한 공정한 인사관리 체계의 구축과 함께 상황의 변화에 적응하기 위한 탄력적 인사관리 체계를 동시에 구현하고자 하는 노력이 무엇보다 중요하다고 할 수 있다. 인사행정에 영향을 미치는 법적 환경은 법체계에 따라 헌법, 법률, 명령 등으로 구분하여 생각할 수 있다.

### 1) 헌법

헌법은 국가의 최고기본법으로서 기본권보장과 통치구조에 관한 내용을 규정하고 있다(권영성, 1996). 따라서 인사행정에 관련된 모든 하위법의 규정이나 인사결정은 헌법에 위배되어서는 안 된다. 실제 예를 들어보자. 헌법 제33조 제2항은 공무원인 근로자는 법률이 정하는 자에 한하여 단결권 · 단체교섭권 및 단체행동권을 가진다고 하여 제한적으로 근로3권을 보장하고 있으나 국가공무원법 제66조에는 사실상 노무에 종사하는 공무원에게는 여타 공무원의 근로3권 제한이 적용되지 않음을 밝히고 있다. 그러나 1998년 개정 이전의 노동쟁의조정법 제12조 제2항은 국가 · 지방자치단체에 종사하는 근로자에게는 공무원의 신분 여하에 관계없이, 사실상 노무에 종사하는 공무원도 쟁의행위를 할 수 없도록 규정하고 있었다. 헌법재판소는 이 규정에 대하여 헌법 제33조 제2항에 불합치하다는 판정과 함께 법률개정을 촉구하였고, 1998년 새로 개정된 노동조합 및 노동관계조정법에서는 이 조항을 삭제하였다. 이는 헌법에 위배되는 법률로 인해 인사행정이 이루어질 수 없음을 보여준 사례이다. 이 외에도 헌법의 여러 조항이 실제로 인사행정에 영향을 미치고 있다. 다음 〈표 1-3〉은 헌법규정과 밀접한 관련이 있는 인사행정상의 주요쟁점을 정리한 것이다.

### 2) 법률

인사 관련 법률에는 적용되는 공무원의 분류에 따라 국가공무원법, 지방공무원법, 외무공무원법, 경찰공무원법, 소방공무원법, 교육공무원법, 법원조직법, 국회사무처법 등을 포함시킬 수 있다. 이 중에서 공무원, 인사담당기관, 그리고 인사기능에 대한 가장 기본적인 규정을 담은 것이 국가공무원법이다. 국가공무원법은 인사행정의 전반적인 분야에 대한 규정을 모두 포함하고 있다. 즉 인사기관, 공직분류제도, 채용, 보수, 능률, 복무, 신분보장과 징계 등의 내용을 담고 있다. 다른 법률은 국가공무원법의 제 규정을 골격으로 하여 기관의 특성에 맞게 부분적으로 보완한 것이라 할 수 있다. 공무원만을 대상으로 하여 적용되는 법률로는 공직자윤리법과 정부조직법이 포함된다.

이 밖에도 민간기업의 근로자와 공무원 모두에게 적용되는 법률도 있는데, 주로 고용, 노사관리, 업무상 재해에 관련된 법률들이다. 대표적인 예로 남녀고용평등과 일 · 가정양립지원에 관한 법률, 근로기준법, 산업안전보건법 등을 들 수 있다.

#### (1) 국가공무원법

1949년 제정된 국가공무원법은 그동안 수차례의 개정을 거쳐 현재에 이르렀다. 국가공무원법은 총칙에 선언하고 있듯이 인사행정의 공정을 기하고 공무원으로 하여

**표 1-3** 헌법과 관련된 인사행정의 주요쟁점

| 조항 | 주제 | 내용 | 인사행정의 주요쟁점 |
|---|---|---|---|
| 제7조 제1항<br><br>제2항 | • 공무원 지위<br><br>• 공무원과 신분보장과 정치적 중립성 (직업공무원제도) | • 전체국민에 대한 봉사자<br>• 신분과 정치적 중립성은 법률로 보장 | • 공무원의 의무와 책임, 기본적 권리제한<br>• 공무원의 정당 · 정치단체의 결성에 관여 · 가입 금지<br>• 공무원의 선거시 특정정당, 특정인 지지 · 반대 금지 |
| 제11조 제1항<br><br>제4항 | • 법 앞의 평등<br><br>• 여성차별금지 | • 성별 · 종교 또는 사회적 신분에 의한 차별금지<br>• 근로관계에 있어서의 여성차별 금지 | • 동일(가치)노동 · 동일 임금의 원칙<br>• 공개경쟁에 의한 채용<br>• 합리적 차별은 허용<br>– 국가유공자의 취업우선 기회 부여<br>– 여성고용할당제 |
| 제17조 | • 사생활 보장 | • 사생활 비밀과 자유불가침 | • 제한: 공직자 및 가족의 재산등록과 공개 |
| 제21조 제1항 | • 언론 · 출판의 자유 | • 언론 · 출판의 자유 보장(개인적 · 집단적 표현의 자유, 국민의 알권리 보장) | • 공무원의 정치적 중립<br>• 공직자 및 가족의 재산등록과 공개 (국민의 알권리 측면) |
| 제25조 | • 참정권 | • 공무담임권 보장 | • 공무원의 자격규정<br>• 공무원의 공직선거 후보자에 대한 선거일 90일 전/면직(선거에 공정성과 공직의 직무전념성 보장 차원) |
| 제32조 제1항<br><br>제4항 | • 근로의 권리<br><br>• 여성근로자 특별 보호 | • 근로자의 고용증진과 적정임금보장<br>• 고용 · 임금 및 근로조건의 차별금지 | • 표준생계비 보장<br><br>• 여성고용할당제<br>• 동일노동 · 동일임금 원칙 |
| 제33조 제1항<br><br>제2항 | • 근로3권<br><br>• 공무원 근로3권 제한 | • 단결권 · 단체교섭권 · 단체행동권 보장<br>• 공무원의 근로3권 법정주의 | <br><br>• 사실상 노무에 종사하는 공무원 및 교육공무원에게 제한적으로 허용 |
| 제34조 제1항 | • 인간다운 생활권 | • 인간다운 생활을 할 권리 | • 공무원 보수: 표준생계비 보장 |

금 국민전체의 봉사자로서 행정의 민주성과 능률성을 발휘하도록 하는 것을 기본 이념으로 삼고 있다. 또한 국가공무원법은 우리나라 공직사회가 실적주의제와 직업공무원제의 적용을 원칙으로 하고 있다는 점을 명시하고 있으며 이러한 이념과 원칙을 바탕으로 중앙인사담당기관, 직위분류제, 임용과 시험, 보수, 능률, 복무, 신분보장, 징계 등에 대한 기본적인 내용을 규정하고 있다.

(2) 공직자윤리법

공직자윤리법은 1981년 제정되었으며, 그동안 여러 번 개정을 거쳤다. 공직자윤리법은 제1조에서 '공직자 및 공직후보자의 재산등록과 등록재산 공개를 제도화하고, 공직을 이용한 재산취득의 규제 등을 통하여 공직자의 부정한 재산증식을 방지하고, 공무집행의 공정성을 확보하여 국민에 대한 봉사자로서의 공직자의 윤리를 확립함을 목적으로 한다'고 밝히고 있다. 구체적으로 공직자의 재산등록 및 공개, 선물신고, 그

**표 1-4 정부 · 민간부문 근로자 인사관련 법률**

| 법률 | 최근 개정일자 | 법률공포번호 | 주요 내용 |
|---|---|---|---|
| 남녀고용평등과 일 · 가정양립지원에 관한 법률 | 일부개정 2012.6.1<br>시행일 2012.9.2 | 법률 제11461호 | 남녀 간의 평등한 고용기회 및 대우보장, 근로여성의 지위향상과 복지증진 |
| 장애인고용촉진 및 직업재활법 | 일부개정 2012.12.18<br>시행일 2013.6.19 | 법률 제11570호 | 장애인의 인간다운 생활보장을 위한 고용촉진 · 직업재활 · 직업안정<br>(국가기관은 장애인이 소속공무원의 2% 이상이 되도록 규정) |
| 근로기준법 | 일부개정 2012.2.1<br>시행일 2012.8.2 | 법률 제11270호 | 근로자의 기본생활보장과 균형있는 국민경제의 발전 |
| 노동조합 및 노동관계조정법 | 일부개정 2010.6.4<br>시행일 2010.7.5 | 법률 제10339호 | 근로자들의 단결권, 단체교섭권, 단체행동권 보장, 노동쟁의 예방, 노동관계의 공정 · 신속한 조정 |
| 노동위원회법 | 일부개정 2010.6.4<br>시행일 2010.7.5 | 법률 제10339호 | 노사관계의 공정한 조정을 위한 기구설치 |
| 산업안전보건법 | 일부개정 2011.7.25<br>시행일 2012.1.26 | 법률 제10968호 | 산업재해의 예방과 쾌적한 작업환경을 조성하여 근로자의 안전과 보건을 증진 |

자료: 국회법률시스템(http://likms.assembly.go.kr/law).

리고 퇴직공직자의 유관 사기업체로의 취업제한 등에 관한 내용을 담고 있다.

(3) 정부조직법

정부조직법은 헌법 제71조의 '행정각부의 설치 · 조직과 직무의 범위는 법률로 정한다'는 규정에 의거하여 제정된 것으로 '국가행정사무의 통일적이고 능률적인 수행을 위하여 국가행정기관의 설치 · 조직과 직무범위'를 정함을 목적으로 하고 있다. 구체적으로 각 행정기관의 설치와 직급구조 · 명칭, 직무의 범위, 권한의 위임 · 위탁, 기관장의 직무권한 등에 관한 내용을 담고 있으며 행정기관에 배치할 공무원의 종류와 정원은 대통령령으로 정하도록 위임하고 있다. 정부조직법은 행정기관의 조직구조와 업무분장, 그리고 그에 따른 정원조정 등과 관련된 인사업무에 중요한 영향을 미치는 법률이다.

(4) 기타 법률

공무원뿐만 아니라 민간기업의 근로자 모두에게 적용되는 인사관련 법규는 〈표 1-4〉와 같이 요약할 수 있다. 다만 노동관련 법규는 노동조합의 결성과 활동이 보장되어 있는 일부 공무원에게만 적용되는 것이다.

### 3) 명령 및 예규

법률로서 구체적인 내용을 규정하지 못한 경우에는 대통령령, 총리령, 행정안전부의 예규나 훈령을 통해 상황에 적합한 규정을 마련할 수 있도록 함으로써 국회의 의결을 거쳐야 하는 법률보다 상황변화에 유연하게 대응하고 있다. 대표적인 예로는 공무원임용령, 공무원복무규정, 공무원보수규정, 공직자윤리법 시행령, 행정기관의 조직과 정원에 관한 통칙 및 직제(이상 대통령령), 공무원평정규칙, 공무원연금법 시행규칙(이상 총리령), 별정직 공무원의 임용자격기준, 수습행정관 등 실무수습규정, 공무원보수 · 업무처리지침(이상 예규) 등이 있다. 실제 인사담당 공무원에게 구체적인 행동의 지침을 제공하는 것은 헌법이나 법률보다는 이러한 명령이나 예규이며, 특정 논쟁사항에 대해서는 행정선례나 법원판례 등이 더 중요한 역할을 하게 된다.

## 2. 정치적 환경

정치적 환경을 구성하는 구체적인 주체들로는 일반국민, 대통령, 국회의원, 정당, 언론, 시민단체 등을 들 수 있다. 이 중에서도 인사행정에 가장 큰 영향을 미치는 주체는 대통령이다. 국민에게 직접 책임을 지는 대통령은 공무원을 통해서 국민에 대한 약속을 실현시키고자 한다. 지휘관이 병사에게 자신의 지휘에 일사분란하게 움직여 주기를 기대하듯 대통령 또한 공무원에게 똑같은 기대를 가지게 된다. 즉 공무원은 전장의 병사와 같다. 대통령의 공무원 임면권은 공무원을 움직이기 위한 가장 효과적인 수단이 될 수 있다.

미국에서는 일찍이 대통령의 책임정치를 구현하기 위하여 선거과정에서의 충성심을 바탕으로 정당인에게 관직을 부여하는 엽관주의가 1800년대 말까지 성행하였다. 그 결과 행정의 전문성과 지속성이 결여되는 등의 폐해가 나타나기도 하였다. 이에 엽관주의에 대한 반발로서 근대 인사행정의 기초가 되는 실적주의가 탄생하게 되었다. 그러나 현대에도 국민의 요구에 민감하게 대응하고 대통령의 의지를 실효성 있게 국민에게 전달하기 위해서는 엽관주의의 민주적 · 대응적 · 소통적 요소(국민에 대한 직접적인 책임정치) 등의 긍정적인 측면을 완전히 부정할 수는 없다. 우리나라에서도 과거의 군사정부에 비해 김영삼 정부, 김대중 정부, 노무현 정부, 이명박 정부, 박근혜 정부가 들어선 이래 여론에 보다 민감하게 반응하는 선거참모가 상당수 관직에 임명되었다. 이들은 현상 유지적이고 관료성향이 강한 기존의 공무원과는 달리 개혁지향적이고 대국민 대응성이 강하다는 특성을 갖고 있으며 SNS 등을 활용하여 국민에게 보다 친근하게 다가감으로써 국민과의 소통을 강화하고, 나아가 정부신뢰 제고를 위해 노력하고 있음을 알 수 있다.

대통령은 공무원의 임면권뿐만 아니라 정책결정의 최고책임자로서 공무원 보수, 인사조직 개편, 능력위주의 인사 등 핵심적인 인사정책을 결정하는 데 있어 중요한 역할을 담당한다. 공무원 보수의 인상이나 조직축소 등의 쟁점사항은 대통령 선거 때마다 공약사항으로 등장할 정도로 정치적인 문제가 되어 왔으며, 대통령의 결단 없이는 실질적인 변화를 기대하기 힘든 정치적 사안들이다. 뿐만 아니라 대통령은 공직사회에 대한 사회적 평가와 개혁을 선도하기도 한다. 김영삼 정부는 취임초기 공직사회에 대한 국민의 부정적 시각과 반관료적 사회분위기를 조성하는 데 결정적인 영향을 미쳤다. 김대중 정부는 IMF 구제금융하의 위기관리를 위해 민간부문에 상응하는 정부부문의 인력감축과 보수인하, 그리고 정부경쟁력 강화를 위한 인사개혁 프로그램을 도입하였다. 노무현 정부 또한 중앙인사위원회 신설과 고위공무원단 도입, 개방형 임용제 강화 등의 개혁적 인사시스템 구축을 강력히 추진 · 발전시켜 나갔다. 이명박 정부 역시 공직사회의 우수 인재 확보를 위해 민간경력자 채용시스템을 도입하고 부처 배치 및 신규임용 시스템을 개선하였으며 사회형평적 인재 채용 강화, 현장중심 · 성과중심 인사관리 강화 정책 등을 통해 인사행정의 관리역량을 강화하였다.

대통령 이외에도 국회의원은 국정감사를 통해 공식적으로 인사의 공정성, 민주성, 능률성 등을 조사할 수 있고, 비공식적으로는 해당 지역구 내의 자치단체 인사에 영향력을 미치기도 한다. 일반 국민, 시민단체, 언론 역시 공무원 사회 전반에 대한 감시자 역할을 수행한다. 특히 고위직 공무원의 인사이동이 있을 때마다 시민단체나 언론은 개별 공무원의 자질에 대한 시비를 공론화하고 지역이나 출신학교 또는 성별 분포를 기사화하는 것을 볼 수 있는데, 이는 대통령이나 인사관리 책임자들에게 보이지 않는 압력요인으로 작용한다. 최근 공직사회의 윤리성이나 근무태도 나아가 생산성에 대한 일반국민의 관심이 높아지고 있는데 이 또한 인사행정에 직 · 간접적인 영향요인으로 작용할 것이다.

인사행정이 인적자원의 '합리적 관리'라는 행정의 과학화를 추구하고 있지만 이들이 자원배분의 결정 및 정부의 산출에 관여하고 영향을 미친다는 점을 고려할 때, 결코 정치로부터 독립적일 수 없다는 것을 예측할 수 있다. 즉 현대의 개방 환경하에서 전통적 행정 분야인 인사행정에서도 실적주의 원칙의 중립성을 강조하는 정치 · 행정 이원론적 사고가 하나의 이상(Ideal)에 불과하게 된 것이다(Thompson, 1995; Nalbandian & Klingner, 1981).

## 3. 경제적 환경

인사행정의 제도와 활동은 경제환경에 의존적이기 마련이다. IMF 구제금융하에서 공무원의 정년단축, 채용규모 축소, 보수인하, 해외교육훈련규모 축소가 대표적인 예라 할 수 있다. 그 외에도 채용인력의 질적 수준, 정부의 생산성 또는 노동조합의 결성 등과 관련하여 경제적 측면에서의 외부요소가 중요하게 작용하게 된다. 구체적으로 경제적 환경은 국가예산, 노동시장, 그리고 최근에 부각되고 있는 국제경제 환경 등으로 구분하여 살펴보고자 한다.

첫째, 국가예산의 중요성이다. 한 나라의 경제 상태는 국민의 담세능력을 결정하게 되고 이에 따라 국가재정력이나 예산의 확보가 결정된다. 국가예산의 10% 수준이 인건비로 지출되는 현실을 고려할 때(〈표 1-1〉 참조) 공무원의 보수는 경제상태에 가장 직접적인 영향을 받는다고 할 수 있다. 물론 경제상태가 양호하고 예산이 충분하다고 해도 공무원의 보수가 공기업이나 민간기업의 보수에 비하여 더 높은 수준으로 결정되기는 힘들 것이다. 공무원의 보수인상은 다른 분야의 임금인상뿐만 아니라 물가에도 영향을 미치기 때문이다. 인사행정에서 예산과 깊은 관련을 갖는 것으로 보수 이외에 교육훈련을 들 수 있다. 업무가 전문화되고 기술적으로 고도화되어 감에 따라 새로운 지식과 기술의 습득을 위한 재교육이 요구되고 있다. 이러한 요구가 심화될수록 교육훈련 비용은 증가하게 되므로 교육훈련은 예산에 의존할 수밖에 없다.

둘째, 공공 · 민간부문 노동시장의 특성이다. 예를 들어, 우수인력을 확보하기 위해 민간기업과 경쟁이 치열한 상황이라면 정부는 보다 적극적인 충원방안을 고려해야 할 것이고 기존의 인적자원이 이탈하지 않도록 체계적인 유지전략을 확보해야 할 것이다. 반면 공직에 대한 사회적 평가가 높고 구직난이 심한 경우에는 민간기업과의 인적자원 확보경쟁에서 소극적으로 대응해도 문제가 되지 않는다. 또한 노동시장의 양적 특성뿐만 아니라 이들 인적자원의 성별, 연령별, 학력별 분포 또는 이들이 갖추고 있는 전문지식이나 가치관과 같은 질적 특성도 인사행정에 중요한 영향을 미치게 된다(Whicker, 2006).

셋째, 국제노동기구(ILO)와 경제협력개발기구(OECD) 가입, 그리고 세계무역기구(WTO)의 출범 등 개방 중심의 경제정책을 요구하는 국제적 압력이 정부의 인사행정에도 영향을 미치게 되었다. 예를 들어, 우리 정부는 2005년 법적으로 공무원 노동조합을 허용하기까지 지속적으로 ILO로부터 이를 허용할 것을 요구받아 왔었다. 법안 통과 이후에도 ILO는 5급 이상의 공무원과 소방공무원 등의 노동조합 결성을 보장하라는 내용의 권고안을 채택한 바 있으며, 2006년 7월 한국을 방문한 팀 드 메이어 국제노동기구 전문위원은 "공무원들도 당연히 결사의 자유, 특정조건하에서의 단체교섭권 및 파업권 등 세 가지 기본권이 보장되어야 한다"라고 거듭 강조하였다(프레시

안, 2006.07.31). OECD와 WTO는 뇌물공여 금지를 내용으로 하는 부패 라운드(Round: 다자간협상)를 주장하고 있다. 부패관행이 심한 나라는 부패관련국으로 지정해 무역제재를 가해야 한다는 것이다(한겨레신문, 1996.06.16). 특히 미국 및 유럽연합국이 문제 삼고 있는 것은 규모가 큰 국책사업에서 정부에 대한 뇌물공여 문제이기 때문에 이는 공무원의 부패문제에 직접적인 영향을 미치게 된다.

또한 이러한 환경의 변화로 인해 해당분야의 공무원에게는 전문성과 외국어 구사력, 협상력 등과 같은 새로운 능력이 요구되고 있다. 국제기구를 중심으로 다자간 협상이 노동(Blue Round)뿐만 아니라 환경(Green Round), 경쟁(Competition Round), 농업(Uruguay Round) 등 여러 분야에서 진행되어 왔고 이에 대처하기 위한 전문인력의 수요가 급증하고 있다. 1990년대 중반 이후 박사학위 소지자나 외국어 구사능력을 충분히 갖춘 재외교포 자녀 또는 변호사 등에 대한 특별채용 규모를 늘려온 것이나 2000년부터 고위직 공무원의 20%를 민간과 경쟁하는 개방형으로 채용하게 된 것은 이러한 국제환경의 변화가 중요한 영향을 미쳤기 때문이다.

## 4. 사회 · 문화적 환경

사회 · 문화적 환경에서 우선 지적할 수 있는 것은 계급과 계급 간, 직업과 직업 간의 유동성(Mobility)이다. 유교적 장유유서의 질서에서는 능력보다 연공서열에 의한 인사가 뿌리 깊은 관행으로 지속되어 왔다. 여기에 농경문화의 폐쇄성과 정착성은 민간부문과 공공부문 사이에 개방적인 인사교류를 억제시켜 온 한 요인으로 볼 수 있다. 이러한 환경 때문에 공직에 늦게 들어왔거나 나이가 어린 사람이 본인보다 먼저 승진을 한 경우에 이를 수용하기보다는 불만과 시기가 앞서는 것이 보통이었다. 또한 외부에서 어떤 사람이 중간관리계층에 임명되어 들어오는 경우에도 이들과 바로 융화되기보다는 텃세를 부리며 이방인으로 배척하기도 했다. 그러나 최근 의식의 세계화가 강조되고 신세대의 개성을 중시하는 사고가 확산되면서 전통적인 질서와 폐쇄성에 변화의 조짐이 나타나고 있다. 이에 따라 종래의 인사제도나 관행에도 변화가 있을 것으로 예상된다.

일반국민의 공직에 대한 의식 또한 공직의 선택이나 공무원의 근무태도 및 행동에 중요한 영향을 미치게 된다. 조선시대까지 지속되어 온 군신민(君臣民)의 신분체계 전통은 다수의 국민들에게 관선호 사상을 낳았고, 1970~80년대의 관주도 경제성장과정에서 보여 준 공무원의 주도적 역할은 일반국민으로 하여금 공무원에 대한 사회적 평가를 높이는 계기가 되었던 것으로 보인다. 이러한 관선호 사상이나 공무원에 대한 평가는 우수한 공무원의 확보에 많은 공헌을 했다고 볼 수 있다.

하지만 이러한 경향은 1990년대 이후 변화의 조짐을 보이고 있다. 개발시대 중앙정부의 계획과 통제에 의한 발전 전략이 현대에는 오히려 기업의 자유로운 경제활동을 저해하여 경쟁력을 약화시키고, 비능률과 무사안일, 나아가 개혁에 걸림돌이 된다는 비판이 강하게 제기되어왔기 때문이다. 공무원에 대한 설문조사에서도 공무원 스스로 인적자원의 자질이나 자원관리 측면에서 정부가 민간부문에 뒤진다고 생각하는 사람이 그렇지 않다고 생각하는 사람보다 더 많은 것으로 조사되었다(부정방지대책위원회, 1996). 이러한 결과는 공무원 전체의 사기가 저하되고 있음을 보여주는 것이며 향후 공무원이 되고자 하는 잠재적인 희망자에게도 부정적인 영향을 미칠 것으로 예상해 볼 수 있다.

일반국민의 공직에 대한 의식뿐만 아니라 일반국민이 어떠한 사회적 규범 내지 신념(문화)을 가지고 있는가도 공무원의 근무태도와 행동, 나아가 행정서비스의 질을 결정하는 데 있어 중요한 역할을 담당한다. 예를 들어, 당연한 행정서비스임에도 불구하고 감사의 뜻으로 선물을 전한다거나, 명절 또는 기념일에 인사치레로서 선물을 주고받는 것이 하나의 미덕으로 받아들여지는 사회에서는 공무원의 금품수수에 대한 경계의식 또한 약할 수밖에 없을 것이다. 따라서 이러한 전반적인 사회 규범과 문화는 궁극적으로 공공기관의 다양한 조직문화 체계(예를 들면, 고객지향적, 성과주의적, 합리적, 위계적, 집단주의적 문화 등)의 형성과 변화 및 발전에 중요한 영향을 미칠 것이다.

또한 온정주의 내지 연고주의가 강한 우리 문화에서는 고향친구, 상관, 동료, 부하직원, 학교동창이 인사 청탁을 했을 경우 그들은 당연히 그 청탁이 받아들여질 것이라 기대할 것이며 이는 결국 정실에 치우친 인사를 조장하는 결과를 가져온다. 이러한 문화 속에서 사회 구성원의 일원인 공무원에게만 합리적이며 공정하고 윤리적으로 행동하기를 기대한다는 것은 무리인지도 모른다. 합리적인 인사제도의 정착을 위해서는 이러한 사회 · 문화적 환경요소를 어떻게 극복하느냐가 중요한 과제가 될 것이다.

끝으로 공무원을 포함한 근로자들의 직업관도 중요한 환경요인으로 작용한다. 산업이 고도화되어 가면서 대부분의 근로자들이 3D 관련업종이나 직무를 기피하는 현상이 나타나고 있다. 공직사회에서도 출퇴근이 지켜지지 않는 부서나 대민접촉으로 말썽이 자주 생기는 부서는 기피대상이 되어 가고 있다. 외부에서 인정해 주고 소위 '끗발' 있는 부서라 할지라도 힘들고 책임이 따르면 오히려 힘쓰지 못하는 부서라도 편한 곳을 선호하는 경향이 더욱 커질 것이다. 특히 젊은 세대를 중심으로 확산되어 가고 있는 이러한 경향은 공공조직 내 일과 삶 균형(Work-Life Balance)을 통한 삶의 질 향상에 대한 관심과 여가와 문화생활을 즐기고자 하는 욕구가 점차적으로 증가하고 있음을 간접적으로 시사하는 것이다. 이들은 기성세대보다 훨씬 합리적인 사고의 소유자로 인식되고 있는데, 자신이 맡은 바 업무에는 충실하되 다른 사람의 것에는 관심이 적고 자신을 전문인으로 개발시켜 나가려는 자기성취욕구가 강한 것으로 보인다(다케우치 유타카 외, 1991). 신세대 공무원들의 이러한 인식 변화에 대한 대응책으로서 다양성 관리 정책의 일환인 일과 삶 균형 정책을 확대하고 신사고적 인사정책의 수립 노력과 지속적인 개혁활동을 전개해야 할 것이다.

## 5. 기술적 환경

고도의 정보사회가 실현됨과 동시에 공공부문에서도 전자정부(E-Government) 패러다임의 유입과 확산으로 인해 종전에 경험하지 못했던 새롭고 다양한 현상들이 나타나고 있다. 각종 의사전달체제나 감시가 면대면(Face to Face)이 아니라 컴퓨터 단말기를 통해 시간적 · 공간적 제약을 받지 않으면서 가능해지고 있다. 예를 들어, 세관을 통과한 물품에 대해 과거에는 창고에 직접 가서 육안으로 확인해야 했었지만, 창고관리가 전산화됨에 따라 이제는 관세청장이 컴퓨터 단말기 앞에 앉아 어느 물품이 며칠째 통관이 지연되고 있는가를 확인할 수 있게 되었다. 당연히 관세청장의 부하통솔 내지 감시의 범위가 넓어졌고 이는 세관 창고에 근무하는 일선공무원의 근무태도에 영향을 미칠 수밖에 없다. 세관공무원의 근무결과가 컴퓨터 단말기로 진단 및 기록됨에 따라 근무태만이나 부정의 소지가 줄어들었다고 할 수 있다. 반면에 본인의 행동이 일일이 감시되고 있다는 자체가 심리적인 부담을 가중시켜 직무에 대한 만족도는 떨어질 수도 있는 것이다. 이러한 전산화로 일선의 감독자 역할이 그만큼 줄어들게 되어 직무를 재구성하고 재설계하는 문제까지도 야기하게 된다.

종전에는 서류로 기안이 되고 상관의 결재를 받던 것이 이제는 컴퓨터 내에서 직접 기안하고 결재까지 가능하게 되었다. 과거에 보고서나 기안문 작성시 항상 타자수를 포함하여 몇 사람이 공동으로 작업해야 했던 것이 이제는 컴퓨터와 워드프로세서의 발달로 담당자 혼자서 직접 작성하는 것이 당연시되고 있다. 일하는 환경이 공동 작업에서 개별 작업으로 변화되어 가고 있는 것이다.

또한 이러한 새로운 기술의 변화는 공무원의 지속적인 교육훈련과 능력개발을 요구하게 되었다. 단순히 수작업으로 이루어지던 것이 전산화됨에 따라 우선 전산교육이 필요해졌다. 보다 근본적으로 기존의 직무가 없어지고 새로운 직무가 끊임없이 생겨나고 있다. 재교육을 통해 새로운 직무를 수행할 수 있는 능력을 키워나가지 못하면 조직을 떠나야 할 상황에 직면하게 되었다. 즉 재교육을 통해 탄력적으로 인적자원을 관리해야 할 필요성이 더욱 커지게 된 것이다. 기존 자원의 교육훈련으로 수요에 즉각 대응하지 못할 때에는 종전의 폐쇄적 충원방식을 바꾸어 전문가를 외부에서 직접 유입하는 등의 개방형 충원도 피할 수 없게 되었다. 이미 중앙정부 및 지방자치단체에서 국제화에 대응하기 위하여 외국어에 능통한 사람이나 통상전문가를 채용하기 시작한 것도 이러한 경향을 반영하고 있는 것이다.

정보통신 등 일반적인 기술의 변화뿐만 아니라 인적자원관리의 세부적 기능요소들인 인사정보시스템(Human Resource Information System), 전략적 인적자원관리 및 인력수급계획, 교육훈련의 방법, 경력개발의 설계 및 관리, 성과평가 및 근무성적평정 등의 관리기술 발전도 인사행정에 직접적인 영향을 미치게 된다. E-HRM 방식 도입이 그 대표적인 예이다. 하지만 우리나라는 아직 인사행정의 과학화 · 합리화가 미흡한 상태에 있기 때문에 이러한 기술을 아예 받아들이지 않거나 초보적인 수준에서 부분적으로 적용을 시도하고 있는 실정이다. 특히 일부 부처(2000년에 외교통상부와 기상청)에서 부분적으로 직위분류제 도입을 시도하였고, 고위공무원단의 경우 직위분류제의 원리를 적용한 직무등급제를 도입하였지만 아직 계급제의 전통을 벗어나지 못하고 있는 실정이다.

## 6. 민간부문의 인사관리제도

민간부문을 구성하는 기업들과는 인력시장에서 우수한 인력을 확보하기 위하여 경쟁관계에 있다는 것 이외에도 이들의 인사관리방식이 공무원의 인사관리에 영향을 미치게 된다. 가장 직접적으로 이들의 보수수준을 들 수 있고 인적자원의 확보, 개발, 유지 · 활용, 평가 등 모든 관리과정이 공무원의 인사관리에 영향을 미치게 된다. 더구나 민간부문의 인사관리가 공공부문과 비교해 상대적으로 탄력적으로 이루어지고 있으며 새로운 제도의 도입에 있어서도 보다 적극적이라 할 수 있다. 이에 민간부문은 정부의 입장에서 인사 벤치마킹[2]의 대상이 되기도 한다(신홍철 외, 1994).

예를 들어 대기업의 경우 연공서열의 인사관리가 능력과 실적 기준으로 바뀌었고, 연봉제 도입이 일반화되어 가고 있으며, 자신의 전문성을 바탕으로 직장 이동이 잦아지고 있다. 오랜 유교문화에서 불가능한 것으로만 여겨졌던 것이 서서히 변화하기 시작한 것이다. 만약 이러한 변화가 성공적인 결실을 가져온다면 공직사회에서도 전통적인 연공서열식 · 상의하달식 인사관리 관행이 사라지게 될 것이다.

이 외에도 기업에서는 우수 신입사원을 확보하기 위해 인턴사원제를 확대하고 있으며, 기존 인력 중에서 우수 인력을 양성하기 위하여 '주니어보드(청년중역회의)'를 시행하고 있다.[3] 주니어보드는 과장급 이하의 젊은 사원들로 이사회를 구성하여 경영 · 인사 · 사원복지 등에 관한 모든 문제를 논의하도록 하는 제도이다. 회의결과는 인사과에 전달되고 건의내용은 관련부서장에게 통보되어 반영토록 할 뿐만 아니라, 이를 통해 참신한 아이디어를 발굴하고 젊은 직원들의 리더십을 육성하며 사기를 진작시키는 효과를 기대할 수 있다(네이버 백과사전: 주니어보드).

또한 다양한 경력개발 프로그램을 두어 개인이 연도별 발전목표를 설정하고 이를 달성하기 위하여 교육훈련이나 보직 등에 대한 관리를 상관 내지 인사부서와 협의하여 직접 관리해 나가고 있다. 이러한 민간기업의 인사제도가 실효성 있는 제도로 평가되면 정부의 인사관리의 변화를 유도하는 동기(Motive)로 작용하게 될 것이다.

---

2) 벤치마킹(Benchmarking)은 관련 분야에서 최고의 경쟁력을 가지고 선도해 나가는 조직을 연구 · 분석하고 이를 본받아 자기 조직의 개선을 위해 노력하는 일련의 활동과정이라 할 수 있다.

3) 예를 들면, 정부 무상원조 전담기관인 한국국제협력단(KOICA)은 사내 커뮤니케이션을 활성화하기 위해 정규직, 비정규직을 포함한 11명의 위원으로 구성된 KOICA 주니어보드를 구성하여 미래비전과 전략부터 실무수행에 이르기까지 다양한 사안을 검토해 경영진에 의견을 제시하고 있다(연합뉴스, 2012. 11. 22). 이 외에도 다수의 지방자치단체에서 주니어보드를 운영하고 있다.

## 공공기관은 변신중 : '인사·보수' 혁신

류지복 · 정성호

관료제 문화가 강하고 무사안일주의가 만연한 곳으로만 인식되어 온 공공기관에서 인사체계를 비롯한 보수, 노사관계 등 전반에 걸친 변화의 바람이 불고 있다.

정부의 공공기관 선진화 추진과 맞물려 적잖은 공공기관들이 민간기업 시스템을 벤치마킹하거나 이보다 더한 각종 혁신적 시스템을 도입하는 데 속속 나서면서 '공기업=철밥통'이라는 고정관념 깨기를 시도하고 있는 것이다. 기획재정부는 2010년 3월 9일 「앞서가는 공감백배」라는 공공기관 선진화 우수사례집을 통해 27개 공공기관의 인사개혁과 보수체계, 그리고 합리적 노사관계 확립에 대한 우수사례들을 담았다. 구체적으로는 인사드래프트제도, 성과연봉제도, 성과관리시스템, 청년인턴제도 등과 같은 제도들을 어떻게 정착시키고 있는 지 설명하고 있다.

■ 연공서열 파괴…인사 드래프트제 도입

공기업에 연공서열 파괴 바람이 불고 있다. 경영진의 전유물로 여겨지던 인사권 일부를 과감하게 넘기는 사례도 적지 않다.

한국토지주택공사는 1급 부서장 직위 중 3분의 1을 2급 팀장으로 기용하고, 팀장급 직위의 3분의 1도 하급직급자 중에서 발탁했다. 통상 3급에서 2급 승진까지 12~13년이 걸렸으나 6년 만에 초고속 승진하는 사례도 나왔다.

한국관광공사는 지난달 상급자가 하급자(팀장급 이상)를 선택하는 드래프트제를 도입, 경쟁에서 탈락한 간부는 팀원으로 발령냈다. 직원 심층 인터뷰를 통해 팀워크를 저해하는 직원을 찾아내는 저성과자 관리프로그램도 개발했다. 총 3차례 교육을 통해 복귀기회를 제공하되 최종 탈락시 직권면직도 가능하다.

한국거래소도 파격적 인사쇄신을 통해 임원 50%, 부서장 · 팀장 40%를 교체하고 팀장의 45%를 하급자(4급 과장)에서 발탁하는 부하직원 선택제를 도입했다.

■ 공기관에도 속속 상륙하는 연봉제

연봉제는 공공기관에도 속속 상륙하고 있다. 정부는 특히 올해 들어 연봉제 표준모델안을 297개 전체 공공기관에 배포해 연봉제 도입을 독려하고 있다. 기관장에 대한 경영 평가에서 연봉제 도입 여부의 비중도 커졌다. 전방위적인 압박이다.

한국수자원공사도 연봉제란 흐름의 앞쪽에 서 있는 공기업이다. 작년 12월 노사 간 임금협약에서 연봉제 전면 실시에 합의했다. 99년 1급 간부를 대상으로 연봉제가 도입된 지 10년 만에 전 직원으로 확대됐다. 그 과정에서 극적인 것은 직원들의 여론 변화다. 작년 8월 임금협상 본교섭을 시작한 뒤 연봉제에 대한 노사 공동 설명회 등을 거쳐 도입 찬반 투표를 했지만 반대가 68%였다. 최고경영자와 전 부서장이 참여하는 연봉제 대토론회, 연봉제 추진 전담반의 순회 설명회, 대면 설득 등이 있은 후 직원 대표로 구성된 대의원대회는 77% 찬성이란 딴판의 결과를 내놨다.

한국철도시설공단도 비슷한 경로를 밟아 우선 간부직에 대해 성과주의 연봉제를 도입했다. 기본연봉은 자동 승급되는 등급형 연봉제를 폐지하고 기본연봉의 차등률을 2%까지 확대했다. 또 성과연봉은 경영 평가 성과급 200% 중 100%만 차등해 지급하던 것을 200% 전부로 확대했다. 철도시설공단은 성과주의 연봉제의 2단계로 2012년까지 연봉제를 전 직원으로 확대하고, 역량과 성과, 직무가치에 기반한 직무급 연봉제를 도입할 계획이다.

자료: 연합뉴스(2010년 3월 9일).

## 토론 문제

**Q1** 인사행정의 의의와 그 중요성에 대해 토론해 보세요.

**Q2** 인사행정의 5가지 주요기능에 대해 이야기 해보고 한국 인사행정의 현실에서 가장 많은 발전과 개혁이 필요하다고 생각되는 기능과 그 내용에 대해 토론해 보세요.

**Q3** 공공부문의 인사행정과 민간부문의 인사관리의 차이점과 공통점을 나열해 보고 민간부문의 인사관리제도 중 정부가 우선적으로 벤치마킹해야 한다고 생각되는 인사제도들에 대해 토의해 보세요.

**Q4** 한국의 인사행정시스템의 외부환경 요소들을 나열해 보고 인사행정 개혁 및 발전에 있어 각 요소들의 긍정적, 부정적 영향에 대해 토의해 보세요.

**Q5** 공공기관 선진화 우수사례집 「앞서가는 공감백배」에 소개된 27개 공공기관의 인사개혁과 보수체계, 그리고 합리적 노사관계 확립에 대한 우수사례들을 살펴보고, 현재까지 진행된 정부의 인사 개혁을 평가하고 문제점과 발전방향에 대해 토의해 보세요.

# 제 2 장 인사행정의 이념과 목표

## ■ ■ ■ 들어가는 말

제1장에서는 인사행정의 기초적인 이해를 돕고자 인사행정의 주요 개념과 접근방식, 인사행정을 둘러싼 외부환경 등에 대해 살펴보았다. 이에 대한 이해를 바탕으로 제2장에서는 인적자원의 관리활동에 있어 가장 중요한 지침이자 가치 판단의 기준으로서 역할을 하는 인사행정의 이념과 목표에 대해 살펴보고자 한다. 우선적으로 검토하게 될 인사행정의 이념은 효율성, 민주성, 형평성, 공무원의 권익보호를 중심으로 살펴보고자 한다.

또한, 이러한 이념을 실행에 옮기는 데 있어 구체적인 지침 역할을 하게 될 인사행정의 목표는 직무와 개인의 통합 시각에서 살펴보고자 한다.

## ■ ■ ■ 핵심용어

- 인사행정의 이념
- 효율성
- 민주성
- 형평성
- 공무원의 권익보호
- 직무-개인 통합모형

## 제1절 인사행정의 이념

공공조직은 민간조직과 달리 '공익(Public Interest)'과 '공공가치(Public Value)'의 실현을 위해 존재한다. 공공조직이 갖는 이러한 특수성으로 인해 공공부문에서의 인적자원관리는 단순히 사람을 잘 관리하는 '관리적 효율성'에만 중점을 두지 않는다. 인사행정에서는 효율성과 더불어 민주성, 책임성, 형평성 등의 사회적 가치가 함께 고려되며 공무원의 권익보호 측면도 강조된다(Klingner & Nalbandian, 1981). 이러한 이념과 가치는 공무원을 확보하고 관리하는 과정에서 방향성을 결정하는 지침이 된다.

때때로 실적(Merit)을 인사행정의 이념으로 포함시키는 경우도 있으나 이것은 효율성과 형평성을 달성하기 위한 수단적 가치로 볼 수 있어 이념에서는 제외하고자 한다. 우리나라에서도 국가공무원법 총칙에서 "이 법은 … 인사행정의 … 공정을 기함과 아울러 … 행정의 민주적이며 능률적인 운영을 기하게 함을 목적으로 한다"고 선언하고 있어 효율성, 민주성, 형평성의 이념을 보다 명시적으로 밝히고 있다. 다만 공무원의 권익보호는 신분보장 이외에는 아직까지 미흡하게 다루어지고 있으나 앞으로

그림 2-1 인사행정의 이념

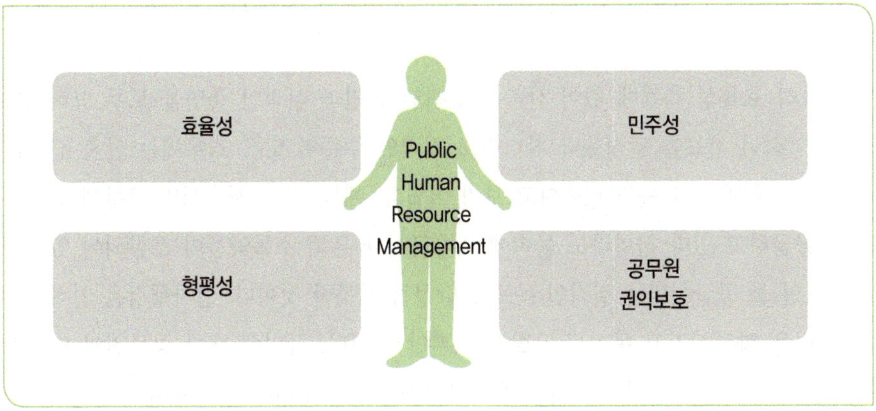

이에 대해 더욱 관심을 가져야 한다는 의미에서 이념에 포함시켜 논의하고자 한다.

## 1. 효율성

효율성이란 일반적으로 비용최소화 측면에서의 경제성(Economy)과 투입-산출 비율로서의 능률성(Efficiency), 목표달성도를 의미하는 효과성(Effectiveness)을 모두 함축하는 의미이다. 따라서 생산성(Productivity)과도 유사한 개념으로 이해할 수 있다. 행정 활동은 주로 재화의 공급보다 서비스 제공을 중심으로 이루어지기 때문에 행정 전체의 효율성은 인적자원의 효율적 관리에 의존하는 바가 크다. 이때의 효율성은 두 가지 측면에서 분석이 가능하다. 첫째, 투입과 산출 측면의 분석이다. 효율성은 1차적으로 투입에 해당하는 공무원의 지식, 기술, 능력(KSA: Knowledge, Skill, Ability)과 동기부여 및 업무몰입 등의 정도에 의해 결정된다. 따라서 인적자원을 확보할 때부터 조직에 적합한 능력 있는 우수한 사람을 선발해야 하고, 다양한 교육훈련 및 개발 프로그램들을 통하여 이들의 잠재적 능력을 최대한 개발시켜야 한다. 다음으로는 이 능력이 100% 행동으로 나타날 수 있도록 근무의욕과 동기를 고취시켜야 한다. 선행요인인 투입이 성공적으로 이루어지면 결과요인인 산출의 수준도 어느 정도 보장할 수 있다. 이때 투입과 산출을 동시에 고려한 것이 경제성과 능률성이고, 결과인 산출만을 갖고 실현된 성과와 계획된 목표를 비교하는 것이 효과성이다. 효과성의 특징은 일의 과정보다는 결과와 평가를 중시하고 구성원의 자율성과 참여를 강조하는 성과중심의 목표관리제(MBO: Management by Objectives)적 요소들을 지니고 있다고 할 수 있다.

특히 효율성 측정에 있어 산출은 양적인 측면과 질적인 측면을 모두 고려해야 한다. 양적인 목표를 달성했다 하더라도 질적인 수준이 낮은 경우에는 산출 전체를 놓고 보았을 때 목표를 달성했다고 보기 어렵다. 예를 들어, 서울시민 모두에게 수돗물을 공급하고 있다 하더라도 물속에 대장균이나 유해 소독약품이 포함되어 있다면 위생적인 물 공급이라는 질적인 목표를 달성하지 못한 것이다. 인사행정은 인적자원의 능력을 향상시키고 동기를 유발시킬 뿐만 아니라, 국민에 대한 공무원의 의식과 태도를 변화시켜 국민이 요구하는 재화와 서비스를 신속하고 친절하게 제공할 수 있도록 함으로써 양적 측면과 질적 측면 모두에서 효율성을 높일 수 있도록 노력하는 것이다.

효율성은 인적자원의 확보, 개발, 유지 · 활용, 평가, 보상 등 인사행정의 전 과정에 거쳐 추구되어야 할 가치이다. 구체적으로 최소의 충원비용으로 보다 유능한 인재를 뽑아야 하고, 한정된 교육훈련 비용으로 더 많은 인원에게 꼭 필요한 지식과 기술을 전달해야 한다. 모든 인적자원은 능력과 적성에 맞도록 적재적소에 배치되어야 하고, 불필요한 유휴인력이나 근무실적이 극히 저조한 공무원은 조직에서 축출될 것이 요구된다. 이것은 투입에 해당하는 비용이나 인력의 절감을 강조한 것이다. 그러나 투입요소의 절감에 의해 능률성이 높아졌다 하더라고 우수인력 확보나 교육훈련의 목표달성이 이루어지지 않았다면 효율적이었다고 말할 수 없다. 앞서 언급했듯 효율성은 능률성뿐만 아니라 효과성이 함께 충족되었을 때 달성될 수 있는 가치이기 때문이다.

최근 세계 각국에서 정부부문의 비효율성이 개혁에 있어 중요한 쟁점이 되고 있다. 예를 들면, 신공공관리론(NPM: New Public Management)의 시장주의, 고객중심주의, 성과주의 등은 경쟁과 탈관료화, 권한위임, 객관적 성과평가 제도 도입 등을 통한 동기유발 및 효율성 증진을 목표로 하고 있다. 비효율성에 관해서는 공무원의 무능과 안일함이 하나의 원인으로 지적되기도 한다. 공공부문은 민간부문과 달리 기술의 변화와 고객의 요구에 민감하게 반응하지 못하고, 상대적으로 경쟁압력이 덜하기 때문에 느슨하게 일할 가능성이 높다(Leibenstein, 1966). 또한 비용절감의 노력으로 예산이 남았다 해도 그것이 보너스로 지급되기보다는 다음 해의 예산을 삭감하는 요인으로 작용하기 때문에 공무원이 열심히 일하고 비용을 절감하고자 하는 근본적인 유인체계가 확립되어 있지 않다. 채용이나 교육훈련을 통해 유능한 재원을 확보 · 개발하는 것만으로 행정의 효율적 관리가 힘든 것은 이처럼 공공조직이 갖는 몇 가지 특수성으로 인해 관리활동에 제약이 가해지기 때문이다. 이러한 한계를 극복하고 보다 효율적인 인적자원관리 체계를 구축하기 위해서는 무엇보다 개발된 능력을 실제 직무수행과정에서 실행에 옮길 수 있도록 하는 것이 중요하며 개인의 잠재적 능력을 최대한 발휘할 수 있도록 인센티브를 제공하고 동기를 유발시키는 체계를 확립하려는 노력이 요구된다.

## 2. 민주성

민주성은 ① 국민주권의 원리와 국민에 대한 책임성 및 대응성, 임명권자 및 법에 대한 합법성 등의 대외적 민주성과 ② 조직 내의 참여적 민주성과 같은 대내적 민주성 개념을 포괄해서 논의할 수 있다. 즉 대외적 측면에서의 민주성은 대통령이나 국회의원을 국민이 직접 선출하고 이들로 하여금 국민에게 직접 책임을 지게 만드는 것을 의미한다. 공무원의 경우 국민이 이들을 직접 통제하거나 책임을 확보할 수 없고 대통령이나 국회의원을 통해 간접적으로 책임을 물을 수 있을 뿐이다. 따라서 대외적 민주성은 우선 대표기관(대통령, 입법부)을 통해 국민의 뜻에 따르도록 함으로써 달성할 수 있게 된다. 국민의 의사는 대표기관을 통해 수렴되고 법으로 제도화되는 절차를 밟기 때문에 인사행정의 대외적 민주성이란 입법부가 만든 법과 대통령의 명령을 따르는 합법성을 의미하기도 한다.

그러나 현대사회에서는 급변하는 환경에 따라 불확실성이 증대되어 대표기관이 정한 규정에만 의존하는 것이 상황에의 탄력적인 적응을 불가능하게 만들어 오히려 국민생활에 불편을 주고 효율성을 떨어뜨릴 가능성이 높아졌다. 이에 행정에 재량권을 부여하여 국민의 요구에 부합할 수 있도록 보다 적극적이고 능동적으로 인적자원을 관리해 나갈 필요성이 대두되었다. 즉 주권의 소재를 중심으로 이해되었던 민주성 개념이 주권의 실질적 보장을 중심으로 변한 것이다. 따라서 현대에는 국민의 주권을 위임받은 대통령이나 국회의원의 명령을 단순히 집행하는 것이 아니라 국민을 위한 적극적인 재량행정이 강조되고 있다. 법규에 형식적으로 순응하는 것이 아니라 국민이 요구하는 가치와 이익의 실현을 위한 위민행정이 되도록 인사제도와 관리가 뒷받침되어야 할 것이다.

이는 결국 인사행정에서의 민주성은 공무원의 구성과 이들의 태도에 의해 많은 영향을 받을 수 있음을 의미하는 것이다. 제도적 측면에서 민주성은 엽관주의를 통한 정치적 임명제와 실적주의를 근간으로 하는 직업공무원제도를 통해 실현되고 있다. 미국은 일찍이 공무원의 인적 구성을 대통령이 장악함으로써 행정에서 민주성의 이념을 구현하고자 하였다. 대통령에 당선이 되면 선거에서 공헌한 당원을 보상하기 위하여 이들 중 상당수를 공무원으로 임명하곤 하였는데, 엽관주의제(Spoils System)라고 불리는 이 제도는 1800년대 말까지 지속되어 왔다. 이렇게 임명된 공무원은 신분이 보장된 직업공무원에 비해 국민의 요구를 보다 적극적으로 행정에 반영하게 된다. 국민의 요구를 충족시키는 행정을 할 때 현 대통령이 재선될 수 있고 그들의 신분도 연장되기 때문이다. 그러나 대통령을 포함한 정치권력의 자의성이 지나치게 인사에 개입됨으로써 정당인의 정치적 부패를 행정에 옮겨 놓는 부작용을 초래하였을 뿐만 아니라 행정의 지속성과 전문성을 저해하는 결과를 초래하였다. 엽관주의의 이러한 부작용을 경험하면서 인사행정에 있어 무엇보다 정치적 중립성의 유지와 공정한 관리체계를 수립하려는 노력이 중요하다는 데 인식을 같이 하게 되었고 이는 실적주의와 직업공무원제에 바탕을 둔 현대적 인사제도 출범의 배경으로 작용하였다(Mosher, 1982).

우리나라 국민은 과거의 권위주의 군사정권하에서 국민에게 책임지는 진정한 민주 대통령과 민주 국회의원을 가지지 못했다. 이들은 기존의 직업공무원을 국민통치의 수단으로 활용했을 뿐이었다. 이에 대통령이 '자기 사람'을 지나치게 공직에 불러들이는 미국과 같은 부작용은 발생하지 않았지만 오히려 공무원이 권위적이며 국민의 요구에 무감각하여 국민이 원하는 서비스를 제공하지 못함으로써 비민주성이 심각한 문제로 지적되곤 했다. 제도적으로도 실적주의와 직업공무원제를 토대로 하는 현재의 인사제도에서는 외부인사의 탄력적 유입이 제한되어 있기 때문에 공직의 침체와 폐쇄성이 초래되어 민주성 확보를 더욱 어렵게 만들고 있다. 따라서 개방적 임용시스템을 확대하여 유능한 외부인사의 공직 유입을 활성화시키고 적극적 대표관료제의 도입을 통해 공직사회에 역할론적 대표성을 구현함으로써 인사행정의 민주성을 확보해 나가야 한다는 요구가 증가하고 있는 실정이다.

김영삼 정부, 김대중 정부, 노무현 정부, 이명박 정부, 박근혜 정부가 들어선 후 과거의 정부보다 상당한 당료 내지 선거참모가 공직에 유입되었다. 이들은 직업관료보다 대통령의 뜻이나 국민의 요구에 훨씬 민감하게 행동하고 있다고 판단되며, 이에 민주성 측면에서 긍정적으로 평가할 수 있을 것이다. 앞으로 5년마다 직선 대통령이 들어서면 공직사회에 어느 정도의 외부인사가 유입되고 이들이 가져오는 영향이 어떠한지에 대해 관심을 기울여야 할 것이다. 또한 기초 및 광역자치단체의 단체장이 직선으로 선출되고 지방자치가 활성화되어 감에 따라 지방자치단체 차원에서 인사행정의 민주성 수준이 더욱 높아질 수 있음을 기대해 볼 수 있다. 다만 대통령 및 단체장의 의도에 따라 민주적 인사행정이 아니라 정치적 인사행정이 될 수 있음도 경계해야 할 것이다.

## 3. 형평성

형평성은 본래 인종차별의 오랜 역사로 흑인을 포함한 소수민족의 권익이 경시되어 온 미국에서 이들에 대한 차별대우를 방지하기 위한 이념으로 등장한 것이다. 최근에는 소수민족 이외에 여성이나 성적소수자들이 평등한 권리를 주장하고 있어 형평성의 적용 범위가 확대되고 있다. 이러한 사회적 소수계층의 권익보호는 소수집단 우대(AA: Affirmative Action)정책과 고용기회 균등(EEO: Equal Employment Opportunity)정책과 같은 소수 계층 보호 및 우대 정책과 차별 보상 프로그램 등의 제도적 장치를 통하여 실현되어 오고 있다. 소극적 의미에서 형평성의 확보는 인종, 성별, 연령, 출신지역 등에 상관없이 동등한 기회를 부여하는 것을 의미한다. 한편 적극적 의미에서 형평성의 확보는 과거로부터 누적되어 온 차별을 보상하기 위하여 그동안 불이익을 받아 온 집단에 더 큰 혜택을 부여하는 것을 의미한다. 미국의 경우, 소수민족이나 장애인 또는 참전재향군인의 권익보호와 관련해서는 적극적 의미의 형평성이 적용되고 있으며 다른 특성에 대해서는 소극적 의미의 형평성이 적용되고 있다.

우리나라에서는 장애인, 국가유공자 등에게 공무원 채용시 혜택을 부여하고 있는데, 이것은 형평성 이념을 적극적으로 적용하고 있는 예이다.[1] 그 외에는 실적주의제를 인사관리의 기준으로 채택하고 있어 성별 · 교육 · 종교 · 출신지역 · 연령 등에 의한 차별문제가 제기되는 경우는 없어 보인다.

형평성 확보를 위한 구체적 아이디어 중에 하나가 미국에서 많이 거론되고 있는

1) 우리나라에서는 오랫동안 공무원 채용시험에서 제대군인에게 가산점을 부여하여 왔다. 이것은 제대군인이 남자일 수밖에 없는 현실에서 여성과의 차별대우로 간주될 수 있어 또 다른 형평성(소극적 의미) 문제를 야기해 왔다. 1994년 6월 이화여자대학교 행정학과 교수와 학생 2천여 명이 제대군인 가산점제도의 법적 문제를 제기하였고, 한국여성단체협의회는 1998년 10월 논란의 「제대군인지원법 시행령」에 대한 헌법소원을 냈다. 헌법재판소는 1999년 12월 제대군인 가산점제도에 대해 위헌판결을 내림으로써 그동안의 법적 논쟁을 결론지었다. 뿐만 아니라 우리나라에서는 여성인력의 공직 진출 확대를 위해 1996년부터 '여성공무원채용목표제'를 시행하여 공무원 채용시 여성에게 혜택을 부여하였다. 그러나 1996년부터 2002년까지 운영된 여성공무원채용목표제는 남성들이 역차별을 받고 있다는 문제점이 제기되면서 2003년부터 2007년까지 한시적으로 '양성평등채용목표제'라는 명칭으로 바뀌어 운영되었으며 2007년 중앙인사위원회가 시행 기간을 5년 연장하여 현재(2012년)까지 운영되고 있다. 따라서 양성평등목표제는 여성만을 대상으로 하는 정책이 아니라 남성과 여성 모두를 대상으로 공직 내 성비불균형을 해소하기 위한 정책으로 운영되고 있다.

대표관료제(Representative Bureaucracy)이다(Kingsley, 1944). 대표관료제는 공무원의 인적 구성을 성별, 계층, 지역, 인종과 같은 사회 구성원의 인구학적 특성과 비례되도록 하자는 비례적 공무담임제로 이해할 수 있다. 이러한 대표관료제는 소극적 대표관료제와 적극적 대표관료제로 구분하여 살펴볼 수 있다. 소극적 대표관료제(Passive Representative Bureaucracy)에서의 대표성은 소극적 · 수동적 대표성을 의미한다. 따라서 소극적 대표관료제는 출신지역, 학교, 성별, 신분 등의 여러 기준에서 공무원의 인적 구성이 일반사회의 인적 구성과 통계적으로 비례하게 하는 구성론적 대표성을 의미한다. 반면, 적극적 대표관료제(Active Representative Bureaucracy)에서의 대표성은 적극적 · 능동적 대표성을 의미한다. 따라서 적극적 대표관료제는 사회 인구구성의 비례적 대표성을 확보한 관료들이 실질적인 정책결정에 있어 자신들의 출신집단이나 소속집단을 대표하고 책임지는 역할론적 대표성을 의미한다. 대표관료제는 기본적으로 각 특성을 지닌 공무원이 그가 속한 집단의 이익을 대변할 것이라는 기대를 전제로 한다. 즉 구성론적 대표성이 역할론적 대표성으로 연계되어 사회적 형평성이 실현될 수 있다는 기대를 반영하고 있는 것이다. 그러나 그 타당성 여부에는 여러 가지 반론이 제기되고 있는 실정이다.

우리나라에서는 과거에 경제발전의 지역적 불균형이 문제점으로 제기되었고 현재에도 장 · 차관을 비롯한 정책결정자들의 출신 지역 및 대학 분포가 편중되어 있다는 지적이 계속되고 있으나(조선일보, 2010.06.04), 이러한 지역적 불균형 시정을 인사행정의 한 이념을 받아들이는 데에는 아직까지 어려움이 있어 보인다. 하지만 관리자급 이상의 여성공무원의 실제적 비율, 이주 및 귀화 외국인의 공직 진출, 통일 후의 지역 · 계층 불균형 문제 등을 고려할 때 민주성 및 형평성 측면에서 한국형 대표관료제의 고안 및 개발에 대한 논의가 지속적으로 필요할 것이라고 생각된다.

따라서 인사행정의 이념으로서 형평성은 사회 구성원의 인적 특성을 반영한 비례적 대표성의 확보 문제보다 인사관리 체계내의 내부 공정성 확보 문제를 더욱 중요하게 다룬다. 즉 가족주의 문화에 바탕을 둔 연고주의 · 정실주의를 배척하고 능력과 실적을 기준으로 하는 객관적이고 공정한 인사관리가 더 중요한 가치로 고려되어야 할 것이다. 공무원의 불만과 근무의욕의 저하는 자신이 일한 만큼 인정받지 못하고 보상받지 못하는 데 상당한 원인이 있다(Adams, 1963). 특히 우리나라와 같이 상대평가와 우열의식이 강한 풍토에서는 승진의 속도나 보수의 절대적 수준보다도 동료와의 상대적 수준이 사람의 태도와 행동결정에 더 큰 영향을 미친다고 볼 수 있다. 따라서 인사행정에서 추구해야 할 중요한 이념의 하나로서, 모든 공무원이 인정할 수 있는 공정한 기준에 따라 근무성적이 평가되고 여기에 근거하여 교육훈련 · 승진 · 보상이 이루어지도록 하는 차원의 내부 형평성을 들 수 있다.

## 4. 공무원의 권익보호

공무원의 권익보호는 공공 인적자원관리에 있어서 정부나 상관의 자의적인 판단에 의하여 공무원이 불이익을 받는 일이 없도록 해야 함을 의미하는 것이다. 즉 일반적으로 공무원의 권익보호는 가장 소극적으로 권익침해를 받지 않도록 하는 것을 의미한다. 신분상의 불이익이 권익침해의 가장 대표적인 예라 할 수 있다. 국가공무원법에는 법적인 사유에 의해서만 신분상의 불이익을 가할 수 있고 이 경우에도 당사자의 이의가 있을 때에는 소청의 기회를 부여하고 있다. 과거 우리나라에서는 정권이 바뀔 때마다 공직사정과 정부조직개편이 이루어졌는데, 이 과정에서 공무원의 권익이 침해될 위험이 다수 존재하였다. 전임 정부의 정치적 영향력을 차단하기 위한 정략적 차원에서, 그리고 새 정부에 대한 충성심을 확보하기 위한 수단으로 여론재판식의 공무원 징계가 있어 왔다. 적어도 현대 민주국가에서 공무원의 징계는 객관적 자료와 공정한 절차를 거쳐 당사자와 국민이 충분히 납득할 수 있도록 신중하게 이루어져야 한다. 이는 공무원 권익보호를 위한 최소한의 요구라 할 수 있다.

물론 공무원의 법적 신분보장은 다른 이념과 갈등관계에 놓이기 쉽다. 예를 들어, 법적인 사유에 의해 징계가 이루어지지 않는 한 정년까지 공직에 남아 있을 수 있기 때문에 경쟁에서 뒤지면 조기퇴직의 압박을 받는 민간기업에 비해 효율성이 떨어질 것은 충분히 예측할 수 있다. 더구나 공무원의 나태로 인해 국민의 요구나 대통령의 뜻이 제대로 정책에 반영되지 못하고, 집행되지 못한다면 이러한 공무원의 태도는 민주성을 저해하는 요소로 작용하기도 한다.

그러나 공무원의 권익보호를 단순히 신분보장이나 불이익처분에 대한 소청기회를 제공하는 것으로 이해해서는 안 된다. 공무원도 한 사람의 국민으로서, 기본권이 침해되어서는 안 된다는 의미로 이해해야 할 것이다. 그러나 고용주체로서 정부는 그동안 피고용인인 공무원에 대해 모범적 관리자로서의 모습을 보여 주지 못했다. 공무원과 국가와의 관계를 특별권력관계로 보고 일반국민에게 부여되는 권리를 공무원의 경우 상당부분 제한해 온 것이 사실이다. 예를 들어, 공무원의 경우 노동자의 기본권 중 하나인 단체행동권을 허용하지 않고 있다. 더 나아가 재산등록과정에서 배우자를 비롯한 친인척의 재산을 등록토록 하여 이들의 사생활 보호권을 침해할 우려가 있다. 이러한 공무원 권익제한의 이면에는 공무원 단체의 공공성 확보 또는 그에 따른 책임을 강화하고, 공무원 부정을 근본적으로 막아 보려는 의도가 담겨 있는 것으로 이해할 수 있다. 그러나 일반국민으로서 누릴 수 있는 권리를 공무원이라는 이유로 지나치게 제한하는 것은 여론의 힘에 의존하여 일시적으로 정당성을 확보할 수는 있지만, 정부가 취해야 할 정도(正道) 내지 모범적 선례는 아닐 것이다.

특히 적극적인 공무원의 권익보호는 법적인 측면뿐만 아니라 경제적 · 사회적 · 심리적 측면에서 인간다운 삶을 향유할 수 있도록 하는 것이다. 이를 위해서는 공무원의 욕구를 진단하고 이를 충족시켜 주려는 노력이 필요한데, 이 과정에서는 단순히 보수나 근무환경의 개선뿐만 아니라 자기개발의 기회를 부여하고 성취감을 느낄 수 있도록 교육훈련 및 동기관리 등에 주목해야 한다. 따라서 보다 적극적인 공무원의 권익보호는 물질적인 충족뿐만 아니라 정신적인 건강에도 관심을 갖는 것을 의미한다. 이러한 맥락에서 향후 인적자원관리에서는 조직 구성원들의 다양한 욕구체계에 통합적으로 접근한 '일과 삶 균형(WLB)'정책의 중요성이 더욱 커질 것이라 예상해 볼 수 있다. 삶의 질, 근무의 질을 향상시키고 공무원의 품위를 유지시켜 주는 일은 공직사회의 생산성을 높이는 것과 직결되는 부분이기 때문이다.

특히 정부는 고용주로서 민간기업들이 본받을 수 있는 모범된 모습을 보여 줄 의무가 있다. 정부가 고용주의 권한을 지나치게 남용할 때, 그리고 피고용인의 삶의 질, 근무의 질, 품위를 경시할 때 그것이 우리 사회의 모든 분야에 영향을 미칠 수 있기 때문이다.

## 제2절 인사행정의 목표

인사행정의 이념이 인적자원관리에 있어 추상적인 방향성을 제시하는 역할을 한다면, 인사행정의 목표는 행정목표의 하위목표로서 인적자원관리에 있어 보다 구체적인 행동지침을 제공한다고 할 수 있다. 전 정부차원에서의 행정 목표는 사회의 공공가치를 실현하는 것이지만, 각 부처에서의 행정 목표는 부처의 존립 이유를 나타내는 조직의 비전과 성과목표라 할 수 있다.

조직은 분업과 전문화의 원리에 따라 분화된 수많은 직무가 다시 상호연관성을 갖고 하나로 통합되어 있는 체제이다. 따라서 조직목표의 달성은 개별 공무원이 각자 맡은 바 직무를 성공적으로 수행할 때 가능해진다. 인사행정목표는 공무원 각자에게 주어진 직무목표를 성공적으로 수행할 수 있도록 지원하는 활동이다. 특히 전략적 인

**그림 2-2 인사행정의 목표**

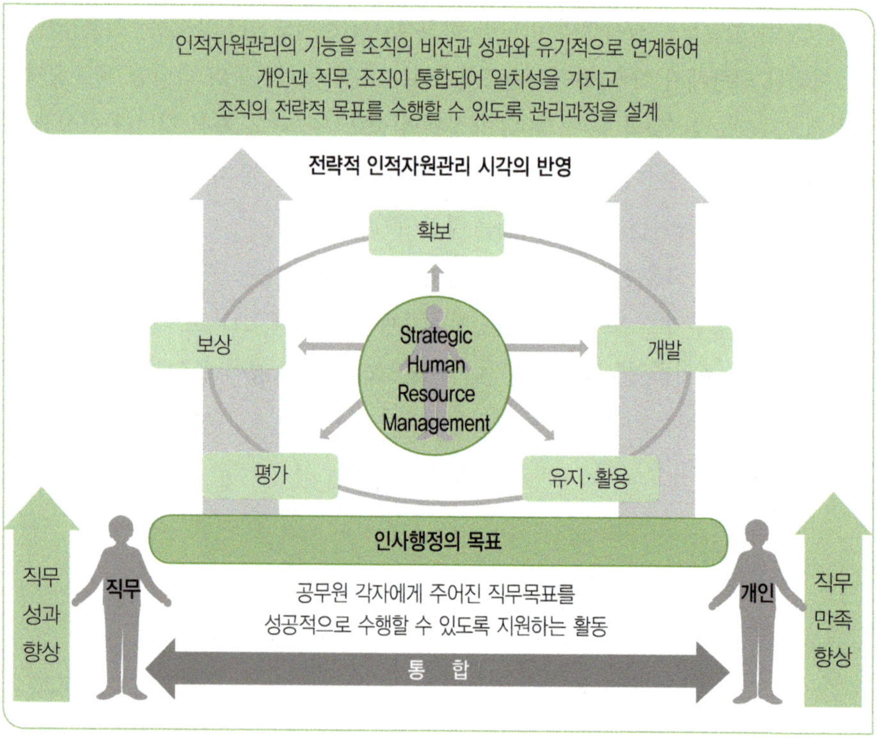

그림 2-3 인사행정의 주요 활동별 목표

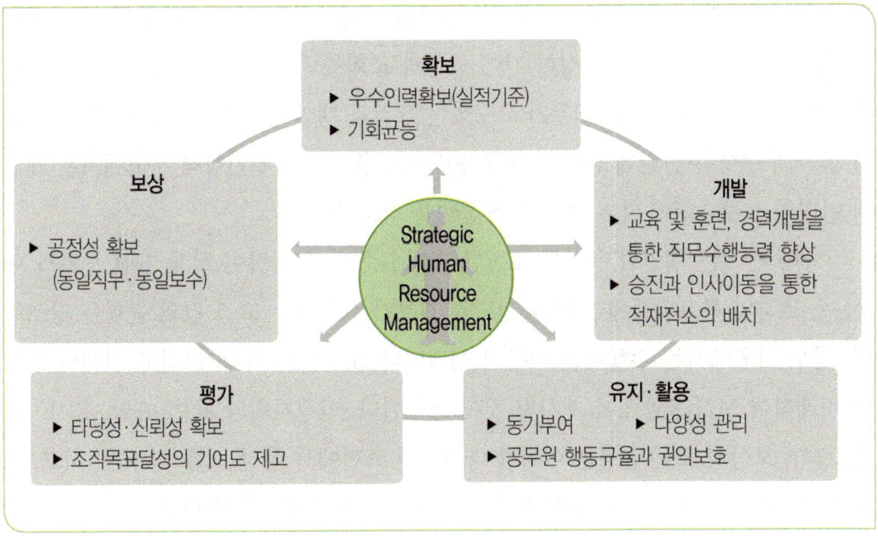


적자원관리(SHRM: Strategic Human Resource Management)의 시각에서 인사행정의 목표는 인적자원의 확보, 개발, 유지 · 활용, 평가, 보상 등의 다섯 가지 기능을 조직의 비전과 성과와 유기적으로 연계하여 개인과 직무, 조직이 통합되어 일치성을 가지고 조직의 전략적 목표를 수행할 수 있도록 관리과정을 설계하는 것이다.

쉽게 말해 인사행정의 목표는 인사행정의 주요기능을 충실히 수행하는 것을 의미한다. 이에 인사행정의 주요 기능별 세부 목표가 설정되게 되는데 이를 구체적으로 살펴보면 〈그림 2-3〉과 같다. 우선 확보단계의 목표는 채용에 있어 기회균등을 통한 형평성의 확보 및 우수 인재를 공직에 끌어들이는 것이며, 개발단계의 목표는 교육훈련 및 경력개발을 통한 직무수행 능력의 향상 및 승진과 인사이동을 통해 인적자원을 효율적으로 운용하는 것이다. 또한 유지 · 활용 단계의 목표는 동기부여 및 다양성 관리, 공무원 행동 규율 및 권익보호를 통한 공무원의 사기진작이며, 평가단계의 목표는 평가절차의 타당성 및 신뢰성을 확보하고 궁극적으로 평가결과가 조직목표 달성에 기여할 수 있도록 하는 것이다. 마지막으로 보상단계의 목표는 실적과 보상 간의 연계성을 명확히 하여 이를 토대로 공정한 보상을 실시하는 것이다.

특히 최근에는 전략적 인적자원관리의 시각의 강조됨에 따라 인적자원관리에 개인과 직무, 조직 간의 전략적 통합 및 균형적 시각이 강조되고 있다. 이에 〈그림

2-4〉는 인적자원관리의 여러 활동 국면을 포함시켜 직무와 개인을 통합하는 시각을 모형화한 것이다(Dawis *et al.*, 1978). 직무-개인 통합모형은 그림의 중앙에 있는 개인과 직무를 중심으로 좌우와 상하 간에 균형과 조화를 추구한다. 즉 좌우의 관계에서 직무중심의 통제적 사고는 직무가 요구하는 요건과 개인이 조직에 기여할 수 있는 능력 및 직무수행활동 간에 균형을 요구하고, 개인중심의 발전지향적 사고에서는 개인의 기대와 직무수행에 따른 보상 간에 균형을 강조한다.

상하 간에는 개인의 욕구를 포함한 기대수준이 그 사람이 실제 가진 능력과 행동, 즉 조직의 목표달성에 기여한 정도와 직무가 요구하는 요건 간의 균형을 강조하며, 직무 차원에서는 수행하는 직무의 성격이나 요구되는 자격, 그리고 실제의 실적에 비례하여 보상(유인책)이 제시될 것이 요구된다. 인적자원의 확보, 개발, 유지 · 활용, 평가, 보상의 모든 활동은 이러한 다각적인 측면에서 항상 조화가 이루어지고, 그 결과 개인과 직무가 하나로 통합될 수 있도록 이끄는 과정이어야 한다.

이 모형에는 통제중심의 전통적 인사행정과 발전중심의 현대적 인사행정의 관점이 모두 포함되어 있다. 그림의 윗부분이 나타내는 통제중심의 전통적 시각에서는 한 사람이 맡을 직무와 책임의 내용을 명확하게 하고 이를 수행하는 데 요구되는 지식 · 기술 · 능력 · 태도 등을 정하게 된다. 이렇게 정해진 직무의 내용과 자격요건을 기준으로 하여 직무를 성공적으로 수행할 수 있는 사람을 뽑게 된다.

실제 직무가 시작되면 개인은 자신의 지식과 기술, 그리고 능력을 동원하여 일을 수행하게 되고, 그 결과는 직무가 요구하는 수준과 비교하여 평가로 이어진다. 평가결과는 곧 보상과 처벌의 근거가 된다. 즉 근무성적이 조직이 요구하는 수준에 미치지 못할 때는 그 심각성 수준에 따라 강제로 조직에서 퇴출하거나 좋지 않은 자리로 좌천시키는 등의 인사이동을 실시할 수 있으며, 근무성적이 우수한 사람에게는 승진이나 포상을 하는 등 통제 중심의 인적자원관리가 이루어진다. 특히 평가를 통해 직무가 요구하는 수준과 개인의 실제 능력 사이의 차이가 확인되면 부족한 능력을 보완하기 위해 교육훈련이 이루어진다. 교육훈련의 경우에도 통제중심의 인사행정에서는 개인의 능력발전 차원보다는 조직이 요구하는 기준으로 개인을 끌어올리는 방식을 택하게 된다.

반면 발전중심의 현대적 시각은 그림의 아랫부분에 의해 설명될 수 있다. 우선 사고의 출발점이 직무에서 개인의 요구, 즉 기대로 바뀌게 된다. 전통적 관점에서는 직무가 요구한 일의 내용이나 책임의 정도에 따라서 보상을 결정하게 된다. 동일직무 · 동일보수의 원칙이 이를 반영한 것이다. 현대적 관점은 여기에 개인의 기대를 고려할 것을 요구한다. 또한 보상의 범위도 단순히 보수뿐만 아니라 문화 · 체육시설이나 주택 등을 포함한 후생복지혜택을 포함하며 더 나아가 비금전적 보상인 승진이나 능력개발의 기회도 포함된다. 조직의 필요에 따라 개인을 동원하기 위해 보상을 활용하는 차원이 아니라 개인의 기대에 부응하면서 구성원의 삶의 질을 높이기 위한 차원에서 보상이 이루어지는 것이다. 보상이 개인의 기대수준을 얼마나 충족시켰느냐에 따라 개인의 직무만족도가 결정될 수 있기 때문이다(Locke, 1969). 그림 아랫부분의 시각에서는 조직이 개인을 평가하는 것이 아니라 개인이 조직을 평가하게 된다. 개인의 성과에 불만족을 느낀 조직이 개인을 축출하는 것이 아니라, 조직의 보상에 불만

**그림 2-4** **직무–개인 통합모형**

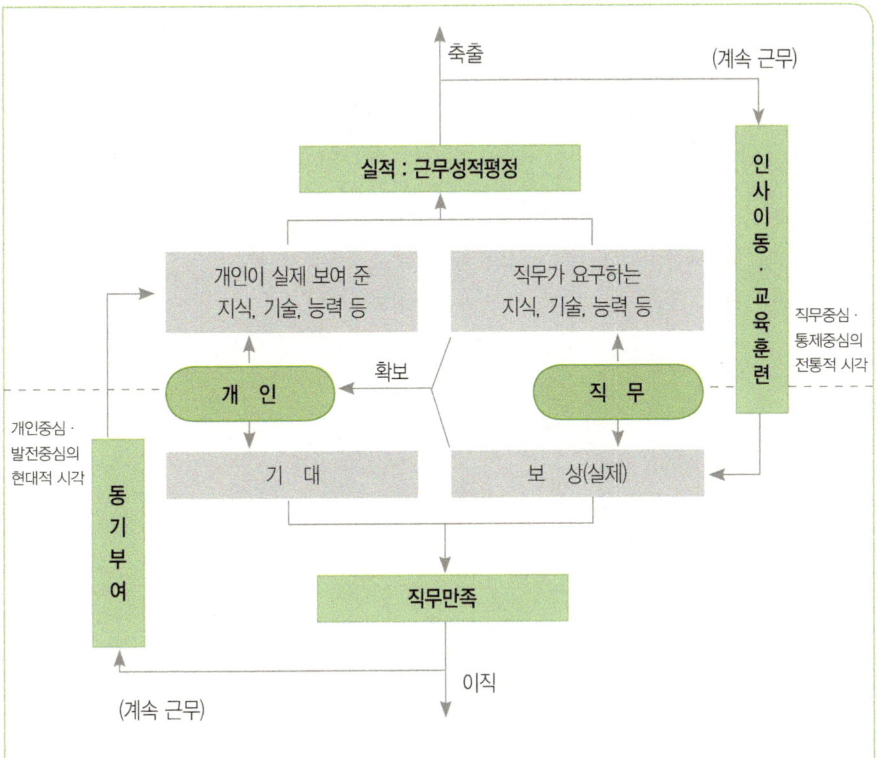


자료: Dawis *et al.*(1976) 재구성.

족한 개인이 조직을 버리고 떠나는 것으로 본다. 조직을 떠나지 않고 계속 근무하기로 결정한 개인은 만족의 수준에 따라 동기부여의 정도가 결정된다.[2] 이를 통해 욕구중심의 보상과 개인의 만족도 그리고 동기부여가 현대 인사행정에서 중시되고 있음을 알 수 있다.

결국 인사행정의 목표는 직무중심의 통제지향적 인사행정과 개인중심의 발전지향적 인사행정을 적절히 조화시키는 작업이라 할 수 있다. 개인과 직무의 통합은 개인에게는 만족감을, 조직에게는 직무성과를 동시에 고려한 것이다. 이러한 측면에서 개인과 조직이 일치성을 가지고 조직의 전략을 수행할 수 있도록 하는 전략적 인적자원관리(SHRM)는 직무와 개인의 통합이라는 인사행정목표를 실현시키기 위한 중요한 매개체로 볼 수 있다.

2) 만족과 동기부여의 관계에 대한 전통적 관점을 말한 것으로 모형의 제일 아랫부분을 말한다.

## 충무공과 인사행정

김중양

원래 큰 나무는 그 드리우는 그림자의 범위가 넓고 다양하듯이 충무공은 해전사(海戰史)에 있어서 길이 빛나는 영웅일 뿐만 아니라 인사행정에 있어서도 많은 교훈을 일깨워주고 있는 분이다.

판옥선 12척과 얼마 안 되는 병졸만을 이끌고 전력에 있어서 월등한 왜(倭)의 대 함대를 격파한 저 유명한 명량(鳴梁)대첩은 우리로 하여금 아무리 장비가 훌륭하고 조직이 방대하더라고 결국 그것을 움직이는 것은 사람인 것이며, 따라서 그 인적자원의 자질과 능력 여하가 조직의 성패를 좌우한다는 인사행정의 가장 총론적인 원리를 일깨워주고 있는 것이다.

오늘날 OECD국가들이 앞다투어 인적자원(Human Resources)의 확보와 개발에 열을 올리는 것도 결국 국가경쟁력의 관건은 인재의 활용에 있기 때문일 것이다.

초기시절 장군이 훈련원의 인사담당자로 근무할 당시 상관인 병부랑으로부터 특정인에 대한 승진 인사청탁을 받았을 때 "서열상 아래에 있는 사람을 특별한 이유 없이 순서를 바꾸어 승진시키면 그 자리에 마땅히 승진해야 할 사람이 승진하지 못하게 되니 이 일은 결코 옳지 못하다"라고 하면서 단호히 인사청탁을 거절한 것은 인사의 공정성 확보라는 기본명제에 부합되는 좋은 예를 보여 준 것이다.

또한 전라좌수영의 수군만호(萬戶)로 재직할 때 직속상관인 전라좌수사가 거문고를 만들 생각에서 관청의 뜰 안에 있는 오동나무를 베어서 보내라는 명령에 대해 "비록 한 그루의 나무라 할지라도 나라의 물건(物件)이므로 이를 사사로운 이유로 벨 수는 없다"고 하면서 그 부당함을 건의하고 결국 오동나무를 존치시킨 것은 인사행정 각론상의 '복종의 의무'의 한계가 무엇인지를 명쾌하게 보여 준 것이라고 하겠다.

부하는 상사의 직무상 명령에 복종할 의무가 있되, 다만 그 명령은 적법한 명령에 국한된 것이며 위법한 명령에 대해서는 복종의 의무가 없는 것이다. 충무공께서는 위법한 상사의 명령에 대해 소신껏 건의하여 바로잡았거니와 당시 상사의 명령이라면 그 위법 · 부당성의 여부를 따짐이 없이 맹종하던 일부세태에 경종을 울렸던 것이다. '위법한 상관의 명령에 부하는 복종할 의무가 있는가'라는 문제는 예전에 고등고시 행정과 주관식 논문시험에 출제된 바도 있듯이 실제 행정에 있어서 중요한 문제이다. 우리 대법원은 상관의 위법한 명령에 대하여는 복종의무가 없다고 하면서 위법한 명령에 따라 행한 부하의 행위는 결코 면책되지 않는다고 판시하고 있다(대판1967.2.7. 66누168).

당시 병조판서가 자기의 소실에서 태어난 서녀를 장군의 부실로 들일 것을 권유한 바 있었다. 그 당시에는 부첩이 인정되던 시대였음에도 불구하고 장군은 "내 이미 아내가 있는 몸으로 어찌 소실을 얻으리오"라고 하면서 단호히 거절했다. 공직자의 자세와 금도가 무엇인지를 분명히 한 것이다. 공직기강을 바로잡기 위하여 성희롱의 금지를 강조하고 있는 오늘의 세태에 비추어 볼 때 공직윤리 확립의 귀감을 보는 것 같다.

자료: 인사행정(2001).

## 토론 문제

**Q1** 인사행정의 이념들은 서로 조화를 이루기도 하고, 때로는 갈등을 일으키기도 합니다. 구체적인 사례들을 통하여 이러한 다양한 이념들(효율성, 민주성, 형평성 등) 간의 갈등 관계를 설명하고 갈등 해소 방안을 제시해 보세요.

**Q2** 인사행정 효율성 개념의 3가지 측면, 즉 경제성, 능률성, 효과성 간의 차이성과 유사성에 대해 이야기 해보고 공공기관의 인사시스템 효율성 제고를 위해 한국정부가 구체적으로 어떠한 노력들을 하고 있는지 인사개혁정책 사례들을 찾아 토론해 보세요.

**Q3** 형평성 확보를 위한 구체적 아이디어 중에 하나인 대표관료제(Representative Bureaucracy)의 정의와 의의에 대해 이야기해 보세요.

**Q4** 인사행정의 5가지 주요활동과 주요활동별 목표에 대해서 이야기해 보세요.

**Q5** 직무-개인 통합 모형을 통해 '통제중심의 전통적 시각'과 '발전중심의 현대적 시각'을 구분하여 설명해 보고 이를 바탕으로 현대 인사행정의 궁극적 목표에 대해 토론해 보세요.

# 영화로 보는 인사행정

## 국가대표

| 감독 : 김용화
| 출연 : 하정우, 김동욱, 김지석, 이재응, 최재환
| 장르 : 드라마, 스포츠
| 국가 : 한국(2009)

1996년 전라북도 무주, 동계 스포츠계의 마이너 종목인 '스키점프'의 국가대표로서 주인공들이 대회를 준비하고 참가하는 과정에서 벌어지는 여러 가지 에피소드를 다룬 영화이다. 동계 올림픽 유치를 위해 정식 종목 중 하나인 스키점프 국가대표팀이 급하게 구성된다. 어린이 스키교실 강사 방종삼(성동일 분)이 국가대표 코치로 임명되고, 그의 감언이설과 설득에 멤버들이 모인다. 전 주니어 알파인 미국 스키 국가대표였다가 친엄마를 찾아 한국에 온 입양인 밥(하정우 분), 나이트클럽 웨이터 홍철(김동욱 분), 아버지가 시키는 대로 살아온 고기 집 아들 재복(최재환 분), 할머니와 동생을 돌봐야 하는 짐이 버거운 소년 가장 칠구(김지석 분), 그리고 칠구의 동생 봉구(이재응 분)가 그 멤버이다. 스키점프가 뭔지도 모르지만 한 때 스키 좀 타봤다는 이유로 뽑힌 국가대표 선수들의 훈련은 멀고 험난하기만 하다. 변변한 연습장이 없어 점프대 공사장을 전전하고, 보호 장비나 점프복도 없이 오토바이 헬멧과 공사장 안전모를 쓰고 맨몸으로 훈련에 임해야 하는 환경이었다. 하지만 이런 힘든 트레이닝을 이겨내며 그들은 점점 선수다운 모습을 갖춰가게 된다. 드디어 우여곡절 끝에 오버스트도르프 월드컵에 참여한 대한민국 스키점프 국가대표팀! 외국 선수들의 무시에도 굴하지 않고 노력하지만 좋은 결과를 거두지 못한다. 그럼에도 불구하고 대한민국 국가대표팀은 운이 좋게 나가노 동계 올림픽 출전 자격을 얻게 된다. 하지만 한국이 동계올림픽 개최지 선정에서 끝내 탈락하게 되면서 스키점프 국가대표팀은 해체위기에 처한다.

실화를 바탕으로 제작된 이 영화는 관객들에게 많은 감동을 안겨주었다. 이 영화 속에서는 조금만 관심을 기울이면 인사행정 요소를 다양하게 찾아볼 수 있다. 표면적으로 드러나는 대표적인 인사행정적 요소로는 경제적 환경, 모집 · 선발, 교육훈련, 직무와 개인의 통합, 개인과 조직목표의 일치, 동기부여 등이 있다. 영화로 보는 인사행정, 그 첫 번째로 외부적인 환경에 초점을 맞추어 생각해 보고자 한다. 앞서 언급했듯이 경제적 환경은 열악한 수준이다. 기본적인 경기장이나 연습장이 없어 선수들이 직접 연습장을 만들어 훈련하고, 올림픽 유치를 위한 홍보차원으로 만든 스키점프대 이후 필요한 지원을 해주지 않아 체계적이고 과학적인 훈련을 받지 못하는 어려움을 겪는다. 그러던 중 올림픽 유치가 좌절되자 위원회에서는 모든 경제적 지원을 중단해버리고 스키점프팀을 예산편성에서 제외하여 이후 선수들은 자비로 올림픽에 참가하게 된다. 인사행정에 있어 채용인력의 질적 수준, 생산성 등과 관련해서 외부적인 환경이 얼마나 긴밀하게 영향을 미치는지를 확인할 수 있게 하는 대목이다. 이렇듯 인물들의 주변 환경이 어떠한지를 확인하면서 영화를 보는 것 또한 인사행정적 시각에서 영화를 해석하는 포인트가 될 수 있다. 영화 속에 숨겨져 있는 다른 인사행정 요소들도 함께 찾아보기를 바란다.

사진출처: NATE 영화(http://movie.nate.com).

# 연구로 보는 인사행정

## 유연근무제가 조직결과에 미치는 영향력에 관한 연구: 공공조직 내 개혁가치의 조절효과를 중심으로

민경률 · 박성민

본 연구에서는 일과 삶의 균형(Work and Life Balance)정책의 한 부분으로서 실시되고 있는 유연근무제가 조직효과성에 어떠한 영향을 미치는지 살펴보고, 유연근무제와 조직효과성 간의 관계에서 조직 내 개혁가치가 조절요인으로써 작용하는가에 대해 알아보고자 하였다. 이에 선행변수로써 유연근무제의 참여여부와 유연근무제 만족도를, 조절변수로써 조직 내 개혁가치, 결과변수로써 직무만족과 이직의도를 선정하였으며, 이들 변수로 이루어진 연구 모형을 토대로 연구 가설을 도출하였다. 유연근무제의 참여여부에 따른 직무만족과 이직의도의 차이를 살펴보기 위한 f-test 및 가설검증을 위한 다중회귀분석과 위계적 회귀분석 그리고 로짓분석을 실시하였다. 분석결과, 조직 구성원들이 개인의 상황에 따라 적합하게 유연근무제를 이용할 경우, 유연근무제는 구성원들의 직무만족을 향상시키고 이직의도를 감소시킨다는 것을 확인할 수 있었다. 이러한 유연근무제를 활성화시키기 위해서는 성과지향적이고 전략지향적인 개혁가치의 조성이 필요하다는 것을 확인하였다. 이는 구성원들이 조직의 목표와 비전에 대해 명확히 인지하고 있어야 하며, 목표 달성을 위해 필요한 것이 무엇이며, 자신이 맡고 있는 직무에 대한 책임감을 가지고 이를 수행해야 한다는 것을 의미한다. 또한, 이러한 직무수행 결과에 대한 공정한 성과평가가 이루어져야 하며, 성과에 대한 적절한 보상이 이루어져야 함을 의미한다.

### Research Questions

1) 인사행정의 접근방식은 인사관리(Personal Management)에서 인적자원관리(Human Resource management) 그리고 인적자본관리(Human Capital Management)로 변화 · 발전해 나가고 있다. 이러한 변화과정에서 어떤 가치들이 중요시 되었으며, 각 가치들이 어떠한 역할을 했는가에 대해서 토론해 보세요.

2) 오랜 기간에 걸쳐 형성된 조직 내 가치를 변화시키기 위해서는 많은 시간과 노력이 수반되어야 함을 알 수 있다. 한국 공공조직에서 중요시 여기는 이념, 제도, 목표 등에 대해 생각해보고, 조직발전을 위해 조직 내 주요 가치를 변화시킬 수 있는 효과적인 방안은 무엇인지에 대해서 토론해 보세요.

### Research Framework

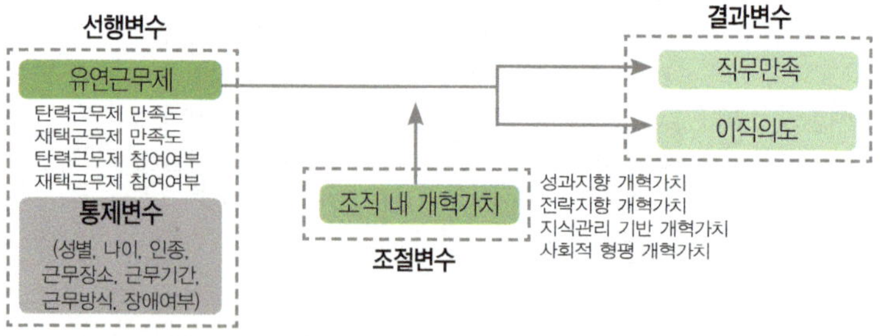


자료: 한국행정논집(2013), 25(4):1211~1248

# 제 2 편

# 인사행정의 내부환경요소

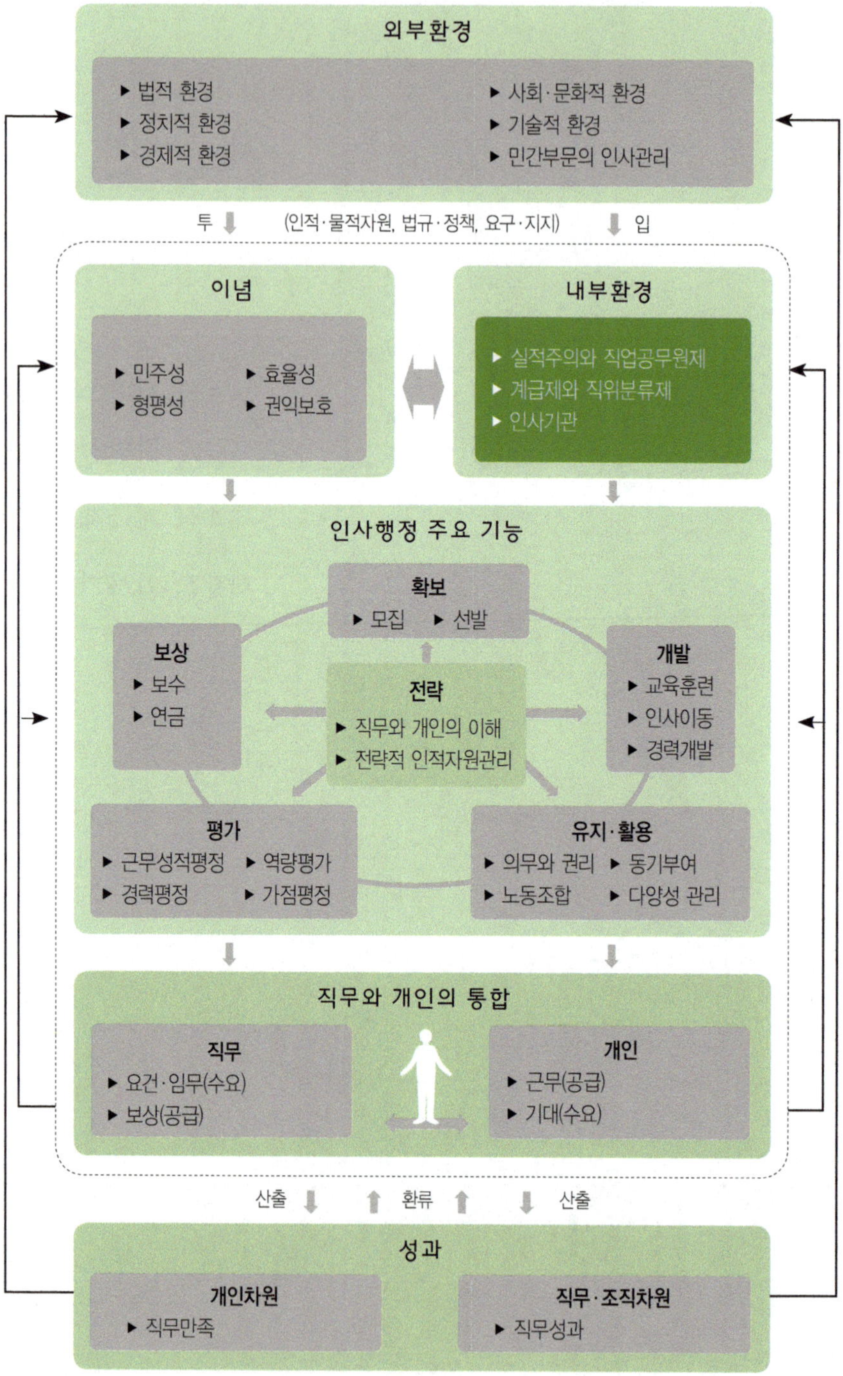
외부환경
▸ 법적 환경
▸ 정치적 환경
▸ 경제적 환경
▸ 사회·문화적 환경
▸ 기술적 환경
▸ 민간부문의 인사관리
투입 (인적·물적자원, 법규·정책, 요구·지지)
이념
▸ 민주성 ▸ 효율성
▸ 형평성 ▸ 권익보호
내부환경
▸ 실적주의와 직업공무원제
▸ 계급제와 직위분류제
▸ 인사기관
인사행정 주요 기능
확보
▸ 모집 ▸ 선발
보상
▸ 보수
▸ 연금
전략
▸ 직무와 개인의 이해
▸ 전략적 인적자원관리
개발
▸ 교육훈련
▸ 인사이동
▸ 경력개발
평가
▸ 근무성적평정 ▸ 역량평가
▸ 경력평정 ▸ 가점평정
유지·활용
▸ 의무와 권리 ▸ 동기부여
▸ 노동조합 ▸ 다양성 관리
직무와 개인의 통합
직무
▸ 요건·임무(수요)
▸ 보상(공급)
개인
▸ 근무(공급)
▸ 기대(수요)
산출 환류 산출
성과
개인차원
▸ 직무만족
직무·조직차원
▸ 직무성과

# 제 3 장 실적주의제와 직업공무원제

## ■ ■ ■ 들어가는 말

인사행정의 내부환경요소는 제1장과 제2장에서 살펴본 인사행정의 외부환경 및 이념과 함께 인적자원관리 활동 전반에 영향을 미친다. 특히 내부환경요소는 인사활동의 제도적 토대를 이루는 것으로서 실적주의제와 직업공무원제, 공직분류제도, 인사기관 등을 포함한다.

실적주의제와 직업공무원제는 현대의 대부분 국가에서 인사행정의 근간으로 삼고 있는 제도이다. 이러한 실적주의제와 직업공무원제는 인사행정의 여러 활동과 병렬적인 관계에 있는 것이 아니라 그 모든 활동에 원리와 철학을 제공하는 인사행정의 토대라는 측면에서 중요성을 갖는다. 이 두 원리는 인적자원의 관리기준을 능력과 실적, 평생직장으로서의 특징에 두는 것으로 인사권자의 자의성이나 정치권의 부당한 관여를 막고 인사행정을 전문적인 관리 영역으로 발전시키기 위해 필수적인 제도라 할 수 있다.

우리나라에서도 국가공무원법 제2조에서 공무원을 경력직과 정치적 임명직으로 나누면서 경력직공무원(일반직 · 특정직 · 기능직 공무원 포함)을 "실적과 자격에 의하여 임용되고 그 신분이 보장되며 평생토록 공무원으로 근무할 것이 예정되는 공무원"이라고 정의함으로써 실적주의제와 직업공무원제가 우리나라 공무원제도의 기본원리임을 분명히 밝히고 있다. 2011년 전체 공무원 90만 2,271명의 98.8%인 89만 1,000명이 경력직공무원이다(행정안전부, 2011b).

이에 인사행정, 나아가 우리나라 인사행정을 보다 정확히 이해하기 위해서는 실적주의제와 직업공무원제에 대한 이해가 선행되어야 할 것이다. 이에 제3장에서는 실적주의제와 직업공무원제의 의의와 운영원리에 대해 살펴보고자 한다.

## ■ ■ ■ 핵심용어

- 실적주의제(Merit System)
- 엽관주의(Spoils System)
- 펜들턴법(Pendleton Act)
- 신분보장과 정치적 중립성
- 대표관료제(Representative Bureaucracy)
- 양성평등채용목표제
- 직업공무원제(Career Civil Service System)
- 지역인재채용추천제

# 제1절 실적주의제의 이해

## 1. 실적주의제의 의의

### 1) 개념

실적주의제(Merit System)는 인적자원을 확보하고 활용하는 데 있어 실적이 근간이 되는 원리를 의미한다. 따라서 실적주의제를 이해하기 위해서는 실적(Merit)에 대한 개념 정의가 선행되어야 할 것이다. 실적이라는 단어를 들었을 때 언뜻 떠오르는 의미는 개인이나 조직이 이루어 놓은 어떤 결과나 업적일 것이다. 하지만 인사행정에서의 '실적'은 이보다 훨씬 다의적인 의미를 담고 있으며 인사활동 전반을 지배하는 기본적인 시각 내지 철학을 담고 있는 개념으로 이해되고 있다. 일반적으로 실적은 능력, 자격, 기술, 지식, 업적, 성과 등을 포함하는 개념이며 이를 측정하는 지표로서 직무수행능력, 생산성, 경력 및 훈련, 근무경력, 교육수준, 전공분야 등이 제시되고 있다(〈그림 3-1〉 참조).

그림 3-1 실적

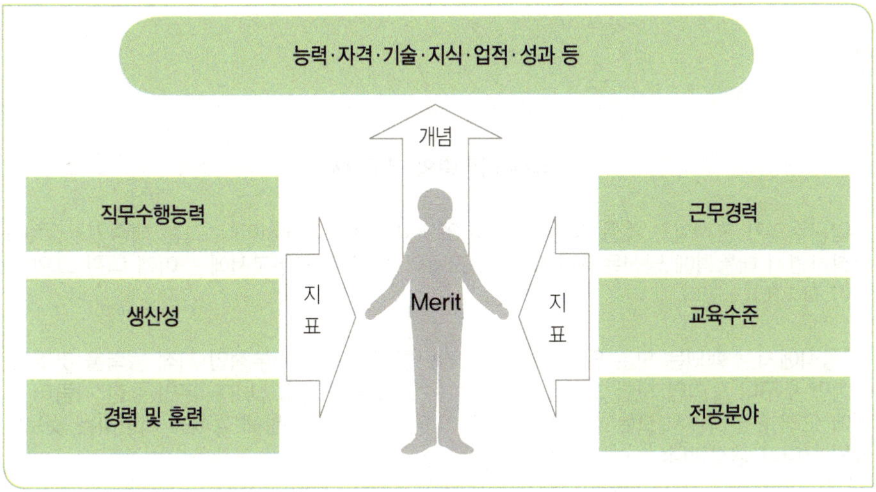

'실적'이라는 개념이 다의적으로 해석됨에 따라 인사행정에 있어서는 '실적'이라는 말 대신 '실적주의(Merit Principles)' 내지 '실적주의제(Merit System)'라는 말을 사용하는 것이 일반적이다. 실적주의제의 개념을 보다 명확히 이해하기 위해 미국에서의 실적주의제 도입 배경 및 진화 과정을 살펴보고자 한다.

미국 인사제도의 대 전환을 가져오고 현대 인사제도의 기틀을 제공한 인사법은 펜들턴법(Pendleton Act, 1883)이라고 할 수 있다. 이 법이 통과되기 이전까지 미국의 공직사회는 엽관주의(Spoils System) 원리가 적용되고 있었다. 엽관주의란 선거에서 승리한 대통령 당선자가 정부의 모든 공직을 전리품(Spoils)으로 획득하게 되고 그 전리품을 선거에서의 충성도에 따라 정당원들에게 나누어 주는 제도이다. 정권이 교체되면 전임 대통령이 임명한 공직자는 경질되고 새로 부임한 대통령에 의해 공직의 전면 교체가 이루어지게 된다. 엽관주의가 미국 정치에서 받아들여지게 된 배경에는 여러 요인이 있었지만 중요한 요인은 엽관주의가 행정의 민주성을 향상시킬 것이라는 기대 때문이었다. 그 당시 미국에서는 상류계급의 엘리트들이 건국 초기부터 관직을 지배하면서 그들의 이익만이 대변되고 있었고 이들이 관직을 장기간 지배하면서 부패 문제가 발생하고 있었다(Mosher, 1982). 따라서 공직을 소수의 엘리트에 의한 독점이 아니라 일반국민을 보다 잘 대표하고 그들의 의사를 대변할 수 있는 사람들에게 공유시킴으로써 민주정치의 발전에 기여할 수 있다고 보았고 이에 엽관주의를 도입하게 된 것이다.

## 참고 3-1 엽관주의의 시작

### 잭슨 대통령의 연두교서

엽관주의가 본격화된 것은 잭슨 대통령(1829~1837)에 의해서이다. 그는 대중민주정치를 주창하면서 대통령에 당선된 사람으로, 1829년의 첫 의회 연두교서에는 이에 대한 그의 소신이 잘 나타나 있다.

"공직에서 수행되는 모든 일은 평범하고 간단한 것들로서 기본적인 지적 능력을 갖춘 사람이면 누구나 노력만 하면 그 일을 수행할 수 있도록 되어 있습니다. 본인은 한 사람이 공직에 오래 근무하면서 오는 폐해가 그 사람이 경험의 축적을 통해 공직에 기여하는 것보다 훨씬 크다고 생각합니다 …"(Jackson, 1965)

그러나 1800년대 중반 미국에서 엽관주의의 병폐가 만연하면서 정부개혁 운동가를 중심으로 엽관주의의 문제점이 제기되기 시작했다. 엽관주의 병폐는 공직의 질적 저하로 요약할 수 있다. 공무원 임용에 있어 실제 일을 수행할 수 있는 능력이나 자격보다 정치적 이념이나 대통령에 대한 충성심이 우선되었기 때문에 전반적인 공무원의 질적 저하 문제는 당연한 것이었다. 또한 새 정부의 인사에서 살아남은 공무원도 다음 선거에 필요한 돈과 시간을 요구하는 당의 압력을 못 이겨 대부분 공직을 떠났기 때문에(Shafritz *et al.*, 1992), 새로 임명된 사람은 진임 정부의 정책이나 행정사무를 인수받지도 못한 채 대부분 아마추어로서 업무를 수행할 수밖에 없는 구조였다. 이로 인해 행정의 지속성이나 전문성이 확보될 수 없었다. 뿐만 아니라 정치인들이 공직에 유입됨으로써 행정이 정치화되고, 기업인들과의 유착에 의한 부패가 만연되어 갔다. 소수 엘리트들의 공직독점에 의한 부패를 척결하고 행정의 민주성을 높이고자 개혁의 논리로 도입한 엽관주의가 역으로 개혁의 대상이 된 것이다.

펜들턴법은 이러한 개혁운동의 산물이다. 대부분의 개혁입법이 그러하듯이 펜들턴법은 미래지향적이기보다 과거에 벌어진 문제들을 어떻게 해결할 것인가에 더 큰 비중을 두었다. 이에 엽관주의의 병폐를 극복하고자, 공직을 정치적으로 중립화시킴으로써 정치적 충성심이나 개인적 정실이 공직임명에 개입되는 것을 금지하였다. 또한 정치적인 이유로 현직자의 신분상에 불이익을 주거나 선거운동에 참여하도록 강요하지 못하게 하였으며 공무원은 경쟁시험을 통해 선발하도록 하였다. 이러한 내용은 현재 실적주의를 기초로 하는 미국 공무원 인사제도의 법적 토대가 되었다.

펜들턴법 통과 이후 미국 공직사회에서는 실적주의가 점진적으로 진화되어 갔다. 개혁 초기에는 공무원의 90% 정도가 여전히 정치적 · 인간적 친분에 의해 임명되고 해고되었으나(Hays & Reeves, 1989), 지속적인 개혁의 결과 20년이 채 지나지 않아 전체 공무원의 60% 이상이 실적주의에 의해 관리되었다(Kaufman, 1965). 그러나 이러한 개혁 기조는 여전히 엽관주의의 병폐를 어떻게 하면 극복할 것인가에 중점을 두는 소극적 시각에 머물러 있었다. 이를 위해 공무원 해고에 대한 규정을 강화하고, 인사기능을 정치기능으로부터 독립시키는 노력이 이루어졌다. 행정을 정치로부터 분리시킴으로써 공직사회에서 발생하고 있는 문제가 해결될 수 있다고 믿었기 때문이다.

그러나 1900년대 초, 과학적 관리(Scientific Management)의 영향으로 실적주의의 개념에 커다란 변화가 일기 시작하였고(Mosher, 1982), 일부에서는 펜들턴법에 대한 비판이 제기되기도 하였다. 이러한 변화에 따라 소극적 시각에 머물러 있던 개혁의 기조가 적극적 시각으로 전환되었다. 지금까지의 인사개혁이 채용과 해고 과정에서 정치권력의 남용을 어떻게 방지할 것인가에 관심을 기울였다면 개혁의 기조가 채용 후의 승진, 교육훈련, 활용, 보수 등과 같은 인사활동 전반으로 확대되었다. 즉 인사활동의 전 과정에서 실적주의의 원리가 적용되기 시작한 것이다. 과학적 관리론이 제공하는 관리 철학을 기반으로 일에 대한 과학적 분석과 그 일을 가장 잘 수행할 수 있는 적격자를 찾아 일과 사람을 일치(Match)시키는 최선책을 찾기 시작했고, 실적주의가 과학적 관리정신과 결합하면서 전문성을 갖춘 사람이 공직에 들어오기 시작했다.

그러나 실제 미국에서 실적주의 내용에 관한 커다란 변화는 인종 · 성 차별금지라는 다양성 관리의 시각과 결부되면서 나타나게 된다(Hays & Reeves, 1989). 공직채용에 있어 인종 · 성 · 지역 등에 대한 정치적 고려가 이루어지지 못하고 오로지 직무수행에 대한 개인의 능력과 전문성만을 중시하자 소수민족과 여성의 공직진출 비중이 절대적으로 낮아지는 결과가 초래되었다. 또한 처음에는 주로 채용에서 문제시되던 차별문제가 승진과 보수로까지 범위가 확대되어 갔다. 나아가 차별의 개념에 있어서도 비록 고의성이 없다 할지라도 결과가 차별적인 것으로 나타나면 그 기관은 법에 의해 불이익을 받도록 규정하고 있다. 결국 실적주의는 모든 국민에게 균등한 기회를 제공함으로써 공직의 국민 대표성을 확보하고자 했지만 차별 문제로 인해 대표성이 도전을 받게 된 것이다. 이러한 차별 문제는 법적인 차원이 아니라 이론적 차원에서도 인종 · 성 · 지역 · 직업 등의 여러 기준에서 국민 전체 또는 지역주민 전체(지방자치단체의 경우)의 인적 구성에 비례하도록 공무원을 구성함으로써 공직의 인적 대표성을 확보해야 한다는 대표관료제(Representative Bureaucracy)의 필요성을 야기시켰다(Kingsley, 1994). 그러나 대표성 확보에 있어 이러한 노력 역시 다양한 문제점을 노정하고 있다. 대표적 문제점으로 산술비례에 의한 대표성(할당제)을 충족시키는 과정에서 능력 있는 사람이 채용이나 승진에서 배제되는 역차별(Reverse Discrimination) 문제를 지적할 수 있다. 차별 및 역차별에 대한 문제는 실적주의 및 성과주의를 근간으로 하는 현대의 인사행정에 있어 중요한 개혁과제라 할 수 있다.[1)]

---

1) 대표관료제는 소극적 개념과 적극적 개념으로 나누어 설명할 수 있다. 소극적 개념은 보다 상징적 의미로서 전체 사회의 인구구성 특성과 비율을 반영하는 '공직구성'의 대표성을 의미하는 반면 적극적 개념은 실제적으로 관료가 대표하는 출신 집단의 이익을 위해 대표기능을 적극적으로 활용하는 '공직활동'의 대표성을 의미한다고 할 수 있다. 자세한 내용은 제13장 다양성 관리 부분에서 다시 다루기로 한다.

### 2) 원칙

1978년 카터 대통령에 의해 주도되고 채택된 인사개혁법(Civil Service Reform Act)에는 실적주의의 원칙을 다음의 9가지로 제시하고 있다.

① 공무원의 임용은 사회 각계각층에서 자격을 갖춘 사람을 대상으로 이루어져야 하며, 선발과 승진은 균등한 기회가 보장된 공정하고 공개적인 경쟁을 거쳐 개인의 능력 · 지식 · 기술을 기준으로 결정되어야 한다.

② 모든 공무원과 공무원 응시자는 인사관리의 모든 측면에서 정치성, 지역성, 혈연, 종교, 성별, 결혼, 연령 또는 신체적 장애상태를 이유로 차별받지 아니하며 헌법에 보장된 기본적 권리를 향유할 수 있어야 한다.

③ 공무원에게는 민간부문의 근로자에게 지급되는 임금수준과 형평을 고려하여 동일직무에는 동일보수가 제공되도록 해야 한다. 또한 실적이 탁월한 공무원에게는 그에 상응하는 인센티브와 명예가 주어져야 한다.

④ 공무원은 개인의 품행을 올바르게 하고, 공익을 실현시키기 위하여 항상 직무를 성실하게 수행해야 한다.

⑤ 정부의 인력은 능률적이고 효과적으로 활용되어야 한다.

⑥ 공무원들은 그들의 실적에 근거하여 공직에 남아 있을 수 있다. 실적수준이 미달되는 공무원은 개선이 이루어지도록 관리되어야 하며, 요구하는 수준에 도달할 수 없다고 판단되는 무능한 공무원은 공직에서 퇴출되어야 한다.

⑦ 교육훈련을 통해 조직이나 개인의 실적을 향상시킬 수 있는 경우에는 공무원에게 교육훈련 프로그램을 제공해야 한다.

⑧ 공무원은 자의적인 행동, 개인적인 정실 또는 당파적인 정치압력으로부터 보호되어야 한다. 또한 선거 또는 후보 지명의 결과에 간섭하거나 영향을 미칠 목적으로 공직의 권위나 영향력을 행사하지 못하도록 막아야 한다.

⑨ 법 규정의 위반, 관리상의 실책, 자원낭비, 권력남용, 또는 국민의 건강과 안전에 직접적이고 구체적인 위협을 가할 수 있다고 판단되는 정보를 합법적으로 공개한 공무원은 보복당하지 않도록 보호되어야 한다(U.S. Government Printing Office, 1977; Lee, Jr, 1993).

이상에서 살펴본 실적주의에 대한 원칙은 앞서 검토한 역사적 변천과정을 거치면서 진화되어 온 실적주의의 개념을 모두 포함하고 있음을 알 수 있다. 우선 엽관주의의 폐해에 대한 개혁과정에서 등장한 공직취임의 기회균등, 정치적 중립, 신분보장을 포함하고 있다. 뿐만 아니라 여기에는 이러한 전통적 의미의 실적주의 원칙 이외에 인사행정의 전 과정에서(확보, 개발, 유지 · 활용, 평가, 보상) 인적자원을 능력, 자격, 성과에 의해 관리함으로써 행정의 효율성을 높이고자 하는 적극적 · 발전지향적 실적주의 원칙이 포함되어 있음을 알 수 있다. 따라서 현대에 있어서 실적주의는 정치권력의 배제라는 방어적 · 소극적 의미와 인적자원의 효과적 활용이라는 발전적 · 적극적 의미를 포괄하는 의미로 이해할 수 있다.

특히 1978년의 인사개혁법에 나타난 실적주의의 9가지 원칙은 그보다 8년 전인 1970년의 구법에서 선언한 6가지 원칙과의 비교를 통해 실적주의에 있어 최근에 강조되고 있는 개념이 무엇인가를 명확히 알 수 있다. 두 법 모두 자격을 갖춘 사람을 채용할 것을 강조하고 있지만, 1978년 법은 '사회 각계각층'이라는 문구를 삽입함으로써 공직이 사회전체를 대표해야 함을 반영하고 있다. 또한 두 법 모두 동일직무에 대한 동일보수의 원칙을 선언하고 있지만, 새 법에서는 '실적이 탁월한 공무원'에게 특별한 보상이 제공되어야 한다는 성과급 원리를 추가하고 있다(Lee, Jr, 1993). 한편 1978년의 인사개혁법에 새로 추가된 3가지 원칙은 제4항의 공무원의 윤리성 강조, 제9항의 내부정보공개자에 대한 보호, 즉 내부고발자 보호, 그리고 제5항의 효율성 원칙이다. 두 법의 이러한 차이는 인사행정이 이루어지는 환경(예를 들면, 공직사회의 대표성, 경쟁성, 자율성, 성과주의의 확대)이 변화하면서 이에 유연하게 대응하기 위해 실적주의 개념을 보다 적극적으로 해석하는 방향으로 진화되고 있음을 분명하게 보여주는 것이다.

이러한 내용들을 바탕으로 실적주의의 일반적 개념과 인사관리 운영 측면에서의 장 · 단점을 정리하면 〈그림 3-2〉와 같다.

그림 3-2 실적주의제

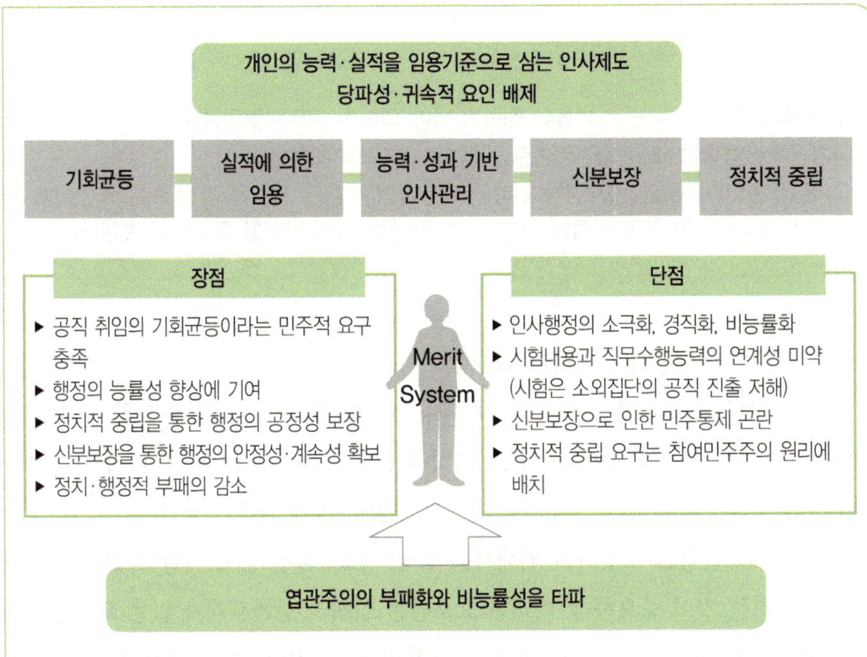


자료: 강성철 외(2011)의 내용을 토대로 저자가 재구성.

## 2. 실적주의제의 운영

우리나라의 헌법 및 법률에서도 공직취임에의 기회균등, 정치적 중립, 신분보장, 성적·능력주의 등 실적주의제 원칙을 명시하고 있다. 이를 구체적으로 살펴보면 다음과 같다.

### 1) 공직에의 기회균등

'균등한 공무담임권'과 '공개경쟁시험' 및 '채용시험의 평등공개' 규정은 충성심이나 정실을 고려하여 소수의 기득권층이나 권력의 측근 인사들에게만 공직이 불공평하게 배분되는 것을 금지하는 실적주의 원칙을 나타낸 것이다. 일반국민 누구에게나 공무원이 될 수 있는 기회가 공평하게 개방되어야 하는 것은 미국의 경우에서도

**참고 3-2** **공직에의 기회균등**

**헌법 제25조** 모든 국민은 법률이 정하는 바에 의하여 공무담임권을 가진다.
**국가공무원법 제28조** ① 공무원은 공개경쟁시험으로 채용한다.
**국가공무원법 제35조** 공개경쟁에 따른 채용시험은 같은 자격을 가진 모든 국민에게 평등하게 공개하여야 하며 시험의 시기와 장소는 응시자의 편의를 고려하여 결정한다.

보았듯 민주주의 이념을 실현하기 위한 것이다.

이를 보다 확실히 보장하는 방법이 채용과정을 공개하고 경쟁에 의한 선발을 보장하는 것이다. 공개와 경쟁이야말로 기회균등의 핵심이며 궁극적으로 인사행정의 민주성과 형평성을 확보하는 데 가장 중요한 역할을 하게 된다.

또한 기회균등을 보장하기 위해서는 성별, 종교, 출신 등에 대한 차별을 제도적으로 금지하는 것이 중요하다. 이러한 요소들은 실적과 상관관계가 없는 요소들이기 때문이다. 특히 과거 공무원 임용에 있어 제한을 두고 있었던 연령 제한 및 특정 직무에 대한 신체 조건 제한의 폐지는 공직 내 기회균등 원칙을 강화하는 데 있어 중요한 역할을 했다고 볼 수 있다.

연령 제한의 경우에는 앞서 설명했듯이 2008년 헌법재판소의 헌법불합치 결정으로 인해 현재는 5급 공개경쟁채용시험을 비롯한 공무원 공개채용시험의 '응시연령 상한제'가 폐지되었다. 이는 능력을 기준으로 한 공직 진입의 기회를 확대하여 실적주의제 확립에 기여할 것으로 생각된다.

경찰공무원의 경우 신체조건 제한이 문제가 되었었다. 2008년 이전에는 남성의 경우 키 167cm 이상, 몸무게 57kg 이상, 여성의 경우 키 157cm 이상, 47kg 이상 등의 제한규정이 적용되고 있었다. 그러나 이것이 공직의 기회균등이라는 원칙을 해칠 수 있다는 문제점이 제기되자 이를 폐지하였다. 다만, 경찰이라는 직업의 특수성을 고려하여 신체조건에 대한 제한은 폐지하는 대신 체력검사의 평가기준을 강화하는 방식을 고안하였다.

특히 최근에는 기회균등을 보장하는 데 있어서, 제한 조건을 폐지하는 소극적 관리에 머무르지 않고, 과거로부터의 차별적인 인사관행으로 인해 상대적으로 공직에

## 참고 3-3 균형인사정책: 양성평등채용목표제

**올 7급 필기시험 합격자 평균점수 81.7점… 양성평등제 도입 후 첫 남성 수혜자 나와**
**행안부, 국가직 705명 발표… 일반행정 합격선 83.35점**

박록삼

공무원 채용 과정에 양성평등채용목표제를 도입한 이후 남성 수혜자가 처음 나왔다.

행정안전부는 지난 7월 28일 치른 2012년 국가직 7급 공개경쟁채용시험 필기시험에서 행정직 514명, 기술직 142명, 외무직 49명 등 705명이 합격했다고 사이버국가고시센터(http://gosi.kr)를 통해 4일 밝혔다. 합격자의 평균 점수는 81.7점으로, 직렬별 합격선은 검찰사무(86.71점), 일반행정(83.35점), 세무(76.00점), 전산(72.14점), 기계(66.21점) 순으로 높았다. 필기시험 평균 경쟁률은 3만 6,022명이 응시해 64.2:1이었다.

특히 10개 직렬에 걸쳐 23명이 양성평등채용목표제에 의해 추가합격했고, 이 중 처음으로 남성 추가합격자가 나왔다. 최종 37명을 뽑는 외무영사직에서 여성 필기 합격자가 31명이고, 남성이 10명에 그치자 30% 성비를 맞추기 위해 남성 응시생 3명을 추가로 합격시켰다. 양성평등채용목표제는 5명 이상의 합격자가 나오는 직렬에서 어느 한 쪽의 성비가 30%에 못 미칠 경우 부족한 쪽을 추가합격시키기 위해 도입한 제도다. 그 전에는 '여성채용목표제'라고 했으나 2003년 제도 명칭을 바꿨다. 명칭 변경 이후 첫 수혜자가 나온 셈이다.

필기 합격자들은 5~9일 면접시험 등록 후 내달 1~3일 중앙공무원교육원에서 면접시험을 치러야 한다. 최종선발 예정인원은 561명이다.

행안부 관계자는 "전체 합격자 중 여성 비율은 33.6%로 지난해 31.6%보다 조금 올라갔고 전체 20개 직렬 중 양성평등채용목표제의 적용을 받은 직렬은 10개가 나왔다"면서 "외무영사직 자체가 여성 응시생이 워낙 강세를 보이는 직렬이기 때문에 남성이 처음 제도의 수혜를 받게 됐다"고 말했다.

자료: 서울신문(2012년 10월 5일).

서 소외되었던 여성, 장애인, 과학기술인력, 지방인재 등 소수집단(Minority Group)이 공직에 진입할 수 있도록 배려하는 적극적 관리로 발전하고 있다(박홍엽, 2006). 우리나라의 경우 기회균등의 적극적 보장의 시각은 '균형인사정책'으로 구체화되어 발현되었다.

### 2) 정치적 중립성

실적주의제는 공무원의 정치적 중립을 요구한다. 헌법과 국가공무원법의 규정은 정치와 관련된 행위를 금지시킴으로써, 공무원이 정권의 변화에 동요되지 않도록 하고 공직의 안정성을 유지하는 것을 목적으로 한다. 정권교체가 불안정한 사회일수록 공무원이 정치적으로 중립을 지키는 것은 사회 안정에 절대적인 기여를 하게 된다. 내각책임제의 정부형태인 영국에서 잦은 정권 교체에도 불구하고 사회가 안정적으로 유지 · 발전되어 온 데는 정치적 중립이 확고하게 자리 잡은 행정체제가 뒷받침하고 있기 때문이라는 것은 잘 알려진 사실이다.

#### 참고 3-4 정치적 중립성

**헌법 제7조**

② 공무원의 … 정치적 중립성은 법률이 정하는 바에 의하여 보장된다.

**국가공무원법 제65조**

① 공무원은 정당이나 그 밖의 정치단체의 결성에 관여하거나 이에 가입할 수 없다.
② 공무원은 선거에서 특정 정당 또는 특정인을 지지 또는 반대하기 위한 다음의 행위를 하여서는 아니 된다.
  1. 투표를 하거나 하지 아니하도록 권유 운동을 하는 것
  2. 서명 운동을 기도(企圖) · 주재(主宰)하거나 권유하는 것
  3. 문서나 도서를 공공시설 등에 게시하거나 게시하게 하는 것
  4. 기부금을 모집 또는 모집하게 하거나, 공공자금을 이용 또는 이용하게 하는 것
  5. 타인에게 정당이나 그 밖의 정치단체에 가입하게 하거나 가입하지 아니하도록 권유 운동을 하는 것
③ 공무원은 다른 공무원에게 제1항과 제2항에 위배되는 행위를 하도록 요구하거나, 정치적 행위에 대한 보상 또는 보복으로서 이익 또는 불이익을 약속하여서는 아니 된다.

### 3) 신분보장

헌법과 국가공무원법은 인사권자의 자의적 판단이나 개인적 정실을 이유로 공무원의 신분을 박탈하는 것을 엄격히 금지하고 있다. 즉 능력과 전문지식에 비추어 자격을 갖추고 근무를 충실히 수행하고 있는 공무원의 신분은 법적으로 보장됨을 의미한다. 공무원이 신분의 위협을 받지 않고 공무에 전념할 수 있도록 함으로써 행정의 안정성에 기여할 수 있고, 경험의 축적에 의한 전문화 및 직업공무원제의 확립에도 도움을 줄 수 있다. 여기에서 상기해야 할 점은 실적주의 원칙으로서의 신분보장은 정치적으로 부당하게 신분상의 권익이 침해되서는 안 된다는 것을 의미한다. 이러한 신분보장의 의미가 정년보장과 같은 의미로 해석될 때에는 오히려 공무원의 나태한 근무태도를 야기시켜 실적주의가 추구하고 있는 인사관리의 효율성 이념에 어긋나게 된다.

#### 참고 3-5 신분보장

**헌법 제7조**

② 공무원의 신분 …은 법률이 정하는 바에 의하여 보장된다.

**국가공무원법 제68조(의사에 반한 신분 조치)**

공무원은 형의 선고, 징계처분 또는 이 법에서 정하는 사유에 따르지 아니하고는 본인의 의사에 반하여 휴직 · 강임 또는 면직을 당하지 아니한다. 다만, 1급 공무원과 제23조에 따라 배정된 직무등급이 가장 높은 등급의 직위에 임용된 고위공무원단에 속하는 공무원은 그러하지 아니하다.

**국가공무원법 제74조(정년)**

공무원의 정년은 다른 법률에 특별한 규정이 있는 경우를 제외하고는 60세로 한다.

**국가공무원법 제75조(처분사유 설명서의 교부)**

공무원에 대하여 징계처분 등을 할 때나 강임 · 휴직 · 직위해제 또는 면직처분을 할 때에는 그 처분권자 또는 처분제청권자는 처분사유를 적은 설명서를 교부(交付)하여야 한다. 다만, 본인의 원(願)에 따른 강임 · 휴직 또는 면직처분은 그러하지 아니하다.

### 4) 성적 · 능력주의

〈참고 3-6〉에서 보는 바와 같이 5가지 국가공무원법 규정은 공무원의 신규채용에서부터 이후의 모든 인사관리활동이 개인의 능력, 자격 및 성적에 따라 이루어져야 한다는 원칙을 명시하고 있다. 이는 신체적 특성, 정치적 색채, 성별, 결혼 여부, 연령 또는 상관에 대한 충성심이나 연고 등 직무수행실적과 관계없는 요소가 인사관리의 기준으로 적용되어서는 안 된다는 것을 의미하는 것이며, 이는 실적을 기준으로 인사관리가 이루어질 때 조직의 생산성이 높아진다는 관리 철학이 반영된 것이라 볼 수 있다.

참고 3-6

**성적 · 능력주의**

**국가공무원법 제26조(임용의 원칙)**
공무원의 임용은 시험성적 · 근무성적, 그 밖의 능력의 실증에 따라 행한다.

**국가공무원법 제32조의 5(보직관리의 원칙)**
② 소속 공무원을 보직할 때에는 그 공무원의 전공분야 · 훈련 · 근무경력 · 전문성 · 적성 등을 고려하여 적격한 직위에 임용하여야 한다.

**국가공무원법 제40조(승진)**
승진임용은 근무성적평정 · 경력평정, 그 밖에 능력의 실증에 따른다.

**국가공무원법 제50조(교육훈련)**
④ 교육훈련 실적은 인사관리에 반영하여야 한다.

**국가공무원법 제51조(근무성적의 평정)**
① 각 기관의 장은 정기 또는 수시로 소속공무원의 근무성적을 객관적이고 엄정하게 평정하여 인사관리에 반영하여야 한다.

# 제2절 직업공무원제의 이해

## 1. 직업공무원제의 의의

### 1) 개념

우리나라 공무원제도의 기본원리를 이해함에 있어 실적주의제와 함께 논의되고 있는 것이 직업공무원제(Career Civil Service System)이다. 직업공무원제를 보다 정확히 이해하기 위해서는 직업공무원에 대한 개념 정의가 선행되어야 할 것이다. 이에 직업공무원의 개념과 특징을 살펴보면 다음과 같다. 직업공무원이란 단순히 국가로부터 봉급을 받는 모든 공무원을 의미하는 것이 아니라, 젊어서 공직에 들어와 평생직장으로 일할 수 있도록 신분을 보장받으며 공직에 대하여 긍지를 갖고 충성을 다하여 근무하는 공무원이라고 말할 수 있다. 전체공무원을 대상으로 직업공무원을 일컬을 때에는 비직업공무원과의 비교를 통해 그 의미를 분명히 이해할 수 있다. 비직업공무원

그림 3-3 직업공무원

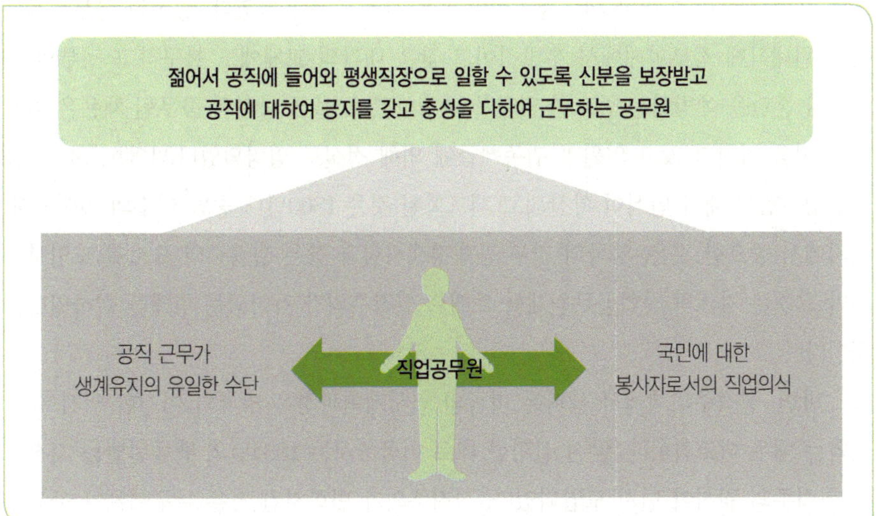

은 정당원으로 있다 대통령의 임기 동안 잠시 공직에서 일하는 사람이나 교수 또는 변호사로 일하다가 공직에 발탁되어 잠시 일하는 사람들을 예로 생각해 볼 수 있다. 이들은 모두 공직에서 물러나면 본래의 업(業)을 찾아 되돌아간다. 그러나 직업공무원은 공직을 그만두고 나면 새로운 직장을 구하기 이전까지 찾아갈 곳이 없다. 즉 비직업공무원은 공직근무를 잠시 외도로 생각하는 것이고, 공무원은 그것을 평생의 본업으로 생각하는 것이다. 본업이기 때문에 공직근무가 생계유지의 유일한 수단이 되며 보다 수준 높은 직무수행을 위해 국민에 대한 봉사자로서의 직업의식이 필요하다.

직업공무원제란 이런 의미의 직업공무원을 장려할 수 있도록 모든 인사관리를 제도화한 것이다. 즉 직업공무원제란 젊고 유능한 인재가 공직에 들어와서 공직에 근무하는 것을 명예로운 것으로 여겨 정년퇴임까지 전 생애에 걸쳐 성실하게 근무할 수 있도록 유도하며 단계적으로 경력발전을 이룰 수 있도록 하는 인사제도를 의미한다.

실적주의와 마찬가지로 직업공무원제의 의미도 시대와 상황에 따라 변해왔기 때문에 직업공무원제의 도입 배경과 진화과정을 살펴보면 직업공무원제가 함축하고 있는 의미를 보다 명확히 이해할 수 있다. 특히 직업공무원제는 영국과 미국이 서로 상반된 형태로 변해왔기 때문에 이들 간의 비교를 중심으로 살펴보고자 한다.

의회민주주의가 일찍이 확립된 영국에서는 관직을 임명해 온 국왕의 영향력을 차단시키기 위하여 이미 1700년 경부터 종신직 행정관리를 제도화하기 시작하였다. 특히 국왕제도 하에서 영국 국민이 종신직에 익숙해져 있다는 점과, 기득권을 존중해 오던 오랜 전통이 이러한 제도를 뒷받침하는 요소로 작용하였다. 종신직 공무원제도는 의원내각제 정부형태에서 우발적이고 잦은 내각의 교체에도 불구하고 정부의 공백이나 혼란을 예방하는 중요한 역할을 수행하였다. 물론 당시의 공무원 채용은 여전히 경쟁을 거치지 않고 의원과 귀족계급에 의해 정실로 임명되었다(박연호, 1992). 공개경쟁시험에 대한 인식이 확산되고 제도화된 것은 1800년대 중반 이후의 일이었다. 여기에서 중요한 것은, 영국의 경우 공개경쟁시험과 같은 실적주의 요소를 도입하였지만 그것은 기존의 직업공무원제를 토대로 실적주의가 가미되는 형태를 취하였다는 것이다.

반면, 실적주의제에서 살펴본 미국의 인사개혁과정은 영국의 이러한 역사적 전개와는 매우 대조적이다. 앞서 설명한 대로 미국에서는 1883년의 펜들턴법을 시작으로 실적주의 원칙이 먼저 도입되었다. 실적주의가 변화시킨 것은 누구에게나 균등하게 공직에의 기회를 부여하고 공직수행능력과 자격에 의하여 적격자를 선발하는 것이었다. 직업공무원제에 대한 관심은 1930년대에 들어 한 정부보고서에서 직업공무원을 규정하고 각급 학교를 졸업한 젊은 사람들을 신규채용해야 한다는 제안을 하면서 시작되었다(Mosher, 1982). 특히 직위분류제의 개방형 채용방식으로는 젊고 유능한 대학졸업자를 뽑아 공직에 오래도록 근무하게 하기가 힘들다는 것을 인식하게 되었고, 그 뒤 채용, 교육훈련, 보수, 신분보장 등에서 직업공무원제의 요건들이 보완되어 왔다. 그렇지만 이러한 제도개혁의 근본에는 항상 민주성과 형평성의 이념이 자리하고 있었다. 따라서 영국과는 반대로 실적주의를 바탕으로 직업공무원제가 확립되었다. 이런 의미에서 미국의 인사제도를 약한 형태의 직업공무원제라고 한다면, 영국의 인사제도는 강한 형태의 직업공무원제라 할 수 있다.

### 2) 목적

행정을 비직업공무원 내지 정치인들에게 맡기지 않고 직업공무원에게 맡긴다는 것의 의미와 중요성이 무엇인지는 직업공무원제 수립 목적을 살펴봄으로써 쉽게 이해할 수 있다. 이에 대한 내용을 구체적으로 살펴보면 다음과 같다.

첫째, 직업공무원제는 공직의 안정성을 목적으로 탄생하고 발전되어 왔다. 영국의 경험에서와 같이 내각의 변화에도 불구하고 정부의 단절이나 혼란 없이 안정적으로 국정이 지속되어 오는 데에는 종신직 신분보장을 받은 직업공무원이 중요한 역할을 하였다. 오늘날 의원내각제를 택하고 있는 독일이나 일본에서 정치적으로 안정된 미국보다 훨씬 강력한 직업공무원제를 유지하고 있다는 점도 이를 뒷받침하는 것이다. 우리나라의 경우에도 신분이 안정적으로 유지되어 온 직업공무원이 있었기 때문에 정변과 정권교체에도 불구하고 끊임없이 국가발전을 이룩할 수 있었다.

둘째, 직업공무원제는 역사적으로 공직의 윤리성 확보를 중요한 목적으로 하고 있다. 공무원의 신분이 최고책임자의 결정에 의존하는 한 그 공무원은 임명권자 개인에 대한 충성을 우선시할 수밖에 없다. 이는 최고책임자의 윤리성이 결여되었을 때도 마찬가지이다. 직업공무원제의 탄생은 공무원으로 하여금 왕이나 대통령 또는 소수 권력에 대한 충성이 아니라 정치적 중립성을 유지하여 전체 국민에 대한 봉사자로서의 역할을 수행할 것을 요구하게 되었다. 물론 이것이 공직의 정치적 무책임성을 의미하는 것은 아니다. 선출직 공무원은 다수 국민의 뜻에 따라 직업공무원에 대하여

**그림 3-4 직업공무원제**

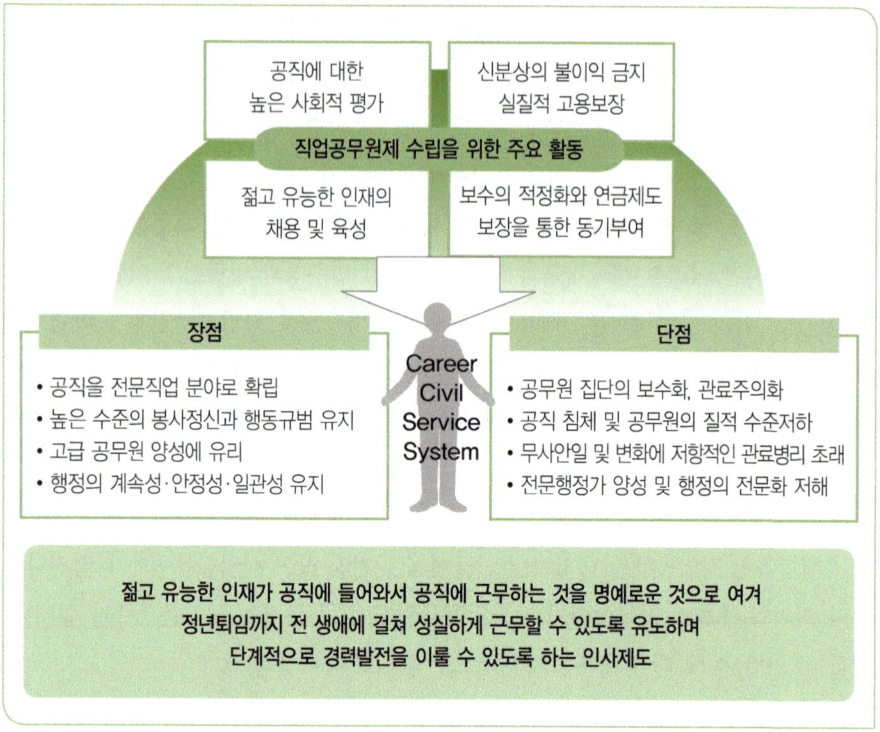


통제를 가해야 하고 공무원은 이를 충실히 따라야 한다. 그러나 정치인이 공무원에게 부당한 명령을 하고 이들 사이에 정실이 오고가는 문제가 발생할 경우 직업공무원제는 공무원의 윤리성(전체국민에 대한 봉사자)을 걸고 이를 거절할 것을 요구한다.

셋째, 직업공무원제는 공직의 우수성을 추구한다. 정부의 일이 민간기업의 일보다 중요하다고 본 것이다. 정부의 일은 국민전체에 영향을 미치는 것으로 공익을 추구하는 반면, 기업은 한정된 고객을 상대로 이윤을 추구하는 활동이다. 따라서 공무원이 수행하는 업무의 영향범위가 더 넓고 더 무거운 책임이 수반되기 때문에 일의 범위나 가치 면에서 정부의 일이 민간부문의 그것보다 우선시되고 우월해야 한다. 따라서 이를 수행하는 공무원이 다른 어느 분야의 종사자보다도 유능할 것을 요구한다. 많은 국가에서 젊고 유능한 인재를 공직에 유인하고자 하는 직업공무원제를 일찍부터 도입한 이유가 여기에 있다.

## 2. 직업공무원제의 운영

### 1) 직업공무원제 수립을 위한 주요 활동

직업공무원제 확립을 위해서는 공직에 대한 높은 사회적 평가, 신분상의 불이익 및 실질적 고용보장, 젊고 유능한 인재의 채용 및 육성 노력, 보수의 적정화와 연금제도 보장을 통한 동기부여와 같은 활동이 선행되어야 한다. 이를 구체적으로 살펴보면 다음과 같다.

#### (1) 공직에 대한 높은 사회적 평가

공직에 대한 사회적 평가가 높다는 것은 공직에 근무함에 따른 부가적 혜택이나 음성적 수입에 대한 매력보다 공직에 근무하는 것이 국가 발전에 대한 공헌이나 공공 봉사에 대한 자부심으로 이어져 결국 많은 사람이 가치 있는 일이라고 느끼는 것이다(강성철 외, 2011). 2010년 한국행정연구에서 진행한 공직에 대한 공무원의 인식조사 결과 '공무원을 직업으로 선택하게 된 이유'로서 신분보장(33.7%), 안정된 경제생활(19.3%), 보람된 직업/역할과 사명감(17.2%), 사회적 평가와 인식이 좋아서(9.4%) 등의 순으로 나타났다(함종석, 2010). 특히 '공무원으로서 역할과 사명감' 그리고 '사회적 평가와 인식이 좋아서'라는 응답이 전체의 26.6%를 차지해 공직에 대한 평가가 비교적 긍정적임을 확인할 수 있었다. 또한 '자녀의 공직진출에 대한 견해'에 대해서도 54.6%가 찬성 혹은 적극찬성을 하고 있는 것으로 나타났다. 자녀의 공직진출에 찬성하는 이유에 대해서도 22.8%가 '국민을 위해 봉사' 혹은 '사회적 평판이 좋다'라고 응답했다. 이러한 결과를 반영하듯, 최근 공무원 시험 경쟁률은 5급공채의 경우 40:1을

**표 3-1 최근 공무원시험 경쟁률 (2009~2013)**

| 채용급수 | 2009 | 2010 | 2011 | 2012 | 2013 |
|---|---|---|---|---|---|
| 5급 | 46.2 | 45.8 | 49.4 | 37.1 | 37.7% |
| 7급 | 79.9 | 115.4 | 122.7 | 108.2 | 113.3% |
| 9급 | 58.7 | 82.2 | 93.3 | 72.1 | 74.7% |

자료: 안전행정부, 사이버국가고시센터(2014).

웃돌고 있으며 7급은 2010년 이후 110:1 정도, 9급은 70~90:1 정도의 높은 경쟁률을 유지하고 있다. 이도형(2007)은 우리 사회에서 공직에 대한 사회적 평가는 '벼슬문화'로 상징되는 관존민비의 사고방식과 민간기업의 미성숙으로 인해 비교적 높게 평가되고 있다고 언급하였으나 최근에는 공직사회의 부정부패, 사회적 지탄, 민간기업의 발달로 인해 공직에 대한 사회적 평가수준이 하락하고 있음을 지적하였다.

#### (2) 신분보장: 신분상 불이익금지와 실질적 고용보장

신분보장은 정치의 부당한 압력으로부터 공무원의 권익이 보장되어야 한다는 소극적 의미와 공직을 일생의 본업으로 하여 일할 수 있도록 신분을 보장해 주는 적극적 의미가 있다. 방어적 의미의 신분보장은 이미 실적주의에서 언급된 바와 같이 공무원의 신분은 정치적 정실이나 이해에 따라 자의적으로 영향을 받아서는 안 되며 오로지 법이 정한 실적기준의 사유에 의해서만 결정되어야 함을 의미한다.

반면 적극적인 의미의 신분보장은 대표적으로 종신형 고용보장을 생각할 수 있다. 그러나 이보다 더 중요한 것은 공직에 있는 동안 헌신적으로 열심히 일할 수 있도록 근무조건을 보장해 주는 것이다. 이에 공직을 본업으로 하고 공직에서 떠나지 않도록 유지 · 활용하는 장치가 필요하다. 공직에 계속 남아 있을 유인이 부족하여 이직하는 공무원이 많다면 공직의 지속성 · 안정성이 훼손되고 직업공무원제의 확립이 불가능해 질 것이다. 따라서 외부로부터 자리의 위협을 받지 않도록 보장해 주어야 하며 승진의 기회를 부여하고, 공직근무 중에는 물론 퇴직 후에도 생계에 대한 걱정을 하지 않도록 경제적 보상을 보장해 주어야 한다.

#### (3) 젊고 유능한 인재의 채용 및 육성

신분보장의 실질적 조건들인 폐쇄형 충원제도, 보수의 형평성, 적절한 연금제도의 보장은 유능한 인재들을 공직으로 유도하는 데 있어 중요한 역할을 한다. 이에 더하여 공직의 우수성을 확보하기 위해서는 정부가 민간기업과의 우수인재 유치경쟁자로서 장기적인 계획에 따라 적극적인 모집에 나서야 할 것이며 이들의 지속적인 능력발전을 위해 꾸준히 노력해야 할 것이다. 즉 공직에 적합한 젊고 유능한 인재들을 채용해 이들이 일생 동안 공직에 근무하면서 자신의 실적과 성과에 따라 고위직까지 올라갈 수 있도록 하여 소관분야의 전문가가 될 수 있게 하는 다양한 적성, 능력, 직무 개발 기회들이 마련되어야 할 것이다.

#### (4) 보수의 적정화와 연금제도 보장 등을 통한 동기부여

보수의 적정화 및 연금제도 보장 등의 동기부여제도 또한 직업공무원제 확립을 위해 중요하다. 공무원의 장기 근무를 장려하기 위해 민간기업의 보수와 적절한 균형을 맞추어야 하며, 경력과 호봉이 올라감에 따라 장기적이며 예측 가능한 실질적인 보수의 인상이 필요하다. 또한 공직 퇴직 후 연금에서 나오는 수입으로 생계가 가능하다는 기대를 가질 수 있도록 연금제도도 보장이 되어야 한다(김중양 · 김명식, 2000). 현재 우리나라 공무원의 보수제도는 호봉제와 연봉제로 구분된다. 특히 호봉제는 호봉에 따라 기본급이 지급되는 제도로서 매년 정기승급을 통해 호봉이 올라가도록 되어 있는 연공급적 성격의 보수체계로 되어 있다(안전행정부 공무원성과급여포털). 노동연구원의 '2011년 민관 보수수준 실태조사' 결과 경찰직 · 교육직 · 일반직 공무원의 전체 평균보수는 민간기업의 85.2%였으며, 경찰직의 보수가 91.9%로 가장 높았고, 교육직은 87.2%, 일반직은 77.1%로 나타났다(헤럴드 경제, 2012.05.24). 또한 공무원 연금제도는 현재 안전행정부가 총괄하고 공무원연금공단이 업무를 집행하고 있다. 이 제도는 1960년에 도입되어 공무원에 20년 이상 근무하고 퇴직하는 자에 대해 공무상 질병, 부상, 퇴직 혹은 사망한 때에 연금 또는 일시금을 지급한다. 구체적으로 퇴직급여, 유족급여, 퇴직수당, 재해보상(장해급여, 유족급여, 요양급여), 부조급여 등이 운영되고 있다(안전행정부 인사실).

### 2) 직업공무원제의 범위와 정도

직업공무원제는 공직의 안정성 및 윤리성을 확보하고 공직의 우수성을 추구함으로써 젊고 유능한 인재가 공직에 진입할 수 있도록 한다. 인사행정에 있어 직업공무원제가 갖는 다양한 가치에도 불구하고 직업공무원제는 다음과 같은 한계를 지니고 있다. 우선 직업공무원제가 강하게 보장되는 경우 국민에게 직접 책임을 지는 대표기관이 국민의 요구대로 정책을 실행하는 데 어려움이 따른다. 대통령이 책임정치를 실현하기 위하여 필요한 인력을 공직에 임명하고 싶어도 직업공무원의 신분보장 때문에 이들을 교체할 수가 없다. 정치권력의 부당한 남용으로부터 공무원을 보호하기 위해 만들어진 직업공무원제가 대통령의 국정수행에 요구되는 공무원의 탄력적 운용을 제한하는 것이다. 뿐만 아니라 공직계층의 중간에 외부인의 자유로운 충원이 곤란하기 때문에 직업공무원은 국민의 요구와 환경의 변화에 둔감하게 대응하는 속성이 강하게 나타난다. 공직은 침체되고 경직되기 때문에 전체 국민에 대한 봉사자로서의 본래 의무가 퇴색되어 버린다. 특히 관우월주의 사고가 잔존하고 있는 상황에서는 공직전체가 특권계급화되고 공무원 또한 특권의식 속에서 독선적으로 공직을 수행하는 폐단이 발생할 수 있다.

이러한 위험요소 때문에 직업공무원제의 범위와 정도에 대하여 어느 선에서 균형을 맞출 것인지가 주요 쟁점으로 떠오른다. 이는 구체적으로 '직업공무원과 정치임명직과의 경계를 어느 선으로 할 것인가?', '외부개방과 내부교류의 범위는 얼마로 할 것인가?' 그리고 '신분보장은 어느 정도까지 허용할 것인가?'에 관한 문제이다. 이러한 문제를 바탕으로 직업공무원제의 범위와 정도에 대해 논의해 보면 다음과 같다.

#### (1) 직업공무원과 정치임명직 간의 경계 문제

직업공무원과 정치임명직 간의 경계 문제는 특히 최고위 관리계급에 대한 엽관적 임명을 어느 정도로 허용할 것인가로 요약된다. 정치임명직의 범위가 상대적으로 넓었던 미국의 경우 신분이 보장되는 고위관리직(SES: Senior Executive Services)을 신설한 것에서 알 수 있듯 직업공무원제적(계급제적)인 요소를 도입하려 하고 있다. 반면, 영국과 같이 직업공무원이 광범위하게 제도화된 상황에서는 고위계급에 대한 정치화의 범위를 넓혀 가려는 인식이 확산되고 있는 추세이다.

우리나라에서는 현재 2급까지 공무원 신분을 보장하고 있고, 1급 이상은 정치적으로 임명할 수 있어 신분보장의 범위에서 벗어나 있다(국가공무원법 제68조). 다만 국가공무원의 절대 다수를 차지하는 중앙행정기관의 경우 1~3급은 고위공무원단을 구성하여 이들에 대해서는 성과와 능력에 대한 엄격한 적격심사를 거쳐 부적격 결정이 나면 직권으로 면직시킬 수 있도록 규정하고 있다(국가공무원법 제70조, 제70조의 2). 특히 고위공무원단의 도입에 있어 고위공무원 직위의 20%를 개방형으로 충원하도록 하여 이들에 대한 직업공무원으로서의 신분을 약화시킨 것은 고위공무원에 있어 미국과 같이 직업공무원적 특성을 강화시키기보다는 영국과 같이 정치적 대응성을 강화하는 것에 중점을 두고 있음을 알 수 있다. 하지만 개방형 임용이 정치임명직의 범위를 확대한 것은 아니다. 이들 개방형 임용도 임명권자의 재량적 행위가 아니라 엄격한 심사에 의해 이루어지도록 제도화하고 있기 때문에 정치임명직이라기보다는 과거 직업공무원제가 가지고 있었던 공직의 경직성을 완화하고 민간인의 공직진출을 통한 소극적 의미의 정치적 대응성 강화로 이해할 수 있을 것이다.

⑵ 외부인사에 대한 개방성의 범위

앞에서도 언급하였듯이 강한 직업공무원제일수록 외부충원을 철저히 봉쇄한다. 물론 전체 계급 중에서 몇 개의 계급을 외부경쟁으로 개방시키는 것까지 부정하는 것은 아니다(우리나라의 경우 5, 7, 9급). 그렇지만 이러한 부분적인 개방만으로는 공직의 대응성 · 민주성의 결여와 공직의 침체화 · 경직화 문제를 해소할 수 없다. 부분적으로나마 외부로부터의 개방적 충원이 가능하도록 함으로써 공직에 대한 일반국민의 비판적 시각을 전달할 수 있고, 나아가 공직을 변화시켜 보려는 동인을 제공할 수 있다. 고위공무원 직위를 외부에 개방하도록 한 개방형 직위제도도 바로 이러한 이유에서 출발한 것으로 볼 수 있다. 이 제도의 효과성은 앞으로 공직개방의 범위결정에 있어 많은 영향을 미칠 것이라 예상된다.

⑶ 내부교류의 범위

직무의 종류가 유사한 경우에는 기본적으로 상호교류를 허용하는 것이 타당하다. 즉 범위결정의 합리적인 기준은 직무의 종류라고 말할 수 있다. 기술전문성이 고도화되고 복잡해지는 정보화 사회에서 상호교류의 범위는 좁아질 수밖에 없다. 각각의 직무가 갖는 특이성이 높아 담당하는 직무 이외의 것을 이해하기 힘들기 때문이다. 한편 직업공무원제가 가지는 장점 중의 하나는 매우 다양한 직무를 경험할 기회가 주어지고 이를 통해 능력개발의 기회를 갖게 되면 성취 욕구를 충족시킬 수 있다는 점이다. 이러한 측면을 고려할 때, 하위직의 경우에는 적성에 맞는 직무를 찾을 기회를 부여하고 업무 또한 단순사무 내지 기술지식만 요구하는 경우가 많기 때문에 교류를 광범위하게 허용하도록 하며, 중간직은 전문성이 가장 많이 요구되는 계층으로 교류를 제한하여 해당 분야의 전문가로 양성하는 것이 바람직할 것이라 생각된다. 반면, 고위직의 경우 전문행정가보다는 일반행정가를 필요로 하고, 인력운용의 탄력성이 요구되며, 전문성보다는 공익차원의 넓은 시각이 중요하다는 점에서 교류를 넓게 허용하는 것이 바람직할 것이다.

#### (4) 신분보장의 정도

마지막으로, 신분보장의 정도 문제이다. 앞에서 논의한 것처럼 공무원의 신분보장은 소극적 보장과 적극적 보장으로 구분할 수가 있다. 소극적 보장은 미국이 취하고 있는 방식으로 권익 '보호형' 또는 정치권력 남용방지용 신분보장이다. 그러나 이 정도로 직업공무원제를 강화하는 데는 한계가 있다. 이에 우리나라, 영국, 일본에서는 적극적 보장을 의미하는 권익 '신장형' 신분보장을 중시하고 있다. 적극적 신분보장은 종신고용계약, 정년형 신분보장 등을 의미한다. 그러나 이는 국민의 요구에 대한 공직의 대응성 저하와 공직침체, 나태로 인한 비효율성 문제를 야기한다. 이에 소극적 신분보장과 적극적 신분보장의 절충 형태로서 군인이나 경찰에게 적용되고 있는 계급정년형 신분보장이 주목받고 있다.

## 제3절 문제점과 발전방향

우리나라의 헌법과 법률에서는 실적주의제와 직업공무원제가 한국 공직사회의 기본 원리임을 분명하게 밝히고 있다. 두 가지 원리를 공직사회에서 구현하기 위해 공직취임에의 기회균등, 정치적 중립, 신분보장, 성적 · 능력주의 등의 실적주의제와 직업공무원제가 추구하는 목적과 제도수립을 위해 필요한 원칙을 규정하고 있음을 알 수 있다. 그러나 실제 이것이 얼마나 실천에 옮겨지고 있는지는 의문의 여지가 많다. 이에 우리나라의 실적주의제와 직업공무원제의 문제점을 살펴본 후 이를 바탕으로 발전방향을 고민해 보고자 한다.

## 1. 문제점

우선 실적주의제의 문제점을 살펴보면 다음과 같다. 특히 실적주의제의 문제점은 실적주의 원리가 작동하기 위해 요구되는 공직에의 기회균등, 정치적 중립성 유지, 신분보장, 성적 · 능력주의 등의 원칙 측면에서 살펴보고자 한다.

첫째, 기회균등 측면의 문제점이다. 앞서 살펴본 바와 같이 현재 우리나라에서는 공무원 채용에 있어서 학력, 전공, 연령의 제한을 두고 있지 않지만 학력 및 전공 제한의 폐지는 논란의 여지가 있어 보인다. 공무원 채용에 있어 이러한 제한의 폐지는 법적 · 과학적 타당성을 논하기 이전에 모든 국민에게 가능한 폭넓게 공무원이 될 수 있는 기회를 주고 있다는 점에서 상징적 의미가 강한 것으로 보인다. 하지만 현재 우리나라 대학교육이 전문인을 배출하는 역할을 충분히 하지 못하고 있기 때문에 이러한 제한들을 강화해야 한다는 일부의 주장은 크게 지지를 받지 못하고 있는 상황이다. 그러나 이는 고도로 전문화된 사회에서 전공에 상관없이 단순 선택형의 시험을 통과한 것으로 건축 · 통신 분야 등의 전문 직무분야에 임용이 가능하도록 공직을 개방하는 것은 바람직하지 못하다 할 수 있다.

뿐만 아니라 최근에는 공직에의 기회균등을 논의함에 있어 균형인사정책과 같이 보다 적극적인 시각이 반영되고 있다. 그러나 때로는 이러한 균형인사정책으로 인해 역차별의 문제가 제기되고 있기 때문에 적극적인 기회균등 정책과 실적주의 간의 조화와 균형 문제는 앞으로의 인사개혁에 있어 중요한 과제라 할 수 있다.

둘째, 정치적 중립성 유지 측면의 문제점이다. 우리나라에서는 대통령 당선자가 공직을 전리품으로 챙겨 선거에 공헌한 사람에게 배정하는 미국식 엽관주의 폐해는 찾아보기 힘들다. 그러나 공무원의 정치적 중립에 대한 정치인의 자각이 부족하여 집권 여당이 정권을 계속 유지하기 위해 공무원을 선거운동에 직 · 간접적으로 동원하는데서 문제가 발생하고 있다.

따라서 우리나라에서의 정치적 중립은 대통령 개인에 대한 부당한 정치적 충성심(선거운동 개입 등)을 강요하거나 또는 그러한 강요에 따르지 않는 공무원에게 보복성 인사를 해서는 안 된다는 의미로 해석해야 할 것이다.

이 외에도, 공무원의 선거 중립성이 완전히 지켜지고 있지 않다는 측면에서 문제점을 발견해 볼 수 있다. 아직도 선거에 임박하여 선심용 사업이 집행되고 있고 공무원은 이를 거절할 수 없는 상황이다. 다른 공무원에게 정치적 행위를 강요하지 못하도록 규정하고 있음에도 불구하고 인사권을 가진 기관장이나 상관의 눈치를 보지 않을 수 없어 이러한 중립성 규정을 무색하게 만들고 있다. 뿐만 아니라 기회주의적인 공무원의 행위는 정치적 중립성을 스스로 해치고 있다. 특히 자치단체장 선거에서 나타나듯이 당선 가능성이 높은 후보 편에 서서 이를 은밀히 지원하는 행태가 종종 나타나고 있다(조선일보, 2010.03.23). 이는 지원한 후보자가 단체장에 당선되면 승진이나 인사이동에서 혜택을 받기 위한 사전 작업인 것이다.

셋째, 신분보장 측면의 문제점이다. 과거 군사정권하에서는 집권자가 국민들로부터 지지를 얻기 위해 사정 또는 정화라는 이름으로 정권 교체시마다 공무원에 대한 숙정을 단행하였다. 무능하고 비리에 연루된 공무원을 공직에서 내보내는 것은 당연한 일이지만 무능 · 비리공무원의 색출이 자의적이었다는 데 많은 문제가 있었다. 즉 새 정권에 대한 충성도가 숙정의 기준이 되는 보복성 인사의 성격을 띠어 공무원의 신분보장이 위기에 처하곤 했다. 충성도가 낮은 사람에게 명예퇴직이 강요되거나 대기발령 내지 연수 등의 인사 조치를 취함으로써 공무원의 신분이 위협받고 있는 사례가 발생했다. 이처럼 숙정 · 정화 · 사정 등 이름을 달리하는 공직기강 개선 활동이 공통적으로 부정공무원을 근절하려는 목적을 갖고 있었지만 다른 한편으로 공무원의 충성을 확보하기 위한 '길들이기 수단'으로 활용되고 있었던 것이다. 특히 실적주의 원칙의 신분보장은 정년을 보장하는 것이 아니라 공무원을 부당한 신분상의 불이익으로부터 보호하는 것을 의미하기 때문에 이러한 문제는 실적주의제 확립을 저해하는 요소로 지적되었다.

한편 우리나라와 같은 정년보장식 신분보장은 앞에서 살펴본 바와 같이 긍정적인 측면과 함께 부정적인 측면도 지적되고 있다. 정년보장식 신분보장의 문제점 중에서 가장 중요한 것은 공무원 신분을 위협하는 외부의 경쟁압력이 없고, 내부적으로도 직무수행실적이 승진에 영향을 줄 뿐 신분 자체에는 커다란 위협이 되지 않아 인적자원관리의 비효율성을 초래한다는 것이다. 즉 실적주의제의 원칙이 실적주의가 의도한 것과 완전히 반대되는 결과를 초래하는 문제를 발생시킨다.

넷째, 성적 · 능력주의 측면의 문제점이다. 우리나라의 경우 직무분석 내지 직위분류가 되어 있지 않고, 실적과 보수를 연계시키지 못하고 있다. 이에 성적 · 능력주의가 훼손되고 있다. 직무에 대한 분석이 선행되어야 직무수행에 필요한 자격요건이 무엇인지를 알 수 있고, 수행하는 임무가 무엇인지를 알아야 교육훈련과 근무성적평정이 제대로 이루어질 수 있다. 특히 실적이 승진이나 전보 등에 영향을 줌으로써 동기부여 역할을 할 수도 있지만, 금전적 보수와 직접 연결되지 않는 상태에서는 그 실효성이 저하될 수밖에 없다.

뿐만 아니라 이러한 제도적 미비점 이외에도 연공서열 중시의 인사풍토가 성적 · 능력주의를 방해하는 요소로 작용하고 있다. 과거 일본이나 우리나라 민간기업에서 인사개혁의 핵심을 이루었던 부분이 정년보장식 신분보장과 함께 바로 연공서열제였다. 직무가 단순하고 평범할 때에는 능력과 연령이 비례할 수도 있다. 특별한 지식보다 경력이 능력의 중요한 지표일 수 있기 때문이다. 그러나 현대와 같이 직무가 전문화되고, 새롭고 다양한 지식과 정보를 빠르게 받아들여야 하는 상황에서는 그렇지 않을 수 있다. 오히려 젊은 사람이 변화에 대한 적응력도 빠르고 학습효과도 높게 나타날 수 있기 때문이다. 즉 현재는 연령이나 경력이 능력을 대표할 수 없게 되었다. 그럼에도 불구하고 우리나라에는 여전히 근무성적평정이나 승진에 있어 연공서열제적 요소가 남아있어 성적 · 능력주의를 훼손하고 있다.

다음으로 실적주의제와 함께 우리나라 공무원 인사제도의 기본 원리로 작동하고 있는 직업공무원제의 문제점을 살펴보고자 한다. 우리나라의 경우 공무원의 98% 이상이 국가공무원법의 직업공무원제 규정을 적용받는다는 점에서 직업공무원제가 상당히 정착되어 있다고 말할 수 있다. 그러나 직업공무원제 수립을 위한 구체적인 인사활동을 살펴보면 그 내용이 상당히 부실하여 몇 가지 문제점을 발견해 볼 수 있다. 이를 구체적으로 살펴보면 다음과 같다.

첫째, 우리나라의 경우 그동안 선거가 있을 때마다의 관권선거 시비가 있었으며 공무원 인사 때마다 정치권 외풍에 대한 비난이 끊이질 않았다. 즉 공무원의 정치적 중립이 지켜지지 않고 있는 것이다. 선거철이면 아직도 정치권이 공무원의 중립적인 업무수행에 영향을 주는가 하면 당연히 지속되어야 할 정상적인 단속과 규제업무가 이완되는 등 선거에 의한 공직의 혼란현상이 완전히 해소되고 있지는 않다.

선거 때 뿐만 아니라 일상적인 인사 업무수행에 있어서도 외부의 정치적 압력은 인사의 공정성과 객관성을 유지하기 어렵게 만드는 요소로 작용하고 있다. 정치권의 인사개입은 공직 내부 구성원이 수용할 수 있는 합리적이고 공정한 인사이기보다는 자의적인 인사권 행사일 가능성이 높다. 실제로 공무원의 절대다수가 인사의 공정성에 대해 상당한 불만을 갖고 있음이 설문조사에서 확인되었다.[2] 이러한 인사의 불공정한 관리는 공직의 안정보다는 공직의 동요와 불만을 조장하게 된다. 대통령제하에서 공무원에 대한 강력한 관리와 통제가 필요한 것이 사실이지만 우선적으로 인사의 공정한 관리를 위한 제도보완이 필요하다. 결론적으로 실적주의 원칙을 기초로 직업공무원제를 확립할 때 인사제도가 보다 합리적이고 공정하게 관리될 수 있을 것이다.

둘째, 공직에 대한 국민의 불신 문제는 우리나라 직업공무원제 확립에 또 하나의 걸림돌이 되고 있다. 유능한 인재를 정부로 유인하려면 공직전체에 대한 사회적 신뢰가 높아야 하지만 현재는 그렇지 못한 것으로 보여진다.[3] 불신의 가장 주된 이유 중 하나는 공무원 부패이다. 언론을 통해 우리 공직사회에 부패가 광범위하게 만연되어 있다는 인상을 줄 수 있는 많은 부정사건들이 보도되었다. 새 정부가 들어서면 의례적으로 공직 사회 기강 확립을 위한 사정이 이루어지지만 이러한 노력 역시 국민의 불신을 해소하지 못하고 있는 실정이다.

셋째, 종신고용형 신분보장이다. 신분보장은 직업공무원제를 강화하는 요건이지만 실적주의제의 문제점에서도 지적된 바와 같이 공무원의 신분보장이 공무원의 권익을 지켜 주고 우수한 자원을 공직에 헌신토록 하는 '실질적 신분보장'의 형태가 아닌 정년보장식의 '형식적 고용보장'이 이루어지고 있어 인적자원관리의 비효율성 등의 문제를 초래하고 있다.

## 2. 발전방향

앞서 논의한 문제점을 바탕으로 먼저 실적주의제의 발전방향을 제시하면 다음과 같다.

첫째, 현재 제도화되어 있는 실적주의 원칙을 보다 잘 구현하여 실적주의제의 실

2) 2006년 5월 5개 광역자치단체와 8개 기초자치단체 공무원 등 494명을 대상으로 실시한 설문조사 결과를 보면 인사운영의 공정성에 대해서 응답자들은 채용(3.86점)의 경우 보통 이상, 부처 및 보직배치(3.01점)의 경우 보통 수준으로 평가하였지만 승진과 근무성적평정의 경우에는 각각 2.79점과 2.88점으로 보통 이하 수준이었다(권경득, 2006).

3) 한 국책연구소의 2008년 조사에서 정부기관에 대한 국민의 신뢰도는 12.6%이었고 공직자에 대한 신뢰도는 이보다 훨씬 낮은 7.7%였다(윤태범, 2009).

효성을 확보해야 한다. 우리나라의 경우 실적주의에 대한 짧은 경험 속에서 실적주의제에 대한 형식적인 틀만 만들어 놓은 채 과거의 관행에서 벗어나지 못하고 있다. 특히 인사결정에서의 정실개입과 연공서열식 인사관리가 가장 큰 장애요소로 보인다. 신규채용과정에서는 공개와 경쟁의 원칙이 준수되기 때문에 정실개입의 여지가 희박하다. 그러나 인적자원의 확보 단계를 제외한 승진, 교육훈련, 근무성적평정 등의 단계에서는 학연 · 지연 · 혈연 등의 정실요소가 개입되기 쉽다. 특히 정실주의와 연공서열주의는 우리나라의 문화적 특성과도 깊은 관련이 있기 때문에 실적주의의 제도적 장치만으로 이 문제를 해결하는 데는 한계가 있다. 이에 장기적인 관점에서 의식의 전환과 함께 제도적 개혁이 이루어져야 할 것이다.

둘째, 현재 제도의 비실적주의 요소를 개선해 나가야 한다. 실적주의는 공무원의 동기를 유발시키고 나아가 관리의 효율성과 행정서비스의 질적 향상을 가져와야 한다. 그러나 신분보장은 그 반대현상을 야기시킬 수 있다. 신분에 대한 위기의식이 없기 때문에 나태해지기 쉽고 이는 결과적으로 관리상의 비효율을 초래한다. 실제 연구에서도 지나치게 신분이 보장되는 상황에서 사람들은 진취성이나 창의성을 잃게 되며 의욕적이고 성취지향적인 사람조차 신분이 아주 잘 보장되는 직장에서는 느긋해(Complacent)지는 경향이 있음이 확인되었다(Hersey & Blanchard, 1977).

그러나 우리나라에서 신분보장은 직업공무원제와 연결되어 유능한 인력을 공직에 유인하는 데 지대한 공헌을 하고 있다. 특히 민간부문에 비해 보수의 경쟁력을 갖지 못한 상태에서는 그 중요성이 더욱 강조된다. 따라서 현재의 정년보장형 신분보장의 유지 및 폐지 문제는 인사제도의 거시적 시각에서 점검해야 할 문제이다. 이에 현실적인 개선책으로 계급정년제를 고려해 볼 수 있다. 계급정년제는 공무원이 승진을 하지 못하고 일정 기간 동안 계속해서 동일 계급에 머물러 있을 경우 정해진 기간이 만료되는 시점에 퇴직을 시키는 제도이다. 현재 우리나라의 경우 군인과 경찰공무원에게 계급정년제가 적용되고 있는데 이를 일반 공무원에게까지 확대한다면 신분보장 측면의 비실적주의 요소가 상당부분 해소될 것이라 생각된다. 특히 6급에 대한 계급정년제의 도입을 가장 우선적으로 고려해야 한다. 9급이나 7급에서 시작하는 공무원의 대부분은 정년인 60세까지 약 30년 이상 공직에서 근무를 하게 된다. 그런데 이들의 승진이 6급에서 막히게 되면 불평불만이 생기게 되고 이로 인해 근무의욕이 저하되면서 부정적인 시각으로 일을 하게 되어 다른 사람에게까지 부정적인 영향을 미치게 된다. 또한 6급에서의 승진적체 현상을 가중시켜 유능한 후배의 사기마저 꺾는 결과를 가져오게 된다.

셋째, 현 제도에 포함되지 않은 실적주의 요소를 도입 · 반영시킬 필요가 있다. 앞서 지적한 바와 같이 현재 우리나라의 경우 실적과 보수 간의 연계성이 낮으며 제대로 된 직무분석이 이루어지지 않고 있다. 우리나라의 경우 사람의 자격과 능력을 바탕으로 하는 계급제를 기본 골격으로 하기 때문에 실적과 보수의 연계성 저하 문제를 쉽게 해결할 수는 없을 것이다. 그러나 실적주의가 관리의 효율성으로 이어지기 위해서는 실적이 어떤 형태로든 보상과 연계되어야 한다. 이러한 측면에서 고위공무원단에 도입된 성과연봉제와 일반공무원에게 적용되는 성과상여금제도는 매우 바람직한 변화라 할 수 있다. 다만 직무분석이 되어 있지 않은 계급제 상황에서 성과의 객관적 측정이 힘들다는 한계를 극복하는 것은 지속적으로 해결해 나가야 할 과제라 할 수 있다.

또한 직무분석이 되어 있지 않은 상태에서 실적주의는 유용성에 한계가 있을 수밖에 없다. 따라서 직무분석을 통해 최소한 직렬의 분류를 합리화하고 또한 채용에서 요구되는 자격요건을 명확히 할 필요가 있다. 이렇게 직무분석이 이루어지면, 근무성적평가를 현재와 같이 추상적인 요소(기획력, 의사전달력 등)에 따라 광범위한 공무원에 대하여 동일한 양식을 적용하는 것이 아니라, 직무의 성격에 따라 그에 적합한 평가요소를 개발하여 사용할 수 있을 것이고 성과측정의 타당성과 신뢰성 향상에도 도움이 될 것이다.

넷째, 현재의 실적주의제에 민주성의 이념을 접목해야 한다. 실적주의제에서 민주성은 두 가지 측면에서 검토할 수 있다. 하나는 공직 구성의 대표성에 대한 형식적 측면이고, 다른 하나는 국민의 대응성에 대한 실질적 측면이다. 전자가 사회 구성원의 특성과 공무원 특성의 인적 비례를 고려한다면, 후자는 공무원 구성이 어떻게 되었든 그들이 얼마나 사회의 변화에 적응하고 민의를 존중하여 행정을 수행하는가를 고려한다.

그러나 우리나라의 경우 전문가의 증가나 인종적 편중으로 인해 대표성에 대한 논의가 활발한 미국과 달리 대표성에 대한 관심이 걸음마 수준에 머물러 있다고 볼 수 있다. 우리나라는 일반행정인의 원리가 인사행정의 골격을 형성하고 있으므로 학력으로 인해 공직진출의 기회가 제한되지 않도록 모든 국민에게 공직취임의 문호가 열려 있고, 시험도 개별 직무수행에 요구되는 전문지식을 묻는 것이 아니다.

이에 우리나라 실적주의가 추구해야 할 방향은 후자의 대응성 향상을 꾀하는 일이다. 인적 구성의 대표성보다는 공직의 폐쇄성에서 오는 대응성의 부족과 경직적인 행정서비스가 더 큰 문제이기 때문이다. 공직의 폐쇄성은 폐쇄형 충원이 가장 직접적인 원인이 되고, 간접적으로는 정년형 신분보장을 요구하는 직업공무원제와 계급제에서 야기되는 문제로 볼 수 있다. 따라서 단기적인 처방으로는 공직의 중간계급 이상의 자리 일부를 개방하는 것을 고려할 수 있다.

정부는 이미 2000년에 민간인 및 타 부처 공무원과의 경쟁을 통해 최적격자를 임용하는 개방형 직위제도를 도입하였다. 처음에는 3급 이상 고위직의 20%정도(38개 기관 129개 직위)를 대상으로 하였으며 2006년 4월 기준으로 그 규모를 45개 부처 158개 직위로 확대하였다(중앙인사위원회, 2006.07.31). 개방형 직위제도는 2006년 7월부터 시작된 고위공무원단 제도하에서 더욱 확대되어 고위공무원단 직위 총수의 20%까지 개방형으로 지정하도록 규정하고 있다. 이 제도가 공직사회에 어떠한 변화를 가져다 줄 것인가에 대해서는 여러 가지 의견이 제시되고 있지만 민주성 확보에 기여할 것이라는 데는 다수의 사람이 동의하고 있다.

한편 장기적인 관점에서는 실적주의제 측면에서만 접근할 것이 아니라, 우리나라 공무원제도의 근간을 이루는 계급제와 직업공무원제를 종합적으로 분석하고 이를 바탕으로 보다 통합적인 대책을 마련하는 노력이 필요할 것이다.

다음으로 직업공무원제의 발전방향을 제시하면, 첫째, 적극적 모집과 선발방식의 다양화이다. 최근 민간부문에서는 모집의 방법이 매우 공격적이고 파격적인 것을 볼 수 있다. 단순히 신문에 채용공고를 내고 마는 것이 아니라 채용박람회(Job Fair)를 열고 각 대학에 취업설명회를 개최하여 우수한 인재를 먼저 데려가려는 노력이 치열하다. 선발방식도 무시험 추천에 의존하거나 인턴사원제 등을 도입하여 타당성을 높이면서도 종래의 시험에 대한 부담을 덜어주는 방식으로 변해 가고 있다. 우수인력의 채용은 민간기업과의 경쟁이다. 정부도 경쟁에 뒤떨어지지 않기 위하여 민간기업의 모집, 선발방식을 적극 검토하고 다양한 채용 방식을 도입해야 할 것이다. 예를 들어, 공직설명회, 시험분야의 세분화를 통한 대학의 다양한 전공자들에게 응시기회 부여, 타당성이 검증된 소수의 시험과목으로 과목을 축소, 공개경쟁채용시험 선발방식 외에 직무의 성격, 난이도와 경력의 중요도를 선발 기준으로 하는 특별채용 선발방식

도입 등의 내용을 고려할 수 있다.

둘째, 인력관리계획을 통해 장기적인 관점에서 인적자원에 대한 수요와 공급 간의 균형을 맞춰 나가야 한다. 인력관리계획은 조직 내의 각 직위에 대한 앞으로의 증감에 따른 필요인력 수와 현재의 인적 구성에서 나타나는 인사변동사항을 정확하게 파악함으로써 계획적인 인력수급은 물론 승진과 이동의 안정적인 관리를 가능하게 한다. 따라서 인력관리계획은 우수인력의 채용뿐만 아니라 이들의 승진, 이동관리, 교육훈련 관리와도 밀접한 관련을 가지고 있다. 정부는 2005년 말 공무원임용령(제8조, 제34조)과 공무원임용시험령(제3조, 제42조)에 인력관리계획 근거조항을 마련하여 운영하고 있다. 각 정부기관은 소속공무원의 채용 · 승진 · 배치 등이 포함된 인력관리계획을 수립해야 하고, 5급공무원 승진 임용시에 이 계획에 따라 총 결원을 정하고 각종 임용시험도 당 계획에 따라 실시되게 된다. 안전행정부는 필요시 각 기관의 인력관리계획을 제출받아 지원 · 조정 및 평가가 가능하다. 인력관리계획은 5년 단위로 하며 구체적인 실천계획은 2년 단위로 운영하고 있다.

셋째, 공무원에게 다양한 능력발전의 기회를 부여해야 한다. 개방형에서는 계급의 중간에 자리가 비더라도 그 일을 수행할 수 있는 능력과 자격을 가진 사람을 직접 선발하여 활용하기 때문에 교육훈련의 필요성이 줄어든다. 그러나 내부에서 승진을 통해 자리가 채워지는 폐쇄형에서는 새로운 직무가 부여될 때마다 거기에 적합한 내부 교육훈련이 뒷받침되어야 한다. 또한 특정직무의 종류에만 한정하지 않고 보다 다양한 직무를 담당할 기회를 부여하여 본인의 적성에 맞고 최고의 능력을 발휘할 수 있는 기회를 제공하는 것도 중요하다. 현재 안전행정부는 공무원에 대한 교육훈련 사무를 총괄 관장하고 각 중앙행정기관별로 전문교육 기관을 갖추고 있으며 지방자치단체별로 지방공무원 교육원도 운영되고 있다. 공무원 교육훈련의 목적은 행정환경 변화와 행정수요의 복잡화 · 다양화에 따라 공직사회에 대한 새로운 지식과 기술도입, 훈련과제에 대한 심층연구를 통한 직무수행 능력 향상, 외국어 능력 향상 등이다. 교육훈련은 크게 국내훈련과 국외훈련으로 이원화하여 운영하고 있다(안전행정부 인사실).

## 참고 3-7 인사의 기회균등

충북의 한 기초자치단체에서 보건소의 의무과장인 의사가 장애인이라는 이유로 공석이 된 보건소장에 승진임용되지 않아 물의가 발생하였다는 일전의 보도를 접하면서 인사의 기회균등에 대해 다시 한번 생각해 보게 된다. 이 사안에 관한 진정이 인권위원회에, 그것도 일착으로 접수되었다 하니 그 진상은 좀 더 두고 보아야 하겠지만, 인사의 기회균등과 관련하여 우리 사회의 현주소를 보여 주는 일인 것으로 생각된다.

인사의 기회균등에 관한 한 우리나라는 수많은 숙제를 앞에 두고 이제 막 첫걸음을 뗀 상태에 있다고 볼 수 있다. 직원의 신규 채용에 있어, 특히 민간부문에서는 연령과 성별, 종교에 따라 응시기회를 제한하는 경우가 적지 않다. 심한 경우에는 '신체 건강한' 사람이라든가, '용모단정한' 사람 등으로 응시자격에 아예 신체적 조건이나 외모를 적시하는 일이 여전히 남아 있다. 대학까지도 교수 채용공고에 연령과 특정 종교를 지원자격으로 명기하는 경우가 적지 않다. 공공부문에 있어서도 각급 직원의 신규 채용시에 응시연령을 제한하고 있고, 감원 대상자 선정시 공공연히 연령이나 성별을 기준으로 하는 등의 관행이 존재함을 부인하기 어렵다. 이런 일들은 우리사회 노동시장의 여건상 아직은 본격적으로 이슈화되고 있지 않지만, 우리보다 앞선 사회의 기준으로 보면 쉽게 납득되지 않을 것이다. 현 정부에 들어와서 여성채용할당제 등을 통하여 일부 기회 균등성을 제고하고 있기는 하지만, 성별 이외의 다른 요소에 따른 인사상의 기회 불균등 문제에 대해서는 뚜렷한 정책적 노력이 이루어진 바 없다.

사실 능력 이외의 다른 요소를 신규채용, 승진임용, 보직, 명예퇴직, 해고 등의 기준으로 삼는 것은 선진적 현상이냐, 후진적 현상이냐를 따지기에 앞서 실적주의의 원칙에서 벗어나는 일이다. 기업이든 대학이든 정부든 경쟁력을 지니기 위해서는 하나 하나의 직위에 가장 적절한 사람들로 인력을 구성하여야 한다. 적절한 사람이란 그 직위를 수행하는 데 필요한 우수한 사람을 뜻한다.

여기에서 중요한 것은 필요한 능력이 무엇을 뜻하느냐 하는 것이다. 예외적인 경우, 하역인부라든가 남자 프로스포츠팀의 탈의실 보조원이라든가 젊은 여성을 위한 화장품의 모델이라든가 하는 등 명백한 경우를 제외하고는 신체적 조건이나 성별, 연령은 필요한 능력의 판단기준이 될 수 없다. 실제로 과거 미국에서는 어느 화력발전소가 석탄운반원을 채용하는데 고등학교 졸업학력을 요구하였다가 이 요건을 갖추지 못한 지원자가 소송을 제기하여 법원이 석탄운반에 그 정도의 학력은 합리적인 능력의 기준이 될 수 없다 하여 원고 승소 판결을 내린 사례가 있다. 보건소장으로서 기관을 운영하고 환자를 돌보는 데 크게 문제되지 않을 정도의 신체적 장애는 능력기준이 될 수도 없고, 되어서도 안 된다. 보건소장의 능력기준으로 오히려 더 중시해야 할 것은 의사로서의 능력이나 환자에 대한 친절성 등일 것이다.

자료: 김호영(2001).

# 개혁사례

## 조선시대의 균형인사

지역인재 추천채용제를 통해 견습직원 지원자 수는 매년 꾸준히 증가하여 2009년에는 2005년 245명에 비해 118명(48%)이 증가한 363명이 지원하였다. 참여대학 수도 매년 지속적으로 증가하여 2005년 93개에서 2006년 111개, 2007년 109개, 2008년 114개, 2009년 119개, 지난해 122개, 올해 135개로 꾸준히 늘어나고 있다. 경쟁률은 2005년 4.9:1, 2006~2007년 5.9:1, 2008년 6.2:1, 2009년 6.2:1로 높아지다가 2010년 6.1:1, 2011년 5.3:1로 조금 낮아지고 있다.

지역인재 추천채용제는 공직자 충원 경로를 다양화하고 지역인재의 고른 등용을 위해 2005년 도입됐다. 한 지역에 있는 대학 출신자가 전체 선발 인원의 10%를 넘지 못하도록 하고, 학교별 지원 인원도 입학 정원에 따라 2~4명으로 제한하고 있어 지방대학 출신자의 공직 임용 기회를 넓히는 역할을 하고 있다는 평가를 받는다. 이를테면 올해 선발되는 80명 가운데 서울 소재 대학 출신자는 아무리 성적이 좋아도 최대 8명까지만 선발된다. 이 때문에 2005~2011년 7년 동안의 총합격자 380명 가운데 지방 소재 대학 출신자가 92%(349명)를 차지한다. 전국의 대학 졸업자와 졸업예정자 중에서 학업 성적 등이 우수한 자를 학교장의 추천을 받아 서류전형과 공직 적격성 평가(PSAT: Public Service Aptitude Test) 및 심층 면접을 거쳐 행정과 기술분야의 견습직원으로 선발한다. 이후, 1년간 견습근무 기간을 거쳐 공무원으로서의 능력과 자질을 검증하여 일반직 7급 공무원으로 임용한다.

인재선발은 현재에도, 미래에도, 그리고 과거에도 정부의 주요한 이슈이다. 조선시대의 인재선발 방식은 어떠하였을까? 오늘날과 같이 지역인재 임용에 대한 고민이 있었을까? 조선시대 과거시험(문과)의 경우 1차시험에 한해 지역할당제를 실시하고 2차 이후 시험에서는 성적만을 고려함으로써 지역할당제와 능력주의를 조화시켰다.

첫째, 고급관리의 등용문인 문과(文科) 시험은 3년마다 정기시험을 치르는데 1차시험인 초시(初試)에는 240명을 도별 인구에 비례하여 정원을 할당하였다. 둘째, 국립대학인 성균관 유생에게 50명, 서울에서 치르는 시험인 한성시(漢城試)에 40명을 배정하고 나머지 150명은 경기도 20명, 충청도와 전라도 각 25명, 경상도 30명, 강원도와 평안도 각 15명, 황해도와 함경도에 각 10명씩을 배정하였다. 이렇게 지역 안배를 하여 뽑은 후 2차시험인 복시(覆試)에서는 성적순으로 33명을 뽑고 3차시험인 전시(殿試)에서는 갑(3명), 을(7명), 병(23명)으로 등급을 매겨 그 등급에 따라 6품 이하 다하관의 벼슬을 배정하였다.

대과(大科)보다 앞서 치르는 자격시험 성격의 소과(사마시(司馬試) 혹은 생원진사(生員進士) 시험) 역시 지역 안배와 능력을 조화하는 원칙을 견지하였다. 초시(初試)에서 700명을 선발하는 한성시(漢城試)에 200명을 배정하고 나머지 500명은 경기도 60명, 충청도와 전라도 각 90명, 경상도 100명, 강원도와 평안도 각 45명, 황해도와 함경도 각 35명을 배정하였다. 이렇게 지역할당제에 의하여 1차 선발한 후 복시(覆試)에서 생원시(生員試)와 진사시(進士試)에 각각 100명씩 성적순으로 200명을 선발하여 성균관에 입학하거나 문과시험에 응시할 수 있는 자격을 부여하였다.

21세기 지식정보사회에서 공직사회의 경쟁력 제고를 위해서는 사회의 다양한 인적자원을 최대한 활용할 필요가 있다. 능률성 위주의 실적주의 인사원칙에서 진일보하여 민주적 가치로서 형평성과 대표성을 제고하는 공직인사가 필요하다. 지역인재 추천채용제도는 이런 면에서 우리나라 행정에 있어 큰 의미를 갖는 제도이다.

자료: 중앙인사위원회(2006b), 행정안전부(2011c).

## 토론문제

**Q1** 한국 인사행정사상 대표적인 엽관주의의 실제 사례와 그에 따른 병폐는 무엇이 있었는지 토론해 보세요. 또 한국과 같은 대통령 중심제하에서 엽관제 임용이 행정의 효율적 운용에 대해 가져다 주는 긍정적 효과와 부정적 효과에 대해 토론해 보세요.

**Q2** 엽관주의와 실적주의 제도는 운영상의 장단점이 있는데, 양 제도를 조화롭게 운용할 수 있는 방안은 무엇일지 논의해 보세요. 최근 경향인 적극적 실적주의의 확대에 대한 의견을 자유롭게 제시해 보세요.

**Q3** 미국의 펜들턴법(1883)과 인사개혁법(1978) 도입의 역사적 의의와 인사행정제도 발전에 있어서 실질적인 공헌점들에 대해 이야기해 보세요.

**Q4** 공직의 인적 대표성을 확보해야 한다는 대표관료제(Representative Bureaucracy)에 대한 의견을 나누고 우리나라의 실적주의제와 직업공무원제와의 조화로운 운영을 위한 방안들에 대해 토의해 보세요.

**Q5** 직업공무원제의 도입과 정착에 있어 성공적 사례들을 시기별, 정부단위별, 직무 분야별, 관리기능적 차원으로 나누어 조사해 보고 한국형 직업공무원제도를 도입하고자 하는 개발도상국들을 위한 인사정책 권고안을 제시해 보세요.

제 4 장



# 계급제와 직위분류제

## 들어가는 말

일반적으로 분류라는 말은 어떤 대상을 일정한 기준에 따라 같은 것끼리 모으고 다른 것과는 따로 분리하는 것으로서, 공직의 분류는 공직의 구조화 내지 공직의 배열화 작업을 의미한다. 따라서 공직 분류의 대상은 당연히 정부의 공적인 직무를 의미하는 공직이 된다. 이러한 직무는 그 자체만으로는 어떠한 성과도 낼 수 없기 때문에 직무를 수행하는 사람을 필요로 하게 된다. 특히 인사행정에서 직무와 사람(개인)은 동전의 양면처럼 결코 떼어서 생각할 수 없다. 이는 공직을 분류하는 경우 사람이 기준이 될 수도 있고, 직무가 기준이 될 수도 있음을 의미하는 것이다. 전문적인 용어로 전자의 사람을 기준으로 분류하는 방식을 계급제, 후자의 직무를 기준으로 분류하는 방식을 직위분류제라 부른다.

전통적 형태의 직업공무원제는 기본적으로 일반행정가주의에 입각한 계급제와 폐쇄형 임용체제를 띠고 있었다. 그러나 최근의 경향은 계급제와 폐쇄형 임용제도를 완화하고 미국식 직위분류제 혹은 전문행정가주의, 개방형 공무원제의 특성을 확대하면서 양 제도의 절충형태로 발전하고 있다. 한국의 직업공무원제도 역시 직위분류제를 가미한 계급제를 채택하고 있다. 기본적으로는 계급제와 폐쇄형 임용체제가 중심이 되지만, 부분적으로 특정한 직무를 감당할 전문가 영입을 위해 개방형 공무원제를 채택하고 있으며 특별채용이나 별정직·계약직 공무원 형태로 많은 외부인사가 공직에 들어오고 있다. 아울러 고위공무원단 제도 운용도 이 같은 직위분류제적 요소가 반영된 결과이다.

인적자원관리의 일관성과 효율성을 확보하기 위해서는 동일한 성격의 공직을 한데 묶어 동일하게 취급해야 할 것이다. 공직분류를 통해 성격이 유사한 공직을 한데 묶어 선발과 교육훈련을 동일하게 실시할 수 있으며 이들에게 동일한 보수를 제공하여 인사행정의 일관성·체계성·효율성을 확보할 수 있다(Dresang, 1991). 따라서 공직의 분류제도는 공무원의 채용부터 개발, 유지·활용, 평가, 보상까지 인적자원관리의 전 과정에 직·간접으로 영향을 미치는 중요한 내부환경요소라 할 수 있다. 이에 제4장에서는 공직의 분류제도 즉 계급제와 직위분류제에 대한 내용을 다루고자 한다. 비교적 시각에서 계급제와 직위분류제의 특징과 장·단점을 살펴보고 현재 우리나라 공직분류체계의 문제점을 진단한 후 향후 발전방향에 대해 살펴보고자 한다.

## 핵심용어

- 계급제(Rank-in-Person System)
- 폐쇄형 충원방식
- 일반행정가(Generalist)
- 직무, 직위, 직급, 직렬, 직군
- 직무평가(Job Evaluation)
- 직급명세서(Class Specification)
- 직위분류제(Rank-in-Job System)
- 개방형 충원방식
- 전문행정가(Specialist)
- 직무분석(Job Analysis)
- 직무기술서(Job Description)

# 제1절 계급제의 이해

## 1. 계급제의 의의

### 1) 계급제의 개념

사람을 중심으로 계급을 나눈 전통은 일찍이 조선시대의 정1품이니 종9품이니 하는 데서부터 찾아볼 수 있다. 우리나라 군대의 이병에서 대장까지의 계급체계도 전형적인 계급제의 한 예이다. 역사적으로 이러한 계급제의 전통을 가진 우리나라는 아직도 직무를 중심으로 하기보다는 사람을 중심으로 하여 공무원을 1급에서 9급까지로 나누고 있다. 우리나라에서 이러한 사람중심의 분류는 정부뿐만 아니라 일반기업에서도 널리 제도화되어 있는 실정이다.

그림 4-1 계급제

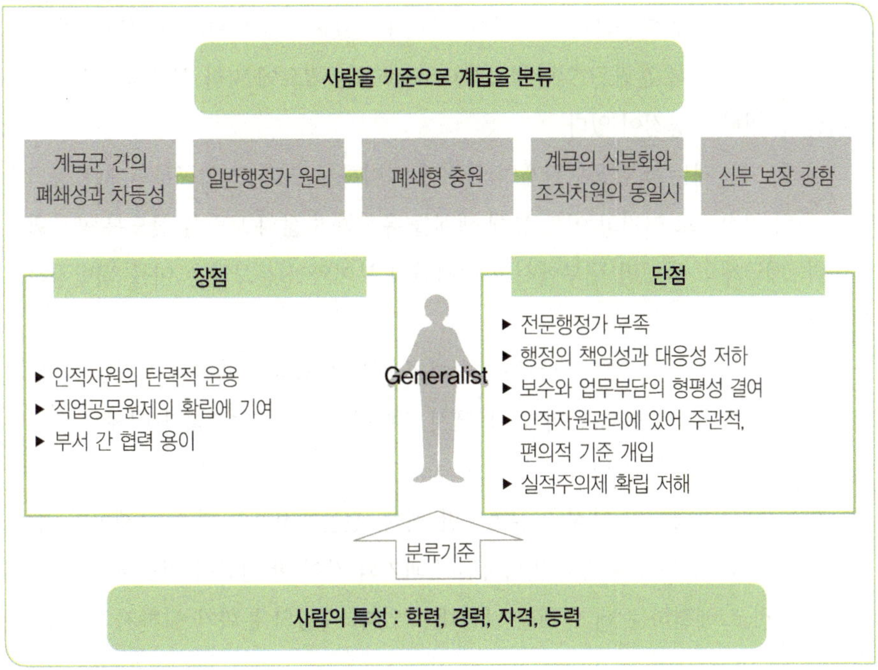

다시 말해 계급제(Rank-in-Person System)는 사람을 기준으로 계급을 분류하는 것을 의미한다. 이는 사람의 특성, 즉 사람이 지니고 있는 학력, 경력 등의 자격 내지 일을 수행할 수 있는 능력이 분류의 기준이 됨을 의미한다. 이러한 기준에 따라 사람에게 부여된 계급은 사람에게 늘 붙어 다니게 된다. 소장(★★)의 계급은 전방에서 사단장을 하든 육군본부에서 참모역할을 하든 항상 사람을 따라다니기 마련이다. 이와 같이 계급이란 사람이 어떠한 일을 수행하느냐에 따라 변하는 것이 아니다. 오히려 그 계급이 어떠한 일을 할 수 있는가를 결정지어 준다. 즉 동일한 계급에 속한 사람들은 그들이 수행하는 직무의 성격과 무관하게 모두 동일한 자격과 능력을 갖춘 것으로 간주된다. 이러한 계급제는 직업의 분화가 심하지 않았던 농경사회의 전통을 가진 영국, 독일, 프랑스, 그리고 아시아의 많은 국가에서 주로 채택되고 있다.

### 2) 계급제의 장 · 단점

계급제에 대한 개념적 이해를 바탕으로 계급제의 장 · 단점을 살펴보면 다음과 같다. 우선, 장점을 살펴보면 첫째, 인적자원을 탄력적으로 운용할 수 있다는 점을 지적할 수 있다. 특정분야의 전문지식만을 지니고 있는 전문행정가(Specialist)는 다양한 자리에 융통성 있게 활용하기 곤란하다. 반면에 인문지식을 바탕으로 다방면의 업무를 수행할 수 있도록 훈련된 일반행정가(Generalist)는 필요에 따라 신축적으로 보직을 관리할 수 있다는 장점이 있다.

둘째, 계급제는 직업공무원제의 확립에 기여하게 된다. 직업공무원제란 공직을 전 생애의 천직으로 여기고 이를 통해 생계를 유지하며 삶의 보람을 찾도록 제도화한 것이다. 계급제의 특성인 내부에서의 승진기회 부여와 신분보장은 이를 뒷받침하는 것이다.

셋째, 여러 부서의 많은 직무를 경험하기 때문에 넓고 전체적인 시각을 갖게 된다. 즉 자기 부서만의 협소한 이기주의에서 벗어나 다른 부서에 대한 이해를 증진시키고 협력이 수월해질 수 있다.

다음으로, 계급제의 단점을 살펴보면 첫째, 전문행정가의 부족 문제이다. 현대사회가 정보화 · 전문화 시대로 변화하면서 과거와 같이 한 사람이 이것저것 모든 문제를 이해하고 해결하는 데 한계를 나타내고 있다. 직업의 분화가 심하지 않았던 농경사회나 전근대사회에서는 일반행정가가 더 유용할 수 있었겠지만, 현대의 후기산업사회, 정보사회에서는 전문행정인을 더 필요로 하게 되었다. 그러나 일반행정가를 선호하는 계급제에서는 이러한 변화에 적절하게 대응하기 위한 전문행정가 양성에 있어 한계를 지니고 있다.

둘째, 계급군 간 승진의 폐쇄성, 외부인사에 대한 충원의 폐쇄성, 신분보장과 같은 계급제의 특성은 공직사회를 일반사회와 격리시키고 국민에 대한 책임성과 대응성을 저하시킨다. 특히 폐쇄성은 공직사회의 정체와 부패를 낳고, 특히 일부 고위계급의 경우에는 특권계급화 내지 특권집단화를 가져오게 되면서 공직의 경직화를 초래할 수 있다. 또한 신분보장은 공직사회의 무사안일한 행태를 양산할 수 있다. 결과적으로 계급제의 이러한 특성은 인적자원관리상의 비효율성과 행정의 민주성, 대응성 저하와 같은 문제를 낳을 수 있다.

셋째, 계급제하에서는 보수와 업무부담의 형평성을 결여되기 쉽다. 보수가 형평에 맞게 이루어지려면 직무의 난이도와 책임성을 고려하여 보수가 결정되야 한다. 그러나 계급제는 사람을 계급화하고 계급을 기준으로 보수가 결정되기 때문에, 같은 보수를 받으면서도 어떤 사람은 하는 일이 쉽고 양도 적은가 하면 어떤 사람은 하는 일이 어렵고 그 분량도 많은 불공평성을 초래할 수 있다.

넷째, 사람을 기준으로 인사관리가 이루어지다 보면 객관적인 기준보다 연공서열과 같은 주관적 · 편의적 기준이 개입되기 쉽다. 예를 들어, 근무평가에 있어서도 주관성의 배제가 힘들며, 무능한 사람을 내쫓고 싶어도 신분보장 때문에 결국 그 사람을 위해 자리를 만들어 주어야 하는 위인설관(爲人設官)식의 인사배치가 이루어지기 쉽다.

마지막으로 계급제는 실적주의제 확립을 저해할 수 있다(배득종, 1997). 실적주의제가 발전하기 위해서는 폐쇄형 충원보다는 개방형 충원이, 정년보장형 신분보장보다는 정치적 중립성을 보장하기 위한 신분보장이 더 적합하며 일반행정가보다는 전문행정가를 필요로 한다.

## 2. 계급제의 운영

계급제의 특징은 이어 설명할 직위분류제와의 비교를 통해 두드러지게 나타난다. 직위분류제와의 비교에 앞서 계급제의 특성을 간단하게 설명하면 계급군 간의 폐쇄성과 차등성, 계급과 신분의 동일시, 일반행정가의 강조, 그리고 폐쇄형 충원 등을 들 수 있다. 여기서는 계급제의 이러한 일반적 특징을 논의하면서 우리나라 공직의 계급제적 성격을 살펴보고자 한다. 물론 다음에서 제시되는 계급제의 특성은 계급제의 전형(典型)에서 찾아볼 수 있는 것으로 현재 우리나라의 공직 분류체계는 계급제의 변형 내지는 직위분류제 요소가 가미된 형태로 운영되고 있다는 점을 염두에 두고 이해해야 한다.

### 1) 계급군 간의 폐쇄성과 차등성

계급제는 공직을 수행하는 사람의 자격과 능력을 기준으로 공직을 여러 계급(Rank, Level)으로 나누게 된다. 그런데 이들 계급들은 다시 자격과 능력의 질적 수준이 유사한 것들을 묶어 하나의 계급군(Class, Group)으로 구분하여 이해할 수 있다. 영국의 경우 전통적으로 계급군을 행정, 집행, 서기 등으로 구분하였는데, 이러한 구분은 교육제도와 깊은 연관이 있다. 일반적으로 행정계급군은 4년제 대학, 집행계급군은 전문대학, 그리고 서기계급군은 고등학교 이하의 학력과 대응관계를 가지고 있다(Nirgo & Nigro, 1986).

계급제에서는 이들 계급군 간 경계가 엄격히 구분되어 있기 때문에 타 계급군으로의 이동이 폐쇄적일 뿐만 아니라 차등이 심하다는 특징을 갖고 있다. 인력확보 과정부터 각 계급군은 서로 다른 경로를 통해 충원이 이루어지게 되며, 일단 어느 한 계급군에서 공직에 입직하게 되면 그 계급군 내에서만 승진이 이루어지는 것이 일반적이다. 영국의 경우 과거에 서기계급군이나 집행계급군에 속한 공무원은 정책결정의 역할을 수행하는 행정계급군의 자리까지 올라갈 기회가 극히 제한되었다(Nirgo & Nigro, 1986).

우리나라 일반공무원의 경우에는 6급 이하, 4~5급, 그리고 고위공무원단의 세 계급군으로 구분이 가능하다. 중앙부처의 경우 6급 이하의 계급군은 일반서기 내지 집행업무를 주로 담당하는 사무계급이며, 4~5급의 계급군은 부하에 대한 감독과 관리의 책임이 수반되는 관리계급이며, 고위공무원단은 정책결정계급으로 이해할 수 있다. 이들 계급군은 기회균등의 실적주의 충원원칙 때문에 선발 당시 학력차등은 두지 않지만 채용시험의 수준을 달리하여 차별화를 도모하고 있다. 또한 9급이나 7급으로 공직에 입직한 공무원은 근무연수를 기준으로 6급까지 무난히 승진할 수 있지만 5급으로의 승진과 고위공무원단 진입은 상대적으로 기회가 제한되어 있어 두 계급군 간에 어느 정도의 폐쇄성이 존재한다.

### 2) 일반행정가의 원리

공무원(행정인, 행정가)은 그 전문성에 따라 크게 일반행정가(Generalist)와 전문행정가(Specialist)로 나눌 수 있다. 축구에 비유하자면 공격이나 수비 그 중에서도 오른쪽인지 왼쪽인지 자기가 맡은 위치가 정확하게 정해지고 그 위치에서의 임무만 충실히 수행할 것이 요구되는 포지션 플레이어(Position Player)를 전문행정가라 할 수 있다. 한편 공수 · 좌우 구분 없이 어느 위치에서나 뛸 수 있는 올라운드 플레이어(All-round Player)를 일반행정가에 비유할 수 있다. 계급제는 이 중에서 올라운드 플레이어인 일반행정가를 강조하게 된다.

다시, 계급제의 전통을 유지해 온 영국을 살펴보면, 행정계급군에 속하는 공무원은 역사나 고전을 포함한 인문과학의 교육적 배경을 가진 일반행정가들로 구성된다. 이들은 특정 학문분야의 구체적이고 실용적인 지식을 낮게 평가하는 경향이 있다고 한다. 더구나 승진하고자 하면 어느 한 분야에만 계속 근무하는 것이 아니라 중요 보직을 2~3년마다 옮겨가며 다양한 업무수행능력을 키워야 한다(Nirgo & Nigro, 1986).

계급제의 이러한 특성은 우리나라에도 적용하여 생각할 수 있다. 과거 고려 · 조선시대의 사농공상 신분제도는 과학이나 전문기술을 요구하는 업무를 천시하는 경향이 강했고, 선비로서 자신의 수양을 바탕으로 한 정치와 윤리에 대한 폭넓은 지식을 중시하였다. 이러한 역사적 전통이 한정된 분야의 전문인보다는 여러 방면에서 능력을 발휘할 수 있는 슈퍼맨(Superman)과 같은 일반행정가를 선호하게 만들었다.

### 3) 폐쇄형 충원

폐쇄형 충원은 개방형 충원과 대비되는 것으로, 공직에서 자리가 비었을 때 그 빈자리를 내부의 인사이동이나 승진을 통해 채우는 것을 의미한다. 이에 반해 개방형은 공석이 요구하는 자격이나 능력의 제 요건을 공개하여 내부뿐만 아니라 외부의 모든 사람에게 동등하게 지원 자격을 부여하고, 그 중에서 가장 적합한 지원자를 선발하는 충원형태를 말한다.

계급제에서는 공석의 충원을 내부에서 해결한다. 즉 폐쇄형 충원을 원칙으로 한다. 계급제 내에서 공직은 대부분 일반행정가로 구성되어 있기 때문에 빈자리가 생겼을 때, 다른 업무를 수행하고 있던 동일계급의 다른 공무원 또는 하위계급을 승진시키면 모두 그 자리의 임무를 수행할 수 있기 때문이다.

폐쇄형이라 하더라도 각 계급군의 출발계급은 외부에서의 공개경쟁에 의해 충원이 이루어지게 되며, 그 다음 계급부터 위에서 살펴본 바와 같이 외부 사람에게 문호를 개방하지 않는다. 우리나라의 경우 계약직과 별정직 공무원에 제한적으로 개방형 충원 제도를 적용하고 있고, 그 외의 경력직 공무원은 계급 중간에 빈자리가 생겼을 때 폐쇄형 충원을 원칙으로 하고 있다.

### 4) 계급의 신분화와 조직차원의 동일시

계급제에서 계급은 사람에게 항상 붙어 다니게 되고, 계급에 따라 보수도 결정된다. 이에 사람과 계급, 보수가 항상 함께 움직이게 된다. 따라서 계급은 곧 신분을 상징하게 된다. 특히 상위계급으로 올라갈수록 사회적 평가가 높아지기 때문에 이를 신분의 상승으로 여기게 되어 계급을 신분과 동일시하려는 경향이 강해진다. 또한, 계급제하에서는 소속된 조직과 자신을 동일시하는 경향이 있다. 자리는 여기저기 옮겨 다니지만 소속된 부처는 변함이 없기 때문이다.

우리나라에서도 계급을 신분처럼 여기는 경향이 높은 편이다. 특히 몇 급이라는 말 이외에 9급에서 1급까지 서기보, 서기, 주사보, 주사, 사무관, 서기관, 부이사관, 이사관, 관리관이라는 명칭을 부여함으로써 계급을 곧 신분으로 연결시켜 생각하게 된다.[1)]

---

1) 최근 중앙 및 지방자치단체 행정 기관에서 6급 이하 공무원의 경우 하위직급 명칭을 명기해 공무원들의 사기를 저하시킨다는 지적에 따라 6~9급의 대외직명을 '주무관'으로 사용하고 있다.

특히 5급부터는 계급 명칭에 '관(官)'이라는 접미어가 붙으면서 권위와 신분의 상징으로 받아들여지고 있다.

또한 부처 간 이동이 활발하지 않은 상황에서 한 부처에 오래도록 근무하게 되다보니 소속 부처 조직에 대한 소속감이 높아지면서 조직과 자신을 동일시하여 조직을 운명적 공동체로 여기는 경향이 높게 나타난다.

#### 5) 신분보장

계급제하에서는 공무원의 신분이 강하게 보장된다. 이는 일반행정가 원리와 폐쇄형 충원 원칙을 바탕으로 하는 계급제의 특성을 통해서도 충분히 예측할 수 있는 특징이다. 계급제에서의 공무원은 사람 중심으로 채용되었기 때문에 설사 조직개편에 의해 자리가 완전히 없어졌다 하더라도 조직에서 퇴출되는 일은 극히 드물다. 공무원의 신분이 특정 자리에 의해서가 아니라 공직 전체 속에서 부여받은 것이기 때문이다. 따라서 자리가 없어졌다 하더라도 전체 공직 차원에서의 조정을 통해 새로운 자리에 임명된다. 계급제의 이러한 특징은 자리와 생존을 같이 해야 하는 직위분류제의 공무원과 크게 구분되는 측면이다.

## 제2절 직위분류제의 이해

### 1. 직위분류제의 의의

#### 1) 직위분류제의 개념

계급제가 사람의 자격과 능력을 기준으로 계급을 분류한 것이라면 직위분류제(Rank-in-Job System)는 직무를 기준으로 직위를 분류한 것이다. 즉 직위분류제는 사람이 맡아 수행하게 되는 직무의 종류와 난이도, 그 직무수행에 수반되는 책임을 기준으로 공직을 분류하는 직위구조이다. 여기에서 직위(Position)란 한 사람이 맡아 수

**그림 4-2** 직위분류제

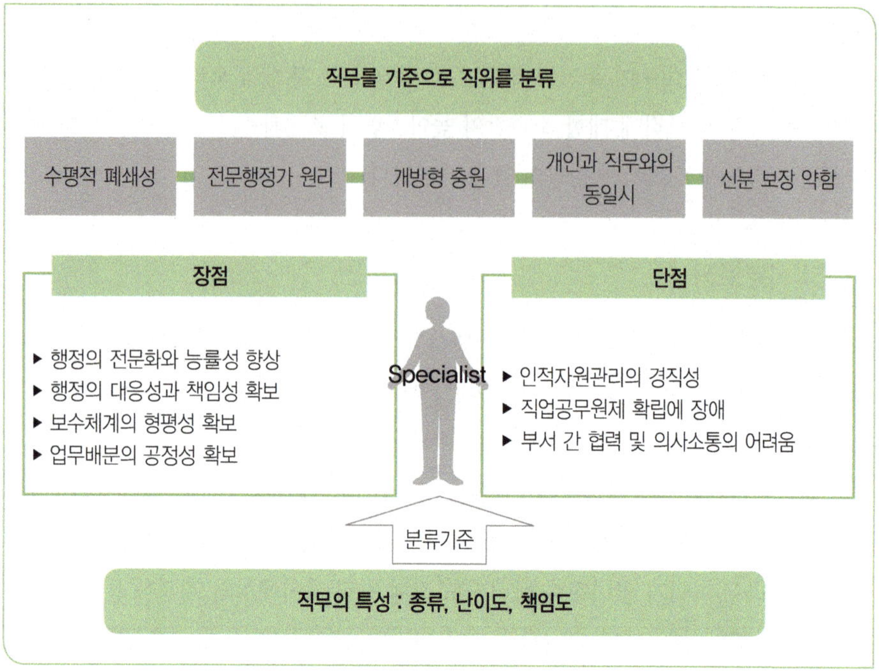


행할 수 있는 직무와 책임을 말하는 것으로, 한 사람이 하나의 직위를 담당하게 된다. 직위분류제는 계급제와는 달리 어떤 직위를 담당하던 사람이 그 자리를 떠나면 직위에 해당하는 직급과 보수도 사람을 떠나게 된다. 그러나 공석으로 남아 있는 직위는 종전의 직급과 보수수준을 그대로 유지하고 있다. 따라서 직위분류제와 계급제는 그 분류대상과 기준에서 차이가 있다. 계급제가 사람을 대상으로 그 사람이 일을 '얼마나 잘' 수행할 수 있고, 주어진 책임을 '얼마나 효과적으로' 감당할 수 있는가를 기준으로 분류하는 것이라면, 직위분류제는 사람이 하는 일을 대상으로 그 일이 '무엇'이며, 그에 따르는 책임이 '어느 정도'인가를 기준으로 분류하는 것이다.

직위분류제는 산업사회의 전통과 과학적 관리가 강조되어 온 미국에서 시작되었으며 현재는 각국으로 확산되어 계급제를 기초로 하고 있는 국가에서도 직위분류제적 요소를 부분적으로 도입하고 있는 추세이다. 특히 민간부문의 직위분류제 발전은 과학적 관리론과 밀접한 관계가 있다. 일반적으로 민간기업에서는 직무를 분석하여 1인이 수행할 수 있는 적정량을 정하고 전체 조직업무를 체계적으로 분업화함으

## 참고 4-1 직위 · 직급 · 직렬 · 직군 · 직류

직위(Position, 職位): 1인의 공무원에게 부여할 수 있는 직무와 책임

직급(Class, 職級): 직무의 종류, 난이도와 책임도가 상당히 유사한 직위의 군

직렬(Series, 職列): 직무의 종류가 유사하고 그 책임과 난이도의 정도가 상이한 직급의 군

직군(Group, 職群): 직무의 성질이 유사한 직렬의 군

직류(Sub-Series, 職類): 동일한 직렬 내에서의 담당분야가 동일한 직무의 군

로써 조직의 효과성이 달성된다고 본다. 즉 사람보다 직무의 구조적 배열을 중시한 과학적 관리사상을 직위분류제에 반영하여 인사관리의 기초로 삼고 있는 것이다. 한편 민간부문과는 달리 공공부문에서는 실적주의의 강조와 '동일업무에 대한 동일보수'라는 보수의 형평성 요구가 직위분류제 출발에 시동을 걸었다고 볼 수 있다(Hays & Reeves, 1989).

직위분류제는 직위를 기본단위로 하여 이를 수직 · 수평으로 배열하여 구조화하게 되는데, 이때 여러 가지 기술적인 용어가 등장한다. 이러한 구조화 및 배열 과정에 있어 우리나라 국가공무원법에는 직위, 직급, 직렬, 직군, 직류의 용어를 사용하고 있다. 이들 용어에 대한 정확한 이해는 직위분류제를 이해하는 데 있어 필수적이라 할 수 있다(〈참고 4-1〉 참조).

직위는 우리말로 '자리'라는 뜻과 통용하여 사용할 수 있다. '이번에 어느 자리가 빈다더라', '어느 자리로 옮긴다더라'는 말에서 유추할 수 있듯이, 자리는 사무실에 책상과 의자의 한 조를 생각하면 되고 그것을 편의상 직위라 이해할 수 있다. 기술적으로 말하자면, 한 사람의 근무를 요구하는 직무와 책임이라고 정의할 수 있다.

좀 더 세분한다면, 직위는 직무의 종류 내지 성질의 측면과 직무의 난이도와 책임도 측면으로 구분하여 생각할 수 있다. 〈그림 4-3〉에서 직무의 종류는 모양으로 난

이도와 책임의 정도는 크기로 표시된다.[2)]

이제 무질서하게 흩어져 있는 그림(직위)을 모양의 기준으로 배열하여 보자. 그것이 가운데 그림이다. 이렇게 모양별로 열(列, 앞줄)을 맞추어 앞으로 나란하게 정렬시킨 것이 직렬이다. 직무의 종류는 같지만 크기가 다른 데서 그 난이도와 책임의 정도는 차이가 있음을 알 수 있다. 이 직렬을 기준으로 유사한 직렬을 합쳐 대단위로 묶으면 직군이 되고, 직렬 내에서 직무의 성질이 더욱 유사한 것끼리 모아 세분류하면 직류가 된다.

직위분류제에서 또 하나 중요한 용어가 등급(Grade)이다. 등급은 〈그림 4-3〉의

**그림 4-3 직위분류 관련용어의 도식적 이해**

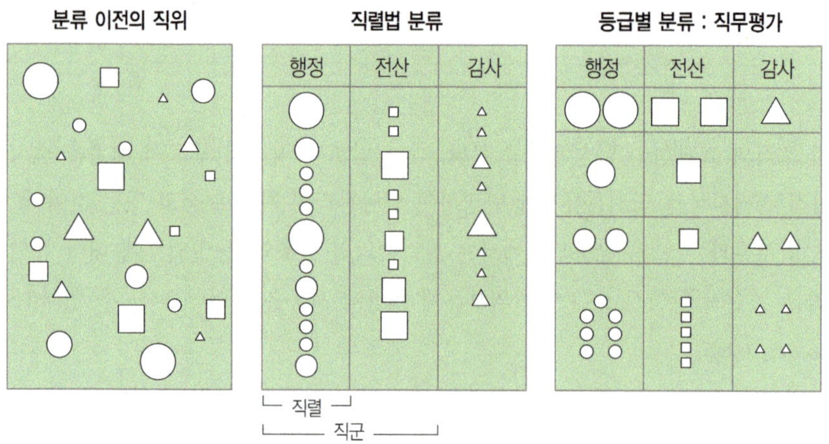


자료: U.S. Civil Service Commission(1980).

2) 여기에서 직무란 공무원이 의무적으로 수행하여야 할 임무(Duty)를 의미하는 것이기 때문에 Job을 나타내는 직무와는 약간 다른 개념이다. 직무(Job)는 뒤의 직무분석과 평가에서 자주 사용하는 용어로 임무가 비슷한 직위들의 집합이다. 따라서 Job은 Duty보다 상위의 개념이다(다음 그림의 용어사용 예를 참조).

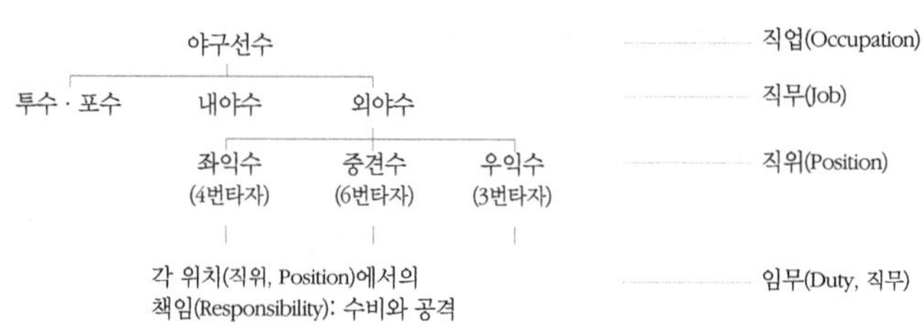

**표 4-1 행정부 일반직 공무원의 직급표(일부)**

<table>
<tr><td rowspan="7">계급 및 직급</td><td>3급</td><td colspan="12">부이사관</td></tr>
<tr><td>4급</td><td colspan="6">서기관</td><td>감사관</td><td colspan="5">기술서기관</td></tr>
<tr><td>5급</td><td colspan="6">행정사무관</td><td>부감사관</td><td colspan="3">공업사무관</td><td colspan="2">농업사무관</td></tr>
<tr><td>6급</td><td colspan="4">행정주사</td><td>세무주사</td><td>관세주사</td><td>감사주사</td><td colspan="3">공업주사</td><td colspan="2">농업주사</td></tr>
<tr><td>7급</td><td colspan="4">행정주사보</td><td>세무주사보</td><td>관세주사보</td><td>감사주사보</td><td colspan="3">공업주사보</td><td colspan="2">농업주사보</td></tr>
<tr><td>8급</td><td colspan="4">행정서기</td><td>세무서기</td><td>관세서기</td><td>감사서기</td><td colspan="3">공업서기</td><td colspan="2">농업서기</td></tr>
<tr><td>9급</td><td colspan="4">행정서기보</td><td>세무서기보</td><td>관세서기보</td><td>감사서기보</td><td colspan="3">공업서기보</td><td colspan="2">농업서기보</td></tr>
<tr><td colspan="2">직류</td><td>일반행정</td><td>법무행정</td><td>재경</td><td>국제통상</td><td>세무</td><td>관세</td><td>감사</td><td>일반기계</td><td>전기</td><td>전자</td><td>일반농업</td><td>잠업</td></tr>
<tr><td colspan="2">직렬</td><td colspan="4">행정</td><td>세무</td><td>관세</td><td>감사</td><td colspan="3">공업</td><td colspan="2">농업</td></tr>
<tr><td colspan="2">직군</td><td colspan="7">행정</td><td colspan="5">기술</td></tr>
</table>

* 공무원임용령 [별표 1]에서 일부 직군과 직렬을 선정하여 가로축과 세로축을 바꾸어 재구성한 것임.
자료: 공무원임용령 [별표 1], 개정 2012.9.28.

세 번째 그림에서 모양은 다르지만 크기가 같도록 오(伍, 옆줄)를 맞추어 옆으로 정렬한 것이다. 즉 이는 직무의 종류(모양)는 다르지만 난이도와 책임도 측면(크기)에서 유사하다는 것을 의미하는 것이며 이에 따라 동일한 보수를 지급하게 된다. 앞에서의 직렬, 직군, 직류가 모양을 중심으로 한 수직적인 분류였다면 등급은 크기를 기준으로 한 수평적 분류인 것이다. 직급이란 직렬과 등급이 교차되어 이루는 공통집합에 속한 직위들을 일컫는다. 즉 직류의 종류뿐만 아니라 난이도와 책임까지 유사한 직위들의 집합으로 하나의 직위가 포함될 수도 있고 그 이상 다수의 직위가 포함될 수도 있다.

뒤에서 다시 언급하겠지만 우리나라 국가공무원법에서는 직위분류제의 원칙을 선언하고 이와 관련된 용어를 정의하고 있다. 하지만 구체적인 규정은 대통령령으로 위임하고 있을 뿐 실제 직위분류가 적용되고 있는 경우는 극히 제한적이다. 용어의 경우에도 현재 직렬의 경우 시험의 과목과 응시자격, 전보 · 승진의 경로, 교육훈련의 단위, 그리고 정원관리 기준으로 사용되고 있고, 직류의 경우 시험과목과 응시자격을 정하는 데만 사용되고 있다. 〈표 4-1〉은 우리나라 행정부 일반직 공무원의 직급(계급) 분류가 직위분류제의 형식을 가미시키고 있음을 보여 주는 것이다. 그러나 직위분류제의 중요 용어인 등급이라는 용어를 사용하지 않고 있어 직위분류제를 실질적으로 도입한 것이 아니라 선언수준에 머물러 있음을 단적으로 보여주고 있다.

### 2) 계급제와의 비교를 통한 이해

#### (1) 직위분류제의 특성

직위분류제의 특성은 계급제와의 비교를 통해 보다 명확하게 이해할 수 있다. 계급제의 경우 계급 내지 계급군 간의 수직적 폐쇄성이 특징으로 지적되고 있다. 그러나 공직을 분류함에 있어 직무를 기준으로 하는 직위분류제에서는 서로 다른 직무 사이에 엄격한 경계를 구분하는 수평적 폐쇄성이 강하다. 이에 직위분류제하에서는 인사업무, 예산업무, 정책집행업무 간에 상호이동이 거의 불가능하다.

이것은 일반행정가와 전문행정가의 구분으로 연결된다. 직위분류제에서는 당연히 직무수행에 요구되는 전문지식으로 무장된 전문행정가를 요구하기 때문에 일방행정가를 중시하는 계급제와는 다른 특성을 가진다.

**표 4-2 계급제와 직위분류제의 특성 비교**

| 구분 | 특성 | |
|---|---|---|
| | 계급제 | 직위분류제 |
| 경계 간의 이동성 | 계급/계급군 간의<br>수직적 이동 곤란 | 직무의 성격이 다른 직무 간의<br>수평적 이동 곤란 |
| 전문성 요구 | 일반행정가 | 전문행정가 |
| 충원 | 폐쇄형 | 개방형 |
| 신분보장 | 강 | 약 |
| 동일시 경향 | 부처의 조직 차원 | 담당 직무와 역할 |

충원문제에 있어서도 직위분류제는 폐쇄형 충원을 원칙으로 하는 계급제와 달리 빈자리가 생길 때마다 공석이 요구하는 자격요건을 밝히고 누구에게나 지원 자격을 부여하는 개방형 충원을 원칙으로 한다. 이러한 제도하에서는 공무원의 신분보장이 약화될 수밖에 없다.

끝으로, 계급제에서 공무원은 부처단위의 조직차원 내지 직장에서 소속감을 느껴 자신을 그 직장과 동일시하는 경향이 있다면, 직위분류제에서는 직장보다는 자신이 맡은 직무를 더 중시하게 되고 정책분석가나 예산분석가와 같은 역할을 자신과 동일시하게 된다(〈표 4-2〉 참조).

(2) 직위분류제의 장 · 단점

장 · 단점 측면에서는 계급제의 장점과 단점이 역으로 직위분류제의 단점과 장점으로 작용하게 된다. 우선, 계급제는 인적자원을 활용하는 데 있어 탄력성을 확보할 수 있으며 직업공무원제의 확립에 기여할 뿐만 아니라 공무원으로 하여금 조직 전체의 종합적 시각을 지닐 수 있게 한다는 장점을 가진다. 그러나 직위분류제의 경우 이와 반대로 직무의 성격이 서로 다른 경우 수평적 이동이 제한되기 때문에 인사관리가 경직적이다. 또한 외부충원이 허용되고 신분보장이 미약하기 때문에 직업공무원제의

**표 4-3 계급제와 직위분류제의 장 · 단점 비교**

| 구분 | 장 · 단점 | |
|---|---|---|
| | 계급제 | 직위분류제 |
| 인적자원의 채용과 인사이동 | 탄력적 | 경직적 |
| 직업공무원제의 확립 | 기여 | 장애 |
| 공무원의 시각 | 종합적, 광범 | 부분적, 협소 |
| 행정의 전문화 | 장애 | 기여 |
| 국민요구에의 대응성 | 낮음 | 높음 |
| 보수 및 직무수행의 형평성 | 낮음 | 높음 |
| 인사관리(교육훈련, 승진, 평가, 보상 등) | 연공서열 중심, 상관의 자의성 개입 용이 | 능력 · 실적 중심, 객관적 기준 제공 |

확립에는 오히려 장애가 될 수 있으며, 공무원은 해당분야에만 협소하게 지식을 갖추고 있어 다른 부서와의 상호협조 및 의사소통이 용이하지 않다는 단점을 갖고 있다.

이러한 단점과는 달리 직위분류제는 직무의 과학적 분석과 합리적 구조화로 행정의 전문성과 능률성 향상에 기여할 수 있고, 일반국민의 시각에서 공직을 관찰해 오던 외부인사에게 문호를 개방함으로써 민의에 민감한 대응이 가능해지며 조직의 정체성에 변화를 가져오는 효과가 있을 수 있다. 또한 보수와 직무분담의 경우에도 동일한 업무를 수행하는 사람에게 동일한 보수를 제공함으로써 보수의 형평성을 확보하고, 사람의 능력에 따라 상관이 업무량을 자의적으로 배분하는 불공정성을 배제할 수 있다.

끝으로, 계급제에서는 사람을 기준으로 인사관리가 이루어지다 보니 승진과 인사이동에 있어 연공서열과 같은 주관적 · 편의적 기준이 개입될 여지가 크다. 그러나 직위분류제에서는 직위분류제 수립의 기초가 되는 직무분석 결과를 교육훈련, 근무성적평가, 보수, 승진 등 인사관리활동 전반에 걸쳐 활용함으로써 능력과 실적중심의 객관적 인사관리를 가능하게 한다.

## 2. 직위분류제의 운영

직위분류제의 수립은 철저한 계획과 합리적인 과정을 거쳐야 가능하다(〈그림 4-4〉 참조). 모든 일이 그렇듯이 우선 준비과정이 있어야 하고, 실제 직위를 분류하는 집행과정을 거친 다음 이를 유지하고 관리하는 과정이 필요하다. 물론 분류과정이 직위분류제 수립에 있어 가장 핵심적인 부분이라 할 수 있다. 이 과정에서는 직무분석과 직무평가를 위한 고도의 기술성과 전문성이 요구된다(오석홍, 1993; Stahl, 1983).

**그림 4-4** 직위분류제 수립절차

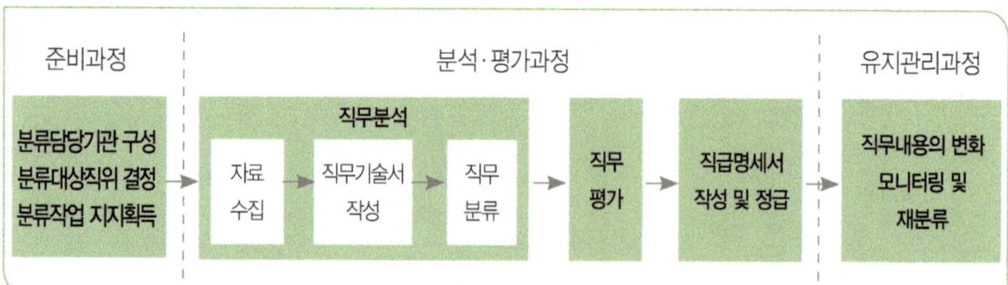

### 1) 준비과정

직위분류제를 수립하기 위해서는 우선 이를 총괄적으로 계획하고 집행해 나갈 직위분류 담당기관이 필요하다. 이 기관은 기존의 인사담당기관이 맡을 수도 있고, 다수의 위원으로 구성된 임시위원회를 새로 만들어 이를 담당하게 할 수 있다.

직위분류 담당기관은 그 밑에 실제 직위분류작업을 담당할 분석 팀을 두어야 한다. 분석 팀의 구성원은 이 분야에 경험이 있고 잘 훈련된 전문인이어야 하며 이들은 내부인일 수도 있고 외부인일 수도 있다. 내부인은 현실경험을 바탕으로 보다 정확한 정보를 활용할 수 있는 반면 내부의 정치적 · 인간적 관계 때문에 공정성을 흐릴 위험이 있다. 외부인은 내부사정을 경시할 수 있다는 우려가 있으나 여러 기관의 직위분류에 참여한 경험과 다수의 컨설팅 경험을 보유한 경우 보다 종합적이고 객관적인 분석에 도움을 줄 수 있다.

이렇게 직위분류를 담당할 조직이 정비되면 실제 분석에 들어가기 전에 우선 어느 직위를 분류의 대상으로 할 것인지에 대한 범위를 결정하고, 직위분류과정에서 대내외적 지지를 확보하기 위한 설득작업을 진행해야 한다. 범위를 결정함에 있어서는 부처 기관별로 그 기관에 속한 모든 공무원을 대상으로 할 것인지, 아니면 특정 직업 또는 직종을 선택한 후 기관의 경계를 넘어 이에 해당하는 공무원 모두를 대상으로 할 것인지를 선택해야 한다. 기관 전체 구성원을 대상으로 하는 경우 직무의 다양성만큼 전문분석가를 많이 확보해야 하는 어려움이 있고, 기관을 횡적으로 특정 직종만을 범위에 넣는 경우 분류체계의 혼란을 가져올 수 있다.

직위분류 대상 직위가 결정되면 그 대상 직위에서 현재 근무하고 있는 공무원(점직자)을 상대로 설득작업을 진행해야 한다. 처음으로 직위분류를 도입하는 경우나, 기존의 직위를 새롭게 분류하는 경우 모두 기존의 공무원들에게 직위분류는 조직개편의 의미로 받아들여지게 되고, 이는 불안과 저항을 낳을 수 있다. 직위분류제 수립의 성패는 현재 직무를 수행하고 있는 구성원들의 저항을 최소화하고 동참을 유도해 내는 데 달려 있다고 해도 과언이 아니기 때문에 이들의 지지를 획득하는 것은 매우 중요하다. 특히 분석단계에서 직위분류 대상 직위에 대한 자료를 수집해야 하는데 이때 점직자들의 협조는 절대적으로 중요하다. 얼마나 정확한 자료를 획득하느냐에 따라 분류결과의 공정성이 결정되기 때문이다.

## 2) 분석 · 평가과정

준비과정을 마치게 되면 실제 직위를 분류하는 집행과정을 거쳐야 한다. 즉 직위분류제 수립에 있어 가장 중요하다고 할 수 있는 직무분석 및 직무평가 과정을 거쳐야 한다. 이를 위해 대상 직위에 대한 자료를 수집하고, 이의 분석 · 평가를 통해 새로운 직위구조를 만들고, 여기에 기존의 직위를 배정하는 작업이 필요하다. 이에 분석 · 평가 과정은 직무분석, 직무평가, 직급명세서 작성 및 정급의 세 단계로 나누어 설명하고자 한다.

### (1) 직무분석(Job Analysis)

직무분석이란 직무에 관한 정보를 획득하고 이를 토대로 그 직무에서 요구하는 구체적인 임무와 성공적인 임무수행에 필요한 지식과 기술 등의 요건이 무엇인지를 결정하는 과정이다. 비록 직위분류의 목적이 아니라 하더라도 직무와 관련한 구체적 임무가 무엇이고 이의 수행에 필요한 요건이 무엇인지를 분석해 놓으면, 직위분류는 물론 인적자원의 확보, 개발, 유지 · 활용, 평가, 보수 등 인사관리 활동 전반에 걸쳐 유용한 정보를 제공할 수 있을 것이다.

직무분석의 첫 번째 단계는 직무에 관한 자료를 수집하는 것이다. 자료수집의 방법으로는 면접, 관찰, 설문지의 일반적인 사회조사기법을 응용할 수 있고, 점직자에게 그 날의 업무활동을 일기식으로 기록하게 하는 방법도 있다. 어느 경우이든 한 방법에만 의존하기보다는 다양한 방식을 함께 활용함으로써 자료의 신뢰성과 타당성을 확보하는 것이 중요하다.

자료수집이라고 해서 직무와 관련된 모든 것을 포함하는 것은 아니다. 제한된 시간과 비용을 고려하여 가장 효율적인 방식으로, 가장 중요하고 필수적인 정보를 얻는데 집중해야 한다. 중요하고 필수적인 정보란 실제 어떤 일(예: 범죄자 체포)을 하고 있는가 등의 직무 자체에 대한 정보와 직무를 수행하는 과정에서 어떤 육체적 · 정신적 활동(예: 권총이나 곤봉 사용, 주변인물 접촉)이 행해지고 있는가 등의 행태관련 정보, 직무수행에 사용되는 기계 · 도구 · 장비 또는 직무수행에 필요한 개인적 특성(예: 성격, 육체적 · 인지적 능력, 경력, 교육, 자격 등)이 무엇인지 등에 관한 정보를 포함한다.

두 번째 단계는 직무기술서를 작성하는 것이다. 직무기술서는 수집된 자료에 나

참고 4-2

## 직무분석의 정의

**직무분석의 정의에 대한 생각**

직무분석을 직위분류가 아닌 채용이나 인적자원계획 등의 목적으로 사용할 때에는 직무분석은 두 번째 단계에서 끝난다. 대부분의 국내 인사행정 교과서는 직무분석을 직무의 종류에 따라 수직으로 분류하는 세 번째 단계로 한정하여 설명하고 있는네 직무분석을 직위분류의 하위개념으로 이해하는 데 그 원인이 있어 보인다.

직무분석은 직위분류의 목적이 아니라도 얼마든지 채용 · 교육훈련 · 평가의 합리적 결정을 위해 이루어질 수 있다. 이렇게 이해하면 직무분석의 핵심은 직무의 종류를 기준으로 직렬 · 직군을 결정하는 것(세 번째 단계)이라기보다는, 처음 두 단계인 직무에 관한 유용한 정보를 수집하고 직무수행에 요구되는 자격요건을 구체화하는 과정으로 볼 수 있을 것이다. 이 책에서는 직무분석을 세 단계 모두를 포함하는 광범위한 개념으로 이해할 것이다.

타난 정보를 토대로 이루어진다. 직무기술서의 표준양식은 존재하지 않지만 대부분이 공통적으로 직무인식, 직무요약, 주요임무, 감독 및 피감독 내용, 다른 직무와의 관계, 사용하는 장비 · 도구, 근무환경 등에 관한 내용을 포함시키고 있다. 이렇게 작성된 직무기술서는 각 직무에 대한 종류, 난이도와 책임도, 즉 〈그림 4-3〉에 표시된 각 도형의 모양과 크기를 반영한다.

세 번째 단계는 직무를 그 종류에 따라 나누어 직렬 · 직군을 결정하는 것으로서 앞의 〈그림 4-3〉에서 직위들을 같은 모양끼리 모으는 과정이다. 이 과정은 분석이라고는 하지만 실제 분석적 기법이 존재하는 것은 아니며, 논리적 사고와 판단력을 동원하여 분류작업을 하게 된다. 예를 들어, 〈그림 4-3〉에 6각형의 모양이 있을 때 이것을 원과 사각형 중 어느 모양에 가까운 것으로 분류할 것인가는 분석가의 판단에 맡겨진다.

이때 중요한 것은 직렬의 수 또는 폭에 대한 결정을 하는 것이다. 즉 전체적인 분류대상 직위를 몇 개의 직렬로 나눌 것인가, 어느 정도 유사한 직위를 동일직렬에 포함시킬 것인가를 결정해야 한다. 이 문제를 다룸에 있어서는 직렬 간 차별이 있어야 하고 직렬 내 유사성이 있어야 한다는 일반론적 분류원칙보다는 직렬구분의 용도에 비추어 직렬을 따로 나눌 실익이 있는가를 보다 더 중요하게 고려해야 한다. 즉 채용시 서로 다른 시험을 부과하고 승진이나 전보에서도 다르게 취급할 필요가 있을 때 별도의 직렬로 구분할 이유가 있다고 할 수 있다.

### (2) 직무평가(Job Evaluation)

직위분류제를 도입하게 된 배경 중 하나가 '동일직무에 대한 동일보수'라는 형평성 원리의 실현에 있었음을 앞에서 지적하였다. 여기에서 동일직무라는 것은 직무의 종류가 같다는 것이 아니라 직무수행에 수반되는 난이도와 책임도가 같다는 뜻이다. 따라서 보수의 형평성을 확보하기 위해서는 우선 직무의 난이도와 책임도가 유사한 것들끼리 분류해야 할 것이다. 〈그림 4-3〉에서 도형의 크기를 중심으로 횡으로 나누어 수직적인 등급을 결정한다고 하였는데 이것이 곧 직무평가이다. 즉 직무평가란 직무의 상대적 가치를 결정하는 것이라 볼 수 있다.

직무의 가치를 결정하는 데 있어서는 직무 전체를 한꺼번에 두루뭉술하게 평가하는 방법이 있고, 직무를 구성하는 요소 하나하나를 분리하여 평가하는 방법이 있다. 전자는 비계량적인 평가일 수밖에 없으며 서열법(Ranking Method)과 분류법(Classification Method)이 이에 해당한다. 반면에 부분요소에 대한 평가는 계량적인 접근을 할 수 있으며 점수법(Point Method)과 요소비교법(Factor Comparison Method)이 가장 흔하게 사용되는 방법이다.

점수법이나 요소비교법에 의한 평가결과는 점수로 나타나게 되고 직위분류를 위해 일정한 점수대를 동일한 등급으로 평가하게 된다. 직무분석에서 직렬의 수가 문제가 되었듯이, 여기에서도 등급의 수를 몇 개로 할 것인가가 문제가 된다. 이를 결정함에 있어서는 직무분석과 마찬가지로 객관적인 분석도구가 없기 때문에 논리적 사고에 의존할 수밖에 없다. 원론적인 이야기지만 등급의 수가 많으면 직무의 차이를 보다 상세하게 보수에 반영할 수 있어 형평성을 확보할 수 있으나, 등급의 이러한 세분화는 공무원을 채용하고 활용하는 데 있어 그만큼 경직성을 높이게 된다.

### (3) 직급명세서(Class Specitication) 작성과 정급

직무분석과 직무평가를 통해 각각 직렬과 등급이 결정되면 분류대상이 되는 직위 전체에 대한 분류구조가 만들어지고 그에 따라 직급(직렬과 등급의 유사한 직위의 집합)이 결정된다. 그러면 이제 직급명세서에 직급에 대한 구체적 내용을 명백하고 상세하게 기록해야 한다. 직무기술서(Job Description)가 등급을 결정하기 이전에 직무분석에만 기초하여 직무명, 주요임무, 감독, 책임, 근무환경 등을 기술한 것이었다면, 직급명세서(Class Specification)는 직무분석 및 직무평가를 마치고 직급에 관한 위의 내용에 그 직급이 요구하는 최소자격요건을 추가적으로 명시한 것이다. 최소자격요건에는 직급에 해당하는 임무를 성공적으로 수행하는 데 요구되는 교육, 경력, 성격, 능력 등이 포함된다. 특히 이러한 최소자격요건은 공무원을 채용하고 활용하는 데 있어 중요한 역할을 하게 된다.

직위분류체제 수립과 각 직급에 대한 직급명세서 작성이 완료되면 다음으로 직무분석 과정에서 수집된 각 직위에 대한 정보와 직급명세서를 비교해 가면서 해당직급에 분류대상 직위를 배정해야 한다. 이 작업을 정급이라고 부른다. 이 과정에서 어떤 직위는 다른 직위와 통합되어 없어지기도 하고, 하나의 직위가 한 사람이 담당하기 벅차다고 판단될 경우 둘로 나누거나 일부를 다른 직위에 배정하기도 한다.

정급작업을 거치게되면 기술적으로 직위분류는 완료된다. 그러나 직위분류를 최종적으로 채택하기 이전에 이를 공개하고 점직자와 그 상관 내지 관련 공무원에게 검토할 기회를 제공할 것이 요구된다. 이러한 환류 과정을 통해 틀린 것은 고치고, 모호한 것은 분명하게 함으로써 잘못된 이해를 바로잡을 수 있다. 뿐만 아니라 이러한 과정 자체만으로 불평의 소리를 줄이고 지지를 높이는 효과가 발생하기도 한다. 여기서 다시 한 번 직위분류제의 수립이 한편으로는 구성원의 지지를 획득해 나가는 정치적 과정이며, 다른 한편으로는 객관적이고 공평하게 직위가 분류되도록 하는 분석적 과정이라는 것을 기억하고 이 두 과정이 서로 조화를 이룰 수 있도록 노력해 나가야 할 것이다.

### 3) 유지 · 관리 과정

직무분석과 직무평가 후, 환류와 수정과정을 거치게 되면 직위분류는 확정된다. 그리고 직위분류를 위해 임시로 구성되었던 위원회나 분석 팀은 해체되고 인사담당기관에서 직위분류제의 유지 · 관리를 책임지게 된다. 유지 · 관리에 있어서는 한번 결정된 직위분류체제를 직무내용이나 기술의 변화에 끊임없이 적응시켜 나가는 것을 핵심으로 한다. 요즘과 같이 직무와 관련된 기술이 급변하는 상황에서는 직무수행에 필요한 요건은 물론 임무나 감독의 내용도 수시로 바뀌게 된다. 이러한 변화가 그때그때 직위분류에 반영되지 못한다면 직위분류제는 상황에 맞게 탄력적으로 인적자원을 활용할 수 있는 여지를 제도적으로 봉쇄해 버리는 결과를 가져올 것이다.

각 직위에서 어떠한 변화가 발생하고 있는지를 정확히 모니터링하기 위해서는 해당 부서의 장과 긴밀한 협조관계를 유지해야 한다. 현장에서 떨어져 있는 인사기관에서는 직위분류 대상이 되는 모든 직위에서의 변화내용을 직접 관찰할 수 없기 때문이다. 그러나 항상 계선기관(Line Agency)들의 정직한 보고와 협조를 기대할 수 있는 것은 아니다. 이들은 기본적으로 조직을 확대하거나 직위를 늘리려고 하는 조직생태학적 속성을 지니고 있기 때문이다. 이러한 이유에서 인사기관은 분류대상 직위에 대한 감사(Audit)나 설문조사 등을 통해 보다 적극적인 정보획득 노력을 해야 한다(Dresang, 1991).

## 참고 4-3 직무분석의 중요성

### 왜 직무분석인가?

왜 직무분석인가? 책임행정을 구현하고 정부의 운영체계를 혁신할 필요가 있기 때문이다. 직무분석을 실시하게 되면 공직사회뿐만 아니라 한국사회 전체에 커다란 영향을 미치게 될 것이다. 직무분석은 궁극적으로는 공무원의 전문성과 행정의 생산성을 높여 국민에게 책임을 다하려는 노력의 일환이라 할 수 있다. 〈중략〉

한국정부의 운영체계상 고쳐야 할 몇 가지 특성을 살펴보면 불분명한 책임소재, 잦은 순환근무, 연공서열 중심의 평가, 획일적인 보수제도, 사람중심의 인사관행 등을 들 수 있다. 즉 같은 계급이라면 고도의 정책개발 업무를 담당하면서 매일 야근을 해야 하는 직위이거나, 단순한 집행업무를 담당하면서 정시에 퇴근할 수 있는 직위이거나를 가리지 않고 채용, 보수, 보직 등 인력관리의 전 부문에 걸쳐 획일적인 방식(Rule)이 적용되어 왔다. 이러한 인사운영 체계는 정부의 생산성 저하뿐만 아니라 다수의 공직자들에게 무사안일 풍조를 만연시키는 결과를 초래하고 있다. 그러나 직무분석 작업을 제대로 실시하게 되면 명확한 권한과 책임, 차등적인 보수제도, 성과책임에 의한 평가, 그리고 직무중심의 임용 · 배치 등 새로운 인사제도가 가능할 것이다. 무슨 일을 왜 해야 하고, 그 일이 조직을 위해 얼마나 중요한가를 평가하여 합리적으로 인사관리를 하게 되고 그 결과 공무원의 책임성과 전문성은 더욱 증대될 것이다. 〈중략〉

직무는 경제, 조직, 사람 차원에서 인식하고 이해해야 하는데 우리들은 직무를 이해하는 데 너무 소홀히 해 왔다. 조직 내를 들여다보라. 일을 주어진 것으로 인식하는 사람이 대다수이지 일을 즐기려는 태도는 그리 많지 않다. 입에 풀칠하기 위한 수단적 성격으로 일을 이해하는 경우도 많다.

모든 조직은 고유의 목적을 가지고 있으며 그 목적을 효과적으로 달성하기 위해 조직을 만든다. 조직이 만들어지면 수많은 직무들이 창출된다. 그래서 직무는 조직을 구성하는 기본단위에 해당된다. 기본단위라는 의미는 모든 직무가 조직의 목적을 달성하기 위하여 유기적으로 결합되어야 한다는 것을 의미한다. 직무는 노동계약의 관점에서 보면 고용자와 피고용자를 연결시키는 고리이기도 하다. 또한 직무는 사람과 일을 연결시키는 수단으로 볼 수도 있다. 이와 같이 직무는 조직차원에서 보지 않으면 정확하게 이해할 수가 없다. 완성된 집을 조직으로 본다면 낱장의 벽돌들은 직무에 해당된다. 각 벽돌들이 고유의 자리에서 유기적으로 결합되어야만 한 채의 집이 준공될 수 있다. 사람들은 종종 업무, 활동, 직위나 직책 등으로 직무를 봄으로써 직무를 잘못 이해하고 있는 경우가 많다. 직무는 조직차원의 개념이므로 앞서의 개념만으로는 충분하지 않다. 즉 조직에의 공헌도라는 개념이 포함되어야 한다. 바꾸어 말하면 투입(Input)개념으로만 한정시키지 말고 산출(Output)개념으로 이해의 폭을 넓혀야 한다. 그리고 직무는 직무 상호 간의 상대적 가치가 공정하게 평가될 때 비로소 본래의 얼굴을 드러낸다.

자료: 중앙인사위원회(2002. 1. 25).

## 제3절 문제점과 발전방향

우리나라는 현재 공직분류나 인사관리의 모든 측면에 실질적으로 계급제적 요소가 깊이 배어 있으며 직위분류제적 요소는 부분적이고 형식적으로 가미되어 있는 실정이다. 특히 계급제의 특성 중에서도 일반행정가의 원리, 폐쇄형 충원, 신분보장이 두드러진다고 할 수 있다. 여기서는 앞에서 살펴본 두 제도의 특징과 장 · 단점을 기초로 우리나라 공직분류제도의 문제점을 살펴본 후 이를 바탕으로 발전방향을 고민해 보고자 한다.

### 1. 문제점

오랜 농경사회와 신분사회, 그리고 관료국가라는 역사적 배경으로 인해 우리나

## 참고 4-4 우리나라 공무원의 구분

공무원은 실적주의와 직업공무원제의 적용을 받느냐에 따라 경력직과 특수경력직으로 구분하고 이를 다시 다음과 같이 세분화한다. 계급분류의 대상은 경력직에 한정된다. 경력직 · 특수경력직의 구분은 국가공무원과 지방공무원(적용법에 의한 구분)에 공통으로 적용된다.

### ■ 경력직

- **일반직**: 기술 · 연구 또는 행정일반에 대한 업무를 담당하며, 직군(職群) · 직렬(職列)별로 분류되는 공무원. 행정 · 기술직과 연구 · 지도직이 있으며 행정 · 기술직은 고위공무원과 3~9급의 계급구조를, 연구 · 지도직은 각각 연구(지도)관 · 연구(지도)사의 2계급 구조를 가지고 있다.

예) 행정, 기술, 연구 · 지도직 공무원

- **특정직**: 법관, 검사, 외무 · 경찰 · 소방 · 교육공무원, 군인, 군무원, 헙법재판소 헌법연구관, 국가정보원의 직원과 특수 분야의 업무를 담당하는 공무원

- **기능직**: 기능적인 업무를 담당하며 그 기능별로 분류되는 공무원

예) 전기원, 운전원, 방호원, 정보통신 현업관서 직원 등

### ■ 특수경력직

- **정무직**: 선거, 국회 동의에 의하여 임용되는 공무원, 고도의 정책결정 업무를 담당하거나 보조하는 공무원

예) 감사원장, 국회사무총장, 국무총리, 국무위원, 장 · 차관 등

- **별정직**: 특정한 업무를 담당하기 위하여 별도의 자격 기준에 따라 임용되는 공무원

예) 국회수석전문위원, 감사원 사무차장, 비서관, 비서, 노동위원회상임위원 등

- **계약직**: 국가와의 채용 계약에 따라 전문지식 · 기술이 요구되거나 임용에 신축성 등이 요구되는 업무에 일정 기간 종사하는 공무원

예) 일반계약직, 전문계약직, 시간제계약직, 한시계약직

자료: 국가공무원법 제2조, 행정안전부(2011d).

라는 일제시대까지도 계급제적인 성격이 관직의 분류에 지배적으로 반영되었다. 직위분류제는 광복 후 미군정기간에 처음으로 도입 · 실시되었다가 1948년 정부수립과 함께 계급제로 전환되었다. 1963년 박정희 정부에서 다시 직위분류제의 실시를 규정하고 이를 위한 작업을 마쳤다. 그러나 직위분류제를 계급제의 토양에 접목시키기가 힘들었고 직무분석의 미비 등을 이유로 1973년 직위분류제의 법적 근거였던 직위분류법이 폐지되었다. 현재는 직위분류제의 원칙과 실시에 대한 일반 규정만을 국가공무원법에 포함시키고 있는 상황이다(국가공무원법). 다만 직위분류제의 도입을 위한 적극적인 노력은 없었지만 계급과 직렬을 합리화하려는 노력은 계속되어 오고 있다. 특히 주목할 것은 2000년부터 기상청과 외교통상부에서 시범적으로 직무분석을 실시하고 있다는 것이다. 현재 이것은 채용 · 전보 등의 한정적인 측면에서 인력관리의 효율화를 도모하기 위해 운영되고 있는 것이지만 장기적으로는 직위분류제 도입의 기초가 될 것이 분명하다.

현재의 국가공무원 일반직 9개 계급(국회, 법원, 헌법재판소, 선거관리위원회 포함)은 1981년 전두환 정부에서 개정한 것이고, 행정부 중앙행정기관의 3~9급 7개 계급과 고위공무원단은 2007년 노무현 정부에서 개정한 것이다. 한편 직렬 · 직군 · 직류의 경우에는 보다 빈번하게 개정되었는데 2012년 9월 기준으로 중앙행정기관의 일반직은 2군 31직렬 95직류의 분류구조를 가지고 있다(공무원임용령). 직렬 · 직군 · 직류의 변경이 공무원의 신상에 미치는 영향은 그리 크지 않기 때문에 자주 바뀌는 편이나, 계급의 변화는 보수, 승진기간, 신분 등에 변화를 가져와 모든 공무원에게 초미의 관심사가 되기 때문에 이의 변경은 매우 어렵다.

우리나라의 공직분류체계는 계급제에서 주로 나타나는 문제점들을 대부분 노출시키고 있다. 첫째, 우선 일반행정가의 원리를 바탕으로 채용이 이루어지고 그 뒤에도 잦은 인사이동이 이루어지기 때문에 각 분야의 전문가가 결여되어 있다. 일반행정가의 원리는 일반행정직이 기술전문직보다 인사나 사회적 권위에서 우월하게 취급되고 우수인력도 이곳으로 집중되는 결과를 가져온다. 고도의 전문지식과 기술이 더욱 요구되는 오늘의 행정현실에 비추어볼 때 이는 인적자원의 배분에 있어 비효율을 초래한다.

둘째, 현재의 계급제에서는 외부인사에 대한 충원이 극히 제한되어 있어 민주성 및 대응성 향상을 기대하기 어렵다. 우리나라의 경우 폐쇄형 충원을 원칙으로 하는

**표 4-4 개방형 공무원 임용현황**

| | 2006 | 2007 | 2008 | 2009 | 2010 | 2011 | 2012 |
|---|---|---|---|---|---|---|---|
| 직위지정수 | 207 | 220 | 188 | 182 | 198 | 246 | 311 |
| 충원수 | 166 | 196 | 136 | 149 | 157 | 194 | 235 |
| 내부임용 | 94 | 86 | 64 | 82 | 86 | 108 | 147 |
| 외부임용 | 72 | 110 | 72 | 67 | 71 | 86 | 88 |
| 외부임용율 | 43.4% | 56.1% | 52.9% | 45.0% | 45.2% | 44.3% | 37.4% |

자료: 행정안전부(2012b).

계급제의 단점을 보완하기 위해 특수경력직으로 별정직과 계약직을 두고 있다. 그러나 전체 별정직의 다수가 통계조사 · 비상계획 · 경호업무를 수행하고 있고 그 외에는 주로 비서직과 교관직으로 구성되어 있기 때문에 외부인사가 정책관련 업무를 담당하는 비중은 극히 낮은 것으로 보여진다. 이에 외부채용에 의한 공직의 활성화나 민의에의 대응성 증대 등의 효과는 기대하기 힘든 상태이다. 또 계약직으로부터 민의나 새로운 지식 · 기술의 유입을 기대하기도 곤란하다. 전체 규모면(보건복지부의 공중보건의를 제외하면 150명 정도)에서도 보잘 것 없지만 이 중 변호사, 회계사, 관련 직무분야의 박사가 계약직으로 채용된 경우는 극소수에 불과하다(중앙인사위원회, 2006b).

개방형 직위제도의 경우 실제 운영 측면에서 보면 중앙부처 개방형 직위 중 실제 충원된 직위에서 민간전문가나 타 부처 공무원이 임용된 비율은 2012년 12월 기준으로 37.4%이었다(행정안전부, 2012b). (한편 2008년 이후 최근 5년간 외부임용률이 평균 45% 내외로 유지되면서 제도가 안착되고 있는 것으로 보여진다(〈표 4-4〉 참조).) 다만 일부 직위에 있어서는 민간부문과의 보수격차, 노동시장의 유연성 부족으로 인한 임기만료 후의 신분불안 때문에 민간부문의 우수한 인적자원의 지원이 저조한 상황이다(중앙인사위원회, 2006c). 그럼에도 불구하고 개방형 임용제도는 기존의 고위공무원의 의식 전환에 많은 영향을 미칠 것으로 보여진다. 과거에는 기관의 장에게 능력이나 충성심을 인정받는 것으로 충분했지만 이제는 외부이든 내부이든 경쟁 대상자와 경합하여야 하고 또한 민간 위원이 50% 이상으로 구성된 선발시험위원회에서 면접을 해야 하기 때문에 자신의 성과를 보다 적극적으로 그리고 외부인의 시각에서 점검하고 관리해 나갈 것을 기대할 수 있기 때문이다.

셋째, 같은 계급 내에서 업무량이나 직무수행의 난이도 · 책임도가 형평성을 상실하고 있다. 그에 따라 계급 내 각 직위 간에 권위와 신분의 차별이 야기되고 있다. 동급의 부서 간에도 주무부서가 있고 단순한 수평보직이동에 대해서도 영전이나 좌천이라는 평가가 이루어지는 것은 계급 내의 직무 불균형 문제를 간접적으로 보여주는 것이다. 특히 직무의 불균형은 보수의 형평성과도 직결된다는 점에서 문제가 심각하다. 같은 계급인데도 오후 6시에 정시 퇴근하는 사람이 있는 반면, 매일 밤 9시까지 일을 해야 할 정도로 업무량이 많은 사람이 있는데 계급제에서는 동일 계급일 경우 실제 직무수행의 난이도와 책임도가 보수에 반영되지 않는다. 이 모두가 직무분석과 평가를 거치지 않고 주먹구구식으로 계급구조와 직렬구조, 그리고 한 사람이 맡을 적당한 업무량(직위)을 결정한 결과이다. 더구나 각 직위에 대한 직무기술서가 없는 상황에서 상관의 자의적 업무부과가 불균형을 가중시킨다. 가외의 일거리가 생겼을 때 이것을 누구에게 맡기느냐는 상관의 자의적 판단에 달려 있다.

넷째, 계급구조 측면에서 경력직 내의 일반직과 특정직 간의 계급 형평성 문제를 지적할 수 있다. 즉 서로 다른 경로를 통해 임명된 공무원 간에 계급을 어떻게 대응시킬 것인가의 문제가 대두된다. 현재 지적되고 있는 것은 공안업무관련 공무원의 직급 인플레이션 현상이다. 검찰 · 감사원 등의 공안직 공무원은 일반직 공무원의 동일직급에 비해 상위의 보수와 예우를 받고 있다. 이것은 직무내용에 대한 전문적 · 객관적 판단에 근거한 것이 아니라 과거 군사정권 아래서 공안권력의 남용이 남긴 잔재로 볼 수 있다.

다섯째, 직렬구조 측면에서 직렬의 폭과 직렬 간 형평성 문제를 지적할 수 있다. 직무분석과 평가가 이루어지지 않은 상태에서 행정편의주의와 직렬 간의 권력 갈등(자리싸움)이 크게 작용하다 보니 직렬의 폭이 어떠한 원칙이나 전문가의 판단에 의해 결정되지 못하고 있다. 현재 가장 크게 문제시되고 있는 것이 일반직 내의 행정직렬과 세무직렬이다. 이들 직렬은 2011년 말 기준으로 각각 33,000명, 17,000명이 넘는 인원이 포함되어 있는 반면 이들을 제외한 일반직 내의 다른 직렬은 직렬당 평균인원이 2,700명에 미달되고 있다(행정안전부, 2011b). 물론 실질적으로 직무의 유사성이 있는 한 단순한 산술치를 갖고 반론을 제기할 수는 없다. 그러나 행정 직렬의 경우 국제통상, 노동, 운수, 문화홍보, 교육 등의 전문영역이 포함되어 있는 것을 보면 유사성에 의한 설득력은 떨어진다. 오히려 행정직렬 공무원이 그들의 우월적 · 지배적 위치를 이용해 영역을 방어 · 확장시킨 결과라는 주장이 그럴 듯해 보인다(오석홍, 1993). 일반적으로 직렬이 세분화되면 인사권자의 인사재량권은 작아진다. 타 직렬로의 이동에는 그만큼 제약이 따르기 때문이다. 여기서 우리는 직렬의 폭에 대한 갈등을 느끼게 된다. 미분화 상태의 넓은 직렬 폭에서는 인력운용의 융통성을 확보할 수 있고 개별 공무원에게는 능력발전의 기회를 더 줄 수 있지만 인사권자의 자의적이고 정실적인 요소가 개입할 가능성이 높아지기 때문이다.

직렬 간 형평성 문제는 특히 일반행정직과 기술관련직 사이에서 나타난다. 현재 우리나라의 경우 행정직의 승진이 기술관련직보다 빠르고 고위직으로의 승진기회가 훨씬 많다. 그러나 행정에 있어 복잡성과 불확실성이 높아지고 있어 변화하는 환경에 유연하게 대응하기 위해 전문지식을 갖춘 기술 인력의 역할이 더욱 증대될 것으로 예상된다. 하지만 사농공상의 전근대적 기술천시 풍토가 개선되는 데는 오랜 시간이 걸릴 것으로 보여진다. 실제로 2012년 말 통계에 따르면 국가공무원 중 일반직 공무원의 80.5%가 행정직군으로 구성되어 있으며 기술직군은 18% 수준에 머물고 있다(행정안전부, 2012b). 조금 더 구체적으로 고위공무원단이 도입되기 이전의 통계를 보면 2급의 경우 기술직의 비율이 16.4%, 1급의 경우 10.1%에 불과했다(중앙인사위원회, 2006c). 즉 기술관련직에 정책결정에 기여할 기회와 관리능력을 발휘할 수 있는 기회가 충분히 주어지지 못했다. 노무현 정부는 이러한 문제점을 해결하기 위해 4급 이상 기술직 · 이공계 임용확대 5개년 계획(04~08)을 세워 추진하였고 그 결과 2007년에 이들 비율이 32.3%로 확대되었다(행정안전부, 2008c).

마지막으로 직렬구조 분류과정이 비체계적이라는 문제를 지적할 수 있다. 직렬구조 분류과정이 기본적인 방향이나 직렬 재분류에 대한 종합적인 분석 없이 임기응변식의 부분적 수정이 이루어지고 있는 실정이다. 이러한 대증요법식의 처방으로는 장기적으로 인사관리의 합리화와 발전에 전혀 도움이 되지 않는다. 부분적 · 단기적 처방이 전체적 · 장기적 시각에서 보았을 때에는 오히려 더 큰 혼란과 모순을 야기할 수 있다는 점을 조심해야 한다.

## 2. 발전방향

대부분의 국가에서 공직 분류제도를 채택함에 있어 직위분류제와 계급제 어느 하나만을 완전히 구현하는 것이 아니라 계급제를 기초로 하는 국가에서는 직위분류제의 장점을 도입하고, 직위분류제를 기초로 하는 국가에서는 계급제의 장점을 도입하고 있다. 앞에서 살펴본 바와 같이 우리나라의 공직 분류제도는 실질적으로 계급제에 토대를 두고 있다. 그러나 행정환경 변화에 따라 행정의 민주성과 대응성, 나아가 효율성을 확보하기 위해 부분적으로 직위분류제적 요소를 도입하고 있다. 하지만 직위분류제적 요소는 형식적이고 부분적으로 다루어지고 있는 것이 사실이다. 이에 우리나라의 상황을 고려할 때, 보다 효과적인 인적자원관리를 위해서는 계급제를 기본원리로 하되 실질적으로 직위분류제적 요소를 실현하기 위한 기초작업과 적용의 범위를 점진적으로 확대시켜 나가려는 노력이 필요할 것이라 생각된다. 이러한 인식하에 우리나라 공직 분류제도의 발전방향을 제시하면 다음과 같다.

무엇보다 직위분류제 실현의 기초 작업으로서 직무분석이 필요할 것이라 생각된다. 특히 앞서 살펴본 바와 같이 직무분석은 반드시 직위분류를 위해서만 사용되는 것은 아니다. 채용, 교육훈련, 인사이동, 직무설계(각 직위에 적정업무량의 부과) 등 인적자원관리의 효율성을 높이기 위한 목적으로도 얼마든지 활용할 수 있다. 이렇게 직무분석의 경험을 축적하고 직무기술서를 갖추기 시작하면서 다음 단계로 직무평가를 통한 직위분류까지 발전시켜 나갈 수 있을 것이다. 특히 직무분석만 실시하게 되는 초기단계에는 직위에 대한 변화를 초래하지 않기 때문에 점직자들의 반발이나 수용면에서도 훨씬 유리할 수 있다.

다음으로 직위분류제를 점진적으로 도입하는 방향으로 나아가기 위해 우리나라 공직분류는 다음과 같은 네 가지 원칙을 지켜야 할 것이라 생각된다.

첫째, 계급(직급) 간, 직렬 간의 형평성 유지이다. 앞에서 지적한 일반직과 특정직 간의 계급차등, 행정직과 기술관련직 간의 승진기회차별, 동일계급 내에서의 직무불균등은 모두 형평성 결여 문제로 요약할 수 있다. 단기적으로 이들 문제를 해결하기 위해서는 일반직과 특정직의 경우 우선적으로 과거의 불합리한 공안직 예우를 시정해야 한다. 하지만 일반직에 비해 직무의 내용이 차등대우를 해야 할 정당한 근거가 있을 때에는 교육공무원과 같이 별도로 보수규정을 두어야 한다. 또한 기술관련직의 승진한계는 당연히 철폐되어야 할 것이다. 이 문제는 고위공무원단의 도입으로 인해 부분적으로 해소된 것으로 보여진다. 다만 이를 적극적으로 해결하기 위해 과장급의 경우 정원이나 보직관리에서 직렬제한을 완화시키는 것을 고려할 수 있다. 직무불균등은 계급제하에서는 근본적 해결이 불가능한 것이나 직무분석과 직무설계를 통해 부분적인 직무부담의 불균형을 해소할 수 있을 것이다.

둘째, 전문성 제고이다. 현대행정은 전례 없이 복잡하고 전문화되어 가고 있다. 새로운 정보가 끊임없이 생산되고 있어 모든 분야에 박식하기가 현실적으로 매우 힘들다. 과거와 달리 한 사람이 할 수 있는 일의 범위는 좁아지고 대신 그 깊이는 더해지고 있는 것이다. 관련분야의 기술과 정보가 어떻게 변하는지 계속 지켜보고 적응해 가지 않으면 낙오자가 되고 만다. 이러한 시대에 잦은 보직변경은 전문성을 높이는 데 장애가 된다. 고위직일수록 전문성에 대한 요구는 줄어들지만 현재와 같은 일반행정가 중심의 인사는 지양되어야 한다. 고위직이라 하더라도 부하직원의 직무내용에 대한 이해가 부족한 상태에서는 충분한 리더십을 발휘하기가 곤란하기 때문이다. 또한 거의 모든 실제 정책분야(노동, 환경, 교육, 복지, 국방 등)의 정책수립은 일반행정가의 상식과 직관만으로는 불가능하다. 정책결정자의 직관력이나 비전도 그 분야에 대한 충분한 전문지식을 갖추었을 때 가능하게 되었다. 앞으로의 고위직 공무원은 만능행정가가 아니라, 해당분야의 전문지식을 갖추고 또한 넓은 시각에서 정책을 결정하고 관리할 수 있는 전문가로 양성될 수 있도록 직위분류제도가 뒷받침되어야 한다.

셋째, 인사관리의 탄력성 확보이다. 기관장이나 고위관리자의 입장에서는 어느 정도 융통성 있게 부하직원을 배치하고 활용할 수 있어야 조직전체의 생산성을 높일 수 있다. 전문 직위가 많아지고 자리이동이 어려울수록 인사관리는 경직적으로 변하기 때문에 관리적 탄력적 확보 측면에서는 계급제적 요소가 뒷받침되어야 할 것이다.

다만, 전문성 제고와 인사관리의 융통성 확보 문제는 상충관계(Trade-off)에 놓여 있다고 보여지므로 이들 간의 조화 문제는 앞으로의 공직분류 제도개혁에 있어 중요한 과제라 할 수 있다. 하나의 대안은 반복적인 단순 기능 · 서기 업무를 수행하는 하위직의 경우 그 동질성이 높기 때문에 직렬 수를 작게 하고, 업무의 복잡성은 높으나 정책결정 권한은 없는 중간직의 경우 직렬의 세분화를 통해 전문화를 높일 수 있을 것이다. 반면 고위직의 경우 정책결정 과정에서 부서이기주의를 벗어나 문제의 종합적 진단과 공익지향의 거시적 시각이 필요하기 때문에 인력의 탄력적 운용이 가능하도록 다시 직렬을 통합하는 것이 바람직할 것이라 생각된다.

끝으로, 외부와의 인사교류를 확대해야 한다. 외부와의 인사교류는 공직의 경직성을 타파하고 국민의 요구에 대한 대응성을 높일 뿐만 아니라 외부의 전문지식이 공직에 유입됨으로써 행정의 전문성을 강화할 수 있다. 우리나라의 경우 그동안 별정직과 계약직이 이러한 역할을 하지 못한 것으로 보여진다. 앞으로는 민의수렴 및 전문지식들을 국가 시책에 효율적으로 반영할 수 있도록 정책 · 민원부서 업무에 있어 별정직, 계약직 공무원들을 적극적으로 활용할 필요가 있다. 또한 현재 추진되고 있는 개방형 직위에 대한 계약직 충원이 계속되어야 할 것이다. 특히 이들을 채용하는데 있어서는 이 제도의 본래 목적에 맞게 능력 있는 사람을 공정하게 충원하는 것이 무엇보다 중요하다. 정치권의 영향이나 개인적 정실이 개입되는 경우 이들 행위를 합법화시켜 줄 뿐만 아니라 공직 안정성을 해치는 등 더 큰 부작용을 초래할 수 있기 때문이다. 따라서 채용상의 공정성 유지가 무엇보다 중요할 것이라고 생각된다. 뿐만 아니라 우수한 외부인적자원의 공직 유입을 위해서는 그들의 자격과 능력에 상응하는 보수지급 노력이 병행되어야 할 것이다.

## 공무원 100만 명 시대 : 박근혜 성과 · 보수 경쟁체제 도입

신대원

대통령직인수위원회(인수위)가 정부조직개편에 이어 새 정부 출범에 맞춰 하위직 공무원까지 직위에 따라 보수를 차등화하는 경쟁체제 도입을 적극 검토 중이다. 인수위가 공무원 보수체계와 전반적인 제도를 손보겠다고 나선 것은 무엇보다 '계급제' 중심 제도로 인해 공무원들의 전문성 향상에 저해가 되고 있다고 판단했기 때문이다. 박근혜 대통령 당선인 측 관계자는 17일 "신분을 우선시하는 계급제 공직제도로 공무원들의 전문성이 떨어진다는 지적은 오래전부터 제기되어 왔다"며 "사회가 전문화되고 이해관계가 복잡해진 상황에서 직위분류제 등 경쟁체제 도입은 더 이상 미룰 수 없는 과제"라고 말했다.

핵심은 현재 1급부터 9급까지 서열화 돼 있는 '계급제' 인사제도에서 능력과 성과에 따라 보수 등을 결정하는 '직위분류제' 요소를 대폭 확대하는 내용이 될 전망이다. 우리나라 공무원 제도는 국장(3급) 이상 고위급 공직자들을 고위공무원단으로 분류해 관리하는 일부 직위분류제 요소(예를 들면 개방형 공무원 임용제)를 도입하고 있지만 5급, 7급, 9급 공채에 따른 계급제를 기반으로 하고 있다. 이 때문에 업무 중심이 아니라 사람 중심으로 인사관리가 이뤄지고 봉급과 진급 · 상훈 등에 있어서도 능력이 아닌 계급이 결정적 요인이 되고 있다. 이에 따라 박근혜 정부에서는 5급 이하 공무원들에게도 직급과 업무 난이도에 따라 보수를 차등화하는 등 본격적인 경쟁체제가 도입된다.

잦은 인사이동도 계급제의 폐단으로 꼽힌다. 정부 각 부서의 실 · 국장급 재임 기간은 평균 1년 1개월, 과장급 이상은 평균 1년 3개월로 1년을 조금 넘는 수준에 불과하다. 이는 곧 공무원의 전문성과 업무의 연속성 저하로 이어질 수밖에 없다. 익명을 요구한 한 국책연구원 관계자는 17일 "계급은 공무원들을 일렬로 세워놓는 기준이기 때문에 승진과 좋은 보직에 대한 잘못된 유인 구조를 만들 수 있다"며 "공무원들로서는 업무 파악이나 전문성 계발보다는 잦은 인사이동을 통해 좀 더 나은 자리로 가고 싶다는 생각을 가질 수밖에 없다"고 지적했다. 실제 정부조직 내에서 빈자리가 생기면 동일 직급의 하위 보직에 있던 사람들이 한 단계씩 이동하고 제일 아랫자리는 그 밑의 직급에서 가장 높은 보직에 있던 사람으로 채우는 연쇄이동이 발생하곤 한다. 고영선 인수위 국정기획조정분과 전문위원은 자신의 논문에서 이러한 실태를 지적하며 "잘못된 유인 구조를 해결하기 위해서는 공무원 인사제도의 전반적인 변화가 필요하다"고 주장한 바 있다.

인수위의 한 핵심 관계자도 공무원 제도 개편에 대해 최근 언론과의 통화에서 "인수위 시절부터 정부출범 초기까지 정치적 동력이 있을 때 검토해야 한다"고 말했다. 직위분류제 확대는 박 당선인의 인사 철학에도 부합한다. 박 당선인은 인사와 관련해 "중요한 것은 전문성이고 그 외 여러 가지를 고려해 종합적으로 판단해서 생각을 많이 하고 있다"고 밝힌 바 있다. 특히 공무원 100만 명 시대에 대한 싸늘한 시선을 고려, 경쟁체제 도입이 불가피하다는 의견도 많다.

유민봉 인수위 국정기획조정분과 간사를 비롯해 정부조직 개편안을 주도하고 있는 인수위원들도 직위분류제를 강화해야 한다는 입장이다. 익명을 요구한 한 국책연구원 관계자는 "학계에서는 직위분류제가 확대돼야 한다는 합의가 이뤄지고 있다"며 "유 교수 역시 같은 생각인 것으로 알고 있다"고 말했다. 특히 최근 국정기획조정분과 전문위원으로 결합한 고영선 한국개발연구원(KDI) 연구본부장은 지난 2010년 발표한 '정부조직의 구조와 운영'이라는 논문에서 "현재의 계급제적 성격을 크게 약화시키고 직위분류제적 성격을 강화시켜야 한다"며 "이러한 제도 개선 없이는 우리나라 정부조직의 성과는 크게 개선되기 어려울 것"이라고 주장한 바 있다.

인수위는 다만 급격한 변화로 인한 부작용과 공직사회의 반발을 감안해 미래창조과학부와 해양수산부, 산업통상자원부 등 신설되거나 개편 폭이 큰 부서를 대상으로 우선 추진하는 방안을 검토 중인 것으로 알려졌다. 이들 기관에 대한 운영 결과에 따라 인센티브를 부여하는 식으로 다른 부서까지 점차 확산시킨다는 것이다. 인수위는 청와대 및 각 부서 실 · 국 조직개편과 조각 인선을 마친 뒤 공무원 제도 개혁안을 확정할 것으로 예상된다.

역대 정부도 정권 출범 때마다 직위분류제 도입을 검토했으며 노무현 정부 때에는 고위공무원단 등 일부 제도가 도입되기도 했다. 하지만 공직사회의 반발과 한국적 통치구조, 정치행정적 여건에서 전면 도입은 어렵다는 반론으로 인해 큰 진전은 없었다.

전문가들은 인수위의 직위분류제 강화 방침과 관련해 독립적 중앙인사기구 설치와 행정고시 개편 등을 제안한다. 최순영 한국행정연구원 연구위원은 “독립적 인사기관이 폐지되고 행안부에서 인사관리를 하다 보니 중립적, 과학적, 전문적 관리가 힘든 측면이 있다”며 “미국의 인사관리처나 일본의 인사원 형태의 독립기관이 필요하다”고 말했다. 새 정부의 정부조직 청사진을 그리고 있는 유민봉 인수위 국정기획조정분과 간사도 자신의 저서에서 “인사 기능을 독립시켜 인사전문가가 리더십을 발휘할 수 있도록 하는 것이 필요하다”고 강조한 바 있다. 김용철 부산대 행정학과 교수는 “로스쿨과 국립외교원을 통해 사법고시와 외무고시 등 국가인력 충원 체계를 재구축한 것처럼 행정고시를 개편하는 방안을 고민해 볼 수 있다”며 “필기시험의 비중을 낮추고 토론과 면접을 강화하는 방안이 있다”고 말했다.

자료: 헤럴드 경제(2013년 1월 17일),
(2013년 1월 18일) 두 기사를 저자가 편집함.

## 토론 문제

**Q1** 계급제와 직위분류제 모델의 특징들과 각각의 장 · 단점에 대해 이야기해 보세요. 각 제도의 장점을 조화롭게 결합하여 운용할 수 있는 방안에 대해 이야기해 보세요.

**Q2** 폐쇄형 충원방식의 계급제를 기반으로 하는 한국 공직제도의 문제점과 개선방향에 대해 토론해 보세요. 인사관리의 유연성, 효율성, 전문성 확보를 위해 한국 공직구조를 재설계 한다면 어떠한 방식이 가장 효과적일 것으로 생각하는지 이야기해 보세요.

**Q3** 계급제를 바탕으로 하는 한국 공직구조에서 직위분류제적 요소를 부분적으로 도입한 대표적인 제도가 고위공무원단제도라 할 수 있습니다. 공직분류제적 관점에서 고위공무원단 도입 성과를 요약해 보세요.

**Q4** 직위분류제가 인사관리 활동(교육훈련, 승진, 평가, 보상 등)을 수행하는데 있어 기여할 수 있는 긍정적 효과에 대해 이야기해 보세요.

**Q5** 직위분류제의 수립 및 관리의 3단계 과정에 대해 이야기해 보고 효과적인 관리를 위한 인사담당자의 역할에 대해 토의해 보세요.

# 제 5 장 인사기관

## ■ ■ ■ 들어가는 말

인사기관은 인사제도를 총괄하고 인사관리 활동만을 전문적으로 담당하는 기관을 일컫는다. 이에 인사기관은 인적자원관리의 이념과 목표를 실질적으로 구현하는 데 있어 핵심적인 역할을 담당한다. 이러한 중요성으로 인해 정부 차원에서 인사제도에 대한 주요 개혁이 단행될 때마다 인사기관도 함께 변화해왔다. 미국의 경우도 펜들턴법(Pendleton Act)에 의해 실적주의제가 도입되면서 인사위원회라는 기관이 동시에 탄생하였다. 미국의 인사위원회는 이전까지 각 부처에서 분산 수행되어 온 인사기능을 통합적으로 관리하기 위한 목적으로 생성된 조직이다.

인사행정의 체제모형 시각에서 인사기관을 논의할 때는 인사활동이 기관의 존립근거가 되는 조직으로 논의의 범위를 한정한다. 따라서 근무성적평정이나 교육훈련 등 인적자원관리의 일부 기능만을 담당하는 일반 계선기관(Line Agency)은 논의에서 제외된다. 계선기관의 인사기능은 조직 본래의 목표달성을 위해 부수적으로 동반되는 것이기 때문이다.

이에 제5장에서는 공직사회 전반의 인적자원관리 활동을 총괄하는 중앙인사기관에 대한 내용을 다루고자 한다. 인사기관의 의의와 특성, 유형에 대한 이해를 바탕으로 우리나라 중앙인사기관의 변천과정과 문제점, 향후 발전방향을 살펴보고자 한다.

## ■ ■ ■ 핵심용어

- 중앙인사기관
- 독립성
- 합의성
- 집권성
- 위원회형
- 부처조직형
- 중앙인사위원회
- 안전행정부
- 인사관리처(OPM: Office of Personnel Management)
- 실적제보호위원회(MSPB: Merit System Protection Board)
- 연방노사관계청(FLRA: Federal Labor Relations Authority)

# 제1절 인사기관의 의의

## 1. 인사기관의 개념

인사기관을 논의함에 있어 가장 중요한 쟁점은 인사기관의 조직을 어떤 식으로 구조화하고 어떤 지위와 기능을 부여할 것인가를 결정하는 것이다. 인사기관 조직의 구성 및 기능이 향후 인사행정 전반에 지대한 영향을 미치기 때문이다. 이에 대부분의 국가에서 인사개혁을 시도할 때, 인사제도에 대한 개혁과 인사기관에 대한 개혁을 함께 다룬다. 따라서 인사개혁에 있어 인적자원관리의 효과성, 나아가 행정 전반의 효과성을 높이기 위해 인사기관을 어떻게 조직화할 것인가의 문제는 꾸준하게 관심의 대상이 되어 왔다. 이 문제에 대해 각 국가들은 매우 다양한 형태로 답을 제시하고 있다. 우리나라도 각 정권마다 인사기관에 대한 개혁이 시도되어 다양한 형태의 인사기관이 운용되었다. 물론 현재도 보다 나은 조직화 방법에 대해 지속적으로 고민하고 있다.

인사기관은 인사관리의 대상인 공무원의 범위를 기준으로 중앙인사기관, 부처인사기관, 지방자치단체 인사기관으로 구분할 수 있다(진재구, 1992). 이 중 우리나라의 경우 인사행정에 있어 중앙인사기관이 절대적인 역할을 담당하고 있다. 부처인사기관이나 지방자치단체 인사기관은 아직 전문성을 확보하지 못하고 규모도 작아 자율적인 인사기능은 극히 제한적이기 때문이다. 따라서 여기서의 논의는 중앙인사기관으로 한정하고자 하며 인사기관이라는 용어 역시 중앙인사기관의 의미로 사용하고자 한다.

중앙인사기관이란 '국가의 모든 공무원에 대한 인사관련 업무를 총괄하는 행정기관'이다. 중앙인사기관은 인사행정을 정치적 내지 기타 정실적 요소에 의한 영향으로부터 보호하고, 인사행정이 개별행정기관에 의해 분산되어 수행될 경우 발생하기 쉬운 할거성과 비능률성을 타파하고자 하는 방어적 · 소극적 필요에 의해 설립되었다. 즉 인사행정의 독립성, 공정성, 일관성의 확보가 중앙인사기관 설립의 주목적이었다.

그러나 현대 행정의 기능 확대와 역할 증대에 따라 과거와는 비교할 수 없을 만큼 공무원의 양적 확대와 질적 향상이 이루어졌다. 특히 환경이 급변함에 따라 사회의 복잡성이 증대되고, 내 · 외적 다양성의 증대로 업무의 복잡성 정도가 심화되면서 인적자원관리 활동이 행정의 효율성 향상에 있어 매우 중요한 부분을 차지하게 되었다. 이처럼 행정에 있어서, 인사행정의 중요성이 강조되면서 중앙인사기관으로 하여금 보다 적극적인 역할을 수행할 것이 요청되었다. 이에 과거 방어적 · 소극적 활동만을 담당했던 중앙인사기관이 유능한 인재의 확보에서부터 이들의 능력발전을 위한 계획을 수립하고 나아가 공직에 근무하면서 성취감을 느낄 수 있도록 하는 공무원 개인의 성장문제에 이르기까지 인사활동 전반에 걸친 제도와 정책을 전략적으로 수립하고 이를 집행하는 등 행정에 있어 능동적인 기능을 수행하는 기관으로 부상하게 되었다.

**그림 5-1** 중앙인사기관

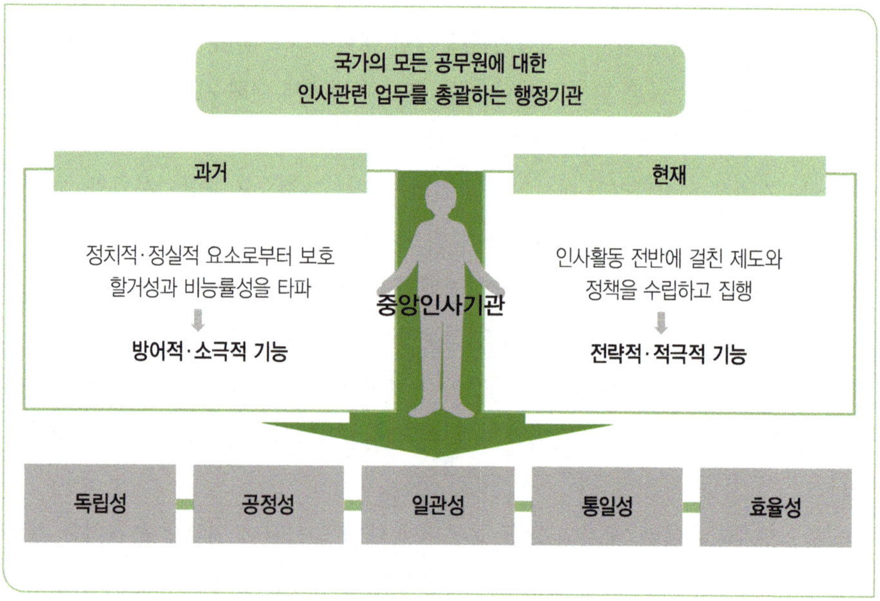

## 2. 인사기관의 특징

중앙인사기관의 조직상 특성은 정부조직 전체의 상호관계 속에서 살펴볼 수 있다(박동서, 1990). 정부조직은 계층구조에 따라 행정수반을 정점으로 하여 그 밑에 각 분야별로 정책을 수립하고 집행하는 부처기관이 있고, 그 밑에는 다시 실·국의 계층구조를 두고 있다. 중앙인사기관은 행정수반을 보좌하는 기관으로서 일반적으로 부처기관과 대등한 위치에 놓이게 되며 부처인사기관은 각 부처기관의 한 부서단위로 존재하게 된다. 이러한 대략적인 정부조직을 생각할 때 중앙인사기관은 다음과 같은 세 가지 측면에서의 특성을 발견해 볼 수 있다. 첫째는 행정수반과의 독립성 관계이고, 둘째는 중앙인사기관 자체 차원의 의사결정형태이며, 셋째는 부처인사기관과의 권한위임관계이다. 이것은 〈그림 5-2〉에서 각각 ①, ②, ③으로 표시된 것이고, 이들 각 측면에서의 특성은 독립성, 합의성, 집권성으로 요약할 수 있다. 이를 구체적으로 살펴보면 다음과 같다.

**그림 5-2 중앙인사기관의 조직구조적 관계**

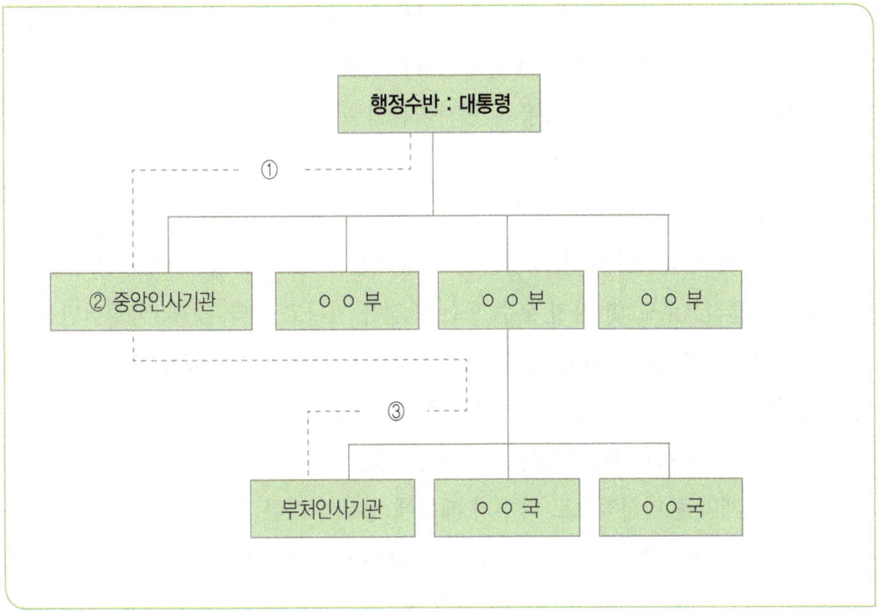

### 1) 독립성

독립성이란 중앙인사기관이 정치적 영향으로부터 어느 정도 자유로운가를 의미한다. 독립성이 강할수록 인사기관의 임원에 대한 신분이 엄격히 보장되고, 인사사무의 총책임자에 대한 임명권을 가지며, 나아가 국가예산의 몇 %를 배정받거나 각 부처로부터 할당금을 지급받는 식으로 기관예산을 보장받는다(Hays & Reeves, 1989). 그러나 이러한 조건은 독립성의 전제조건에 불과하다. 독립성이 진정으로 추구하는 것은 공무원의 인사와 관련하여 정치권력의 정실이 개입한다거나 신분상의 불이익을 준다거나 하는 부당한 처사를 배제하는 것이다. 바꾸어 말하면, 독립성이란 정치적 중립성을 유지하고 인사의 공정성을 확보하며 공무원의 권익을 보호하기 위한 것이다. 따라서 인사기관의 독립성은 정치적 영향을 받지 않는 중립적이고 자율적인 조직을 설치함으로써 실적주의와 직업공무원제가 추구하는 목표를 실질적으로 뒷받침하기 위한 것이다.

인사기관의 독립성, 특히 행정수반으로부터의 독립성 확보는 인사관리에 있어 다음과 같은 긍정적 효과를 가져온다. 첫째, 공직임명에서 정치권력의 엽관주의나 정실주의가 배제된다. 따라서 부당하게 공직에서 쫓겨나는 등의 공무원 신분에 대한 권익 침해 행위가 없어진다. 둘째, 엽관이나 정실에 의해 임명된 사람들의 전문성 결여에서 오는 행정의 질적 저하를 극복할 수 있다. 셋째, 잦은 인사교체에서 오는 행정의 단절을 막을 수 있다. 이상의 내용은 인사기관의 독립성 확보가 실적주의에 기여할 수 있다는 것으로 요약할 수 있다.

그러나 현대에 들어서는, 특히 선진국일수록 정치권력의 합리적 행사가 정착되어 있기 때문에 독립성에 대한 요구는 점차 줄어들고 있다. 뿐만 아니라 인사기관의 독립성은 이론적으로도 몇 가지 모순 또는 단점을 지니고 있다. 첫째, 국정전반을 책임지는 행정수반이 공무원의 총체적인 능력과 규모, 그리고 사기 등에 대한 통제권을 갖지 못한다는 것은 민주주의의 책임정치 원리에 어긋난다고 볼 수 있다(Sylvia, 1994). 둘째, 독립성을 확보한 인사기관은 오히려 공무원의 교육훈련, 권익보호, 평가 및 보상 등 인사문제만을 미시적으로 다루기 때문에 정부의 다른 정책과 일관성을 유지하기 힘들다. 인사제도 및 구체적인 인사관리활동은 국가정책의 종합적 관리 차원에서 결정되고 그에 적합하도록 조율되어야 하는데, 독립성이 커질수록 이러한 조율은 더욱 어려워진다. 뿐만 아니라 독립성에는 책임성의 문제도 뒤따르는데 독립적 인사기관의 부당 및 월권행위, 무능한 행태 등에 대해서 책임성을 묻기가 곤란할 경우가 생길 수 있다.

### 2) 합의성

합의성이란 중앙인사기관의 결정이 다수위원의 합의에 의하여 결정되는 것을 의미한다. 즉 합의성은 결정방식에 관련된 것으로 결정의 신중성과 공정성이 중요시되는 경우 합의형을 택하게 된다. 대표적인 경우가 인사기관에서 행하는 준사법기능이다. 행정기관의 위법 또는 부당한 처분에 의하여 공무원이 신분상의 불이익을 받았을 때 소청의 기회를 주게 되고, 이에 대한 결정은 주로 다수위원의 합의에 의하여 이루어진다. 합의형 인사기관은 일반적으로 3인 이상의 홀수 인원으로 구성된다.

일반적으로 독립성이 있는 인사기관은 합의형 결정방식을 택하고 있다. 그러나 합의성이 있다고 해서 반드시 독립성을 갖는 것은 아니다. 합의제 결정방식 또한 장점과 단점을 동시에 검토할 수 있다. 장점으로는 다수위원의 타협과 조정의 과정을 거치기 때문에 이의 결정의 편향성을 배제할 수 있다. 특히 위원회의 인적 구성이 다양하게 이루어진다면 이의 결정도 사회의 다양한 이해를 고루 반영시킬 것으로 기대된다. 또한 위원들의 교차임명을 통해 인사정책 및 관리활동의 지속성을 유지할 수 있다. 요약하자면, 합의성은 엽관주의적 · 정실주의적 영향을 배제하여 인사행정의 공정성과 관리의 지속성을 추구할 수 있다.

반면, 단점으로는 절차적 공정성이 가져오는 행정의 시간적 지연을 들 수 있다. 합의제를 택하는 경우에도 모임이 매일 있는 것이 아니고, 다수위원 간에 의견이 일치하지 않으면 이를 조정해야 하기 때문이다. 또한 책임의 전가경향이 나타나기 쉽다. 어떠한 결정이 문제가 되었을 때 책임의 소재가 불분명하기 때문에 서로 책임을 떠넘길 가능성이 높은 것이다.

### 3) 집권성

집권성이란 인사기능이 중앙인사기관과 각 부처 사이에 어떻게 배분되어 있는가에 관한 것이다. 인사권한 배분에서의 집권성은 일반조직이론에서 쉽게 접할 수 있는 집권과 분권의 논리가 그대로 적용된다. 인사기관의 역사적 변천과정을 살펴보면 초기에는 모든 나라가 공통적으로 각 기관별로 인사관리가 개별적으로 이루어짐으로써 발생하는 무원칙과 무질서 현상을 비판하면서 집권화된 관리가 필요함을 주장한다. 이를 통해 전 국가기관에 공통적으로 적용 가능한 인사원칙을 개발하고 시행함으로써 인력관리의 통일성 확보와 효율성 향상을 기대할 수 있기 때문이다. 이러한 과정을 거쳐 어느 정도 인사기준이 세워지고 정착이 되면 각 기관별 특성을 고려할 필요성을 느끼게 된다. 특히 환경변화로 인해 직무가 전문화되고, 세분화되어 감에 따라 획일적인 기준의 적용보다는 특수성의 인정이 더욱 중시되었기 때문이다. 이에 분권화된 관리의 필요성이 제기된다. 실적주의제와 직업공무원제가 어느 정도 정착된 선진국일수록 분권화에 대한 관심이 큰 이유도 여기에 있다.

중앙인사기관의 집권성을 주장하는 논거로는 앞에서 지적한 대로 통제의 용이성과 인사행정의 통일성을 기할 수 있다는 점이다. 다음으로는, 부처인사기관이 전문성을 확보하지 못한 상황에서 중앙인사기관이 전문인력 풀(Pool)을 가동함으로써 규모의 경제(효율성) 효과를 얻을 수 있다. 부처인사기관은 전문인력의 비중이 작아 보다 효과적인 인사관리 전략수립을 위해 필요한 직무분석기법, 인사정보체계, 근무성적평정기법, 보수체제의 개선 등에 대한 연구를 수행하기 힘들지만 중앙인사기관에서는 가능하다. 마지막으로, 부처인사기관에 많은 권한이 위임되면 부처인사공무원이 중앙인사기관의 편에 서기보다는 소속부처의 편의와 이해에 따르는 경우가 많아 관리상의 비효율을 초래할 수 있다(Hays & Reeves, 1989). 부처인사공무원은 아무래도 부처의 사정에 동정적이고 자신의 인사권자인 상관의 의견을 무시하기 곤란한 입장에 놓여 있기 때문이다. 이렇게 인사기준이 흐트러지기 시작하면 규정에 어긋나는 채용 · 승진 · 인사이동 등의 사례가 발생하기 쉽다. 이러한 현상은 우리나라와 같이 부처인사업무를 전문 인사공무원이 아닌 일반행정가가 담당하는 경우에 더욱 빈번하게 나타날 수 있다.

그러나 이에 대한 분권론자들의 주장도 설득력을 갖는다. 분권화된 인사관리가 필요한 이유는 무엇보다 각 부처의 사정을 인사관리에 반영함으로써 특수성을 고려할 수 있으며 융통성 있고 탄력적인 인사관리를 가능하게 한다는 것이다. 또한 중앙인사기관은 일선행정기관에서의 요구에 적절하게 대응하기가 쉽지 않다. 이에 실제적 상황보다는 이론과 목적에 따라 획일적으로 탁상행정식 인사결정을 할 가능성이 높다(Hays & Reeves, 1989). 특히 고객지향적 행정관리가 강조되고 있는 최근의 추세를 감안할 때, 인사행정도 하나의 서비스로서 인사행정의 고객이라 할 수 있는 부처공무원의 요구가 반영되어야 한다. 따라서 이러한 측면에서 고객과 보다 가까이에 위치한 부처인사기관이 수요를 반영하는 데 있어 보다 용이하다고 할 수 있다. 또한 집권론자들은 부처인사기관에 의한 탈법적 · 비효율적 인사운영을 우려하지만 분권론자들은 이러한 문제를 중앙 인사감사 등의 제도적 보완을 통해 해결할 수 있다고 주장한다.

## 제2절 인사기관의 유형

### 1. 인사기관의 유형 분류

중앙인사기관이 실제 어떤 유형으로 조직되었는지는 각 나라마다 다르고, 한 나라 안에서도 서로 다른 유형이 혼재되어 나타난다. 그렇지만 일반적으로 인사기관의 유형은 위에서 살펴본 조직 특성인 독립성과 합의성을 기준으로 위원회형(Commission-Type)과 부처조직형(Department-Type)으로 구분한다. 위원회형의 경우 독립성과 합의성을 지닌 형태이며, 부처조직형은 독립성과 합의성을 결여한 형태라 볼 수 있다. 집권성은 위원회형이나 부처조직형과는 상관없이 별개로 생각할 수 있다. 즉 집권형 위원회, 분권형 위원회, 집권형 부처조직, 분권형 부처조직 등 모두 가능하다. 이에 위원회형과 부처조직형을 구체적으로 살펴보면 다음과 같다.

#### 1) 위원회형

영국과 미국 모두 최초의 인사기관은 위원회형으로 출발하였다. 초당파적 내지 범당파적 위원들로 위원회를 구성하고, 법적으로 위원의 신분을 엄격히 보장하며, 위원의 임기를 교차시키는 등의 방식으로 위원회가 운영된다. 위원회형은 독립성이 보장되며 의사결정에 있어 합의형을 채택하기 때문에 정치권력의 부당한 개입을 막아 정치적 중립성과 공직의 안정성을 지키며, 위원회의 구성방식을 통해 인사정책의 일관성을 확보하고, 구성원 다수의 합의에 따른 결정방식으로 인사의 공정성을 유지할

## 참고 5-1 위원회형 인사기관의 기능

**자문기능**: 주요 인사기능의 결정권한은 행정수반에게 있고 위원회는 오직 자문역할만을 한다. 위원회는 법규나 규정을 강제할 수단을 가지지 않는다.

**집행기능**: 위원회는 행정수반과 완전히 독립하여 인사정책의 개발과 집행의 모든 책임을 진다.

**감사기능**: 일상적인 인사관리는 행정수반이 이를 책임진다. 한편 독립된 조직을 가지고 있는 위원회는 인사행정의 부당성을 조사하고, 공무원의 불만과 고충을 듣고 처리하는 책임을 진다.

**심사기능**: 단순히 공무원의 청원을 듣고 처리하는 정도가 아니라 청문회 등의 공식적인 절차를 거쳐 청원을 듣고 부당한 인사 조치를 시정할 수 있는 기능까지 가지고 있다. 일반적으로 말하는 준사법적 기능이다.

**정책결정기능**: 독립성이 가장 강한 유형의 위원회로서 인사 관련 규정을 제정 · 공포하는 기능을 가진다. 준입법적 기능이다.

수 있다.

그러나 실제적으로 독립성과 합의성을 모두 갖춘 전형적인 위원회는 거의 찾아보기 힘들다. 현재 위원회형의 공통된 특성은 기관의 독립성보다는 결정방식의 합의성에서 찾을 수 있다. 이는 합의성은 있어도 독립성이 약한 경우가 많기 때문이다.

위원회가 여러 변형을 취하게 되는 가장 중요한 요인 중의 하나가 위원회에 부여된 기능이다. 어느 기능을 수행하느냐에 따라 독립성과 합의성의 요구가 다르게 나타난다. 예를 들면, 심사기능은 위원회형이 아니고는 권익침해를 받은 공무원에 대한 신중한 심사가 불가능한 반면, 감사기능은 부처조직형에서도 이를 수행할 수 있기 때문에 독립성과 합의성의 요구는 크지 않다고 볼 수 있다. 〈참고 5-1〉은 위원회형의 중앙인사기관에서 수행할 수 있는 기능을 분류하여 요약한 것이다(IPMA, 1973).

### 2) 부처조직형

부처조직형은 행정수반에 속하는 여러 부처 중 하나로 중앙인사기관을 편성한 형태이다. 따라서 행정수반이 인사관리에 대해 직접적인 책임을 지게 되고, 인사기관

## 참고 5-2 미국 중앙인사기관의 역할과 기능

■ **인사관리처(OPM: Office of Personnel Management)**

1978년의 공무원제도개혁법(Civil Service Reform Act of 1978)에 의해 창설된 미국의 중앙인사기관을 말한다. 인사관리처는 대통령의 연방공무원 인사관리를 보좌하기 위한 기구로 대통령부 내에 독립적으로 설치된 단독제 기관이다. 인사관리처는 공무원규칙 제정, 공무원 승진 및 실적제 보호 조치 등의 사항에 관해 대통령을 보좌하고, 공무원 인사에 관한 법령을 집행 · 관리하며, 인사관리의 개선 방법에 관한 조사 · 연구를 수행하는 등의 업무를 담당한다(이종수, 2009).

■ **실적제보호위원회(MSPB: Merit System Protection Board)**

실적제를 보호하고 인사권 남용 및 부당 행사 등을 억제하기 위해, 1978년의 공무원제도개혁법(Civil Service Reform Act of 1978)에 의해 설치된 미국의 독립합의제 인사행정기관을 말한다. 이 법에 의해 미국의 중앙인사기관인 종래의 연방인사위원회는 인사관리처 및 실적제보호위원회로 분리되었다. 인사관리처는 대통령의 인사관리를 보좌하는 기능을 주로 수행하는 데 비해 실적제보호위원회는 실적제를 보호하기 위한 소청심사 기능을 주로 담당하고 있다. 독립합의제 형태로 운영되는 이 위원회는 대통령이 임명하고 상원이 인준하는 3인의 위원으로 구성되어 있다. 위원의 임기는 7년이고 재임명은 불가능하다. 위원회에는 실적제를 보호하기 위해 보복 인사를 포함한 금지된 인사 조치, 공무원에 대한 불리한 처벌행위 및 위법적인 차별행위 등에 관해 진상을 조사하고, 당해 행정기관의 인사담당관이 그러한 행위를 했을 경우 고발할 수 있는 특별심사관(Special Counsel)을 두고 있다. 고발당한 인사담당관은 실적제보호위원회의 결정에 따라 해임되거나 견책 · 벌금 처분을 받을 수 있다(이종수, 2009).

■ **연방노사관계청(FLRA: Federal Labor Relations Authority)**

미국 연방기관 내의 노사 문제를 취급하기 위해 설치된 인사기관을 말한다. 1978년의 공무원제도개혁법(Civil Service Reform Act of 1978) 및 동법 시행을 위한 편제 기준이 된 대통령의조직개편안 제2호(President's Reorganization Plan No.2 of 1978)에 의해 창설된 합의제 기구로서, 종전의 연방노사관계위원회(Federal Labor Relations Council)를 대치하는 기관으로 창설되었다. 이 기관은 연방기관 내의 노사 관계 문제를 취급하고, 공무원단체 협상기구(Bargaining Unit)의 창설을 파악하며, 공무원단체의 선거를 감독하는 기능 등을 수행한다(이종수, 2009).

은 행정수반을 보좌하여 집행업무를 담당하게 된다. 이러한 경우 인사부처는 정부의 인사관리에 대한 모든 기능, 즉 인적자원의 확보에서부터 개발, 유지 · 활용, 평가, 보상 등의 세부 인사활동을 각 부처의 협조하에 통합적으로 수행하게 된다. 다만 인사기관의 결정과 집행의 모든 행위는 행정수반의 승인과 검토의 대상이 된다. 따라서 부처조직형 인사기관은 한 명의 기관장이 조직을 관장하게 되고 행정수반의 직접 지휘하에 놓이기 때문에 합의성과 독립성을 갖지 못한다.

그러다 보니 다수위원의 합의를 절대적으로 요구하는 심사기능과 자문기능은 독자적으로 수행하지 못한다. 그러나 이러한 기능은 현대 인사행정에서 꼭 필요한 것이기 때문에 위원회를 어떠한 식으로든 부처조직형과 혼합시키게 된다. 이러한 조직형태를 일반적으로 절충형이라고 부르고 있다. 오늘날에는 절충형에 속하지 않는 인사기관이 없을 정도로 어느 한 유형에만 의존하여 인사기관을 운영하는 국가는 존재하지 않는다.

인사기관의 유형을 검토하는 목적은 인사기관을 정확하게 분류하는 데 있는 것이 아니라 인사기관에 대한 조직설계에 있어 길잡이(교훈) 역할을 하는 데 있다. 따라서 필요에 따라 위원회형과 부처조직형을 적절히 배합하는 지혜가 필요하다. 이를 통해 두 유형을 이원화시켜 복수의 독립기관으로 구성할 수도 있으며, 한 유형을 지배적인 형태로 하여 다른 유형을 부속시킬 수도 있다.

## 2. 인사기관의 유형결정시 고려 요소

앞서 언급한 바와 같이 인사기관은 인사행정의 전반적인 기능에 지대한 영향을 미친다. 따라서 인사기관을 어떤 유형으로 조직화하느냐의 문제는 인사관리 효율성을 결정짓는 데 있어 무엇보다 중요한 요소라 할 수 있다. 이에 인사기관에 관한 다양한 연구가 이루어지고 있으며 많은 국가가 인사기관의 개혁에 깊은 관심을 갖고 여러 형태의 변화를 시도하고 있다. 그러나 위원회형과 부처조직형은 대조적인 성격을 가지고 있기 때문에 유형의 전환을 포함한 인사기관의 변화는 여러 요소를 고려하여 신중하게 결정해야 한다. 구체적으로 인사기관의 유형을 결정하는 데 있어 고려해야 할 요소로는 정치적 독립성의 필요 정도, 정권교체의 안정성 정도, 인사행정의 일관성 · 공정성 · 통일성 등에 대한 요구 등이 제시되고 있다.

그림 5-3 행정수반 · 가치 · 인사기관의 관계

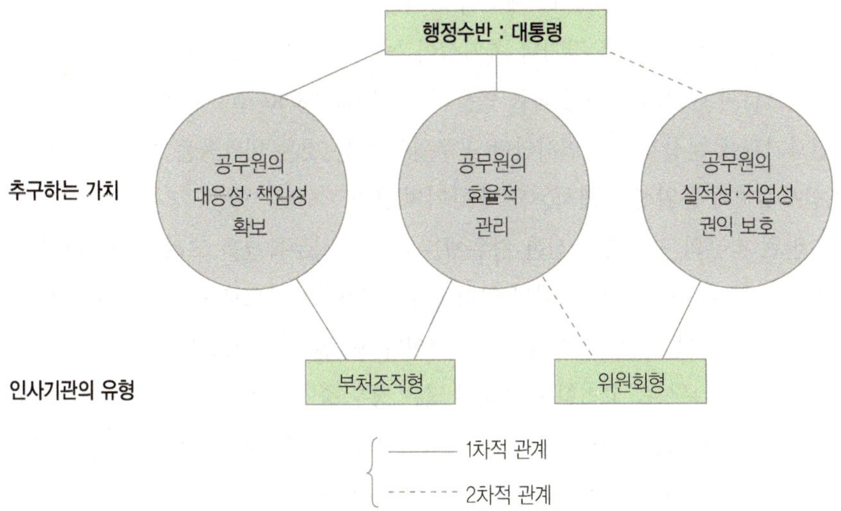


자료: Larry(1992)의 내용을 토대로 저자가 재구성.

특히 이러한 요인들 중 인사행정의 통일성을 제외하고는 모두 실적주의제와 직업공무원제의 정착 정도와 깊은 관련이 있다. 즉 실적주의제와 직업공무원제가 정착되어 있어 공무원의 대응성 · 책임성 확보와 인적자원의 효율적 관리가 인사행정의 목표가 될 경우 부처조직형이 바람직하고, 이와는 반대로 정치권력의 인사권 남용으로 인한 공직의 불안정성이 우려될 경우 실적주의제와 직업공무원제의 정착을 위해 독립성을 지닌 위원회형이 보다 유용할 것이다(〈그림 5-3〉 참조).

실적주의제와 직업공무원제의 정착 정도는 독립성을 기초로 한 기관 유형뿐만 아니라 이들 기관의 집권성 정도 및 행정수반과의 근접성을 결정하는 데도 중대한 영향을 미치게 된다. 즉 두 제도가 정착되기 전에는 중앙인사기관이 중심이 되어 실적기준, 공직분류 및 보수체계 등에 대한 통일을 기하고 규모의 경제 효과를 도모해야 한다. 또한 제도가 정착되는 단계에서는 행정수반의 강력한 리더십이 뒷받침되어야 하기 때문에 인사기관을 행정수반의 직속기관으로 두는 것이 바람직하다.

한편 인사기관의 집권성 결정에는 실적주의제와 직업공무원제의 정착 정도 외에도 전문가의 수, 조직규모, 할거성의 정도, 직무의 전문화, 부처기관의 인사관리능력 등을 고려해야 한다. 부처기관에 인사전문가가 없는 경우에는 전문적 인사관리를 통해 효율성을 높일 수도 없고, 제도의 발전을 위한 역량도 없기 때문에 집권적 관리가 필요하다. 조직규모가 작거나 할거성이 높은 상황에서도 중앙인사기관에 권한을 부여함으로써 규모의 경제 효과를 얻을 수 있다(Hays & Reeves, 1989). 이러한 경우 부처인사기관에 분산적으로 인사담당 공무원을 두는 것은 비효율을 초래할 뿐만 아니라 인사정책의 통일성을 해치는 결과를 가져 온다.

한편 직무의 전문화가 심한 경우에는 각각의 직무특성을 고려한 인사관리가 이루어져야 한다. 이럴 경우 예외의 인정 범위가 넓어야 하므로 중앙에서 획일적인 인사기준을 적용하는 것은 오히려 비효율적이다. 이 말은 반대로 분권화가 이루어지더라도 직무의 전문성을 고려할 필요성이 적은 경우 중앙의 집중관리가 유리할 수 있음을 의미하는 것이기도 하다. 예를 들어, 하위직 공무원의 시험은 인원도 많고 직무도 단순하기 때문에 중앙에서 관리하는 것이 더 바람직하다.

유형결정에서 고려해야 할 또 하나의 요소가 기관에 부과된 기능이다. 이미 앞에서 논의하였듯이 결정의 신중성과 공정성을 요구하는 심사기능, 그리고 다수의 의견을 수렴할 필요가 있는 자문기능을 수행하기 위해서는 위원회형이 적합하다. 반면에 집행기능을 위원회형에 맡기는 경우 시간의 지연과 책임성 확보가 미흡하다는 단점이 있기 때문에 부처조직형이 더 적합하다고 할 수 있다. 중앙인사기관으로서 요구되는 감사기능과 정책결정기능의 수행은 모형의 결정에 크게 영향을 받지 않는다고 볼 수 있다.

## 제3절 우리나라의 중앙인사기관

우리나라 중앙인사기관은 그동안 다양한 조직 및 기능상의 변화를 보여 왔다. 가장 최근의 변화는 2009년 이명박 정부 출범과 함께 과거의 중앙인사위원회(위원회형)를 폐지하고 부처조직형의 행정안전부로 인사기능을 통합한 것이다.

그동안의 변화를 살펴보면 1999년 이전에는 총무처가 인사기능을 총괄하였다.

**그림 5-4** **우리나라 중앙인사기관의 변천사**

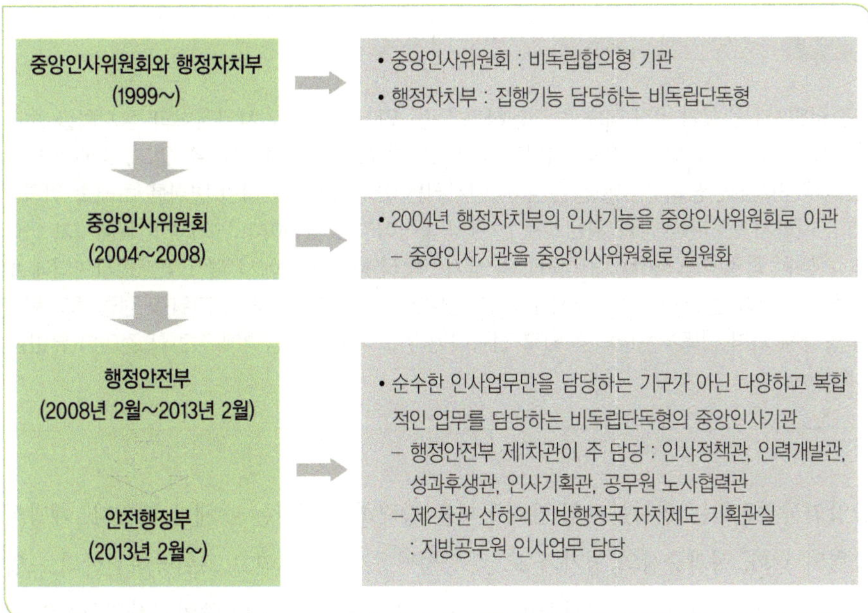


당시 총무처는 단독부처형으로 인사기능뿐만 아니라 각종 국가사무를 수행함으로써 중앙인사기관으로서의 전문성과 독립성이 결여되어 있었다. 이러한 비판에 대응하여 인사기능의 전문성과 독립성을 높이고자 1999년 김대중 정부에서 중앙인사위원회가 출범하였다. 하지만 이때는 인사기능 중 집행적 성격을 가진 부분은 당시의 행정자치부가 담당하였다. 그 결과 개혁성향이 높은 정책아이디어를 제안하고 이의 신속한 입법화를 원하는 중앙인사위원회와 집행과정에서의 현실적 문제를 고려하여 신중한 접근을 취해 온 행정자치부 사이에 정책 갈등이 야기되는 한편 일선 부처에서도 두 기관을 상대하여야 하는 비효율성이 문제점으로 부각되었다. 그 결과 중앙인사기관 통합에 대한 주장이 설득력을 얻게 되었고 이에 2004년 노무현 정부는 인사기능을 중앙인사위원회로 일원화하였다(〈그림 5-4〉 참조).

따라서 노무현 정부하에서의 중앙인사위원회는 과거 총무처가 수행하던 인사 이외의 '총무 기능'을 제외하고 명실공히 인사 관련 기능만을 총괄하는 인사전문 중앙인사기관으로 자리잡게 되었다. 또한 기관의 조직적 성격에서 총무처와 달리 독립성과 합의형 결정방식을 택한 대통령 직속의 위원회 형태로 구성되었다. 특히 당시

## 참고 5-3 중앙인사위원회의 운영에 대한 평가

중앙인사위원회가 주도적으로 진행하고 있는 인사개혁은 인사위원회의 정치화를 초래할 위험이 있다. 개혁의 주도적 역할은 정권과의 밀접한 관계를 피할 수 없고, 정권이 바뀌는 경우 인사위원장의 신분보장은 물론 인사위원회의 지위에 커다란 변화를 초래할 위험이 있다. 따라서 인사위원장과 위원회는 정권 종속적이고 유착적이며 단기적 안목에서가 아니라, 가능한 정권 중립적이고 인적자원의 국가전략적 활용 차원에서 장기적인 인사개혁에 초점을 맞추어야 할 것이다. 그렇지 않으면 중앙인사위원회는 독립적 지위를 정립하지 못한 채 또다시 과거 단독부처형의 지위로 전락하거나 조직개편의 압력에 직면할 것이다(유민봉, 2006).

중앙인사위원회는 인사분야의 개혁정책을 강력히 추진하는 주체가 되었다. 개방형 충원의 강화, 성과중심의 평가와 보상, 양성평등 강화, 그리고 고위공무원단의 도입 등 과거 어느 정부보다 공직사회의 변화를 선도하였다. 그러나 중앙인사위원회가 인사분야에 있어서 정부개혁의 선도역할을 하다 보니 정치성을 띠게 되고(〈참고 5-3〉 참조), 이러한 개혁을 따라야 하는 각 부처 공무원들의 반발을 사게 되었다. 결국 이명박 정부의 정부조직 개편에서 중앙인사위원회는 출범 10년 만에 폐지되었고 자치행정과 재난안전관리 기능을 수행하는 행정안전부로 그 기능이 이관되어, 현재 중앙인사기관은 다시 부처조직형으로 운영되고 있다.

이에 현재 우리나라의 중앙인사기관의 업무는 행정안전부 1차관과 2차관이 담당하고 있다. 〈그림 5-5〉의 조직도에서 알 수 있듯 제1차관이 직접 인사기획 및 공무원 노사협력 업무를 담당하고 있으며, 제2차관이 윤리복무 업무를 담당하고 있다. 또한 주요 업무는 인사실에서 수행하고 있는데, 인사실장이 인사정책, 인력개발, 성과후생 업무를 담당하고 있다. 행정안전부는 구체적으로 인사와 관련하여 자문기능을 제외한 정책결정기능, 집행기능, 심사기능, 감사기능을 수행한다고 볼 수 있다(〈참고 5-1〉 참조). 한편 행정안전부는 앞에 언급한 것처럼 인사기능뿐만 아니라 조직관리, 정보화, 재난안전, 자치지원, 지방재정 등의 기능까지를 담당하는 복합기능적 조직이다.

특히, 2013년 2월 박근혜 정부 출범에 따른 조직개편에 따라 안전행정부가 중앙인사기관 업무를 담당하게 되었다.

**그림 5-5** 중앙인사기관(안전행정부) 조직도

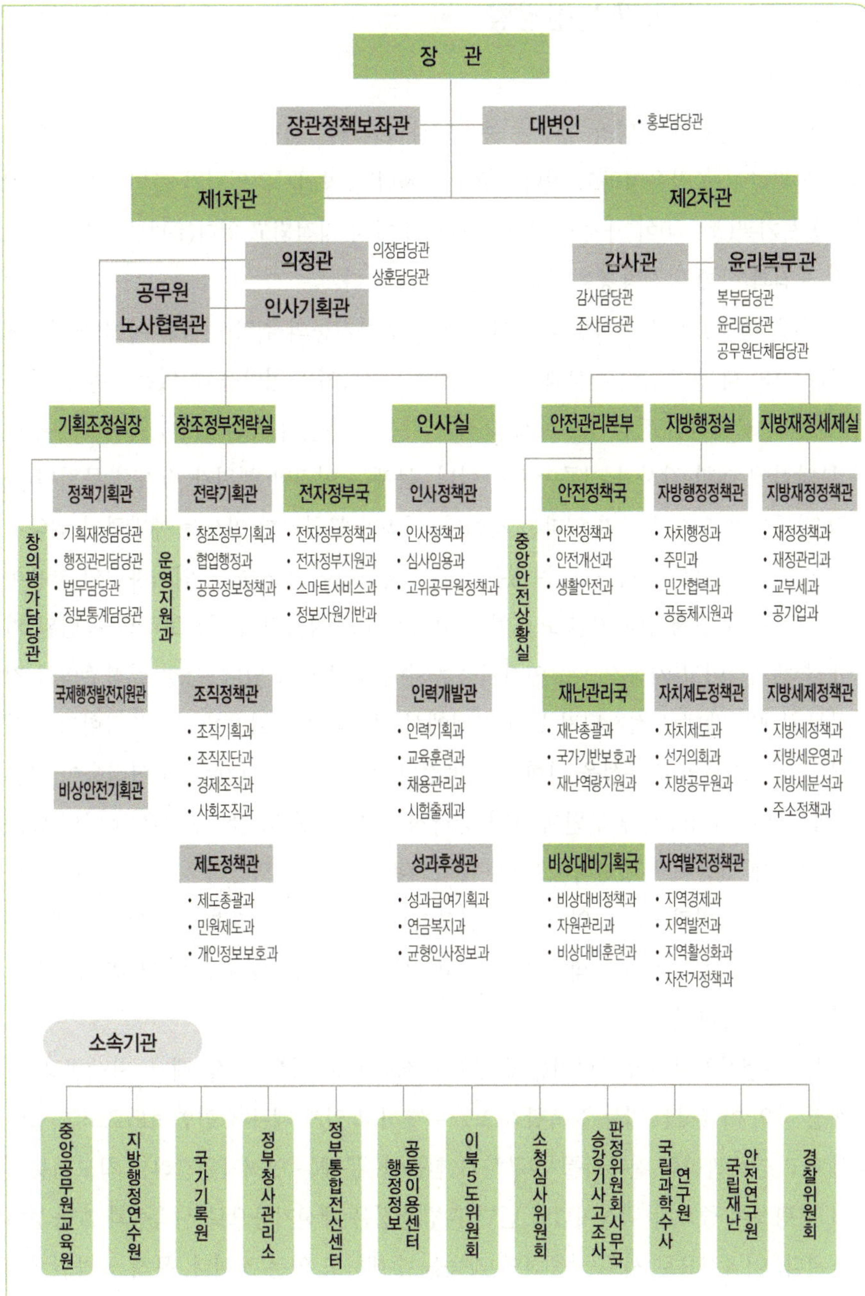


자료: 안전행정부(2014a).

## 제4절 문제점과 발전방향

2008년 출범한 이명박 정부는 중앙인사위원회를 폐지하고 그 기능을 행정안전부로 이관하여 통합운영하고 있다. 이에 1999년 중앙인사위원회가 출범하기 이전의 중앙인사기관(총무처)이 가지고 있던 문제점이 다시 지적되고 있다(유민봉, 2002). 이러한 문제점과 함께 발전방향을 살펴보면 다음과 같다.

첫째, 행정안전부의 독립성 결여로 인한 인사기능의 취약성이다. 이에 정권교체나 선거 때마다 공무원의 신분과 직무수행의 공정성이 위협받을 수 있는 가능성이 높다. 정권이 교체되면 전임 정부에서 요직을 거친 공무원이 좌천되거나 과거 직무수행의 부당함에 대한 감사가 이루어지곤 한다. 문제는 이러한 행위가 정치적 목적의 공무원 길들이기 요소가 담겨 있다는 것이다. 이러한 불합리한 인사를 예방하기 위해서는 최소한의 독립성을 담보할 수 있는 중앙인사기관이 필요하다. 인적자원의 활용이 정부역량 내지 경쟁력의 핵심 요소임을 고려한다면 정치적 영향으로부터 독립된 기관에서 체계적이고 지속적으로 인사기능을 수행할 필요가 있다. 특히 실적주의와 직업공무원제가 제대로 정착되지 못한 상태에서 정치적으로 취약한 부처조직형의 인사기관은 인사기능의 전문성을 강화하고 공정한 인사를 정착시키는 데 어려움이 따른다. 대통령제 국가에서 공무원에 대한 궁극적인 지휘, 관리, 감독권한은 국민의 대표인 대통령에 있음이 분명하다. 그러나 대표기관의 정치적 책임이 자의적 인사관리로 이어지는 것은 바람직하지 않다. 중앙인사기관은 그런 정치권력의 비합리적 개입을 막을 수 있는 독립성을 확보할 필요가 있고 이를 위해서는 과거 중앙인사위원회와 같은 위원회 유형이 유리하다고 할 것이다.

둘째, 행정안전부의 복합기능에 대한 문제점이다. 인사, 조직, 재난, 지방행정, 지방재정 등의 이질적인 기능을 복합적으로 수행하고 있기 때문에 필연적으로 리더십이 분산되고 인사관리의 전문화를 추구하기 힘들다. 문제는 인적자원관리는 참모기능이면서 형평성이 중요한 행정이념인 반면 지방행정은 계선기능으로 신속성과 효율성이 강조된다. 이념적으로 서로 상충적인 기능을 수행하고 있는 것이다. 특히 국가권력기관인 경찰청을 외청으로 두고 있어 장관은 정치적이고 정치권력과 밀접한 관계를 유지할 수밖에 없다. 장관의 1차적인 관심이 정부의 인적자원관리이기보다는 민심과 직접 관련되어 있는 지방행정, 재난행정, 치안행정에 있다고 보아야 할 것이다. 당연히 장관은 인사 전문가보다는 지방행정 전문가나 정치적 이념을 깊이 공유하는 사람이 임명될 수밖에 없다. 실제로 이명박 정부에서 초대 원세훈 행정안전부장관은 대통령의 최측근으로서(대통령의 서울특별시장 재임 시 행정부시장 역임) 장관 퇴임 후 바로 국정원장으로 임명되는 등 정치적 성향이 강한 사람이었고 인사문제보다는 치안과 지방행정에 더 많은 관심을 보였다고 할 수 있으며, 그 후임으로 임명된 이달곤 장관은 지방행정 전문가였고, 맹형규 장관은 임명 직전에 대통령 정무수석을 지낸 정치인이었다. 21세기의 국가경쟁력에 있어 인적자원의 중요성을 인식한다면 인사기능을 독립시켜 인사전문가로 하여금 리더십을 발휘할 수 있도록 하는 것이 필요하다.

셋째, 인적자원의 관리 측면에서 대통령에 대한 정책적 보좌역할이 미흡하다. 대통령은 본질적으로 국민적 여론에 영향을 미치는 정치적 성격이 강한 문제에 관심을 가질 수밖에 없다. 공무원을 열심히 일하게 하고 국민에게 양질의 서비스를 제공하도록하는 관리 업무는 중간관리자의 역할이고 대통령에게 이러한 문제는 사소하게 여겨질 수도 있다. 특히 우리나라에서는 대통령이 취임 초기 전임 대통령의 통치 이념을 내재화하고 있는 공무원의 충성심을 전환시키기 위해 인사관리에 많은 관심을 가진다. 그러나 이러한 관심은 전 정권에 대한 반작용 또는 대응적 성격을 강하게 반영하고 있어 국가경쟁력 차원에서 인적자원의 전략적 활용가치를 인식하기 어렵고 공무원 인사관리가 정부 생산성, 정부 경쟁력의 핵심요소라는 사실을 간과하기 쉽다. 중앙인사기관의 중요한 역할이 바로 정부 인적자원의 전략적 관리에 대한 정책보좌라 할 수 있는데 현재의 행정안전부 인사실 체제에서는 이러한 기능을 수행하기 어렵다. 청와대 비서실조차 정치적으로 민감한 고위직 인사에는 관심을 갖지만 인적자원관리에 대한 정책을 전문적으로 조언 받는 부분에 관심이 부족하다. 따라서 대통령의 정부 인적자원관리에 대한 인식을 강화시켜 줄 보좌역할이 필요하다. 중앙인사기관은 공무원의 임면을 행정적으로 처리하는 수준에서 끝나는 것이 아니라 인적자원을 효율적으로 관리하여 정부의 생산성을 높일 수 있는 정책과 계획을 가지고 대통령을 도울 수 있는 체제가 되어야 한다.

## 중앙인사위원회 사례연구: 문제점과 시사점

유민봉 · 임도빈

중앙인사기관의 독립성에 대한 요구 때문에 1999년부터 2008년까지 중앙인사위원회가 설치되어 운행되었고 이것은 매우 의미 있는 실험인데도 불구하고 많은 문제점도 경험하였다.

이상의 문제점을 살펴볼 때 교훈으로 삼아야 할 것은 다음과 같다.

첫째, 인사위원의 독립성이 강화되어야 한다. 임기 3년의 위원 임기는 정치권의 영향으로부터 독립을 보장하기 힘들다. 대통령 임기가 5년인 점을 고려할 때 더욱 그렇다. 참고로 위원회 형태의 중앙인사기관인 일본의 인사원은 임기 4년, 대만의 고시원은 임기 6년, 미국의 실적제보호위원회는 임기 7년을 보장하고 있다. 우리나라 중앙인사위원회는 사무처장이 위원을 겸직하였고 5인의 위원 중에서 3인이 비상임이기 때문에 실질적으로 인사위원회는 위원장 1인이 이끌고 갔다고 해도 과언은 아닐 것이다. 사무처장인 위원은 위원장과 동등한 지위가 아닌 상하 관계이며 비상임위원의 업무 관여도 내지 집중도는 '비상임'의 지위에서 제한적일 수밖에 없다. 형식이 위원회일 뿐이지 단독부처형의 조직운영이 되기 쉽다.

둘째, 중앙인사기관의 기능은 공무원의 권익보호와 비정치적 성격의 업무로 하는 것이 바람직하다. 앞서와 같이 위원회의 독립성을 높이는 것은 정치권의 저항과 견제가 따를 것이다. 인사권은 공무원을 장악하고 정권을 유지하는 데 중요한 권력적 의미를 가지고 있기 때문이다. 역사적으로 인사권이 대통령의 강력한 통제하에 있어 왔던 점을 감안할 때 이를 행정수반으로부터 강하게 독립시키는 것은 우리나라의 현실 정치 구조에서 실현 가능성이 희박하다. 따라서 정치적 중립이 규범적으로 요구되면서 정치적으로 민감하지 않은 기능을 담당할 때 위원회의 독립성 제고에 대한 저항도 약화시킬 수 있을 것이다.

과거 중앙인사위원회는 목적과 수단이 도치되어 인사개혁 내지 정부개혁에 우선적으로 관심을 갖고 있다는 비판을 받았다. 특히 대통령의 비위를 맞추기 위한 무분별한 인사개혁추진은 하지 말아야 했다. 인사개혁은 실적주의(Merit System)와 정치적 중립성 강화의 방향으로 신중하게 추진되어야 한다. 이제까지 이뤄진 바와 같이 '공무원을 피곤하게 만들기' 위한 '인사개혁부' 역할은 하지 않았어야 한다.

셋째, 대통령에 대한 인사행정분야 정책보좌 역할은 청와대(인사수석)에서 직접 담당하여 옥상옥조직이 되어서는 안 된다. 청와대가 공공기관 감사나 기타 비교적 중요치 않은 자리까지 인사에 관여하면 인사 전문인보다는 국민에 대한 대응성과 조직통제력을 갖춘 정치인을 이 자리에 임명할 가능성이 더욱 높다. 엽관주의로 인한 인사업무의 정치화가 우려된다고 할 수 있다. 따라서 대부분의 공직의 인사에는 중립적이고 장기적 시각에서 인선을 조언할 수 있는 위치는 청와대보다는 중앙인사기관이 담당하는 것이 바람직하다.

자료: 인사행정론-정부 경쟁력의 관점에서(2012).

## 토론 문제

**Q1** 미국, 영국, 프랑스, 일본, 중국 등 다른 국가들의 중앙인사기관들에 대하여 알아보고 조직상의 특성(독립성, 합의성, 집권성)과 유형(위원회형, 부처조직형)을 기준으로 우리나라 중앙인사기관(현 안전행정부)과 비교하여 논의해 보세요.

**Q2** "중앙인사위원회의 안전행정부로의 통합은 독립합의형(위원회형)이었던 인사기구가 비독립단독형(부처조직형)으로 바뀌었음을 의미한다. 인사권이(부처조직의 형태로) 대통령의 권한 아래에 놓이면 독립성과 합의성을 갖지 못하고 인사권 남용으로 공직의 불완전성만 우려 된다…. 행정안전부 장관에 지방행정 전문가나 대통령과 정치적 이념을 공유하는 사람이 임명됨으로써 인사관리의 전문화가 이뤄지지 않았다"라는 주장에 대한 의견과 제시된 부작용에 대한 구체적 개선 혹은 해결방안에 대해 이야기해 보세요.

**Q3** 인사행정의 내부환경 요소로서의 인사기관의 역할과 인사행정의 5가지 주요기능과의 관계에 대해 이야기해 보세요. 인사기관의 구조적 특성과 유형이 효과성 측면에서 어떻게 인사기능과 활동에 영향을 줄 수 있는지 이야기해 보세요.

# 영화로 보는 인사행정

## 춤추는 대수사선(踊る大捜査線)

| 감독 : 모토히로 카츠유키
| 출연 : 오다 유지, 야나기바 토시로, 후카츠 에리, 미즈노 미키, 유스케 산타마리아
| 장르 : 코미디, 액션, 범죄
| 국가 : 일본(1998)

'춤추는 대수사선'은 일본에서 인기리에 방영되었던 TV시리즈물을 영화화한 작품으로 일본에서 700만 관객을 동원한 인기 상영작이다. 사건을 수사하는 경찰 조직의 내부 갈등을 중심으로 이야기가 전개된다. 이른 아침 완강 경찰서 관할의 강에서 변사체가 떠오른다. 부검을 하던 도중 사체의 위 속에서 곰 인형이 발견되며 단순한 익사사건이 아닌 엽기적인 살인사건임이 드러나고 아오시마를 비롯한 동료형사들을 긴장시킨다. 뒤이어 경찰서 내에서 도난 사건이라는 수치스러운 일이 발생하고 젊고 영민한 여형사 스미레는 의욕적으로 수사에 뛰어든다. 두 사건으로 혼란스러운 경찰서에 갑자기 수사대가 들이닥치고 경시청 부국장이 납치되었다는 사실이 알려진다. 관할 형사들을 완전히 배제한 채 단독 수사를 펴나갈 것을 지시한 경시청 본부는 완강 경찰서에 특별수사본부를 설치한다. 같은날 저녁 부국장 집에 납치범으로부터 몸값 1억 엔을 요구하는 전화가 걸려온다. 수사팀은 범인의 발신지를 추적하지만 실패로 돌아가 단서조차 잡지 못한다. 이처럼 하루 사이에 살인, 절도, 납치 세 사건이 발생하자 완강 경찰서는 초비상사태에 돌입한다.

살인사건의 유력한 용의자로 피해자가 자주 채팅하던 인터넷 가상 살인 사이트의 운영자가 지목되면서 수사는 활기를 띠지만, 범인은 수사망을 감지한 듯 아무런 흔적도 남기지 않은 채 유유히 사라져버린다. 범인 검거에 실패한 특별수사본부의 책임자 무로이는 현장의 중요성을 무시한 채 탁상공론에만 급급한 본부의 명령과 지시에 회의를 느끼게 된다. 문제의식을 가지게 된 무로이가 재량적으로 아오시마 형사와 함께 수사를 진행함으로써 사건들이 점차 해결된다.

이를 통해 영화가 표면적으로는 동료 간의 우정이라는 상투적인 교훈을 전달하고 있는 듯하지만, 심층적으로는 권력을 가진 자에게 아부하고 굴복하는 모습을 적나라하게 드러낸다. 경찰 조직이 가지고 있는 근본적인 문제가 무엇인지를 지적하고자 하면서, 동시에 포괄적으로 조직 내에서 안주하며 살아가고 있는 대다수 현대인을 비판하는 것 같은 사회 고발적인 메시지가 느껴진다. 인사행정적 시각에서 본다면, 일본의 경시청 등 공공조직의 계급제의 문제점들에 대해 이야기해 볼 수 있는데, 예를 들면 특별수사본부의 팀장으로 임용된 후에도 실제적 지휘권이 없이 여전히 '상명하복'의 원리를 좇아야 하는 모습 등이다.

이러한 상부의 지나친 개입은 팀원들의 사기에 악영향을 미치고 해당 조직원을 무력하게 만든다. 영화 속 무로이 역시 극심한 무력감과 회의를 느끼는 것을 볼 수 있다. 열악한 수사행정의 환경과 다양한 사건들에 대해 신속하면서도 오차 없이 대응해야 하는 작금의 수사현실 속에서 위계적이고 경직된 계급제 문화와 구조는 효과적인 수사를 진행하는 데 있어 걸림돌이 될 수 있다는 점을 이 영화는 때로는 명확하게, 때로는 암시적으로 보여주고 있다.

만약 영화 속 수사조직에 계급제 대신 직위분류제적 요소들을 도입한다면 어떠한 현상들이 일어날까? 조직 내 근본적인 문제들을 해결할 수 있을까? 춤추는 대수사선을 감상하면서 감추어져 있는 인간의 본성과 의지, 선과 악, 좌절과 희망 등에 대해 이야기 해 보고 아울러 행정 조직이 가지고 있는 여러 가지 문제점들과 대안들에 대해서도 인사행정적 시각에서 고민해 보길 바란다.

사진출처: NATE 영화(http://movie.nate.com).

# 연구로 보는 인사행정

## 미국 노스 캐롤라이나 주정부의 인사제도와 운영의 특성 : 분권성과 대표성을 중심으로

유민봉

기존의 많은 연구가 중앙 정부 차원의 인사제도와 운영을 연구대상으로 했던 것과 달리 이 논문은 미국 노스 캐롤라이나(North Carolina) 주정부의 인사제도와 운영의 특성을 분권성과 대표성에 초점을 맞추어 연구하였다. 주요 특성으로는 다른 행정 부서와의 관계에서 각 부서에 자율성을 부여하고 이들 부서의 인사관리를 조언하고 지원하는 역할을 한다는 점, 연방정부와의 관계에서 독립적인 관계에 있기 때문에 주 고유의 독자적인 인사제도를 개발하고 적용하고 있다는 점, 그리고 일부 인사기능의 민간위탁을 확인할 수 있었다. 대표성 측면에서는 인사위원회에 외부 인사 및 계층별로 공무원을 참여시키고 있다는 점과 공무원 전체의 구성에서 주 인구 특성을 잘 반영할 정도로 대표성을 갖추고 있다는 점을 지적할 수 있다. 논문은 노스 캐롤라이나주의 인사제도와 운영의 특성을 토대로 우리나라가 교훈으로 삼아야 할 정책적 함의를 결론에서 제안하였다.

### Research Questions

1) 엽관주의와 실적주의, 계급제와 직위분류제와 같은 인사행정의 내부 환경요소들은 각각의 우열이 있는 것이 아니라 두 가지를 합리적으로 활용할 때 인사관리의 효과성이 높아질 수 있다. 서구 공직제도의 도입과 논의를 넘어 한국 인사행정 제도적, 문화적 환경 내에서 각 제도의 장점을 조화롭게 운용할 수 있는 방안에 대해 토론해 보세요.

2) 한-미 비교행정학적 관점에서 볼 때, 인사제도 분권화를 통한 효율성, 형평성 구현을 위해 우리나라의 중앙정부가 지방자치단체에 보다 적극적인 인사권한을 위임할 필요가 있는 것인지에 대해 토론해 보세요.

### Research Framework

| | 분권성 | | 대표성 | |
|---|---|---|---|---|
| | 미국 | 한국 | 미국 | 한국 |
| | - 주정부 내에서의 인사권한 위임<br>- 연방정부와 주정부 간의 인사권한 배분<br>- 주정부 인사기능(교육훈련)의 민간 위탁 | - 인사부서의 집권적 권한 행사<br>- 지방자치단체의 인사자율성 제한<br>- 공무원교육원에서 통합적 교육훈련 실시 | - 인사위원회 구성 측면의 대표성 유지(주정부 공무원, 카운티 공무원, 민간경력자, 일반시민 등)<br>- 주정부 공무원 성별, 인종, 연령, 학력별 대표성 유지 | - 지방자치단체 인사위원회의 구성이 현장감이 부족한 인사로 구성될 가능성이 높아 대표성이 결여됨<br>- 여성공무원 비율증가추세, 공무원의 학력수준 높음 |

자료: 한국행정연구(2005), 14(4):243~264

제 3 편

# 인사행정의 전략

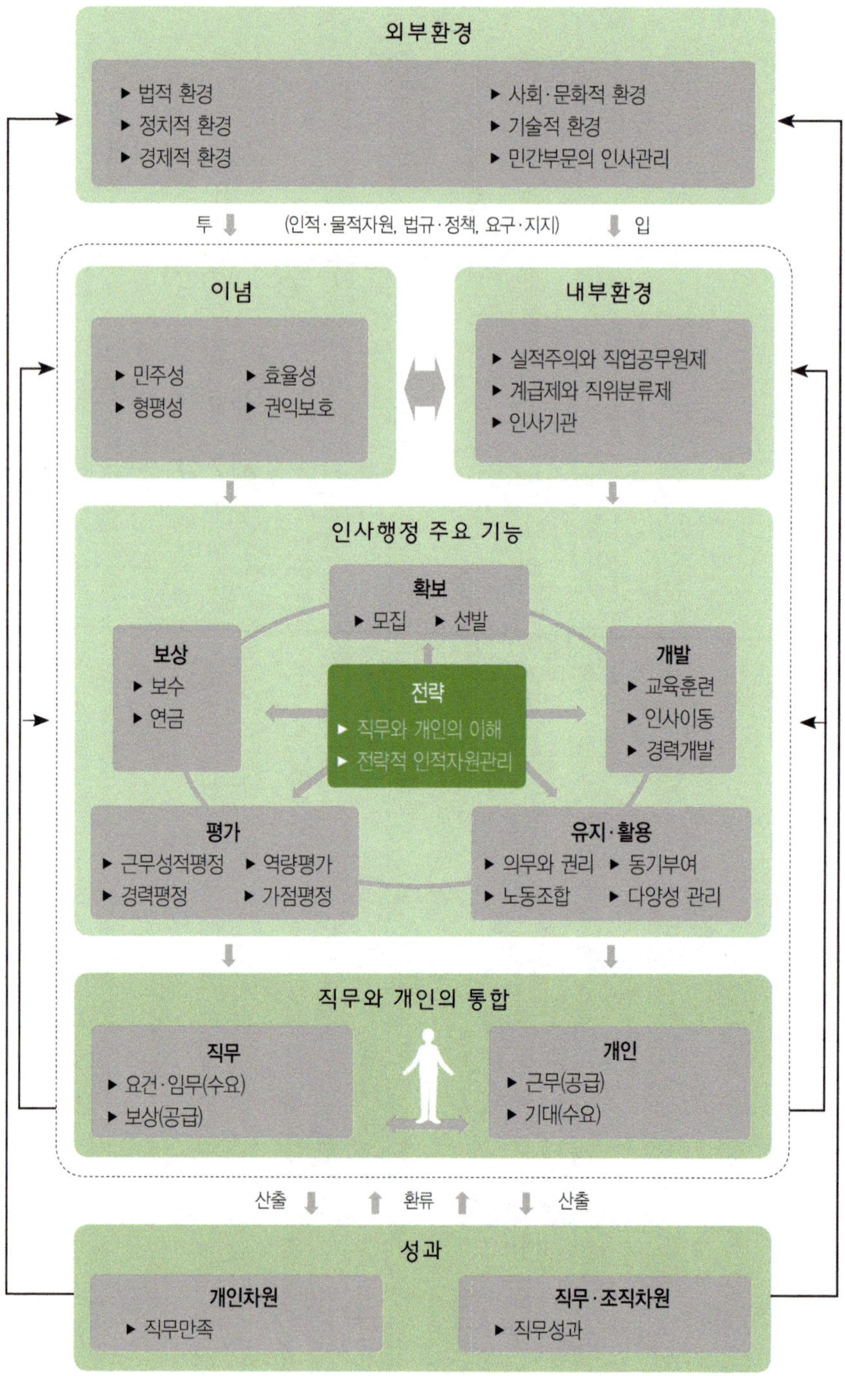
외부환경
▸ 법적 환경
▸ 정치적 환경
▸ 경제적 환경
▸ 사회·문화적 환경
▸ 기술적 환경
▸ 민간부문의 인사관리
투
(인적·물적자원, 법규·정책, 요구·지지)
입
이념
▸ 민주성
▸ 효율성
▸ 형평성
▸ 권익보호
내부환경
▸ 실적주의와 직업공무원제
▸ 계급제와 직위분류제
▸ 인사기관
인사행정 주요 기능
확보
▸ 모집 ▸ 선발
보상
▸ 보수
▸ 연금
전략
▸ 직무와 개인의 이해
▸ 전략적 인적자원관리
개발
▸ 교육훈련
▸ 인사이동
▸ 경력개발
평가
▸ 근무성적평정 ▸ 역량평가
▸ 경력평정 ▸ 가점평정
유지·활용
▸ 의무와 권리 ▸ 동기부여
▸ 노동조합 ▸ 다양성 관리
직무와 개인의 통합
직무
▸ 요건·임무(수요)
▸ 보상(공급)
개인
▸ 근무(공급)
▸ 기대(수요)
산출
환류
산출
성과
개인차원
▸ 직무만족
직무·조직차원
▸ 직무성과

# 제 6 장 직무와 개인의 이해

한국인사행정론

## ■ ■ ■ 들어가는 말

인사행정의 외부환경요소와 이념, 내부환경요소는 공공부문 인적자원관리의 토대이자 구체적인 관리 활동에 영향을 미치는 요소이다. 이에 대한 이해를 바탕으로 다음은 인적자원의 확보, 개발, 유지 · 활용, 평가, 보상 등과 같은 구체적인 활동을 검토할 단계이다. 그러나 인적자원관리의 활동 단계별 구체적 기능과 그 중요성을 검토하기 이전에 보다 목표지향적이고 성과지향적인 인적자원관리 전략을 수립하기 위해 반드시 이해해야 할 두 가지 개념이 있다. 인적자원관리의 관리 대상이자 목표라 할 수 있는 직무와 개인 즉 일과 사람이다.

인사행정의 시각이 인사관리(PM)에서 인적자원관리(HRM)로 전환되면서 관리의 주된 목적은 직무 · 조직 목표달성을 위한 수단으로서 인적자원을 효과적으로 활용하는 것이었다. 그러나 최근의 인사행정 관리 패러다임은 인적자원관리(HRM)에서 인적자본관리(HCM)로 한 단계 더 발전하였고 이에 직무 · 조직의 목표 못지않게 개인의 목표와 기대를 중시하게 되었다. 인적자본관리는 조직 구성원의 자율성과 존엄성을 인정하고 전략적 차원에서 조직원들의 잠재역량개발과 직무능력 향상을 도모할 때 궁극적으로 조직성과를 극대화할 수 있다는 시각을 전제로 하고 있기 때문이다. 따라서 현대의 인사행정은 개인에게는 조직과 직무가 요구하는 임무를 성공적으로 수행할 수 있는 능력과 노력을 겸비할 것을 요구하며, 이와 함께 조직에게는 개인의 목표와 조직의 목표를 전략적으로 일치시켜 이를 달성해 나갈 수 있도록 지원하는 역할을 수행할 것을 요구한다. 이에 인사행정의 전략은 개인과 조직의 상생(Win-Win)을 통해 개인 차원의 목표와 조직 차원의 목표를 동시에 이루어 나가는 것에 중점을 둔다. 이에 제6장에서는 인사행정 전략 수립과 관리에 있어 기초가 되는 직무와 개인에 대해 보다 구체적으로 살펴보고자 한다.

## ■ ■ ■ 핵심용어

- 직무분석(Job Analysis)
- 직무평가(Job Evaluation)
- 자료수집
- 요소비교법
- 점수법
- 근무실적
- 직무기술서(Job Description)
- 직무분류(Job Classification)
- 분류법
- 서열법
- 지식(Knowledge) · 기술(Skill) · 능력(Ability)
- 직무만족(Job Satisfaction)

## 제1절 직무의 이해

직무(Job)란 개인이 맡게 되는 직책, 직위상에서 책임을 지고 수행해야 할 업무를 의미한다. 특히 인사행정의 전략 차원에서 직무를 다룰 때는 직무수행에 필요한 지식(Knowledge) · 기술(Skill) · 능력(Ability)의 측면과 그에 대응하는 보상 측면을 함께 논의하게 된다. 직무를 정확히 이해하기 위해서는 위의 두 측면에 합리적으로 접근하는 직무분석(Job Analysis)과 직무평가(Job Evaluation)가 필요하다. 직무분석은 기본적으로 직무를 구성하는 임무와 이의 성공적 수행을 위해 필요한 개인의 자격요건을 찾아내는 작업으로서 인사관리의 모든 과정에 합리적인 기준과 유용한 정보를 제공하게 된다. 반면 직무평가는 직무의 가치를 정하는 것으로서 개인에게 공정한 보상을 제공하기 위해 반드시 필요한 작업이라 할 수 있다.

그림 6-1 직무의 이해

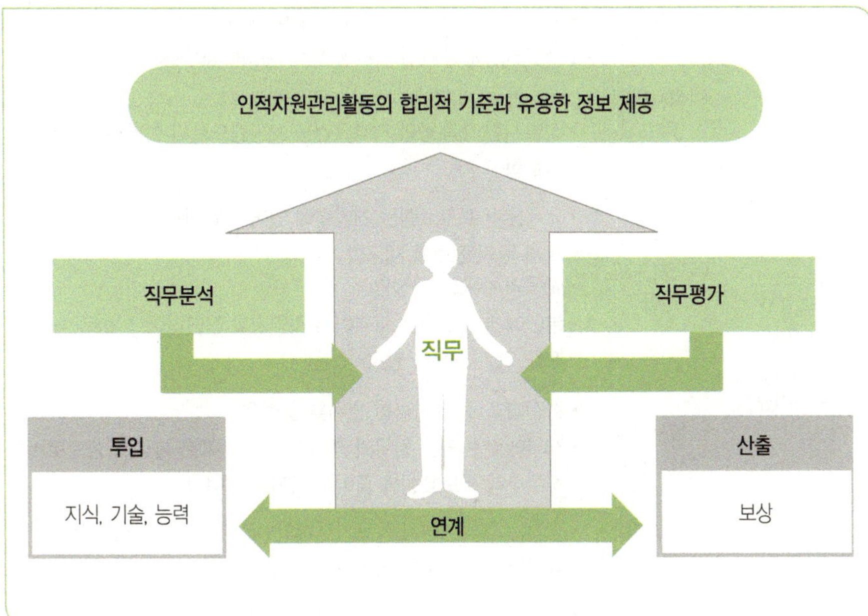

그림 6-2 직무분석 · 직무평가 · 직위분류 간의 유용성 관계

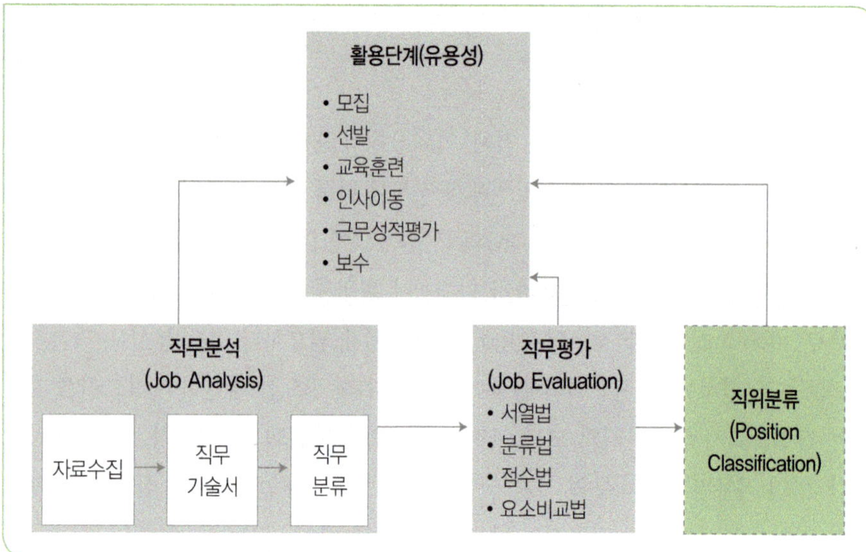


표 6-1 인적자원관리 기능별 직무분석과 직무평가의 유용성

| | 구분 | 용도 |
|---|---|---|
| 직무분석<br>• 임무<br>• 책임<br>• 자격요건 | 인적자원의 확보 | • 응시자에게 직무에 대한 정확한 정보를 제공함으로써 최적격자의 선발과 직무에 대한 사전준비를 시킴<br>• 선발시험의 내용과 자격요건을 제공함으로써 선발의 타당성을 확보함 |
| | 인적자원의 개발 | • 교육훈련 프로그램을 개발함에 있어 교육내용, 교육방식, 교육교재 등의 정보를 제공함<br>• 교육의 수요를 측정함<br>• 본인에게 요구되는 자격이 무엇인가를 진단하여 스스로 능력발전을 위한 노력을 할 수 있음 |
| | 인적자원의 유지 · 활용 | • 승진과 전보가 가능한 범위를 알려줌<br>• 직무에 수반되는 임무와 책임에 대한 한계를 분명히 함으로써 직무수행의 모호성을 줄이고 동기를 부여함 |
| | 인적자원의 평가 | • 평가는 실제성적과 목표기준과의 비교를 요구하는 것으로서 직무분석은 근무평가의 기준을 제공함 |
| | 인적자원의 보상 | • 보수의 형평성을 갖춘 보수체계를 개발하는 데 필수적 과정인 직무평가의 정보를 제공함 |

자료: 유민봉 · 임도빈(2012).

이러한 직무분석과 직무평가는 제4장에서 살펴본 바와 같이 직무를 중심으로 직위를 분류하는 직위분류제 수립에 있어서도 필수적인 과정이다. 그러나 직무분석과 직무평가는 직위분류제 수립을 위한 선행단계로서의 역할과 더불어 인적자원의 확보, 개발, 유지 · 활용, 평가, 보상 등 인사행정 전반에 걸친 관리 전략을 수립하는 데 있어 유용한 정보를 제공한다. 이에 직무분석과 직무평가는 궁극적으로 인적자원관리 활동의 합리성과 효율성 향상에 기여할 수 있다는 측면에서 그 중요성을 발견해 볼 수 있다(〈그림 6-2〉 참조). 특히 인적자원관리 활동에 있어 직무분석과 직무평가의 각 기능별 유용성은 〈표 6-1〉과 같다.

## 1. 직무분석

### 1) 의의

인적자원의 확보, 개발, 유지 · 활용, 평가, 보상 등 모든 인적자원관리 활동에서 직무와 개인은 떼어서 생각할 수 없다. 사람을 새로 고용할 때에는 우선 어떤 일을 맡길 것인지 먼저 파악하고 그 일을 수행하는 데 가장 적합한 사람을 고를 것이다. 기존의 공무원에게 교육훈련을 시키고자 할 때에는 현재 담당하고 있거나 혹은 앞으로 담당할 직무가 무엇인지, 그 직무를 수행하기 위해 요구되는 능력이 무엇인지를 파악해야 구체적인 교육훈련의 내용을 결정할 수 있다. 뿐만 아니라 승진, 근무평가, 보상 등과 같은 인적자원관리 활동의 객관성과 효율성을 확보하기 위해서도 직무에 대한 정확한 이해가 필요하다.

직무분석은 이러한 '직무를 이해하기 위한 기초 작업'이다. 즉 직무분석은 직무에 대한 정보를 체계적으로 정리하고 이를 바탕으로 직무수행의 주요 임무와 책임, 필요한 자격 등을 결정하는 것이다. 따라서 직무분석은 특정 행위를 의미하는 것이 아니라 하나의 과정으로 이해할 수 있다. 직무분석의 절차는 자료 수집 단계, 직무기술서(Job Description)작성 단계, 직무분류(Job Classification) 단계 등 크게 세 단계로 구분할 수 있다. 설문지나 면접 등을 통해 분석하고자 하는 직무에 대한 자료를 먼저 수집해 놓고, 이러한 자료를 바탕으로 정보를 정리하여 직무에 관련된 중요 내용을 요약 · 기술하는 것이다. 만약 직무분석이 직위분류제 수립을 위한 전단계로서의 역할을 수행하고 있다면 여기에 직무분류의 단계가 추가된다.

### 2) 직무분석 절차

#### (1) 자료 수집 단계

자료 수집은 직무와 그 직무를 수행하는 점직자의 특성에 대한 자료를 수집하는 일이다. 이를 위해서는 우선 직무분석 설문지를 개발하고, 이를 토대로 면접 · 설문지법 · 관찰 등의 자료수집 방법을 동원하여 실제로 자료를 수집한다.

① 직무분석설문지 개발

직무분석에 필요한 자료를 수집하기 위해서는 우선 무엇에 관한 자료를 수집할 것인지 그 내용을 정해야 한다. 즉 효율적인 자료 수집을 위해서는 핵심적인 조사항목이 무엇인지를 정리해 놓은 체크리스트(Check List) 또는 조사지침서를 준비해야 한다. 이렇게 조사내용을 미리 표준화하여 직무에 대한 일관된 정보를 수집할 수 있도록 만든 표준설문양식을 일반적으로 직무분석설문지(Job Analysis Questionnaire), 직무분석정보양식(Job Analysis Information Form) 또는 단순히 직무분석양식(Job Analysis Form) 등으로 부른다.

표준화된 양식이라고 했지만 이것이 모든 직무에 단 하나의 양식이 적용되어야 함을 의미하는 것은 아니다. 직무의 종류에 따라 설문의 내용은 적절하게 재구성할 수 있다. 다만 중요한 것은 유사한 직무에 서로 다른 양식을 사용해서는 안 된다는 것이다. 또한 양식이 너무 많을 경우 직무를 상호 비교하는 데 있어 어려움이 따를 수 있기 때문에 적정수준으로 유지하려는 노력이 필요하다.

따라서 직무분석설문지에 포함되는 항목은 직무의 종류에 따라 다르게 나타날 수 있다. 하지만 대부분의 설문지가 직무에 관한 배경, 직무의 목적 · 임무 · 책임, 직무수행에 요구되는 자격, 사용하는 기계 · 장비 · 도구, 그리고 근무조건 등의 내용을 중심으로 구성되어 있다(〈참고 6-1〉 참조).

② 자료수집방법

자료는 주로 관찰, 면접, 설문지법, 일지기록법 등의 방법을 중심으로 수집된다. 이를 구체적으로 살펴보면 다음과 같다.

## 참고 6-1 직무분석 설문지

직무명 / 직무분류번호 / 일자
직급명 / 부서명
점직자명 / 상관명
근무시간 / 작성자

1. 현 직무의 주요 목적

2. 주요 임무 · 책임(가장 중요한 것, 어려운 것 표시)
   - 일상적 임무 · 책임
   - 주기적 임무 · 책임(주, 월, 분기 등)
   - 비정규적으로 상관이 부과하는 임무
   - 불필요하다고 생각하는 임무
   - 주어진 임무가 아닌데 수행하는 임무와 그 이유

3. 감독
   - 본인이 감독하는 부하의 수, 직무명, 감독하는 횟수(일, 주), 주된 감독내용
   - 본인을 감독하는 상관의 수, 직무명, 감독받는 횟수(일, 주), 주된 감독내용

4. 다른 직무와의 관계
   - 전보되어 가는 직무
   - 승진되어 가는 직무
   - 직전의 직무

5. 자격
   - 학력(요구되는 최소학력, 본인의 직무 담당시 학력)
   - 직무경험(요구되는 최소경험, 본인의 직무 담당시 경험)
   - 기술(장비, 기계, 기타 보조도구를 다루는)
   - 능력(육체적, 인지적)

6. 기계, 장비, 기타 직무수행 보조도구(컴퓨터 소프트웨어 포함)

7. 근무조건
   - 근무 장소의 위치(실내, 실외, 지하…)
   - 근무 장소의 위생, 안전도

8. 자료조사 점검
   - 자료수집 방법
   - 자료 확인(확인자, 소속)

첫째, 관찰은 육안이나 비디오 등을 통해 점직자의 직무수행 과정을 직접 확인함으로써 자료를 수집하는 방법이다. 따라서 정신적 노력을 주로 요구하는 직무(연구, 계획 등)의 정보를 수립하는 경우에는 적합하지 않고, 수동 기술이나 육체적 노동을 필요로 하는 직무(기계 작동)의 정보를 수집하는 데 유리하다.

둘째, 면접은 점직자와의 직접 접촉을 통해 자료를 수집하는 방법이다. 특히 면접은 직무분석의 자료수집에 있어 가장 보편적으로 사용되는 방법이다. 면접자(직무분석가)는 면대면 대화를 통해 점직자나 감독자에게 설문내용을 하나하나 설명해 줌으로써 정확한 정보를 얻을 수 있고, 부족한 내용이 있으면 보충질의를 통해 보완함으로써 풍부하고 정확한 정보를 얻어낼 수 있다. 또한 면접자는 직무분석의 용도를 설명해 줌으로써 점직자의 적극적인 응답을 기대할 수 있다.

셋째, 설문지법은 미리 작성된 설문지를 배포하여 자료를 수집하는 방법이다. 설문지법의 경우 적은 비용과 시간으로 많은 양의 자료를 한꺼번에 얻을 수 있다는 장점이 있다. 설문지를 사용할 때에는 시각적인 효과까지도 감안하여 직무분석설문지 양식을 보다 정교하게 만들어야 한다. 또한 설문에 대한 응답자의 이해를 돕기 위하여 설문작성 지침 등을  함께 제공하는 것이 바람직하다.

넷째, 일지기록법은 점직자로 하여금 매일의 업무활동 내용을 점직자 업무일기(Job Incumbent Diary/Log)에 기록하도록 하여 자료를 수집하는 방법이다. 이 기록이 누적되어 가면 일일 · 주간 · 월별 비교를 통해서 일상적인 임무와 비일상적인 임무를 확인할 수 있다(Ivancevich, 1986). 점직자 업무일기는 고도로 전문화된 직무에 대한 정보수집에 유용하게 사용할 수 있다.

실제 자료 수집에 있어서는 네 가지 방식 중 하나만을 활용하는 것이 아니고 응답의 타당성을 높이기 위하여 둘 이상이 방식이 복합적으로 사용된다.

### (2) 직무기술서 작성 단계

자료수집이 완료되었으면 이제 유용한 정보만을 뽑아서 직무기술서를 작성해야 한다. 직무기술서를 작성하는 방식에는 질적인 방법과 양적인 방법이 있으나 직무분석에 대한 경험이 없는 상황에서는 기술형 설문지를 사용하는 질적인 유형으로 직무기술서를 작성하게 된다(〈참고 6-2〉 참조).

## 참고 6-2 직무기술서(기술형 설문지)

| | | | |
|---|---|---|---|
| 직 무 명 | 직무분석가 | 직무분류번호 | 3027 |
| 작성일자 | 2013. 1. 31. | 작 성 자 명 | 한빛 |
| 직무명 | 직무분석담당 | | |

**직무요약:** 면접, 설문지, 관찰, 기타의 방법을 이용하여 직무분석을 위한 정보를 수집한다.

**임무와 책임**

- 직무분석의 일정표를 만들고 설문지를 개발한다.
- 직무정보를 수집한다.
- 점직자, 감독관, 동료와 상호 협조한다.
- 직무기술서를 작성한다.
- 수집된 자료를 안전하게 관리한다.

**다른 직무와의 관계**

- …로부터 승진: 초입직
- …으로의 승진: 인사협력관(Personnel Coordinator)
- …으로의 이동: 인사정보관리자
- 감독관: 인사감독자(Personnel Supervisor)
- 감독하는 부하: 없음

**근무조건**

- 자료 수집을 위해 같은 빌딩 내 다른 부서 사무실의 방문이 자주 요구된다.
- 한 달에 1–3번의 문헌자료 수집을 위한 출장을 제외하고는 오전 8시부터 오후 5시까지 사무실에서 근무한다.

**최소자격요건**

- 교육: 4년제 대학의 행정학, 경영학, 산업심리학 전공자
- 경력: 인사부서에서 최소한 1년 이상 근무
- 의사소통: 직무관련 정보를 간략하게 요약할 수 있는 문장력과 직무분석 자료수집의 면접을 위한 대화능력

**기계 · 장비 · 도구**

- mp3, 레코더(면접기록용)
- 컴퓨터(PC 및 MS Word 프로세서) 및 팩스

자료: Werther & Davis(1989)의 내용을 바탕으로 재구성.

일반적으로 직무기술서에는 직무 및 점직자에 대한 일반적 배경, 직무요약, 임무와 책임, 최소자격요건, 기계 · 장비 · 도구, 다른 직무와의 관계 등 직무조사 설문지의 내용과 상응하는 항목으로 구성된다. 직무기술서의 작성은 간결하고 구체적이며 직접적인 표현을 사용해야 한다.

(3) 직무분류 단계

직무기술서가 완성되었으면 이제 직무의 성격이 유사한 것끼리 한데 모으는 작업이 필요하다. 이는 제4장 직위분류제의 〈그림 4-3〉에서 설명하였듯이 모양에 따라 종적으로 분류하는 작업을 의미하는 것이다. 즉 같은 모양끼리 일렬로 정렬하는 것이다. 이때 유사성의 정도를 어느 정도로 넓게 또는 좁게 인정하는가에 따라 직군, 직렬, 직류 등의 용어를 사용하게 된다. 이러한 종적(수직적) 구분은 직무의 내용은 비슷하나 책임이나 난이도의 수준에서는 서로 차이를 보이는 직위의 집합으로 분류된다. 경찰, 소방, 교육, 체신, 의료, 제약업, 전산 등의 일상적인 직업 구분 내지 직종을 연상한 다음 이것을 보다 세분화한 것으로 이해하면 될 것이다. 즉 직무분류를 통해 근무조건이나 직무수행에 요구되는 자격이 유사한 특성을 갖고 있는 직무의 집합체들을 구성할 수 있으며 개별 집단은 채용, 인사이동, 교육훈련 등의 인적자원관리에 있어서 동일하게 관리된다(김식현, 1995).

가장 쉽게 직무를 분류하는 방법은 직무기술서에 기재되어 있는 직무명(Job Title)을 보고 유사성을 결정하는 것이다. 그러나 정밀성을 확보하기 위해서는 직무기술서에 기재되어 있는 임무와 책임 등의 정보를 면밀하고 체계적으로 검토하여 결정해야 한다. 이론적으로는 이와 같이 직무기술서에 기초하여 직무를 분류하는 것이 원칙이지만, 직무조사가 이루어지지 않은 상태에서는 직무관리의 편의성 차원에서 주관적 판단에 기초하여 직무를 분류하기도 한다. 우리나라 경우도 업무의 근거가 되는 법령을 기준으로 주관적 판단에 기초하여 직무를 분류한다.

또한 직렬구분에서 가장 쟁점이 되는 사항은 직렬의 폭을 결정하는 문제이다. 개별직렬을 너무 좁게 정의하는 경우, 즉 직렬의 수를 너무 많게 하는 경우에는 직렬 내 등급의 수도 줄어들 수밖에 없다. 이는 직무의 중요도에 큰 차이가 나타나지 않기 때문이다. 직위가 10개인데 이를 10개의 직렬로 각각 구분할 때 등급은 하나일 수밖에 없는 것과 같다. 직렬의 폭이 너무 좁게 정해지면 능력발전과 성취감을 느낄 수 있는 기회가 제한되고(Lee, Jr., 1987) 인사관리의 융통성도 저하된다.

한편 직렬의 폭이 너무 넓은 경우 실제로는 직무의 성질(난이도와 책임도)이 다른데, 같은 등급에 속하게 되어 동일한 보수를 받게 될 가능성이 있다. 즉 서로 다른 직무를 수행하는 사람들이 똑같은 보상을 받게 되어 보수의 불공정성을 야기할 수 있다(Lee, Jr., 1987). 뿐만 아니라 이러한 직렬 구분이 채용이나 인사교류 등에 있어 합리적인 기준이 되어야 하는데 직렬의 폭이 넓을 경우 이러한 기능을 할 수 없게 된다.

따라서 직렬의 폭 내지 수를 결정함에 있어서는 직위분류제에서 지적하였듯이 직렬분류가 활용되는 채용, 인사이동, 교육훈련의 수요결정 등을 종합적으로 고려해야 한다. 즉 서로 다른 채용기준을 적용할 필요성이 있는지, 승진이나 전보 등의 경계를 달리할 필요가 있는지, 직렬 간 승진기간이나 기회에 지나친 차등은 생기고 있지는 않은지, 동일한 교육훈련의 대상으로 분류하여도 괜찮은지 등의 실질적인 문제를 고려해야 한다.

## 2. 직무평가

### 1) 의의

직무평가(Job Evaluation)는 각 직무가 가지는 상대적 가치를 결정하는 과정으로서 직무분석과 마찬가지로 직위분류제 수립에 있어 필수적인 과정이다. 또한 직무의 가치를 보수화한 직무급의 실현과 조직 내 직무들 간의 대내적 보수형평성을 달성하는 데도 중요한 기여를 하게 된다. 직무평가의 기준이 되는 직무의 가치는 직무가 조직의 목표달성에 얼마나 기여하는지를 의미한다. 그러나 이것을 측정할 만한 직접적인 방법은 존재하지 않기 때문에 이를 간접적으로 측정할 수 있는 요소로서 직무기술, 노력도, 책임감, 근무조건 등을 고려한다.

직무평가는 앞에서 제시된 직무기술서를 바탕으로 주로 서열법, 분류법, 점수법, 요소비교법 등의 방법을 활용하여 이루어진다. 이러한 네 가지 방법은 〈표 6-2〉에 표시된 대로 가로축은 직무전체를 비계량적으로 비교하는지 혹은 부분요소들을 계량적으로 비교하는지를 기준으로 분류한 것이며, 세로축은 직무와 직무의 비교인지 혹은 직무와 척도(등급표)와의 비교인지를 기준으로 하여 분류한 것이다. 이를 구체적으로

**표 6-2 직무평가의 방법 분류**

| 직무가치의 결정방식 | 비계량적 비교 (직무전체 비교) | 계량적 비교 (직무구성요소 비교) |
|---|---|---|
| 직무와 직무 | 서열법 (Job Ranking) | 요소비교법 (Factor Comparison) |
| 직무와 척도 | 분류법 (Classification) | 점수법 (Point Method) |

자료: Ivancevich(1986).

살펴보면 다음과 같다.

### 2) 직무평가 방법

#### (1) 서열법

서열법은 가장 단순한 직무평가 방법으로 직무기술서의 정보를 검토한 후 직무 상호 간에 직무전체의 중요도를 종합적으로 비교하여 평가하는 방식이다. 이는 비계량적인 방법으로 단순 기능을 수행하는 작은 규모의 조직에서 사용할 수 있다. 단순하고 비계량적이라는 특징 때문에 서열법을 원시적인 방법이라고 생각할 수도 있지만 여기에도 나름대로 합리적인 원리가 있다. 대표적으로 상호비교방식(Paired Comparison Technique)을 제시할 수 있는데 이는 모든 평가대상 직무를 서로 다르게 짝을 지어 가면서 비교하는 것이다. 다음의 〈표 6-3〉과 같이 평가대상 직무를 양축으로 하여 매트릭스(Matrix) 모양의 표를 만든 다음 세로축의 한 직무를 가로축의 나머지 모든 직무와 차례로 비교해 나가는 방식이다. 세로축의 직무가 가로축의 직무보다 더 가치가 있다고 판단되면 O 표시를 하고, 모든 직무와의 비교가 끝난 후 가로축의 O 표시를 모두 합치면 그것이 해당 직무의 상대적 등급(높은 숫자일수록 높은 등급)이 된다.

상호비교법의 예에서도 알 수 있듯이 서열법은 단순하고 경제적이며, 짧은 시간에 평가를 용이하게 마칠 수 있다는 장점이 있다. 그러나 직무의 수가 많아지면 평가가 상당히 어려워진다. 뿐만 아니라 평가자의 주관이 개입될 소지가 가장 많기 때문에 다른 방법에 비해 신뢰성이 가장 낮을 수밖에 없다. 끝으로 직무 간의 서열에 합의

**표 6-3 서열법(상호비교방식)**

| 직무 | 자료 입력가 | 프로 그래머 | 시스템 분석가 | 컴퓨터 기술자 | 문서 수발자 | 정보 관리자 | 등급 |
|---|---|---|---|---|---|---|---|
| 자료입력가 | – | | | | O | | 1 |
| 프로그래머 | O | – | | O | O | | 3 |
| 시스템분석가 | O | O | – | O | O | | 4 |
| 컴퓨터기술자 | O | | | – | O | | 2 |
| 문서수발자 | | | | | – | | 0 |
| 정보관리자 | O | O | O | O | O | – | 5 |

자료: Henderson(1989); 유민봉 · 임도빈(2012) 재인용.

가 이루어진다 하더라도 각 등급 간의 간격 차등은 명확히 할 수 없다는 점이 문제로 남는다. 따라서 서열법에서는 단순히 1등급과 2등급 간의 차이와 4등급과 5등급 간의 차이가 같다고 간주할 수밖에 없다. 단순히 등급만을 정하는 것이 목적이라면 문제가 되지 않을 수 있지만 이를 기초로 보수를 결정하는 경우에는 타당성 부족 문제가 발생할 수밖에 없다.

(2) 분류법

분류법은 직무전체를 종합적으로 판단한다는 점에서는 서열법과 같으나, 미리 정해 놓은 등급기준표와 비교해서 등급을 결정한다는 데 차이가 있다. 등급기준표라는 비교기준을 준비하고 있다는 점에서 서열법보다 정교한 방식이지만, 여전히 계량적 측정을 도입하는 단계에는 이르지 못하고 있다.

분류법에서 가장 중요한 것은 등급기준표이다. 분류법을 사용하기 위한 선행 과제로서 직무기술서를 토대로 등급의 수를 미리 정하고, 각 등급에 대한 가장 일반적 특성을 중심으로 등급을 정의하여 등급기준표를 준비해야 한다. 즉 등급기준표는 등급과 등급정의로 구성된 일종의 척도를 의미하며 이때의 등급정의는 기술 · 책임 · 노력 · 근무조건 등의 직무구성요소를 중심으로 가장 보편적인 직무특성을 개괄적으로 기술한 것이다.

등급기준표가 완성되면 실제 평가가 이루어지게 되는데, 이때 직무기술서를 검

**표 6-4 미국 연방정부의 직위분류제에서 사용하는 등급기준표(일부)**

| 등급[1] | 등급 정의 | 기준직무 |
|---|---|---|
| GS-1 | • 자율적인 판단을 할 여지가 전혀 없이 일선 감독관의 지시를 받는 직무<br>• 일반 사무실에서의 단순하고 일상적인 업무<br>• 전문기술분야에서의 단순기술업무를 수행하는 초보적인 업무 | 타자수<br>문서수발 |
| GS-5 | • 다음의 임무와 요건을 충족시키는 직무<br>– 일반 행정이나 전문기술분야에서 어느 정도 난이도와 책임이 수반되면서 일반 감독하에 놓이는 업무<br>– 상당한 교육과 감독의 경험을 요구<br>– 과학, 실험실, 전문기술의 해당분야에 요구되는 광범위한 실무지식 | 부기전문가<br>토목기술자<br>통계처리사 |
| GS-10 | • 일반행정, 정책관리, 재무관리분야에서 다음 사항을 요구하는 감독 · 관리 · 기술통계의 고도의 난이도와 책임이 따르는 직무<br>– 자율적으로 업무를 수행할 수 있을 정도의 전문 · 감독 · 관리훈련을 요구<br>– 복잡하고 전문화된 기술, 과학, 예술분야의 필수적인 지식의 충분한 숙지<br>– 자율적인 판단을 내려야 하는 상당한 재량권이 행사됨 | |
| GS-18 | …… | |

자료: Ivancevich(1986); Fisher, *et al.*, (1993)을 참고로 재구성; 유민봉 · 임도빈(2012) 재인용.

토하여 유사한 등급정의를 찾아 등급을 부여하는 과정을 거치게 된다. 미국 연방정부의 등급구조는 분류법에 의해 직무평가가 이루어진 가장 전형적인 예이다. 미국 연방정부 등급기준표는 〈표 6-4〉와 같이 등급, 등급정의, 등급을 대표하는 기준직무로 구성되어 있다.

분류법은 서열법에서 한 단계 발전한 형태이기 때문에 객관성과 일관성 측면에서는 서열법보다 만족스러운 결과를 얻을 수 있을 것이다. 또한 점수법이나 요소비교법과 비교하면 대규모 조직의 다양한 직무를 경제적으로 평가할 수 있다는 장점이 있다. 그러나 다양한 직무성격을 동일등급 내에 명확하게 정의하는 데 있어 분명한 어려움이 따른다. 특히 포괄적으로 정의를 하다 보니 〈표 6-4〉에서 확인할 수 있듯이 '상당한', '일상적인', '단순한', '고도의' 등 모호하고 주관적인 용어가 많이 사용된다. 이는 결국 등급결정 과정에서 평가자의 주관성이 개입할 여지가 많음을 시사하는 것이다.

1) 미국 연방정부의 직위분류제 등급은 18등급으로 되어 있지만 여기서는 1, 5, 10등급의 내용만을 정리하였다.

### (3) 점수법

점수법은 계량적인 척도를 도입하여 평가가 비교적 쉽고 명료하다는 장점을 갖고 있기 때문에 직무평가에 있어 가장 보편적으로 사용되는 방법이다. 미국의 주요 기업 중에서 약 95%가 직무평가시 점수법을 사용하고 있는 것으로 추정된다고 한다 (Lawler, 1987). 점수법의 가장 큰 특징은 직무를 전체적으로 두루뭉술하게 파악하는 것이 아니라, 직무를 구성하는 하위 요소를 여러 개로 나누어 각 요소별 가치를 점수화하여 측정한다는 점이다. 이러한 과정을 거쳐 각 요소별 점수를 합산하면 직무의 상대적 가치를 파악할 수 있게 된다.

직무를 세부요소로 나누어 각 요소별 평가가 이루어지기 위해서는 우선 평가표(직무평가표)를 준비해야 한다. 직무평가표를 개발하기 위해서는 다음의 두 가지 활동이 요구된다. 우선, 일반적으로 평가요소라고 불리는 직무의 구성요소를 정해야 하며, 다음은 이렇게 설정된 각 요소를 몇 개의 등급으로 척도화하는 과정을 거쳐야 한다. 미스코리아 선발 대회, 노래 경연 대회, 피겨 스케이팅 대회 등에서 순위(등수)를 결정하는 방식이 점수법의 원리와 동일하다고 볼 수 있다.

직무의 평가요소는 일반적으로 기술, 노력, 책임, 근무조건 등 크게 네 개의 범주로 구분된다. 특히 점수법에서는 이를 더욱 세분화하여 평가요소를 정한다. 〈표 6-5〉

**표 6-5 점수법에서의 평가요소선정과 가중치결정 예**

| 직무 | | | |
|---|---|---|---|
| 난이도 (400) | 기술 (250) | 교육 | 70 |
| | | 경험 | 110 |
| | | 지식 | 70 |
| | 노력 (75) | 육체적 노력 | 50 |
| | | 정신적 노력 | 25 |
| | 근무조건 (75) | 작업조건 | 50 |
| | | 위험성 | 25 |
| 책임성 (100) | | 장비·작업과정 | 25 |
| | | 생산자제·제품 | 25 |
| | | 타인의 안전 | 25 |
| | | 타인의 직무수행 | 25 |
| | | 평가치(총점) | 500 |

에서와 같이 기술을 교육 · 경험 · 지식으로, 노력을 육체적 노력 · 정신적 노력으로 구분하는 것과 같다. 평가요소의 선정은 여기에서 그치지 않는다. 각 평가요소의 중요도(가치)가 같은 것이 아니므로 평가요소의 중요도를 반영시킨 가중치를 부여하여야 한다. 〈표 6-5〉에서는 직무의 총가치를 500점으로 부여하고 이에 대한 각 평가요소의 가중치가 숫자로 표시되어 있다.

평가요소와 가중치가 결정되면 각 평가요소별로 척도를 만들어야 한다. 척도의 대표적인 예로 자를 떠올릴 수 있는데, 자는 눈금과 수치로 구성되어 있다. 마찬가지로 평가요소도 몇 개의 등급(눈금)으로 구분을 하고 등급별로 가중치가 부여된 점수를 배정하게 된다(〈표 6-6〉 참조).

직무평가표가 작성되면 직무기술서의 내용을 바탕으로 각 평가요소별 평가가 시작된다. 이때 직무기술서에는 평가표의 모든 요소가 명확하게 나타나 있는 것이 아

**표 6-6　직무평가표**

| 평가요소 | | 등급 | | | | |
|---|---|---|---|---|---|---|
| | | 1 | 2 | 3 | 4 | 5 |
| 기술(250점) | 교육 | 14 | 28 | 42 | 56 | 70 |
| | 경험 | 22 | 44 | 66 | 88 | 110 |
| | 지식 | 14 | 28 | 42 | 56 | 70 |
| 노력(75점) | 육체적 노력 | 10 | 20 | 30 | 40 | 50 |
| | 정신적 노력 | 5 | 10 | 15 | 20 | 25 |
| 직무조건(75점) | 작업조건 | 10 | 20 | 30 | 40 | 50 |
| | 위험성 | 5 | 10 | 15 | 20 | 25 |
| 책임(100점) | 장비 · 작업과정 | 5 | 10 | 15 | 20 | 25 |
| | 생산자재 · 제품 | 5 | 10 | 15 | 20 | 25 |
| | 타인의 안전 | 5 | 10 | 15 | 20 | 25 |
| | 타인의 직무수행 | 5 | 10 | 15 | 20 | 25 |

자료: Henderson(1989).

**표 6-7 교육 · 경험요소 평가표**

| 평가요소 \ 등급 | 1 | 2 | 3 | 4 | 5 |
|---|---|---|---|---|---|
| 교육<br>경험 | 12년 미만<br>0~3월 미만 | 12~14년 미만<br>3~6월 미만 | 14~16년 미만<br>6월~1년 미만 | 16~18년 미만<br>1~3년 미만 | 18년 이상<br>3년 이상 |

**표 6-8 등급표**

| 등급 | 1 | 2 | 3 | 4 | 5 | 6 | 7 | 8 | 9 | 10 | 11 | 12 |
|---|---|---|---|---|---|---|---|---|---|---|---|---|
| 총점 | 100<br>~139 | 140<br>~179 | 180<br>~219 | 220<br>~239 | 240<br>~259 | 260<br>~279 | 280<br>~299 | 300<br>~329 | 330<br>~359 | 360<br>~399 | 400<br>~449 | 450<br>~500 |

니기 때문에 여기에서도 평가자의 판단이 중요하게 작용한다. 직무기술서가 서술식의 질적 형태를 취한 경우에는 더욱 그렇다. 다만 교육이나 경험의 경우 〈표 6-7〉과 같이 총 교육이나 직무경험 연수에 따라 자동적으로 해당등급이 결정될 수 있다.

평가가 완료되면 각 요소별 점수를 합산하여 해당직무의 상대적 가치를 산출할 수 있다. 〈표 6-8〉의 예에서는 최종 점수가 최소 100점에서 최고 500점까지 분포될 수 있도록 설정하였다. 이러한 점수 분포상태와 보수구조 등을 고려하여 등급표가 결정되면 그에 따라 각 직무의 등급이 결정된다. 〈표 6-8〉은 12개의 등급으로 나눈 경우를 예로 든 것이다.

점수법에서는 직무평가표의 개발과 실제 평가에서의 타당성과 신뢰성을 확보하는 것이 가장 중요한 과제이다. 이에 평가표의 개발에 많은 시간과 노력이 요구된다는 점이 단점으로 지적되고 있다. 그러나 일단 요건을 갖춘 평가표만 완성되면 오랜 기간 동안 폭넓은 직무를 용이하게 평가할 수 있으며 평가의 객관성을 높일 수 있다는 장점을 가지고 있다.

### (4) 요소비교법

요소비교법도 점수법과 마찬가지로 직무를 요소별로 계량화하여 측정한다. 차이점은 등급화된 척도에 따라 직무를 평가하는 것이 아니고, 대표가 될 만한 직무들을 선정하여 비교의 기준직무(Key Job)로 정해 놓고 각 요소별로 평가할 직무와 기준직무를 비교해 가며 점수를 부여한다는 것이다. 따라서 요소비교법에서 가장 중요한 과제는 요소비교표(Factor Comparison Chart)를 작성하는 것이다. 요소비교표를 만드는 과정은 다음의 4단계로 구분하여 살펴볼 수 있다.

첫째, 요소비교표도 점수법의 직무평가표와 마찬가지로 우선 직무평가요소를 선정해야 한다. 하지만 점수법과 달리 요소비교표에서는 대부분의 경우 평가요소를 책임, 기술, 육체적 노력, 정신적 노력, 근무조건 등의 다섯 가지로 설정한다.

둘째, 기준직무를 선정해야 한다. 기준직무란 해당조직에서 가장 일반적으로 접하는 대표성을 가진 직무여야 하며 어느 한 분야에 편중되서는 안 된다. 민간기업의 직무평가인 경우 시장에서 임금률(임금)이 잘 형성되어 있는 직무를 선택한다. 이를 통해 평가직무의 임금률 결정에 있어 신뢰성과 객관성을 확보할 수 있다. 특히 경쟁시장에서의 임금은 직무의 가치를 결정하는 데 있어 좋은 기준이 될 수 있다.

셋째, 기준직무의 금전적 가치를 각 평가요소에 배분하게 된다. 점수법에서는 임의의 값(〈표 6-5〉에서는 500)을 가지고 각 평가요소에 가중치가 반영된 점수를 배정하였다. 그러나 요소비교법에서는 기준직무에 해당하는 임금률을 사용하는 것이 일반적이다. 이 임금률을 기준직무를 구성하는 평가요소에 배분하게 된다. 〈표 6-9〉는 4개의 기준직무를 선정하여 제시하고 있으며 우리나라의 경우 임금률이 보편화되어 있지 않기 때문에 월평균 보수를 사용하여 표를 만들었다. 이제 기준직무에 해당하는 월평균 보수를 각 평가요소의 가치에 따라 배분하게 된다. 〈표 6-9〉는 모든 기준직무의 보수를 평가요소별로 배분하고 있다. 예를 들어 〈표 6-9〉에서 시스템분석가는 월평균 120만 원을 받는데, 이 중 40만 원은 정신적 노력의 대가이고 5만 원은 육체적 노력의 대가이다. 기술, 책임, 근무조건이 보수에 기여한 정도는 각각 25만 원, 40만 원, 10만 원으로 평가되어 있다.

표에서 괄호 안의 숫자는 기준직무에 대한 요소별 중요도 순위이다. 이것은 직무분석의 일관성을 검증하고자 할 때 사용된다. 즉 평가요소에 보수를 배분하기 전에 단순히 각 요소별로 기준직무의 중요도 순위를 정해 놓도록 한다. 그 다음에 〈표 6-9〉와 같이 실제로 점수를 배분한 후 점수별 순위가 괄호 안의 중요도 순위와 일치하는지를 검토하는 것이다. 만약 순위가 다르게 나타나면 평가의 일관성을 결여한 것으로 보아 해당 기준직무를 제외시키도록 한다.

넷째, 기준직무에 대한 평가요소별 점수배분표를 요소비교표로 전환시켜야 한다

**표 6-9 기준직무에 대한 평가요소별 점수배분표**

| 기준직무 | 등급 / 월평균 보수(만 원) | 정신적 노력 | 육체적 노력 | 기술 | 책임 | 근무조건 |
|---|---|---|---|---|---|---|
| 시스템분석가, S | 120.0 | 40.0(1) | 5.0(4) | 25.0(2) | 40.0(1) | 10.0(3) |
| 자료입력가, D | 65.0 | 15.0(3) | 15.0(2) | 10.0(4) | 10.0(3) | 15.0(2) |
| 프로그래머, P | 100.0 | 35.0(2) | 10.0(3) | 20.0(3) | 30.0(2) | 5.0(4) |
| 컴퓨터기술자, C | 90.0 | 10.0(4) | 20.0(1) | 30.0(1) | 10.0(3) | 20.0(1) |

(〈표 6-10〉). 요소비교표는 금전적 가치와 평가요소를 두 축으로 구성한다. 가로축에 평가요소는 그대로 두고 세로축에 금전적 가치인 보수가 표시되어 있다. 이때 세로축의 보수범위는 월평균 보수로 정하는 것이 아니라 각 평가요소에 배정된 보수의 범위를 참고하여 결정한다. 〈표 6-10〉의 요소비교표는 이전의 점수배분표가 5만 원부터 40만 원까지의 범위로 구성되었던 점을 감안하여 0부터 60만 원까지의 범위로 설정하였다. 이제 평가요소에 배분된 보수와 평가요소가 만나는 위치에 기준직무를 표시해 나가게 되는데 이 작업이 완료되면 평가요소와 보수의 두 축 안에 모든 기준직무가 위치하게 된다. 즉 요소비교표가 완성된 것이다. 〈표 6-10〉에서도 알 수 있듯이 점수법에서의 직무평가표는 평가요소와 등급(점수)이 표시된 척도로 구성되었던 것과 달리 요소비교법의 요소비교표는 평가요소와 기준직무로 구성된다.

요소비교표의 각 기준직무는 이제 평가대상이 되는 직무의 길잡이 역할을 하게 된다. 〈표 6-10〉에서 정보관리관은 시스템분석가보다 정신적 노력이 훨씬 중요하게 평가되었으며, 육체적 노력은 시스템분석가와 같은 수준으로 평가되었다. 이런 식으로 나머지 기술, 책임, 근무조건에 대해서도 정보관리관의 직무를 기준직무와 비교하여 평가해 나가게 된다. 좌측의 보수척도는 이렇게 대상 직무의 평가가 끝난 후 그 직무의 금전적 가치(월평균 보수)를 계산하는 데 필요한 것이다. 즉 평가요소별로 평가대상 직무가 위치한 곳의 보수를 확인하고 이를 모두 더한 것이 직무의 금전적 가치이며 여기서는 월평균 보수가 되는 것이다.

정보관리관의 경우 각 평가요소별 금전적 가치가 표의 순서대로 50만, 5만, 20만, 55만, 10만 원인 것으로 확인되었으며 합계는 140만 원이다. 기준직무의 총점수를 월평균 보수로 하였기 때문에 이것이 정보관리관의 월평균 보수가 된다. 한편 문서수발자는 각 평가요소별 금전적 가치가 5만, 25만, 5만, 5만, 15만 원인 것으로 확인되었으며 이의 합계 즉 월평균 보수는 55만 원임을 알 수 있다. 이때 직위분류제에서의 등급을 정하기 위한 목적으로 직무평가가 이루어졌다면 점수법에서와 마찬가지로 평가된 직무의 점수를 일정한 점수대로 묶어 등급으로 전환할 수 있는 등급표를 작성하여야 한다.

요소비교법은 점수법과 비교해 보다 객관적 평가를 가능하게 한다. 각 평가요소에 대하여 관찰 가능한 직무와 직무를 직접 비교하기 때문에 그만큼 주관성을 줄일 수 있다. 또한 보수액을 사용하는 경우 평가대상 직무의 보수를 바로 산출해 낼 수 있다는 장점이 있다. 그러나 요소비교법은 그 어느 방법보다도 요소비교표를 만들기까지 복잡한 과정이 요구된다. 즉 요소비교법을 활용하기 위해서는 많은 시간과 노력이 필요하며 요소비교법에 대한 충분한 경험과 지식을 갖춘 전문가를 확보하고 있을 때 구현이 가능하다.

**표 6-10 요소비교법의 직무평가표: 요소비교표**

| 보상(만 원) | 정신적 노력 | 육체적 노력 | 기술 | 책임 | 근무조건 |
|---|---|---|---|---|---|
| 60.0 | | | | | |
| 55.0 | | | | 정보관리관 | |
| 50.0 | 정보관리관 | | | | |
| 45.0 | | | | | |
| 40.0 | S | | | S | |
| 35.0 | P | | | | |
| 30.0 | | | C | P | |
| 25.0 | | 문서수발자 | S | | |
| 20.0 | | C | P, 정보관리관 | | C |
| 15.0 | D | D | | | D, 문서수발자 |
| 10.0 | C | P | D | D, C | S, 정보관리관 |
| 5.0 | 문서수발자 | S, 정보관리관 | 문서수발자 | 문서수발자 | P |
| 0.0 | | | | | |

## 참고 6-3 점수법과 요소비교법의 사례

점수법과 요소비교법을 실제 생활사례에 적용하는 연습을 하기 위해 한 학생의 보고서를 예시로서 제시한다. 표 중심으로 간단히 설명한다.

■ **점수법의 예: 프로야구선수의 연봉인상을 결정**

프로야구선수의 연봉협상에서 선수는 전년도 성적을 가지고 연봉인상을 요구한다. 이때 구단 측도 선수의 팀 기여도를 중심으로 인상률을 협상하게 된다. 이 협상과정이 보다 합리적으로 이루어질 수 있는 방법이 없을까에 착안하여 다음과 같은 점수법을 개발하였다. 우선 점수법의 원리에 따라 평가와 등급 판정을 위한 평가표를 만들었다(①과 ②). 그 다음에는 등급 및 연봉인상기준을 함께 제시한 등급표를 제시하였다(③). 끝으로 5명의 구단소속 선수들의 금년도 시즌에서의 성적을 토대로 실제평가를 한 다음 등급표에 따라 등급과 연봉인상률이 얼마나 되는지를 알아보았다(④).

이상에서 박준호 선수가 총점 780점으로 3등급에 해당되며 전년도에 비해 25% 인상된 연봉을 받게 되었다. 반면에 최양남 선수는 430점으로 최하위 등급인 8등급에 연봉은 10% 삭감되게 되었다.

**① 평가기준표**

| 등급<br>평가요소<br>(가중치) | 1 | 2 | 3 | 4 | 5 |
|---|---|---|---|---|---|
| 타율(300) | 300 | 240 | 180 | 120 | 60 |
| 타점(200) | 200 | 160 | 120 | 80 | 40 |
| 홈런수(200) | 200 | 160 | 120 | 80 | 40 |
| 도루(150) | 150 | 120 | 90 | 60 | 30 |
| 출루율(150) | 150 | 120 | 90 | 60 | 30 |

**② 등급판정표**

| 등급<br>평가요소 | 1 | 2 | 3 | 4 | 5 |
|---|---|---|---|---|---|
| 타율 | 0.40 이상 | 0.35~0.40 미만 | 0.30~0.35 미만 | 0.25~0.30 미만 | 0.25 미만 |
| 타점 | 100점 이상 | 90~99점 | 80~89개 | 70~79점 | 70점 미만 |
| 홈런수 | 30개 이상 | 25~29개 | 20~24개 | 15~19개 | 15개 미만 |
| 도루 | 40개 이상 | 30~39개 | 20~29개 | 10~19개 | 10개 미만 |
| 출루율 | 0.50 이상 | 0.45~0.50 미만 | 0.40~0.45 미만 | 0.35~0.40 미만 | 0.35 미만 |

③ 등급표 및 연봉인상기준

| 등급 | 총점 | 연봉인상기준 |
|---|---|---|
| 1 | 900 이상 | 개별 협상 |
| 2 | 800~900 미만 | 35% |
| 3 | 700~800 미만 | 25% |
| 4 | 650~700 미만 | 15% |
| 5 | 600~650 미만 | 10% |
| 6 | 550~600 미만 | 5% |
| 7 | 450~550 미만 | 동결 |
| 8 | 200~450 미만 | -10% |

④ 금년도 시즌에서의 선수성적(가상성적임) 및 평점

| 선수 / 평가요소 | 박준호 | 양준수 | 최양남 | 최이섭 | 심청수 |
|---|---|---|---|---|---|
| 타율 | 0.321 | 0.285 | 0.267 | 0.309 | 0.294 |
| 타점 | 93 | 82 | 75 | 88 | 91 |
| 홈런수 | 32 | 31 | 15 | 12 | 27 |
| 도루수 | 30 | 18 | 20 | 24 | 22 |
| 출루율 | 0.45 | 0.37 | 0.39 | 0.42 | 0.43 |
| 총점/등급 | 780/3 | 560/6 | 430/8 | 520/7 | 620/5 |
| 연봉인상률 | 25% | 5% | -10% | 동결 | 10% |

이상에서 박준호 선수가 총점 780점으로 3등급에 해당되며 전년도에 비해 25% 인상된 연봉을 받게 되었다. 반면에 최양남 선수는 430점으로 최하위 등급인 8등급에 연봉은 10% 삭감되게 되었다.

- **요소비교법의 예: 패션모델 출연료 결정**

**① 평가요소별 출연료 배분표**

1회당 출연료를 총점으로 하여 연기력, 경력, 대중인지도, 신체조건의 평가요소에 출연료를 배정하여 다음과 같이 출연료 배분표를 작성하였다(괄호 안은 서열을 나타냄).

| 평가요소 / 기준모델 | 1회 출연료 (만 원) | 연기력 | 경력 (출연경험) | 대중인지도 | 신체조건 |
|---|---|---|---|---|---|
| 소리섭 | 100 | 30(1) | 15(2) | 30(1) | 25(5) |
| 신태희 | 90 | 25(2) | 10(5) | 25(2) | 30(2) |
| 한호주 | 80 | 20(4) | 12(4) | 22(3) | 26(4) |
| 채강희 | 75 | 15(6) | 17(1) | 15(4) | 28(3) |
| 장군석 | 70 | 21(3) | 8(6) | 10(6) | 31(1) |
| 구해라 | 60 | 17(5) | 13(3) | 12(5) | 18(6) |

② 요소비교표

앞에 작성한 출연료 배분표를 요소비교표로 전환하였다.

| 보상(만원) | 연기력 | 경력 | 대중인지도 | 신체조건 |
|---|---|---|---|---|
| 32~ | | | | |
| 31~ | | | | 장군석 |
| 30~ | 소리섭 | | 소리섭 | 신태희 |
| 29~ | | | | Jessica Olba |
| 28~ | Vritney Spears | | | 채강희 |
| 27~ | | | | Jonny Dap |
| 26~ | | | | 한호주 |
| 25~ | 신태희 | | 신태희 | 소리섭 |
| 24~ | Jonny Dap | | | |
| 23~ | | | | Vritney Spears |
| 22~ | | | 한호주 | |
| 21~ | 장군석 | | | |
| 20~ | 한호주 | | Vritney Spears | |
| 19~ | | | | |
| 18~ | Jessica Olba | Vritney Spears | Jonny Dap | 구해라 |
| 17~ | 구해라 | 채강희 | | |
| 16~ | | | | |
| 15~ | 채강희 | 소리섭 | 채강희 | |
| 14~ | | Jessica Olba | Jessica Olba | |
| 13~ | | 구해라 | | |
| 12~ | | 한호주 | 구해라 | |
| 11~ | | | | |
| 10~ | | 신태희 | 장군석 | |
| 9~ | | Ashiten Culture | | |
| 8~ | | 장군석 | | |

③ 모델출연료 계산

Vritney Spears, Ashiten culture, Jessica Olba라는 미국인 모델들에 대하여 기준모델과의 비교를 통한 평가를 해 보니 이들의 적정한 모델료는 다음과 같이 계산되었다.

(단위: 만 원)

| 평가요소 / 모 델 | 연기력 | 경력 | 대중인지도 | 신체조건 | 총점 (1회 출연료) |
|---|---|---|---|---|---|
| Vritney Spears | 28 | 18 | 20 | 23 | 89 |
| Ashiten Culture | 24 | 9 | 18 | 27 | 78 |
| Jessica Olba | 18 | 14 | 14 | 29 | 75 |

자료: 유민봉 · 임도빈(2012).

## 3. 우리나라의 직무분석

### 1) 의의

직무분석의 궁극적인 목적은 개인 및 조직성과 향상에 있고, 기술적, 관리적, 정치적 차원에서 정부의 직무분석 제도의 도입 및 실행은 중요한 조직인사 개혁수단으로 사용되어 왔다. 김대중 정부에서 설치된 중앙인사위원회는 기존의 계급제가 가진 문제를 해결하기 위한 첫 번째 작업으로서 「정부 직무분석」 사업을 수행한 바 있다. 1970년대 시도되었다가 실패한 바 있는 직위분류제를 전면적으로 도입하기보다는, 우선 민간전문가를 중심으로 직위분류제 도입의 전제조건인 과학적인 직무분석을 시도하였다.

이에 2000년도에 외교통상부와 기상청을 대상으로 정부 직무분석 사업을 시범 실시하였으며, 2001년에는 외무공무원법 등 관련법령 개정을 통하여 외교통상부에서 직위분류제를 도입하였다. 또한 2001년에는 중앙인사위원회, 건설교통부, 국세청에 대한 직무분석을 실시하였으며 직무분석지원시스템(JASP)을 개발하여 직무분석과정을 전산화하였다.

그럼에도 불구하고 이들 부처에서 직위분류제적 인사관리를 하고 있다고 말하기는 어렵다. 외교부만 형식적으로나마 직위분류제를 유지하고 있고, 다른 부처에는 거의 계급제가 유지되고 있다. 이렇게 직위분류제적 요소의 도입과 실패 과정이 거듭 되풀이되고 있는 이유는 우리나라 공직사회의 특수한 업무수행 방식과 조직문화를 고려하지 않은 채 직위분류제적 요소를 그대로 적용하려고 했기 때문이다. 한국 중앙정부의 경우 정책수립 및 집행의 성격이 강한 직무로 구성되어 있기 때문에 미국식 직무분석을 적용하는 데는 한계가 있다. 유럽국가들이 계급제의 근간을 유지한 채 직무분석을 제한적으로 활용하고 있는 것처럼 우리나라의 경우에도 한국의 조직적 · 문화적 특성을 반영한 직무분석이 이루어져야 할 것이다.

### 2) 직무분석 절차[2)]

우리나라에서 실시된 직무분석은 성과관리와 깊은 관련이 있다. 구체적으로 중앙

2) 이하의 내용은 중앙인사위원회 홈페이지(http://csc.go.kr/03_policy/05)의 내용을 다룬다.

인사위원회는 직무분석을 '직무담당자가 책임지고 달성해야 할 성과와 해당직무의 중요도와 난이도를 체계적으로 밝혀내는 일련의 과정'으로 정의하고 있다. 즉 공무원 각자가 담당하는 직무의 내용(수평적인 직무분석)을 구체적으로 밝히는 것보다는 각 자리에서 요구하는 직무의 가치(수직적 직무분석: 직무평가)를 산정하는 데 역점을 두고 있다.

이에 우리나라의 직무분석은 개별 직무담당자가 달성해야 하는 표준적인 성과(성과책임)를 밝히고, 각 직무의 성과책임과 직무에 요구되는 지식, 사고의 환경, 최종성과 등을 평가하여 직무 값(Job Size)을 산정하고 이를 바탕으로 직무등급(Job Grade)을 설정하는 과정을 거친다. 그 후, 이러한 작업의 결과로 도출되는 성과책임을 기준으로 직무별 성과목표를 설정하여 그 달성도와 보수체계를 연계하는 것을 목표로 한다. 이는 성과달성도에 따라 보수를 차등 지급함으로써 보수체계의 형평성을 높이기 위함이다.

구체적으로 직무분석은 〈그림 6-3〉에서 볼 수 있는 바와 같이 기본계획수립(오리엔테이션 과정), 전담직원 교육훈련, 직무분석, 직무평가, 제도설계의 5단계로 추진된다.

그림 6-3 우리나라의 직무분석 절차

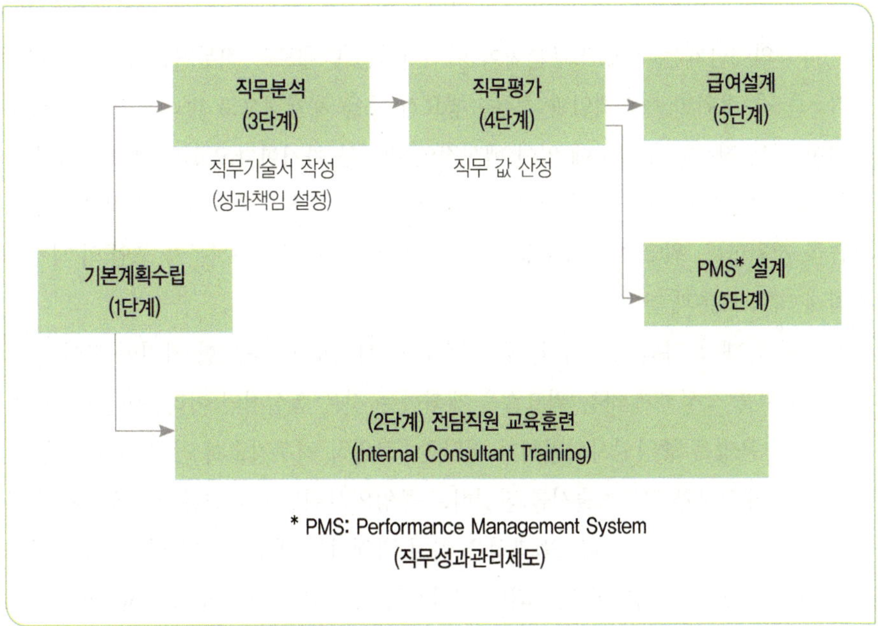

(1) 1단계: 기본계획 수립

우리나라 직무분석의 제1단계는 부처 내 주요 간부들과의 인터뷰를 통해 부처의 인사 · 조직 관리상 문제점을 명확히 하고 변화의 방향성에 대해 공감대를 형성하는 단계이다. 즉 직무분석을 도입하기 위한 일종의 분위기 조성단계로서 이를 통해 직무분석의 기본적인 계획이 수립된다.

(2) 2단계: 전담직원 교육훈련

다음의 2단계는 직무분석을 실시할 부처 내부직원 중에서 '직무분석실무추진단'을 구성하고, 실무추진단원을 내부 전문가로 훈련시키는 단계이다. 직무분석의 성공 여부는 그 조직의 사정을 잘 알고 있는 내부직원의 적극적인 협조에 달려 있다. 공무원이 수행하는 일을 분석하는 것이기 때문에 외부전문가의 분석은 한계가 있기 때문이다. 따라서 내실있고 적실성있는 직무분석 결과를 도출하고, 직무분석 완료 후에 부처의 직무정보를 관리 · 발전시키기 위해서는 직무분석 실시부처 내 직원을 직무분석 전문가로 양성하는 것이 중요하다.

(3) 3단계: 직무분석

다음의 3단계는 실제 직무분석이 이루어지는 단계로서 직무기술서를 작성하게 된다. 즉 각 직위별 성과책임과 직무수행요건 등을 체계적으로 밝히는 활동이 이루어지며 이는 직무분석 활동에 있어 핵심적인 위치를 차지한다고 볼 수 있다. 이에 정확한 직무기술서 작성을 위해 대상 직위 재직자들을 대상으로 수차례의 직무분석 워크숍을 개최한다. 워크숍은 '교육훈련→개인연구→집단토론→전문가 조언'의 과정을 거치게 되며 토론과 참여가 강조된다.

하지만 대상 직위 재직자가 실 · 국장급인 관계로 이들을 한 자리에 모아 놓고 직무기술서를 작성하게 하는 워크숍을 개최하는 것은 현실적인 어려움이 따른다. 따라서 실제 운영은 중앙인사위원회가 제작한 「고위직 직무기술서 작성 매뉴얼」을 참고로 하여 재직자가 직무기술서를 작성하고 중앙인사위원회와 민간 컨설팅기관이 공동으로 검토한 후 부처의 피드백과정을 거쳐 확정하는 방법을 활용한다. 이런 과정을 통해 직위별 성과책임이 확정되면 성과책임 매트릭스(Performance Accountability

Matrix)를 작성하여 각 직무별 성과책임 간의 연계성을 확인하며, 이 과정에서 각 직위별 성과책임이 권한과 책임에 맞게 적절하게 작성되었는지 여부를 점검한다.

(4) 4단계: 직무평가

직무분석을 완료하게 되면 직무평가가 이루어지는데, 직무평가는 조직내부에서 각 직무의 상대적 가치를 측정하는 과정이다. 각 직무의 성과책임과 그 직무를 수행하는 데 요구되는 지식과 기술, 영향력의 정도 등을 기준으로 그 직무 값(Job Size)을 산정하고, 직무등급(Job Grade)을 설정하게 된다. 직무 값은 해당직무가 조직의 목적 달성에 기여하는 공헌도의 크기를 말하여 직무평가 절차는 과학적인 영역이라기보다는 판단의 영역으로 사실과 논리적 추론에 근거한다.

현재 정부 직무분석에서는 점수법을 가장 많이 사용하고 있다. 일관된 직무평가를 위하여 사용되고 있는 정부 직무평가 기준으로는 투입(기술적 노하우, 관리적 노하우, 대인관계기술) · 과정(사고의 환경, 사고의 도전도) · 산출(행동의 자유도, 직무의 규모, 영향력의 특성)의 8가지 요소가 있다. 이러한 직무평가를 위하여 원칙적으로는 중앙인사위원회, 부처 직무분석담당자, 민간 컨설팅기관 등을 중심으로 직무평가위원회가 구성되고 평가 대상 직위와 관련된 구체적인 사실(Fact)을 기초로 토론과 합의의 과정을 거쳐 직무 값이 산정된다.

(5) 5단계: 제도설계

5단계는 제도설계의 단계로서 성과관리제도와 구분하여 현 제도의 문제점을 분석하고, 성과주의가 현실적으로 구현될 수 있도록 직무성과관리제도를 설계하는 것을 말한다. 전단계 직무평가로서 정부에서 의도하는 일반적인 직무분석 과정은 완료되나 직무분석을 통하여 얻은 귀중한 정보와 경험을 제도개선에 활용하자는 취지로서 제도설계 단계까지 직무분석 절차에 포함시키게 되었다.

앞에서와 같은 과정을 거쳐 직무분석을 수행한다고 할지라도 만족할 만한 직무분석결과가 나온다고 보장할 수는 없다. 실제 시범적으로 직무분석을 진행한 외교통상부 직원들의 경우 자신이 담당하는 직무의 직무 값에 대하여 불만을 갖기도 하였다. 또한 이를 바탕으로 직위분류제를 도입하였지만 실제로는 종전의 계급제적 특징을 기반으로 조직이 운영되고 있다는 점이 문제점으로 지적되었다. 따라서 한국적 인사행정에 맞는 직무분석 방법을 장기적으로 개발해야 할 것이다.

## 제2절 개인의 이해

〈그림 6-2〉는 직무분석과 직무평가가 인적자원의 합리적 관리를 위한 기초적인 토대를 제공하고 있음을 잘 나타내고 있다. 그러나 여기에서 우리가 간과해서는 안 될 부분이 있다. 인적자원관리의 관리대상인 사람이 빠져 있다는 점이다. 전통적으로 직무와 조직을 강조하는 시각은 한 사람이 수행할 수 있는 직무의 내용과 양을 분명히 정해 주고 표준화시켜 개인에게 제공하면 조직의 성과는 자연스럽게 높아질 수 있을 것이라는 사고에 기초한다. 그러나 장기적이고 지속적인 성과향상은 구조(직무)와 사람 간의 상호작용이 이루어질 때 가능하다.

즉 사람에 대한 고려가 이루어지지 않은 상태에서는 직무가 아무리 과학적이고 체계적으로 짜여졌다 하더라도 무용지물이 되고 만다. 직무분석, 직무평가, 직위분류제는 사람이 수행해야 할 일을 체계화시킨 구조이자 틀이며 이러한 구조와 틀을 구현해 내는 것은 결국 사람이기 때문이다.

인사행정의 전략적 관점에서 조직 속의 개인은 두 가지 측면에서 관찰할 수 있다. 따라서 개인이 보유하고 있는 지식(Knowledge), 기술(Skill), 능력(Ability)과 같은 직무잠재역량(KSA) 측면과 개인이 직무수행과정에서 느끼게 되는 만족이나 동기부여와 같은 개인의 자질 발휘 측면은 함께 논의된다. 이러한 요소들 간에는 추상성과 안정성 측면에서 상대적 차이점들을 발견할 수 있다(Roe, 1984).

능력은 상대적으로 높은 안정성을 보인다. 즉 능력은 선천적으로 타고나거나 일찍 학습되기 때문에 한 번 형성되면 이후의 시간적, 공간적 상황에 관계없이 높은 수준의 일관성을 유지할 수 있다. 반면, 지식과 기술은 주로 경험이나 체계적인 교육훈련 등의 학습과정을 거쳐 얻어지는 것으로 능력보다 안정성이 떨어진다. 그렇지만 외적 영향에 동기나 만족만큼 민감하게 반응하지는 않는다. 특히 만족도는 능력이나 지식, 기술에 비해 훨씬 상황의존적이기 때문에 변화 가능성의 수준이 가장 높다.

인적자원관리의 기능 측면에서 안정적이고 지속성이 높은 능력은 선발의 과

그림 6-4 개인의 이해

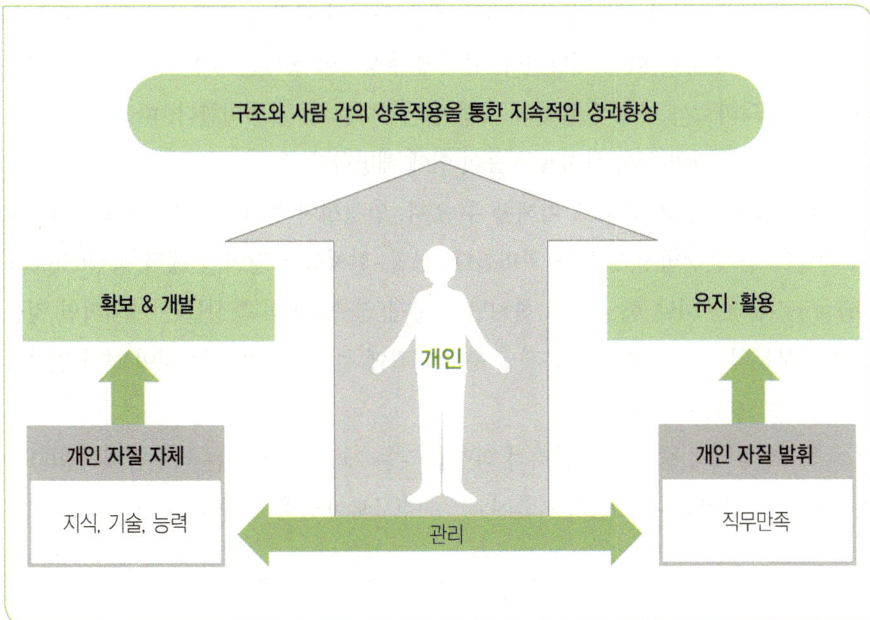


정에서, 개발의 가능성을 가진 지식과 기술은 교육훈련의 단계에서, 그리고 상황의 조작에 따라 통제가 가능한 만족도는 실제 직무수행과정의 관리차원에서 상대적으로 더 중요하게 다루어진다. 이에 다음에서는 인사행정의 전략차원에서 개인을 다룰 때 가장 중요하게 고려되는 개인특성과 직무만족을 보다 구체적으로 살펴보고자 한다.

## 1. 개인특성

개인특성(Individual Characteristics)은 사람을 특징짓는 데 있어 당연한 것으로 간주되는 속성이라고 정의할 수 있다. 이것은 사람마다 어느 정도 고유한 것이어서 사람 간의 동질성과 이질성을 확인할 수 있게 하며 그 사람이 처한 상황에 좌우되지 않고 어느 정도 안정된 상태를 유지하고 있는 속성을 일컫는다(Roe, 1984). 이러한 개인특성에는 남자와 여자의 성 구분이나 신장처럼 명확히 확인이 가능한 속성이 있는 반면 성취욕구나 이기심 등과 같이 경험적 측정이 곤란한 요소도 포함되어 있다.

따라서 개인특성은 앞에서 논의한 추상성과 안정성이라는 특징을 기준으로 상대적 비교가 가능하다. 추상성이 낮다는 것은 경험적 관찰과 측정이 쉽다는 것을 의미한다. 성별, 신장이 이에 해당한다. 반면에 추상성이 높다는 것은 경험세계와 거리가 멀다는 의미로서 경험적 관찰과 측정이 어렵다는 것을 의미한다. 따라서 개인 간 비교가 힘들다. 권위주의, 성취욕구 등이 이에 해당한다.

안정성은 시간의 함수로 이해할 수 있다. 안정성이 높다는 것은 시간이 경과해도 속성이 쉽게 변하지 않음을 의미한다. 성별, 혈액형과 같이 신체적 특성(Physical Characteristics)이 이에 해당한다. 하지만 이렇게 영구불변의 특성들은 예외적인 것들이며 대부분의 특성은 기간의 문제일 뿐 장기간에 걸쳐서는 변하는 것이 보다 일반적이라 할 수 있다(Roe, 1984).

인사행정에서 중요하나 관리적 의미를 갖는 개인특성으로는 직무잠재역량(KSA)을 의미하는 지식(Knowledge), 기술(Skill), 능력(Ability) 등을 제시할 수 있다.

### 1) 지식

지식(knowledge)은 '직 · 간접의 경험을 통해 얻은 구체적인 정보'를 의미하며(Drauden, 1988). 일상적인 용어로 '아는 것'(황병수, 1992)을 말한다. 수학공식, 자동차 작동원리, 건축허가에 관한 법 규정, 컴퓨터 용어와 조작법, 교통신호 등과 같이 우리가 알고 있는 정보를 지식이라고 볼 수 있다. 지식은 구체적 사실과, 이러한 사실 간의 관계를 인식하거나 기억해 낼 수 있는 능력으로(Roe, 1984), 무엇인가를 할 수 있는 기술 또는 행동의 전제이기도 하다. 예를 들면, 수학공식을 알아야 수학문제를 풀 수 있고, 컴퓨터 조작법을 알아야 컴퓨터를 다룰 수 있다. 자동차 작동원리에 대한 기본지식과 교통신호가 무엇을 의미하는지를 알아야 차를 운전할 수 있으며 구청 건축과에 근무하는 공무원은 건축에 관한 법규정을 알아야 건축허가를 내줄 것인가를 결정할 수 있다.

이러한 지식은 인간의 인지과정을 통해 정보를 두뇌에 입력시킴으로써 가능하다. 그 방법으로는 직접경험과 함께 독서, 대화, 컴퓨터나 텔레비전 등의 기기를 통한 간접경험 등 다양한 방법이 있을 수 있다. 지식은 개발이 가능하다는 속성을 갖고 있기 때문에 인적자원의 개발 측면에서 보다 중요하게 다루어진다. 이에 조직적 차원에서 교육훈련과 같이 개인의 지식을 보다 체계적으로 변화시키고자 하는 계획적인 노력이 이루어진다.

### 2) 기술

기술(Skill)은 정해진 방식에 따라 구체적 행동으로 표출할 수 있는 숙련도(Proficiency)를 의미한다. 기술은 일반적으로 신체적 작동으로 나타나지만 때로는 정신 내지는 대인관계 측면에서도 나타나기도 한다(Drauden *et al.*, 1962; Super & Crites, 1962). 전자의 예로 교육기자재를 다루는 기술, 컴퓨터를 이용해 문서를 작성하고 자료를 분석하는 기술, 근무평정 지침대로 부하직원을 평가하고 평정서를 작성하는 기술 등을 열거할 수 있다. 한편 후자의 예로는 3차 방정식을 풀거나 시간을 관리하는 기술 또는 면접기술 등을 들 수 있다. 지식이 여러 가지 방법을 통해 얻어지는 것이라면 기술은 주로 연습을 통해 습득할 수 있다. 수영이나 테니스 등의 운동의 경우에도 비디오를 통해 동작이나 전략에 대한 많은 지식을 가지고 있다 하더라도 실제 수영장과 테니스장에 나가 실전의 연습이 없으면 기술은 익혀지지 않는다. 따라서 학교에서 실습교육을 하는 것은 모두 기술을 습득시키기 위한 교육방식이라 할 수 있다(황병수, 1992).

### 3) 능력

개인의 능력(Ability)은 개인이 보유하고 있는 지식을 구체적 행동으로 옮길 수 있는 실제적 역량(Capability)을 의미한다. 바꾸어 말하면 능력은 주어진 임무를 충실히 수행할 수 있는 힘으로서(Heneman Ⅲ *et al.*, 1983) 이러한 능력은 선천적으로 타고나는 경우도 있고 후천적으로 경험과 학습을 통해 얻어지는 경우도 있다(Drauden, 1988).

능력은 측정시험을 고려하여 크게 지적 능력과 신체적 · 생리적 능력의 두 가지 유형으로 구분할 수 있다. 지적 능력(지능: Intellectual Abilities)은 생각하고 추론하며 결정할 수 있는 정신적 힘을 말한다(Cherrington, 1989). 지적 능력은 다시 여러 가지 하위 능력으로 구분할 수 있다. 이에 지적 능력을 논의하는 데 있어 가장 흔히 인용되고 있는 다양한 측면을 정리하면 〈표 6-11〉과 같다.

지적 능력과 대비되는 것이 신체적 · 생리적 능력이다. 신체적 · 생리적 능력 역시 지적 능력과 마찬가지로 다시 여러 가지 하위 능력으로 구분할 수 있다. 이에 신체

**표 6-11 지적능력**

- **언어이해력(Verbal Comprehension)**: 어휘의 의미와 어휘 간의 관계를 이해할 수 있는 능력. 읽은 내용을 즉시 이해할 수 있는 능력
- **언어구사력(Word Fluency)**: 사물에 대한 명칭을 부여하거나 표현하고자 하는 생각을 문장으로 구성할 수 있는 능력
- **계산력(Number Aptitude)**: 빠르고 정확하게 가감승제와 같은 계산을 할 수 있는 능력
- **공간이해능력(Spatial Aptitude)**: 고정된 공간도형 및 도형 간의 관계를 정확하게 인지할 수 있는 능력
- **기억력(Memory)**: 어휘, 기호, 숫자 등을 기억할 수 있는 능력
- **인지속도(Perceptual Speed)**: 시각적 관찰대상에 대하여 빠르고 정확하게 차이를 인식할 수 있는 능력
- **추론능력(Inductive Reasoning)**: 규칙성과 원리를 추론해 내고 이를 적용하여 문제를 해결할 수 있는 능력

자료: Dunnette(1976).

적 · 생리적 능력을 논의하는 데 있어 가장 흔히 인용되고 있는 다양한 측면을 정리하면 〈표 6-12〉와 같다. 신체적 · 생리적 능력을 이해하는 데 있어 한 가지 특징적인 점은 지적 능력을 구성하는 여러 하위 능력들 간에는 높은 상관성이 발견되지만 신체적 · 생리적 능력들은 매우 구체적이고 하위 능력들 간의 상호 연관성이 적다는 점이다(Fleishman, 1979; McCormick & Ilgen, 1980).

앞에서 살펴본 바와 같이 개인의 특성을 지식, 기술, 능력으로 엄격하게 구분하는 것은 이들 개념을 지나치게 좁게 해석하는 결과를 초래할 수 있다. 실제 이들 세 개념은 학자에 따라 다양하고 모호하게 해석되고 있으며 개념 정의상 의미의 중복이 발생하고 있다. 따라서 현실에서 이들 용어는 상호보완적으로 사용된다. 특히 능력을 광의의 시각에서 '직무수행능력'으로 해석할 때는 직무수행에 필요한 지식과 기술까지를 모두 포괄하는 의미로 이해된다. 이 책에서도 지식, 기술, 능력을 모두 열거하지 않고 '능력'이라는 단어를 쓸 때에는 지식, 기술을 포함하는 의미로 사용하였다.

**표 6-12 신체적 · 생리적 능력들**

- **통제의 정밀성**(Control Precision): 근육운동을 조정하여 정해진 위치에 지렛대(Lever)를 정확하게 위치시키는 능력
- **수족운동**(Multilimb Coordination): 손과 발을 동시에 균형 있게 조정하고 움직일 수 있는 능력
- **반응의 성향**(Response Orientation): 신속한 반응을 요구하는 상황에서 감각적 신호(자극)에 대하여 빠르고 정확하게 방향을 찾아 움직일 수 있는 능력
- **반응속도**(Reaction Time): 자극이 주어진 상태에서 이에 반응하는 속도
- **팔동작**(Speed of Arm Movement): 쓰레기를 수거하고 퍼내는 작업처럼 정확성보다는 전체 팔을 신속하게 움직일 수 있는 능력
- **속도조절**(Rate Control): 계속적으로 움직이는 물체를 따라서 자신도 방향과 속도를 적절하게 유지시켜 물체의 움직임과 보조를 맞출 수 있는 능력
- **손동작**(Manual Dexterity): 커다란 물체를 목표지점에 신속하게 움직일 수 있도록 하는 손 움직임의 숙련정도
- **손가락동작**(Finger Dexterity): 볼트나 너트와 같이 작은 물건을 손가락으로 능숙하게 움직일 수 있는 능력
- **팔-손의 고정**(Arm-Hand Steadiness): 바늘에 실을 꿰는 것과 같이 속도나 근력보다는 흔들림 없는 자세가 중요한 상황에서 손과 팔이 안정된 채 정확한 동작을 할 수 있는 능력
- **팔목-손가락 속도**(Wrist-Finger Speed): 전신을 보내기 위하여 부호판을 계속 누르는 경우처럼 팔목과 손가락을 함께 신속하게 움직일 수 있는 능력
- **조준력**(Aiming): 원 안에 점을 신속하게 찍는다거나 반도체 공장에서 부품을 조립하는 경우처럼 눈과 손놀림을 동시에 수반하여 한 지점을 정확하게 조준하여 움직일 수 있는 손동작

자료: Dunnette(1966).

## 2. 직무만족

누구나 만족(Satisfaction)이라는 단어의 뜻은 쉽게 짐작할 수 있을 것이다. 다만 구체적인 사물이나 물질적 상태를 지칭하는 것이 아니라 사람 내면의 마음상태를 의미하는 것이기 때문에 개념이 추상적일 수밖에 없다. 일반적으로 만족은 '무엇'에 관한, 즉 대상 내지는 처한 상황과 관련지어 생각하게 된다. 따라서 직무만족(Job Satisfaction)은 직무 자체 내지는 직무를 구성하는 여러 요소에 대하여 얼마나 '흐뭇하게', '흡족하게' 또는 '우호적으로' 느끼고 있는가에 관한 것이다. 이러한 느낌은 경계를 분명히 그을 수 없는 연속적인 개념으로서 보통 만족을 논의할 때는 만족의 정도(만족도)를 다루게 된다. 따라서 만족을 불만족과 대비시켜 부를 때를 제외하고는 부정적 느낌인 불만족까지를 포괄하여 대표하는 용어로 사용하게 된다.

직무만족은 관리자에게 있어 매우 중요한 의미를 가진다. 많은 연구들에 의해 직무만족이 개인과 조직의 효과성에 영향을 미치는 원인변수로 제시되었기 때문이다. 높은 직무만족은 조직에 대한 충성도나 일에 대한 집중도, 육체적 · 정신적 건강, 나아가 삶의 질 향상에 기여하는 반면, 직무불만족은 조직몰입 저하, 결근율 및 이직률 향상과 같은 부정적 결과를 초래할 가능성이 높다.

또한 직무만족은 고정된 것이 아니고 외부요인에 의해 변화될 수 있기 때문에 결과변수의 특성도 갖고 있다. 즉 앞에서 언급하였듯 지식, 기술, 능력과 같은 개인 특성보다 환경에 대한 의존도가 높다.

따라서 직무만족은 이렇게 조직의 효과성에 영향을 미치고, 외부의 자극에 의해 변화될 수 있다는 특징을 갖고 있기 때문에 인적자원관리에 있어 중요 관심분야로 자리잡고 있다. 이에 관리적 시각에서 결과변수로서의 직무만족과, 원인변수로서의 직무만족을 논의할 때 각각 어떠한 부분을 중요하게 다루고 있는가를 구체적으로 살펴보면 다음과 같다.

### 1) 결과변수로서 직무만족

결과변수로서 직무만족을 논의할 때는 직무만족을 유발하는 요인이 무엇인가에 주목하게 된다. 특히 직무만족의 결정요인에 관해서는 많은 연구가 진행되고 있는데 이와 관련된 대표 이론으로는 욕구충족 이론, 보상 이론, 불일치 이론, 공정성 이론 등을 살펴볼 수 있다.

욕구충족 이론(Need Fulfillment Theory)은 직무만족을 욕구충족의 함수로 이해한다. 즉 개인의 욕구가 충족되면 만족감을 느끼게 된다는 것이다. 다시 말해 직무나 직무조건이 개인이 원하는 것을 얼마나 충족시켜 주는가에 따라 직무만족 수준이 결정될 수 있다고 본다. 그러나 욕구는 생리적 · 심리적으로 결핍에 관한 것으로서 관찰이 불가능하다. 따라서 어떤 행동이 이루어지고 난 다음에야 욕구가 보다 정확하게 추론될 수 있다. 이에 욕구충족 이론은 욕구의 인지가 어렵기 때문에 직무만족을 미리 예측할 수 없다는 점이 단점으로 지적되었다(Roe, 1984).

욕구충족 이론과 대비가 되는 이론은 보상 이론(Rewards Theory)이다. 이는 직무만족 수준이 개인이 받은 보상에 의해 결정된다고 보는 이론으로 가치의 정도가 높은 보상이 제공될수록 만족의 정도는 커진다고 주장한다. 보상 이론은 공급측면에서 만족에 접근함으로써 개인의 욕구에 대한 인지와 측정이 힘들기 때문에 만족을 예측할 수 없다는 욕구충족 이론의 한계를 극복하였다. 또한 관리차원에서 보상을 통제함으로써 직무만족 수준을 조절할 수 있다는 장점을 갖고 있다. 그러나 공급측면을 강조한 나머지 욕구와 같은 수요측면은 전혀 고려되지 못했다는 점이 보상이론의 한계로 지적되고 있다.

불일치 이론(Discrepancy Theory)은 수요와 공급측면을 모두 고려한 것으로 이해할 수 있다. 불일치 이론은 개인이 기대하는 것(수요)과 실제로 실현된 것(공급)과의 비교를 통해서 직무만족이 결정된다고 주장한다. 즉 바람직한 상태 내지는 어떠해야 한다는 규범적 상태(What ought to be)와 현재의 상태(What is)에 대한 인식 사이에 불일치의 정도가 작을수록 만족도가 높고 불일치가 클수록 만족도가 낮다는 이론이다.

공정성 이론(Equity Theory)은 자신의 투입에 대한 산출을 다른 사람의 그것과 비교해 봄으로써 공정성 혹은 불공정성을 지각하게 되고 이것에 의해 만족수준이 결정된다고 보았다(Adams, 1963). 즉 직무만족 수준이 직무수행에 있어 자신의 투입(노력, 근무의 양, 교육, 경력 등) 대비 산출(금전적 보상, 승진, 인정 등)의 비율이 다른 사람과 비교하여 얼마나 공정하게 다루어졌는가에 의해 결정된다는 것이다. 불일치 이론이 '개인 내(Intrapersonal)'의 기대와 현실 간의 비교과정에 관한 것이었다면, 공정성 이론은 '개인 간(Interpersonal)'의 비교과정을 중시하게 된다. 즉 대인 간의 상대적 비교에 의해 직무만족 수준이 달라질 수 있다고 본 공정성 이론은 타인을 고려하지 않았던 앞의 세 이론과 차이가 있다.

이상의 이론은 직무만족을 결정하는 데 있어 특정 부분에만 주목함으로써 다양한 요인들을 종합적으로 고려하지는 못하였다. 그러나 직무만족의 결정요인을 개별적으로 접근하는 것보다는 모든 요인을 종합적으로 고려하는 것이 인사관리자에게는 더욱 유용할 것이다. 위의 이론들은 명시적이든 암묵적이든 개인특성 · 상황특성 · 직무특성이 직무만족에 중요한 영향을 미치고 있음을 가정하고 있다. 다음에 살펴볼 상호작용 모형(Interaction Model)은 이러한 특징을 종합적으로 고려하여 직무만족을 이들 모든 특성 간의 상호작용에 대한 함수로 보았다(Wexley & Yukl, 1984).

상호작용 모형은 특히 불일치 이론을 기본 토대로 삼고 있다. 기대 상태인 'Should be'에 대한 인식은 개인특성과 상황특성 요인에 의해 결정되고, 현재 상태인 'What is now'에 대한 인식은 실제의 직무조건에 관한 것으로 모형화한다(〈그림 6-5〉

참고). 특히 기대수준은 개인의 특성에 의해 다르게 나타날 것이다. 여기에는 욕구충족이 주장하는 욕구 이외에도 개인의 가치관이나 능력 등을 포함시킬 수 있다. 이는 개인의 내면적 특성에 따라 기대의 차이가 생길 수 있기 때문이다. 물론 연령, 성, 신장, 인종, 교육 등과 같은 인구통계학적 특성도 포함시킬 수 있으나 이들 요소는 대부분 고정되어 있기 때문에 관리차원에서의 조작가능성이 적어 이 모형에서는 제외시키기로 한다.

다음은 개인을 둘러싸고 있는 상황적 요인이다. 공정성 이론이 주장한 대로 자신과 비교가 되는 다른 사람과의 형평성 정도에 따라 기대수준이 영향을 받게 된다. 또한 자신의 이전 경험도 기대수준을 결정하는 데 있어 중요한 요인으로 작용한다. 예를 들어, 이전의 직장에서 받아오던 보수수준이 최소한의 기대수준에 영향을 줄 것

**그림 6-5 직무만족의 결정요인: 상호작용모형**[3]

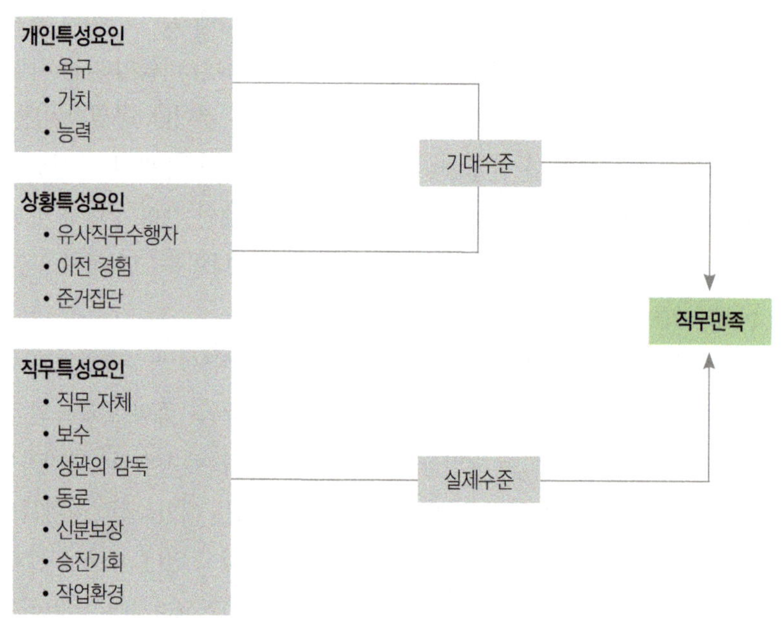


자료: Wexley & Yukl(1984).

3) 이 모형은 〈그림 2-1〉의 직무-개인 통합모형에서 개인과 직무의 아랫부분을 보다 구체화한 것으로 이해할 수 있다.

이다. 범위를 집단차원으로 확대할 수도 있다. 이는 개인의 역할을 해석하고 행동을 결정하는 데 규범적 기준을 제공하는 준거집단의 영향을 받는다는 것이다. 자율적이고 독립심이 강한 사람보다 동료집단이 나를 어떻게 생각할 것인가를 염두에 두고 행동하는 사람일수록 준거집단의 영향력이 크게 나타난다.

다음은 직무와 관련된 현실수준에 대한 인식이다. 직무만족은 직무를 구성하고 있는 여러 하위요소들을 열거하고 이들에 대한 개별적인 만족수준을 묻는 것이 일반적이다. 이때 가장 중요한 요소로 일 자체, 보상, 그리고 상관의 감독을 들고 있고, 여기에 동료, 신분보장, 승진기회, 작업환경 등을 포함시키고 있다. 이들 직무특성은 직무자체, 인사정책, 대인관계의 범주로 나누기도 한다. 인사정책에는 보상, 승진, 신분보장, 작업환경이 포함되고, 대인관계에는 상관 및 동료직원과의 관계가 포함된다(Schwab, 1978).

### 2) 원인변수로서 직무만족

원인변수로서 직무만족을 논의할 때는 직무만족이 낮거나 혹은 높을 때 발생하는 결과가 무엇인가에 주목하게 된다. 전통적으로 직무만족은 근무실적을 결정하는 하나의 원인변수로 여겨져 왔다. 그러나 경험적 연구가 축적되어 가면서 이러한 전통적 주장에 대해 많은 반론이 제기되고 있는 실정이다.

인간관계론의 시발점이 된 호손(Hawthorne)실험에서는 직장동료들 간의 비공식적인 교류와 소속감을 통해 만족수준이 높아지며 이에 따라 생산성도 증가한다고 주장하였다. 이 주장은 근무환경을 개선하고, 공정하고 적절한 보수수준을 유지해주고, 상관이 인간적이고 배려적인 지도 · 감독을 실시함으로써 근로자는 만족감을 느끼게 되고, 동기가 부여되며, 궁극적으로 근무실적이 향상될 수 있음을 의미하고 있다. 인

**그림 6-6** 직무만족과 근무실적에 대한 초기의 인간관계적 주장

자료: Wexley & Yuki(1984); 유민봉 · 임도빈(2012) 재인용.

간관계론에 의해 주장된 직무만족과 근무실적과의 인과관계를 도식화한 것이 〈그림 6-6〉이다.

그러나 직무만족과 근무실적의 이러한 선형적 인과관계는 몇 가지 점에서 설득력을 얻지 못하고 있다. 사람은 일을 하지 않고 '요령'을 피우면서 만족해 하는 사람이 있는가 하면(Cherrigton, 1989), 근무실적은 좋게 나타났지만 강압적 상태에서 이루어진 경우 개인에게는 오히려 심리적 불안과 불만을 초래할 수 있기 때문이다(Schwab & Cummings, 1970).

인과모형을 정면으로 부정하는 대표적인 모형이 동기이론에서 검토하게 될 성과–만족이론이다(Lawler & Porter, 1967). 성과–만족이론은 목표달성의 실적수준이 오히려 만족에 영향을 미친다는 주장이다. 〈그림 6-7〉는 이 과정을 모형화한 것이다. 그림에서 알 수 있듯이, '실적 → 만족'의 인과관계는 탁월한 실적을 보여 준 사람에게 보통이나 그 이하의 실적을 올린 사람보다 더 많은 보상이 수반될 때 만족이 발생한다고 본다. 즉 실적과 만족 사이에 보수, 승진, 표창 등을 포함하는 보상이라는 매개변수를 도입하고 그것이 공정하다는 인지가 있을 때 '실적 → 만족'의 관계가 성립한다는 것이다. 만약 실적이 낮은 사람에게 보상이 주어지거나 실적에 관계없이 모든 사람에게 똑같이 이루어지는 경우에는 오히려 실적은 불만족을 초래할 수 있음을 의미한다.

**그림 6-7 실적과 만족의 관계: Lawler–Poter 모형**

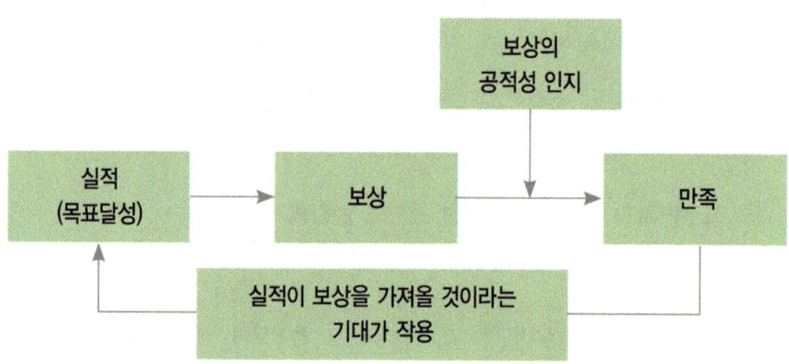


자료: Lawler & Porter(1967)을 부분수정.

'실적 → 공정한 보상 → 만족'이 '만족 → 실적'의 인과모형에 비해 보다 직관적 설득력을 가지나 모든 경험연구가 이를 뒷받침하는 것은 아니기 때문에 실적과 만족의 관계를 명확하게 규명하는 데에는 더 많은 노력이 필요할 것이다. 이러한 이론적 불확실성에도 불구하고 직무만족의 중요성을 부정할 수는 없다. 특히 직무에 대한 불만족이 이직률 · 결근율과 높은 상관관계가 있다는 연구결과가 일관성 있게 나오고 있고(Hulin, 1966; Steers & Rhodes, 1978), 직무에 대한 불만족이 높을수록 스트레스나 심리적 탈진감 등 정신 건강을 해친다는 연구도 있다(Cavanagh *et al.*, 1981). 불만족은 또한 고의적으로 업무착오를 일으키는가 하면, 악의적인 노조활동이나 공용물의 파손 또는 절도 등의 공격적인 행동을 유발할 수도 있다고 경고한다(Wexley & Yukl, 1984). 이러한 모든 부정적 결과는 조직의 효과성에 영향을 미칠 것이 분명하다. 인사행정의 모든 과정에서 직무만족이 중요하게 고려되어야 하는 이유가 여기에 있다. 특히 근로자 개인에게는 직무만족이 생활 자체의 활력을 넣어 주고 삶의 질을 높일 수 있는 요인으로서 직무만족과 조직효과성과의 상관성에 관계없이 직무만족 그 자체가 목표로서 중요한 가치가 있음을 인정해야 할 것이다.

# 개혁사례

## 직무분석의 유용성 : 天地懸隔(천지현격)

Fisher *et al.* ; Cascio

### 1. 일본에는 필요 없다

미국에서는 직무분석이 인사관리의 효율성에 기여한다고 굳게 믿고 있다. 특히 모집, 선발, 교육훈련, 보수의 인사기준으로 매우 유용한 것이다. 특정 직무에 대한 공고가 나가고 구직자들이 응모하게 되면 직무기술서의 자격요건에 따라 적격자를 뽑게 된다. 드디어 합격자는 그 직무수행의 내용과 자격에 대한 교육훈련과정을 거치게 된다. 보수도 직무평가라는 과정을 거치게 되지만 직무와 밀접한 관련을 가지고 있는 것이 사실이다.

그러나 일본의 대기업들은 직무기술서에 대한 필요성을 느끼지 않고 있다. 일본의 고용정책에는 전혀 다른 철학이 깔려 있기 때문이다. 일본기업은 특정 직무를 대상으로 회사원을 뽑지 않는다. 그들은 조직에 충성하고 여러 가지 역할에 두루 공헌할 수 있는 대졸자를 찾고 있는 것이다. 고용주들은 이들 신입사원들이 그들 회사를 평생직장으로 하여 여러 분야에서 일할 것이라고 생각한다. 그들은 직무와 관련된 전문지식이나 기술보다도 성격, 태도, 정상교육, 가정에서의 성장배경을 훨씬 더 중시한다.

전문기술을 가지고 고용하지 않기 때문에 고용주들은 신규사원들의 사내 교육훈련을 위해 막대한 자금을 투자한다. 이런 투자는 사원들이 평생 동안 회사를 위해 일하기 때문에 충분히 보상된다고 생각한다. 최초의 교육은 회사전체에 관한 것, 예를 들어 회사 스타일이나 문화에 대한 것이다. 좀 더 구체적인 훈련은 현장에서 직무수행 중에 이루어진다. 보직을 순환시키고 신규사원 개개인에게는 선배가 한 사람씩 배정되어 능력개발을 책임진다. 훈련내용은 직무분석이 제공하는 정보에 의해서가 아니라 이러한 도제(徒弟)식 교육훈련을 따르기 때문에 직무분석의 필요성을 느끼지 못하는 것이다.

보수결정도 직무분석에 의존하지 않는다. 일본의 보수는 주로 근무경력과 교육에 의존하고 있고 부분적으로 주택, 교통, 가족 등의 요소를 고려하여 결정한다. 똑같은 일을 하고 실적이 비슷하다 하더라도 보수수준은 서로 다르다.

요약하자면, 일본 관리자들은 직무기술서가 불필요하다고 판단한다. 오히려 해로울 수도 있다는 것이다. 일본인들의 시각에서 보면 직무분석은 융통성과 진취적인 업무수행을 가로막는 장애인 것이다. 책임을 적당히 규정하는 것이 오히려 스스로 알아서 많은 일을 하게 하는 것이다. 그래서 사원들은 현장경험을 통해 스스로 평생학습을 하는 것이다. 끝으로, 일본 경영에서는 협동심과 팀워크를 중시하기 때문에 개인차원에서 직무기술서가 불필요하다고 생각한다(Fisher *et al.*, 1993).

### 2. 미국에는 반드시 필요하다.

고용에서 교육훈련, 근무평가, 경력관리에 이르기까지 광범위한 인사활동에 직무분석이 필수적이라는 것은 너무나도 분명한 일이다. 응시자를 평가할 타당한 기준을 갖지 못한 상태에서 생산성은 좋아질 수가 없다. 빈자리에 최고의 적임자를 선발하지 못할 것이기 때문이다. 교육훈련 프로그램이 직무수행의 가장 중요한 부분을 가르쳐 주지 못한다면, 돈과 시간과 생산성 모두를 잃어버리고 말 것이다. 만약 근무평가체제가 평가할 직무나 사람과 무관하게 만들어졌다면 어떻게 평가결과가 생산성 향상에 기여할 수가 있겠는가? 이런 상황에서는 고용자 · 피고용자 모두가 패자이다. 직무분담이 비합리적이기 쉬워 일을 하는 데 더 많은 사람이 필요하게 되고 인건비지출이 불어날 것은 사실이다. 그러니 고용자가 패자이다. 피고용자도 패자이다. 조직이 그들의 재능을 최대한 활용하지 못하고 그들의 개인적인 성취욕과 자기발전을 도와주지 못하기 때문이다.

우리는(학자) 고용인과 피고용인 모두에게 이익이 될 수 있는 길을 가르쳐 줄 의무가 있다. 만약 우리가 좀 더 신경써서 타당성과 신뢰성을 갖춘 직무분석 정보를 만들어 내려고 시간을 투자하고 그 정보를 기초로 통합적인 인사관리체제를 구축하려는 노력만 한다면 우리는 기필코 양쪽 모두에 도움을 줄 수 있음이 분명하다.

자료: Human Resource Management, 2nd ed.(1993);
Managing Human Resource, 2nd ed.(1989).

## 토론문제

**Q1** 본문에서 소개된 점수법과 요소 비교법의 예들을 바탕으로 공공기관에서 직무평가의 방법(서열법, 분류법, 점수법, 요소비교법)들을 적용할 수 있는 실제 사례들에 대해 이야기해 보세요.

**Q2** 직무조사(자료수집)방법 중 관찰, 면접, 설문지법, 일지기록법의 장·단점을 나열해 보세요. 직무평가의 방법 중 분류법과 점수법의 장점과 단점을 각각 분석하여 비교해 보세요.

**Q3** 한국정부 직무분석의 추진배경과 발전과정, 그리고 한국형 직무분석의 내용적 특징들을 조사하여 이야기해 보세요.

**Q4** 앞서 논의한 전통적 인과모형과 Lawler–Porter 모형을 바탕으로 직무만족과 근무실적 간의 관계에 대해 토의해 보고 한국 인사행정 현실에 맞는 한국형 실적–만족(만족–실적)모형 개발을 시도한다면 어떤 것들을 생각해 볼 수 있을지 토의해 보세요.

**Q5** 원인변수와 결과변수로서 직무만족의 중요성과 한계에 대해 토의해 보세요.

제 7 장

한국인사행정론

# 전략적 인적자원관리

## 들어가는 말

조직의 경쟁력 확보를 위해 공공조직은 유능하고 업무에 헌신적인 인력을 확보, 개발, 유지 · 활용할 수 있는 방안에 대하여 끊임없이 고민해야 한다. 특히 조직의 성과 극대화를 위해서는 일련의 인적자원관리 과정이 조직의 전략과 일치성을 가지고 운영될 필요가 있다. 이에 단기적인 관점에 기반한 인사관리 및 인적자원관리와는 다른 접근 방식이 요구되었는데, 이러한 요구를 반영한 것이 전략적 인적자원관리라 할 수 있다. 전략적 인적자원관리는(SHRM: Strategic Human Resource Management) 보다 장기적인 관점에서 조직의 비전과 목표를 반영하여 인적자원관리 과정을 설계하고 인적자원관리의 각 기능간의 조화를 통해 조직의 목적을 효율적으로 달성시켜나가는 과정이다. 현재 우리나라 공공부문에서 이러한 전략적 인적자원관리가 구체화되어 실행되고 있는 것이 인력관리계획이라 할 수 있다.

이러한 전략적 인적자원관리를 이해하는 것은 공공부문에서 보다 목표중심적이고 성과중심적인 인적자원관리의 기초를 마련할 수 있다는 측면에서 그 중요성을 찾아볼 수 있다. 이에 제7장에서는 전략적 인적자원관리에 대한 일반적인 이해를 바탕으로 우리나라 공직사회에서 구현되고 있는 전략적 인적자원관리의 내용을 인력관리계획을 통해 체계적으로 살펴보고자 한다.

## 핵심용어

- 인적자원관리(HRM: Human Resource Management)
- 전략적 인적자원관리(SHRM: Strategic Human Resource Management)
- 인력관리계획(Workforce Planning)
- 필요역량
- 보유역량
- 역량차이(Gap) 분석
- 충원계획
- 육성계획
- 배치계획

# 제1절 전략적 인적자원관리의 이해

## 1. 전략적 인적자원관리의 개념

전략적 인적자원관리(SHRM: Strategic Human Resource Management)는 조직의 목표 및 성과달성을 목표로 개인과 조직이 일치성을 가지고 조직의 전략을 수행할 수 있도록 하는 인적자원관리 방식을 의미한다. 따라서 전략적 인적자원관리란 조직의 비전과 목표를 반영하여 인적자원관리 과정을 설계하고 인적자원관리의 각 기능 간의 조화를 통해 조직의 목적을 효율적으로 달성시켜나가는 과정으로 이해할 수 있다 (Wright & McMhan, 1992).

그림 7-1 전략적 인적자원관리

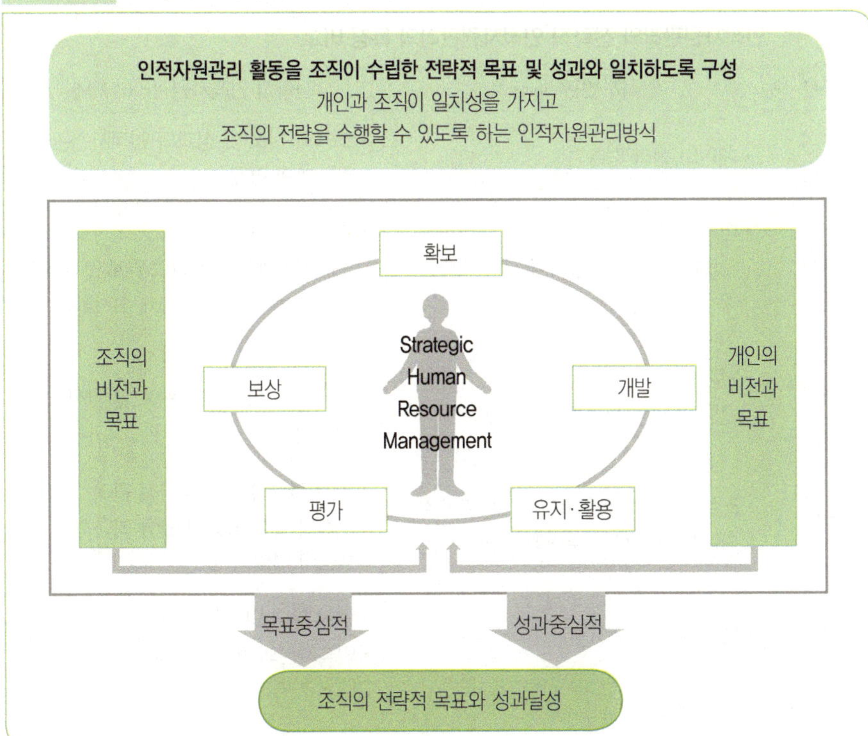

전략적 인적자원관리의 개념을 보다 명확하게 하기 위해 전략적 인적자원관리가 기존의 관리 패러다임이었던 인적자원관리(HRM: Human Resource Management)와 어떠한 차이점을 갖고 있는지 살펴보아야 한다(〈표 7-1〉 참조).

우선 인적자원관리의 특징을 살펴보면 다음과 같다. 인적자원관리에서는 직무만족 및 동기부여, 조직시민행동에 중점을 두면서 개인의 심리적 측면을 다루었다. 또한 미시적인 관점에서 인적자원관리에 접근함으로써 개별 인적자원관리 기능의 부분 최적화를 추구하였고, 단기적 관점에서 인적자원관리 계획이 수립됨으로써 이러한 계획은 인사관리상의 단기적 문제해결에 중점을 두었다. 따라서 인적자원관리는 조직의 목표와는 무관하거나 혹은 조직의 목표달성을 보조하는 부수적 · 기능적 · 도구적 · 수단적 역할을 수행하는 데 그쳤다. 이에 인적자원관리가 조직 내에서 소극적인 역할만을 담당하였고, 주로 '통제 메커니즘'을 마련하는 데 그쳤다.

반면 전략적 인적자원관리는 이러한 소극적 관점에서 탈피하여 보다 적극적인 기능을 담당하기 위해 목표중심적 · 성과중심적 인적자원관리로의 전환을 추구하였

**표 7-1 인적자원관리와 전략적 인적자원관리의 특징 비교**

| 구분 | 인적자원관리(HRM) | 전략적 인적자원관리(SHRM) |
|---|---|---|
| 분석 초점 | • 개인의 심리적 측면 | • 조직의 전략 및 성과와 인적자원관리 활동과의 연계 |
| 관점 | • 미시적 관점<br>: 인적자원관리 기능의 부분 최적화를 추구 | • 거시적 관점<br>: 인적자원관리 기능 간의 연계 및 수직적 · 수평적 통합을 통한 전체 최적화를 추구 |
| 범위 | • 단기<br>: 인사관리상의 단기적 문제해결 | • 장기<br>: 조직의 전략수립에 관여 및 인적자원의 육성 |
| 기능 | • 조직의 목표 달성과 무관하거나 부수적 · 기능적 · 도구적 · 수단적 역할 수행 | • 조직 전략 수립에 적극적 관여<br>• 조직의 목표 달성에 있어 적극적 · 핵심적 역할 수행 |
| 역할 | • 통제 메커니즘 마련 | • 권한 부여 및 자율성 확대<br>• 인적자본의 체계적 육성 및 개발 |

자료: 배귀희 외(2008) 재인용.

다. 개인의 심리적 측면에 중점을 두었던 인적자원관리와는 달리 조직의 전략 및 성과와 인적자원관리 활동 간의 연계에 중점을 두었다. 따라서 보다 거시적인 관점에서 인적자원관리에 접근하였고 이에 개별 인적자원관리 기능 간의 연계 및 수직적 · 수평적 통합을 통한 전체 최적화를 추구하였다. 뿐만 아니라 전략적 인적자원관리 계획은 보다 장기적인 관점에서 수립됨으로써 조직의 전략수립과 이러한 전략달성을 가능하게 하는 인적자본의 육성에 중점을 두었다. 이에 전략적 인적자원관리는 조직의 전략수립과 실행 및 목표달성에 있어 적극적인 역할을 담당하게 되었고 단순히 통제 메커니즘을 구축하는 것에 그치지 않고 조직 구성원에게 권한과 자율성을 부여하여 이들이 보다 주체적 역할을 담당할 수 있도록 하였다.

이상의 내용을 종합해 볼 때, 전략적 인적자원관리란 조직의 전략목적을 효율적으로 달성시키기 위해 조직과 개인 간의 비전과 목표를 정합(Alignment)시키는 과정이며, 조직의 목표달성을 위하여 적정한 사람을 적시 · 적소에 확보토록 하는 과정이라 정의할 수 있다(OPM, 2005). 특히 전략적 인적자원관리의 핵심적인 특징은 기존의 인사관리 및 인적자원관리와는 달리 장기적이며 목표 중심적 · 성과 중심적 인적자원관리방식이라는 것이다. 따라서 전략적 인적자원관리는 약 3~5년 후에 조직이 추구하는 장기적 목표를 달성하는 데 있어 필요한 인적자본의 규모와 특성을 종합적으로 파악하고, 현재(공급)와 미래(수요) 간의 인력 및 역량 차이(Gap)를 파악하며 조직의 비전 및 목표를 달성할 수 있는 해결책을 개발하여 실행하는 방법론적 과정으로 이해할 수 있다(안양호, 2009).

## 2. 전략적 인적자원관리의 중요성

위에서 살펴본 바와 같이 전략적 인적자원관리는 조직이 추구하는 목표와 성과를 달성하기 위해 조직의 전략과 사람을 통합하는 과정이다. 전략적 인적자원관리의 개념은 1993년 미국의 정부성과결과법(GPRA: Government Performance and Results Act)이 제정된 이후 강조되기 시작하였다. 이 법은 인적자원관리(HRM)를 포함한 모든 기관의 관리활동이 기관이 수립한 전략적 목표와 성과와 일치되도록 할 것을 강조하였다. 또한 인적자원관리의 패러다임이 인사관리(PM)에서 인적자원관리(HRM)로, 인적자원관리에서 인적자본관리(HCM: Human Capital Management)로 변화하면서 사람에 대한 관점이 변화하였고 이에 사람을 소모적인 자원(Resource)으로 보는 것이 아니라 투자를 통해 가치가 증대하는 자산(Asset)으로 인식하게 되었다. 이러한 흐름에 따라 관리자들은 조직의 목표달성 및 성과달성에 있어 인적자원관리가 핵심적인 역할을 수행하게 될 것이라는 데 인식을 같이하게 되었고 조직의 전략과 인적자원관리 방식 간의 일치 및 통합을 추구하게 되었다. 이에 민간 및 공공부문에서 전략적 인적자원관리의 중요성이 강조되었다. 전략적 인적자원관리는 조직의 성과달성에 있어 인적자원의 잠재능력이나 활동을 보다 전략적으로 활용하기 위한 인적자원관리 활동으로 다음과 같은 중요성을 가진다.

첫째, 전략적 인적자원관리를 통해 조직의 성과를 제고할 수 있다. 신공공관리론(NPM: New Public Management)에 기초한 행정개혁에 따라 공공부문에서도 민간부문과 유사하게 경쟁과 효율을 핵심으로 하는 성과 중심적 인사관리 체제가 형성되었다. 이에 목표 · 성과지향 인적자원관리를 핵심으로 하는 전략적 인적자원관리를 통해 공공조직의 성과를 극대화할 수 있을 것이라 생각된다.

둘째, 조직의 전략과 인적자원관리 기능 간의 유기적 관계를 형성함으로써 인적자원관리의 효율성 향상을 기대할 수 있다. 위에서 살펴본 바와 같이 기존의 인사관리(PM), 인적자원관리(HRM)에서는 인적자원관리의 확보, 개발, 유지 · 활용, 평가, 보상과 같은 기능이 독립적인 역할을 담당하였다. 이러한 접근은 기능 실행의 용이성은 확보할 수는 있었지만 조직의 전략 및 목표와 인적자원관리 간의 일치성을 추구하는 데는 한계를 갖고 있었다. 전략적 인적자원관리는 거시적인 관점에서 다양한 인적자원관리 활동을 조직의 전략 및 목표와 일치시키고 유기적으로 연계하여 운영함으로써 인적자원관리의 효율성 향상을 도모한다.

셋째, 장기적 관점에서 전략적 인적자원관리를 통해 조직 내 인적자원을 인적자본화함으로써 지속적인 경쟁우위 확보가 가능해진다. 기존의 인적자원관리 과정에서는 단기적이고 형식적인 기본교육 위주의 교육이 이루어져 왔다. 그러나 전략적 인적자원관리는 장기적 관점에서 조직의 현재 및 미래의 환경변화와 이를 기반으로 하는 역량분석에 집중한다. 이러한 분석을 통하여 전략적 인적자원관리 과정에서는 조직 내에 요구되는 역량을 중심으로 공급자 중심이 아닌 수요자 중심의 교육훈련 시스템을 구축할 수 있게 된다. 특히 전략적 인적자원관리는 조직의 효율성 제고를 위하여 조직의 전략과 인적자원 개발 활동을 일치시켜 개인의 역량을 개발하고 발전시키는 것을 중시하기 때문에 보다 다양하고 실효성 있는 교육훈련 프로그램을 구성하여 운영하게 된다. 따라서 이를 통해 인적자원을 인적자본화하는 데 기여할 수 있으며 소모적인 자원을 넘어 시간이 지남에 따라 그 가치가 더욱 증대되는 인적자본화를 통해 지속적인 경쟁우위 확보가 가능해 진다.

## 제2절 인력관리계획의 이해

### 1. 인력관리계획의 개념

인력관리계획(Workforce Planning)은 조직이 목표를 달성하는 데 필요한 인력을 적시에 확보하기 위해 수립하는 중장기 계획으로서 전략적 인적자원관리에 있어 핵심적인 부분이라 할 수 있다. 인력관리계획은 현재 조직이 보유한 인력을 분석하고, 향후 필요한 인력을 예측하는 과정을 거쳐 보유 인력과 필요 인력 간의 차이를 해소하기 위해 필요한 중장기적 지향목표와 단기적 실행계획 등을 수립하는 것을 기본으로 한다.

유능한 인재를 충원하고 각자가 역할수행에 필요한 역량을 갖추도록 육성하는 것은 단기간에 이루어지지 않기 때문에 장기적인 관점에서 접근해야 하며, 체계적인 분석에 기초한 인력관리계획을 수립하고 시행함으로써 조직은 필요한 인력을 적시에 확보할 수 있게 된다. 또한 5급 승진 · 특별 채용 예정인원 사전협의제 폐지 등 각종 인사규제가 폐지 · 완화되면서 각 기관의 인사자율성이 확대되었고 이에 기관 스스로가 필요한 인력을 자율적으로 확보하기 위한 노력으로서 인력관리계획의 중요성이 부각되었다. 이에 우리나라에서는 공무원임용령(제8조 및 제34조), 공무원임용시험령(제3조 및 제42조)에 근거하여 인력관리계획을 수립하여 운영하고 있다. 각 기관은 인력에 대한 체계적인 분석 · 예측에 기초하여 공채 · 승진 · 특채 등 균형 잡힌 계획을 자율적으로 수립하고 있으며 행정안전부는 각 기관의 계획에 근거하여 공채선발 · 배

**표 7-2 인력관리계획의 구성요소**

| 구성요소 | 내용 |
|---|---|
| 1. 중장기 비전과 목표 | • 환경분석 및 예측<br>• 중장기 비전과 미션<br>• 주요 목표와 추진전략 |
| 2. 인력현황 분석 | • 인력규모와 구조(직위, 직종, 연령, 성별 등)<br>• 인력운영(채용, 승진, 전보 등)<br>• 필요역량과 보유역량<br>(기본역량, 공통역량, 직무역량, 관리자역량 등) |
| 3. 인력관리 5개년 계획의 목표 | • 5개년 뒤에 도달해 있을 인적자원의 목표수준으로서, 조직 구성원들이 갖추어야 할 역량과 이를 뒷받침하기 위한 인력관리의 방향이 나타나야 함 |
| 4. 실천계획 | • 예측가능성이 높은 향후 2년 간의 구체적인 충원 · 육성 · 활용 계획 |

자료: 행정안전부(2011d).

정인원 등을 결정하고 있다.

각 기관의 인력관리계획은 기관의 특성에 따라 일부 다르게 구성되긴 하지만 일반적으로 〈표 7-2〉와 같이 중장기 비전 · 목표, 인력현황, 인력관리의 목표와 실천계획 등 크게 4가지 요소로 구성된다.

## 2. 인력관리계획의 중요성

위에서 살펴본 바와 같이 전략적 인적자원관리가 구체화되어 실행되고 있는 것이 인력관리계획이라 할 수 있다. 조직이 지속적으로 발전해 나가기 위해서는 현재 보유한 인적자원을 잘 관리하는 것뿐만 아니라 미래에 요구되는 인적자원을 예측하고 공급할 수 있는 체계적인 장치를 보유해야 하는데, 이러한 체계를 구축하는 데 있어 인력관리계획이 핵심적인 역할을 담당한다. 전략적 인적자원관리와 유사한 맥락에서 우리나라에서 시행되고 있는 인력관리계획은 다음과 같은 중요성을 가진다.

첫째, 인력관리계획을 통해 조직의 전략적 방향을 설정할 수 있으며 인적자원의 역량을 조직의 전략적 방향에 집중시킬 수 있다. 조직은 인력관리계획을 구축하기 위해 조직의 내 · 외부환경 분석을 진행하게 되는데, 이를 바탕으로 조직은 보다 다양한 환경변화를 고려하여 장기적인 관점에서 조직이 지향하고자 하는 바를 나타내는 명확한 비전과 목표설정이 가능해진다. 특히 이렇게 도출된 비전과 목표를 조직 내에 공유함으로써 인적자원관리의 방향을 설정할 수 있으며 이를 통해 인적자원의 역량이 비전과 목표에 집중됨으로써 성과지향적 인적자원관리 체계가 구축된다(박천오 외, 2012).

둘째, 인력관리계획을 통해 적시에, 적재적소의 인력배치를 가능하게 함으로써 조직의 성과달성에 있어 부정적인 영향을 미치는 업무공백을 최소화할 수 있다. 조직은 인력관리계획을 수립하기 위해 현재의 보유 인력 수준과 미래의 기대 인력 수준 간에 대한 차이(Gap) 분석을 실시하게 된다. 이러한 차이 분석을 통해 조직에 요구되는 인력과 역량을 사전에 파악할 수 있게 되고 이에 입직, 퇴직, 인사이동 등을 효율적으로 관리하여 인사행정의 기본목표인 인력의 적재적소 배치가 가능하게 된다.

셋째, 인력관리계획을 통해 인적자원관리의 운영방안을 유기적으로 연계함으로써 전략적 인적자원관리의 기틀을 마련할 수 있으며 이는 궁극적으로 조직의 전략목표 및 성과달성을 용이하게 한다. 즉 인력관리계획을 도출하기 위해 조직은 내 · 외부환경 분석, 인력분석 등을 진행하게 되는데 이러한 결과를 바탕으로 조직성과 향상을 위한 최적의 충원계획, 역량 중심의 교육훈련프로그램 계획, 경력개발계획, 승계계획, 성과관리제도 개발 등 보다 효과적이고 구체적인 운영방안을 통합적으로 도출할 수 있게 된다. 따라서 조직의 장기적 전략과 목표에 기반하여 인적자원관리의 운영방안이 도출됨으로써 효과적인 인적자원관리를 통한 조직성과 달성이 가능해진다.

## 제3절 인력관리계획 모델

### 1. 미국의 인력관리계획 모델

미국은 대부분의 연방정부, 주정부, 지방정부 부처에서 인력관리계획을 수립 · 시행하고 있다. 1990년대 초반 미국의 정부성과결과법(GPRA)의 제정에 따른 전략적 인적자원관리의 중요성과 함께 다양한 외부환경의 변화로 인해 발생하는 전문인력 부족 현상, 민간부문과의 인재확보 경쟁 문제, 조직 내 인구 고령화 문제 등으로 인해 인력관리계획의 중요성이 강조되었다. 특히 베이비붐 세대의 대량퇴직으로 인해 승계계획(Succession Planning)에 대한 요구도 증가하였다.

〈그림 7-2〉는 미국의 인사관리처(OPM: Office of Personnel Management)에서 설계한 연방정부의 5단계 인력관리계획 모델이다. 미국의 인력관리계획 모델은 전략적 방향설정, 인력분석, 인력관리계획 수립, 인력관리계획 집행, 효과성 측정 등 5단계로 구성되어 있다. 각 단계별 구체적인 내용을 살펴보면 다음과 같다.

### 1) 1단계: 전략적 방향 설정

미국 인력관리계획 모델의 1단계는 전략적 방향 설정의 단계이다. 이 단계에서는 조직의 목표달성을 위해 필요한 인력, 직종 및 구성원들에게 요구되는 기술 및 역량에 대한 고려와 함께 조직구조와 업무절차에 대한 고려가 이루어진다. 따라서 전략

**그림 7-2 미국의 인력관리계획 모델**

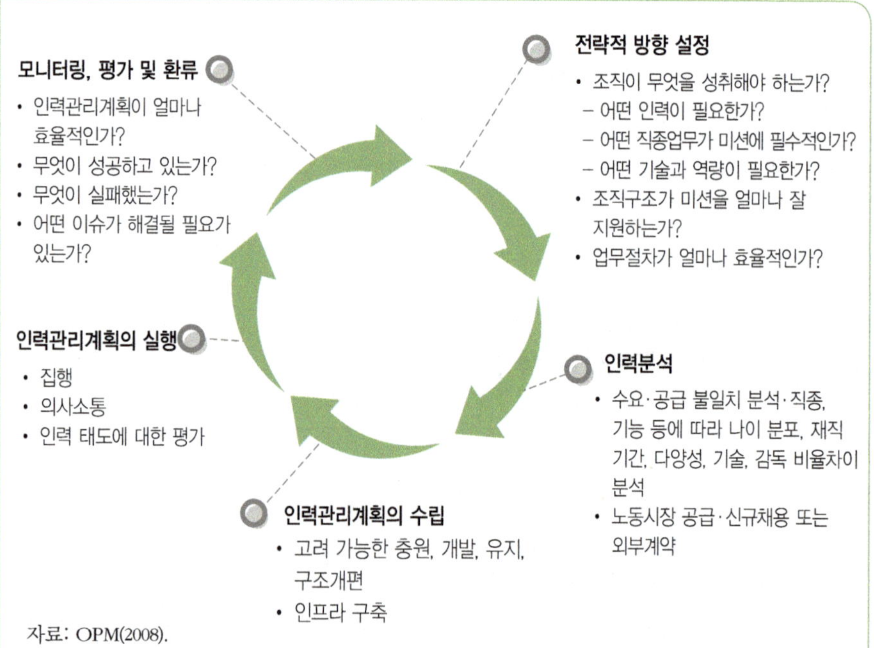


자료: OPM(2008).

적 방향설정 단계에서의 주요활동은 전략적 파트너의 조직 및 동원, 전략적 비전 · 미션 · 가치 · 목표설정, 현재의 인력구성, 역량, 조직구조에 대한 점검, 조직의 성과향상을 위한 업무 재설계(BPR: Business Process Reengineering) 실행, 조직성과를 측정할 수 있는 성과지표 설정 등을 포함한다. 특히, 이러한 전략적 방향설정에 있어 중요한 것은 현실적이고 객관적인 목표를 설정하는 것이라 할 수 있다.

### 2) 2단계: 인력분석(수요-공급 불일치 분석)

미국 인력관리계획 모델의 2단계는 인력분석의 단계이다. 인력분석 단계에서는 다양한 형태의 인력에 대한 분석 및 역량평가가 이루어지며, 이를 통해 현재 보유하고 있는 역량(공급)과 미래 요구되어지는 역량(수요) 간의 비교가 가능해진다. 이러한 인력분석 및 역량차이(Gap)의 확인을 통해 조직은 보완되어야 할 부분을 확인할 수 있다.

### 3) 3단계: 인력관리계획의 수립

미국 인력관리계획 모델의 3단계는 인력계획의 수립 단계이다. 조직은 장기적인 전략계획을 실행하고 역량차이(Gap)를 해소하며 조직에 필요한 기술과 역량을 갖춘 인력을 지속적으로 공급할 수 있도록 인력계획을 수립할 필요가 있다. 이에 인력계획 수립 단계에서는 역량차이 해소를 위한 인력계획의 설계, 구체적인 목표설정, 전략적 진행상황 측정 및 평가 등과 같은 활동이 포함된다. 특히 이 단계에서는 인력계획에 대한 인사부서의 적극적 지지가 필요하며 이를 위해 전략적 파트너십 구축 등의 노력이 필요하다.

### 4) 4단계: 인력관리계획의 실행

미국 인력관리계획 모델의 4단계는 인력계획의 실행 단계이다. 따라서 인력계획 실행 단계에서는 계획의 실행에 필요한 인력과 자원을 확보하고, 전략목표 실행 및 달성에 필요한 의사소통과 조정이 필요하다. 이에 인력계획 실행단계에서의 주요 활동은 인력계획에 관한 의사소통, 조직적인 평가, 모집 · 선발 · 대체인력 계획 및 승계계획의 실행, 이해관계자 확인 및 요구파악, 전략유지 실행 등을 포함한다.

### 5) 5단계: 모니터링, 평가 및 환류

미국 인력관리계획 모델의 5단계는 모니터링, 평가 및 환류의 단계로서 인력관리계획의 효과성을 측정하는 단계이다. 즉 효과성 측정 단계에서의 주요 활동은 인력관리계획 실행 상황을 성과지표에 맞춰 모니터링 하고 성공 · 실패 여부에 대한 판단 및 지속적인 향상여부 평가, 잘못된 부분의 계획수정 및 새로운 인력과 조직적인 문제에 대처하는 과정 등을 포함한다. 인력관리계획 모델의 5단계에 위치한 효과성 측정은 인력관리계획 모델의 마지막 단계라기보다는 연속적인 사이클의 한 부분으로 이해하는 것이 바람직하다 할 수 있다. 보다 발전적인 인력관리계획 모델을 구축하기 위해 계획된 과정을 모두 수행하고 난 후 인력관리계획의 효과성 측정 결과를 토대로 수정 및 보완된 계획을 재수립하여 실행하기 때문이다.

## 2. 한국의 인력관리계획 모델[1)]

우리나라의 인력관리계획 모델은 앞서 살펴본 미국의 인력관리계획 모델을 바탕으로 수립되었다. 우리나라의 경우 행정수요의 변화와 성과중심의 관리개혁에 따른 인적자본의 중요성 강조, 인사 자율권 확대와 같은 대내외적 환경변화와 정부 인력충원방식의 문제점 극복을 위한 대안으로서 인력관리계획에 대한 중요성이 강조되었다.

현재 우리나라의 인력관리계획 모델은 2007년 중앙인사위원회가 설계한 4단계 인력관리계획 모델을 토대로 유지되고 있다. 〈그림 7-3〉에서 보는 바와 같이 우리나라 인력관리계획 모델은 전략적 방향 설정, 인력분석 및 전략개발, 인력관리계획의 집행, 효과성 측정 등 4단계로 구성되어 있다. 각 단계별 구체적인 내용을 살펴보면 다음과 같다.

### 1) 1단계 : 전략적 방향 설정

우리나라 인력관리계획 모델의 1단계는 전략적 방향설정 단계이다. 전략적 방향

1) 이하에서는 중앙인사위원회(2006)「인력관리 매뉴얼」의 인력관리계획에 대한 설명을 다룬다.

**그림 7-3** 우리나라 인력관리계획 모델

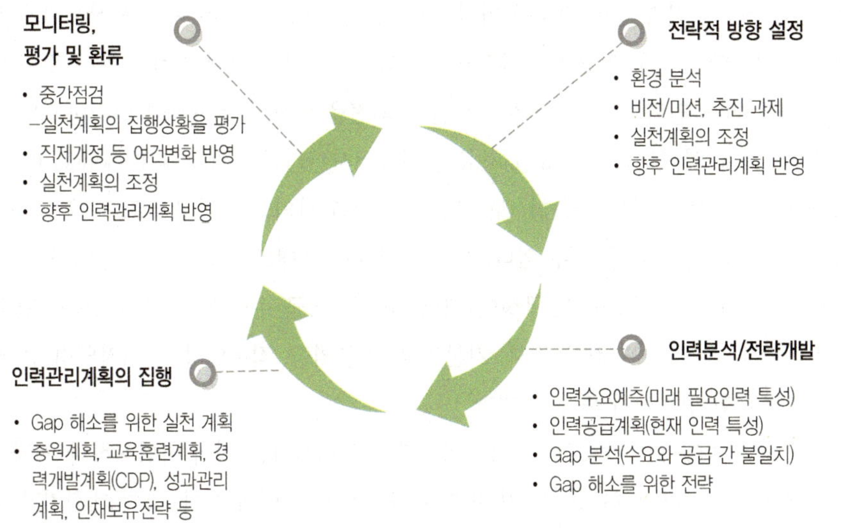


자료: 중앙인사위원회(2007).

설정 단계에서는 조직 내·외적환경 분석을 통해 시사점을 도출하고 그 결과에 근거하여 조직의 비전과 목표를 설정하며 이를 달성하기 위한 주요 전략과제를 개발하게 된다. 따라서, 전략적 방향설정 단계에서는 비전 및 목표, 전략과제 도출에 있어 기초가 되는 환경분석 활동이 매우 중요하다고 할 수 있다. 이에 환경분석에서는 각종 연구보고서, 통계자료 등에 대한 분석뿐만 아니라 필요에 따라 초점집단인터뷰(Focused Group Interview), 이해관계자 등을 대상으로 진행하는 설문조사, SWOT분석, 수요분석(Needs Analysis) 등 다양한 방식을 활용하게 된다. 또한 조직의 비전과 미션설정은 핵심그룹에 의한 워크숍 등을 통해 조직 구성원들이 공유할 수 있도록 해야 한다.

### 2) 2단계 : 인력분석/전략개발

우리나라 인력관리계획 모델의 2단계는 인력분석 및 전략개발 단계이다. 인력분석 및 전략개발 단계에서의 주요 활동은 현재 보유 인력분석, 미래 필요 인력예측, 보유-필요 간 차이 확인, 차이 해소를 위한 전략수립 등을 포함한다.

특히 보유 인력에 대한 분석은 그 자체가 목적이 아니라 미래에 필요한 인력과 현재 보유한 인력 간의 격차를 파악하기 위한 것이므로 모든 측면을 상세하게 분석하는 것보다는 향후 필요 인력에 대한 예측과 관련된 분석에 중점을 두는 것이 바람직하다. 이때 인력 수요 예측은 간부들의 의견을 반드시 조사하여 반영하도록 하고 있다. 보유 인력분석에 필요한 자료는 전자인사관리시스템(PPSS: Personnel Policy Support System)으로부터 추출한 데이터, 최근 수년 간의 인사실무자료, 직제 그리고 설문조사 결과 등을 활용할 수 있다. 이러한 자료를 토대로 직위, 직종, 연령, 성별 등 조직의 인력규모, 배치, 구조, 구성에 대한 정보와 최근 수년 간의 조직 · 정원 변동, 채용 · 승진 · 전보 등과 같은 정보, 기본역량, 공통역량, 직무역량, 관리자역량 등 보유역량에 대한 정보를 구축할 수 있다.

필요 인력예측은 가급적 숫자로 계량화하여 제시하는 것이 바람직하나 계량화가 어려운 경우 대략적인 숫자나 방향으로 제시할 수 있어야 한다. 특히 계획기간 전체(5년)에 대한 정확한 예측은 어렵더라도 향후 2년에 대한 필요 인력예측은 보다 정밀하게 할 것을 요구하고 있다. 필요 인력분석에 필요한 자료는 중장기 업무계획, 연두업무계획, 최근에 발간된 백서 등 자료, 간부회의 · 워크숍 등에서 논의된 내용, 설문조사 및 인터뷰 결과 등을 활용할 수 있으며 이를 토대로 조직의 중장기 비전과 목표달성을 위해 필요한 인력의 규모 · 구성 · 역량 등을 예측할 수 있다.

다음으로, 이러한 보유 인력분석과 필요 인력 예측결과를 기초로 현재 수준과 미래 수준 간의 차이(Gap)를 확인할 수 있다. 이를 통해 현재 보유 인력과 미래 필요 인력 간에 어떤 차이가 있고, 이러한 차이로 인해 어떠한 문제가 발생할 수 있는지, 향후 5년 내에 이러한 문제를 어느 정도 해소해야 할지를 검토하게 된다(〈참고 7-1〉 참조).

그리고 이를 바탕으로 기관장의 의지, 간부들의 전략적 판단, 인사담당자의 경험 · 전문성, 설문조사나 인터뷰에서 나타난 의견 등을 기초로 인력관리계획의 목표를 설정하고, 향후 2년 간 추진할 실천계획을 수립하게 된다.

## 참고 7-1 필요역량과 보유역량 차이(Gap) 분석 예시

**가. 조사대상 : 역량진단은 설문조사, 전화조사, 인터뷰에 의해 실시된다.**

〈표 1〉 역량진단 설문조사 대상

<table>
<tr><th>구분</th><th>조사대상</th><th colspan="2">조사대상에서 제외</th></tr>
<tr><td>부서장</td><td>국장 · 과장 00명</td><td>정무직 0명</td><td rowspan="3">파견자 0명<br>휴직자 0명</td></tr>
<tr><td>부서원</td><td>4~9급(상당) 000명</td><td rowspan="2">운전 · 방호 등 담당 00명<br>출산휴가자 0명</td></tr>
<tr><td>사무원</td><td>기능직 · 일용직 00명</td></tr>
<tr><td>계</td><td>000명(××.×%)</td><td>00명(××.×%)</td><td></td></tr>
</table>

**나. 강화필요 : 역량-설문지 항목 중 부서장 · 부서원 · 사무원 전원에게 공통적으로 질문한 것으로 "우리부의 성과향상을 위해 가장 시급하게 강화해야 할 역량은 무엇인가?"의 항목을 통해 강화해야 할 역량을 도출한다.**

〈표 2〉 우선적으로 강화해야 할 역량

| | |
|---|---|
| 1. 제도 · 법규 지식<br>2. 종합판단 · 방향설정 · 기획<br>3. 부서 간 협조 · 조정<br>4. 언론관계 · 홍보<br>5. 부서관리 · 리더십 | 6. 국회 · 예산처 등과의 교섭<br>7. 영어 등 외국어 활용<br>8. PC 활용능력<br>9. ..............................<br>10. .............................. |

**다. 소관법령 · 제도에 대한 지식의 차이(Gap) 분석**

(1) 필요 수준

법령과 제도에 대한 지식은 설문조사에서도 나타났듯이 특히 전문성 측면에서 가장 중요한 역량으로 인식되고 있다. 부서장들은 각 과에는 해당과의 주요 소관법령을 숙지한 직원이 O명 이상 있어야 한다고 응답하였다. 또한, 각 국의 주요 소관법령을 숙지한 직원이 해당국에 적어도 O명은 있어야 하고, 소속 과마다 O명 이상 있어야 한다고 응답하였다.

(2) 보유 수준

부서원들의 분야별 현행법령 · 제도에 대한 이해수준을 조사한 결과, 가장 기본인 0000법에 관해 상세히 알고 있다는 고급수준이 ××.×%이었고, 외부문의에 답할 정도는 되나 연혁 · 예외까지는 잘 알지 못한다는 중급수준이 ××.×%였으며, 어느 정도는 알지만 외부문의에 자신 있게 답할 정도는 못 된다는 초급수준이 ××.×%이었다.

적어도 해당부서의 소관업무분야에 관해 고급수준인 직원들이 확보되어 있어야 하나, 부서에 따라 편차가 크게 나타났다. 일부 부서에서는 과반수나 되는 반면, 일부 부서에서는 소수에 불과했다. 특히 0000법에 관해서도 고급수준의 직원들을 충분히 확보하고 있지 못한 부서들이 있는데, 현재로서는 숫자가 많지 않은 이들은 어느 부서, 어느 자리에 배치하여 어떻게 활용하는가가 매우 중요하다.

〈표 3〉 분야별 법령 · 제도에 대한 이해수준

| 수준 | 000법 | 000 제도 | 000법 | 000법 | 00제도 | 000 제도 | 00법 | 000법 |
|---|---|---|---|---|---|---|---|---|
| 고급수준 | ××.×% | ××.×% | ××.×% | ××.×% | ××.×% | ××.×% | ××.×% | ××.×% |
| 중급수준 | ××.×% | ××.×% | ××.×% | ××.×% | ××.×% | ××.×% | ××.×% | ××.×% |
| 초급수준 | ××.×% | ××.×% | ××.×% | ××.×% | ××.×% | ××.×% | ××.×% | ××.×% |

〈표 4〉 분야별 고급수준 인력의 부서별 현황

| 부서 | | | 전체 응답자 | 000법 | 000 제도 | 000법 | 0000 법 | 00제도 | 000 제도 | 00법 | 000법 |
|---|---|---|---|---|---|---|---|---|---|---|---|
| 본부 | 총괄지원 부서 | | 00명 | 00 | | 00 | | 00 | 00 | | 00 |
| | A 관실 | A-1과 | 00명 | 00 | 00 | 00 | 00 | 00 | | | |
| | | A-2과 | 00명 | 00 | | 00 | | 00 | | | |
| | | A-3과 | 00명 | | 00 | | 00 | | | 00 | |
| | B 관실 | B-1과 | 00명 | 00 | 00 | 00 | | | 00 | | 00 |
| | | B-2과 | 00명 | 00 | 00 | | 00 | 00 | | | 00 |
| | | B-3과 | 00명 | 00 | 00 | 00 | | | 00 | | |
| | C 관실 | C-1과 | 00명 | 00 | | 00 | 00 | 00 | 00 | 00 | |
| | | C-2과 | 00명 | | 00 | | 00 | 00 | 00 | | 00 |
| | | C-3과 | 00명 | 00 | | 00 | | 00 | 00 | 00 | |
| | D 관실 | D-1과 | 00명 | 00 | 00 | 00 | | | | 00 | 00 |
| | | D-2과 | 00명 | 00 | 00 | | | 00 | | 00 | |
| | | D-3과 | 00명 | | | 00 | 00 | 00 | 00 | | |
| | E 관실 | E-1과 | 00명 | 00 | 00 | | 00 | | | 00 | 00 |
| | | E-2과 | 00명 | 00 | | | | | | 00 | |
| 소속기관-1 | | | 00명 | 00 | 00 | 00 | 00 | | 00 | 00 | |
| 소속기관-2 | | | 00명 | 00 | | | 00 | | 00 | | 00 |
| 계 | | | 00명 | 00명 | 00명 | 00명 | 00명 | 00명 | 00명 | 00명 | 00명 |

*음영: 부서 고유기능과 직결된 분야

### (3) 차이 분석

부서장들의 의견에 따르면, 부서마다 소관법령 · 제도를 숙지한 인력이 O명 이상은 필요하다. '숙지'가 어느 정도인가는 사람마다 기준이 다르겠지만, 적어도 문의에 답할 수 있다는 중급수준 이상은 되어야 할 것이고, 연혁 · 예외까지도 안다는 고급수준이라는 의견도 가능하다. 조사결과에 따르면, 일부 부서에서는 해당부서의 소관법령에 관해 고급수준에 도달한 인력이 부족하게 나타났다. 특히, 000법에 관해 고급수준인 직원은 거의 모든 부서에서 반드시 필요로 하나, O명에 불과한 부서도 있었다. 고급수준 인력이 일부 부서에 편중된 것이 아니라 전반적으로 부족하다고 볼 수 있다. 신규직원들에 대한 교육과 함께 기존직원들에 대한 교육도 필요하다.

### 3) 3단계 : 인력관리계획의 집행

우리나라 인력관리계획 모델의 3단계는 인력관리계획의 집행 단계이다. 2단계 인력분석을 통해 약 5년 간의 인력관리계획 목표가 설정되며 향후 2년 간 추진하게 될 구체적인 실천계획이 도출된다. 즉 인력관리계획의 집행은 인력관리계획의 작성 시점으로부터 2년 간 실천계획을 중심으로 이루어진다. 실천계획은 각 기관의 인적 자원에 대한 구체적인 충원 · 육성 · 활용계획으로서 충원계획(신규채용, 내부승진, 타부처로부터의 전입 등), 육성계획(자체교육, 외부위탁교육, 상시학습, 멘토링 등), 배치계획(경력개발, 내부직위공모, 부서 간 전보 · 재배치 등) 등이 중심이 되며 그 밖에 조직개편계획, 승계계획, 아웃소싱계획 등이 포함된다. 이에 여기서는 충원계획과 육성계획, 배치계획을 중심으로 주요 내용을 살펴보고자 한다.

#### (1) 충원계획

충원계획은 신규채용, 내부승진, 타 부처로부터의 전입 등의 내용을 포함하여 작성된다. 특히 미래 필요 인력충원에 있어서 신규채용에 의한 충원 비중이 가장 큰 바, 여기서는 신규채용에 의한 충원계획을 구체적으로 살펴보고자 한다.

우선 신규채용을 통한 충원계획을 작성하기 위해서는 예상되는 결원을 산정해야 한다. 이때 결원 예측은 직제개정으로 늘어날 연도별 평균 소요정원(5급: ○명, 6급 ○명, …)과 현재 결원으로 운영 중인 인원을 감안하여 산정하게 된다.

이렇게 예상결원을 산정하게 되면 결원 충원방법에 대해 결정해야 한다. 일반적으로 5급 충원의 경우 5급 공채 ○○%, 일반승진(6→5급)을 ○○%, 자율채용(일반직 특별채용과 일반직과 복수직위에 별정직 · 일반 계약직을 채용한 경우 포함)을 ○○%로 구분하여 제시하는 것을 원칙으로 하되, 기관의 사정에 따라 융통성 있게 변경 가능하다. 또한 7급 충원의 경우 기본적으로 7급 공채로 충원하되 특히 전문성이 필요한 경우에 한하여 자격증 · 학위소지자 등의 전문인력을 자율 채용한다.

이러한 충원계획을 작성할 때는 부서 전체에서 부족한 역량을 보완하는 데 역점을 두며 특히 외국어와 전산능력이 우수한 인력을 매년 ○○명씩 추가로 확보하기 위해 노력해야 한다. 또한, 여성, 장애인, 이공계 인력 등 균형인사와 관련하여 목표수준을 준수하는 것에 유의해야 한다.

**표 7-3 일반직 충원계획**

| 계급 | 201*년 | | | | 201*년 | | | |
|---|---|---|---|---|---|---|---|---|
| | 결원 | 공채 | 승진 | 특채 | 결원 | 공채 | 승진 | 특채 |
| 5급 | ㅇㅇ명<br>(순수결원 ㅇㅇ명,<br>예상결원 ㅇㅇ명) | ㅇㅇ명 | ㅇㅇ명 | ㅇㅇ명 | ㅇㅇ명<br>(순수결원 ㅇㅇ명,<br>예상결원 ㅇㅇ명) | ㅇㅇ명 | ㅇㅇ명 | ㅇㅇ명 |
| 7급 | ㅇㅇ명<br>(순수결원 ㅇㅇ명,<br>예상결원 ㅇㅇ명) | ㅇㅇ명 | ㅇㅇ명 | ㅇㅇ명 | ㅇㅇ명<br>(순수결원 ㅇㅇ명,<br>예상결원 ㅇㅇ명) | ㅇㅇ명 | ㅇㅇ명 | ㅇㅇ명 |

(2) 육성계획

육성계획은 자체교육, 외부위탁교육, 상시학습, 멘토링 등의 내용을 포함하여 작성된다. 특히 이러한 구체적인 교육 방식은 중장기 교육훈련 계획을 바탕으로 도출된다. 중장기 교육훈련계획은 〈그림 7-4〉에서 보는 바와 같이 필요 역량 설정, 역량별 진단, 능력개발계획 수립, 교육수요 파악, 교육 운영 등의 내용을 포함한다.

우선적으로 인사부서가 직원들이 갖추어야 할 필요 역량을 설정하고 이를 바탕으로 실 · 국장은 소속직원의 역량진단을 실시하게 된다. 직원들은 실 · 국장의 역량진단과 자신의 희망을 반영하여 능력개발계획을 수립하게 된다. 이를 바탕으로 인사부서는 조직 내 교육수요를 파악할 수 있게 되며 수요를 충족시켜 줄 수 있는 맞춤형 교육과정을 개발하여 운영한다.

특히 이러한 중장기 교육훈련 계획을 도출하고 실행하는 데 있어 가장 중요한 것은 각 조직 구성원이 갖추어야 할 역량을 설정하는 것이라 할 수 있다. 조직 구성원

**그림 7-4 중장기 교육훈련계획**

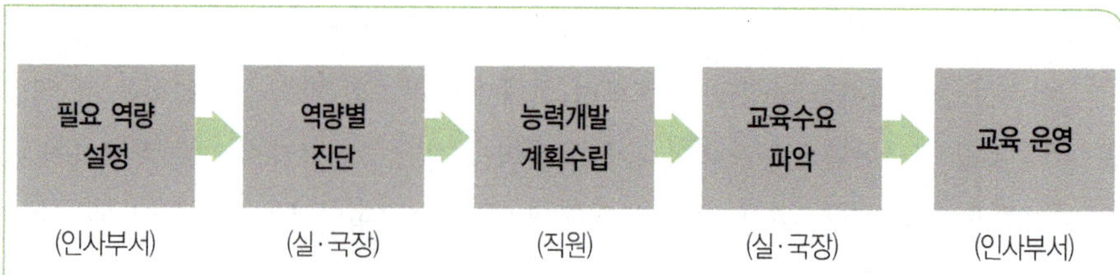

## 참고 7-2 충원계획 예시: (일반직 6급 · 7급) 일반직 충원계획

**(1) 직무분야(직렬)별 인력수요 예측**

* 중장기 충원계획 : 2007년 소요정원 등을 감안하여 연간충원소요인원 산출
  - 예상되는 기능 변화
  - 예상결원, 직제증감, 별도정원증감, 임용대기인원 등 연간충원소요인원의 구체적 내역
  - 승진/공채/특채 등 자율충원의 비율의 설정이유 등
* 인력구조 방향 : 2년 후의 인력수급 전망을 토대로 2007년 7급 공채 배정인원 요구내역

⇒ 2007년 7월 공채 합격자 부처 배정시 요구인원만큼 그대로 배정할 예정

**(2) 세부계획**

① 충원인원 산출

| 직군 | 직렬 | 직류 | 정원 | 현원 | 결원 (a) | 5급 승진 (b) | 예상 퇴직 등 (c) | 직제 증감 (d) | 별도 정원 증감 (e) | 임용 대기 (f) | 07년 충원 인원 (g) |
|---|---|---|---|---|---|---|---|---|---|---|---|
| | 계 | | | | | | | | | | |
| … | … | | | | | | | | | | |

② 충원계획 및 공채배정요구

| 직군 | 직렬 | 직류 | 07년 충원 인원 (g) | 7급 승진 (h) | 06년 공채 배정 (i) | 특채 등 자율 충원 (j) | 07년 공채 배정 요구 | 비고 |
|---|---|---|---|---|---|---|---|---|
| | 계 | | | | | | | |
| … | … | | | | | | | |

* 일반직 6 · 7급을 통합하여 직렬별로 충원소요내역을 기술
* 연간충원소요인원(g) = a + b + c + d + e − f = h + i + j
* 5급 승진(b) : 6급에서 5급으로의 승진예정인원
* 예상퇴직(c) : (정원 × 최근 3년간 평균퇴직률) 내지 실제퇴직예정인원 + 순전출인원
* 7급 승진(g) : 8급에서 7급으로 승진 임용하고자 하는 인원
* 2006년 공채배정(i) : 2006년에 중앙인사위원회에서 배정받고자 하는 7급 공채 합격자 인원
* 2007년 공채배정 요구 : 2007년에 중앙인사위원회에서 실시하는 7급 공채시험에 의해 선발되어 2007년에 배정받기를 희망하는 인원
* 장애인의 경우 괄호 안에 인원수를 표시

**(3) 공채**

| 직군 | 직렬 | 직류 | 정원 | 현원 | 2006년 공채배정자 임용예정시기 | | | |
|---|---|---|---|---|---|---|---|---|
| | | | | | 소계 (a+b+c) | 07.1.1까지 (a) | 07.6.30까지 (b) | 07.12.31까지 (c) |
| | 계 | | | | | | | |
| … | … | | | | | | | |

자료: 중앙인사위원회(2006d).

**그림 7-5 필요역량의 유형**

| 전직원 대상 | | 부서별 구분 | 관리자 대상 |
|---|---|---|---|
| **기본 역량**<br>행정기관에 필수적으로 수반되는 업무를 수행할 수 있는 기본능력 | **공통 역량**<br>직무를 효과적으로 수행할 수 있는 능력 | **직무 역량**<br>부서별 업무를 수행할 수 있는 직무능력 | **관리자 역량**<br>소속 직원의 역량을 최대로 발휘할 수 있도록 하는 리더십 |

이 갖추어야 할 역량에는 기본역량, 공통역량, 직무역량, 관리자역량 등이 있다(〈그림 7-5〉 참조). 이를 구체적으로 살펴보면 다음과 같다.

첫째, 기본역량은 조직 내 모든 구성원에게 요구되는 역량으로서 행정기관에 필수적으로 수반되는 업무를 수행할 수 있는 행정능력을 의미한다. 조직은 생성과 함께 기본적인 업무가 내·외부환경으로부터 발생하며 여기서 말하는 기본역량이란 내부환경으로부터 발생하는 업무의 수행능력을 말한다. 기본역량은 조직의 활동성 수준을 좌우할 만큼 중요하므로 조직 구성원들에게 필수적으로 요구되는 부분이라 할 수 있다.

둘째, 공통역량은 기본역량과 마찬가지로 세부 집단을 구분하지 않고 조직의 전체 구성원에게 요구되는 역량을 의미한다. 이에 직무를 효과적으로 수행할 수 있도록 하는 법해석 능력, 기획능력, 설득력, 협상력 등이 포함된다.

셋째, 직무역량은 수평적 측면에서 직군·직렬·직무 등의 영역에 따라 차별적으로 요구되는 역량을 의미한다. 특정 부서 소속 구성원이 해당업무를 효과적으로 수행하는 데 필요한 관련법령의 이해능력, 신지식 이해능력, 외국제도 이해능력 등과 같은 직무전문지식이 포함된다. 특히 직무역량은 부서별 직원에게 요구되는 직무역량과 부서별 관리자에게 요구되는 직무역량으로 구분되는데 관리자 직무역량은 부서별 직무특성을 반영하여 설정한다.

넷째, 관리자역량은 수직적 측면에서 역할이나 직급 등의 기준에 따라 특정 조직계층(상위계층)의 구성원에게 요구되는 역량을 의미한다. 이에 관리자로서 조직 구성원의 역량을 최대한 발휘할 수 있게 하는 리더십 등이 포함된다.

이렇게 설정된 필요 역량을 바탕으로 역량진단이 이루어지고 역량진단 결과와 조직 구성원의 선호가 반영된 개인의 능력개발계획이 수립되면 개인별 맞춤형 교육이 실시된다. 맞춤형 교육은 전문성 강화교육, 행정서비스 혁신능력 개발교육, 공통 현안 직무교육 등을 포함한다.

① 전문성 강화교육

전문성 강화 프로그램(SAP: Smart Acceleration Program)은 업무수행에 필요한 지식을 배양하기 위한 것으로서 신규채용자, 타부처 진입자, 재직자로 구분하여 실시한다. 신규채용자와 타부처에서 진입된 공무원에 대해서는 개인이 가지고 있는 역량을 잘 발휘할 수 있도록 부서배치에 앞서 교육을 실시한다. 교육을 통해 부서의 비전과 목표, 업무계획에 대한 이해를 높이고, 업무 전반에 걸친 기본지식을 갖출 수 있도록 한다. 반면 재직자에 대한 교육은 기본적인 수준을 넘어서 법령 · 제도의 취지나 연혁, 중요사례 분석 등 더욱 전문적인 내용을 교육하는 데 중점을 둔다.

② 행정서비스 혁신능력 개발교육

행정서비스 혁신능력 개발교육은 관련 법령, 제도, 사례의 실무활용 능력을 함양하기 위해 실시되는 교육이다. 직원의 실무활용 능력향상과 실무지식 공유를 위해 실시되므로 실무지식에 정통한 내부직원이 강사가 되어 진행된다.

③ 공통 현안 직무교육

공통 현안 직무교육은 법제, 국가재정(예산회계), 통계, 정책품질관리 등 행정기관 소속공무원으로서 필요한 부처 공통 현안 직무역량을 강화하기 위한 교육이다.

(3) 배치계획

배치계획은 경력개발, 내부직위공모, 부서 간 전보 · 재배치 등의 내용을 포함하여 작성된다. 특히 이러한 배치계획은 경력개발제도(CDP: Career Development Program)를 토대로 운영되는데 각 부처는 경력개발제도(CDP)를 운영하고 이 제도가 취지에 맞게 개인의 자기개발과 업무능력 발전에 기여하면서, 동시에 부서에 필요한 인재가 육성되고 조직의 성과향상으로 이어지도록 운영해야 한다.

또한 전보는 희망전보제를 기본으로 하며 대상인원이 ㅇ명 이상일 경우에 연ㅇ회 내외 직위 단위로 실시하는 것을 원칙으로 한다. 단, 조직이 필요로 하는 역량을 보유하고 있는 직원들이 특정부서에 편중되는 등 조직차원에서 재배치할 필요가 있는 경우는 희망전보제를 적용하지 않아도 된다. 뿐만 아니라 주요직위에 결원이 발생할 경우 내부직위공모를 실시하게 되는데 이때는 공모자 및 공모직위에 필요로 하는 역량, 공모직위 부서장의 의견 등을 반영하여 전보인사를 실시하게 된다. 주요 역량 보유자들이 특정부서에 집중되거나 전보희망자의 현 소속 부서장이 잔류를 요청할 때 등의 경우에는 인사담당부서에서 조정할 수 있다.

#### 4) 4단계 : 모니터링, 평가 및 환류

우리나라 인력관리계획 모델의 마지막 4단계는 인력관리계획의 효과성 평가 단계로서 모니터링 및 평가 · 환류가 이루어진다. 인력관리계획은 많은 변수가 내재된 복잡하고 역동적인 과정으로 주기적인 평가가 필요하며 환경변화 등의 여건을 고려하여 실천계획 등을 수정하여야 한다. 따라서 이러한 평가결과는 차기 인력관리계획에 반영된다.

## 제4절 문제점과 발전방향

### 1. 문제점

국정운영에 있어서 가장 핵심적인 사안은 정부인력의 운영계획이라고 해도 과언이 아니다. 우리나라에서도 체계적인 인력운영을 위해서 인력관리계획을 도입하여 운영하고 있지만 기본적인 체계만 갖추었을 뿐 실제 운영과 활용에 있어서는 다음과 같은 문제점들을 노출하고 있다.

첫째, 미국의 인력관리계획 모델을 바탕으로 설계된 한국의 인력관리계획 모델을 한국의 현실에 그대로 적용하기 어렵다. 한국은 여전히 한국형의 모델이 아닌 미국 인사관리처(OPM)의 모델을 조금 수정하여 사용하고 있다. 대부분 공공조직에서 도입하는 인사혁신 조치들은 보편적 관점에서 최선의 인적자원관리라고 간주된 모범

사례들을 도입, 적용한 것이다. 그러나 미국과는 달리 계급제에 바탕을 둔 인사제도 하에서 우리나라의 특성에 맞는 한국형 인력관리계획 모델의 수립이 필요하다. 우리나라 정부는 여전히 조직의 목표나 전략과 연계되는 인적자원관리 방식을 설계하는 능력과 안목이 부족하다. 쉽게 모방되고 전이될 수 있는 모범사례들의 도입 그 자체가 목적이 되기보다는 각 공공조직의 상황과 특성에 맞는 독특하고 최적의 조합을 추구(Unique and Best Fit)하는 것이 조직측면에서 바람직하다(Boxall & Purcell, 2000).

둘째, 정부 인력관리계획에 대한 각 부처와 공무원 개인의 인지도 및 이해도가 낮다. 특히, 중장기 업무계획, 연두업무계획, 조직의 중장기 비전과 목표 설계에 간부들의 의견이 조사 · 반영되기 때문에 정부가 수립한 인력관리계획을 적극적으로 실천하기 위해서는 기관장의 의지는 물론 간부들의 전략적 판단, 인사담당자의 경험 · 전문지식 등이 계획수립과 관리단계에서 최대한 반영되어야 한다. 예를 들면, 직장교육 및 세미나 실시, 워크샵 개최, 홈페이지 자료 활성화 등을 통해 관련정보들을 공유하고 부처 간 의견교환을 활성화하여 내부적 역량을 제고시키는 노력이 필요하다.

셋째, 현재 보유하고 있는 인력과 인력이 보유한 역량에 대한 체계적인 분석 기법이 아직까지 확립되지 못한 실정이다. 현재 보유한 인력에 대한 분석은 그 자체가 목적이 아니라 미래에 필요한 인력과의 격차를 파악하기 위함이다. 이에 따라, 인력관리계획에서 정확한 역량분석이 선행되지 않는다면 현재인력과 미래인력 사이의 차이(Gap)를 설정할 수 없고 따라서 타당성 높은 인력관리계획을 도출할 수 없다.

넷째, 우리나라 정부의 인적자원관리제도는 민간부문의 그것과 비교해 전략적 마인드가 부족하고 경직되어 있으며 탄력적이지 못하다는 비판을 받아왔다. 공공부문에 있어 전략적 인적자원관리로의 패러다임 변화는 인사의 유연성 확보, 권한위임, 인사제도의 통합적인 운영 등과 같은 혁신전략을 통해 정부의 역량 및 경쟁력 향상을 요구하게 되었다. 이를 위해 민간부문의 새로운 인력관리계획 및 전략적 인적자원관리 노하우에 대한 적극적인 벤치마킹이 필요하다고 할 수 있다.

마지막으로, 인력관리계획 및 전략적 인적자원관리를 실무에 적용할 수 있는 국내의 학술연구가 부족하다. 기존의 우리나라의 연구는 단순히 인적자원관리 방식과 조직성과 간의 관계들을 규명하는 연구가 대부분이었다. 향후 인사실무에 적용할 수 있는 전략적 인적자원관리의 연구 활성화와 연구 자료의 모듈화가 필요하다고 하겠다.

## 2. 발전방향

우리나라의 전략적 인적자원관리 및 인력관리계획의 질적 성숙을 위해서는 우선 다양하고 정교한 인적자원관리 역량 개발 및 성과 측정이 필요하다. 아울러 조직 구성원 개인의 태도와 행위에 대해 심도 있는 분석도 필요하다. 한국형 인력관리계획을 구축하기 위해서는 외부환경 및 국제적 연구의 흐름도 유심히 살펴보아야 한다. 이는 한국형 모델구축 연구의 향후 방향성을 가늠하는 데 있어 역할모델로 기능한다는 점에서 분명 유의미하다. 또한, 국내 특유의 상황적 요인들이 미치는 영향 역시 인력관리계획을 발전시킴에 있어 항상 염두에 두어야 할 부분이다. 이와 더불어 체계적인 인적자원관리 시스템의 변화 방향과 속도, 강도와 범위, 절차 등을 종합적으로 감안하고 다각적으로 고찰하는 등 '과정'에 대한 연구가 이루어져야 할 것이다.

둘째, 각 부처별 인력관리계획에 대한 수용성을 높이기 위해서는 인력관리계획 수립 및 시행의 원칙 및 기준제시, 시행과정의 투명성 확보 등의 홍보가 필요하다. 특히, 기관장, 간부 및 조직 구성원들의 참여가 필요하며, 각 부처 내 인사기획역량을 갖춘 전문인력의 확보가 선결되어야 한다. 이를 통하여 부처 내 인력관리계획을 효과적으로 입안하고 실행할 수 있을 것이며, 조직 구성원들의 인력관리계획의 의의 및 중요성, 기대효과, 운영요령 등에 대한 이해수준을 높일 수 있을 것이라 기대된다.

셋째, 앞서 언급된 바와 같이 역량을 파악하고, 현재 보유 역량과 미래 요구 역량 간의 차이 분석을 위해, 인력관리계획에 효과적으로 적용될 수 있는 개인 · 조직차원의 역량예측 및 분석기법의 개발과 운영 메뉴얼의 개발이 필요하다.

넷째, 우리나라의 현실에서 제한된 인적자원의 효율적 관리를 위해 인력관리계획과 연계된 개인의 역량기반 교육훈련, 경력개발 등의 운용이 요구된다. 역량은 미래의 수요에 대비하여 직원을 평가하고 훈련시키는 데 초점을 맞추고 있으며, 개인의 특질, 동기, 행태까지 포함하는 광범위한 개념이다. 특히, 역량기반 인적자원관리는 기존의 직무기반 인적자원관리 방식의 약점을 극복하고 평균적인 조직 구성원과 구별되는 아주 뛰어난 성과를 보이는 조직 구성원의 역량을 찾아내고 그것을 인적자원관리의 측면에서 활용할 수 있도록 해야 할 것이다. 따라서 단순하게 투입되는 생산요소로서의 인적자원이 아니라 조직으로 하여금 경쟁우위를 확보할 수 있도록 하는 인적자본으로 육성하며 이들의 역량과 기술이 정부의 높은 성과와 적실성 있는 정책으로 이어지게 유도해야 한다. 이렇게 축적된 인적자본은 정부가 일시적이 아니라 지속적으로 경쟁우위 상태를 유지하게 하여 정부의 역량 및 경쟁력을 높이는 원천이 될 것이다. 따라서 역량기반 인적자원관리를 통한 유능한 인재의 유지 및 활용을 가능하게 하기 위해서는 타 인사제도와의 연계성 강화를 도모해야 하며, 전자인사정보시스템(PPSS)의 개선과 활용이 요구된다.

# 개혁사례

## 전략적 인적자원관리 : 직원 역량 성과와 연계

송병무(왓슨 와이어트 이사)

최근의 기업경영에서 가장 활발하게 논의되고 있는 이슈는 무형자산, 즉 사람과 기술을 통한 경쟁력의 강화이다. 전통적인 경쟁우위 요소였던 자산, 설비와 장치, 규모의 경제 등 유형적이고 정형적인 경영요소로부터는 경쟁자와 확실하게 차별화할 수 있는 경쟁우위를 확보하기가 점점 어려워지고 있다. 기업 경쟁력은 궁극적으로 경영의 주체인 사람에 달려 있다는 새로운 인식에 모두가 동의하게 되었다. 새로운 경쟁우위 요소를 찾는 과정의 시행착오와 실패를 통하여 대부분의 기업은 사람을 통한 경쟁우위의 확보라는 다소 식상하기 조차한 테마에 새로운 관심을 기울이고 있다.

인적 경쟁력이라는 화두는 단지 눈에 보이지 않고 실현하기 힘들며 성과 향상의 직접적인 연계성을 확인하기가 어렵다는 이유만으로 방치되어 왔던 측면이 있다. 그러나 성공사례의 분석을 통하여 성공의 이면에는 독창성, 자발성, 적극성, 주인의식, 지식과 기술역량을 갖춘 유능한 일련의 직원이 존재하였음을 알게 되었다. 경쟁력의 원천으로서 사람을 어떻게 관리할 것인가에 대한 최적의 접근방법을 찾기 위한 노력은 지금도 계속되고 있다. 가장 주목할 만한 변화는 사람, 즉 직원을 관리의 객체로서만 파악하지 않고, 가치창출의 주체로서 인식한다. 직원의 독창성과 창의성과 다양한 역량을 적극적으로 활용하여 이를 실질적인 성과의 창출에 연계하고자 하는 것이 새로운 인사관리가 추구하는 핵심 개념이다. 전통적인 인사관리는 무형자산인 인적자원의 전략적 활용과 효율적 관리에 성공하지 못하였다. 무엇보다도, 전통적인 인사관리는 보상과 평가와 경력개발을 프로세스나 통제적 측면에서만 접근함으로써 인적자원을 목표달성이나 비전달성을 위한 전략적 원동력으로서 파악하지 못하였다. 하는 일과 역할이 다른 사람들, 개인이 가지고 있는 능력의 크기나 수준이 다른 사람들, 회사의 성공에 대한 기여도의 크기가 각각 다른 사람들을 동일한 잣대와 틀로써 관리한다는 것은 치명적 동기박탈 요인이 될 수 있으며, 무엇보다도 회사가 필요로 하는 우수 핵심인력의 자발적인 참여와 의욕을 봉쇄한다는 측면에서 결코 전략적으로 바람직하지 않다는 것이다.

전략적 인적자원관리(Strategic Human Resource Management)는 인적자원, 인적자원의 역량 극대화, 역량의 활용 극대화를 기업의 새로운 무형적인 경쟁우위 요소로 파악하고 있다. 전략적 인적자원관리는 통상적인 인사관리에서 과감히 탈피하여 전략의 실행과 목표의 달성에 도움이 될 수 있는 방향으로 사람을 처우하고 보상하고 육성하고 활용하고 관리해 나갈 것을 권장한다. 직무와 역할은 다르면서 평가와 보상의 체계는 같아야 하는 공평성과 통일성의 논리를 배제한다. 그렇게 해서는 역량과 공헌에 따른 차별적 보상을 통하여 사람들을 공정하게 동기부여하고 처우할 수 없기 때문이다. 역할과 직무의 가치에 따라서 그리고 달성한 성과의 크기에 따라 보상을 차별화한다. 보상의 방식 또한 직무와 역할의 차별성을 인정한다. 조직의 성공과 직원의 성공을 동시에 추구하며, 보상과 책임을 동시에 부여한다. 회사가 요구하는 역량을 갖추도록 직원을 전략적으로 육성한다. 이를 위하여 무엇보다도 회사가 반드시 확보해야 하는 단기적 및 중장기적 핵심역량을 잘 파악해야 한다. 회사가 필요로 하는 역량과 지식을 보유하고 있는 직원은 회사의 귀중한 무형적인 자산이며 동시에 그러한 인력을 가능한 많이 확보하고 육성하는 것이 전략적 인적자원관리의 목표이다. 즉 우수한 능력을 갖춘 인력이 회사의 목표달성을 위하여 역량을 최대한 발휘하게 하는 것이 인적자원관리의 궁극적 지향점이라 하겠다. 지금 필요한 것은 경영의 흐름과 변화, 그에 따른 회사의 비전과 가치를 명확히 이해함으로써 무형적 자산으로서의, 경쟁력의 원천으로서의 인적경쟁력을 확보할 수 있는 인적자원관리의 큰 그림을 그려나가는 것이다.

자료: 매일경제(2001년 8월 22일).

## 토론 문제

**Q1** 기존의 인사행정과 전략적 인적자원관리 간의 근본적인 차이에 대하여 토론해 보세요.

**Q2** 한국형 인력관리계획 모델이 성공적으로 정착하기 위한 방안은 무엇이며, 이러한 모델에 근거하여 향후 수립할 수 있는 인력관리계획은 무엇인지 토론해 보세요.

**Q3** 인력관리계획모델에서 가장 중요하게 다루어야 할 부분은 어떤 부분일지 토론해 보세요.

**Q4** 여러분이 중앙인사기관의 최고관리자가 되었다고 가정하고, 우리나라의 거시적 행정환경 변화를 반영한 전략적 인적자원관리 체계 구축 방안에 대해 토론해 보세요.

**Q5** 조직의 비대화 경향 또는 필요수준 이상의 인력을 확보하고자 하는 풍토를 개선하고 적재적소에 인력을 활용할 수 있는 방안은 무엇인지 토론해 보세요.

# 영화로 보는 인사행정

## 뮌헨(Munich)

| 감독 : 스티븐 스필버그
| 출연 : 에릭 바나, 다니엘 크레이그,
시아란 힌즈, 모리츠 블라이브트로이
| 장르 : 드라마, 스릴러
| 국가 : 미국(2006)

뮌헨은 1972년 뮌헨올림픽에서 실제로 일어난 테러 사건을 소재로 하고 있다. 전 세계의 이목이 집중된 1972년 뮌헨올림픽, 모두가 스포츠의 환희와 감동에 열광하는 가운데 끔찍한 사건이 발생한다. 팔레스타인 무장 조직 '검은 9월단'이 이스라엘 선수단을 납치해 인질극을 벌인 후 결국 살해하고 만 것이다. 이 사건은 전 세계에 TV로 생중계가 되고, 이로 인해 엄청난 충격과 혼란에 휩싸인다. 팔레스타인은 세계의 주목을 끌었다고 자축하는데, 이 사이 이스라엘은 팔레스타인에 대한 보복을 결심한다. 이스라엘 정보기관 모사드는 최정예 요원들을 소집, 기록조차 없는 비밀조직을 만들고 '검은 9월단'에 대한 복수를 명령한다. 조국애가 깊은 모사드 출신 비밀요원 아브너를 리더로 하여 암살 후 도주를 담당하는 스티브, 암살현장의 뒤처리를 담당하는 칼, 폭발물 전문가인 로버트, 문서위조 및 신분위조 전문가인 한스 등으로 암살팀을 구성한다. 뮌헨 사건의 배후 인물로 지목된 팔레스타인 사람은 모두 11명. 이스라엘 비밀요원들은 이들을 한 명씩 찾아내 치밀한 복수를 시작한다. 하지만 그들은 목표 인물들을 제거할수록 조국의 임무와 복수의 정당성 사이에서 고민하기 시작하고, 살인에 대한 죄책감을 느낀다. 동시에 자신들 또한 누군지 모르는 암살팀의 표적이 되어 쫓기는 아이러니한 상황에 놓인다. 비밀요원들은 점점 더 큰 두려움과 죄책감에 사로잡힌다. 결국 목표인물 11명 중 7명을 죽이고 주인공은 자신이 수행한 임무의 가치에 회의를 느끼고 큰 혼란에 빠져 조국인 이스라엘을 떠나 미국에서 살아가게 된다.

이 영화는 뮌헨올림픽 테러 그 자체보다는 그 배후의 팔레스타인 용의자들을 암살하려는 이스라엘 정보기관의 인사 및 조직관리 활동에 초점을 맞추었다. 아무래도 정부의 임무를 수행하는 조직을 중심으로 다루었기 때문에 조금만 관심을 가지고 들여다보면 인사행정적 요소들을 쉽게 발견할 수 있다. 우선 인물을 모집하고 선발하는 과정, 교육하고 훈련하는 과정, 정보조직의 내부 환경 요소로서의 직위분류제 등을 찾아볼 수 있을 것이다. 직무와 개인의 통합의 측면에서 생각해본다면, 목표와 직무에 대한 이해가 명확해야 한다는 부분을 확인할 수 있다. 조직의 목표에 대한 정당성과 내적 가치관 사이에서 혼란에 빠지게 되었고, 조직원들 스스로가 조직에 대한 소속감이나 하나된 가치관을 갖지 못해 의견충돌이 자주 일어나게 되었다. 이러한 갈등은 조직목표를 달성하는 데 장애가 되었다. 또한 리더인 에브너도 리더로서 조직목표에 대한 정확한 숙지가 되어 있지 않아 상부로부터 받은 명령 이외에 불필요한 임무를 만들어 내어 조직원들의 내적 혼란을 가중시킨다. 이를 통해 조직의 목표, 직무에 대한 이해, 직무수행을 통해 얻고자 하는 결과 등이 명확해야 한다는 점을 영화 속에서 확인해 볼 수 있었다. 개인과 조직의 목표를 일치시키려는 전략적 인적자원관리의 중요성 또한 느낄 수 있는 대목이었다고 생각한다. 이외에도 다른 인사행정 요소를 발견해보길 바란다.

사진출처: NATE 영화(http://movie.nate.com).

# 연구로 보는 인사행정

## 개인-직무 및 개인-조직 간 적합성이 조직결과에 미치는 영향력 분석: 신뢰의 매개효과를 중심으로

박성민 · 김민영 · 김민정

본 연구는 중앙공무원들을 대상으로 한국 공공부문의 전략적 인적자원관리 시각에서 개인-직무 적합성, 개인-조직 적합성, 신뢰(대인신뢰, 조직신뢰), 그리고 조직결과(직무만족, 공직봉사동기) 간의 인과관계를 분석하였다. 개인-직무-조직 간 적합성을 높이고자 하는 공공기관의 전략적 인적자원관리가 신뢰향상을 매개로 하여 조직결과에 긍정적 영향을 미치는지를 검증하고자 하였고, 이러한 변수 간의 관계를 파악하기 위해 공분산구조분석을 실시하여 실증적으로 가설 검증을 시도하였다. 또한 양적 연구의 한계를 보완하고자 질적 연구의 일환으로 공공부문 종사자를 대상으로 인터뷰를 실시하였다. 본 연구를 통해 첫째, 전략적 인적자원관리의 실현 측면에서 해석되고 있는 개인-조직 적합성이 대인 및 조직 신뢰에 긍정적인 영향을 주는 것으로 나타났으며, 개인-직무 적합성은 조직 신뢰에 부정적인 영향을 주는 것으로 나타났다. 둘째, 대인신뢰 및 조직신뢰가 직무만족에 긍정적인 영향을 주며, 대인신뢰만 공직봉사동기에 긍정적인 영향을 주는 것으로 나타났다. 셋째, 신뢰의 매개효과에 대해서는 개인-직무 적합성과 직무만족 간의 관계를 조직신뢰가 매개하며, 개인-조직 적합성과 직무만족 간의 관계를 대인신뢰 및 조직신뢰가 매개하였다. 또한 개인-조직 적합성과 공직봉사동기 간의 관계를 대인신뢰가 유의미한 매개 역할을 하고 있는 것으로 나타났다. 이를 통해 신뢰가 공공조직에서 중요한 사회화 요인으로서의 역할을 일정부분 담당하고 있음을 확인할 수 있었다. 또한, 양적연구와 질적 연구 결과를 바탕으로 인사 · 조직 관리 및 성과관리적 시각에서 이론적 · 정책적 함의를 본 연구는 제시하고 있다.

### Research Questions

1) 공공조직 내 개인-직무 및 개인-조직 적합성 향상을 위한 전략적 인적자원관리의 역할과 공공조직 내 · 외부에서 적극적으로 전략적 인적자원관리를 실현하기 위해 요구되는 것은 무엇인지에 대해 토론해 보세요.

2) 공공조직 내 전략적 인적자원관리 시스템 도입과 조직 효과성 간의 관계에 있어 이를 매개하고 조절하는 요인들은 무엇이 있을지 토론해 보세요.

### Research Framework

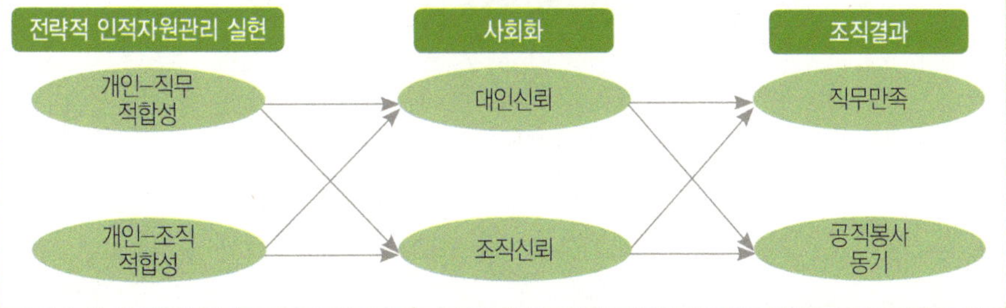


자료: 한국행정논집(2013), 25(2):199~235

# 제 4 편

# 인적자원의 확보

제 8 장 모집

제 9 장 선발

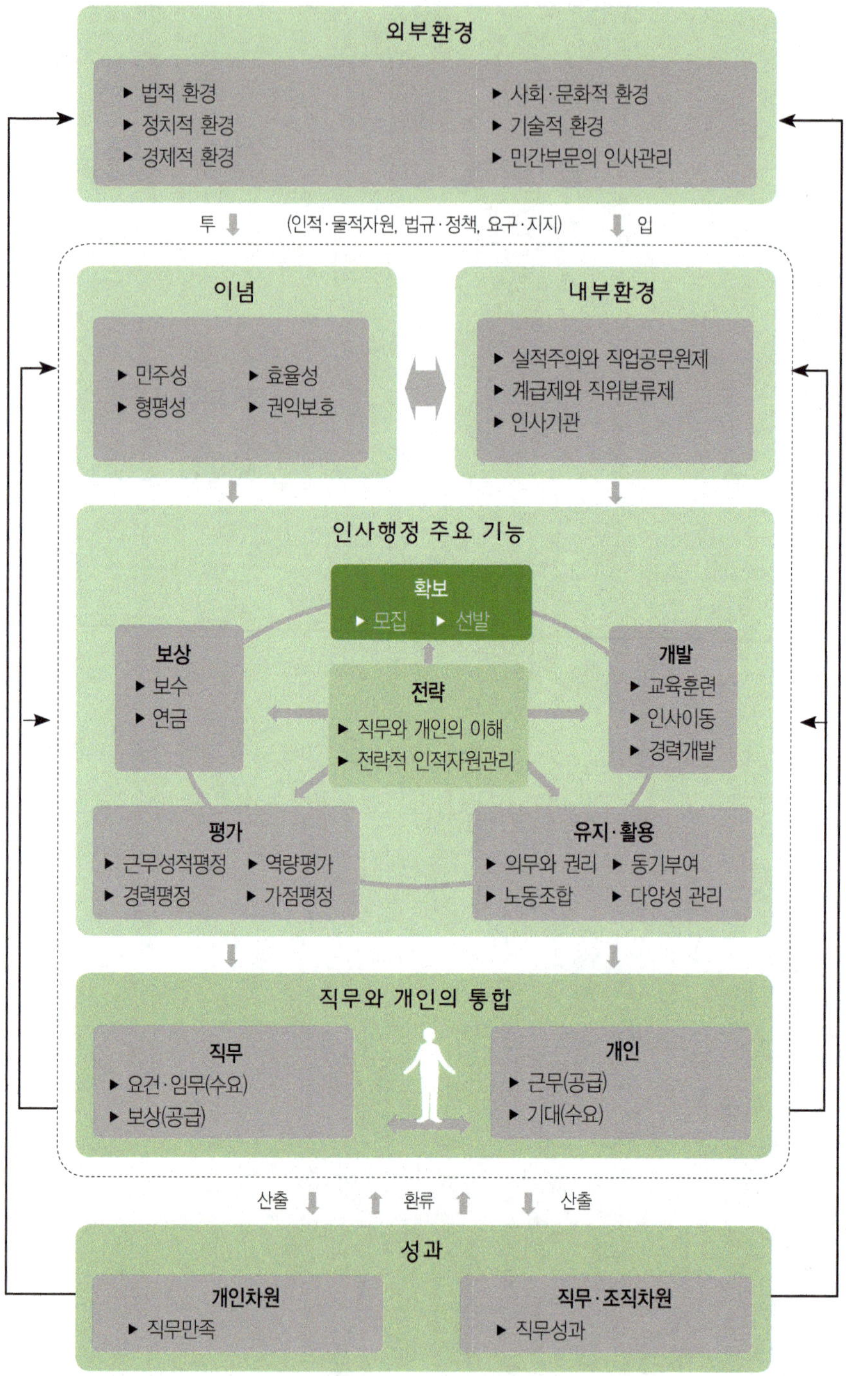

외부환경
▶ 법적 환경
▶ 정치적 환경
▶ 경제적 환경
▶ 사회·문화적 환경
▶ 기술적 환경
▶ 민간부문의 인사관리
투
(인적·물적자원, 법규·정책, 요구·지지)
입
이념
▶ 민주성
▶ 효율성
▶ 형평성
▶ 권익보호
내부환경
▶ 실적주의와 직업공무원제
▶ 계급제와 직위분류제
▶ 인사기관
인사행정 주요 기능
확보
▶ 모집 ▶ 선발
보상
▶ 보수
▶ 연금
전략
▶ 직무와 개인의 이해
▶ 전략적 인적자원관리
개발
▶ 교육훈련
▶ 인사이동
▶ 경력개발
평가
▶ 근무성적평정 ▶ 역량평가
▶ 경력평정 ▶ 가점평정
유지·활용
▶ 의무와 권리 ▶ 동기부여
▶ 노동조합 ▶ 다양성 관리
직무와 개인의 통합
직무
▶ 요건·임무(수요)
▶ 보상(공급)
개인
▶ 근무(공급)
▶ 기대(수요)
산출
환류
산출
성과
개인차원
▶ 직무만족
직무·조직차원
▶ 직무성과

제 8 장

한국인사행정론

# 모집

## ■ ■ ■ 들어가는 말

인적자원의 확보는 우리 사회의 많은 인적자원을 공직에 지원하도록 유도하고, 그 중에서 능력과 자격을 갖춘 사람을 뽑는 활동이다. 공직의 울타리 밖에 있던 사람을 안으로 불러들여 공무원의 신분을 부여하는 '신규채용'을 떠올리면 이해가 쉽다. 특히 인적자원의 확보는 인사활동의 사이클이 시작되는 첫 과정으로 여기에서 유능한 인재를 확보해야 나머지 과정 모두가 원활하게 움직일 수 있다. 따라서 모집 과정은 인적자원관리의 효과성을 확보하기 위한 필요조건이라 할 수 있다.

컴퓨터를 사용하는 사람들이 자주 사용하는 은어 중에 GIGO(Garbage In, Garbage Out)라는 말이 있다. 잘못된 자료를 컴퓨터에 입력(Input)시키면 출력(Output)도 잘못되어 나온다는 뜻이다. 즉 이는 훌륭한 자원을 투입해야 좋은 성과를 얻을 수 있다는 것을 의미한다. 따라서 인적자원의 확보는 좋은 성과를 얻기 위한 입력(Input)에 해당하는 활동으로서 Garbage가 아니라 Gold를 공직에 끌어들이는 Gold In이 되어야 할 것이다. 인적자원의 확보는 크게 모집과 선발과정으로 나눌 수 있는데 제8장에서는 유능한 인재를 공직으로 끌어들이는 모집과정에 대해 살펴보고자 한다.

## ■ ■ ■ 핵심용어

- 모집(Recruitment)
- 적극적 모집(Active Recruitment)
- 소극적 모집(Passive Recruitment)
- 모집 공고
- 지원 자격
- 대표관료제(Representative Bureaucracy)
- 내부 모집(Internal Recruitment)
- 외부 모집(External Recruitment)
- 모집제도

## 제1절 모집의 이해

모집(Recruitment)은 공무원을 채용할 때, 지원자를 확보하는 활동이다. 즉 선발시험에 응할 잠재적 인적자원을 찾아내서 지원하도록 유도하는 행위이다. 모집의 이러한 정의에는 선발이 공개경쟁으로 이루어진다는 의미까지 내포하고 있다. 만약 인사권자가 공개경쟁으로 선발을 하지 않고 특정인을 은밀하게 뽑으려고 계획하고 있다면 모집이라는 과정이 장애물처럼 느껴질 것이다. 그렇다면 단순히 정실을 방지하기 위해 선발에 관한 정보를 공개하고 경쟁을 유도하는 것으로서 모집의 역할을 다했다고 볼 수 있는가? 정실주의와 엽관주의에 대해 방어적 입장이었던 초기의 실적주의에서는 위에서와 같이 모집의 역할을 한정적으로 이해했을 수 있다. 하지만 지금은 사정이 다르다. 실적주의가 정착된 미국이나 영국뿐만 아니라 우리나라도 중 · 하위직 공무원에 대한 정실임명은 생각할 수 없는 상황이기 때문이다. 이에 적어도 중 · 하위직을 대상으로 하는 신규채용에서는 모집이 단순히 정실을 방지하기 위한 공개채용이라는 의미를 넘어서 우수한 인재를 선발하고자 하는 적극적인 역할까지 수행하게 되었다. 따라서 현재 인사행정에서의 모집은 민간기업과의 인재유치경쟁에서 뒤떨어지지 않고, 공직에 많은 관심을 갖고 선발시험에 응시할 수 있도록 하는 적극적인 모집활동으로서의 역할을 의미한다.

모집과정에서 직무수행능력을 갖춘 인적자원을 유도해내는 데 실패한다면 GIGO(Garbage In, Garbage Out)가 의미하듯이 후속적인 인적자원관리 과정에 큰 부담으로 작용하게 될 것이다. 당장 최소자격요건(국가고시의 경우 커트라인)을 충족시키지 못해 계획했던 선발인원을 확보하지 못할 수도 있으며, 채용 후에도 만족할 만한 직무수행에 이르도록 하기 위해 교육훈련이나 감독 등의 추가적 비용이 발생할 수 있기 때문이다(Heneman Ⅲ *et al.*, 1983). 뿐만 아니라 조직차원에서 인적자원의 직무수행능력 개선을 위한 노력이 충분히 이루어지지 못할 경우 인사행정의 효과성 저하 및 행정서비스의 질적 저하와 같은 심각한 문제를 야기할 수 있다.

유능한 인재를 유도할 수 있도록 적극적 모집을 해야 하는 이유가 바로 여기에 있다. 후에 선발시험의 요건에서도 언급이 되겠지만, 경쟁률에 비례해서 유능한 인재의 수가 절대적으로 많아진다는 측면에서 다시금 적극적 모집의 중요성을 발견해 볼 수 있다. 이는 고교 평준화 지역에서 명문대학교에 진학하는 학생의 수는 고등학교의 전체 학생 수의 비례하는 것과 같은 원리이다. 즉 최대한 많은 사람을 공직으로 유도하고, 이 중에서 필요한 사람을 고를 때 보다 뛰어난 사람을 뽑을 확률이 더 높아지는 것이다.

## 제2절 적극적 모집의 이해

### 1. 적극적 모집의 의의

적극적 모집의 의미는 소극적 모집과의 비교를 통해 보다 명확히 이해할 수 있다. 소극적 모집(Passive Recruitment)은 채용계획을 일반 대중에게 공개하고 지원자가 찾아오도록 기다리는 모집방법을 말한다. 반면, 적극적 모집(Active Recruitment)은 젊고 유능한 인적자원이 공직에 대한 매력을 느끼고 지원할 수 있도록 유도하는 활동을 말한다. 적극적 모집에서 공직에 대한 매력을 높인다는 것은 여러 측면에서 민간기업에 비해 공직의 상대적인 우위를 지키기 위한 관리활동을 포함한다. 대표적인 예로서 공직에 대한 사회적인 평가를 높이거나, 신분을 철저히 보장해주거나, 적정한 수준의 보수를 제공한다거나, 승진이나 직위이동을 통해 자기발전과 성취감을 맛볼 수 있는 기회를 제공하는 등의 활동이 있다. 따라서 적극적 모집은 모집활동 그 자체를 의미한다기보다는 모집의 실효성을 높이고 직업공무원제의 여건을 만들어주는 제반활동을 모두 포함한다.

그러나 여기에서 우리는 적극적 모집을 '공직의 매력을 높이는 활동' 측면보다는 '공직으로 지원하도록 유도하는 활동' 측면에 주목함으로써 적극적 모집을 보다 한정적이고 구체적인 부분으로 이해하고자 한다. 물론 '공직의 매력을 높이는 활동'이 유능한 사람을 확보하는 과정에 있어 보다 본질적인 요건이긴 하지만 이것이 충족되었다면 적극적 모집은 그 의미를 상실하기 때문이다.

그림 8-1 소극적 모집과 적극적 모집의 비교

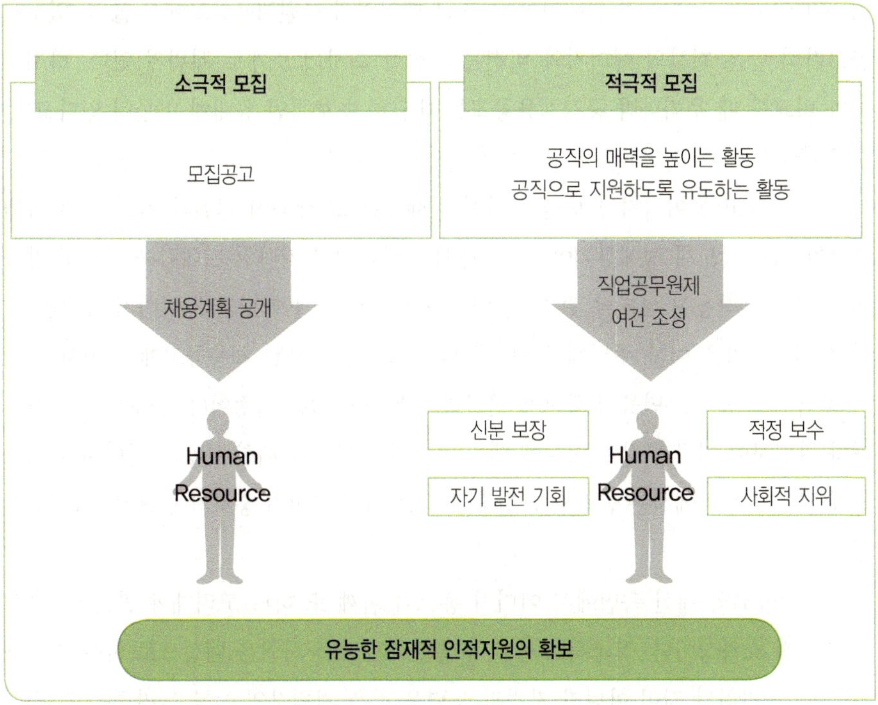


## 2. 적극적 모집의 과제

적극적 모집을 '공직으로 지원하도록 유도하는 활동'이라고 제한적으로 해석함으로써 적극적 모집의 구체적인 과제로서 모집공고의 개선, 인력형성에의 직접 참여 등을 제시할 수 있다. 이를 구체적으로 살펴보면 다음과 같다.

### 1) 모집공고의 개선

전통적으로 '모집'이란 모집공고를 의미해 왔다. 모집공고는 신문이나 게시판에 채용의 구체적인 정보를 널리 알리는 것이다. 이처럼 전통적인 모집의 의미는 모집공고처럼 '공개적으로 알리는 것' 이상의 활동은 포함하지 않았다. 즉 이는 소극적 모집을 의미하는 것이었다. 그러나 적극적 모집에서는 단순히 채용정보를 공고하는 것이 아니라 공직의 이미지를 홍보하면서 공직 취업정보를 함께 제공한다. 즉 정보제공의 기능과 이미지 홍보를 겸하는 것이다. 최근 대기업의 사원채용공고에서 볼 수 있듯이 공고란의 반은 회사의 이미지와 비전을 포함한 회사의 소개로 채워져 있다. 하지만 이와 비교할 때 우리나라 공직채용공고는 대단히 초보적인 상태에 머물러 있다고 볼 수 있다.

물론 공고에 이미지 홍보를 포함시킬 때에는 그 내용이 현실과 거리가 먼 과대홍보가 되지 않도록 경계하여야 한다. 응시자로 하여금 지나친 기대감을 갖도록 만들어 오히려 부작용이 나타날 수 있기 때문이다(Wanous, 1973). 과대 이미지 홍보를 일삼는 민간기업은 이를 주의해야 할 것이다. 그러나 공무원 채용공고에 있어서는 아직 공직의 긍정적인 면을 정확하게 전달하지 못하고 있는 실정이다. 공무원의 부정부패와 관련하여 지금과 같이 정부에 대한 불신과 공무원에 대한 부정적 이미지가 지나치게 만연한 상황에서는 공직의 균형적 평가를 위해 이미지 홍보가 필요하다고 볼 수 있다.

모집공고의 개선 측면에서 이미지 홍보와 함께 또 하나 고려해야 할 것이 모집의 경제적 효과성이다. 적극적 모집은 무분별하게 모든 사람을 대상으로 하여 지원자의 수를 늘리려는 것이 아니라 자격과 능력을 갖춘 지원자의 수를 늘리려는 것이다. 채용공고는 모든 인적자원이 아니라, 선발의 잠재적 대상이 되는 인적자원이 시험에 응시하도록 유도할 수 있어야 한다. 채용에 드는 비용을 응시자에게 부과하지 않기 때문에 능력미달의 응시자가 많아지는 것은 오히려 모집 · 선발 비용의 증가만 가져오기 때문이다. 따라서 정확한 대상 집단을 선정하여 이들이 가장 많이 접하는 광고매체를 선정하는 등 광고에서의 일반원칙을 상당히 준용할 필요가 있다.

모집공고의 방식에서도 과거에는 신문이나 게시문이 전부였으나 최근에는 인터넷을 활용하는 적극성을 보이고 있다. 정부에서도 근래에 사이버국가고시센터(http://www.gosi.go.kr) 웹사이트를 통해 각종 시험정보를 제공하고 있다. 뿐만 아니라 행정고시 이외에도 계약직, 개방형 직위, 공모 직위, 고위공무원단 교류 대체인력 등을 수시로 모집하는데, 이를 위해 각종 모집공고를 종합하여 제공하는 나라일터(http://gojobs.mopas.go.kr) 웹사이트를 운영하고 있다.

또한 모집공고의 개선에 있어 보완적으로 활용할 수 있는 것이 공직설명회나 취업박람회 등이다. 공고는 어떤 매체를 이용하든 일단 그 매체를 이용하는 모든 사람에게 채용정보가 일방적으로 전달된다는 특징을 가지고 있다. 그렇지만 이를 통해 전달할 수 있는 정보의 양은 매우 한정적이다. 반면에 공직설명회나 취업박람회는 불특정다수에 대한 일방적 정보제공이 아니라 공직에 관심을 가지는 보다 한정된 인원에게 쌍방의 대화를 통해 필요한 정보를 충분히 제공할 수 있다는 점에서 유용하게 활용될 수 있다.

### 2) 인력형성에의 직접 참여

정부는 민간기업과 함께 인력의 수요자이다. 이들 인력은 실업계 고교 · 전문대학 · 4년제 대학 등의 교육기관과 직업훈련원과 같은 인력형성기관에서 배출되어 나온다. 소극적 모집은 모집공고를 통해 이들 인력에게 공직 취업 정보를 알리는 정도로 이루어진다. 이에 비해 적극적 모집은 이보다 한 단계 더 나아가 공직에서 필요한 인력을 직접 형성하는 활동까지도 포함한다. 지금까지 수요자는 우수인력의 배출을 공급자에게만 맡기고 이에 의존해 왔다면, 이제는 수요자가 필요로 하는 인력을 공급할 수 있도록 수요자와 공급자가 공동협력관계를 유지하는 것이다. 이는 산학협동과 마찬가지로 관학협동을 통해 정부와 교육기관이 상호 협조하여 수요자가 원하는 인력 형성을 위해 함께 노력하는 것을 의미한다.

우리나라에서 가장 실현성 있는 예로, 관련학과에 정부가 보유하고 있는 교육자료를 제공하고 공무원의 대학출강을 통해 학생들과 정부의 심리적 거리감을 줄이는 방식을 들 수 있다. 또한 공무원 지망생에게 방학 중이나 학기 중에 실무수습(Internship)의 기회를 제공하는 것도 수요자가 원하는 인력을 형성하는 하나의 방식이 될 수 있는데 이는 실제 우리나라에서 활용되고 있는 방식이기도 하다(권경득 외, 2001). 이를 통해 정부에 대한 이해와 공직에 대한 관심을 높일 수 있을 것이다. 뿐만 아니라 고등 교육과정 구성에 있어 기존의 이론중심 교육에 실제 정보와 실무경험을 접목함으로써 잠재적 인적자원의 직무수행능력을 향상시킬 수 있으며 공무원 지망생에게 장학금을 지급하는 것도 좋은 방법이 될 수 있다. 또한 전문인력을 안정적으로 확보하기 위해 경찰대학, 세무대학, 철도전문대학과 같은 교육기관을 직접 세워 인력을 형성하는 방법도 우수인력확보를 위한 적극적 모집방법으로 이해할 수 있다. 특히 이때는 입학정원을 매년 고정시키기보다는 수요에 맞게 탄력적으로 조정하는 노력이 필요하다.

## 참고 8-1 공직박람회

안정행정부는 2011년부터 매년 주요 도시에서 공직박람회를 개최한다. 가장 최근에 개최된 '2013 공직박람회'는 서울, 강원도, 부산광역시, 대전광역시, 광주광역시 등 5개 지역에서 개최되었으며 중앙부처 41기관, 지방자치단체 7기관, 헌법기관 2기관 등 총 60개 기관이 참가하였다. 공직박람회는 공무원의 종류, 업무, 후생 · 복지, 역사 등 공직 전반을 이해할 수 있는 기회를 제공하였고, 5급 · 7급 · 9급 공채, 지역 인재 채용제도, 민간경력자 5급, 외교관후보자 선발시험, 부처 주관 경력경쟁채용시험 등 채용제도 전반을 이해할 수 있는 기회를 제공하였다. 또한 60개 참가 기관은 적극적으로 각 기관의 주요 업무 및 인재상, 채용계획 등을 소개하였다. 특히, 공직 및 채용제도 소개뿐만 아니라 공직적성검사, 공직선배 멘토링, 모의면접, PSAT 예제풀이 등 수요자 중심의 맞춤형 채용서비스를 제공하여 참가자들의 호응이 매우 높았다.

이러한 '공직박람회'는 취업준비생, 대학생, 중 · 고등학생 등 모든 공직희망자들에게 공직채용정보를 종합적 · 체계적으로 제공하여 공직에 대한 이해를 제고하고 유능한 인재를 공직에 유치하는 등 적극적 모집을 위한 노력의 일환으로 이해할 수 있다.

■ **2013 공직박람회 주요내용**

| Section | 주요코너 | 내용 |
|---|---|---|
| Section Ⅰ<br>공직에 대한 이해 | 공직이해관 | • 공무원의 종류 및 업무분야, 채용 · 승진 · 전보 등 인사제도, 후생복지 혜택, 급여 수준, 교육기회 등 안내<br>• 시대별로 본 공무원의 역할, 직급체계 · 급여 등의 변화, 공무원 교육, 채용시험(과목) 변천사 등 |
| Section Ⅱ<br>공직 채용 안내 | 공개경쟁 채용관 | • 5 · 7 · 9급 공채 선발 직렬 및 인원, 시험일정, 절차, 가산점, 구분모집, 경쟁률 등 정보 제공<br>• 9급 공채시험 과목 개편, 국립외교원 선발시험 등 '13년부터 변경되는 공무원 시험제도 안내 |
| | 경력경쟁 채용관 | • 민간경력자 5급 일괄채용 : 채용 직무분야, 시험일정, 절차, 응시자격, 임용 후 처우 등<br>• 국 · 과장급 개방형직위 채용안내 |
| | 고졸인재 채용관 | • 9급 견습직원 추천채용제 등 고졸자 대상 채용정책 설명, 채용방법, 시험일정 및 절차 등<br>• 9급 공채 시험과목 개편 및 수험 준비방법 안내 |
| | 균형인사 채용관 | • 장애인 구분모집, 중증장애인 특채, 저소득층 구분모집, 지역인재추천제, 다문화가정 · 북한이탈주민 채용 등 안내 |
| | 지방공무원 채용관 | • 지방공무원 공채 및 경채시험 정보 제공<br>• 시도 산하 공공기관 채용정보 제공 등 |

| | | |
|---|---|---|
| | 기관별 채용관 | • 60개 참여기관별 주요 업무, 조직문화, 인재상 및 채용계획 등 소개 (경채시험 현장 원서접수 병행) |
| Section Ⅲ 맞춤형 채용 서비스 | 공직선배 멘토링 | • 현직 공무원과의 대화 · 상담 코너를 마련하여 수험 준비 방법, 공무원 입직 후의 생활 등에 대한 조언 제공 |
| | 모의면접 체험관 | • 실제 공무원시험 면접과 유사한 환경에서 모의면접 진행 및 면접 종료 후 컨설팅 실시 |
| | 공직 적성검사 | • 공직에 적합한 적성과 역량을 갖추었는지 자가진단할 수 있는 검사 시비스 제공 및 진문가 컨설팅 실시 |
| | PSAT 예제풀이 | • PSAT 영역별(언어논리, 자료해석, 상황판단) 예제풀이 체험 및 해설 |
| 부대행사 | 개막식 | • 참여기관 장 · 차관 등 각계인사, 공직지망생 등 참석 |
| | 공직 채용설명회 | • 국가직, 지방직, 특정직 등 시간대별 실시 |
| | 특별강연 | • 장 · 차관 및 유명인사 초청 특강 (1일 1회) |
| | 취업클리닉 컨설팅 | • 취업준비생들에게 필요한 이력서, 자기소개서, 면접화술, 이미지메이킹 등에 관한 강의 및 컨설팅 |
| | 희망Tree | • 본인의 희망사항 또는 행사에 대한 의견 수렴 |

자료: 안전행정부(2013).

## 제3절 모집의 주요 쟁점과 한계

### 1. 쟁점

#### 1) 지원자격의 제한

직급명세서에는 성공적인 직무수행에 필요한 최소한의 자격요건을 명시하고 있는데, 여기에는 주로 기술, 교육, 경험, 능력 등에 대한 요건이 포함된다. 직위분류제가 수립되어 있고 개방형 충원을 하는 경우라면 바로 이 요건을 충족시키는 사람만이 지원할 수 있게 된다. 따라서 이때의 모집은 그 자체가 일종의 선발기능을 가지게 된다. 타인에 의한 선발이 아닌 스스로 자신의 자격을 판정하는 자발적 선발과정인 것이다. 특히 이러한 지원자격의 제한이 엄격할수록 모집의 예비적 선발로서의 기능은 더욱 커지게 된다. 이에 많은 인원을 한꺼번에 뽑는 공개경쟁 신규채용에서는 구체적인 직무수행요건보다 국적 · 교육 · 연령 · 거주지 · 성별 등과 같은 일반적 기준만을 지원자격 요건으로 제시하고 있다. 그러나 문제는 직무분석을 통해 직무수행과의 직접관련성을 기초로 하는 최소자격 요건과는 달리 위와 같은 일반적 기준은 직무수행과의 연관성을 제시하기가 대단히 어렵다는 데 있다. 국가에서 공무원이 될 수 있는 기회는 누구에게나 동등하게 부여하고 있다. 이러한 기회 또한 국민의 기본권으로 간주되는 것이다. 그런데 이들 요건에 대한 기준을 설정한다는 것은 그 권리를 제한하는 것이 된다. 이 기준이 모든 사람에게 동등하게 적용되기 때문에 차별의 문제가 생기지 않을 것 같으나, 교육이나 성별의 경우 특정 계층 내지 집단 차원에서 차별이 발생할 수 있다. 예를 들어 미국의 경우 고등교육을 받지 못한 비율이 높은 소수민족에게 제도적으로 불이익을 발생시키는 결과를 초래할 수 있다.

하지만 그렇다고 해서 모든 사람에게 공직취임의 응시자격을 주는 것은 불합리하고 비경제적이다. 모집은 양의 문제이기보다는 질의 문제이기 때문이다. 공직에서 필요로 하는 인적자원을 대상으로 집중적인 모집활동을 하는 것이 모집의 효과성을 높일 수 있다. 그러나 바로 이러한 점 때문에 모집은 딜레마 상황에 처하게 된다. 모집의 효과성이라는 현실적인 요구와 공직취임의 균등한 기회부여라는 법적인 요구를 만족시키는 일반기준을 설정해야 하기 때문이다. 이론적으로는 일반기준과 직무수행 능력과의 직무연관성을 확보하는 것이 중요하다. 그러나 우리나라와 같이 직무분석이 되어 있지 않은 상황에서 직무연관성을 입증하기란 상당히 어려운 일이다. 그러다 보니 우리나라에서는 가능한 기회균등의 원칙에 따라 상대적으로 완화된 자격제한을 두고 있으며 사회적 통념 등을 고려하여 정책적으로 결정하고 있다.

### 2) 지원자격의 우대

모집에서 가장 일반적인 쟁점은 위에서 논의된 바와 같이 지원자격 제한에 관한 문제였다. 그러나 최근에는 지원자격 제한의 문제와 함께 자격우대의 문제도 함께 발생하고 있다. 다양성 관리(Diversity Management)에 대한 관심이 높아지면서 여성, 장애인, 지방인재 등에 대한 채용상의 배려 정책들이 공공부문에 도입되었기 때문이다. 이러한 우대정책으로 인해 역차별 문제, 실질적 대표성 문제 등이 발생하면서 지원자격의 우대문제가 모집에서 주요 쟁점으로 고려되고 있다.

## 2. 한계

### 1) 과잉학력 문제

과잉학력 문제는 일반적으로 지원자격에 있어 학력 요건을 제한함으로써 발생하는 문제이다. 현재 우리나라의 경우, 공직 입직에 있어 학력에 대한 지원자격 제한은 설정하지 않고 있지만 학력에 대한 자격요건을 완전히 개방함으로써 역으로 과잉학력 문제가 발생하고 있다. 가장 문제가 될 수 있는 것이 7급과 9급의 초급직 합격자 중 고학력자가 지나치게 많은 비중을 차지하고 있다는 것이다. 9급의 경우는 민원담당부서에서 단순 반복적인 문서기록 내지 발급업무를 주로 하고 있어, 학력의 최소요건을 둘 필요가 없다. 하지만 문제는 이 계급에 대졸학력자가 1990년대 이후부터 계속 늘어나 2008년 통계로 7급 공무원 합격자 중 4년제 졸업 이상 학력이 13,511명으로 전체의 약 52%로 나타났으며, 9급 공무원 합격자 중 4년제 졸업 이상 학력은 9,295명으로 전체의 약 76%로 나타났다(〈표 8-1〉 참조). 교육연한만으로 판단했을 때 이 계급의 구성원들은 과잉학력의 소유자들로서 실제 직무수행에 요구되는 요건

**표 8-1** 2008년 7급 · 9급 합격자 학력 분포

| 구분 | 소계 | 대학원 수료 이상 | 대학원 재학 · 중퇴 | 대학 졸업 | 대학 재학 · 중퇴 | 전문대 졸업 | 전문대 재학 · 중퇴 | 고등학교 중퇴 · 재학 · 졸업 | 중학교 중퇴 · 재학 · 졸업 | 초등학교 중퇴 · 재학 · 졸업 | 무학 |
|---|---|---|---|---|---|---|---|---|---|---|---|
| 7급 | 25,970 | 953 | 174 | 12,384 | 2,335 | 4,234 | 157 | 5,524 | 170 | 36 | 3 |
| 9급 | 12,143 | 322 | 82 | 8,891 | 1,752 | 757 | 82 | 256 | 1 | – | – |

자료: 행정안전부(2008c).

보다 훨씬 높은 능력을 갖고 있는 사람들이라 볼 수 있다.

위와 같이 직무가 요구하는 능력 수준과 개인이 보유한 능력 수준 간의 차이가 클 때 개인-직무 적합성(Person-Job Fit)이 낮게 나타나 직무 불만족을 야기시킬 수 있으며 이는 직무 성과 저하, 이직률 향상 등과 같은 조직효과성 저해 요인으로 작용할 수 있다. 결국 과잉학력 문제는 조직차원에서는 생산성 저하 문제를, 국가 차원에서는 인력배분의 불합리성으로 인한 자원손실 문제를 초래하게 된다.

7 · 9급뿐만 아니라 2013년 전체 공무원 통계를 기준으로 최종 학력을 살펴보았을 때도 대학교 졸업이 48.4%(429,416명)로 가장 많은 것으로 나타났으며, 그 다음으로 대학원 이상 21.9%(194,026명), 전문대졸 및 고졸이 각각 13.8%(122,799명/122,654명), 중졸 이하 2.1%(18,296명) 등의 순으로 나타났다(〈표 8-2〉 참조). 이는 지난 조사인 2008년과 비교하여 대졸 이상 학력이 3.7% 포인트 증가한 것이며, 대졸 이상 학력 70.3%는 우리나라 25세 이상 인구의 대졸 이상 인구 비율인 24.4%와 비교하여 45.9% 포인트 더 높은 것으로 나타나 전반적으로 학력 수준이 높은 것을 확인할 수 있었다(안전행정부 보도자료, 2014).

### 2) 대표관료제의 문제

대표관료제(Representative Bureaucracy) 문제는 공직의 대표성 확보 및 사회적 형평성 달성을 위해 상대적으로 차별받아왔던 특정 집단에 대한 지원자격을 우대함으로써 고려되는 문제이다. 대표관료제는 공직에 대한 국민 또는 국민의 대표자에 의

**표 8-2 2008년 및 2013년 공무원 최종학력별 현황**

| 구분 | 합계 | 대학원 이상 | 대졸 | 전문대졸 | 고졸 | 중졸 이하 |
|---|---|---|---|---|---|---|
| 2008년 | 876,163명 | 21.2%<br>(185,965명) | 45.4%<br>(397,258명) | 14.0%<br>(123,016명) | 16.4%<br>(143,903명) | 3.0%<br>(26,021명) |
| 2013년 | 887,191명 | 21.9%<br>(194,026명) | 48.4%<br>(429,416명) | 13.8%<br>(122,799명) | 13.8%<br>(122,654명) | 2.1%<br>(18,296명) |
| 우리나라 25세 이상 학력구성 | | 4.6% | 19.8% | 13.3% | 35.1% | 27.2% |

자료: 안전행정부 보도자료(2014).

한 통제가 여러 가지 어려움에 직면하게 되자 공직의 사회적 배경을 일반사회의 사회적 배경과 유사하게 함으로써 사회적 가치가 정책에 골고루 반영될 것을 기대하며 도입된 제도이다(Kingsley, 1994). 즉 대표관료제는 출신지역, 학교, 성별, 신분 등의 여러 기준에서 공무원의 인적 구성이 일반사회의 인적 구성과 통계적으로 비례하도록(소극적 대표관료제로서 구성론적 대표성을 의미) 구성하게 되면 각 공무원은 자신과 출신배경을 같이하는 집단의 이익과 가치를 정책과정에 반영함으로써(적극적 대표관료제로서 역할론적 대표성을 의미) 사회적 가치와 이익을 대표하는 정책을 형성할 수 있다는 낙관적 입장을 취한다(Mosher, 1982).

대표관료제는 이와 같이 공무원의 출신배경별 대표성을 확보할 수 있고, 공무원 간에 어느 한쪽의 이익이 편중되게 반영되는 것을 내부에서 스스로 견제해 가는 내부통제의 기능을 가진다. 또한 자유경쟁원리에서 뒤로 밀려날 수밖에 없었던 소수의 혜택받지 못하는 집단도 그들의 이익을 스스로 대변할 수 있는 실질적인 기회를 확보할 수 있다는 장점을 가지고 있다. 이에 미국에서는 이러한 대표관료제의 장점을 현실에서 구현하기 위하여 모집과정에서 소수인종집단이나 장애인 또는 여성 집단에 대한 특별모집인원(Quota)을 배정하기도 한다.

그러나 대표관료제에 대한 낙관론은 여러 비판에 직면하게 된다. 대표관료제를 형성한다 하더라도 정책결정에 적극적으로 참여하는 고위공무원의 경우에는 역할론적 대표성에 대한 회의론이 대두된다. 고위공무원의 정책결정은 단순한 출신 집단의 이해뿐만 아니라 이들 간의 권력작용에서 이루어지기 때문이다. 즉 공무원의 정책결정 행위는 단지 출신 집단의 이익과 가치에 의해서만 영향을 받는 것이 아니다. 또한 정책결정의 기회가 상대적으로 적은 중간관리직과 하위직에서는 구성론적 대표성 이상을 기대하기 힘들다. 더구나 국민주권의 원리에서 보더라도 공직에 대한 통제 역시 대통령과 의회에 의한 통제가 더 민주적이고 효과적인 방법이며, 공직 내부의 인적 대표성에 의한 자율통제에 맡기는 것은 비민주적일 수 있다. 끝으로, 출신배경적인 가치와 이해가 채용 후에 변하지 않는다고 장담할 수 없다. 하위직에서 고위직으로 올라가면서 자신의 신분에 변화가 생기게 되고, 그러면서 과거의 출신 집단보다 새로이 소속감을 느끼는 준거집단(Reference Group)이 생기게 되어 그 집단의 가치를 더 중시할 수 있다는 것이다(Nigro & Nigro, 1986).

대표관료제는 공무원 채용 및 승진 등 인사정책에서의 인종차별과 성차별이 심각했던 미국에서 활발하게 논의되었던 제도이다. 우리나라는 미국에서와 같이 차별에 대해 심각한 문제의식을 가진 적이 없었다. 그러나 최근에는 다양성 관리에 대한 관심이 증가하면서 대표관료제의 원리에 주목하게 되었다. 뿐만 아니라 현재 공무원의 출신배경을 보면 대표관료제의 원리가 담고 있는 기본이념을 완전히 무시할 수도 없는 상황이 되었다. 정책결정에 중요한 역할을 담당하는 고위직 공무원의 경우 출신지역과 출신학교에서 현격한 차이가 있는 것으로 조사되었기 때문이다(조선일보,

**표 8-3 2012년 행정부 일반직 공무원의 여성비율**

| 직급구분 | 전체 | 여성 | % |
|---|---|---|---|
| 고위공무원 | 1,033 | 38 | 3.6 |
| 1~2급 | – | – | – |
| 3급 | 686 | 34 | 4.9 |
| 4급 | 5,607 | 529 | 9.4 |
| 5급 | 12,907 | 2,073 | 16.0 |
| 6급 | 25,980 | 5,560 | 21.4 |
| 7급 | 29,829 | 9,333 | 31.2 |
| 8급 | 21,644 | 10,708 | 49.4 |
| 9급 | 11,694 | 5,526 | 47.2 |
| 합계 | 109,380 | 33,801 | 30.9 |

자료: 행정안전부(2012b).

2010.03.23). 물론 그것이 정책결정과 사회에 어떤 영향을 미치는지에 대해서는 실증적으로 조사된 바가 없다. 다만 대표관료제의 논리에 따라 특정집단의 이익이 과다반영될 수 있다는 개연성을 말할 수 있을 뿐이다. 따라서 고위공직자의 구성이 사회적 대표성을 크게 벗어난 상태에서 이것이 미치는 영향과 대표성 확보의 필요성이 인정될 때, 이를 모집이나 선발과정에서 어떻게 제도로 반영시킬 수 있는지에 대한 연구가 필요하다고 하겠다.

한편 우리나라 공직의 여성 대표성은 매우 낮은 실정이다. 2012년 기준 우리나라 전체 공무원 수 90만 6,697명 가운데 여성의 수는 38만 6,777명(42.0%)을 기록했다. 여성공무원 비율은 지난 1983년 10.7%에서 1998년 29.7%, 2004년 35.4%, 2008년 42.0%, 2012년 42.0% 등으로 꾸준한 증가세를 보이고 있다. 그러나 여성공무원의 '양적' 수준은 과거에 비해 크게 증가했지만 '질적' 수준은 여전히 개선이 시급하다는 지적이 잇따르고 있다. 2012년 기준 남성공무원 51만 9,920명 가운데 일반직은 20만 5,269명(39.0%)에 달한다. 반면 여성공무원 38만 6,777명 중 일반직은 10만 9,681명으로 28.3%에 그치고 있다. 여성공무원의 대부분이 특정직과 기능직, 계약직인 셈이다. 이 같은 추세는 고위직으로 올라갈수록 더욱 심화된다. 2012년 기준 중앙행정기관에 근무하는 관리직 공무원(5급 이상) 2만 233명 중 여성은 2,674명(13.2%) 수준에 머물고 있다. 중앙부처 고위공무원 1,033명만 살펴보면 여성의 수는 단 38명(3.6%)에 그쳤으며 3급(4.9%), 4급(9.4%), 5급(16.0%)의 여성공무원 비율도 매우 낮음을 확인할 수 있었다(행정안전부, 2012b).

즉 고위직으로 올라갈수록 여성의 비율이 점차 낮아진다는 것은 정책결정에 있어 여성대표성이 결여될 수 있음을 의미하는 것이다. 여성의 비중이 절대적으로 낮은 것은 역사적으로 여성의 사회활동이 권장되지 않았던 데에 원인이 있을 것이다. 그러나 하위직과 고위직의 비율차이가 크게 나타나고 있는 것은 승진과정에서 어떤 식으로든 여성이 불리한 대우를 받고 있음을 나타낸다고 볼 수 있다. 이러한 문제에 대응하여 안전행정부는 '지방공무원 균형인사 운영지침(예규)'에 지방자치단체의 장은 「제3차 여성관리자 임용확대 5개년계획(2012~2016년)」에 의거하여 연도별 관리직 여성공무원 임용목표 비율을 차질 없이 달성하여야 한다고 명시하였다. 참고로 「제2차 여성관리자 임용확대 5개년계획(2007~2011년)」에서는 2011년 12월 말까지 지방자치단체 전체의 6급 이상 관리직 공무원 중 여성비율이 16.5% 이상(5급 이상 9.6%, 6급

18.8%)이 되도록 노력할 것을 명시해두었다.

뿐만 아니라 정부는 공직에서의 여성공무원 비율이 대표성을 잃고 있음을 인식하고 1996년 할당제의 한 유형인 여성채용목표제를 도입하였다. 여성채용목표제는 2003년부터 '양성평등채용목표제'로 바뀌어 여성에 한정하지 않고 어느 한쪽의 성비가 30% 미만일 때 해당 성의 응시자를 목표비율만큼 추가 합격시키는 제도로 선발예정 인원이 5명 이상인 5 · 7 · 9급 공무원 공채시험(교정직렬과 보호직렬을 제외)에 적용하고 있다. 따라서 현재는 직급에 따라 남성이 혜택을 받는 경우도 발생하고 있다.

안전행정부는 이러한 양성평등채용목표제를 비롯하여 여성공무원 인사관리, 대체인력뱅크제, 장애인공무원 인사관리, 이공계공무원 인사관리, 지방인재채용목표제, 지역인재추천채용제, 저소득층 우대제도 등과 같은 균형인사정책을 시행하고 있다.

## 제4절 우리나라의 공무원 모집

### 1. 모집 유형

우리나라는 공직에 대한 선호가 높은 편이라 모집과정에 많은 노력을 기울이지 않아도 채용시험에 지원하는 사람이 많다. 하지만 위에서 살펴본 바와 같이 모집이 인적자원관리의 첫 단계로서, 유능한 인재 선발에 가장 중요한 역할을 담당한다는 측면에 그 중요성을 간과해서는 안 된다.

일반적으로 모집은 〈그림 8-2〉에서 보는 바와 같이 '내부모집(Internal Recruitment)'과 '외부모집(External Recruitment)'으로 구분할 수 있다. 먼저 내부모집은 조직 내 동일 부서, 타 부서 혹은 타 기관 등을 대상으로 모집하는 것을 말한다. 따라서 내부모집은 수평적 이동, 수직적 이동, 해직 및 복직 등의 방식으로 가능하다. 반면 외부모집은 기존에 조직이 갖추고 있는 채용방침에 근거하여 신입사원이나 경력자를 모집하는 경우를 말한다. 외부모집의 방법으로는 공개경쟁채용과 특별채용 등을 들 수 있다.

이러한 내부모집과 외부모집의 장 · 단점을 비교하면 다음과 같다(〈표 8-4〉). 우선 내부모집의 장점을 살펴보자. 내부모집에 의한 인력의 확보는 모집에 드는 시간과

그림 8-2 모집의 유형

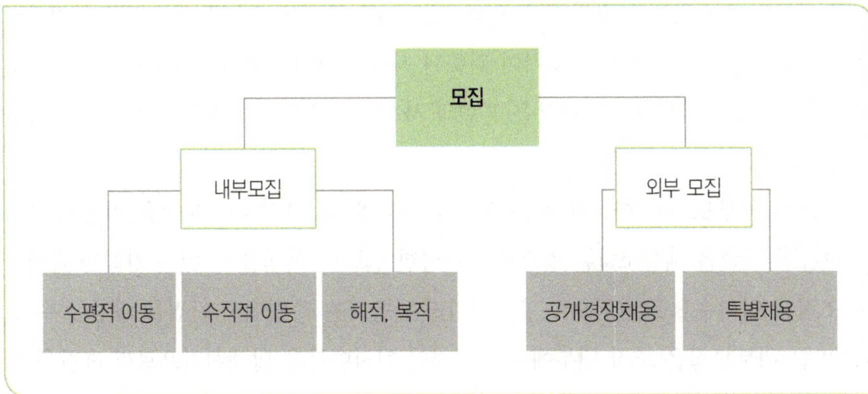


표 8-4 내부모집과 외부모집의 장점과 단점

| | 내부모집 | 외부모집 |
|---|---|---|
| 장점 | • 모집에 드는 시간과 비용을 절약할 수 있다.<br>• 내부인력이 가지고 있는 경험과 지식을 충분히 활용할 수 있다.<br>• 내부인력에게 능력개발 혹은 동기부여의 기회를 제공한다.<br>• 능력이 충분히 검증된 사람을 채용하여 위험부담을 줄일 수 있다.<br>• 내부인력의 활용은 훈련과 사회화 시간을 단축시키며 조직에 안정감을 준다. | • 다양한 인력을 선택할 수 있는 기회가 증가한다.<br>• 외부인력을 채용함으로써 인력수요에 대한 양적인 충족을 가능하게 한다.<br>• 외부 인력의 새로운 관점, 지식, 경험을 활용할 수 있다.<br>• 능력을 갖춘 자를 모집하기 때문에 교육훈련 등과 같은 비용이 절약된다.<br>• 조직의 유연성이 높아지고, 조직 분위기에도 변화를 줄 수 있다. |
| 단점 | • 다양한 인력을 선택할 수 있는 기회가 줄어든다.<br>• 내부인력의 활용은 조직의 인력수요를 양적으로 충족시키지 못한다.<br>• 내부모집은 조직 내부의 인사이동을 연쇄적으로 발생시키므로 혼란을 야기할 수 있다.<br>• 내부인력에게도 부족한 능력을 강화하기 위한 교육훈련 등과 같은 투자(비용)가 필요하다.<br>• 조직의 유연성이 낮아질 수 있다. | • 모집을 하는 과정에 많은 시간과 비용이 소요된다.<br>• 내부인력의 능력개발, 동기부여, 승진기회가 줄어들며, 이로 인해 이직의도가 높아질 수 있다.<br>• 외부인력이 조직에 적응하는 데 많은 시간이 소요된다.<br>• 경력자를 채용할 경우, 인건비 지출을 증가시킨다.<br>• 외부인력의 채용을 통해 위험부담이 증가된다. |

비용을 절약할 수 있고, 내부인력이 가지고 있는 경험과 지식을 활용하는 것이 가능하다는 측면에서 장점을 발견할 수 있다. 또한 내부인력에게 능력개발 혹은 동기부여의 기회를 제공할 수 있으며, 능력이 검증된 사람을 채용하여 위험부담을 줄일 수 있다. 뿐만 아니라 내부인력의 활용은 훈련과 사회화 시간의 단축으로 조직에 안정감을 가져다준다.

반면, 내부모집은 다음과 같은 단점을 갖고 있다. 우선 내부모집은 기존에 조직이 보유한 인력을 재확보하는 것으로서 다양한 인력을 선택할 수 있는 기회가 줄어들며 조직의 인력수요를 양적으로 충족시키지 못한다는 측면에서 단점을 발견할 수 있다. 또한 내부모집은 조직 내부에서 연쇄적인 인사이동을 발생시킴으로써 혼란을 야기할 수 있으며 추가적인 교육훈련 비용을 발생시킬 수 있다. 뿐만 아니라 조직의 유연성 저하 문제도 발생할 수 있다.

다음으로 외부모집의 장점을 살펴보자. 외부모집을 통해 조직은 다양한 인력을 선택할 수 있는 기회를 갖게 되며 외부인력을 채용함으로써 인력수요에 대한 양적 충족을 가능케 한다. 또한 조직은 외부인력의 새로운 관점과 지식, 경험을 활용할 수 있으며 능력을 갖춘 자를 새롭게 모집하기 때문에 교육훈련과 관리비용을 절약할 수 있다. 뿐만 아니라 새로운 인력의 유입에 따른 조직의 유연성 제고 및 조직 분위기 개선과 같은 효과도 기대할 수 있다.

반면, 외부모집은 다음과 같은 단점을 갖고 있다. 우선 새로운 인력을 모집해야 하기 때문에 모집을 하는 과정에 많은 시간과 비용이 소요되며 내부인력의 능력개발, 동기부여 기회는 상대적으로 줄어들 수밖에 없다. 또한 외부인력이 조직에 적응하는데 많은 시간이 소요될 수 있고, 만약 경력자를 채용할 경우 인건비 지출을 증가시킬 수 있다. 뿐만 아니라 신규인력채용으로 인해 조직의 위험부담이 증가될 수 있다.

## 2. 모집 제도

여기서는 실제 우리나라에서 시행되고 있는 공무원 모집제도에 대해서 알아보고자 한다. 이에 전통적인 채용방식이라고 볼 수 있는 공개경쟁채용제도와 함께 기존의 특별채용제도의 새로운 이름인 경력경쟁채용제도를 다루고자 한다. 특히 경력경쟁채용제도를 다루는 데 있어서는 행정의 전문성 향상을 위해 2011년에 새롭게 도입된 민간경력자 채용제도를 중점적으로 살펴보고자 한다. 이와 더불어 새로운 채용방식으로서 행정의 전문성 · 생산성 향상을 목적으로 도입된 고위공무원단 채용제도와 사회적 형평성 구현을 목적으로 시행되는 균형인사정책 등을 함께 다루고자 한다.

### 1) 공개경쟁채용제도

공개경쟁채용제도는 공무원이 되기를 원하는 지원자들에게 균등한 기회를 보장하고, 경쟁자 중에서 상대적으로 우수한 인력 선발을 위해 불특정 다수를 대상으로 경쟁시험을 실시하여 공무원을 채용하는 제도를 의미한다(안전행정부, 2014b). 이러한 공개경쟁채용시험은 5급 · 7급 · 9급 공무원 시험이 있다. 먼저 5급 공개경쟁채용시험을 살펴보면 다음과 같다. 5급 공개경쟁채용시험은 행정직, 기술직 시험과 외교관후보자 선발시험으로 구분된다. 5급 공개경쟁채용 시험은 응시에 있어 학력 및 경력 제한을 두고 있지 않으며 20세 이상의 응시연령만 제한을 두고 있다. 5급 공개경쟁채용시험은 직렬에 따라 시험과정과 일정이 조금씩 다른데, 행정직의 경우 〈그림 8-3〉과 같은 방식으로 진행된다. 기술직의 경우 행정직과 같은 절차로 진행되나 제2차 시험의 필수과목이 3과목, 선택과목이 1과목이라는 차이가 있으며 시험 진행 일정에 차이가 있다.

그림 8-3 5급 공개경쟁채용시험(행정직)

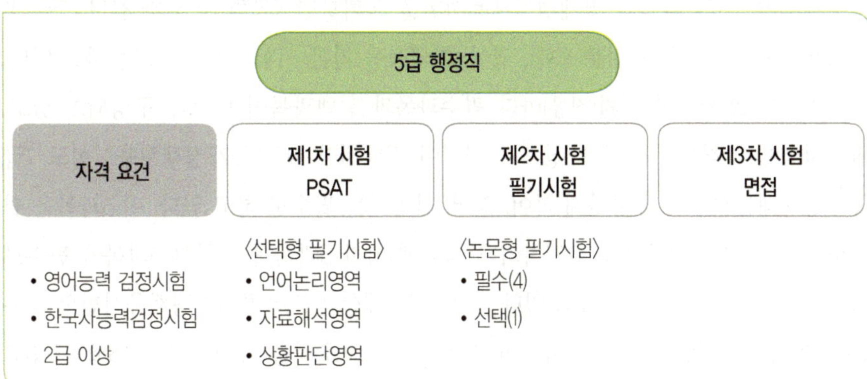

**그림 8-4 외교관후보자 선발시험**

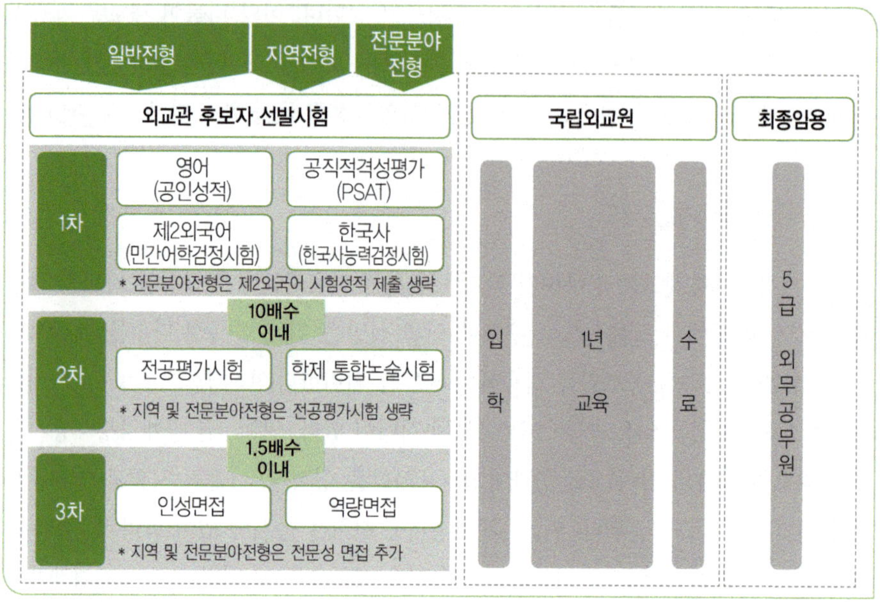


자료: 안전행정부(2014b).

또한, 기존의 외무고등고시를 대체하기 위해 2013년에 신설된 외교관후보자 선발시험은 〈그림 8-4〉에서 보는 바와 같이 시험에 합격한 경우 1년간 국립외교원에서 교육을 받게 되며, 외교관후보자 교육과정을 이수한 자 중 종합 교육성적이 우수한 사람을 5급 외무공무원으로 임용하게 된다(사이버국가고시센터, 2013a).

다음으로 7급과 9급 공개경챙채용시험을 살펴보면 〈그림 8-5〉와 같다. 7급 공개경쟁채용시험은 국어(한문 포함), 영어, 한국사를 기본 시험과목으로 포함하고 있다. 이 3과목을 포함하여 직렬(직류)마다 필수과목과 선택과목이 다르게 구성되어 있고, 필기시험에 합격한 사람을 대상으로 면접이 진행된다. 9급 공개경쟁채용시험도 7급 공개경쟁채용시험과 유사하게 국어, 영어, 한국사를 필수로 하고 있다. 이 3과목을 필수로 하고 나머지 2과목을 선택하거나 직렬에 따라 3과목을 포함한 5과목을 필수로 지정하여 시험과목을 구성하고 있다. 응시연령 제한은 7급 공개경쟁채용시험의 경우 20세 이상, 9급 공개경쟁채용시험의 경우 교정 · 보호직을 제외하고는 18세 이상(교정 · 보호직은 20세 이상)이다.

**그림 8-5** 7급 · 9급 공개경쟁채용시험

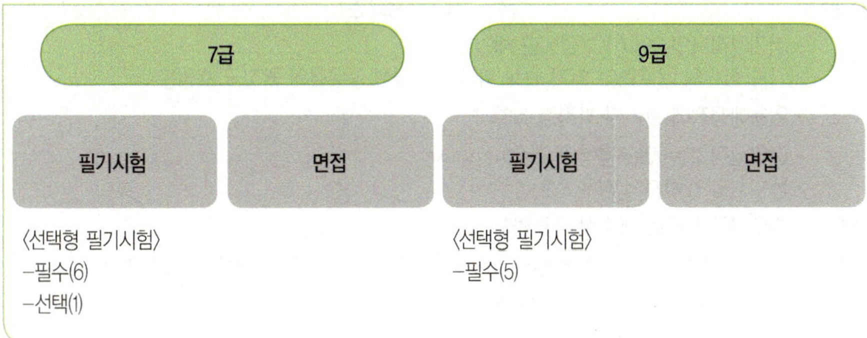


### 2) 경력경쟁채용제도

경력경쟁채용(특별채용)제도는 행정 수요의 다양성과 복잡성 증대로 공개경쟁채용시험을 실시하여 인력을 충원하기에 부적절한 분야에 대해 관련 직위 또는 직무에 적합한 우수전문인력 또는 유경험자를 특별 채용하는 제도를 의미한다(안전행정부, 2014b). 응시하한연령 이외에 자격제한을 두지 않는 공개경쟁채용시험과 달리 자격증, 경력, 학위 등의 요건 충족이 필요하며, 〈표 8-5〉에서 보는 바와 같이 13가지의 자격 요건별로 경력경쟁채용 시험을 실시하게 된다. 시험방법은 특별채용요건에 따라 서류전형, 필기시험, 면접시험, 실기 시험이 단일 적용되는 경우도 있으며 다중 적용되는 경우도 있다.

주로 안전행정부가 실시하는 공개경쟁채용시험과 달리 경력경쟁채용시험의 경우 주로 각 부처 장관이 실시하게 되는데, 경력경쟁채용제도의 유형인 민간경력자 5급 일괄채용시험의 경우 안전행정부 주관으로 실시하게 된다. 공직에 우수한 능력을 갖춘 민간경력자를 유치해야 한다는 목소리가 높아지면서, 우리나라에서는 2011년부터 실제 현장에서 근무한 경력 등을 중요시 하는 '민간경력자 5급 일괄채용' 제도를 도입하여 운영하고 있다(서울신문, 2012.02.17). '민간경력자 5급 일괄채용' 제도는 각 분야에서 충분한 현장경험과 전문성을 쌓은 사람은 누구나 응시가 가능해 민간경력자의 공직진입 기회를 확대시켰다는 점에서 의의가 있다. 이는 국가고시 출신 이외에 다양한 능력과 개성을 지닌 민간경력자 공개채용과정을 거쳐 공무원 인재의 스펙트럼을 넓히고, 장기적으로 보았을 때 이러한 민간경력자 5급 공무원이 고위공무원단

**표 8-5 경력경쟁채용제도 특별채용요건**

| 구분 | 특별채용요건 |
|---|---|
| 1호 | • 직권면직자의 3년 이내 원직급 재임용<br>• 다른 종류의 공무원이 되기 위해 퇴직한 경력직 공무원의 원직급 재임용 |
| 2호 | • 임용예정직에 관련된 자격증 소지자 |
| 3호 | • 근무실적 또는 연구경력이 3년 이상인 자<br>• 동일직급 경력자의 경우 2년 |
| 4호 | • 철도전문대학 등 특수학교 졸업자 |
| 5호 | • 1급 공무원 임용 또는 이에 상당하는 고위공무원단에 속하는 일반직공무원 임용 |
| 6호 | • 특수직무분야, 특수환경, 도서 · 벽지 등 특수지역 근무예정자 |
| 7호 | • 지방직 → 국가직, 기능직 ↔ 일반직 |
| 8호 | • 외국어능통자 |
| 9호 | • 실업계, 예능계, 사학계 학교 졸업자 |
| 10호 | • 과학기술 분야 등 학위소지자 |
| 11호 | • 국비장학생, 지역인재추천채용에 따른 견습근무를 마친 자 |
| 12호 | • 연고지 및 일정지역 거주자의 한지채용 |
| 13호 | •「국적법」 제4조 및 제8조에 따른 귀화허가를 받아 대한민국 국적을 취득한 자 및 「북한이탈주민의 보호 및 정착지원에 관한 법률」 제2조 제1호에 따른 북할이탈주민 중 국적 취득 및 가족관계 등록 창설 후 3년 이상 경과 한 자<br>– 제2호, 제3호, 제10호 요건을 갖춘 사람으로 채용 제한 가능<br>– 안전행정부장관이 정하는 특수한 직무분야나 환경 또는 특수한 지역에 근무하는 것으로 채용 범위 제한 가능 |

자료: 「공무원임용령」, 나라일터(http://gojobs.mospa.go.kr/)

의 한 부분을 형성하여 공직의 경쟁력을 강화할 수 있을 것이라는 기대를 갖게 한다(서울신문, 2011.05.30).

민간경력자 5급 일괄채용시험의 경우 응시자격요건(경력, 학위, 자격증)에 기재된 사항 중 1개 이상에 해당하면 응시가 가능한 것으로 규정되어 있고 경력이나 학위, 자격증에 관한 내용에 대해서는 별도로 안내하고 있다. 채용방식은 공정성을 강화한 공개채용방식으로 시험 단계를 세분화하여 1차 필기시험, 2차 서류전형, 3차 면접으로 진행된다. 민간경력자 일괄채용시험의 구체적인 절차는 〈그림 8-6〉과 같다.

**그림 8-6 민간경력자 5급 일괄채용시험**

**민간경력자 5급**

| 자격요건 | 제1차 시험 공직적격성평가 | 제2차 시험 직무적격성검사 | 제3차 시험 면접 |
|---|---|---|---|
| • 경력<br>• 학위<br>• 자격증<br>(기준요건 충족 필수) | 〈필기시험〉<br>• 기본 적성 평가 | 〈서류심사〉<br>• 직무분야 전문성 검사<br>• 경력 및 성과 심사 | |

2012년도 5급 국가공무원 민간경력자 일괄채용시험 시행 공고를 참고해보면, 선발 직무분야별 응시자격요건이나 선발 예정인원에 대해 상세하게 안내하고 있다. 그 중 인사 · 조직 직무군에 관한 내용을 살펴보면 〈표 8-6〉과 같다.

**표 8-6 공개경쟁채용시험과 경력경쟁채용시험 비교**

| 구분 | 공개경쟁채용시험 | 경력경쟁채용시험 |
|---|---|---|
| 개념 | • 학력 · 경력을 요구하지 않고 누구나 응시 가능하고 균등한 기회보장을 중시함 | • 공개경쟁채용시험에 의하여 충원이 곤란한 특정 분야에 대하여 관련직위 또는 직무에 적합한 우수 전문인력 및 유경험자를 채용하는 제도 |
| 근거 | • 「국가공무원법」 제28조, 제31조, 제35조<br>• 「공무원임용령」 제2장 제1절<br>• 「공무원임용시험령」제21조~제25조 | • 「국가공무원법」 제28조<br>• 「공무원임용령」 제2장 제2절<br>• 「공무원임용시험령」 제26조~제30조 |
| 종류 | • 5급 공개경쟁채용시험(행정, 기술)<br>• 외교관후보자선발시험<br>• 7 · 9급 공개경쟁채용시험 | • 자격증, 학위, 근무경력 등 13가지의 자격요건별 경력경쟁채용 |
| 자격제한 | • 응시하한연령 외 자격제한 없음<br>(일부직렬은 특정 자격증을 응시요건으로 지정/시험령 제18조) | • 자격증, 경력, 학위 등 요건충족 필요 |
| 시험 실시 기관 | • 주로 안정행정부가 실시<br>– 5급 15개 직렬<br>– 6급 이하 18개 직렬<br>• 기상청 등 | • 주로 각 부처 장관이 실시<br>• 민간경력자 5급 일괄채용시험은 안전행정부 주관으로 실시 |

자료: 안전행정부 (2014b)

**표 8-7 2012년 민간경력자 5급 일괄채용시험 공고: 인사 · 조직 분야**

<table>
<tr><th>직무군</th><th>선발 직무 분야</th><th>임용 예정 직급 (직류)</th><th>선발 예정 인원</th><th>임용 예정 기관 (인원)</th><th colspan="2">응시자격요건</th></tr>
<tr><td rowspan="15">인사 · 조직</td><td rowspan="3">고위 공무원 역량 평가</td><td rowspan="3">행정 사무관 (일반 행정)</td><td rowspan="3">1명</td><td rowspan="3">행정 안전부</td><td>경력</td><td>• 관련분야에서 10년 이상 재직한 경력이 있는 자<br>• 관련분야에서 관리자로 3년 이상 재직한 경력이 있는 자(관련분야 : 인사 분야)</td></tr>
<tr><td>학위</td><td>• 관련분야 박사학위 소지자<br>• 관련분야 석사학위 소지 후 4년 이상 경력자<br>(관련분야: 행정, 심리, 교육, 경영 분야)</td></tr>
<tr><td colspan="2">※ (우대요건) 역량평가 실행과제 개발 경력자 우대</td></tr>
<tr><td rowspan="4">조직 진단 및 관리</td><td rowspan="4">행정 사무관 (일반 행정)</td><td rowspan="4">3명</td><td rowspan="4">행정 안전부 (2명) 환경부 (1명)</td><td colspan="2">〈관련분야 : 행정(인사 · 조직), 경영, 사회, 통계 분야〉</td></tr>
<tr><td>경력</td><td>• 관련분야에서 10년 이상 재직한 경력이 있는 자<br>• 관련분야에서 관리자로 3년 이상 재직한 경력이 있는 자</td></tr>
<tr><td>학위</td><td>• 관련분야 박사학위 소지자<br>• 관련분야 석사학위 소지 후 4년 이상 경력자</td></tr>
<tr><td colspan="2">※ (우대요건) 정부 · 공공기관 조직 및 성과관리 컨설팅 경력자 우대</td></tr>
<tr><td rowspan="4">교원 소청 및 고충 처리</td><td rowspan="4">행정 사무관 (일반 행정)</td><td rowspan="4">1명</td><td rowspan="4">교육 과학 기술부</td><td>경력</td><td>• 관련분야에서 10년 이상 재직한 경력이 있는 자<br>• 관련분야에서 관리자로 3년 이상 재직한 경력이 있는 자(관련분야 : 법률 분야)</td></tr>
<tr><td>학위</td><td>• 관련분야 박사학위 소지자<br>• 관련분야 석사학위 소지 후 4년 이상 경력자<br>(관련분야 : 법률 분야)</td></tr>
<tr><td>자격증</td><td>• 변호사 자격증 소지 후 1년 이상 변호사 경력이 있는 자</td></tr>
<tr><td colspan="2">※ (우대요건) 소청 및 고충처리 분야 경력자 우대</td></tr>
<tr><td rowspan="4">외무 공무원 교육 훈련</td><td rowspan="4">5등급 외무 공무원</td><td rowspan="4">1명</td><td rowspan="4">외교 통상부</td><td colspan="2">※ 복수국적자는 당해 직무분야에 임용이 제한되므로 임용 전까지 외국국적을 포기해야 함</td></tr>
<tr><td>경력</td><td>• 관련분야에서 10년 이상 재직한 경력이 있는 자<br>• 관련분야에서 관리자로 3년 이상 재직한 경력이 있는 자<br>(관련분야 : 인적자원개발(HRD) 분야)</td></tr>
<tr><td>학위</td><td>• 관련분야 박사학위 소지자<br>• 관련분야 석사학위 소지 후 4년 이상 경력자<br>(관련분야 : 교육, 교육공학, 심리 분야)</td></tr>
<tr><td colspan="2">※ (우대요건) 교육과정개발 및 교육체계 컨설팅 경력자 우대</td></tr>
</table>

자료: 사이버국가고시센터(2012a).

### 3) 고위공무원단 채용제도

고위공무원단은 정부의 주요 정책결정 및 관리에 있어 핵심적 역할을 담당하는 실 · 국장급 공무원을 범정부적 차원에서 적재적소에 활용하고 개방과 경쟁을 확대하여 성과책임을 강화함으로써 역량 있는 정부를 구현하는 것을 목적으로 2006년 7월에 도입된 제도이다. 고위공무원단이 도입되기 이전에는 부처 내에서 폐쇄적으로 고위직 공무원이 임용되었다. 즉 부처 내부의 공무원들을 연공서열에 따라 승진되도록 하는 방식이나 과장급 공무원이 별도의 교육이나 검증 절차 없이 국장으로 임용되는 등의 사례가 많았다. 하지만 고위공무원단 제도가 도입된 이후에는 부처 내외 공무원 간 또는 공직 내외 간 경쟁을 통하여 개방적으로 임용하게 되었다. 또한 과장급은 후보자 교육과 역량평가 등을 거쳐서 국장으로 임용되는 등 좀 더 체계적으로 능력과 역량을 관리할 수 있는 방식으로 변화하였다.

「개방형 직위 및 공모 직위의 운영 등에 관한 규정」에서는 고위공무원단 채용에 관련된 내용을 상세하게 제시하고 있다. 개방형 직위제도는 공직사회의 경쟁력 제고를 위하여 전문성이 특별히 요구되거나 효율적인 정책수립을 위하여 필요하다고 판단되는 직위에 공직 내외를 불문하고 공개모집에 의한 선발시험을 거쳐 직무수행 요건을 갖춘 최적격자를 선발하여 임용하는 제도를 말한다. 공모 직위제도는 효율적인 정책수립 및 관리를 위하여 필요하다고 판단되는 직위에 당해 기관 내부 또는 외부의 공무원 중에서 공개모집에 의한 선발시험을 거쳐 직무수행조건을 갖춘 최적격자를 선발하여 임용하는 제도를 말한다.

개방형 직위는 고위공무원단 또는 과장급 직위의 20% 범위 내, 공모 직위는 경력직 고위공무원단 직위의 30% 범위 내에서 지정한다. 개방형 직위와 공모 직위의 통합 운영에 따라 기관 특성을 고려하여 소속 장관별로 개방형 직위 수와 공모 직위 수를 합쳐 고위공무원단 직위 총수의 30% 내외로 지정할 수 있다. 안전행정부의 개방형 · 공모 직위 지정 현황을 살펴보면 〈표 8-8〉과 같다.

다음으로 고위공무원단의 개방형 · 공모 직위 선발절차를 살펴보면 다음과 같다(〈그림 8-7〉 참조). 1단계로 개방형 · 공모 직위 결원발생일 2개월 전 시험계획을 수립한다. 2단계로 예상되는 결원을 토대로 임용기관 및 안전행정부 홈페이지, 일간신문 · 관보 · 방송 등의 매체를 통해 모집공고를 진행한다. 3단계로 선발시험 및 심사

**그림 8-7 개방형 · 공모 직위 선발 절차**

| 단계 | 내용 |
|---|---|
| 시험계획 수립 | • 개방형 : 결원발생일 2개월 전<br>• 공 모 : 결원발생일 2개월 전 |
| 모집공고 | • 공고시기<br>– 개방형 : 임기만료 예정일 2개월 전까지(10일 이상)<br>– 공 모 : 결원발생 예정일 2개월 전부터(7일 이상)<br>• 공고매체<br>– 개방형 : 임용기관 및 행정안전부 홈페이지(의무), 일간신문, 관보, 방송 등(선택)<br>– 공 모 : 임용기관 및 행정안전부 홈페이지(의무) 등 |
| 선발시험(심사) | • 시험(심사)위원 교육실시<br>• 1차 서류전형, 2차 면접시험<br>• 면접시험 진행절차<br>– 개회 및 위원소개 → 질문지 초안 작성 → 선발시험(심사) 진행절차 및 방법 설명 → 선발시험(심사) 위원회 운영방법 협의 → 선발시험(심사) 채점 및 임용후보자 추천 |
| 임용후보자 선발, 추천 | • 소속장관에게 임용후보자 추천(2~3인)<br>• 신원조사 실시<br>• 해당시 역량평가 실시(개방형 직위에 한함) |
| 행정안전부 인사심사(해당시) | • 후보자가 민간인이거나 고위공무원단 직위로의 승진임용 대상자인 경우 |
| 임용 | • 소속장관 임용 또는 임용 제청<br>• 임용기간 : 2년 이상 5년 이하(개방형 직위)<br>2년 이상(공모 직위)<br>• 계약직공무원은 연봉 협의 |

자료: 행정안전부(2012c).

가 실시되는데 이 단계에서는 고위공무원단을 심사하는 심사위원의 교육이 먼저 이루어지고, 1차 서류전형, 2차 면접시험 순으로 선발시험이 진행된다. 4단계로 임용후보자 선발 및 추천이 이루어진다. 소속장관에게 2~3인의 임용후보자를 추천하고 신원조사를 실시한다. 이때, 개방형 직위에 한해서 필요할 경우 역량평가가 진행된다. 만약 후보자가 민간인이거나 고위공무원단 직위로의 승진임용 대상자인 경우에는 안

**표 8-8 개방형 · 공모 직위 지정 현황**

| 부처 | 개방형 직위 | | | | 공모 직위 | |
|---|---|---|---|---|---|---|
| | 고위공무원단 | | 과장급 | | | |
| 행정인전부 | 10 | 감사관, 대변인, 비상대비기획관, 재난안전실장, 행정선진화기획관, 국가기록원 기록정보서비스부장, 국립과학수사연구원장(책), 정부통합전산센터장, 지방행정연수원 인력개발부장, 국립방재연구원장 | 6 | 균형인사정보과장, 조직진단과장, 비상대비훈련과장, 국가기록원 복원연구과장, 국립방재연구원 복합재난연구실장, 국립방재연구원 분석평가센터장 | 5 | 국제행정발전지원센터장, 의정관, 인력개발관, 정부청사관리소 대전청사관리소장, 정부통합전산센터 운영기획관 |

전행정부의 인사심사가 이루어진다. 1~4단계를 토대로 마지막 5단계에서는 소속장관 임용 또는 임용제청을 통한 임용이 이루어진다. 개방형 직위는 2년 이상 5년 이하, 공모 직위는 2년 이상으로 임용기간을 설정할 수 있으며 계약직 공무원은 연봉 협의가 가능하다.

### 4) 균형인사정책[1]

앞서 살펴본 공개경쟁채용제도, 경력경쟁채용제도, 고위공무원단 채용제도 등이 '유능한 인적자원의 확보'에 초점을 두고, '행정의 효율성 및 서비스의 질적 향상'을 목표로 운용된 제도라면, 균형인사정책은 '사회적 형평성 구현'을 목표로 '과거로부터의 차별적인 인사관행으로 인해 상대적으로 공직에서 소외되었던 여성, 장애인, 과학기술인력, 지방인재 등 소수집단(Minority Group)을 적극적으로 공직에 임용하고 활용하는 제도'로 이해할 수 있다(박홍엽, 2006).

현재 우리나라에서 시행되고 있는 균형인사정책은 양성평등채용목표제, 장애인 우대제도, 이공계 인력 우대제도, 지방인재채용목표제, 지역인재추천채용제, 저소득층 우대제도 등으로 구분하여 살펴볼 수 있다. 이를 구체적으로 살펴보면 다음과 같다.

1) 다양성 관리 정책의 일환으로 이해할 수 있는 균형인사정책은 제13장 다양성 관리에서 보다 구체적으로 다루고 있다.

⑴ 양성평등채용목표제

양성평등채용목표제는 공직 사회에서 성비 불균형을 해소하기 위해 남녀 모두의 최소 채용비율(30%)을 설정하는 제도를 의미한다. 양성평등채용목표제는 5급 공무원 공개경쟁채용시험, 외교관후보자 선발시험, 7급 공무원 공개경쟁채용시험, 9급 공무원 공개경쟁채용시험 중 선발예정인원이 5명 이상인 시험단위를 대상으로 운영된다. 이에 따라 해당 시험에서 남성 혹은 여성 어느 한쪽의 합격자가 채용 목표비율인 30%(검찰사무직렬의 경우 20%) 미만일 때, 합격선 범위 내에서 해당 성(性)의 응시자가 추가 합격하게 된다.

⑵ 장애인 우대제도

장애인 우대제도는 공직사회에서 고용 취약 계층인 장애인의 고용기회 확대를 위해 실시하는 제도를 의미한다. 우리나라 공직사회에서 시행되고 있는 장애인 우대정책은 장애인 의무고용제도와 장애인 구분모집제 등이 있다. 장애인 의무고용의 경우 「장애인고용촉진 및 직업재활법」의 제27조에 근거하여 국가와 지방자치단체는 전체 소속 공무원 정원의 3% 이상을 고용하도록 하고 있으며, 신규채용의 경우 신규채용인원의 3% 이상을 법정 신규채용비율로 선정하되, 직종별 장애인 공무원 수가 해당 정원의 3% 미만인 경우 공개채용비율을 6% 이상으로 설정하고 있다.

장애인 구분모집제의 경우 보다 적극적인 관점에서 장애인의 공무원 채용을 촉진하기 위해 필요하다고 인정되는 경우 선발예정인원의 일부분을 장애인만 응시할 수 있도록 분리하여 실시하고 있다.

⑶ 이공계 인력 우대제도

이공계 인력 우대제도는 이공계 인력의 공직사회 진출 기회 확대 및 이들의 역량을 충분히 발휘할 수 있는 환경을 조성하기 위한 제도를 의미한다. 특히, 신규채용 측면에서 이공계 인력확대를 위해 5급 공무원 공개경쟁채용, 경력경쟁채용, 임기제공무원 임용 등 채용경로에 관계없이 정부 전체 5급 및 이에 준하는 신규채용 총 인원의 40%를 이공계 인력으로 채용할 것을 장려하고 있다. 특히, 공직사회에서 이공계 인력 소외 문제는 고위 공무원단 내에서 더욱 두드러지게 나타나고 있는데, 2013년 정부부처의 고위 공무원 중 이공계 출신이 약 10.4%에 불과해 10명 중 1명인 것을 확인할 수 있었다(동아일보, 2014.01.09). 이에 이공계 출신 고위 공무원 비율을 30% 이상 확대할 것을 장려하고 있다.

(4) 지방인재채용목표제

지방인재채용목표제는 공직구성의 지역 대표성을 강화하고 지방대학을 활성화하기 위한 제도이다. 지방인재채용목표제는 5급 공무원 공개경쟁채용시험, 외교관후보자 선발시험 중 선발예정인원이 10명 이상인 시험단위를 대상으로 운영된다. 이에 따라 해당 시험에서 지방인재(서울특별시를 제외한 지방학교의 재학생, 휴학생 및 졸업생, 중퇴자)가 채용목표인원의 20% 이상이 될 수 있도록 선발예정인원을 초과하여 지방인재를 선발하게 된다. 지방인재채용목표제는 2011년까지 한시적으로 운영될 예정이었지만 이명박 정부에서 2016년까지 연장되었으며 특히 2014년부터는 확대 운영된다. 이에 지방인재채용목표제의 추가합격선이 전 과목 평균합격점의 −2점에서 −3점으로 하향조정되었고 추가 합격 상한인원은 기존의 합격예정인원의 5%에서 10%로 상향조정되었다. 뿐만 아니라 향후에는 7급 공채시험에서도 지방인재채용목표제도를 도입할 것을 검토 중에 있다(안전행정부 보도자료, 2013.11.05).

(5) 지역인재추천채용제

지역인재추천채용제도는 인재등용의 기회균등과 지역적 균형을 도모하기 위한 제도이다. 이는 2005년 도입된 제도로서 7급 공무원 및 9급 공무원 채용에 적용된다. 지역인재추천채용제는 특정 광역자치단체에 소재하는 학교의 출신 비율이 10%를 초과하지 않도록 규정함으로써 지역별 균형합격을 도모한다. 지역인재 7급 선발시험은 학사학위 졸업자 혹은 졸업예정자를 대상으로 학과 성적이 상위 10% 이내이며, 영어능력검정시험 및 한국사능력검정시험 기준 성적을 통과하면 지원이 가능하다. 각 대학에서 추천을 받고 서류전형과 필기시험(PSAT), 면접시험을 거쳐 최종 합격이 결정된다. 지역인재 7급 선발시험 절차는 〈그림 8-8〉과 같다. 지역인재추천채용제도의 최종합격자는 견습직원으로 견습근무기관(중앙행정기관)에서 고유 업무를 부여받아 1년간 견습근무를 수행하게 된다. 이후 근무성적 평가결과 등에 따라 일반직 7급 공무원으로 특별 채용되는 절차를 거치게 된다(중앙뉴스, 2011.09.18).

지역인재 9급 선발시험의 큰 흐름도 지역인재 7급 선발시험과 마찬가지로 서류

그림 8-8 7급 지역인재추천채용제

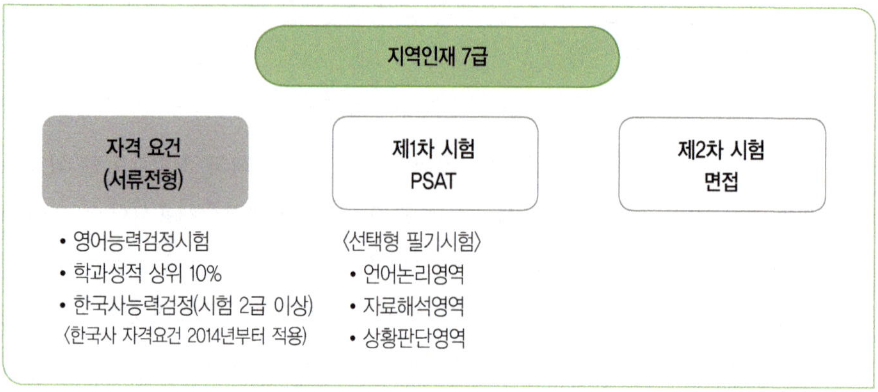


전형, 필기시험, 면접 순으로 진행이 된다. 그러나 지역인재 9급은 특성화 고등학교·마이스터 고등학교, 전문대학의 추천을 받는다. 또한 필기시험은 국어, 영어, 한국사 3과목 등으로 일반직 9급 공무원과 유사한 방식으로 출제된다. 지역인재 9급 최종합격자는 견습직원으로 중앙행정기관에서 6개월간 견습근무를 수행하게 되며, 이후 견습기관에서 임용 여부 심사를 거쳐 일반직 9급 공무원으로 임용된다.

### (6) 저소득층 우대제도

저소득층 우대제도는 저소득층 인재의 공직 임용을 확대하기 위한 제도이다. 저소득층 우대제도인 저소득층 구분모집제의 경우 9급 공개경쟁채용시험과 9급 경력경쟁채용시험을 대상으로 운영된다. 「국민기초생활보장법」에 따른 수급자 또는 「한부모가족지원법」에 따른 보호대상자에 해당하는 기간이 2년 이상인 사람에 한해 지원 가능하다. 구분모집 비율은 9급 공개경쟁채용시험의 경우 선발예정인원의 1%이상으로 정하고 있으며, 9급 경력경쟁채용시험의 경우 부처별 연간 신규채용인원의 1%이상으로 정하고 있다. 저소득층 구분모집 시험단위의 제1차, 제2차 시험에서는 일반모집 동일 직렬(직류) 시험단위의 합격선 이상의 점수를 받은 사람에 대해 당초 합격예정인원을 초과하여 모두 합격 처리할 수 있으며 제3차 시험에서는 제2차 시험 초과합격인원의 67% 범위 내에서 선발예정인원을 초과하여 합격을 결정할 수 있다. 이러한 저소득층 구분모집제도의 경우 2015년부터 구분모집비율을 1%에서 2%로 상향조정하여 확대 운영할 예정에 있다.

## 참고 8-2 학력차별금지: 미국대법원 판례(Griggs v. Duke Power, 1971)

미국에서 인사업무를 담당하는 사람이라면 누구나 알아야 할 '채용요건의 직무관련성'에 관한 매우 중요한 대법원 판례이다. 그릭스(Griggs)는 흑인으로 듀크전력회사(Duke Power)의 석탄운반원 모집에 지원하였다. 듀크전력회사는 일용직을 제외한 나머지 고용인을 채용하는 경우에 고졸 이상의 학력을 요구했고 일반지능검사를 치르도록 하였다. 그 결과 교육의 기회를 제대로 갖지 못한 흑인들이 일용직의 대부분을 차지하였다. 그릭스는 이 선발규정이 직무와 관련성이 없기 때문에 공정하지 않고, 자신을 차별하는 조항이라며 소송을 제기하였다. 소송에서 듀크전력회사는 학력요건이나 시험의 직무관련성을 입증하지 못하고 패소하였다. 흑인이나 백인 누구에게나 공개적으로, 그리고 균등한 기회를 부여한 선발이었음에도 불구하고 법원은 채용행위는 직무와 관련성이 있어야 하고 그에 대한 입증책임은 고용자에게 있음을 분명히 선언하였다.

**학벌중시의 아시아 국가들**

미국의 경우와는 다르게 다수의 아시아 국가에서 '학력'은 선발의 중요한 척도이다. 일본, 대만, 싱가포르, 한국 등의 국가에서는 학력이 직무수행과 얼마나 상관성을 가지고 있는지에 대한 타당성은 그리 큰 관심거리가 되지 못한다. 일본의 경우 일류 대기업에서는 일류 대학의 졸업생을 선호한다. 싱가포르의 경우 학력의 중요성은 채용에서만 그치지 않고 승진이나 보수까지도 영향을 미친다. 이러한 사회적 환경이 고학력을 유도하고 그것이 경제발전의 동인이 된다는 분석도 하고 있다. 학력을 선발의 중요한 기준으로 채택함으로써 국가적인 이득도 있을 수 있지만, 학력과 직무수행과의 관계가 아직 분명하지 않기 때문에 손실도 따르기 마련이다. 가용자원을 능력만큼 충분히 활용하지 못하는 것이 가장 큰 손실이라 볼 수 있다. 교육기회를 충분히 갖지 못하고 일류 대학에 들어가지 못했다 하더라도(이유야 어떠하든) 그 밖의 경험을 활용하거나 타고난 재능을 통해 조직에 얼마든지 기여할 수 있는 사람도 있다. 그러나 아시아 국가에서 이들의 대부분은 자신의 잠재력을 최대한 발현할 수 있는 직위 자체에 오르기가 어렵다. 이러한 사례들은 개인과 조직, 그리고 나아가 국가에 큰 손실일 수 있다. 이러한 학벌중시주의는 조직에의 실질적인 기여도보다도 과거의 학력이 근무성적평가나 승진 결정, 때로는 보수의 결정에 중요한 영향을 미치기도 한다. 이러한 구조적 차별은 저학력자들의 근무의욕을 저하시키고 조직의 생산성을 떨어뜨리기 쉽다. 더구나 상대적으로 비교했을 때, '있는' 층 자녀들이 양질의 교육을 받을 수 있는 기회를 계속적으로 더 많이 가진다는 점에서 학벌중시가 결국 사회의 불평등과 계급화를 조장할 수 있다.

## 참고 8-3 공기업들 '스펙 안보는 채용' 속속 도입수출입은행 등 하반기 도입

### 수출입은행 등 하반기 도입…서류 비중 줄이고 면접 비중 높이기도

박용주 · 이지헌 · 차지연 · 박수윤

공기업들이 나이 · 학력 · 학점 · 영어성적 등을 입사전형에서 배제하는 이른바 '스펙(Spec · 정량적 조건)초월' 채용 방식을 하반기 본격 도입하기 시작했다. 스펙초월 채용은 서류전형보다는 면접이나 실무능력 평가에 중점을 두거나 아예 학벌 · 학점 · 영어 성적을 배제하는 입사전형을 뜻한다. 올 상반기 일부 공기업이 시범 도입하며 화제를 모았다. 채용인원이 줄어든데다 채용방식까지 변하면서 공기업이란 양질의 일자리 1천 200개를 놓고 취업준비생들의 '바늘구멍' 경쟁은 더욱 치열해질 것으로 보인다.

**학력 · 학점 · 영어 필요없는 '스펙초월' 확산 전망**

하반기 스펙초월 채용을 발 빠르게 추진하는 공기업은 마사회와 수자원공사, 인천국제공항공사, 수출입은행 등이 꼽힌다. 이는 정부가 최근 스펙초월 채용 방식을 도입하라고 전 공공기관에 지침을 내린 데 따른 것이다. 가장 앞선 곳은 수출입은행이다. 벌써 하반기 40여 명의 채용인원 중 5~10명을 스펙초월 전형으로 뽑는다는 공고도 냈다. 대외경제협력기금과 남북협력기금 부문 지원자를 서류전형 없이 에세이(논술) 문제만으로 평가하겠다는 것이다. 수은 관계자는 "새 정부 중점과제인 '능력 중심 사회 구현'에 적극 부응하고자 새 채용 방식을 도입했다"며 "합격자들의 업무성과가 성공적일 경우 앞으로 확대 실시할 계획"이라고 설명했다. 스펙초월 채용 방식은 올해 남동발전과 중소기업진흥공단에서 먼저 도입하며 큰 주목을 받았다. 이들 공기업은 서류전형을 없애고 구체적인 과제 수행 능력을 평가했다. 남동발전은 이름 석 자와 연락처 정도만 공개한 지원자들에게 한 달간 온라인으로 '나의 비전'과 같은 주제의 UCC(사용자제작콘텐츠) 동영상 · 그래픽을 만드는 과제 등을 줬다. 이를 통해 1천명 가량의 지원자 중 35명을 뽑았다. 중소기업진흥공단도 지원자에게 '700명이 탄 배에 사고가 생겼는데 구명보트는 200명분밖에 없다면 어떤 순서로 사람을 구할 것인가'와 같은 논리 · 창의성을 다면 평가하는 질문을 지원자들에게 던졌다.

**서류 적게 보고 면접 · 실무능력 평가에 중점**

아직 스펙초월 채용 방식을 도입하지 않은 공기업들도 서류전형 비중을 축소하고 면접과 실무능력평가 전형에 중점을 두는 등 방향 전환을 모색 중이다. 이미 대부분 공기업은 신입사원 채용에 학력 · 나이 제한을 철폐했다. 하반기 공채에선 여기에 더해 서류전형 기준을 완화하거나 면접 비중을 높여 '스펙'보다 '실력' 평가에 무게 중심을 두겠다는 분위기도 확산하고 있다.

하반기 150명 수준을 채용할 예정인 한국가스공사는 토익 · 토플 등 어학성적 기준을 없애는 방안을 검토 중이다. 어학 점수가 서류전형에서 가장 큰 비중을 차지하고 있었던 점을 고려하면 사실상 서류전형이 폐지되는 효과가 있다. 약 70명을 뽑는 광물자원공사는 면접 전형의 가중치를 높이기로 했다. 학점이나 영어성적 등 '숫자'에 중점을 두기보다는 지원자의 역량을 평가할 수 있는 면접전형에서 실질적인 합격자를 가리겠다는 의도다. 수자원공사도 직무적성검사와 직무역량검사 등 직무능력검사를 강화할 계획이다. 수자원공사는 이번 하반기에 200명가량을 신규 채용한다.

일각에선 스펙초월 채용이 지원자들의 전문성을 제대로 평가하지 못할 수 있다고 지적한다. 입사 과정에서 업무 관련 전공지식이나 직무능력 등을 물을 기회가 없기 때문이다. 온라인 공간에서도 찬반 양론이 팽팽하다. "(취업을 위해) 거의 써먹지도 않는 영어공부에 시간을 할애하는 것보단 좋은 제도(sung****)"란 찬성론도 있지만 "주관적 평가가 더 크게 좌우되는 만큼 인맥으로 뽑힐 가능성이 더 커졌다(yous****)"는 의견도 만만찮다. 공기업을 노리는 취업준비생들에게도 악재일 수 있다. 한 누리꾼(suto****)은 "당장은 좋아 보이지만 취업준비생은 무엇을 준비해야 하는지 난감함에 빠진다. 혼란스럽다"라고 말했다.

그러나 스펙초월 채용을 도입했거나 향후 활용을 검토하는 공기업에선 대체로 이 제도를 긍정적으로 평가하는 것으로 알려졌다. 영어성적, 학점과 같은 숫자보단 지원자의 열정 · 잠재성 · 창의력을 파악하는 데 더 용이하기 때문이란 설명이다.

자료: 연합뉴스(2013.09.01).

## 제5절 문제점과 발전방향

### 1. 문제점

앞서 논의한 바와 같이, 모집은 유능한 인재들을 공직에 지원하게 하고, 능력과 자격을 갖춘 사람을 확보하게 한다는 점에서 중요하다. 실제 인적자원관리에 있어서 능력과 자격을 갖춘 사람들을 모집하는 것은 결코 쉬운 일이 아니지만 아이러니하게도 우리나라의 경우 별다른 노력을 하지 않아도 공공부문으로 지원자가 몰리는 현상이 나타나고 있다. 그러나 보다 유능한 인재를 확보하기 위해서는 현실에 안주할 것이 아니라 적극적인 모집으로 전환해야 할 필요가 있다. 특히 최근에는 유능한 인재 채용을 통한 행정의 효율성 향상과 더불어 소외 계층, 소수자 보호를 통한 '사회적 형평성 실현' 역시 모집의 중요한 개혁 과제로 다루어지고 있으며 이에 균형인사정책이 시행되고 있다. 이러한 인식을 바탕으로 현재 우리나라 공공 인적자원관리에 있어 모집의 문제점을 진단해 보면 다음과 같다.

첫째, 공직에 대한 소개와 홍보가 미비하다는 점이다. 우리나라는 공무원이 되고자 하는 사람이 많기 때문에 공직에 대한 소개나 홍보가 특별히 이루어지지 않고, 시험공고를 통해 모집을 하고 있다. 공직에 대한 소개와 홍보는 공무원에 대한 긍정적인 이미지를 구축하는 데에도 기여한다. 그렇기 때문에 유능한 인재들이 공직에 관심을 갖고 지원할 수 있도록 하는 홍보가 좀 더 필요하다. 공직에 대한 소개와 홍보 부족은 공직에 대해 막연한 생각을 갖게 하고, 구체적으로 어떤 직무를 수행하게 될지 이해하도록 하는 데 어려움을 줄 수 있다.

둘째, 모집에 있어 지원자격의 제한과 우대문제가 있다. 직무수행능력과 모집기준과는 상관성이 높아야 한다. 직무분석을 바탕으로 한 직위분류제는 최소한의 자격요건을 구체적으로 명시한다. 그러나 계급제를 바탕으로 한 공개경쟁시험은 지원자격요건을 최소화하여 지원 자체를 국민의 기본적인 권리로서 본다. 현재 공무원 시험에서는 일부 특정직의 공개경쟁채용시험과 일부 경력경쟁채용시험 등 극히 적은 경우를 제외하고는 응시자격에 학력, 경력, 성별에 제한을 두지 않고 있다. 그러나 응시연령의 제한은 하한선을 두고 있으며, 지방직의 경우 그 지방 거주자로 응시자격을 제한하는 경우가 있다. 또한, 적극적 우대정책을 통한 균형인사 채용기회의 확대과정에서 아쉬운 점은 무엇보다 양적 차별의 완화단계를 크게 벗어나지 못하고 있다는 점과, 주위로부터 특혜를 통해 승진이나 임용되었다는 등 조직 내 보이지 않는 차별과 비윤리적 행태가 존재하고 있다는 점이다. 아울러 역차별이나 실적주의 원칙의 훼손과 같은 적극적 우대정책에 대한 비판에 대해 적절한 대응논리와 대응사례가 부족하다는 점이 문제점으로 지적되고 있다(권경득 외, 2001; 박천오 · 최무현, 2010). 예를 들면, 「여성관리자 임용확대 5개년 계획」은 추진과정에서 목표설정이 무리했고 부처별 특성에 대한 충분한 고려가 이루어지지 않았다. 공직 내 여성인력풀 자체가 부족하고, 관리직 여성비율을 인위적으로 설정하고 단계적으로 추진하는 것에 대해 각 부처가 부담을 느끼며 적극적인 협조를 하고 있지 않다. 또한 '유리천장'과 '유리벽' 현상으로 인해 사회형평적 인재등용정책의 실효성은 상당히 제한될 수밖에 없다. 마지막으로 지방인재추천채용제도는 지방인재라는 개념 자체부터 합의되지 않았고 서울소재 대학 출신자들에 대한 역차별 문제가 제기되고 있다(박천오 · 최무현, 2010).

셋째, 수험생의 수험부담이 굉장히 큰 편이라는 문제점이 있다. 공무원이 되기 위해 거쳐야 하는 시험의 과정은 채용제도마다 차이가 있으나 약 1년 정도 걸린다. 하지만 시험에 응시하기 위해 준비하고, 자격 조건을 갖추는 시간까지 합치면 최소 2년은 걸릴 것이다. 시험을 준비하는 기간이 길다보니 학교를 중간에 휴학하거나 졸업 후에 시험 준비에만 전념하는 경우가 많다. 이에 능력이 우수한 학생보다는 위험을 기꺼이 감수하는 학생이 결국은 공직에 더 많이 들어오게 될 것이다. 또한 민간부문에 있는 유능한 사람들이 공직에 들어오기가 어려워진다. 이는 능력과 자격을 갖춘 인재를 놓치게 되는 결과로 이어질 수 있다.

넷째, 중앙주도형 모집 제도 운영에 따른 인사행정의 유연성 및 전문성 저하 문제이다. 경력경쟁채용제도 및 개방형 임용제도의 확대, 공직예비시험제도 도입 검토 및 부처별 맞춤형 채용제 도입 등 각 부처가 적기에 필요한 인력을 충원할 수 있도록 다양한 노력을 전개하고 있으나 여전히 한계를 지니고 있다. 중앙주도형 모집 제도의 운영은 인사행정의 통일성 유지 및 공평성 확보, 나아가 실적주의 확립이라는 중요성을 갖지만, 급변하는 행정 환경과 행정수요의 다양성 증대를 고려할 때, 인력운영의 유연성 저하 및 전문성 저하 문제를 야기할 수 있다.

다섯째, 민간 조직 출신과 전통 행정고시 출신 간의 알력 싸움 문제이다. 경력경쟁채용제도의 유형인 민간경력자 5급 채용을 비롯하여 다양한 방식으로 공직의 문호를 외부에 개방하면서 주요 보직에 민간 분야 전문가 출신 비중이 확대되고 있다. 공직사회에서 민간 조직 출신의 유입은 공직사회의 활력 증진, 전문성 향상 등 긍정적인 역할을 하지만, 민간 조직 출신과 전통 행정고시 출신 간 갈등 발생, 신뢰 저하 등으로 인해 조직의 효과성을 저하하는 원인이 되기도 한다.

## 2. 발전방향

논의된 문제점을 토대로 모집 과정의 개선 방향을 제시하면 다음과 같다.

첫째, 공직에 대해 좀 더 적극적으로 소개하고 홍보할 필요가 있다. 공무원이 어떠한 일을 하고, 공무원은 어떠한 사명감을 가지고 해야 하는 직업인지에 대해 다양한 방법과 다양한 방식으로 홍보할 필요가 있다. 이는 공직에 대해 매력적으로 느낄 수 있도록 하는 것뿐만 아니라, 공직에 대한 이해를 높일 수 있으며 동기부여에도 도움을 줄 수 있다.

둘째, 모집 과정에서 성별, 장애인, 저소득층 등 사회적 소외계층의 특수적 상황을 고려하여 이들이 공직에 진입할 수 있는 기회를 확대해야 한다. 사회적 형평성을 고려하여 사회적 소외계층에 더 많은 기회를 주고 그러한 사람들이 공직에 지원할 수 있도록 하는 것 또한 모집의 핵심적인 과정이라고 볼 수 있기 때문이다. 현재 균형인사제도와 같은 제도적 장치를 통해 모집단위에서 이들에 대한 일정 비율을 확보하고 있으나 이것이 잘 실행되고, 또 확대되도록 하기 위해서는 끊임없이 관심을 가지고 노력해야 할 것이다.

셋째, 수험부담을 경감할 수 있는 방안을 마련해야 한다. 현 채용제도가 효과적으로 인재를 선발하고 있는지 점검하고 효과적으로 모집할 수 있는 방안이 무엇이 있는지 고민해보아야 한다. 또한 시험과목이나 시험준비 기간을 학업과 병행할 수 있도록 하는 방안 역시 고려해보아야 한다. 지역인재추천채용제도 역시 이와 유사한 문제의식에서 출발했다고 볼 수 있다.

넷째, 급변하는 행정환경과 다양한 행정수요에 탄력적으로 대응할 수 있도록, 인적자원의 채용에 있어 각 부처에 자율성을 확대할 수 있는 제도를 마련해야 한다. 이에 대한 사례로서 현재 운영되고 있는 책임운영기관 제도를 살펴볼 수 있다. 책임운영기관 제도는 기관장에게 조직 · 인사 · 예산 등 기관운영 전반에 대해 자율성을 부여하고, 그 운영성과에 대한 책임을 지도록 하는 성과 중심의 정부조직운영을 위해 도입된 제도이다. 우리나라의 책임운영기관은 기관의 지위에 따라 중앙책임운영기관과 소속책임운영기관으로 구분되는데, 중앙책임운영기관의 경우 「정부조직법」 제2조 제2항에 따른 청으로서 제4조에 따라 대통령령으로 설치된 기관이며, 소속책임운영기관의 경우 중앙행정기관의 소속 기관으로서 제4조에 따라 대통령령으로 설치된 기관이다. 현재 우리나라의 중앙책임운영기관은 특허청이 유일하며 소속책임운영기관의 경우 조사 연구형, 교육훈련형, 문화형, 의료형, 시설관리형 등 38개 기관이 지정되어 운영되고 있다. 중앙책임운영기관의 기관장은 고위공무원단 이외의 소속공무원에 대한 일체의 임용권을 가지며, 소속책임운영기관의 경우 중앙행정기관의 장이 소속공무원에 대한 일체의 임용권을 갖으나, 소속책임운영기관의 기관장에게 일부 위임이 가능하다. 특히, 인재 채용 측면에서 소속책임운영기관의 기관장은 업무상 필요한 경우 계급별 정원의 30% 이내(업무성질상 필요한 경우 50% 이내로 확대 가능), 기능직의 경우 50% 이내에서 일반계약직 공무원의 채용이 가능하다. 이 경우 채용자격기준과 관련하여 안전행정부와의 협의를 필요로 하지 않는다. 일반행정기관이 계급별 정원의 20% 이내에서 일반계약직 공무원의 채용이 가능하다는 점을 고려할 때, 책임운영기관 제도 운영을 통해 인력운영의 자율성이 확대되었음을 알 수 있다. 뿐만 아니라 채용 시험 과목 및 시험 방법 등을 기본운영규정으로 정하도록 함으로써 각 기관의 특수성을 고려하여 인적자원을 채용할 수 있도록 하고 있다. 그러나 여전히 소속공무원에 대한 일체의 임용권은 전적으로 중앙행정기관의 장에게 있어 이 역시 한계를 지니고 있다. 이에, 부분적으로 전문성을 요하는 조직에 한해, 개방적이고 분권화된 형태의 '부처별 자율채용제도'를 도입할 필요가 있다고 판단된다. 다만 이 경우에는 각 부처의 인사 관리 역량 강화가 필요하며 채용시험의 공정성 · 객관성 확보 노력이 반드시 선행되어야 할 것이다(김승태, 2006; 양현모 · 황성원, 2010). 더불어 전문성을 갖춘 인재들이 공직사회에 유입될 수 있도록 채용 루트 다양화 방안이 필요하다.

다섯째, 개인 간 갈등은 조직의 사회자본 형성을 저해하는 심각한 문제를 야기할 수 있다. 따라서 민간 조직 출신과 전통 행정 고시 출신 간의 갈등을 해소 할 수 있도록 조직 구성원들의 인식의 전환을 가져올 수 있는 교육훈련 프로그램을 운영할 필요가 있다.

책임운영기관 제도는 기관장에게 조직 · 인사 · 예산 등 기관운영 전반에 대해 자율성을 부여하고, 그 운영성과에 대한 책임을 지도록 하는 성과 중심의 정부조직운영을 위해 도입된 제도이다. 정부가 수행하는 사무 중 공공성을 유지하면서도 경쟁 원리에 따라 운영하는 것이 바람직하거나 전문성이 있어 성과관리를 강화할 필요가 있는 사무를 수행하는 행정기관 중 지정하게 된다. 공기업과 유사한 형태로 이해할 수 있으나, 책임운영기관에 종사하는 근로자들은 공무원의 신분을 유지하게 된다는 측면에서 차이를 갖는다.

우리나라의 책임운영기관은 기관의 지위에 따라 중앙책임운영기관과 소속책임운영기관으로 구분되는데, 중앙책임운영기관의 경우 「정부조직법」 제2조 제2항에 따른 청으로서 제4조에 따라 대통령령으로 설치된 기관이며, 소속책임운영기관의 경우 중앙행정기관의 소속 기관으로서 제4조에 따라 대통령령으로 설치된 기관이다. 현재 우리나라의 중앙책임운영기관은 특허청이 유일하며 소속책임운영기관의 경우 조사연구형, 교육훈련형, 문화형, 의료형, 시설관리형 등 38개 기관이 지정되어 운영되고 있다.

■ 책임운영기관 지정현황

<table>
<tr><th colspan="3">유형</th><th>소속중앙부처</th><th>기관명</th></tr>
<tr><td colspan="3">중앙책임운영기관</td><td>–</td><td>특허청</td></tr>
<tr><td rowspan="25">소속 책임 운영 기관</td><td rowspan="17">조사 연구형</td><td rowspan="8">조사 및 품질 관리형</td><td>농림축산식품부</td><td>국립종자원</td></tr>
<tr><td>국토교통부</td><td>국토지리정보원</td></tr>
<tr><td rowspan="5">통계청</td><td>경인지방통계청</td></tr>
<tr><td>동북지방통계청</td></tr>
<tr><td>호남지방통계청</td></tr>
<tr><td>동남지방통계청</td></tr>
<tr><td>충청지방통계청</td></tr>
<tr><td>기상청</td><td>항공기상청</td></tr>
<tr><td rowspan="9">연구형</td><td rowspan="2">안전행정부</td><td>국립과학수사연구원</td></tr>
<tr><td>국립재난안전연구원</td></tr>
<tr><td>해양수산부</td><td>국립수산과학원</td></tr>
<tr><td>환경부</td><td>국립생물자원관</td></tr>
<tr><td>통계청</td><td>통계개발원</td></tr>
<tr><td>문화재청</td><td>국립문화재연구소</td></tr>
<tr><td rowspan="2">농촌진흥청</td><td>국립원예특작과학원</td></tr>
<tr><td>국립축산과학원</td></tr>
<tr><td>산림청</td><td>국립산림과학원</td></tr>
<tr><td colspan="2" rowspan="2">교육훈련형</td><td>교육부</td><td>국립국제교육원</td></tr>
<tr><td>농림축산식품부</td><td>한국농수산대학</td></tr>
<tr><td colspan="2" rowspan="6">문화형</td><td rowspan="2">미래창조과학부</td><td>국립중앙과학관</td></tr>
<tr><td>국립과천과학관</td></tr>
<tr><td>국방부</td><td>국방홍보원</td></tr>
<tr><td rowspan="3">문화체육관광부</td><td>국립중앙극장</td></tr>
<tr><td>국립현대미술관</td></tr>
<tr><td>한국정책방송원</td></tr>
</table>

| | | | |
|---|---|---|---|
| | 의료형 | 보건복지부 | 국립서울병원 |
| | | | 국립나주병원 |
| | | | 국립부곡병원 |
| | | | 국립춘천병원 |
| | | | 국립공주병원 |
| | | | 국립마산병원 |
| | | | 국립목표병원 |
| | | | 국립재활원 |
| | | 경찰청 | 경찰병원 |
| | 시설관리형 | 해양수산부 | 울산지방해양항만청 |
| | | | 대산지방해양항만청 |
| | | 산림청 | 국립자연휴양림관리소 |
| | | 해양경찰청 | 해양경찰정비창 |

소속책임운영기관을 중심으로 운영원리를 살펴보면 다음과 같다. 우선, 소속책임운영기관으로 지정하게 되면 기관장을 대내외 공모를 통해 계약직으로 채용하게 되며, 소속중앙행정기관과 책임운영기관 간 사업 및 성과목표 계약을 체결하게 된다. 기관장에게는 조직, 인사, 예산 등 기관운영에 대한 자율성이 부여되며 기관운영 성과에 대해 소속중앙행정기관장에 책임을 지게 된다.

■ 중앙행정기관과 소속책임운영기관의 관계

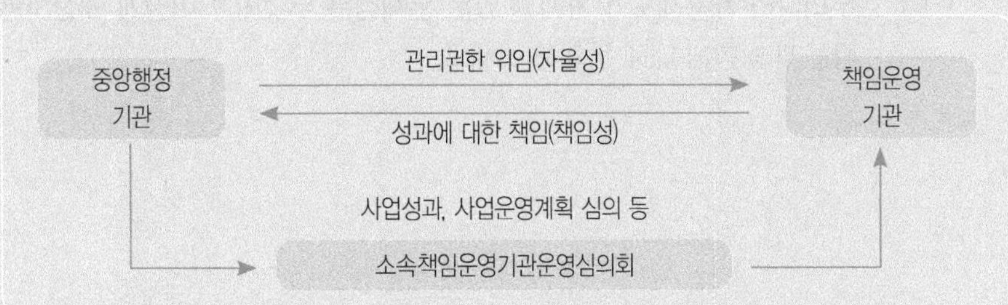


이처럼 소속책임운영기관장에게 부여되는 자율성은 인사 · 조직 · 예산 차원으로 구분하여 살펴볼 수 있다. 인사차원에서 기관장은 업무상 필요한 경우 계약직공무원을 채용하는 등 업무특성을 고려하여 효율적으로 인력을 운영할 수 있으며, 채용 · 승진, 전보 등 임용권을 위임받아 자율적인 인사 운영을 할 수 있다. 뿐만 아니라 기관장은 채용시험, 근무성적평정, 승진임용방법 등에 관한 사항을 기본 운영규정으로 정하고, 상여금 지급액 · 지급방법 등을 자율적으로 결정할 수 있게 된다.

둘째, 조직차원에서 기관장은 본부 및 소속기관의 하부조직 설치와 분장사무, 직급별 정원을 기본운영규정으로 정하여 자율적으로 조직 · 정원을 운영할 수 있다.

셋째, 예산차원에서 기관장은 초과수입금을 직접 · 간접비용에 사용 가능하며, 일반행정기관보다 확대된 이용 · 전용 · 이월 권한 등 유연한 예산 · 회계 운용을 할 수 있다.

자료: 안전행정부 참고자료(2013), 행정안전부(2012g).

## 토론 문제

**Q1** 우리나라 공직사회에서 경쟁과 개방이 확대되고, 다양한 채용제도가 생겨나고 있는데 채용제도의 다양성이 주는 장점과 단점은 무엇이 있을지 논의해 보세요.

**Q2** 5급 공무원 특채제도의 대안으로 시행되는 5급 공무원 민간경력자 일괄채용시험에 대한 개인적인 의견과 전망을 제시해 보세요.

**Q3** 인적자원의 확보에서 가장 중요하게 다루어야 하는 부분은 무엇인지 생각해 보세요.

**Q4** 2011년부터 개최되어 온 우리나라 공직박람회는 공직에 대한 이해, 공직채용 안내, 맞춤형 채용 서비스 등에 대한 정보들을 얻을 수 있습니다. 개인별, 그룹별로 공직박람회에 참가해 보고 나서 느낀 점들을 이야기해보고 공공기관의 모집 및 채용체계의 문제점과 발전 방안에 대해 논의해 보세요.

**Q5** 우리나라 채용제도가 가지고 있는 문제점은 무엇이고 어떻게 개선하면 좋을지 방향에 대해 논의해 보세요.

# 제 9 장 선발

## 들어가는 말

모집과정을 통해 우수한 인적자원을 공직에 지원하도록 유도하고 다수의 지원자를 확보했다면, 다음으로는 지원자들 중 적합한 사람을 선별해 내는 과정이 필요하다. 선발과정은 실제 인적자원의 확보에 있어서 어느 조직에서나 모집보다 더 중요하게 다루어지는 과정이다. 조직에서 추구하는 인재상이 다르고, 직무에 따라 요구하는 역량이 다르기 때문에 조직 및 직무에 보다 적합한 인재를 선별해 내기 위해 조직은 다양한 선발도구를 활용하게 된다.

이러한 선발의 중요성은 앞장에서 살펴본 모집의 중요성과 유사하다. 좋은 환경과 조직구조를 가지고 있고, 좋은 사업계획을 가지고 있다고 하더라도 그 속에서 일을 하는 사람들의 능력이 이를 따라가지 못한다면 소용이 없기 때문이다. 모집이 'Gold In'을 유도하는 과정이었다면 선발은 진짜 'Gold'와 가짜 'Gold'를 선별하고 가장 우수한 'Gold'를 발굴해 내는 과정이라고 이해할 수 있다. 이러한 선발과정을 통해 조직은 직무와 조직에 보다 적합한 능력을 보유한 인적자원을 확보할 수 있고 이를 통해 조직의 성과 창출을 기대할 수 있다. 이에 제9장에서는 선발에 대한 일반적 이해를 바탕으로 구체적인 선발과정과 선발시험의 효용성 확보요건에 대해 살펴보고자 한다.

## 핵심용어

- 선발(Selection)
- 선발과정(서류심사, 선발시험, 면접, 신원조사 및 신체검사, 시보임용)
- 역량면접(Competence-based Interview)
- 신뢰성(Reliability)
- 타당성(Validity)
- 선발비율(Selection Ratio)
- 객관성
- 난이도

## 제1절 선발의 이해

모집과정을 통해서 다수의 지원자를 확보했다면 다음은 지원자들 중 빈자리의 직무수행에 가장 뛰어난 적격자를 선별해서 뽑는 과정이 필요하다. 특히 특정 직위 한 자리를 뽑는 것이 아니라 입직계급(우리나라의 5, 7, 9급)에 해당하는 다수의 인원을 한꺼번에 뽑을 때에는 시험을 통해 성적이 좋은 순서대로 선발 예정인원을 확보하게 된다. 선발이란 이와 같이 응시자 중에서 직무수행능력이 상대적으로 뛰어난 사람을 선택하는 활동이다(〈그림 9-1〉 참조).

그림 9-1 인적자원 확보 과정 : 모집과 선발

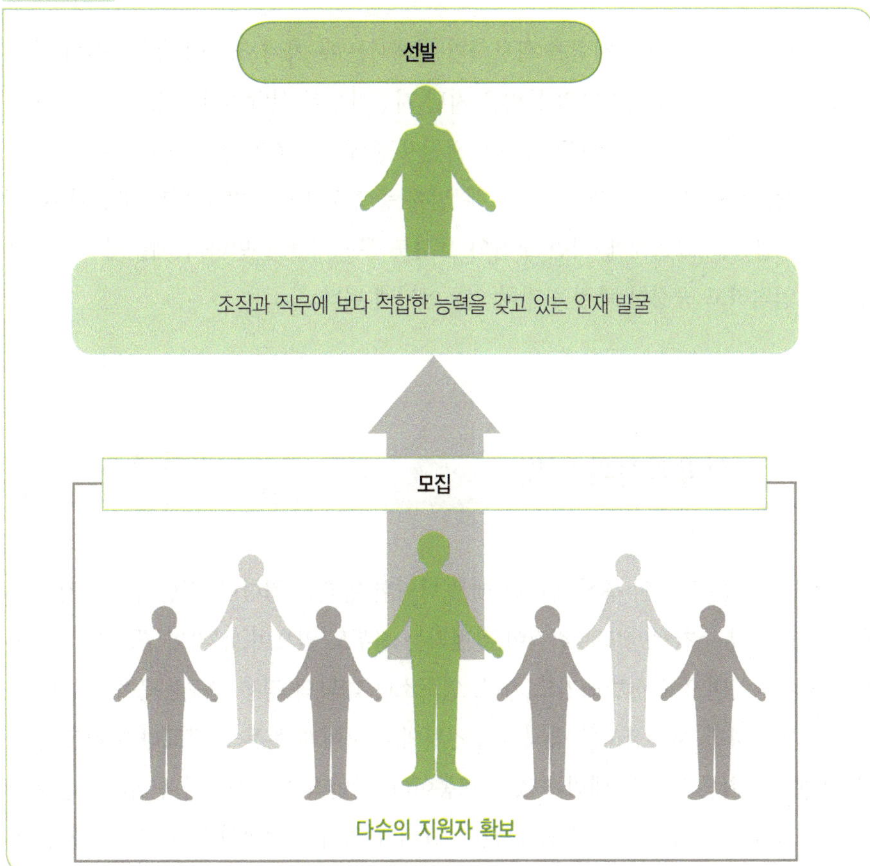

선발(Selection)은 어느 조직에서나 모집보다 훨씬 더 중요하게 다루어진다. 모집은 대상 집단이 막연하기 때문에 모집활동이 잘 이루어졌는지 아닌지에 대한 평가가 곤란하다. 이에 잘하고 못하고의 결과에 대한 책임문제도 크게 따르지 않는다. 그러나 선발은 제한된 인원을 상대로 하기 때문에 능력 있는 사람을 정확히 평가해서 뽑았는지에 대한 평가가 가능하고 조직의 효과성에 보다 직접적인 영향을 미치게 된다.

이러한 선발의 중요성은 앞장에서 논의한 모집의 중요성과 맥락을 같이 한다. 아무리 완벽한 조직구조를 가지고 있고, 좋은 사업계획을 가지고 있으며, 철저한 통제체제를 구비하고 있다 하더라도 그것만으로는 반쪽에 불과하다(Mondy & Noe, 1996). 그 틀 속에서 실제 일을 담당할 사람이 중간 이하의 능력밖에 갖고 있지 못하다면 이는 무용지물이 되어버린다. 조직의 역량이 사람의 능력만큼을 초과할 수 없기 때문이다.

조직이 필요로 하는 사람을 확보하기 위해서는 두 가지 조건이 충족되어야 한다. 첫째는 모집과정에서 최소한의 능력을 지닌 지원자들이 선발인원 이상으로 확보되어야 하며, 둘째는 이렇게 확보된 다수의 지원자 중에서 적격자를 정확하게 뽑을 수 있는 도구를 확보하는 것이다. 바로 이 두 번째 충족요건이 선발의 역할이라 할 수 있다. 특히 선발을 그르치게 되면 모집의 효과도 무용지물로 변하기 때문에 적격자의 선발은 엄격하고 공정한 과정을 거쳐 이루어지게 된다.

## 제2절 선발과정의 이해

선발과정은 조직의 특성에 따라 매우 다양한 형태를 취한다. 일반기업의 경우 지원서와 학교의 추천서만으로 취직이 결정되는 경우도 있으며, 심지어 규모가 작은 기업은 서류심사만으로 선발하기도 한다. 연구소나 대학의 경우 연구논문을 포함한 지원서를 제출하면 서류심사를 통과한 2~3명의 후보에게 논문을 발표하게 하고 면접을 병행하여 최종 결정을 내리는 것이 보통이다. 일반적으로 이러한 선발과정은 복잡하고 엄격할수록 비용이 많이 들게 된다. 그러나 엄격한 선발과정의 적용을 통해 상대적으로 우수한 인적자원을 확보하게 된다면 이들이 보다 나은 직무수행능력을 발휘함으로써 장기적 관점에서는 조직에 더 많은 성과를 가져다 줄 수 있게 된다. 특히, 합격된 사람들의 능력이 부족하여 채용 후 교육훈련을 실시해야 할 때 그 훈련비용을 생각하더라도 선발이 얼마나 신중하게 결정되어야 하는가를 깨달을 수 있다.

공직취임에의 균등한 기회부여를 중요한 인사원칙으로 하는 정부는 선발과정이 매우 엄격하며 다양한 선발도구를 활용하고 있다. 일반적으로 공직사회의 선발과정은 〈그림 9-2〉에서 보는 바와 같이 서류심사, 신발시험, 면접, 신원조사 · 신체검사, 시보임용의 5단계를 거치게 된다. 각 단계별 주요 내용을 살펴보면 다음과 같다.

그림 9-2 선발과정

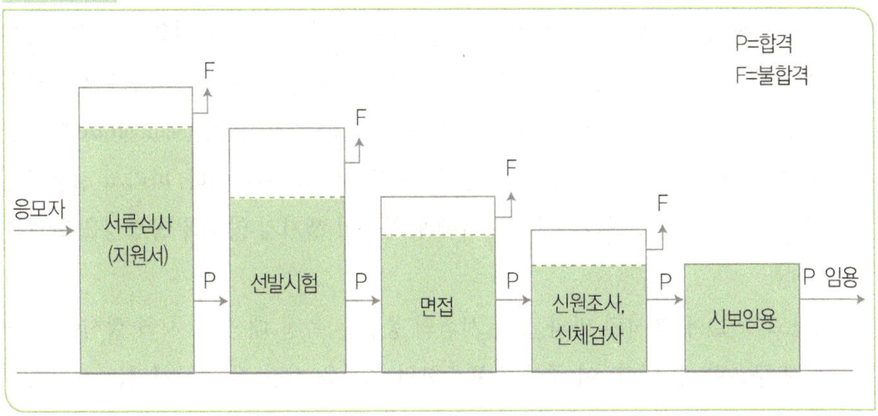


## 1. 1단계: 서류심사

선발과정의 1단계는 서류심사 단계이다. 선발과정에는 예외 없이 지원서를 요구하게 된다. 지원서에는 이력란을 포함시키기도 하고 이력서를 따로 요구하기도 한다. 지원서에는 성명, 생년월일, 주소, 가족관계, 학력, 경력, 사회활동, 특기, 추천인 등의 내용을 포함시킨다. 지원서의 내용은 이와 같이 사실(Fact)을 담고 있기 때문에 대부분 객관적인 확인이 가능하다. 그럼에도 불구하고 지원서가 1차 여과수단으로 사용될 때에는 학력이나 경력을 부풀리거나 허위로 기재하는 경우가 많다고 한다(Andrew, 1981). 지원서는 다른 부가적인 서류와 함께 하나의 선발수단을 구성하게 된다. 즉 추천인의 추천서, 자기소개서, 업적물(연구소나 학교지원시의 저서 · 논문), 그리고 성적증명서 등과 합쳐 서류심사(Document Screening)라는 한 관문을 이루게 된다.

지원서의 기재내용 및 부가적인 서류는 선발의 목적에 적합하게 결정되어야 한다. 불필요한 사항을 기재하거나 그러한 서류를 요구하게 된다면 지원 자체를 포기하게 만들 가능성이 있기 때문이다. 우리나라의 경우 공무원 채용에 있어서는 지원서 이외에 부가적인 서류는 요구하지 않는다. 지원서가 단순히 시험관리를 위한 보조 자료로 사용되고 있을 뿐 그 자체가 선발수단으로서 역할을 하지 않기 때문에 이는 당연한 것이라 할 수 있다.

## 2. 2단계: 선발시험

선발과정의 2단계는 선발시험(Selection Test) 단계이다. 일반적으로 선발시험은 최종 선발에 가장 결정적인 역할을 한다. 선발시험 혹은 단순시험은 직무수행에 필요한 지식(Knowledge), 기술(Skill), 능력(Ability)을 측정하는 표준화된(Standardized) 도구로서 이러한 시험에서 가장 중요한 것은 객관화된 통일적 관리이다. 따라서 선발시험 단계에서는 내용, 채점, 관리에서 응시자에게 차등이 생기지 않도록 공정성을 확보하여야 한다.

〈참고 9-1〉에 제시된 바와 같이 시험의 종류는 측정 대상 및 시험 형식에 따라 다양하게 구분할 수 있다. 이 중에서 표준화의 조건을 가장 잘 충족시키는 시험형식은 필기시험이라고 볼 수 있다. 측정대상에 있어서는 시험의 목적에 따라 한 가지 또는 여러 가지를 복합적으로 사용할 수 있는데 공무원 채용시험에서는 성취도검사를 주로 활용하고 있다. 따라서 '선발시험' 하면 필기시험식의 성취도검사가 가장 일반적이라 할 수 있다.

특히 이러한 선발시험은 직무수행능력 평가에 있어서 가장 중요한 역할을 차지하는 만큼 시험의 신뢰성과 타당성 확보가 매우 중요하다. 즉 시험을 통해 뛰어난 능력을 가진 사람은 합격시키고 그렇지 못한 사람은 불합격시킬 수 있어야 한다. 바로 이것으로 시험의 가치를 가늠할 수 있게 된다. 신뢰성 및 타당성과 같은 선발시험의 요건은 다음의 3절에서 보다 상세히 다루고 있다.

## 참고 9-1 시험의 종류

〈 측정대상별 분류 〉

▪ **지능검사(Intelligence Test):**
인간의 일반적인 지적 능력(지능)을 측정한다. 지능은 직무와 관련된 구체적인 능력이 아니라 모든 직무의 성공적 수행에 기초가 되는 일반적인 정신적 능력이다. 똑똑한 정도, 영리한 정도를 말한다. IQ가 대표적인 예이다. 추리력, 기억력, 입체적 사고력(Space Perception), 언어구사력, 수리적 이해력 등이 지능의 주요 구성요소로서 실제 측정대상이 된다.

▪ **적성검사(Aptitude Test):**
직무수행에 적합한 잠재적 소질이 있는가를 측정한다. 직무수행에 필요한 지식과 기술에 대한 현재의 상태를 측정하는 것이 아니라 앞으로 훈련과 경험을 통해 얼마나 성공적으로 직무를 수행할 수 있을 것인가의 잠재적 능력을 측정하는 것이다. 수리적 능력, 공학적 능력, 사무적(Clerical) 능력 등이 검사대상이다. 지능검사와 유사한 점이 있으나 이보다 측정대상이 한정적이고 직무의 특성에 긴밀하게 연관되어 있다. 적재적소의 인사배치를 통해 능력을 최대한 발휘할 기회를 주기 위해서 매우 유용한 시험이다.

▪ **성취도검사(Achievement Test):**
교육과 훈련을 통해 성취한 현재의 지식과 기술을 측정한다. 실력과 유사한 의미를 갖고 있다. 직무의 수행에 당장 필요한 구체적 지식과 기술을 측정하기 때문에 넓은 안목과 잠재적 능력을 주로 요구하는 중상위의 관리직무보다, 단순한 기능이나 사무직무의 하위직을 선발하는 데 유용하다. 교육기관에서의 학업능력을 테스트하는 학력검사와 실제직무 수행의 전문기술 · 기능을 테스트하는 기술검사가 있다. 전자는 고등학생의 수학능력시험과 공무원 채용시험이 그 예이며, 후자에는 타이피스트의 타이핑 테스트나 건축사의 설계도 작성시험이 해당된다.

▪ **체력검사(Physical Test):**
직무수행에 적합한 신체적 특성을 측정한다. 단순히 건강한 정도를 말하는 것이 아니라 우편배달부 · 소방대원 · 경찰관과 같이 각 직무를 수행하는 데 필요한 육체적 능력을 말한다. 구체적으로 근력, 지구력, 균형성, 민첩성 등을 검사하게 된다. 측정의 객관성이 가장 높은 편이다.

▪ **성격검사(Personality Test):**
인간이 환경이나 다른 사람과 직면했을 때 어느 정도 안정적으로 나타나는 성격상의 경향을 측정하는 것이다. 여기에는 자신감, 활동성, 사교성, 침착성 등이 해당된다. 인간의 내면적인 속성을 보는 것으로 객관성이 가장 낮다.

■ **흥미검사**(Interest Test):
다양한 인간의 활동에 대한 관심 내지 선호도를 측정한다.

**〈 시험의 형식별 분류 〉**

■ **필기시험**(Written Test):
가장 일반적인 방법으로 시험지에 펜으로 답을 쓰거나 표시하는 방식이다. 일명 Paper-and-Pencil Test이다. 주관식과 객관식 시험으로 나눈다.

■ **실기시험**(Performance Test):
직무수행에 사용되는 기계 · 도구 · 기기를 실제 조작 · 작동하게 하여 실력을 평가하는 방식이다. 성취도 검사에 주로 사용하는 방식이다. 한꺼번에 많은 응시생을 테스트하기 곤란하다.

■ **면접시험**(Interview, Oral Test)*:
주어진 질문에 구두로 직접 응답한 내용을 평가한다. 필기시험으로 평가하기 힘든 발표력, 판단력, 성격까지 파악할 수 있다.

* 시험을 광범위하게 해석하면 서류심사나 면접시험도 해당되겠지만 여기에서는 이것을 선발시험과 구분되는 별도의 선발도구로 구분하여 선발과정의 한 단계로 설명하였다. 따라서 선발시험에는 필기시험과 실기시험만을 포함시킨다.

## 3. 3단계: 면접

선발과정의 3단계는 면접 단계이다. 면접은 선발시험과 함께 직무수행능력을 측정하는 가장 중요한 도구이다. 경우에 따라 선발시험 합격자에게만 면접기회를 부여하기도 하고, 선발시험과 면접시험의 성적을 통합하여 선발을 결정하기도 한다. 특히 전자의 경우에는 시험을 통과한 선택된 소수에게만 면접이 행해지기 때문에 이들에게 있어서 면접은 가장 중요한 최종관문인 것이다. 면접에는 응시자와 시험관이 1대 1로 마주앉아 대화를 통해 질의와 응답을 주고받는 개인면접과, 다수의 응시자들이 주어진 주제에 대해 토론을 벌이도록 하고 시험관은 관찰을 통해 응시자를 평가하는 집단면접이 있다. 최종선발에 반영되는 비율은 다양하지만 모든 선발과정에서 거의 예외 없이 채택하고 있다. 우리나라 공개경쟁채용(5급) 3차 시험에서는 개인면접과 집단면접을 모두 채택하고 있다.

면접은 서류나 선발시험에서 테스트하지 못한 측면들, 예를 들어 조직에 들어와서 열심히 근무할 의욕은 있는 것인지, 충분한 동기를 가지고 지원한 것인지, 그리고 제출한 서류는 정직하게 기록한 것인지 등을 응시자의 입을 통해 직접 확인할 수가 있다. 물론 직무수행능력과 관련하여서도 시험의 형태로 묻기 곤란한 문제를 다시 질문하여 직무관련 지식과 기술을 확인할 수도 있고, 그 외에 발표력 · 지도력 · 순발력 · 성격까지 알 수 있는 기회가 된다. 고위공무원일수록 특정 전문지식보다는 가치관 · 지도력 · 창의력 · 판단력 등이 요구되며, 이러한 자질은 필기시험으로 측정하기 힘들기 때문에 면접이 더 적합한 선발도구라고 할 수 있다.

그러나 면접은 필기식 성취도검사의 전통적 선발시험에 비해 신뢰성과 타당성의 확보가 곤란하다. 특히 공무원 채용에 있어서 면접의 점수화는 정실개입의 우려를 낳기 때문에 신뢰성과 타당성에 대한 요구는 더욱 크다고 할 수 있다. 이에 기술적으로 개방식 면접에서 나타날 수 있는 면접자의 주관이나 면접결과의 비일관성 등의 문제점을 해소하기 위하여 면접을 구조화하기도 한다. 즉 각각의 응시자에게 질문할 항목과 질문형태를 미리 표준화시켜 놓고 그 틀을 벗어나지 않는 것이다(Fisher *et al.*, 1983).

예전에는 행정고시에서 2차에 최종선발인원의 110% 정도를 선발하여 3차 면접의 형식적 진행에 대한 비판이 제기되었으나 최근에는 2차에 선발예정인원의 150%를 선발하여 3차에서 초과 50%를 탈락시키는 방식으로 바뀌어 면접이 실질적인 선발도구로서 중요한 의미를 갖게 되었다. 특히 필기시험의 성적과 상관없이 제로 베이스(Zero Base)에서 면접 점수만을 가지고 당락을 결정하기 때문에 면접의 중요성이 더욱 커졌으며, 이에 면접의 신뢰성과 타당성 보완 문제가 더욱 강조되고 있다.

## 참고 9-2 개방형 직위 선발시험: 역량면접

### ■ 역량면접의 정의

• **역량면접**(Competence-based Interview)이란 '구체적인 업무상황 속에서 후보자가 실제로 과거에 어떻게 행동했는지를 알아봄으로써 장래의 유사한 상황에서 어떻게 행동할 것인지를 예측하는 행동과학적 면접법'으로 능력요건은 '역량면접'으로 평가해야 한다.

### ■ 역량면접시 이용되는 면접방법

1) 면접의 형태에 의한 분류

• **개별면접**: 소수의 인원을 선발할 때 쓰는 면접방식으로 후보자에게만 해당하는 구체적인 질문을 통해 상세한 정보습득이 가능하고 상호비교에 의한 편견형성이나 응시자 간의 정보가 혼동되는 일을 막을 수 있다. 고위공직자선발은 개별면접으로 할 수 밖에 없다.

• **집단면접**: 여러 명의 지원자를 동시에 면접하는 방식으로 면접시간이 단축되고 지원자들을 서로 비교하면서 관찰할 수 있는 이점이 있으나, 제한된 시간 내에 면접을 마쳐야 하기 때문에 간단명료한 답변이 이루어질 수 있는 질문을 해야 하는데 역량면접의 질문은 그렇지 못하며 답변도 상호영향을 미칠 수 있으므로 집단으로 실시하지 않는 것이 원칙이다.

2) 질문의 형태에 의한 분류

• **구조화된 면접**: 면접설계시에 면접관이 해야 할 질문과 기대되는 응답내용별 평가기준을 미리 정해두고 면접관은 정해진 대로 질문하고 기준대로 평가하는 방법이다. 면접관의 주관이 개입되는 것을 방지하고 표준화된 결과를 얻을 수 있다는 장점이 있으나 상황에 따른 유연성을 발휘하는 데는 한계가 있다.

• **비구조화된 면접**: 전문면접관이 질문과 응답내용에 대한 평가기준을 미리 정하지 않고 전문기술을 이용하여 상황에 맞게 집중적으로 질문하고 응답을 평가하는 형태의 면접이다. 고도로 훈련된 면접관에게는 효과적일 수 있으나 경험이 부족하거나 훈련을 받지 않은 면접관이 실시할 경우 질문이 표준화되지 않아 어떤 사람에게는 유리하고 어떤 사람에게는 불리한 질문이 될 수 있으며 개인의 주관이 개입될 여지가 크므로 제한적으로 사용되어야 한다.

• **반구조화된 면접**: 가장 많이 사용하는 방법으로 역량면접은 해당 역량별로 기본 질문은 구조화되지만 응시자의 응답에 따라서 계속 되어지는 심층질문은 구조화가 불가능하므로 반구조화된 면접에 가장 가깝다.

3) 질문내용에 따른 분류

• **생활사 면접**: 후보자의 과거경력이나 업적, 성장과정에 대한 확인질문을 포함하여 응

시자의 경력 전환의 동기와 계획, 생각까지 다양한 내용을 질문하는 면접방법이다. 역량면접을 하는 경우에도 이 기법이 적절히 함께 쓰여야 하나 의도적으로 답할 수 있는 '계획'이나 '생각' 또는 '각오' 등을 묻는 질문은 재확인을 위한 경우를 제외하고는 삼가해야 한다.

- **행동사건면접**: 해당 직무에서 경험한 구체적인 업무상황과 취한 행동, 행동의 결과 등을 질문하고 구체적으로 묘사하듯이 답변하게 함으로써 응시자의 '행동패턴'을 알아내고 이를 통해서 장래의 행동을 예측하는 방식으로 가장 타당도가 높은 면접법이다. STAR라는 단계와 순서에 따라 질문한다.

| 단계 | 내용 |
|---|---|
| 상황 (Situation) | • 구체적으로 어떤 상황이었는가 |
| 과제 (Task) | • 맡은 임무와 역할은 무엇이었는가 |
| 행동 (Action) | • 주어진 환경에서 임무와 역할을 어떻게 수행했는가 |
| 결과 (Result) | • 위의 행동 결과, 어떤 결과를 얻었는가 |

## 4. 4단계: 신원조사 및 신체검사

선발과정의 4단계는 신원조사 및 신체검사이다. 신원조사는 보통 추천인 확인과 배경조사를 포함하고 있다. 이는 미국에서 일반화된 것으로 지원서에 추천인 3인 정도를 기록하도록 하고 있다. 선발과정에서 이들 추천인을 접촉하여 지원서의 진실성을 확인할 수도 있지만 실제 그런 일은 드물다고 한다(Mondy & Noe, 1996). 그러나 배경조사는 보다 일반적으로 실시되고 있다. 우선 경력에 대하여 지원서나 이력서에 나타나 있는 직장명이나 직무명으로는 정확히 어떤 일을 했는지 알기 곤란하다. 또한 지원서에 허위사실을 기재하는 사례가 증가한다는 인식에 따라 배경조사의 필요성이 증가되고 있기 때문이다.

면접까지 통과한 응시자는 신원조사와 더불어 신체검사를 받게 된다. 특히 신체검사 단계에 이르면 합격은 거의 확정된 것이다. 직무수행에 결정적인 신체상의 결함이 있거나 다른 사람에게 질병을 옮길 위험이 있는 전염병 환자를 제외하고는 합격에 영향을 주지 않는 것이 보통이다. 신체검사는 체력검사와는 달리 주로 의학적 검사를 하게 된다.

우리나라의 공무원은 신원조사, 신체검사 및 시보기간 모두를 성공적으로 통과해야 정식 공무원 신분을 얻게 된다. 그러나 그것은 거의 형식에 불과하다. 실질적으로는 면접을 통과하는 것으로 합격이 확정되고 공무원의 신분은 100% 가까이 보장되고 있다. 따라서 신원조사와 신체검사는 하나의 요식행위가 되어 가고 있는 실정이다. 다만 우리나라에서 신원조사는 공무원 예정자가 작성한 신원진술서에 대한 사실 확인 작업을 하는 신원조회를 실시하고 있다. 신원조회는 국가에 대한 충성심사와 기타 공무원으로서의 결격사유를 조사하는 것이다. 조사와 판정이 비공개적이고 불이익에 대한 호소가 불가능하기 때문에 인권침해 등의 문제점이 제기되기도 한다(오석홍, 1993).

## 5. 5단계: 시보임용

선발과정의 마지막 5단계는 시보임용(Probation)이다. 시보임용은 공무원으로 정식 임용되기 이전에 '과연 직무수행에 적합한 사람인가'를 임용예정부처에서 검증받는 것이다. 임용후보자에게 실제로 직무를 수행할 수 있는 기회를 부여하고 이를 관찰하여 적격자 여부를 결정하는 것이다. 만에 하나라도, 다른 선발수단에서 잘못된 판단을 내렸을 경우 시보임용을 통해 이를 최종적으로 시정할 수 있는 기회라 볼 수 있다. 따라서 시보기간 동안은 신분이 보장되지 않는다. 시보가 다른 선발도구에 비해 훨씬 비용이 많이 드는 것은 사실이지만 선발의 타당성을 높이는 데는 가장 효과적일 수 있다(박동서, 1990).

이러한 중요성에도 불구하고 우리나라에서는 시보제도가 형식적으로 운영되고 있어 선발의 효과보다는 초임공무원에게 필요한 조직적응훈련의 의미가 더 강하다고 할 수 있다. 시보기간 동안 5급 행정고등고시 합격자를 '수습 행정사무관'이라 부르는 것을 보아도 선발보다는 교육훈련의 의미가 강조되고 있음을 알 수 있다. 시보가 실질적으로 선발과정으로서의 기능을 수행하기 위해서는 임용예정자에 대한 체계적인 평가체제(정규공무원에 대한 근무성적평정체제와 같은)를 마련해야 한다.

시보기간을 성공적으로 마치게 되면 법적으로 신분이 보장되는 정규공무원으로 임명되며 이것으로서 선발의 형식적 · 실질적 과정이 완료된다.

# 제3절 선발시험의 효용성 확보 요건

앞서 살펴본 바와 같이 선발시험은 응시자의 지식, 기술, 능력을 측정하는 도구이다. 모든 측정도구는 측정의 대상이 무엇이든 신뢰성과 타당성을 갖추어야 한다. 고무줄에 눈금(cm) 표시를 하여 사람의 가슴둘레를 잰다면 그것은 측정도구로 그렇게 쓸모 있지 않을 것이다. 고무줄보다는 힘이나 온도변화에 영향을 덜 받는 줄자가 훨씬 더 유용한 측정도구가 될 수 있다. 선발시험도 측정도구로서의 효용성을 가지려면 신뢰성과 타당성의 확보가 제1조건이다. 시험의 효용성 확보는 측정도구 측면의 신뢰성과 타당성 이외에도 시험의 특수성에서 오는 다른 부수적 조건들을 충족시켜야 가능하다. 선발비율, 객관성, 난이도가 이에 해당된다. 이러한 부수적 조건들은 1차적으로 타당성과 신뢰성에 영향을 주고, 2차적으로 적격자의 선발에 영향을 미친다. 특히 이러한 효용성 확보의 조건은 선발시험뿐만 아니라 면접을 포함한 여타의 선발도구에도 모두 유사하게 적용된다.

## 1. 신뢰성

### 1) 의의

신뢰성(Reliability)의 일반적 의미는 측정도구의 측정결과가 보여 주는 일관성을 말한다. 따라서 시험의 신뢰성은 시험결과로 나온 성적의 일관성을 의미한다. 플라스틱으로 만든 자보다는 대나무로 만든 자가 신뢰성이 높다. 그 이유는 대나무의 열에 대한 팽창계수가 플라스틱보다 낮아 그만큼 측정결과가 안정적이기 때문이다. 즉 측정도구는 장소와 때에 따라 측정기준이 변화되어서는 안 된다. 장소와 때에 따라 측정기준이 달라진다면 신뢰성을 가질 수 없다. 시험의 경우도 마찬가지이다. 같은 사람에게 여러 번 반복하여 치르더라도 결과가 크게 변하지 않을 때 그 시험이 신뢰성을 확보했다고 본다.

이처럼 신뢰성은 일관성(Consistency)과 동의어로 사용되고 있다. 따라서 일관성의 두 가지 속성인 종적 일관성과 횡적 일관성을 이해할 필요가 있다. 먼저, 종적 일관성은 서로 다른 시점에서의 측정결과가 안정된 값을 가지는 것을 의미하며 횡적 일관성은 동일시점에서 동질적인 둘 이상의 집단을 대상으로 같은 측정도구를 사용하여 얻은 측정결과가 일관된 값을 가지는 것을 의미한다.

### 2) 검증

신뢰성을 검증하는 대표적인 방법으로는 재시험법, 동질이형법, 이분법 검증이 있다(<그림 9-3>). 이를 구체적으로 살펴보면 다음과 같다(Pedhazur & Schmelkin, 1991).

#### (1) 재시험법

재시험법(Test-Retest)은 시험의 종적 일관성을 조사하는 것이다. 시험을 본 수험자에게 일정한 시간이 지난 뒤에 다시 같은 문제로 시험을 보게 하여 두 점수 간의 일관성을 검토하는 것이다. 물론 한 사람만을 측정해서는 일관성을 검증할 수 없다. 일정규모 이상의 실험집단을 구성하여 두 시점(t, t+1)에 시험을 치르고 두 시험점수 간의 상관관계를 계산한다. 이렇게 계산하여 얻은 값을 상관계수라 한다.[1] 상관계수의

**그림 9-3 신뢰성의 검증방법**

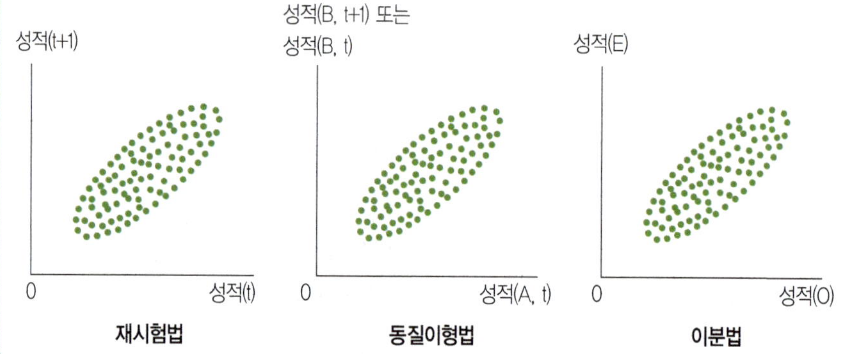


1) 상관계수는 두 변수 간에 얼마나 밀접한 선형적 관계(Linear Relationship)가 있는가를 보여주는 계수이다. r로서 표시하며 취하는 값의 범위는 −1.0~+1.0이다. 상관계수 ±1.0은 두 변수가 완전히 선형의 함수관계를 이루는 것이고, 0은 선형적 관계가 전혀 없는 것이다.

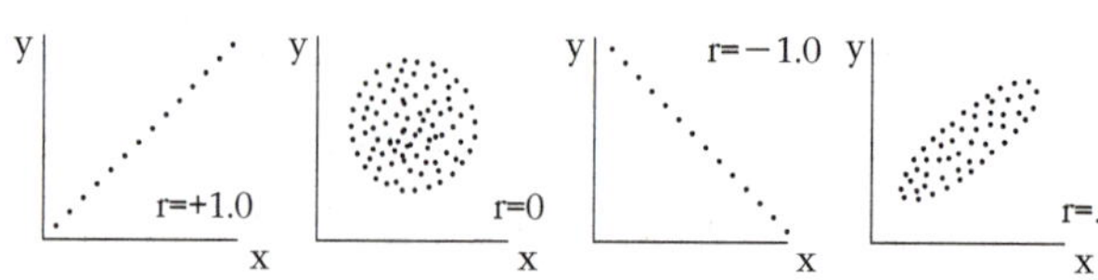

값이 +1.0에 가까울수록 두 시험 간의 관계가 밀접함을 의미하고, 신뢰성이 높은 것이다.

일반적으로 시험을 보는 두 시점의 간격이 길수록 신뢰성은 낮게 나타난다. 그 사이에 여러 가지 변수가 작용하기 때문이다. 하지만 간격이 짧으면 신뢰성은 높게 나타나겠지만, 그 원인이 1차 시험의 암기 영향일 수 있기 때문에 신뢰성이 왜곡될 수 있다.

#### (2) 동질이형법

동질이형법(Equivalent Forms)은 문제의 수준(질)이 비슷한 두 개의 시험유형(A, B)을 개발하여 동일 통제집단을 대상으로 시험을 보게 한 후 A와 B의 성적 간 상관관계를 분석하는 방법이다. 시험은 동시(A and B at time t)에 실시할 수도 있고, 두 시점(A at time t, B at time t+1)에 나누어 실시할 수도 있다. 동질이형법은 상대적으로 많은 비용과 노력을 요구하는 방법이지만 종적 일관성과 횡적 일관성 모두를 검증할 수 있다.

#### (3) 이분법

이분법(Split-Half)은 하나의 시험지 내에서 문항만을 두 집단으로 나누어 이들 문항집단 간의 성적을 상호 비교하는 것이다. 이 방법의 가장 일반적인 형태는 문제의 문항을 무작위로 배열한 뒤 짝수(Even)와 홀수(Odd)로 나누어 짝수항 전체의 점수와 홀수항 전체의 점수 간의 상관관계를 조사하는 것이다. 따라서 이분법은 재시험법이나 동질이형법과 마찬가지로 성취도 검사의 신뢰성을 검증할 수 있다.

## 2. 타당성

### 1) 의의

타당성(Validity)이란 시험이 측정하고자 하는 것을 실제로 얼마나 정확하게 측정했는가를 말한다. 몸무게를 재는데 체중계가 고장이 나서 10kg씩 더 나간다면 이 체중계는 측정도구로서의 타당성을 갖추지 못한 것이다. 시간을 재는데 하루에 1시간씩 늦다면 이 시계 역시 타당성이 없는 측정도구이다. 쉽게 말하면 정확도가 높을수록 타당성이 높은 것이다. 시험도 마찬가지다. 타자능력을 측정하는 데 속기시험을 치르게 한다면 이는 시험의 타당성을 잃은 것이다.

타당성의 중요한 특성은 측정결과만으로는 측정도구의 타당성을 알 수가 없다는 것이다. 얼마나 정확하게 측정 했는가를 알기 위해서는 측정결과를 비교할 수 있는 기준이 있어야 한다. 시계의 타당성을 알려면 매시간 방송에서 알려 주는 시보소리와 비교해 보면 된다. 우리가 보는 시간은 기준시간(세계표준시간)을 추론하고 예측한 것뿐이다. 타당성은 이와 같이 측정도구의 측정결과만을 가지고는 성립되지 않으며 이것을 비교 평가할 기준이 있어야만 비로소 성립될 수 있다. 시험의 경우 기술이나 학업능력의 측정만 가지고는 안 되고 이것이 예측하고자 하는 기준, 즉 직무수행실적과 같은 정보가 필요한 것이다.

### 2) 유형

시험에서 가장 일반적으로 사용되는 타당성의 유형으로는 기준타당성과 내용타당성이 있고 드물게 구성타당성을 검토하기도 한다. 이를 구체적으로 살펴보면 다음과 같다.

#### (1) 기준타당성

기준타당성(Criterion Validity)은 시험성적과 본래 시험으로 예측하고자 했던 기준 사이에 얼마나 밀접한 상관관계가 있는가를 의미한다. 시험으로 예측하고자 하는 것은 다름 아닌 직무수행실적이다. 따라서 기준타당성은 시험이라는 예측치(Predictor)와 직무수행실적이라는 기준(Criterion)의 두 요소 간의 상관계수로써 측정된다. 둘 간의 상관계수를 측정하려면 예측치와 기준에 대한 측정치(기준치)가 필요하다. 예측치는 여기에서 시험점수가 된다. 직무수행실적을 보여 주는 측정 기준치로는 근무실적, 이직률, 결근율 등을 사용하게 된다. 시험성적을 좋게 받은 사람이 실제 근무실적도 좋을 때 우리는 기준타당성이 높다고 말할 수 있다. 따라서 기준타당성은 시험성적과 근무실적의 상관계수로써 검증할 수가 있다. 검증방법은 자료수집의 시차에 따라 동시적 타당성 검증과 예측적 타당성 검증의 두 종류로 구분된다(〈그림 9-4〉 참조).

**그림 9-4 동시적 타당성과 예측적 타당성**

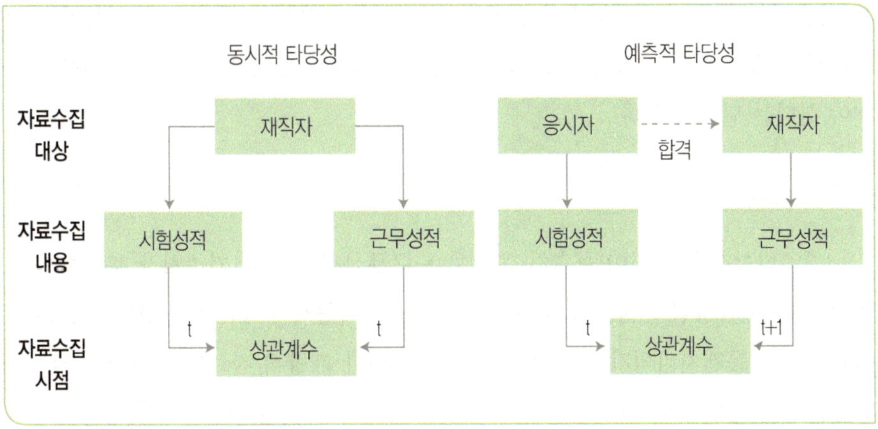


① 동시적 타당성 검증

동시적 타당성(Concurrent Validation) 검증은 시험성적과 근무실적에 대한 자료를 동시에 수집하여 상관관계를 검토하는 것이다. 시험성적과 근무실적을 동시에 얻는 방법은 현재 근무하고 있는 재직자로부터 자료를 구할 수밖에 없다. 재직자에 대한 근무성적만이 활용 가능하기 때문이다. 시험성적은 재직자에게 응시자용 문제를 가지고 시험을 실시하여 얻을 수 있다. 시험실시결과, 근무실적이 좋은 재직자가 시험성적도 좋았다면 그 시험은 기준타당성을 갖추었다고 말할 수 있다.

동시적 타당성 검증은 예측치와 기준치에 대한 자료를 쉽게 구할 수 있다는 장점이 있다. 그러나 재직자가 표본으로서의 대표성을 가질 수 있는가의 문제가 발생한다. 따라서 재직자로부터 얻은 시험성적과 근무실적의 관계가 응시자 집단에게 그대로 적용할 수 있는가는 의문으로 남는다.

② 예측적 타당성 검증

예측적 타당성(Predictive Validation) 검증은 시험성적과 근무실적을 시험합격자를 대상으로 시차를 두고 수집하여 비교하는 것이다. 시험합격자를 대상으로 하기 때문에 시험성적은 바로 구할 수 있으나 근무실적은 일정기간을 기다려야 가능하다. 근무를 시작하여 어느 정도 시간이 지나고 실적이 평가될 때 시험성적과의 상관관계를 분석하여 타당성을 검증하는 것이다. 상관정도는 선발시험이 얼마나 근무성적을 잘 예측하는지를 알 수 있게 해준다.

예측적 타당성 검증은 재직자의 시험점수가 아니라 합격한 응시자의 시험점수를 사용하기 때문에 시험점수가 근무성적을 얼마나 정확히 예측 · 추론하는가 하는 타당성의 개념에 잘 부합된다. 그러나 타당성을 검증하기 위해서는 일정기간을 기다려야 한다는 단점이 있다.

⑵ 내용타당성

기준타당성은 시험이 예측하고자 하는 근무실적에 대한 기준치가 분명하게 설정되고 충분한 경험적 자료를 수집할 수 있을 때 가능하다. 기준타당성의 계산은 상관계수로써 통계처리되기 때문이다. 그러나 이러한 계량적 자료를 구하기 힘들거나 통계분석에 필요한 최소한의 자료 수(일반적으로 30명 이상)를 확보하지 못하는 경우에는 기준타당성을 적용하기가 곤란하다(Heneman Ⅲ *et al.*, 1983). 이는 근무성적을 평가하지 않거나 채용규모가 30명을 넘지 못하는 소규모 조직에서 충분히 직면할 수 있는 상황이다. 이러한 상황에서 타당성을 확보하는 하나의 방법이 내용타당성이다.

내용타당성은 시험내용이 실제 직무에 관한 내용을 평가하고 있는가의 문제이다. 즉 시험을 통하여 측정되는 행동이나 질문 내용이 업무 수행상 중요한 부분을 대표할 수 있느냐 하는 판단과 관련된다. 예를 들어, 비서직을 담당할 직원을 채용한다고 하자. 우선 기관장의 스케줄 잡는 일, 전화받는 일, 문서작성 및 타이핑하는 일 등 비서직의 핵심임무가 무엇인지를 정한다. 다음은 임무수행에 필수적인 기술이나 지식이 무엇인지를 결정하게 되는데 이 경우에는 맞춤법과 타이핑 기술을 포함시킬 수 있다. 이제 타이핑 기술을 평가할 수 있는 구체적인 시험을 개발한다. 실무에서 가장 많이 사용하는 문서의 지문들로 문항을 구성하여 맞춤법이 틀린 것을 고쳐가면서 실제 타이핑하도록 하는 실기시험을 실시하기로 정했다고 하자. 이때 직무에 정통한 비서직 전문가들이 시험의 내용과 직무의 내용을 고려해서 시험의 내용타당성을 검증하는 것이다.

⑶ 구성타당성

내용타당성에서 시험을 통해 예측하고자 하는 것은 성공적 직무수행의 내용 내지는 성공적 직무수행에 필수적인 지식이나 기술이다. 그 직무내용이나 요건은 어느 정도 추상적이기는 하나 해당분야 전문가들의 판단으로 충분히 검증이 가능하다고 생각한다. 이때 전문가의 판단에만 의존하지 않고 행태과학적인 조사를 통한 검증절차를 거치거나, 추상성이 아주 강해 단순한 판단만으로는 검증이 불가능한 인간의 특성을 측정하고자 할 때에는 구성타당성(Construct Validity)을 고려해야 한다.

구성타당성은 시험이 이론적 구성(Theoretical Construct)과 부합하는 정도를 의미한다(Beach, 1980). 구성타당성은 시험이 무엇을 측정하는지를 설명하기 위하여 심리학자들이 도입한 개념이며, 성공적 직무수행을 위하여 필요한 자질의 측정문제와 관련된다(Nigro & Nigro, 1986). 예를 들어, 5급 초급직 공무원을 선발하기 위해 실시되는 공직적격성테스트(PSAT: Public Service Aptitude Test)를 살펴보자. 공직적격성테스트는 특정과목에 대한 전문지식을 측정하기 위해 실시하는 시험이 아니라 공직수행에 필요한 기본 지식과 소양, 자질 등을 갖추고 있는지를 평가하는 시험이다. 공직적격성테스트를 통해 창의적이고 능동적으로 사고하는 인재를 공무원으로 선발하고자 하는 것이다. 이때 시험을 통해 알아보고자 하는 핵심 부분은 공직수행에 필요한 기본 지식과 소양, 자질 등과 같은 지원자의 능력이다. 여기서 능력이라는 추상적인 개념을 공직적격성테스트라는 측정도구가 적절하게 측정했는가를 의미하는 것이 구성타당성의 문제이다. 즉 공직수행에 필요한 기본적 지식과 소양, 자질 등에 대한 측정이 이와 관련된 이론적 구성개념에 대한 측정과 유의한 관계일 때, 이러한 측정은 구성타당성을 확보했다고 볼 수 있다.

**참고 9-3**

### 공직적격성테스트(PSAT): 언어논리영역(예시)

우리나라의 사회적 신뢰수준은 그다지 높지 않다. 미국의 정치사회학자 프랜시스 후쿠야마는 우리 사회를 저신뢰 사회(Low-Trust Society)로 분류했다. 세계가치조사(World Value Survey)의 자료를 봐도 우리나라는 10명 중 3명 정도만이 다른 사람을 신뢰하는 것으로 나타났다. 이는 사회적 신뢰수준이 낮다고 평가되는 이탈리아와 매우 비슷한 수준이다. 반면 노르웨이 · 스웨덴 · 핀란드 등 북유럽 국가는 10명 중 6명이 다른 사람을 신뢰하는 것으로 조사돼 세계 최고 수준의 신뢰를 나타내고 있다. 신뢰는 사회적 자본이다. 사회적 자본은 실물자본과 달리 사용한다고 마모되지 않는다. 사용하지 않을 때 오히려 가치가 줄어든다. 우리나라 사람은 가까운 사람 간의 신뢰수준은 매우 높지만, 낯선 외부인에 대한 신뢰는 매우 낮은 구조를 나타내고 있다. 우리나라가 경제성장을 촉진하려면 현재 한국 사회가 처한 낮은 사회적 자본의 축적 수준을 높이는 것이 중요하다. 더구나 지식기반 사회에서 높은 신뢰는 딱딱한 통제를 줄이는 효과를 가져와 창조적인 사고와 아이디어 생성을 촉진하게 된다. 신뢰는 조직 내 또는 조직 간의 협력을 촉진해 효율성을 더욱 증가시키는 역할을 한다.

수년 전 한 연구 결과에 따르면 신뢰수준이 10% 상승할 때 경제성장률이 0.5~0.8% 높아지는 것으로 나타났다. 각 집단이 서로에 대한 신뢰를 가지고 일한다면 경제활동이 좀 더 활발하게 이뤄지고, 분쟁과 소송이 줄어들며, 그렇게 되면 거래에서 일어나는 모든 상황을 장황한 문서로 명시할 필요가 없게 된다. 우리나라가 선진국이 되기 위해서는 먼저 높은 신뢰를 구축하는 것이 중요하다. 하지만 사회적 자본 축적은 장기간의 시간이 지나야 효과를 나타낼 수 있다는 점에서 단기적인 처방보다는 장기적인 관점에서 접근하는 노력이 필요하다. 신뢰를 높이기 위해서는 어떻게 해야 할까. 신뢰수준을 변동시키는 요인을 분석한 연구에 따르면 부패추방, 법치 및 그 집행, 재산권 보호 증진을 통해서 신뢰를 증진시킬 수 있다. 우리나라는 이 같은 기본적인 요소들이 여전히 선진국에 비해 낮은 상태다. 첫째로 각 사회 부문에서 발생하는 부패를 획기적으로 낮출 제도 개혁을 통해서 신뢰를 회복할 수 있다. 부패는 관료나 정치인의 불법적인 행동이나 국가사무를 사적인 이득을 위해 이용하는 데서 나타난다. 우리나라처럼 학연과 지연이 우선시 되는 연고주의는 부패를 키우는 토양이 될 수 있다. 부패가 만연하면 사람들 간의 신뢰는 무너지게 된다. 모호하고 비현실적 규제도 문제다. 규제의 투명성과 예측성을 높여 부정과 비리 가능성을 차단해야 한다. 둘째로 법이 일관성 있고 공정하게 적용될 때 신뢰가 형성된다. 국가기관이 법규 위반자를 능률적으로 적발해 신속히 처벌하지 못하거나 스스로 부패하고 법규를 준수하지 못한다면 사회적 신뢰는 형성되기 어렵다. 법질서의 강화는 사회적 신뢰수준을 높이는 요인이다. 공정하고 엄격한 법 집행으로 사회적 신뢰를 회복하는 일이 매우 중요하고 시급하다.

위 글로부터 추론한 내용으로 가장 적절하지 <u>않은</u> 것은?

① 저신뢰사회(Low-Trust Society)에서는 신뢰의 범위가 혈연 등 협소한 일차집단 기준에 머무르는 경향을 보인다.
② 고신뢰사회(High-Trust Society)에서는 신뢰의 범위는 일차연고를 넘어서 일반적 타자와의 관계까지 확대되는 경향을 보인다.
③ 법률과 법령이 일관성 있고 공정하게 적용되며 부패수준이 낮게 측정되는 사회를 고신뢰사회로 정의할 수 있다.
④ 신뢰의 정도와 범위에 따라 동아시아국가는 저신뢰사회군, 북유럽국가는 고신뢰사회군으로 분류된다.
⑤ 지연, 학연 등의 연고주의의 관행이 많아질수록 경제성장은 둔화된다.

- 정 답 : ④
- 출제내용영역 : 추론능력 중 제시 된 글을 바탕으로 새로운 정보를 이끌어낼 수 있는 능력 평가
- 해 설 : 북유럽 3개 국가가 전체 북유럽국가군을 대표할 수 없듯이 한국이 전체 동아시아 국가군을 대표할 수 없으므로 신뢰사회의 분류방식에 오류가 있음(일반화의 오류)
- 난이도 및 예상정답률 : 하, 80%
- 자료출처 : 중앙일보 01/30/11(신뢰는 경제와 직결, 신뢰수준 10% 오르면 성장률 0.8% 증가).

### 3) 신뢰성과 타당성 간의 관계

신뢰성은 시험 그 자체의 문제인 반면, 타당성은 시험과 기준 간의 관계이다. 신뢰성이 높든 낮든 그것은 근무성적이나 근무행태와의 관계가 아니라 어디까지나 시험성적 그 자체의 문제이다. 한편 타당성은 항상 근무성적, 결근율, 이직률, 안전사고 등 근무행태의 여러 기준측면과의 관계에서 나타나게 된다.

신뢰성과 타당성 간의 관계에 있어 또 하나 중요한 것은 신뢰성이 있어야 타당성의 문제를 검토할 수 있다는 것이다. 신뢰성이 없는 측정도구가 타당성을 갖는다는 것은 불가능하다. 즉 신뢰성은 타당성의 전제조건이다(이 책에서 신뢰성을 타당성 앞에 논의한 이유도 여기에 있다). 조건식으로 말하면 신뢰성은 타당성의 필요조건이지 충분조건은 아니다. 괘종시계의 예를 들어보자. 매시간 2분씩 정확하게 빨리 가는 시계는 신뢰성은 있지만 타당성(정확성)이 없다. 이 시계는 시계추의 길이를 늘여서 2분 늦게 가도록 조정하면 타당성을 확보할 수 있다. 한편 어떤 시계가 정오부터 시작하여 시간당 2분 빠르기도 하고 늦기도 하고 때로는 정확히 맞기도 하면서, 하루 24시간의 오차평균은 0이고 다음날 정오는 정확히 맞는다고 하자. 그러나 이 시계는 신뢰성과 타당성을 모두 갖추지 못한 것이다. 이 시계는 시계추의 조정으로 고쳐질 가능성을 가지고 있지 않다. 신뢰성이 없으면 타당성은 알아볼 필요도 없는 것이다.

**그림 9-5** 신뢰성과 타당성

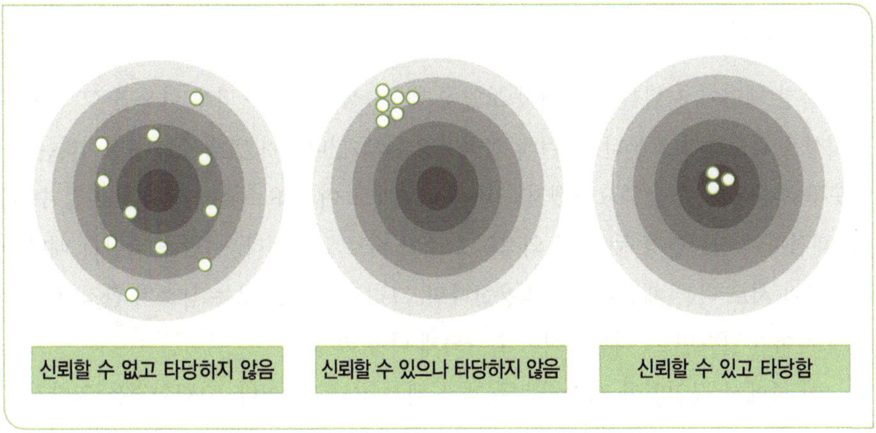

## 3. 기타 요건

선발시험의 효용성 확보를 위한 요건으로서 신뢰성과 타당성 이외에도 선발비율, 객관성, 난이도 등을 고려할 수 있다. 이를 구체적으로 살펴보면 다음과 같다.

### 1) 선발비율

선발비율(Selection Ratio)이란 응시자 중에서 선발할 인원의 비율을 의미한다. 선발인원을 인사정책으로 조정할 수 있는 경우에는 선발비율이라는 용어가 의미가 있다. 그러나 채용인원은 이미 정해져 있고 응시자 수만이 유동적인 경우에는 선발비율 대신 경쟁률이라는 용어가 더 적합하다. 선발비율과 경쟁률은 역수의 관계에 있다. 따라서 경쟁률이 높을수록 선발비율은 낮아진다.

그러면 경쟁률의 가치는 무엇인가? 일반적으로 경쟁률이 높을수록 시험의 효용성은 증가한다고 본다. 이는 응시자의 성적이 정규분포를 형성할 때 경쟁률이 상승하면 합격자의 평균근무성적 역시 높아진다는 것을 의미한다. 대학입시에서 실력이 유사한 학생이 어느 학과에 지원하는 경우 경쟁률이 높을수록 커트라인이 높아지는 것과 같은 이치이다. 이는 모집과정이 시험의 효용성에 중요한 영향을 미친다는 것을 보여주는 것이다.

### 2) 객관성

특정 개인이 시험을 반복해서 보았을 때 그 성적이 일관되게 나오면 그 시험은 신뢰성을 확보했다고 본다. 그런데 성적이 일관되게 나오기 위해서는 시험이라는 측정도구의 내용이 가장 중요하겠지만 내용 이외에도 여러 요소들이 영향을 미칠 수 있다. 채점자와 시험환경 등 시험 외적인 요소가 바로 그것이다. 시험을 실시할 때마다 채점자가 서로 다른 채점기준을 적용한다면, 그리고 시험을 보는 장소의 환경이 현격하게 차이가 난다면 그 시험성적이 일관되게 나올 리 없다.

이 중에서 끊임없이 제기되는 문제가 채점의 객관성이다. 수험환경은 일반적으로 표준화된 조건이 획일적으로 적용된다. 동일 장소에서 시험에 응시하며 시험시간 관리나 감독자의 행동 역시 엄격히 규제된다. 무엇보다도 응시자들이 환경을 직접 확인할 수 있기 때문에 만약에 차별이 있는 경우 즉시 문제를 제기하는 등 공개적 감시를 받게 된다. 그러나 채점은 채점자의 주관적 인지작용이기 때문에 응시자나 외부인이 알 수가 없다.

채점의 객관성을 확보하는 가장 좋은 방법은 채점자의 주관적 판단이 개입되지 않도록 하는 것이다. 대표적인 예가 객관식 시험이다. 요즘은 OMR카드에 답을 기입하게 하여 컴퓨터가 자동으로 채점하기 때문에 객관성이 충분히 확보되고 있다. 다만 주관식 시험, 면접시험, 실기시험의 경우에는 아직도 객관성의 문제가 제기되고 있다. 즉 이러한 유형의 시험에서는 여전히 채점자의 주관이 개입될 소지가 있다는 뜻이다. 이 문제를 해결하는 방법의 하나가 채점자(평가자)를 여러 명 두는 것이다. 어느 한 개인의 주관이나 오류를 다른 채점자의 객관적 평가를 통해, 주관성의 영향을 줄일 수 있기 때문이다.

### 3) 난이도

난이도는 시험의 어려운 정도를 의미하는데, 식별력, 판별력, 변별력 등 여러 용어가 혼용되어 사용된다. 시험의 난이도 요건은 시험의 목적을 생각하면 쉽게 이해할 수 있다. 직무수행능력이 뛰어난 사람과 그렇지 못한 사람을 정확하게 식별하여 우수한 능력의 소유자만 선발하는 것이 시험의 중요한 목적이다. 이미 설명하였듯이 타당성이 높은 시험일수록 우수한 응시자를 탈락시키고 열등한 응시자를 합격시키는 오류가 줄어든다. 난이도는 타당성을 확보하기 위한 중요한 요건이다. 극단적인 예로 시험이 너무 어려워 모두 0점을 받았다거나 너무 쉬워 만점을 받았다면 어떻게 되겠는가? 응시자 간 상대적 우열을 가릴 수 없고 시험의 타당성도 확보할 수 없다. 난이도는 신뢰성과도 깊은 관계가 있다. 난이도가 서로 다른데 시험결과가 일관되게 나오기를 기대하는 것은 무리이다.

우리나라의 5급 공무원 공개채용시험과 같이 시험과목에 선택과목을 포함시키는 경우 선택과목 간 난이도 조정이 큰 숙제로 남는다. 선택과목 간 난이도 문제는 채점과도 직결된다. 쉬운 문제에서 좋은 점수를 받기가 쉽고 어려운 문제에서 좋은 점수를 받기가 힘든 것은 분명하다. 따라서 선택과목에서 어느 과목은 쉽게 출제되고 어느 과목은 어렵게 출제된다면 응시자 간 실력의 우열을 비교하기가 곤란하다. 결국 이것은 공정한 시험관리가 될 수 없으며 시험전체의 타당성을 크게 해칠 것이다. 선택과목의 이러한 문제점을 해결하기 위하여 2003년부터는 과목수를 2과목에서 1과목으로 줄이고 만점은 50점(다른 필수 4과목은 100점 만점)으로 낮추었다(〈참고 9-4〉 참조).

## 참고 9-4 2013년도 국가공무원 임용시험: 행정직 분야

| 구분 | 직렬(직류) | 선발예정 인원(총380명) | 시험과목 | |
|---|---|---|---|---|
| | | | 제1차 필기시험(선택형) | 제2차 필기시험(논문형) |
| 5급 행정 | 행정직(일반행정) | 전국: 120명<br>지역구분: 27명 | 언어논리영역<br>자료해석영역<br>상황판단영역<br>영어(영어능력검정시험으로 대체)<br>한국사(한국사능력검정시험으로 대체) | 필수(4) : 행정법, 행정학, 경제학, 정치학<br>선택(1) : 민법(친족상속법제외), 정보체계론, 조사방법론(통계분석 제외), 정책학, 국제법, 지방행정론 |
| | 행정직(법무행정) | 10명 | 〃 | 필수(4) : 행정법, 민법(친족상속법제외), 행정학, 민사소송법<br>선택(1) : 상법, 노동법, 세법, 사회법, 국제법, 경제학 |
| | 행정직(재경) | 75명 | 〃 | 필수(4) : 경제학, 재정학, 행정법, 행정학<br>선택(1) : 상법, 회계학, 경영학, 세법, 국제경제학, 통계학 |
| | 행정직(국제통상) | 19명 | 〃 | 필수(4) : 국제법,국제경제학,행정법,영어<br>선택(1) : 경제학, 무역학, 재정학, 경영학, 국제정치학, 행정학, 독어, 불어, 러시아어, 중국어, 일어, 스페인어 |
| | 행정직(교육행정) | 3명 | 〃 | 필수(4) : 교육학, 행정법, 행정학, 경제학<br>선택(1) : 조사방법론(통계분석 제외), 재정학, 정책학, 교육철학, 교육심리학, 교육사회학 |

| 구분 | 직렬(직류) | 선발예정인원 | 시험과목(선택형 필기시험) |
|---|---|---|---|
| 7급 | 행정직<br>(일반행정) | • 전국(일반) : 199명<br>• 전국(장애인) : 17명<br>• 우정사업본부(전국:일반) : 15명<br>– 우정사업본부(전국:장애인) : 2명 | 필수(7) : 국어(한문 포함),<br>영어, 한국사, 헌법,<br>행정법, 행정학, 경제학 |
| 9급 | 행정직<br>(일반행정) | • 전국(일반) : 54명<br>• 전국(장애인) : 10명<br>• 전국(저소득) : 7명<br>• 지역구분(일반) : 198명<br>• 지역구분(장애인) : 19명<br>• 우정사업본부(지역: 일반) : 442명<br>• 우정사업본부(지역: 장애인) : 20명<br>• 우정사업본부(전국: 저소득) : 12명<br>–고용노동부(전국: 일반) : 43명<br>–고용노동부(전국: 장애인) : 2명<br>–고용노동부(전국: 저소득) : 5명<br>–고용노동부(지역: 일반) : 145명<br>–고용노동부(지역: 장애인) : 11명 | 필수(3) : 국어, 영어, 한국사<br>선택(2) : 행정법총론,<br>행정학개론, 사회,<br>과학, 수학 |

■ **대상시험 및 기준점수(등급)**

| 시험명 | TOEFL | | | TOEIC | TEPS | G-TELP | FLEX |
|---|---|---|---|---|---|---|---|
| | PBT | CBT | IBT | | | | |
| 5급 공채<br>(행정,기술) | 530 | 197 | 71 | 700 | 625 | 65<br>(Level 2) | 625 |

▷ 5(등)급 공채(행정 · 기술· 외무) : 한국사능력검정시험(국사편찬위원회) 2급 이상

자료: 사이버국가고시센터(2013b).

## 제4절 문제점과 발전방향

### 1. 문제점

앞서 논의한 바와 같이, 선발은 모집된 대상을 토대로 능력과 자격을 갖춘 사람을 선별해 내는 과정이다. 선발에서는 능력과 자격을 갖춘 사람을 선발하는 도구와 과정이 적합한지가 중요한 문제가 된다. 이에 여기서는 우리나라 공무원 선발 시험 및 과정의 문제점에 대해 살펴보고자 한다.

첫째, 선발시험의 객관성 문제를 들 수 있다. 논문형 필기시험 문제나 면접의 경우, 시험에 대한 정답이 따로 공지되지 않아서 자신이 어느 부분에서 점수를 낮게 받았는지에 대해 명확히 알 수 없다. 이러한 요인들로 인해 본인의 점수나 결과에 대해 의문을 갖는다면 시험의 객관성 확보에 문제가 발생할 수 있다.

둘째, 5급 공개경쟁채용시험에서 공직적격성테스트(PSAT)가 공직적격성을 충분히 검증하지 못한다는 것이다. 공직적격성을 판단하는 시험과목은 언어논리영역, 자료해석영역, 상황판단영역으로 나누어져 있는데 이 과목이 공직에서 요구되는 능력을 반영하고 있는 것인지, 또 이 능력을 검증하는 문항과 시간이 적합하게 구성되었는가에 대한 문제점이 제기되고 있다.

셋째, 5급 공개경쟁채용시험에서 선택과목으로 인해 발생하는 과목 간 불균형 현상이다. 선택과목을 각기 다르게 선택하면서 과목 간 불균형 문제가 나타날 수 있는데, 이는 얼마나 많은 응시자가 같은 과목을 선택할 것인가와 같은 문제와 선택과목 간의 점수 차이와 같은 문제를 발생시킨다. 어떤 과목을 선택하느냐에 따라 합격이 좌우될 만큼 큰 차이를 내기도 하기 때문에 중요한 문제라고 할 수 있다.

넷째, 9급 공개경쟁채용시험에서 행정 관련 과목의 필수과목 제외에 따른 전문성 저하문제이다. 2013년부터 필수과목이었던 행정법총론과 행정학개론이 선택과목으로 변경되었고, 이와 함께 고등학교 교과목인 사회, 과학, 수학이 선택과목에 포함되었다. 고등학교 졸업자의 공직 진출 기회 확대라는 취지에서 변경하게 된 것이지만, 행정 수요의 다양화로 행정의 전문성에 대한 요구가 지속적으로 높아지고 있다는 점을 감안할 때, 고등학교 교과목으로 공무원으로서 갖추어야 할 소양과 전문성을 적절히 평가할 수 있는가에 대해 의문이 제기되고 있다.

다섯째, 연1회 일괄채용 방식의 적절성 문제이다. 행정환경의 복잡성 증대 및 인력 수요의 다양성 증대를 고려할 때, 연1회 일괄채용 방식은 인사 행정의 유연성 및 대응성 저하 문제를 초래할 수 있다.

## 2. 발전방향

논의된 문제점을 토대로 선발 시험 및 과정의 개선 방향을 제시하면 다음과 같다.

첫째, 객관성 확보를 위해 채점기준이나 모범답안을 공개할 필요가 있다. 논문형 필기시험 문제나 면접의 경우, 시험이 끝나고 점수가 공개되는 시점에 채점기준을 함께 공개한다면 응시자가 자신의 점수를 수용하기 어려워하는 경우를 줄일 수 있을 것이다. 이를 통해 시험의 공정성과 신뢰성을 제고할 수 있을 것이다.

둘째, 공직적격성테스트(PSAT)가 공직적격성을 충분히 검증할 수 있도록 과목의 보완이 필요하다. 과목 보완을 위해서는 우선 공직에서 필요로 하는 능력을 분석하는 것이 선행되어야 한다. 공직에서 필요로 하는 능력이 단순히 언어논리영역, 자료해석영역, 상황판단영역에 국한된 것이 아니라 윤리적이고 도덕적인 부분까지 포함하고 있기 때문에 공직 윤리와 같은 과목을 추가하여 이러한 능력을 검증할 수 있도록 해야 한다. 또한 이 능력을 검증하는 데 적합한 문항을 연구하여 개발하고, 시험시간 역시 적절하게 안배할 필요가 있다.

셋째, 선택과목과 관련된 문제해결을 위해 표준 점수제를 도입할 필요가 있다. 선택과목을 각기 다르게 선택하면서 시험의 합격과 불합격이 결정되는 것은 큰 문제를 발생시킬 수 있다. 따라서 그 과목을 선택한 응시자의 평균점수와 표준편차가 반영되는 표준점수제를 도입한다면 과목 간 점수의 불균형을 조금이라도 해결할 수 있을 것이다.

넷째, 공무원으로서 갖추어야 하는 기본적인 소양과 전문성을 적절히 평가할 수 있도록 9급 공개경쟁채용시험에서 행정관련 과목의 필수과목 재전환이 필요하다. 고등학교 졸업자 들에게 공직 진입 기회를 제공하기 위해서는 고등학교 교과목으로 시험 체계를 개편하는 것보다는 인턴십 프로그램 및 지역인재 9급 선발제도 확대 등을 통해 현장 경험과 전문성을 함께 검증할 수 있도록 하는 것이 보다 타당할 것이라 판단된다.

다섯째, 공무원 채용 시험의 횟수를 확대하거나, 현 체제를 유지하되 상시채용 시스템의 확대 운영이 필요하다고 판단된다. 반기 혹은 분기별로 채용 시험의 횟수를 확대하여 수험생에게 보다 많은 수험 기회를 갖도록 하고, 보다 유능한 인재가 공직사회에 들어올 수 있도록 해야 할 것이다. 특히, 공무원 채용에 있어서도 상시채용시스템을 적용하여 인재 선발에 있어 경직성과 획일성일 탈피해야 할 필요가 있다(김승태, 2006).

## 실무수습제(Internship): Presidential Management Fellows Program(PMF)

PMF PRESIDENTIAL MANAGEMENT FELLOWS PROGRAM
U.S. OFFICE OF PERSONNEL MANAGEMENT

The purpose of the Program is to attract to the Federal service outstanding men and women from a variety of academic disciplines and career paths who have a clear interest in, and commitment to, excellence in the leadership and management of public policies and programs.

대통령 관리직 펠로우 프로그램(PMF: Presidential Management Fellows Program)은 OPM이 주관하는 대학원 재학생들을 위한 미국 연방정부 인턴십 프로그램이다. 현재 한국에도 행안부 주관으로 진행되고 있는 인턴십 프로그램이 있으나 PMF와는 다르다. 인사기능의 모집과 선발 측면에서 PMF는 우리가 고려할 만한 또 다른 인사제도라고 할 수 있다.

미국에서는 오랫동안 인사관리처(OPM)가 경쟁직 공무원을 선발해왔으나 클린턴 행정부 시절 큰 전환점을 맞이했다. 1994년 일률적으로 전 연방부처에 적용되었던 인사지침서가 폐지되면서 인사관리의 분권화와 권한 위임이 시작되었고 1996년부터는 위임입법(5 U.S.C. 11041 P.L. 104-52)에 의거해 각 부처가 독자적으로 선발시험을 실시하고 있다. 하지만 PMF로 대표되는 일부 연방공무원 채용 프로그램의 운영은 아직까지 인사관리처가 담당하고 있다.

인사관리처가 통합 관리하는 채용시험인 PMF의 평가방식은 다음과 같다. PMF는 대학원 졸업자 중 뛰어난 관리능력을 가진 인재를 연방정부에 유치하여 미래의 지도자로 양성하는 것을 목적으로 하는 프로그램으로 해당 대학으로부터 추천을 받은 대학원 학위소지자들을 대상으로 PMF 사무국이 선발을 담당한다. 서류심사를 통과한 후보자의 능력에 대한 평가는 23개 지역별로 설치된 PMF 평가센터에서 실시한다. 후보자의 능력에 대한 평가는 구두발표, 집단토론, 논술을 통해 실시하며 평가항목은 모두 8가지로 분석적 사고, 리더십, 인간관계 및 팀 활동 기술, 의사소통, 쓰기 표현, 정부서비스에 대한 관심, 성취의 범위와 질, 정책 및 정부사업들에 대한 지식이 포함된다.

PMF 프로그램의 합격자는 2년의 기간 동안 인턴 자격으로 GS 9에 임명된다. PMF 프로그램에 의한 연방공무원 채용시 최종합격자라 할지라도 임용권자가 임용을 거부할 수 있으나 이는 예외적인 사례에 해당한다. 2년의 인턴기간 종료 후 경력직 공무원으로의 전환여부를 결정하는 과정에서도 해당 기관이 결정권을 행사한다.

자료: http://www.pmf.gov/

## 토론문제

**Q1** 공무원을 선발하는 과정에서 활용되고 있는 선발방식과 절차가 적절한지에 대해 고민해보고, 다른 의견이 있다면 제시해 보세요.

**Q2** 시보임용(Probation)을 현재와 같은 형식으로 가는 것이 적합한지, 선발 도구로서의 기능을 강화하는 것이 적합한지에 대해 논의해 보세요.

**Q3** 고위공무원단에서 시행되고 있는 역량면접에 대한 관심이 높아지고 있습니다. 역량을 어떻게 검증하고, 어떻게 필요한 인재를 선발할 수 있는지에 대해 논의해 보세요.

**Q4** 우리나라 공직에 적합한 인재는 어떠한 직무잠재역량(KSA)이 필요할지 생각해 보고 또한 그 능력을 어떻게 검증할 것인지도 논의해 보세요.

**Q5** PMF Program의 장점과 단점이 무엇인지 생각해보고, 시사점 및 우리나라에서의 적용 가능성에 대해 논의해 보세요.

## 퍼스트 어벤져(The First Avenger: Captain America)

| 감독 : 조 존스톤
| 출연 : 크리스 에반스, 휴고 위빙, 토미 리 존스, 헤일리 엣웰, 닐 맥도너프
| 장르 : 액션, 어드벤쳐
| 국가 : 미국(2011)

세계 전쟁으로 암흑에 빠진 시기, 왜소하고 마른 체격을 지닌 스티브 로저스는 그 누구보다 간절히 군 입대를 원하지만 빈약한 신체 조건으로 인해 번번이 거부당한다. 계속해서 지원하지만 탈락의 고배를 마시게 되는 로저스는 어느 날, 그의 포기를 모르는 근성과 정의로움을 눈여겨 본 에스카인 박사에 의해 입대 허가를 받게 된다. 외형적으로도 빈약하고 훈련에서 매번 뒤처지기 일쑤인 로저스는 동료들에게도 무시당한다. 하지만 그의 근성과 노력을 인정하고 희생정신을 높게 산 박사는 최고의 전사를 양성하는 슈퍼 솔저 프로젝트의 최초 실험자가 될 것을 제안한다. 로저스는 비밀리에 진행된 슈퍼 솔저 프로젝트의 최초 실험자로 완벽한 육체와 인간의 한계를 초월한 신체 능력을 얻게 된다. 하지만 실험 성공과 동시에 히드라 조직 일원의 난입으로 현장은 아수라장이 되고, 슈퍼 솔저 프로젝트의 기술을 알고 있는 유일한 사람인 에스카인 박사의 죽음으로 스티브는 최초이자 마지막 슈퍼 솔저로 남게 된다. 같은 시기에 세계를 위협하는 최정예 군단 히드라의 수장 레드 스컬은 절대적인 힘의 근원이 되는 코스믹 큐브를 손에 쥐게 되고 이를 활용한 신무기 제작에 착수한다. 막강한 기술력과 조직력을 앞세워서 전쟁터를 초토화시키며 악명을 높여가던 레드 스컬은 급기야 가공할 만한 위력을 지닌 비밀 신무기를 가지고 전 인류를 위협한다. 그리고 우연히 이 계획을 눈치 챈 퍼스트 어벤져 역시 그에 맞선 최후에 결전에 나선다. 이후 결말은 영웅 스토리의 전형답게 막을 내린다.

빈약한 로저스가 캡틴 아메리카라는 이름의 영웅이 되기까지 성장과정 또한 인사행정의 요소로 해석이 가능할 것이다. 하지만 여기서 함께 주목하고자 하는 부분은 모집 · 선발 부분이다. 처음에 로저스는 군 입대를 원하지만 계속해서 탈락했다. 그는 포기하지 않고 5개 지역에서 5번 군대를 지원하지만 그래도 합격하지 못했다. 지원하고자 하는 의지와 열정이 남달랐지만 신체적인 조건, 체력적인 부분으로 인해서 계속 불합격 통보를 받았다. 하지만 그를 눈여겨 본 박사를 통해 기회를 얻게 된다. 군 입대를 허락받는 선발방법은 신체검사뿐이었지만 군 입대 후에는 체력단련에 각종 훈련이 그를 시험했다. 무엇보다 모집 · 선발의 방법이 가장 빛을 발했던 부분은 가짜 수류탄이 던져졌을 때였다. 이때 로저스는 자신의 몸을 던져 수류탄을 막고 다른 사람들을 구하려고 한다. 이 모습을 본 박사와 대장들은 로저스의 희생정신을 다시 한 번 확인하게 되고, 동기부여 정도가 강하고 사명감이 높은 로저스를 슈퍼 솔저 프로젝트의 첫 번째 인물로 선발하게 된다. 모집단계에서 일을 하고자 하는 사람과 직무에 적합한 사람을 많이 끌어들이고, 선발 단계에서 적절한 선발도구를 활용하여 어떤 사람이 가장 그 자리에 맞을지 판단하여 유능한 인재를 선별해야 한다고 했다. 로저스를 선발한 것은 인류의 공익실현을 위해 현명하게 판단한 것인지 영화를 통해서 확인해보길 바란다.

사진출처: NATE 영화(http://movie.nate.com).

# 연구로 보는 인사행정

## 직업선택동기와 직무만족 및 이직의도 간의 관계에 관한 공 · 사 비교 연구 : 개인-직무 적합성의 조절효과를 중심으로

김선아 · 민경률 · 이서경 · 박성민

본 연구에서는 근로자들이 직업을 선택함에 있어 영향을 미치는 동기 구조를 규명하고, 다양한 차원의 직업선택동기의 선행 및 결과요인들을 여러 가지 동기이론적 시각에서 분석하였다. 뿐만 아니라 이러한 직업선택 단계에서의 입직동기가 조직사회화 과정을 통해 직무만족에 미치는 영향력이 어떻게 달라지는가를 규명하기 위해 조절변수인 개인-직무 적합성의 관점에서 3개년도(2009년, 2010년, 2011년)의 시간적 차이를 두고 분석하였다. 특히, 직업선택동기와 직무만족 간의 영향력 규명에 있어 공공조직과 민간조직을 구분하여 검증함으로써 직무만족 향상에 있어 세 가지 차원의 직업선택동기의 상대적 중요성을 조직 유형별로 비교 · 분석하였다.

이에 직업선택동기의 선행변수로서 개인 환경요인, 직업선택동기의 조절변수로서 개인-직무 적합성, 결과변수로서 직무만족으로 구성된 연구 모형을 토대로 연구 가설을 도출하였으며 공공조직과 민간조직 간의 차이 검증을 위한 t-test, 연도별 사회화 효과 검증을 위한 f-test 및 가설검증을 위한 다중회귀분석과 위계적 회귀분석을 실시하였다. 또한, 양적연구의 한계를 보완하기 위해 공공조직 및 민간조직에 근무하는 근로자들과의 인터뷰를 통한 질적연구를 수행하였다. 통계적 검증을 통해 존재욕구, 관계욕구, 성장욕구 등의 3가지 차원의 직업선택동기와 직무만족 간의 관계에 있어 유의한 효과들을 확인할 수 있었다. 또한, 공공조직 및 민간조직 근로자들의 직무만족 향상에 있어 3가지 차원으로 구성된 직업선택동기의 상대적 중요성 검증을 통해 두 조직 간 차이점을 발견할 수 있었다. 뿐만 아니라 시계열적 분석을 통해 개인-직무 적합성이 조직사회화 요인으로서 중요한 조절 변수의 역할을 담당하고 있음을 확인할 수 있었다. 양적연구와 질적연구 결과를 바탕으로 인사 · 조직 관리 및 성과 관리적 시각에서 이론적 · 정책적 함의를 제시하였다. 본 연구는 인간욕구체계의 시각을 통해 직업선택동기를 구성함으로써 연구의 외적타당성을 확보하고, 공공조직과 민간조직을 구분하여 직업선택동기의 선행요인과 결과요인 규명하는 것뿐만 아니라 시간의 흐름에 따른 사회화 효과 및 개인-직무 적합성의 조절효과를 고려함으로써 내적타당성을 확보했다는 측면에서 학문적 중요성을 발견할 수 있다. 뿐만 아니라 보다 효과적인 인적자원관리를 위한 전략적 인적자원관리 및 다양성 관리 측면에서 관리적 중요성 발견할 수 있다.

**Research Questions**

1) 공공조직 구성원들의 직업선택 동기의 보편성과 특수성에 대해 토론해 보세요.
2) 직업선택동기와 조직 효과성 간의 관계에 있어 개인-직무 적합성의 역할에 대해 토론해 보세요.

# 연구로 보는 인사행정

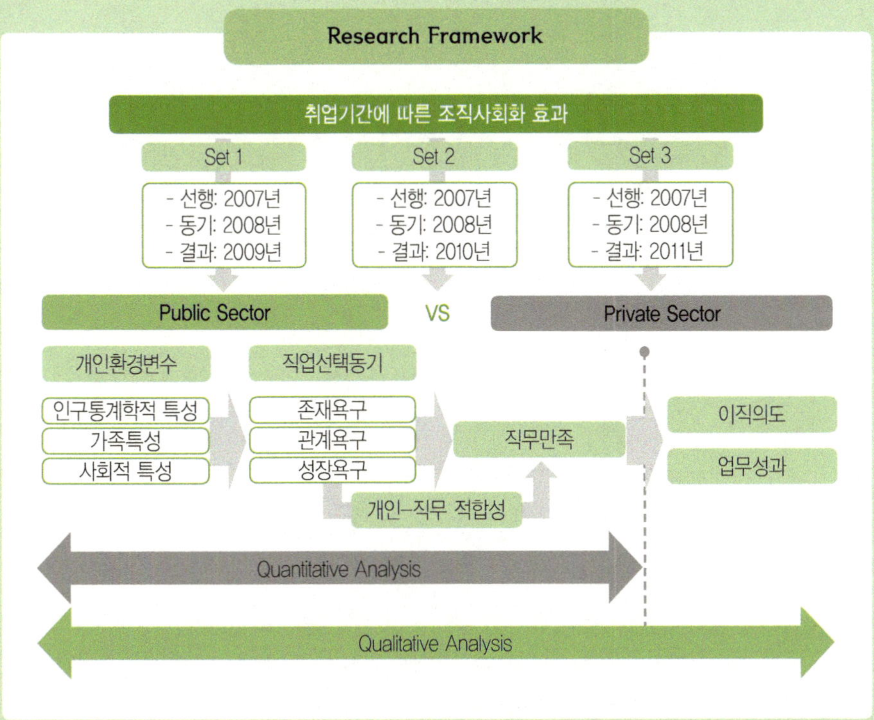


자료: 한국행정연구(2013), 22(3):271~314

# 제 5 편

# 인적자원의 개발

제 10 장 교육훈련

제 11 장 인사이동과 경력개발

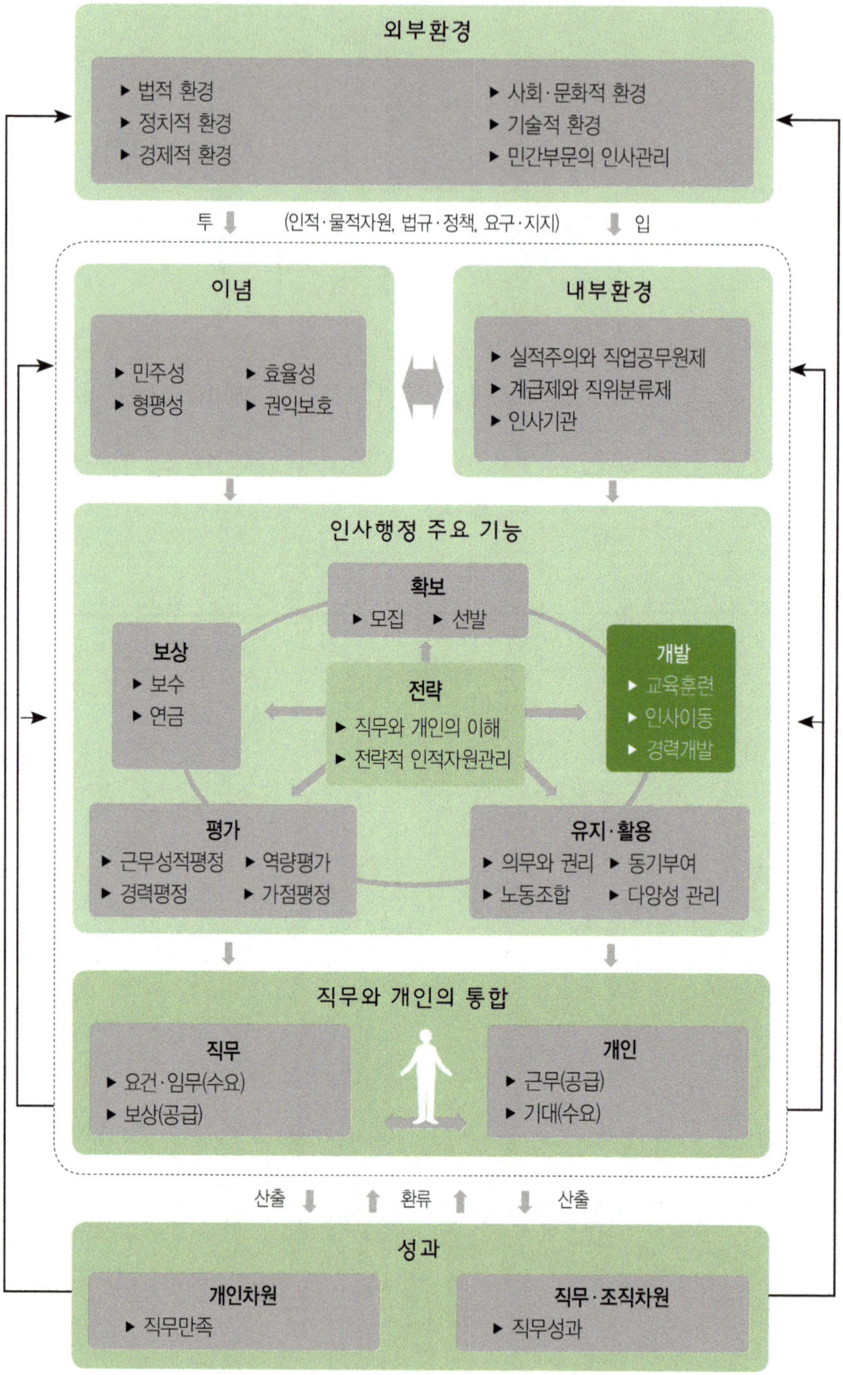
외부환경
▸ 법적 환경
▸ 정치적 환경
▸ 경제적 환경
▸ 사회·문화적 환경
▸ 기술적 환경
▸ 민간부문의 인사관리
투
(인적·물적자원, 법규·정책, 요구·지지)
입
이념
▸ 민주성
▸ 효율성
▸ 형평성
▸ 권익보호
내부환경
▸ 실적주의와 직업공무원제
▸ 계급제와 직위분류제
▸ 인사기관
인사행정 주요 기능
확보
▸ 모집 ▸ 선발
보상
▸ 보수
▸ 연금
전략
▸ 직무와 개인의 이해
▸ 전략적 인적자원관리
개발
▸ 교육훈련
▸ 인사이동
▸ 경력개발
평가
▸ 근무성적평정 ▸ 역량평가
▸ 경력평정 ▸ 가점평정
유지·활용
▸ 의무와 권리 ▸ 동기부여
▸ 노동조합 ▸ 다양성 관리
직무와 개인의 통합
직무
▸ 요건·임무(수요)
▸ 보상(공급)
개인
▸ 근무(공급)
▸ 기대(수요)
산출
환류
산출
성과
개인차원
▸ 직무만족
직무·조직차원
▸ 직무성과

# 제 10 장 교육훈련

## 들어가는 말

인적자원이 확보되었다고 해서 바로 일을 맡길 수는 없다. 선발과정에서 확인할 수 있었던 것은 어디까지나 일을 성공적으로 수행할 수 있을 것이라는 가능성뿐이었기 때문이다. 즉 선발과정을 통해 시험성적이 좋은 사람이 나쁜 사람보다 맡은 바 임무를 더 잘 처리해 낼 수 있을 것이라는 기대하에 인적자원을 확보한 것뿐이다. 실제 직무수행에 필요한 구체적인 능력, 태도, 가치관과 같이 선발 이후에 충분히 터득하고 배울 수 있는 것들은 시험에 포함되지 않았기 때문에 조직과 직무에 보다 적합한 인적자원으로서의 역할을 다하기 위해 이러한 내용들을 교육시킬 필요가 있다.

특히 교육훈련은 새로 채용된 사람에게만 해당되는 것은 아니다. 기존의 공무원도 인사이동을 통해 책임이 더 무거운 직책을 맡을 수도 있고 일의 성질이 다른 것을 맡을 수도 있다. 그러므로 기존의 공무원도 새로운 일을 수행하는 데 필요한 능력을 키워야 한다. 또한 같은 일을 계속하더라도 직무수행 기술이 발전되면 이를 새로 터득할 필요가 생기게 된다. 시간이 지나면 자체의 성능이 자연적으로 떨어지는 기계와는 달리 사람은 스스로의 경험과 학습과정을 통해 능력을 향상시켜 나갈 수 있다. 새로 도입한 기계는 조율이 필요하고, 고장난 기계는 보수하여야 한다. 그래도 안 되면 새 기계를 들여와야 한다. 사람도 비슷하다. 그러나 다행인 것은 사람은 무한한 발전가능성을 가지고 있기 때문에 꼭 새 사람으로 바꿀 필요는 없다. 하지만 그러기 위해서는 사람의 능력을 발전시켜 나가기 위한 계획된 노력이 필요하다. 이에 인적자원 개발의 첫 장에서는 조직차원에서는 조직의 성과를 높이고, 개인차원에서는 자신을 성장시키기 위한 노력인 교육훈련에 관한 내용을 다루고자 한다. 따라서 제10장에서는 교육훈련에 관한 일반적인 이해를 시작으로 역량기반 교육훈련, 교육훈련의 과정, 우리나라 공무원 교육훈련 등에 대한 내용을 다루고자 한다.

## 핵심용어

- 교육훈련
- 개인개발(ID: Individual Development)
- 경력개발(CD: Career Development)
- 조직개발(OD: Organizational Development)
- 인적자원개발(HRD: Human Resource Development)
- 직장훈련(OJT: On-the-Job Training)
- 교육원훈련(Off JT: Off-the-Job Training)
- 역량(Competency)
- 역량모델
- 역량기반 교육훈련 (CBC: Competency-based Curriculum)

# 제1절 교육훈련의 이해

## 1. 교육훈련의 개념

조직의 목표는 구성원이 담당하고 있는 수많은 직무가 성공적으로 이루어질 때 비로소 달성된다. 성공적인 직무수행은 이를 담당한 사람이 직무수행에 필요한 능력과 태도를 갖추고 있을 때 가능해진다. 따라서 직무가 요구하는 것과 사람이 공급하는 것이 균형을 이루었을 때이다. 이 균형이 깨졌을 때에는 처방이 필요하다(〈그림 10-1〉 참조). 우선 직무수행에 필요한 자격(지식, 기술, 태도, 가치관 등)보다 사람이 공급할 수 있는 능력이 클 때에는 더 도전적인 직무가 되도록 만들어 주거나 그러한 직무로 옮겨 주어야 한다. 즉 직무재설계와 인사이동을 통해 균형을 이루게 할 수 있다. 그러나 직무의 요구능력이 사람의 공급능력보다 클 때에는 사람의 능력을 키워야 하는데 이는 교육훈련을 통해 가능해진다. 즉 교육훈련은 개인의 보유능력이 직무의 요구능력을 충족시키지 못할 때, 그 부족한 부분을 교육훈련을 통해 채워나갈 수 있는 것이다.

그림 10-1 직무와 개인의 균형

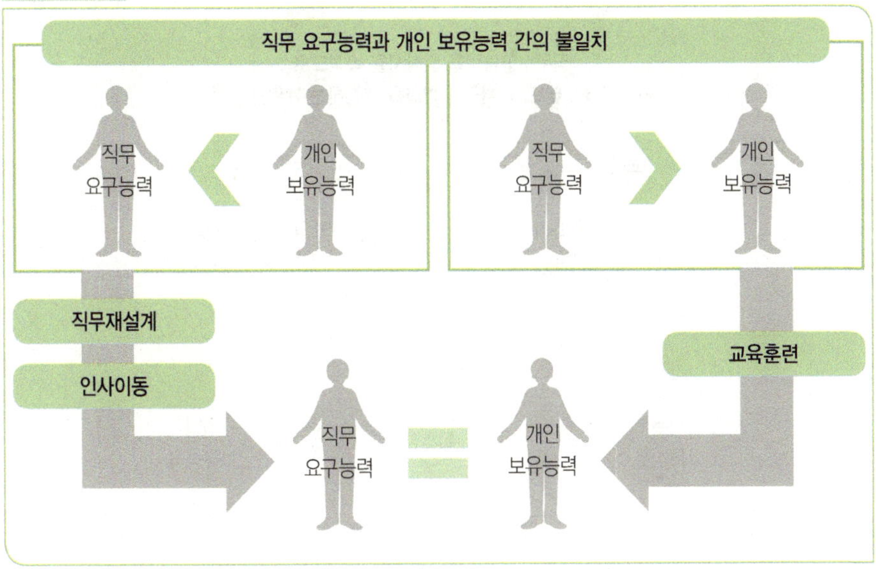

직무수행에 요구되는 능력, 태도, 가치관의 변화는 계선조직(Line Agency) 내에서 동료 간의 조언, 상관의 업무지도와 같은 일상적이고 비공식적인 방법 등으로도 이루어질 수 있다. 일상 직무수행과정에서의 이러한 학습효과(Learning Effect)는 당장 직면한 문제를 해결하는 데 더 효과적일 수 있다. 그러나 이는 단편적인 변화이며 직무수행능력의 근원적 변화를 가져오는 것은 아니다. 따라서 더 나은 직무성과 달성, 나아가 조직목표 달성을 위해서는 보다 체계적이며 계획된 교육훈련 프로그램을 통한 변화가 필요하다.

이처럼 교육훈련은 직무수행능력을 향상시킬 목적으로 지식, 기술, 태도, 가치관의 변화를 촉진하는 계획된 활동이다. 교육과 훈련은 서로 구별되는 개념이기는 하다. 교육(Education)이 직무수행 전반에 걸쳐 기초가 되는 지식이나 가치관을 변화시키는 의미라면, 훈련(Training)은 현재 담당하고 있는 구체적인 직무수행에 필요한 지식이나 기술을 향상시키는 의미이다. 그러나 두 개념을 구분하는 것은 특별한 실익이 없으므로 교육훈련이라는 말로써 두 개념을 포괄하여 이해하면 될 것이다.

**그림 10-2 교육훈련**

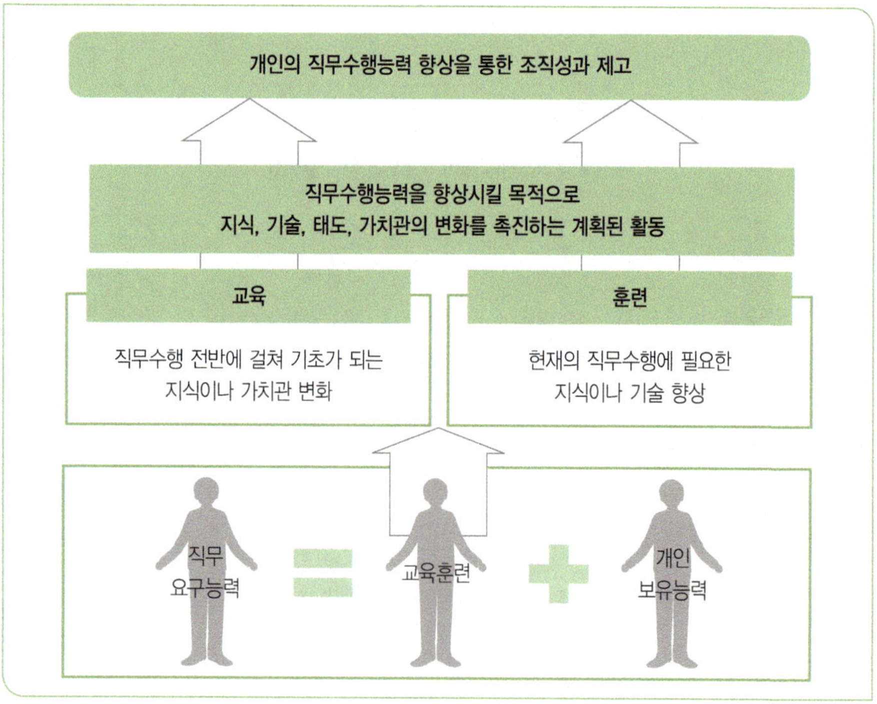

그림 10-3 인적자원개발의 세 가지 차원

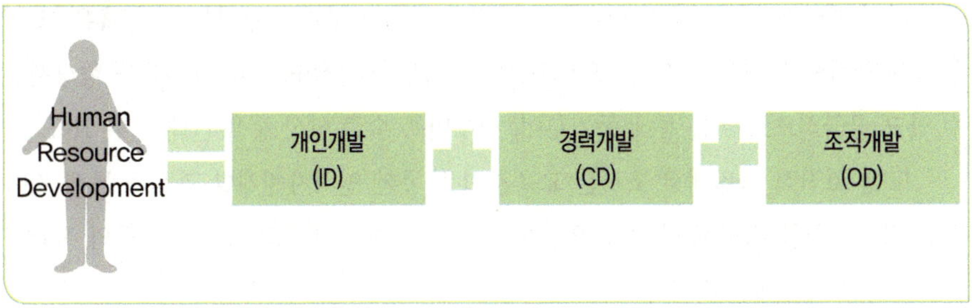


특히, 이러한 교육훈련을 통해서 조직 내부인력을 훈련 및 개발하는 활동을 인적자원개발이라고 한다. 즉 인적자원개발(HRD: Human Resource Development)은 조직 시스템, 업무 프로세스, 팀 및 개인의 성과를 향상시키기 위해 전문성을 개발하고 발현하는 과정이다. 일반적으로 인적자원개발은 개인개발(ID: Individual Development), 경력개발(CD: Career Development), 조직개발(OD: Organizational Development) 등의 세 가지 차원으로 구성된다(〈그림 10-3〉 참조). 개인개발(ID)은 개인에게 초점을 두며, 단기적인 관점에서 공식적 · 비공식적 학습활동을 통한 개인의 성장과 발전에 관심을 기울이고 있다. 그러나 경력개발(CD)은 개인의 학습활동에 초점을 두는 개인개발과는 다르게 보다 장기적인 관점에서 조직 구성원들이 경력경로(Career Path)를 체계적으로 계획, 조정해 나갈 수 있도록 하는 개인과 조직 상호 간의 경력구상(경력설계 및 관리 등)을 위한 구조화 작업 및 계획적인 활동을 의미한다. 또한 조직개발(OD)은 경력개발과 마찬가지로 장기적인 관점을 취하지만, 조직에 초점을 두어 조직의 구조, 과정, 체계, 정책과 절차, 전략, 리더십, 문화를 변화시키는 것에 역점을 둔다. 따라서 조직개발(OD)은 보다 바람직한 방향으로 조직을 변화시키기 위한 학습이며, 성과향상을 목적으로 전문성을 체계적으로 발현시키는 과정이라고 이해할 수 있다(Swanson, 2008).

## 2. 교육훈련의 중요성

공공 인적자원관리에서 교육훈련의 목적은 개인차원에서는 직무수행능력을 향상시키는 것이며, 궁극적으로는 정책결정과 행정서비스의 질을 높이는 것이다. 이러한 목적을 바탕으로 교육훈련의 중요성은 다음에서 찾아볼 수 있다.

우선 개인적 차원에서 개인은 교육훈련을 통해 직무가 요구하는 수준 혹은 그 이상까지 자신의 능력을 발전시킴으로써 개인-직무 적합성(Person-Job Fit)을 향상시킬 수 있고 궁극적으로 이를 통해 동기부여, 직무만족 수준 향상 등을 기대할 수 있다.

또한 조직적 차원에서 조직은 교육훈련을 통한 인적자원개발 과정을 통해 지속적인 경쟁우위를 확보해 나갈 수 있으며 궁극적으로 보다 효과적으로 조직의 전략적 목표달성이 가능해질 것이다.

뿐만 아니라 교육훈련은 다른 인적자원관리 활동과도 밀접한 연관성을 갖고 있다는 측면에서 그 중요성을 발견해 볼 수 있다. 우선 직무분석(Job Analysis)을 통해서 교육훈련에서 요구되는 지식과 기술을 확인할 수 있다. 채용규모와 시기, 그리고 대상에 대한 정보 역시 교육훈련의 규모와 시기, 그리고 교육 프로그램을 설계하는 데 중요한 정보가 된다. 근무성적 평정은 현재의 직무수행 정도와 개인 능력의 차이를 파악하여 교육훈련의 효과성을 평가하는 데 사용할 수 있다. 교육훈련을 받기 전과 후의 근무성적을 비교해 보면 교육훈련의 효과를 확인할 수 있다. 교육훈련 중에서도 외부교육기관에 위탁하여 교육을 실시하는 경우에는 학위를 취득할 수 있어 동기부여의 효과를 얻을 수 있다. 이외에도 교육훈련을 받는 과정이나 내용은 보직이동의 중요한 자료가 되며 특히 우리나라의 경우에는 교육훈련 결과와 성적이 승진과 긴밀히 연계되어 있음을 알 수 있다.

## 제2절 역량기반 교육훈련의 이해

### 1. 역량기반 교육훈련의 개념

조직의 장기적인 발전을 위해 목표 중심 · 성과 중심 인적자원관리로의 전환이 요구되면서 전략적 인적자원관리의 시각이 강조되고 있다. 제2절에서 살펴볼 역량기반 교육훈련은 이러한 전략적 인적자원관리의 논거에 근거한 것이라 할 수 있다.

역량기반 교육훈련의 개념을 이해하기 위해서는 역량에 대한 이해가 선행되어

**표 10-1 역량의 유형**

| 역량구분 | 적용취지 | 적용범위 | 도출근거 |
|---|---|---|---|
| 공통/핵심역량 (Common or Core Competency) | 전 조직 구성원이 공통적으로 갖추어야 할 역량 | 전체 조직 구성원 | 조직의 미션, 가치, 전략 |
| 관리적/리더십/프로세스 역량 (Managerial or Leadership or Process Competency) | 개인의 역량이 조직차원에서 원활히 수렴되고 변화하도록 하는 역량 | 관리자 및 특정계층의 조직 구성원 | 부서 내 업무의 효과적 수행요건 및 부서 간 협조의 관건 |
| 개인/직무/전문역량 (Personal or Job or Professional Competency) | 조직 구성원 각자가 업무를 효과·효율적으로 수행하기 위한 역량 | 업무유형별 담당자 | 개인단위 업무의 내역 및 성과요인 |

자료: 김현주(2003) 재인용.

야 한다. 역량(Competency)은 능력(Ability)과 비슷한 개념으로서 조직효과성 제고의 주요 요인으로 고려되고 있는 개념이다. 인적자원관리의 관점에서 역량은 고성과를 위한 수단으로서의 의미를 지니며 동기(Motive), 특질(Trait), 자아인식(Self-Concept), 지식(Knowledge), 기술(Skill) 등의 내재적 특성이 우수한 고성과자의 개인적 특성으로 설명할 수 있다(Spencer & Spencer, 1993). 즉 역량은 우수한 성과를 전제로 성립되는 개념으로서, 외적으로 관찰 가능하고 측정 가능한 형태의 언행과 관계가 있는 개인의 내적 행동특성을 의미한다. 특히 역량은 현재뿐만 아니라 미래의 바람직한 기능과 역할을 고려하는 것으로서, 미래 업무환경에서 조직 구성원에게 요구되는 행태나 태도를 의미한다. 이러한 역량을 도출하기 위해서는 미래 업무환경에 비추어 비전과 미션을 분석하고 조직의 핵심역량(Core Competency)을 파악하는 것이 필요하다. 일반적으로 조직 내에서 역량은 〈표 10-1〉과 같이 공통/핵심역량, 관리적/리더십/프로세스 역량, 개인/직무/전문역량 등의 세 가지 차원으로 구성된다.

특히 고성과를 산출하는 개인 역량에 대한 점검과 개발은 인적자원의 확보, 개발, 유지·활용, 평가, 보상 등의 전반적인 인적자원관리 과정에 활용됨으로써 조직의 성과향상에 기여한다(〈표 10-2〉 참조).

이러한 역량기반 교육훈련(CBC: Competency-based Curriculum)은 조직의 성과

**표 10-2 인적자원관리 과정에서 역량모델의 활용**

| 구분 | 이점 |
|---|---|
| 선발<br>(Selection) | • 직무 요구사항(Job Requirement)에 대한 완전한 틀(Framework)을 제공함<br>• 해당 업무에서 성공할 사람의 채용 가능성 높임<br>• 조직의 기대에 부응하지 않는 사람에 대한 투자 최소화<br>• 체계적 면접을 가능하게 함<br>• 교육할 수 있는 역량과 개발하기 어려운 역할을 구분하는 데 도움을 줌 |
| 교육훈련<br>(Training &<br>Development) | • 효과적 직무수행에 영향을 미칠 수 있는 지식, 기술, 특성에 중점을 둠<br>• 교육훈련의 기회가 조직의 가치와 전략에 맞게 정렬(Aligned)됨<br>• 지속적인 코칭과 피드백의 틀(Framework)을 제공함 |
| 평가<br>(Appraisal) | • 모니터링하고 측정하는 것에 대한 공감대를 형성함<br>• 업무에서의 개인행동에 대한 정보수집에 중점을 둠 |
| 승진<br>(Promotion) | • 해당직무나 역할수행이 필요한 지식과 기술, 특성을 명확하게 제시함<br>• 승진후보자가 어느 정도 준비되어 있는지에 대한 평가방법을 제공함<br>• 부족하거나 미비한 역량을 개발하기 위한 교육훈련과 개발계획에 초점을 둠 |

자료: Lucia & Lepsinger(1999); 이현영(2010) 재인용.

**그림 10-4 역량기반 교육훈련**

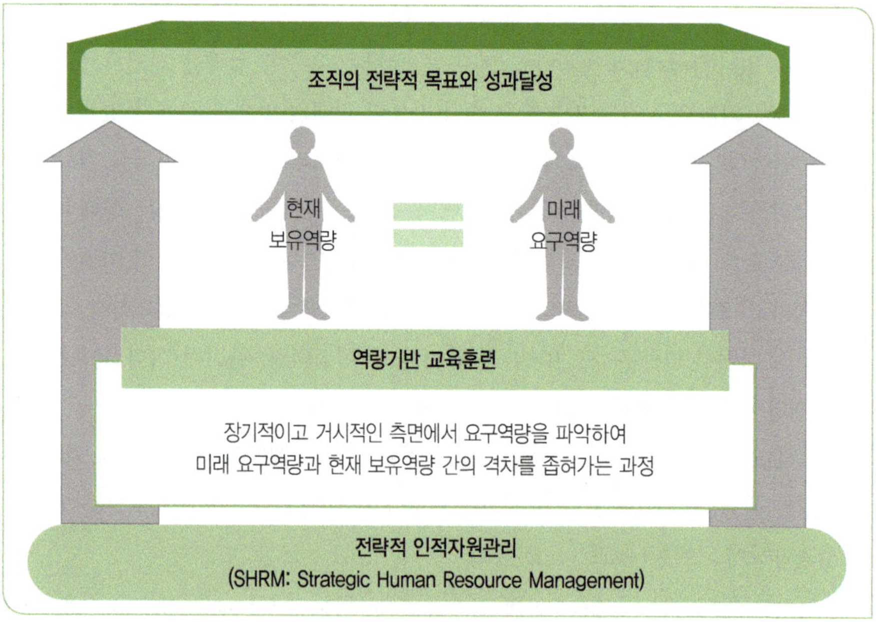

향상을 목적으로 장기적이고 거시적인 측면에서 요구되는 역량을 파악하여 교육훈련을 통해 미래요구역량과 현재보유역량 간의 격차를 좁혀가는 과정으로 이해할 수 있다(〈그림 10-4〉 참조).

## 2. 역량기반 교육훈련의 중요성

역량기반 교육훈련에 대한 이해를 바탕으로 실제 조직 내에서 역량기반 교육훈련이 실시되기 위한 전제조건과 그 중요성에 대해 살펴보면 다음과 같다(〈그림 10-5〉 참조).

보다 효과적인 역량기반 교육훈련이 실행되기 위해서는 다음과 같은 전제조건이 충족되어야 한다.

첫째, 조직에서 필요로 하는 핵심역량 및 지식, 기술, 태도를 바탕으로 인적자원관리의 핵심인프라로서 〈표 10-3〉과 같은 체계적인 역량모델이 확립되어야 한다.

둘째, 구축된 역량모델을 바탕으로 개인과 조직에 요구되는 역량수준을 진단 ·

그림 10-5 역량기반 교육훈련의 기대효과

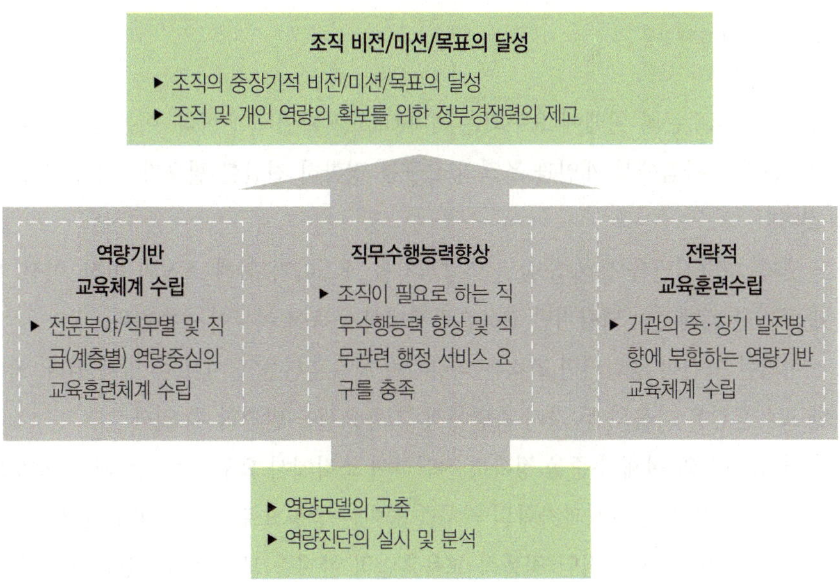


자료: 권용수(2006) 재인용.

**표 10-3　5급 사무관 역량모델 예시**

| 역할 | 역량 | 내용 | 하위요소 |
|---|---|---|---|
| 정책 기획자 | 업무기획 | 관련분야 주요 이슈 및 트렌드를 반영하여 새로운 정책대안을 만들어 내고 핵심내용을 전달할 수 있는 구체적 · 전문적인 보고서를 만들어 냄 | 창의적 정책(업무) 개발<br>업무계획 수립<br>효과적 보고서 작성 |
| | 문제해결 | 정책 수립 및 업무 추진 전, 문제 발생 여지를 검토 · 파악하여 사전에 차단하고, 추진과정을 수시로 점검 · 관리하는 것은 물론 발생한 문제의 해결방안을 제시하거나 직접 해결함 | 문제 예측<br>주기적 업무 점검<br>효과적 문제 대응 |
| 업무 실행자 (주도자) | 정보관리 | 필요한 정보를 신속히 수집하고 분석하여 사실관계 및 현상을 파악하고 진단함 | 정보수집<br>정보 분석/활용 |
| | 적극적 업무수행 | 업무에 대한 주인의식을 바탕으로 업무에 몰입하여 더 나은 성과창출을 위해 지속적으로 노력함 | 업무몰입<br>적극성<br>전문성 확보 |
| 업무 조정자 | 협조 및 지원 | 평상시 적극적 관계유지를 통해 필요시 적극적인 협조와 지원을 이끌어 냄 | 협력관계 유지<br>효과적 의사전달<br>이견 조율 |
| 팀워크 촉진자 | 팀워크 지향 | 소속 과의 효율적 업무수행을 위해 상하 간 매개, 팀워크 촉진 및 자발적 협조를 제공하도록 함 | 팀워크 촉진<br>협조성<br>상하매개 |

자료: 이용학(2011) 재인용.

예측하여 현재수준과 미래에 요구되는 격차(Gap)를 확인해야 한다. 이는 성과 지향적 인적자원관리 관점에서 개인과 조직의 요구를 정확히 진단할 필요가 있음을 강조하는 것이다.

셋째, 역량진단을 통해 도출된 역량격차를 해소하기 위해 조직의 비전, 미션, 목표에 근거한 체계적인 역량기반 교육훈련체계의 구축이 이루어져야 한다.

이러한 조건이 성립되면 조직은 역량기반 교육훈련을 실시할 수 있게 된다. 역량기반 교육훈련은 다음의 두 가지 측면에서 그 중요성을 발견할 수 있다.

첫째, 자신의 현재 수준을 정확히 진단하여 조직에서 요구하는 역량과 자신의 보유 역량 간의 격차 및 고성과자와의 격차를 줄이는 방향으로 교육훈련이 진행되기 때문에 일방향적이고 형식적인 전통적 교육훈련의 한계를 보완할 수 있다. 또한 역량분석 및 역량진단을 바탕으로 구축된 역량모델을 통해 개인의 성장과 조직의 발전을 지원하는 코칭과 피드백 틀(Framework)을 제공함으로써 개인과 조직 모두 지속적인 성장이 가능해진다.

둘째, 개인의 기술, 지식, 태도뿐만 아니라 조직에 필요한 역량에 중점을 두고 이를 통합적으로 고려한 교육훈련이 이루어지기 때문에 역량기반 교육훈련은 전략적 인적자원관리에서 핵심적인 기능을 담당할 수 있다.

## 제3절 교육훈련 과정의 이해

제1절에서 살펴본 바와 같이 공공 인적자원관리에서 교육훈련의 목적은 개인차원에서는 직무수행능력을 향상시키는 것이며, 궁극적으로는 정책결정과 행정서비스의 질을 높이는 것이다. 특히 교육훈련은 인적자원에 대한 일종의 '투자'의 성격을 갖고 있기 때문에 교육훈련의 결과로 직무수행 성과가 향상되어 투자에 대한 최대한의 효과를 거둘 수 있도록 계획되고 운영되어야 한다. 따라서 교육훈련은 꼭 필요한 사람에게 꼭 필요한 지식과 기술을 가장 효과적인 방법으로 전달하여 조직의 직무수행에 공헌할 수 있어야 한다. 〈그림 10-6〉은 이러한 당위적 맥락에서 교육훈련의 과정

그림 10-6 교육훈련 과정모형

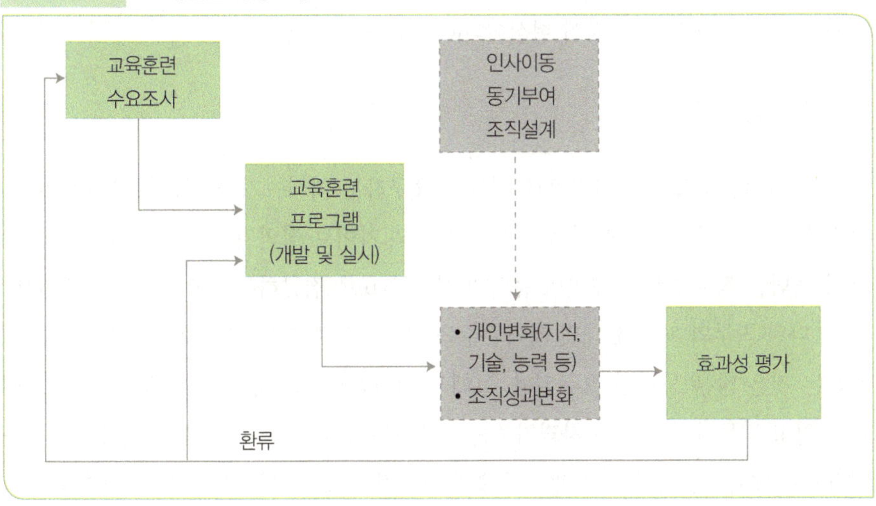

을 교육훈련 수요조사, 교육훈련 프로그램 개발 및 실시, 효과성 평가 등의 3단계로 구분하여 모형화한 것이다. 이 모형은 체계적인 교육훈련 설계에 도움을 줄 것이다. 따라서 제3절에서는 교육훈련 과정모형을 기반으로 교육훈련 과정에 대해 살펴보고자 한다.

## 1. 1단계: 수요조사

교육훈련 과정의 1단계는 교육훈련 수요조사 단계이다. 교육훈련을 체계적으로 실시하기 위해 교육훈련의 수요를 정확하게 조사하는 것은 무엇보다 중요하다. 수요조사(Need Assesment)를 통해 교육훈련을 필요로 하는 대상 공무원과 교육의 내용을 결정할 수 있다. 즉 교육훈련의 수요가 정확하게 파악되어야 교육훈련의 규모, 일정, 내용, 교관, 방법을 결정하는 데 적절한 지침을 제공할 수가 있다. 또한 수요조사를 통해 교육훈련으로 개선하고자 하는 목표를 분명하게 할 수 있기 때문에 교육훈련의 효과성을 평가하는 데 유용한 기준이 될 수 있다.

특히 교육훈련 수요조사에서 무엇보다 중요하게 고려해야 할 것은 어느 공무원에게 어떠한 내용의 교육훈련을 시킬 것인가를 정확하게 측정하는 일이다. 수요조사가 잘못되었다거나 주먹구구식으로 이루어진다면 교육훈련의 효과성은 확보되기 힘들다. 그럼에도 불구하고 수요조사 과정이 복잡하고 비용과 시간을 요하기 때문에 선 · 후진국, 공 · 사 분야 할 것 없이 체계적인 수요조사를 바탕으로 교육훈련이 이루어지는 경우가 많지 않은 것이 현실이다(Cynthia *et al.*, 1993).

### 1) 개념

교육훈련 수요는 일반적으로 직무가 요구하는 지식 · 기술 · 능력 · 태도와 이들 요소에 대하여 공무원이 현재 갖고 있는 능력의 차이로 정의된다. 따라서 교육훈련 수요의 개념은 직무수행과 개인의 능력의 차이(Gap)로 접근하는 것이 이론적으로 타당하다. 다만 직무와 사람에 대한 자격수준을 계량적으로 측정하여 그 차이로 수요를 예측하는 것은 많은 노력이 요구된다. 그래서 현실적으로는 공무원의 자격수준을 고려하지 않고 직무가 요구하는 자격기준을 채택하는 경우가 많다. 이러한 개념적 구분을 바탕으로 교육훈련 수요를 잠재적 수요와 실질적 수요로 나누어 살펴보고자 한다.

### (1) 잠재적 수요

잠재적 수요는 주로 자격기준에 초점을 두어 교육훈련 수요에 접근한다. 잠재적 수요는 직무와 관련된 기술의 변화와 이에 대한 조직의 대응에 따라 발생한다. 조직 전체 내지 부분에 대하여 직무수행 방법에 근본적인 변화를 가져오는 기술을 도입하는 경우이다. 예를 들어, 행정업무를 전산화하기로 했다면 공무원의 능력과 직무의 요구 간의 차이를 예측할 수 있으며 전산교육의 수요를 발생시킨다. 또 하나의 잠재적 수요는 전보나 승진에 따라 공무원이 새로운 직무를 수행하게 되는 경우에 발생한다. 승진예정자에게 직급교육을 실시하거나 해외근무예정 공무원에게 어학훈련을 실시하는 것이 좋은 예가 될 것이다.

따라서 잠재적 수요는 이와 같이 새로운 직급이나 직위를 담당하거나 새로운 기술을 사용해야 하는 사람을 대상으로 선정한다. 그러므로 잠재적 수요에 대응하기 위한 교육훈련은 변화에 미리 대응하는 예방적 성격을 가진다. 잠재적 수요는 교육훈련의 대상이 되는 직무와 공무원의 범위가 명백하고 직무의 자격기준 하나만으로 수요를 결정하기 때문에 수요조사가 용이하다. 그러나 공무원의 자격이나 욕구를 고려하지 않고 공급자 중심의 교육훈련이 이루어지기 때문에 경제적이지 못하다는 단점이 있다.

### (2) 실질적 수요

실질적 수요는 직무와 개인의 자격차이로 이해된다. 따라서 실질적 수요는 잠재적 수요와 달리 직무기술(Job Description)이나 공무원 직급 및 직위의 변화에서 발생하는 것이 아니라, 업무수행 과정에서 개인의 능력이 부족하여 직무수행의 목적을 달성하지 못하기 때문에 발생한다. 따라서 공무원에 대한 평가나 조사가 필수적이고, 개인차원의 교육훈련 수요가 측정된다. 실질적 교육훈련 수요는 그 측정이 잠재적 수요보다 훨씬 어려우며, 그에 따라 체계적 훈련수요의 예측을 위한 다양한 조사방법이 동원된다. 관찰, 면접, 설문지 방법이 가장 일반적으로 사용되며, 시험에 의한 수요조사도 사용된다. 일반적으로 교육훈련 수요는 이러한 실질적 수요를 의미하며, 교육훈련의 실질적 수요가 크다는 것은 조직의 효과성 측면에서 심각한 문제가 있음을 말해주는 것이다. 따라서 실질적 수요에 대한 교육훈련은 직무수행상의 구체적 문제를 해결하고자 하는 처방적 성격을 가진다.

### 2) 자료수집 및 범위

교육훈련 수요조사는 사회조사의 일반적 방법인 관찰, 면접, 설문지를 활용할 수 있다. 그 외에도 직무능력에 대한 시험이나 각종 문헌자료(민원접수실태, 결근율, 이직률, 근무성적평정결과, 직무기술서, 안전사고보고서, 직무감사보고서)를 활용할 수 있으며 최근에는 기관의 포털에 인적자원개발시스템(E-HRD)을 구축하여 구성원들이 온라인상에서 편리하게 자신의 교육수요(Needs)를 진단할 수 있도록 하고 있다. 이러한 방법을 통해서 조직은 조직과 개인차원의 교육훈련 수요를 분석하게 된다(Wexley *et al.*, 1981).

조직차원에서의 교육훈련 수요는 행정서비스에 대한 국민의 반응, 결근율, 이직률, 현장업무인 경우에는 사고율, 비리공무원 수, 목표달성도 등에 대한 자료가 유용한 역할을 한다. 조직차원에서의 수요조사는 조직전체의 이상 징후를 인지하는 데 필요한 것이다. 어느 분야의 누가 교육훈련의 대상이 되는가를 결정하기 위해서는 위의 자료에 대한 부서별 · 계급별 · 직위(직렬)별 비교분석을 해야 하고 나아가 개인차원의 수요조사가 이루어져야 한다.

개별 공무원의 교육훈련 수요를 객관적으로 조사하는 데 가장 적합한 자료는 근무성적에 대한 평가이다. 여러 평가요소별 기대수준에 대한 개별 공무원의 현재 실적이 평가되어 있기 때문에 교육훈련의 대상이나 내용을 분석하는 데 가장 유용한 정보로 활용된다. 이 외에도 개인차원에서의 수요는 대상 공무원 · 직속상관 · 고객과의 면접을 실시하거나 본인을 상대로 직무태도(Job Attitude) 및 교육훈련 필요성에 대한 설문, 직무지식에 대한 시험 등의 방법을 병행하여 파악할 수 있다. 개인의 근무성적이나 설문조사 결과 등 어느 한 방법에만 의존하지 않고 기록으로 나타난 객관적 자료와 당사자 및 상급자와의 면접자료 등을 종합하여 수요를 결정함으로써 선정자의 교육훈련에 대한 지지도와 효과성을 높일 수 있다(Leland & Louis, 1980).

### 3) 교육훈련의 우선순위와 유용성 진단

직무가 요구하는 자격기준과 공무원의 능력수준 사이에 차이가 확인되었다고 해서 교육훈련의 대상자로 결론지을 수는 없다. 우선 이러한 능력부족이 조직효과성에 미치는 부정적 효과를 분석해야 하며(Herbert *et al.*, 1983), 능력부족을 그대로 방치하는 경우에 야기되는 문제와 교육훈련에 소요되는 경비를 비교할 필요가 있다. 특히, 교육훈련은 예산의 제약을 받기 때문에 교육훈련의 모든 수요를 충족시킬 수가 없다. 제한된 예산의 범위 내에서 교육훈련을 통해 얻을 수 있는 효과가 가장 큰 순서에 따라 교육훈련의 실시범위가 결정되어야 한다.

교육훈련의 목적은 직무성과를 향상시키는 것이다. 즉 직무의 요구능력과 개인의 보유능력 간의 격차를 확인하고, 그 부족분을 교육훈련을 통해 채워나감으로써 직무성과가 향상될 수 있는 것이다. 그러나 직무요구능력과 개인보유능력 간의 격차가 존재한다 하더라도 이를 교육훈련으로 해소할 것인지 면밀하게 검토해야 한다. 만약 교육훈련보다 더 경제적이고 효과적인 방법이 있다면 그 방법을 택해야 한다. 예를 들어, 순찰, 대민업무, 사고처리 등의 업무를 담당한 경찰관이 직무수행 실적이 저조한 것으로 평가되었을 때, 원인은 경찰관의 능력이 아니라 과중한 업무 부담에 있을 수 있다. 이런 경우 경찰관에게 교육훈련의 실시가 아닌 직무의 양을 재구성함으로써 문제를 더 효과적으로 해결할 수 있다(Dennis, 1991). 뿐만 아니라 때로는 직무의 요구능력과 개인의 보유능력 간의 격차 때문이 아니라, 능력과 적성에 맞지 않는 직무에 배치되어 직무실적이 저조하게 나타날 수도 있다. 이 경우에는 교육훈련보다는 인사이동이나 조직설계 또는 동기부여 등의 방법에 의해서 해결할 수 있다.

따라서 교육훈련 수요조사에서는 능력이 없어 '할 수 없는 문제'와 능력이 있어도 업무 부담이 과중하여 '하지 못하는 문제', 그리고 적성이 맞지 않아 '하지 않는 문제' 등을 명확히 선별해 내야 한다. 첫 번째 문제만을 교육훈련의 대상으로 선정해야 할 것이며 뒤의 두 가지 문제는 직무재설계나 인사이동 등 다른 방법을 통해 해결해야 할 것이다(Donald & Edwin, 1978).

## 2. 2단계: 프로그램 개발 및 실시

### 1) 교육훈련 프로그램 개발

교육훈련 수요조사가 완료되면 수요를 충족시킬 수 있는 교육훈련 프로그램을 개발하거나 기존 프로그램을 수정 · 보완하는 작업이 필요하다. 교육훈련 프로그램은 교육훈련 대상자의 지식, 기술, 능력, 태도, 가치관, 대인관계 등의 변화를 유도하기 위해 설계된다. 효과적인 교육훈련 프로그램을 개발하기 위해서는 프로그램의 목표를 명확히 설정하고, 프로그램의 내용을 결정하며, 교육훈련의 유형과 종류를 선정해야 한다.

⑴ 프로그램의 목표설정

프로그램의 목표설정은 교육훈련을 통해 달성해야 할 구체적인 강의목표이다. 강의목표는 직무성과와 조직효과성을 달성하기 위한 수단적 역할을 한다. 따라서 직무차원과 조직차원의 목표와는 유기적 상하관계를 형성하고 있다. 일반적으로 교육훈련을 통해 변화시키고자 하는 1차적 목표는 개인의 지식, 기술, 능력의 향상 및 태도의 변화이다. 더 나아가서는 조직성과를 향상시키는 것을 목표로 하지만 이는 장기적으로 나타나는 효과이며 이를 측정하는 데 많은 어려움이 따른다. 프로그램 목표는 직무목표, 조직목표 등과 함께 평가단계에서의 평가기준을 제공하게 된다.

⑵ 프로그램의 개발과 내용

프로그램의 개발과 내용은 교육훈련 중에 가르칠 교과목의 종류와 그 강의내용을 말한다. 수요조사와 강의목표가 프로그램을 개발하고 구체적인 내용을 결정하는 데 중요하다는 것은 이미 앞에서 언급되었다.

수요조사를 통해 개별직무와 관련된 구체적인 문제까지 검토가 되고 그에 대한 정보를 가지고 있는 상태에서는 프로그램도 그에 상응하도록 문제해결 중심으로 내용이 구성되어야 한다. 반면에 계급이나 직렬 또는 조직차원으로 교육훈련 수요의 범위가 확대되면 문제해결보다는 일반적인 원리나 이론을 중심으로 프로그램 내용이 점점 추상화될 수밖에 없다. 또한 하위직보다는 고위직을 상대로 하는 프로그램일수록 이론적이고 가치지향적인 내용을 담게 될 것이다.

강의내용을 구성함에 있어 강의의 난이도와 깊이는 교육훈련 참여자들의 학습능력을 고려하여 결정해야 한다. 왜냐하면 강의는 조직의 요구만을 교관이 학생에게 일방적으로 전달하는 것이 아니라 이들 간의 상호작용을 통해서 그 효과가 결정되기 때문이다.

⑶ 프로그램의 체계화

교육훈련 프로그램의 종류와 내용이 결정되면 이것을 체계적으로 정렬하고 구조화하여 하나의 교육훈련 체계 또는 프로그램 체계를 구성하게 된다. 교육훈련 실시기관에서 교육훈련 대상의 규모, 기간, 장소, 교관, 학습 및 체육 시설 등 모든 관리차원의 문제를 효율적으로 운영하기 위해서는 프로그램을 특정 기준에 따라 분류하고 이들 간의 유기적 관계를 유지시킬 필요가 있다.

교육훈련 프로그램은 실시되는 장소가 직장 내인가 외인가에 따라 직장훈련(OJT: On-the-Job Training)과 교육원훈련(Off JT: Off-the-Job Training) 프로그램으로 나눌 수 있다(<표 10-4> 참조).

OJT는 평상시의 근무상황에서 일을 하면서 배워 가는 훈련으로, 감독자가 직무수행을 감독하면서 필요한 기본지식과 기술을 가르쳐 준다. OJT의 장점은 훈련에서 배운 지식이 그대로 실무에서 활용되기 때문에 Off JT의 전이(Transfer)문제가 생기지 않는다. 또한, 훈련비용이 적게 들고 훈련을 받은 사람이 새로운 환경에 적응할 필요도 없다(Graham & Bennett, 1991).

반면 Off JT는 교육훈련만을 목적으로 특별히 마련된 장소와 시설에서 훈련이 실시된다. 해당분야에 대한 전문지식이 있고 강의방식에 익숙한 교관으로부터 훈련

**표 10-4 OJT와 Off JT의 비교**

| 구분 | 직장훈련(OJT) | 교육원훈련(Off JT) |
|---|---|---|
| 훈련장소 | 직장 내 | 직장 외 |
| 장점 | • 훈련 · 개발 내용이 실제적이기 때문에 실시가 용이함<br>• 일과 훈련의 병행으로 비용절감<br>• 상급자와 하급자 간의 상호이해 촉진<br>• 훈련자의 습득도와 능력에 따른 훈련 가능 | • 전문적인 지식과 기능훈련 가능<br>• 통일적인 교육훈련 가능<br>• 훈련에 몰입가능<br>• 타 기관의 사람들과 접촉할 수 있는 기회로 지식이나 경험교환 가능 |
| 단점 | • 상사가 반드시 우수한 교육자가 아님<br>• 고도의 전문적 지식과 기능 훈련 불가능<br>• 일과 훈련 모두에 전념 불가능<br>• 통일된 내용과 정도의 교육훈련 불가능 | • 훈련이 추상적일 수 있어서 습득한 지식, 기술의 전이문제 발생<br>• 비용과 시간이 많이 소비됨 |

을 받기 때문에 효과적인 학습이 될 수 있다. 또한 일상적인 직무부담에서 완전히 해방되어 교육훈련에만 전념할 수 있다. 그러나 교육원에서 습득한 지식이나 기술이 실무에 그대로 전이되지 못하는 단점이 있다.

Off JT는 다시 교육훈련 대상자의 범위와 직무분야에 따라 세분화할 수 있다. 계급제의 기본개념을 도입하여 직급별 교육(또는 계급별 교육)과 직무별 교육(전문분야별 훈련)의 분류와 계급과 직무의 범주를 벗어나서 실시되는 특별교육으로 분류해 볼 수 있다. 〈그림 10-7〉은 우리나라 공무원 교육기관 중 가장 체계화되어 있다고 할 수 있는 중앙공무원교육원(중앙부처 5급 이상 공무원 대상 교육훈련기관)과 서울특별시 인재개발원(서울시 공무원)의 교육훈련 프로그램을 참고하여 이를 간단하게 도식화한 것이다.

**그림 10-7 교육훈련 프로그램 체계**

- 교육훈련 수요
- 프로그램 목표설정

**교육원훈련(Off JT)** / **직장훈련(OJT)**

**직급별(기본) 교육**

- **관리자훈련**
  - 고위정책
  - 고위관리자(고위공무원단)
- **감독자훈련**
  - 중견관리자(4급)
  - 초급관리자(5급 승진)
- **실무훈련**
  - 중견실무자(6, 7급)
  - 초급실무자(8, 9급)
- **적응훈련**
  - 신임관리자(5급 행시)
  - 7, 9급 신규채용자

**직무별(전문) 교육**

- 민원
- 인사
- 회계
- 환경
- 사무자동화
- 토지관리
- 법제
- 도시계획
- 교통
- 보건위생

**특별교육**

- 외국어교육
- 외국공무원 교육

직급별 교육은 계급제의 계급구조를 중심으로 관리자 · 감독자 · 적응훈련 등으로 구분할 수 있다. 관리자훈련(Executive Training, Management Development)이 정책결정능력과 리더십 배양을 위한 교육이라면, 감독자훈련(Supervisory Training)은 일선 행정업무를 감독하고 지시하는 초급 내지 중간관리자를 대상으로 하는 훈련이다. 적응훈련(Orientation)은 신규채용된 공무원을 대상으로 조직의 전반적인 현황과 조직 적응을 위한 자세와 태도 등을 주로 교육하게 된다. 실무훈련은 일선 하위직 공무원을 대상으로 일정한 기간을 주기로 새로운 정신무장과 행정환경의 이해, 그리고 직무관련 일반지식을 학습 목적으로 실시하는 일종의 보수의 성격을 띤 교육훈련이다.

직무별 교육은 기술을 중심으로 각 분야의 전문지식을 교육한다. 직위분류 구조에서는 직렬중심의 교육을 의미한다. 서울특별시와 같이 다양한 업무를 수행하고 있는 경우 100개가 넘는 직무별 전문교육과정이 개설되어 있다(서울시인재개발원, 2010). 그림에는 그 중 일부만을 표시한 것이다.

요약하면 직급별 교육은 직급 전체에 일반적으로 적용될 수 있는 기초적인 직무지식과 정신교육을 강조하고 있고, 직무별 교육은 전문지식교육에 상당한 비중을 두고 있다. 그 밖에 외국어교육이나 외국공무원을 대상으로 한 특별교육이 있다.

### 2) 교육훈련의 실시

#### (1) 교육훈련 방법 결정

교육훈련 프로그램이 완성되면 그 프로그램에 따라 실제 교육훈련을 실시하게 되는데, 이러한 교육훈련 실시와 관련해서 중요한 문제는 교육훈련 방법에 관한 것이다. 교육훈련 방법의 선택은 지식, 기술, 능력 등의 변화에 대한 효과성뿐만 아니라 교육훈련 대상자의 규모, 예산의 규모, 시설과 장비의 가용성, 훈련담당교관의 능력 등 여러 요소가 함께 고려되어야 한다. OJT와 Off JT에 적용 가능한 교육훈련 방법은 〈참고 10-1〉에서 확인할 수 있다.

#### (2) 교관 · 교육 참가자 선정 및 학습이론

교육훈련 방법이 결정되면 교관과 교육 참가자를 선정해야 하며 성인학습이론에 기초한 효과적인 훈련이 이루질 수 있도록 해야 한다.

## 참고 10-1 교육훈련 방법

교육훈련체계에서의 분류대로 일단 OJT와 Off JT로 나누고 각각에 해당하는 교육훈련 방법을 간단히 설명하고자 한다.

### ■ OJT 교육훈련 방법

· **실무지도(Coaching):** 일상근무 중에 상관이 부하에게 직무수행에 관련된 기술을 가르쳐 주거나 질문에 답해 주는 각종 지도역할을 말한다. 실무지도에서의 상관과 부하의 관계는 마치 가정교사와 학생과의 관계처럼 아주 우호적인 분위기 속에서 지도, 조언, 답변, 격려를 통해 부하의 변화를 유도하는 것이다.

· **직무순환(Job Rotation):** 여러 분야의 직무를 직접 경험하도록 하기 위하여 계획된 순서에 따라 직무를 순환시키는 실무훈련이다. 다방면의 경험을 쌓기 때문에 일반행정가의 원리에 부합되고 타 부서와의 업무협조에 도움을 줄 수 있다. 행정고시합격자가 중앙공무원교육원 교육을 마친 후 부처에서 실무교육을 받을 때 이러한 직무순환의 방법을 사용하고 있다.

· **임시배정(Transitory Experience):** 특수직위나 위원회 등에 잠시 배정하여 경험을 쌓게 함으로써 앞으로 맡게 될 임무에 대비하게 하는 방법이다. 승진이 예정된 사람에게 사전교육시키는 방법으로 사용할 수 있다. 때로는 현재의 직무를 수행시키면서 새로운 임무를 부과하여 훈련을 시키기도 한다.

· **인턴십(Internship):** 조직의 전반적인 구조 · 문화 · 과정에 대한 이해와 함께 간단한 업무를 경험할 수 있는 기회를 부여한다. 인턴은 제한된 기간 동안 임시로 고용되는 것이다. 미국이나 우리나라의 사기업에서는 인턴십을 채용의 수단으로 흔히 이용하고 있다.

### ■ Off JT 교육훈련 방법

· **강의(Lecture):** 다수의 인원을 대상으로 똑같은 정보를 가장 효율적으로 전해 줄 수 있는 대표적인 방법이다. 참여자의 질문을 받아들이긴 하지만 전반적으로 일방적인 정보의 흐름이 특색이다. 교관의 강의 진행방식에 따라 교육효과에 커다란 차이가 발생한다.

· **프로그램화 학습(Programmed Learning):** 일련의 질의와 응답이 체계적으로 단계별로 짜여져 있는 책자나 컴퓨터 프로그램을 이용한다. 지시에 따라 문제를 풀면 그에 대한 정오를 즉시 확인하고 맞으면 다음 문제로 넘어간다. 책자나 컴퓨터 프로그램과의 무언의 교호작용을 통해 혼자서 공부할 수 있도록 만든 일종의 자율학습방법이다.

· **시청각교육(Audio-Visual Method):** 각종 시청각 기재-TV, 영화, 비디오, 슬라이드, 오버헤드 프로젝터-를 활용하여 다량의 정보를 많은 사람에게 제공하는 방식이다. 강의식에 익숙해 있던 많은 사람들이 이 방식을 처음 대했을 때 시각효과가 가미되기 때문에 상당한 관심을 갖게 된다. 그러나 이에 의한 교육효과는 상당히 저조한 것으로 조사되고 있다.

- **회의 · 토론**(Conference · Discussion): 앞의 세 방법과는 달리 쌍방 간 정보를 직접 주고받는 과정을 거친다. 회의 · 토론은 진행자가 있어 참여자들에게 주제를 주고 자유로운 토론을 유도한다. 진행자는 토론결과를 요약하고 토론내용이나 방식에 대하여 비판적 조언을 줄 수 있어야 한다.
- **감수성 훈련**(Sensitivity Training, T-Group Training): 지식의 변화가 아니라 태도와 행동의 변화를 통해 대인관계 기술을 향상시키려는 것이 주된 목적이다. 서로 모르는 사람 10명 내외로 소집단을 만들어 서로 허심탄회하게 자신의 느낌을 말하고 다른 사람이 자신을 어떻게 생각하는지를 귀담아 듣는다. 이 방법은 훈련을 진행시키기 위한 전문가의 역할이 상당히 중요하다. 인위적인 개입없이 자연스럽게 감정을 주고받을 수 있도록 분위기를 만들어야 하기 때문이다. 이 훈련을 통해 타인에 대한 편견을 줄이고 개방적 태도를 취하는 효과를 가져올 수 있으며, 토론의 변형으로 이해할 수 있다.
- **사례연구**(Case Study): 실제 조직생활에서 경험한 사례나 또는 가상의 시나리오를 가지고 문제해결방식을 찾는 토론이다. 직접 발표를 듣거나 인쇄된 자료를 통해 사례를 미리 검토한 후 문제점과 해결방안을 자유롭게 토론하도록 한다. 참여자들이 실제 가까이서 경험할 수 있는 사례상황일수록 토론이 진지해지며, 거기서 얻는 문제해결능력이 실무에 쉽게 전이될 수 있다.
- **역할연기**(Role Playing): 실제 근무상황을 부여하고 특정역할을 직접 연기하도록 한다. 보통 자신과 반대되는 입장의 역할을 부여한다. 예를 들면, 상관에게 부하의 역할을, 여자 부하에게 남자 상관의 역할을 부여하는 것이다. 대부분 상대방의 입장을 과장한다고 한다. 이러한 인식의 차이를 발견함으로써 상대방에 대한 이해와 관용을 키울 수 있다. 따라서 역할연기는 태도와 인간관계의 변화에 유용하다.
- **모의경영 게임**(Business Game): 기업의 사장, 자금부장, 영업부장 등 가상으로 역할을 부여하고 인력, 자금, 상품, 가격 등에 대한 기업차원의 결정을 내리도록 한다. 경쟁관계에 있는 가상의 게임파트너가 이때 내린 결정에 대응하는 결정을 내리게 된다. 컴퓨터 바둑처럼, 컴퓨터에 한쪽에서의 결정에 대응하는 파트너의 전략이 프로그램화되어 있다. 최종결정을 내렸을 때 그것이 기업에 가져오는 효과를 확인하면서 경영자의 능력을 키워 나가는 방식이다. 경쟁과 시장원리를 적용하기 힘든 행정에서는 적용에 많은 한계가 있다.

① 교 관

교관의 자질이 교육훈련의 질을 결정한다고 해도 과언이 아니다. 프로그램의 구성과 내용이 잘 개발되었다 하더라도 훈련을 담당한 교관이 이를 충분히 전달하지 못한다면 교육훈련의 효과를 기대하기 힘들다. 따라서 자격을 갖춘 교관의 확보가 무엇보다 중요하다. 특히 감수성 훈련, 사례연구, 모의경영 게임, 역할연기 등의 방법을 도입할 때에는 더욱 그렇다. 교관은 준비한 강의내용을 일방적으로 전달하려는 자세에서 벗어나 교육 참가자가 받아들일 수 있는 수준과 반응에 탄력적으로 적응해 나갈 수 있어야 한다.

② 교육 참가자

교육 참가자 선정은 교육훈련 수요조사를 통해 가능하다. 이상적으로는 수시로 수요조사를 실시하여 교육이 요구되거나 교육을 원하는 사람에게 교육훈련의 기회를 제공해야 하고, 프로그램도 수요에 맞도록 계획되어야 한다. 그러나 예산과 시간의 한계 때문에 프로그램의 기본체계는 거의 변하지 않고 프로그램에 맞추어 교육 참가자가 선정되는 경우가 많이 발생하게 된다. 수요자보다는 공급자 중심으로 프로그램이 편성되는 원인이 여기에 있다.

③ 학습이론

교육 참가자의 입장에서 교육훈련은 일련의 학습과정으로서 필요한 지식과 기술을 가장 효율적으로 배우고, 배운 것을 실제 직무수행에 응용할 수 있도록 실시되어야 한다. 따라서 교육 참가자에게 학습에 대한 동기를 유발시키기 위하여 학습에 효과적인 보조도구를 사용하거나, 반복된 실습 및 평가 등의 일반적인 학습원리를 참고할 필요가 있다. 즉 교육훈련을 통해서 얻게 되는 새로운 기술이나 능력이 개인 발전에 도움을 줌으로써 교육훈련에 대한 동기를 부여해야 하고, 강의에 의존하기보다는 실습을 통한 학습 및 전이가 필요하다. 교육 참가자에게 교육훈련의 결과를 깨닫게 하는 피드백도 중요한 역할을 한다(Steven & Zane, 1989).

## 3. 3단계: 효과성 평가

교육훈련 과정의 마지막 단계는 효과성 평가 단계이다. 프로그램에 따라 교육훈련이 실시되었으면 교육훈련 프로그램 개발과 실시에 대한 평가가 이루어져야 한다. 이는 교육훈련 자체에 대해 교육참가자가 어떻게 생각하고 있는가를 평가하는 반응평가와 교육훈련의 실시가 개인이나 조직에 어떠한 영향을 미쳤는가를 평가하는 영향평가를 포함한다. 특히 이러한 영향평가를 일반적으로 교육훈련의 효과성 평가라고 부른다.

### 1) 교육 참가자의 반응 평가

교육 참가자의 반응 평가는 교육훈련에 대한 전반적 평가를 의미한다. 평가의 대상에는 교관, 강의방식, 훈련시설, 프로그램 자체 등이 포함된다. 평가자료는 개별 프로그램이 끝날 때마다 수집하거나 전 과정이 끝나고 종합적으로 수집할 수 있다. 반응 평가에서 가장 잘 쓰이는 자료수집방법은 설문조사이다. 설문조사를 통하여 부정적 평가를 받은 프로그램은 취소하거나 교관들에게 문제점을 분석하도록 요구해야 한다(Phillips, 1983).

### 2) 교육훈련의 효과성 평가

교육훈련을 실시했으면 교육훈련이 의도했던 목표가 얼마나 달성되었는지를 평가하여 프로그램을 수정하고 다시 설계하는 데 참고자료로 삼아야 한다. 교육훈련의 목표를 요약하면 '개인의 능력을 향상시켜 조직에서의 직무수행성과를 높이는 것'이다. 효과성의 개념이 '목표달성도'라는 데서도 알 수 있듯이 교육훈련의 효과성을 평가하려면 목표가 명확하게 설정되어 있어야 한다. 따라서 교육훈련 수요조사에 기초하여 지식 · 능력 · 태도 · 행동 · 조직성과 측면에서 자세한 목표기준이 세워져 있어야 한다.

특히 목표가 계량적으로 측정 가능하도록 설정되어 있으면 효과성 평가가 용이하다. 그러나 일반적으로 계량적 목표를 설정하기가 곤란한 경우가 많다. 그래서 효과성 평가는 목표기준에 대한 달성도보다는 교육훈련이 실시되고 난 후에 생긴 변화를 교육훈련의 효과로 간주하는 것이 일반적이다. 이때 변화 발생 시점에 따라 교육훈련의 효과를 2단계로 구분할 수 있다.

1단계는 교육과정 수료와 동시에 공무원 개인의 지식 · 능력 · 태도 · 행동에 나타난 변화이며, 2단계는 교육훈련을 마치고 직장에 돌아가 1단계의 개인변화가 조직성과에 어떻게 전이되어 나타났는가 하는 것이다. 이들 두 단계는 교육훈련 프로그램의 효과가 개인차원에 머무는 것인지, 아니면 조직으로까지 반영되는지를 나타내는 것으로서, 각각 학습효과와 전이효과라 부른다. 전자는 교육훈련에 초점을 둔 것으로 훈련타당도라고 부를 수 있고, 후자는 조직성과의 달성도에 초점을 둔 것으로 성과타당도라고 한다. 교육훈련 효과성 평가에 대한 2단계 분석을 모형화한 것이 〈그림

**그림 10-8** **교육훈련 프로그램의 효과성 평가**

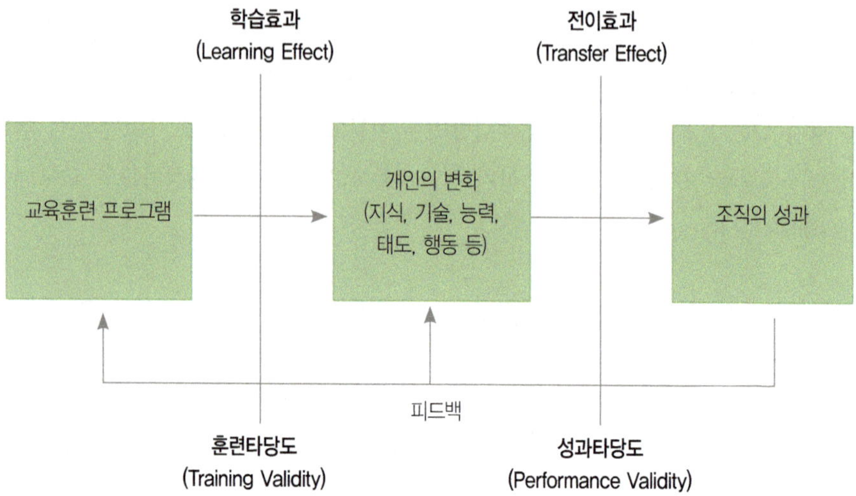


자료: Irwin(1979).

10-8〉이다.

학습효과는 '피교육생이 교육과정을 통해 무엇을 배웠는가?', '교육훈련 프로그램이 달성하고자 설정했던 목표를 얼마나 달성했는가?'에 대한 답변이다. 한편 전이효과는 '피교육생이 교육을 마친 후 직무수행상의 변화 및 조직의 생산성에 나타난 변화는 무엇인가?', '그 변화는 교육훈련 수요조사에서 진단된 조직차원의 문제를 얼마나 해결하였는가?'에 대한 답변이 된다.

학습효과는 지식, 기술, 능력 등의 평가요소에 대하여 시험, 설문지, 관찰 등의 방법을 통해 측정되며 전이효과는 근무성적평정, 이직률, 결근율, 직장 내에서의 대인관계, 주민의 행정서비스에 대한 만족도, 안전사고율 등에 대하여 관찰이나 설문 등의 방법을 통해 측정된다. 평가요소에 대한 측정값이 도출됐다고 해서 그것이 바로 교육훈련의 효과성이 되는 것은 아니다. 교육훈련 이외에 많은 다른 요소가 복합적으로 작용하여 그 결과가 도출됐을 가능성이 더 크기 때문이다. 그래서 교육훈련의 공헌으로 돌릴 수 있는 순수효과를 측정하기 위하여 전후비교법 등의 여러 가지 방법을 적용하고 있다(〈참고 10-2〉 참조).

## 참고 10-2 대표적 평가방법

- **전후비교법(Before-and-After Test)**: 교육훈련 전과 후에 평가요소의 변화가 어느 정도 발생했는가를 비교하여 효과성을 측정하는 방법이다. 이 방법은 측정이 용이한 반면에 측정치의 타당성에는 많은 문제점을 내포하고 있다. 가장 대표적인 의문은 평가요소의 변화가 과연 교육훈련의 결과라고 볼 수 있느냐 하는 것이다. 학습효과의 경우는 그래도 양호한 편이다. 교육원에 입교한 직후와 퇴교 직전에 평가하여 얻은 변화이므로 그동안에 특별히 다른 외부요소가 개입될 여지가 적기 때문이다. 하지만 전이효과의 경우는 교육 전 평가가 일반적으로 교육 몇 달 전에 이루어지고 교육 후 평가 또한 관찰기간이 필요하기 때문에 직장에 돌아와 적어도 몇 개월이 지나야 이루어진다. 따라서 교육 전 측정부터 교육 후 측정까지 긴 기간이 존재하고 이 기간 동안 리더십의 작용, 인사이동, 동기부여 요인과 같은 교육훈련과 무관한 요인이 개입할 여지가 많아진다. 전후 비교하여 얻은 차이에는 이러한 불순요인이 미친 영향이 포함되어 있는 것이다.

- **통제집단을 가진 전후비교법(Before-and-After Test with Control Group)**: 전후비교법의 문제점을 보완하고자 개발된 평가방법이 통제집단을 가진 전후비교법이다. 통제집단은 교육참가자(실험집단)와 업무성격이나 근무환경, 그리고 능력 등이 유사한 사람으로 구성되며 교육훈련에는 참여하지 않는 집단이다. 이 통제집단에서 평가기간 중에 어떠한 변화가 생겼다면 그것은 교육훈련의 성과라고 볼 수 없다. 따라서 실험집단에서 측정된 변화에서 통제집단의 변화를 빼준 것을 교육훈련의 순효과로 간주하게 되는 것이다. 통제집단은 두 평가기간 중에 교육훈련 이외의 요소가 미치는 영향을 격리시켜 주는 역할을 수행한다. 통제집단을 포함한 효과측정은 전후비교법보다 훨씬 유용한 정보를 산출해 낸다. 다만 실험집단과 유사한 조건을 가진 통제집단을 구하기도 힘들고, 이들 간의 커뮤니케이션을 완전히 차단시키지 않는 한 실험집단이 교육과정에서 배운 것을 통제집단에서 가르쳐 줄 수도 있다. 그래서 측정상의 왜곡을 일으킬 수 있다는 단점이 있다(Heneman Ⅲ *et al.*, 1983).

# 제4절 우리나라 공무원 교육훈련

## 1. 교육훈련 기관[1)]

우리나라 정부의 모든 공무원은 담당직무와 관련된 지식 · 기술 · 능력 배양을 위해 법령이 정하는 바에 따라 교육훈련을 받고 있다. 공무원교육훈련법 제1조에서는 교육훈련의 목적을 '국민 전체의 봉사자로서 갖추어야 할 바람직한 정신자세를 함양시키고, 직무를 효과적으로 수행할 수 있는 능력을 배양하는 데 있다'고 명시하고 있다.

우리나라 공무원의 교육훈련 실시체계는 〈그림 10-9〉와 같다. 우리나라 공무원 교육훈련기관은 안전행정부 직속 기관인 중앙공무원교육원, 지방행정연수원, 각 중

그림 10-9 우리나라 공무원 교육훈련 실시체계

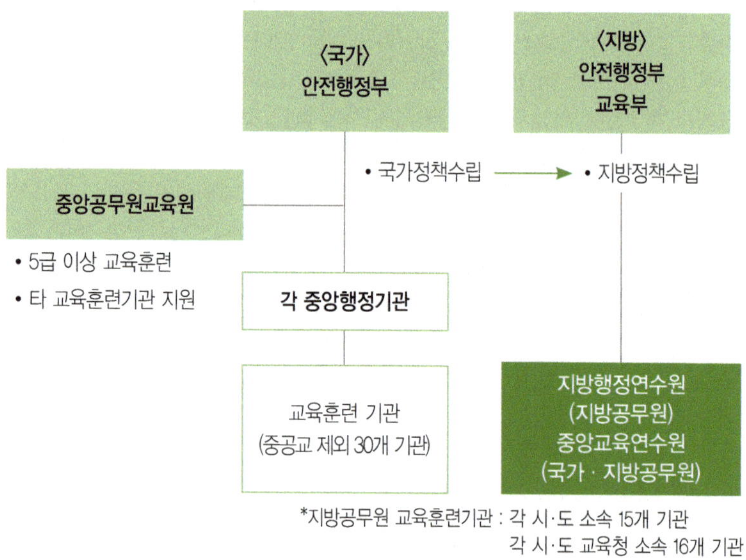


자료: 안전행정부(2014c)

1) 이하에서는 2011년 8월 29일 대통령령 제23101호「공무원 교육훈련법 시행령」의 교육훈련 기관에 대한 설명을 다룬다.

앙행정기관별 30개 교육훈련기관 및 각 시 · 도의 15개(울산제외) 지방공무원교육원으로 구성되어 있다. 중앙행정기관의 장 및 각 교육훈련기관의 장은 교육훈련의 목표, 교육기관에서 실시할 교육훈련의 내용, 위탁교육훈련, 직장훈련 및 전문교육훈련의 운영방법, 교육대상 및 교육기간 등에 관한 사항을 안전행정부장관에게 통보하여야 하고, 안전행정부장관은 교육훈련의 효율적 운영을 위하여 통보받은 교육훈련계획을 조정할 수 있다.

### 1) 중앙공무원교육원

중앙공무원교육원은 1949년 3월 공무원에게 필요한 교육과 훈련을 실시하고 그 자질의 향상을 도모하기 위하여 설치된 국립공무원훈련원이다. 중앙공무원교육원은 '더 큰 대한민국을 이끌 국가 인재의 산실'이라는 비전을 가지고 운영되고 있다. 국가경쟁력 확보, 직무전문성 강화, 진취적 사고력과 공직 윤리의식 함양을 위한 직급별 기본교육과 직무분야별 전문교육을 실시하고 있다. 주요기능으로는 국가공무원 교육훈련 실시, 외국공무원 교육훈련 및 국제협력, 각급 공무원 교육훈련기관 지도 · 지원, 교과 · 교재 및 교육기법의 연구 · 개발 · 보급이 있다.

중앙공무원교육원에서는 5급 이상의 공무원 및 고위공무원단에 속한 공무원과 5급 공개경쟁 채용시험에 합격한 채용 후보자에 대한 교육훈련을 담당하고 있으며,

---

**참 고 10-3**

### 우리나라 중앙공무원교육원 교육과정

**중앙공무원교육원 학칙 제4조**

1. 기본교육과정은 계급별 신규채용후보자 및 신규채용자 또는 승진후보자 및 승진된 자에 대하여 직무능력의 배양을 위하여 실시한다.
2. 전문교육과정은 공무원의 담당직무분야에 대한 전문적인 지식과 기술을 함양하기 위하여 직무분야별로 실시한다.
3. 국제교육과정은 외국공무원에 대한 교육을 통하여 상호이해와 협력을 증진할 수 있도록 외국정부와 협의하여 실시한다.
4. 정보화교육과정은 공무원에 대한 정보화 능력을 향상시키기 위하여 실시한다.
5. 특별교육과정은 정부의 주요시책 등 현안사항에 대한 이해 및 대응능력 제고를 위하여 필요하다고 인정되는 경우에 실시한다.

---

각 과정별 교육내용은 〈참고 10-3〉과 같다.

뿐만 아니라 중앙공무원교육원은 교육훈련기관이 없는 기관이나 지방자치단체, 정부산하단체 또는 민간기업체 등으로부터 위탁교육을 요청받는 경우 중앙공무원교육원에서 교육을 실시하고, 다른 공무원 교육훈련기관의 교육운영에 필요한 사항을 지원하고 있다.

### 2) 지방공무원교육원

우리나라 지방공원원교육원훈련법 제1조에서는 '교육훈련을 통하여 지방자치단체에 근무하는 공무원에게 주민에 대한 봉사자로서 지녀야 할 바람직한 공직윤리와 맡은 바 직무를 효율적으로 수행할 수 있는 기술과 능력을 함양시킴을 목적으로 한다'라고 명시하고 있다. 지방공무원들에게 교육훈련을 시키는 목적은 새로운 환경 하에서 자신들의 직무수행에 필요한 지식과 기술을 익히고 공무원으로서의 책무와 자세 등을 겸비하여 지방행정의 서비스 향상을 기하기 위함이라 할 수 있겠다. 현재 지방 공무원 교육을 담당하고 있는 기관으로는 안전행정부의 지방행정연수원과 지방자치단체의 시 · 도공무원교육원 등이 있다. 지방행정연수원은 5급 승진자 기본교육, 5급 이상 장기교육 및 기타 전국적으로 통합 교육을 실시할 필요성이 있는 전문과정의 교육을 실시하고 6급 이하의 공무원에 대한 기본교육, 전문교육(직무, 정보화), 외국어, 장기교육, 기타교육은 시 · 도공무원교육원에서 담당한다(〈표 10-5〉 참조).

**표 10-5 우리나라 지방공무원 교육훈련기관 현황**

| 교육훈련 기관 | 교육 목적 | 교육 대상 |
|---|---|---|
| 안전행정부 산하 지방행정연수원 | • 21세기 지방행정을 선도할 수 있는 관리자로서 갖추어야 할 바람직한 공직자세 확립<br>• 새로운 환경에 대처할 실용적인 직무수행능력 제고 | • 5급 승진시험 합격자<br>• 5급 승진시험 대상자 |
| 지방자치단체 산하 시 · 도공무원교육원 | • 공직사회 적용능력 배양과 지방 자치행정에 대한 이해습득<br>• 기초적 행정실무 및 기술의 함양 | • 7~9급, 기능직 |
| 직장교육훈련 | • 직장별로 여건과 특성에 적합한 정신교육, 자체전문교육, 직장실무교육을 지속적으로 실시하여 공직기강확립 및 행정서비스제고 도모 | • 전직급 |
| 위탁교육 | • 민 · 관간의 지식 · 기술 · 경험의 교류와 상호협력 체제 확립 | • 2~7급 |

자료: 지방공무원인사제도(2013)

## 2. 교육훈련 유형

교육훈련은 우선 실시형태에 따라 공무원 교육훈련 기관교육, 직장교육, 위탁교육으로 구분되고, 교육훈련의 내용에 따라 기본교육훈련, 전문교육훈련 및 기타교육훈련으로 구분된다(<표 10-6> 참조). 교육훈련 유형별 교육내용에 대해 구체적으로 살펴보면 다음과 같다.

### 1) 공무원 교육훈련 기관교육

각급 공무원 교육훈련 기관에서 실시하는 교육훈련은 기본교육과 전문교육, 기타교육으로 구분된다.

#### (1) 기본교육

기본교육은 중앙공무원교육원 및 안전행정부장관이 정하는 전문훈련교육훈련 기관에서 실시되는 교육훈련으로 신규채용후보자 또는 신규채용자, 승진임용예정자(승진시험 합격자 및 승진심사 통과자) 또는 승진된 사람이 공무원으로서 필요한 능력과

**표 10-6 우리나라 공무원 교육훈련 유형**

| 구분 | 개념 | 교육내용 |
|---|---|---|
| 공무원 교육훈련 기관교육 | • 중앙공무원교육원 및 각 중앙행정기관 소속 공무원교육원에서 실시하는 교육 | 기본교육 |
| | | 전문교육 |
| | | 기타교육 |
| 직장교육 | • 소속공무원의 직무수행능력 향상, 소양함양 등을 위하여 각 기관별로 실시하는 교육 (주무부처 주관 전문교육 포함) | 소속공무원 전문교육 |
| | | 주무부처 주관 전문교육 |
| | | 소속공무원 정신교육 등 |
| 위탁교육 | • 국내외 교육기관 등에 위탁하여 실시하는 교육 | 국내위탁교육 |
| | | 국외위탁교육 |

자료: 안전행정부(2011d).

자질을 배양할 수 있도록 하기 위한 교육훈련이다. 이 기본교육 과정은 교육 대상별로 6~9급 신규 채용자와 6~8급 승진(후보)자를 대상으로 하는 신규 실무자 과정, 5급 신규 임용자 및 승진후보자를 대상으로 하는 신규 관리자 과정, 4급을 대상으로 하는 핵심인재 과정, 3~4급을 대상으로 하는 고위공무원단 후보 과정, 고위공무원을 대상으로 하는 고위정책 과정 등으로 구성된다.

#### ⑵ 전문교육

전문교육은 담당하고 있거나 담당할 직무분야에 필요한 전문적인 지식과 기술을 습득할 수 있도록 하기 위한 교육훈련을 의미하며 원칙적으로 직장교육의 형식으로 이루어진다. 다만 직장교육에 의해 실시하기 곤란한 경우에는 교육훈련기관에서 실시하며 교육훈련기관에 의한 교육훈련도 곤란할 경우 위탁교육 형식으로 이루어진다. 위탁교육을 실시함에 있어서는 교육이수 후의 보직을 미리 지정해야 하며, 교육이수 후에는 특별한 사유가 없는 한 그 직위에 보직하여야 한다. 직장교육을 통하여 전문교육과정을 실시하는 경우에는 평가 및 수료, 수료점수 미달자에 대한 조치 및 기타 교육의 실시에 관한 구체적인 기준을 정하여 시행해야 한다.

#### ⑶ 기타교육

기타교육훈련은 기본교육훈련 및 전문교육훈련에 속하지 않는 교육훈련으로서 소속기관 장의 명령에 의한 교육훈련과 공무원 스스로 행하는 직무 관련 학습 · 연구활동을 포함한다. 기타교육은 첫째, 기관장 훈시, 외래강사 초청 교양교육, 공직윤리의무 등의 정신교육과 둘째, 국정운영 방향, 정부 현안정책에 대한 이해교육 등의 시책관련 교육, 셋째, 신규채용자 및 보직변경자에 대한 실무적응교육 등의 일상적 직무능력 배양교육, 넷째, 직무관련 독서, 논문게재, 워크숍 · 세미나 참여, 정책현장 방문 등의 직무관련 학습 · 연구 활동 등으로 구성된다.

### 2) 직장교육훈련

중앙행정기관의 장은 교육훈련과정의 개발 및 운영시에 정부 시책에 대한 교육 및 정신교육, 신규채용자 및 보직변경자에 대한 실무적응 교육훈련, 부서별 · 직무 분야별 전문지식과 기술의 습득을 위한 전문 교육훈련, 여러 부처에 관련된 전문분야에 대한 주무부처 주관 교육훈련, 그 밖에 필요한 교육훈련 내용이 포함된 직장훈련계획을 수립한다.

각급 행정기관의 장은 부서별 또는 직무분야별로 새로운 전문지식과 기술 · 정보 등을 습득할 수 있도록 정기적으로 또는 수시로 체계적인 부처별 훈련을 실시해야 하며 시보(Probation)기간 중에 있는 공무원에 대해서는 개인별 지도관을 임명하여 해당 기관의 조직과 임무, 직무수행에 필요한 지식 · 기술 · 소양 등을 습득할 수 있도록 체계적인 부처별 훈련을 실시해야 한다. 또한 부처별 훈련을 통하여 전문교육훈련과정을 운영하는 경우에는 교육훈련의 평가 및 수료, 수료점수 미달자에 대한 조치, 그 밖에 교육훈련의 실시에 관한 구체적 기준을 정하여 시행해야 한다.

#### 3) 위탁교육훈련

위탁교육훈련은 안전행정부장관 또는 중앙행정기관의 장이 전문교육훈련을 효율적으로 운영하기 위하여 필요하다고 인정하는 경우에 기관의 장이 정하는 연령 · 건강 · 적성과 그 밖에 자격요건에 따라 선발된 공무원을 국내 · 외 교육 및 연수기관에 위탁하여 일정 기간 동안 교육훈련을 받게 하는 제도이다. 중앙행정기관의 장이 위탁교육훈련을 실시하려면 훈련의 목적 및 내용, 훈련기관 및 훈련기간, 훈련의 종류별 · 분야별 훈련인원, 훈련대상자의 자격요건과 선발방법 및 절차, 훈련비 대상 및 훈련 후 보직계획, 훈련비 명세 및 훈련비 부담에 관한 사항, 복무의무에 관한 사항, 그 밖에 훈련에 필요한 사항에 관하여 안전행정부장관과 협의하여야 한다.

## 제5절 문제점과 발전방향

### 1. 문제점

지금까지 논의된 내용을 바탕으로 우리나라 교육훈련의 문제점을 살펴보면 다음과 같다.

첫째, 교육훈련의 예산이 부족하다. 교육훈련은 재원을 필요로 하기 때문에 정부의 예산지원이 교육훈련의 효과성 증진에 중요한 요인이 된다. 예산이 부족하면 양질의 강사를 구하기가 곤란하고 프로그램 개발을 위한 투자 및 다양한 교육훈련의 기회를 충분히 제공할 수가 없다. 즉 전반적인 교육여건의 불량한 상태를 초래하게 된다. 2000년대 이후 세계화 · 개방화 추세로 인하여 해외교육의 필요성이 높아지고 있다. 교육훈련은 비용이 수반되지만 인적자원의 가치를 계속 계발하고 창출해 나가기 위해서는 반드시 필요한 투자이다. 기술의 진보가 빨라지면서 기존의 지식과 능력의 퇴화도 그만큼 빨라지고 있다.

둘째, 교육훈련의 수요조사가 형식적이다. 2008년 충청남도 공무원교육원에서 교육훈련을 받은 공무원 308명을 대상으로 교육훈련 수요가 정확하게 측정되고 있는지에 대하여 설문조사한 결과 응답자의 20.3%만이 긍정적이었고 25.3%가 부정적이었다. 충청남도의 교육훈련 수요조사는 도에서 직접 설문조사를 하거나 시 · 군에 수요조사결과를 제출토록 하고 있는데, 이 경우에도 수요조사가 이미 계획이 세워진 후 실시되어 현실성이 떨어진다는 것이다(고승희, 2008). 교육훈련의 수요조사가 이와 같이 형식에 치우칠 수밖에 없는 이유는 다음과 같다. 우선 직무분석이 되어 있지 않은 상태에서 직무수행에 요구되는 정확한 능력과 자질의 기준이 제시될 수 없음을 지적할 수 있다. 근무성적평정이 수요조사의 중요한 정보원이지만 이 또한 타당성이 결여된 것으로 볼 수 있다. 경력이 앞서 승진에 유리한 선임자에게 실제 근무성적과 관계없이 승진에 유리하도록 높은 점수를 부여하는 관행이 원인인 것이다. 다음으로 교육훈련 담당관이 수요조사뿐만 아니라 다수의 업무를 복합적으로 처리하고 있는데다, 잦은 보직이동 때문에 전문성과 책임성을 가지고 직무를 수행할 수 없는 여건도 수요조사의 부실 원인이라고 지적할 수 있다. 수요조사의 중요성에 비추어 볼 때 교육훈련 관련 공무원의 전문성을 높이고 보직의 안정성 및 업무량을 적정수준으로 유지시켜야 한다. 교육훈련 업무를 아무나 수행할 수 있는 서무업무 정도로 여기는 기존 사고에 대한 전환이 필요하다. 또한 관리자가 교육훈련의 중요성을 인식하고 직원에게 필요한 교육에 대한 정보를 적극적으로 수요조사에 반영하도록 노력해야 할 것이다.

셋째, 전문교육에 대한 인식이 부족하며 프로그램 개발이 미약하다. 교육훈련 프로그램의 체계, 내용, 교육방법이 과연 직무수행을 위한 지식이나 기술, 능력을 향상시킬 수 있도록 구성되었는지 점검해 보아야 한다. 우선 직장 내 교육인 OJT는 매우 미흡한 실정이다. 신규채용 공무원을 대상으로 시보기간 동안 직장교육을 실시하거나 외부강사를 초빙하여 특강을 듣는 정도를 제외하면, 직장 내에서의 직무수행상 문제점을 진단하고 개선하기 위한 자체교육이 취약한 상태이다. 따라서 우리나라의 교육훈련은 전적으로 직장 외 훈련인 Off JT에 의존하고 있다고 볼 수 있다. 그러나 이 때문에 각급 교육기관이 상호 유기적 관련성을 유지하지 못하고 행정기관별로 폐쇄적 · 할거적으로 관리되고 있다. 과거 교육원의 신설목적이 순수한 능력발전의 기회제공 외에도 기구 확장의 성격을 포함하고 있어 기관이기주의에 의해 교육원이 신설되는 경우가 많았다. 국가 전체적으로 보았을 때 교육훈련의 공급이 과잉되는 곳이 있는가 하면 부족한 곳이 있어서 자원배분의 비효율성을 초래한다. 교육원 간에도 교육훈련과정의 종류, 내용 등에 대한 정보를 교환하고 평가의 통일을 기하는 등의 노력도 부족하다고 할 수 있다. 또한 직무교육을 담당하고 있는 각급 교육원의 프로그램은 편성이나 내용 모두 체계성과 적실성을 결여하고 있는 경우가 많다. 이것은 교육훈련 수요조사와도 연관된 것으로 교육수요가 정확하게 예측되지 않은 상태에서 경험과 직관을 바탕으로 교육훈련 교과목을 나열하고 있기 때문이다(고승희, 2008).

넷째, 교육방법에 있어서 대체로 강의유형에 의존하고 있다. 일부 공무원교육원의 경우에는 액션러닝(Action Learning), 역할연기 등 최신의 교육방법을 사용하기도 하지만 공직 전반에 걸쳐 아직 전문화된 교육방식의 활용도가 낮은 편이다. 충청남도 공무원을 대상으로 '향후 확대되어야 할 교육방식'을 묻는 설문에서 사례연구와 실습항목이 67.4%로 집계되었고 이러한 결과는 교육방식의 다양성이 부족함을 보여주고 있다고 할 수 있다(고승희, 2008).

다섯째, 공무원 교육훈련기관 운영의 비효율성이다. 다수의 교육기관이 전임교관을 충분히 확보하지 않은 채 외부강사에 의존하는 경우가 많고, 교육기관에 근무하는 공무원 또한 자긍심을 갖지 못하고 보직이 바뀌기만 기다리는 경우가 많다. 새로운 편제로 교육과정을 바꿔 보려는 의지가 있다 하더라도 이를 뒷받침할 전문지식이 부족하고, 그것이 가능하다 하더라도 예산의 지원을 받기란 더욱 어렵다. 결국 기존의 교과목과 내용, 교육방식을 그대로 답습할 수밖에 없다. 따라서 과거와 같이 인사나 교육업무는 전문성이 없어도 가장 쉽게 적응하여 수행할 수 있다는 생각에서 벗어나 전문지식이 요구되는 업무분야라는 인식이 선행되어야 한다. 또한 잦은 순환보직이 아니라 장기간 근무를 보장함으로써 전문성을 키워나가야 한다. 교육기관의 근무를 꺼리는 현재의 실태를 극복하기 위해서 교육기관 근무자를 전문가로 양성하고 그에 상응하는 보상체계를 갖출 때 근본적인 문제가 해결될 것이다.

여섯째, 교육훈련의 형식화이다. 우리나라 교육훈련에서 반드시 언급해야 할 것이 교육 참가자 선정의 문제이다. 공무원들이 자발적으로 교육을 받고자 하는 동기는 상당히 결여되어 있다. 교육훈련 이수 시간을 승진에 반영시키기 때문에 교육훈련의 참가는 의무적인 측면이 있다. 2006년 공무원교육훈련법시행령이 개정되기 이전까지는 교육훈련의 시간이 아니라 성적을 승진에 반영하였다. 교육훈련성적이 승진과 연결되어 있다 보니 실질적인 능력개발에 관심을 갖기보다는 최종 성적을 중심으로 교육훈련이 왜곡되는 부작용을 낳았다. 이에 대한 처방으로 교육훈련의 결과를 성적제에서 이수제로 바꾸었지만 문제가 모두 해결된 것은 아니다. 교육훈련 이수 시간만 충족시키는 정도에서 승진에 영향을 주는 경우 형식적인 참여가 조장될 수 있기 때문이다. 즉 교육훈련의 성적이 승진과 같은 중요한 보상과 연결되지 않고 순수하게 능력발전의 목적으로만 실시될 때 교육의 효과성을 담보하기 어렵다. 특히 관리자가 부하의 교육훈련참가를 업무 공백이나 불편으로 받아들이는 관행하에서 교육훈련참가는 필수 교육이수시간을 충족시키기 위한 소극적 자세로 임할 수 있다.

## 2. 발전방향

위에서 살펴본 문제점을 바탕으로 우리나라 공무원 교육훈련의 발전방향에 대해 제시하면 다음과 같다.

첫째, 교관의 양적 · 질적 수준의 향상이다. 이미 앞서 언급되었듯이 교육훈련에서 교관은 매우 중요한 역할을 담당하고 있다. 교관의 양이나 질적 수준이 적정하지 않은 상태에서 양질의 교육훈련을 기대할 수 없다. 우리나라의 현재 실정은 우선 양적인 면에서 자체 전임교원을 충분히 확보하지 못하고 있고 그 결과 외래강사에 대한 의존율이 높다. 2013년 1월 기준 중앙교육공무원의 경우 전임교수가 6명뿐이라는 사실이 이를 뒷받침해준다(중앙공무원교육원, 2013). 자체교관의 경우 우선 상위직급으로 승진이 예정되어 있는 유능한 공무원을 교관으로 임명하도록 하고 있고, 국내외 위탁교육 대상자를 선정할 때 교관지원자를 우선적으로 선발하도록 하고 있으며, 교관요원은 임용 후 2년 이내에 원칙적으로 인사이동을 금지하고 있다. 그러나 아직까지도 교관직의 업무에 대한 사회의 인식이나 공직 내부에서의 평가가 낮아 이를 기피하는 실정이다. 외래강사의 경우에는 해당분야의 전문가를 초빙하기보다 교육원장 내지 직원의 개인적 인간관계나 주위의 소개를 통해서 강의를 의뢰하는 것이 일반적이다. 이 경우에도 강사료가 너무 낮게 책정되어 있어 권위 있는 강사의 초빙이 힘든 상황이다. 이를 해결하기 위한 처방은 우선적으로 재원이 뒷받침되어야 한다. 자체전임교관을 확충해야 하고 외래강사에 대한 강의료를 적정 수준으로 인상해야 한다. 특히 교육기관에 근무하는 일반 행정기관 공무원이 누리는 '직위로부터의 권위'를 확보시켜 주고 근무의욕을 높일 수 있는 대책을 마련해야 한다. 예를 들어, 전임교관의 경우에는 교육공무원과 같이 전문직업인으로 인식할 수 있도록 교육기관에만 근무토록 하고, 또한 교육공무원에 준하는 정년보장(정년 62세)이나 보상을 고려할 수 있을 것이다. 직급체계도 교육공무원이나 연구관 · 연구사의 경우와 같이 단일호봉제를 도입하여 승진과 관계없이 전문직으로서의 임무에 전념토록 할 수 있을 것이다.

둘째, 교육훈련 내용 개선 및 프로그램 효과성 평가체계의 개선이다. 교육훈련 프로그램의 존립에 영향을 줄 수 있는 이수제나 승진 후 훈련에 전적으로 의존하기보다는 일부 핵심과정에 대해서는 교육내용을 충실히 구성하고 교육효과를 평가할 수 있는 방법의 개발이 요구된다. 예를 들어, 전문교육의 경우 실제 실무에서 필요로 하는 내용을 중심으로 프로그램을 구체적으로 개발하고 실제 지식이나 능력이 향상된 정도를 평가할 수 있도록 교육훈련평가체계를 보완하는 것이 바람직할 것이다.

셋째, 교육훈련의 민영화이다. 정부의 정책적 고려에 의하여 교육내용이 바뀌어야 하는 경우를 제외하고 교육내용이 정형화되어 있거나 지식 · 기술 · 이론의 변화에 신속하게 대응할 전문인력이 필요한 프로그램들이 민영화에 의한 경쟁원리 도입의 대상이다. 예를 들어, 외국어교육, 컴퓨터교육, 관리자 리더십 개발, 국가정책의 설계와 관리, 국제협상능력 등이 포함될 수 있다. 이러한 프로그램에 대하여 고급 전문인력을 보유하고 있는 대학교나 정부부처 산하 연구소, 심지어는 타 교육훈련기관을 대상으로 교육훈련 계획을 입찰(Bidding)하여 위탁하는 것이다. 또한 같은 교육과정에 대하여 복수의 기관이 과정을 개설토록 하고 공무원이 직접 기관을 선택할 수 있도록 함으로써 기관 간 경쟁을 유인할 수도 있다.

넷째, 교육훈련에 대한 종합적인 평가가 요구된다. 수요조사, 교육훈련 프로그램 체계 및 내용, 교육 참가자 선정, 교관, 학습 및 전이효과 등에 대한 개별적인 평가가 제대로 이루어지지 않고 있는 상태에서 종합적인 평가는 더욱 어렵다. 그러나 부분적인 평가와는 별도로 종합적인 평가는 또 다른 측면에서 그 유용성을 인정할 수 있으며 단편적이고 미시적인 처방이 아닌 보다 근원적이고 거시적인 처방을 제시해야 한다. 따라서 우리나라 교육훈련의 발전방향은 효과성 원인에 대한 종합적이고 체계적인 평가를 통해 수립되어야 한다. 교육기관의 모든 교육훈련과정이 평가의 대상이 되기 때문에 이러한 종합평가는 결국 교육기관의 기관평가와 연결된다. 교육기관 종합평가는 각급 교육기관의 현황파악이 아니라 실제 교육훈련의 효과성과 관련이 되는 모든 요소들에 대한 실질적인 평가이다. 이 평가는 단일 기관뿐만 아니라 전체 공무원 교육기관을 대상으로 실시해야 한다. 따라서 교육훈련 관장기관으로서는 교육훈련의 장기종합계획을 수립하기 위한 기본 자료가 될 수 있고, 각 교육기관의 할거주의적 폐쇄성을 타파하는 데 기여할 수도 있다. 각급 공무원 교육기관으로서도 상호비교와 벤치마크를 통해서 기관의 발전을 위한 보다 구체적인 교훈을 얻을 수가 있다. 또한 다른 기관에 비해 모범적인 프로그램이나 교육방식이 있으면 타 교육기관에 파견나가 교육시키는 등의 기회를 통해 인사교류가 이루어질 수 있고 해당 공무원의 사기도 진작시킬 수 있는 긍정적인 효과를 기대할 수 있다.

## Best HRD 사례 ① 공기업 E-HRD 시스템 도입 확산

배옥진

최근 공기업 및 공공기관의 방만한 운영과 경쟁력 저하, 도덕적 해이 등이 도마 위에 오르는 가운데 인적자원개발(E-HRD) 시스템을 도입해 인사행정의 기본자료로 활용하고자 하는 사례가 꾸준히 늘고 있다.

6일 관련업계에 따르면 최근 인천공항공사, 한국공항공사, 중소기업진흥공단 중소기업연수원, 새마을금고연합회, 금융결제원 등이 E-HRD 시스템을 구축하고 있다. 또 전사적자원관리(ERP) 구축을 추진하는 공기업을 중심으로 E-HRD를 함께 도입하는 사례도 나오고 있다.

E-HRD시스템은 교육훈련, 상시학습, 지식관리 활동을 통합적으로 지원·관리할 수 있는 시스템이다. 자기 주도적인 상시 학습체계 지원, 체계적인 직무교육체계 수립, 자기역량개발계획 수립, 학습지원 등 인력개발·육성·관리의 전 과정을 지원한다.

공기업 및 공공기관은 이 시스템을 통해 개인별 경력관리 등 인재관련 정보를 종합 관리하는 체계를 마련해 성과와 능력에 기반을 둔 효율적인 인사제도를 도입하겠다는 계획이다.

직원들도 시스템을 통해 시간과 장소의 제약 없이 온라인을 통한 학습기회를 부여받는다. 또 교육실적을 통합 관리하고 교육과 인사시스템이 연계되므로 승진 등 인사행정의 기본자료로 활용할 수 있다.

이 같은 공기업 및 공공기관의 E-HRD 도입에 대해 업계는 인력 효율성 제고뿐만 아니라 경영혁신, 예산절감 등을 위한 것으로 보고 있다. 특히 경영평가에서 좋은 결과를 얻기 위한 목적도 포함된 것이라는 풀이다.

과거의 경영평가제도는 경영진의 경영혁신 노력, 생산성, 고객만족도 등 종합적인 경영·조직·인사·보수·재무·예산 등 경영관리가 위주였다. 그러나 개편된 경영평가에서는 평가지표를 경영 과정에 따라 순차적으로 구성, 리더십·전략, 경영시스템, 경영성과 등으로 나눠 경영상 어느 부분에 문제가 있는지 파악할 수 있도록 한 것이 특징이다. 이에 따라 E-HRD 관련 제도 마련 및 시스템 구축도 활기를 띠게 된 것으로 보인다.

한국공항공사의 E-HRD 사업을 하고 있는 휴먼컨설팅그룹 김근회 부사장은 "공기업 및 공공기관들이 교육훈련 분야에 대한 시스템 마련은 물론 관련 제도까지 체계적으로 갖춰 통합 구축하려는 수요가 늘고 있다"며 "단순 시스템 구축을 넘어 제도와 시스템을 유기적으로 결합해 운영해야 실효성 있게 운영할 수 있다"고 조언했다.

자료: 디지털타임즈(2009년 5월 6일).

## Best HRD 사례 ② 한국공항공사(KAC)의 역량기반교육훈련(CBC)

역량기반교육훈련(CBC: Competency-based Curriculum)은 조직의 실질적인 성과창출에 필요한 역량을 파악하고, 현재의 역량수준을 향상시킬 수 있는 교육훈련 체계로 학습목적을 직무수행 중심에서 성과창출 중심으로 변화시키는 인력관리기법이다. 조직의 지속성장을 위해 추구되는 경영 전략의 성공적인 실행을 위해서는 필요한 조직 역량을 파악하고, 그 조직역량의 장·단점을 효과적으로 관리할 필요가 있다. 공기업의 경영성과가 높아지고 있는 시점에서 조직역량 확보를 위한 내부 전문성 증진을 위해 중장기 전략과제를 설정하고, 실행 및 목표달성을 위한 인재를 육성하고 확보하는 것이 이슈가 되고 있다. 이에 공기업의 중장기 전략 실행을 위해서는 전략 실행 지원을 위한 조직역량 확보가 관건이며, 이를 위해 전략적 HRD의 구현이 요구된다. 이에 따라, 한국공항공사(KAC)는 공항을 효율적으로 건설하고 운영함으로써 항공수송의 원활화를 도모하고, 국가경제 발전과 국민복지에 기여한다는 조직 비전하에 2011년부터 전 직급(1~6급)을 대상으로 역량기반교육훈련 프로그램을 마련하여 실행하고 있다.

■ 조직역량 강화 프로세스

조직역량 강화를 위해 다음 그림과 같이 Value Chain 분석을 통해 조직 역량을 도출하고, 진단을 통해 차이(Gap)를 확인하는 활동이 필요하다. 한국공항공사(KAC)는 조직역량과 연계한 인력육성을 위해, Value Chain상 조직 기능에 대한 현수준과 각 분야별 전문성을 분석하여 조직역량 현재 수준을 진단하여 역량 리스트를 도출하였고, 이를 기반으로 추후 인력운영 방향 및 교육훈련 계획을 수립하였다.

| Value Chain 분석 | 조직 역량 규명 | 조직 역량 Gap 확인 | Gap 해소를 위한 해결 방안 설계 | 실행 |
|---|---|---|---|---|
| • 건설계획 및 관리<br>• 마케팅<br>• Airside 운영<br>• Landside 운영<br>• CS | • 건설경험<br>– 국·내외의 신규공항 및 건설계획 수립과 사업관리를 할 수 있는 역량<br>• Layout 설계 역량<br>– 체계적 동선관리를 통해 고객의 대기시간 만족도를 제고하고, 신속한 여객처리가 가능한 구조를 설계하는 능력 | ① 조직역량에 대한 정성적 진단<br>② 직원 대상의 전문성 (지식/기술) 진단<br>⇓<br>• 조직 강·약점 추출<br>• 육성 우선순위 설정 | • 인사적 해결방안<br>• 교육적 해결방안<br>• Process 해결방안<br>• 조직 재설계 | • 집중 육성 프로그램 운영<br>• 내부 지식 자산화 활동<br>• 교육 인프라 강화 |

■ 역량리스트

| 역량종류 | | 역량명 | 대상계급 |
|---|---|---|---|
| 가치역량 | | 고객지향, 윤리성, 변화지향 | 1~6급 |
| 관계역량 | 리더십 | 조정통합력, 부하육성, 의사결정, 목적 설정 및 관리, 솔선수범 | 1~2급 |
| | | 솔선수범 | 1급 |
| | 팀워크 | 협력적 자세 | 3~6급 |
| | Follwership | 헌신적 자세 | 4~6급 |
| 직무역량 | 직무공통 역량 | 문제해결, 커뮤니케이션 능력 | 1~6급 |
| | 직무전문 역량 | 고객 Needs 분석, 기획력, 보안·안전의식, 상황대처능력, 서비스 지향, 세밀한 일처리, 전략적 사고, 정보수집 및 분석, 지속적 점검, 품질수준관리, 혁신적 사고, 현장중심 마인드, 협상/교섭력 | 1~6급 (역량 도출 단위별 상이) |
| | | 전문지식 및 기술 | 1~6급 |

자료: 한국공항공사 내부자료(2012).

## 토론문제

**Q1** 교육훈련 방향설정에 있어, 기관장의 관심과 리더십이 가장 큰 영향을 미치는 것으로 알려져 있습니다. 이에, 정권 및 기관장 교체에 따른 영향력을 통제할 수 있는 방법에 대해 논의해 보세요.

**Q2** 부처마다의 인재상에 맞는 특성 있는 교육훈련이 이루어지기 위해서는 명확한 직무의 분석과 재설계 등의 부처 특수성이 요구됩니다. 뿐만 아니라 교육훈련에는 정신교육과 같은 공무원으로서의 보편성 또한 요구됩니다. 이러한 측면에서 교육훈련의 보편성과 특수성의 범위는 어디까지 볼 것인지 토론해 보세요.

**Q3** 교육훈련을 통한 학습의 결과가 성과와 연계될 수 있도록 유도하는 방안은 무엇이 있을지 토론해 보세요.

**Q4** 공급자 중심에서 수요자 중심의 교육훈련으로 전환하기 위한 방안은 무엇이 있는지 토론해 보세요.

**Q5** 최소한의 교육훈련 예산으로 교육훈련의 전이효과를 극대화할 수 있는 방안은 무엇이 있는지 토론해 보세요.

# 제 11 장 인사이동과 경력개발

## ■ ■ ■ 들어가는 말

인사이동은 현 직위에서 다른 직위로 옮겨가는 모든 유형의 직위변동을 의미한다. 여기에는 승진, 강임, 전직, 전보, 겸임, 파견, 전입·출 등이 포함된다. 일반적으로 인사이동은 조직 내에서 가장 강력한 통제의 방식으로 이해되었다. 그러나 이제는 인사이동을 통제가 아닌 개인의 능력향상을 위한 발전적 개념으로 받아들일 필요가 있다(Stahl, 1983). 즉 승진과 적재적소의 인사배치를 통하여 각 개인이 가지고 있는 잠재적 능력을 최대한 발휘할 기회를 부여하고 조직에서 성취감을 느낄 수 있도록 하기 위한 수단으로 인사이동에 접근해야 한다.

또한 이러한 인사이동에서 한 단계 발전된 형태로서 경력개발(CD: Career Development)을 고려할 수 있다. 경력개발은 개인의 성장욕구와 조직의 목표를 조화시켜 직무만족도 및 조직몰입도를 높이고, 장기적이고 계획적으로 조직의 효과성을 극대화하는 인사관리활동을 의미한다.

인사이동이 발전적인 개념으로 전환되어 인식되고 있지만 인사이동은 여전히 조직 중심적 접근방식을 취하고 있다. 반면 경력개발은 인사이동과는 달리 개인 중심적 접근방식을 취하고 있다는 측면에서 차이가 있다. 조직 구성원 개인이 자신의 경력을 발전시키기 위해 인사이동 계획을 수립하고 조직이 이를 지원해주는 형태로 이루어지기 때문이다(유민봉·임도빈, 2012). 그러나 인사이동과 경력개발 모두 인적자원의 개발을 통한 조직성과 제고를 지향한다는 측면에서 공통점을 갖고 있다. 이에 제11장에서는 인적자원의 개발의 관점에서 승진, 배치전환과 같은 인사이동과 경력개발을 함께 다루고자 한다.

## ■ ■ ■ 핵심용어

- 승진(Promotion)
- 폐쇄형 승진
- 개방형 승진
- 연공서열(Seniority)
- 실적(Merit)
- 전직
- 전보
- 배치전환(Reassignment, Transfer)
- 순환보직(Job Rotation)
- 경력개발(Career Development)
- 경력개발제도(Career Development Program)

# 제1절 승진의 이해

## 1. 승진의 의의

승진(Promotion)은 직급(계급)상의 직위상승을 의미한다. 승진을 하게 되면 개인에게는 직급 상승 이외의 다양한 변화가 수반된다. 우선 승진을 하게 되면 책임과 의무가 가중된다. 위에서 시키는 일을 기계적으로 처리하는 양은 줄어들고, 대신 어떤 문제해결이나 예산사용에 대한 결정을 스스로 내려야 하는 권한이 많아진다. 감독해야 할 부하의 수도 많아진다. 그만큼 자신과 부하는 물론 부하직원들 간의 인간관계를 유지해야 하는 어려움이 뒤따른다. 이전에 비해 의사결정이나 의사소통 등 새로운 기술을 향상시킬 필요가 더 커진 것이다.

뿐만 아니라 이러한 책임과 의무의 증가에 비례하여 여러 가지 유형적 · 무형적 보상이 증가된다. 우선 금전적 보수가 늘어나며 개인은 승진을 통해 심리적으로 성공 혹은 성취감을 느낄 수 있다. 특히 여러 경쟁자 중에서 승진자로 결정되었다는 것은 타인으로부터 능력을 인정받는 계기가 된다. 우리나라와 같이 신분을 중시하는 사회에서는 이러한 무형적 보상의 중요성을 결코 무시할 수 없다.

또한 승진은 조직차원에서도 여러 가지 중요한 의미를 갖는다. 첫째, 승진은 어느 직위에 결원이 생겼을 때 전직 · 전보의 수평적 이동과 함께 결원을 보충하는 중요한 수단이다. 특히 빈자리를 승진으로 보충하는 경우에 한 자리의 이동에 그치지 않고 결원보충을 위한 연쇄적 인사이동이 발생하여 조직에 생동감을 부여할 수 있다.

둘째, 승진은 직업공무원제 수립 및 경력발전에 중요한 기여를 한다. 승진을 통해 경력목표의 달성과 자기성장을 확인할 수 있고 직업에 대한 보람도 찾을 수 있기 때문이다.

셋째, 승진은 동기를 유발시킨다(Weiner & Vardi, 1980). 개인은 승진을 통해 자기성취욕구와 직무에 대한 만족도를 느낌으로써 동기부여가 가능해지며 다른 동료나 부하직원들에게도 하나의 자극요인으로 작용하게 된다. 승진을 위해 어느 정도의 기간이 소요되고 어느 정도로 능력을 인정받아야 하는지에 대한 심리적 기대치를 제공함으로써 그에 대한 인내와 노력을 자극하게 되는 것이다.

그림 11-1 승진

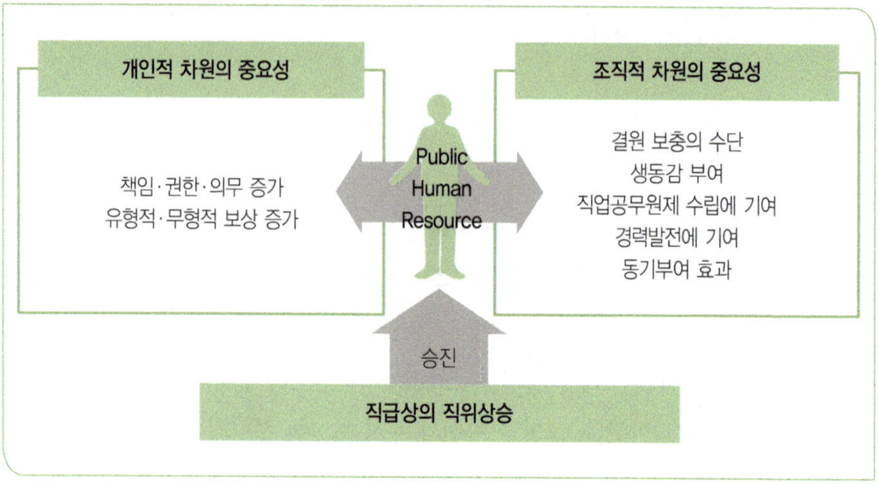


이처럼 승진은 그 과정에 대한 관리가 잘 되었을 경우 조직에 위와 같은 긍정적인 효과를 발생시킨다. 그러나 승진이 불공평하게 이루어진 경우에는 한 사람의 승진이 다수의 불만을 야기하기도 한다. 또한 승진적체가 심하여 오랜 기간 동안 한 직급에만 머무는 경우에도 불만이 높아지고 근무의욕이 상실되는가 하면 이직까지 조장할 수 있다는 점을 유의하여야 한다(Cotton & Tuttle, 1986).

## 2. 승진제도의 운영

### 1) 승진의 허용 범위

결원이 생긴 직위를 놓고 승진허용 범위를 어디까지로 설정할 것인가에 대한 결정은 개인이나 조직 모두에게 중요한 문제이다. 이는 승진의 기회를 이느 대상까지 개방 혹은 폐쇄할 것인가에 관한 문제이다. 경쟁범위를 세분한다면 크게 네 가지 영역으로 구분할 수 있다. 최광의의 범위는 민간부문을 포함하여 자격이 있는 모든 사람에게 공직을 개방하는 것이다. 다음으로는 정부 내로 제한하지만 부처의 구분 없이 개방하는 것, 부처 내로 한정하지만 직렬구분 없이 경쟁을 허용하는 것이 있을 수 있다. 가장 좁은 경쟁의 범위는 동일부처 내에서도 동일직렬 내로 한정하는 것이다. 이

그림 11-2 승진대상의 범위

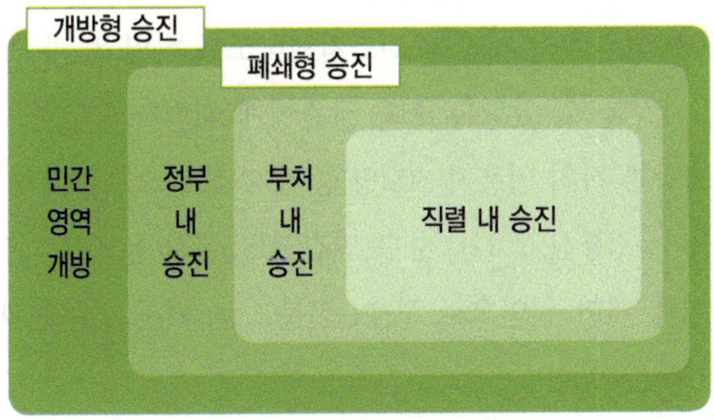


러한 영역은 결국 공직 · 부처 · 직렬의 세 경계를 중심으로 개방과 폐쇄의 논쟁을 야기한다(〈그림 11-2〉 참조). 승진허용 범위를 결정함에 있어 위의 세 가지 쟁점을 구체적으로 살펴보면 다음과 같다.

(1) 공직의 경계

공직의 경계는 공직에 빈자리가 생겼을 때 민간부문에까지 경쟁을 허용할 것인가의 문제이다. 승진의 범위를 공직 내부로 한정하는 것이 기존 공무원들에게 더 많은 승진의 기회를 주기 때문에 사기를 진작시킬 수 있고, 젊고 유능한 인력을 공직에 유도할 수 있다. 또한 초급직에서의 충분한 경험은 직무감독이나 인간관계를 원만하게 유지하는 데 유리하다. 반면, 공직폐쇄로 인한 정체현상이 일어나 외부환경의 변화(민의, 기술 등)를 수용하고 이에 적절히 적응할 능력이 저하될 수 있다는 점은 승진의 범위를 공직 내부로 한정했을 때 발생할 수 있는 가장 큰 단점이다.

따라서 이러한 공직 경계의 문제는 행정의 민주성과 대응성, 안정성 등의 차원에서 논란이 된다. 개방의 영역이 확대되고 직업공무원의 경계가 낮아질수록 공직의 민주성과 대응성은 높아지는 반면, 정치권력의 과도한 행정진입으로 인해 행정의 안정성이 손상을 입게 되고 정치적 부패를 행정에 이식시키는 부작용을 낳기도 한다. 뿐만 아니라 직업공무원에게는 승진의 기회가 줄어들면서 사기저하가 발생할 수 있다. 고위직에서의 공석이 공직 내에서 승진으로 채워질 경우 연쇄적 승진효과가 있기 때문에 만약 공석이 외부에서 충원될 경우 사기저하의 정도는 더욱 커지게 된다.

그럼에도 불구하고 김대중 정부가 도입한 개방형 임용은 노무현 정부에 들어 더욱 확대되었고 이러한 정책적 방향성은 이명박 정부에서도 이어졌다.[1] 현재는 고위공무원단 직위 중 20% 범위에서 개방형으로 지정하도록 하였고, 과장급 직위의 경우에는 20% 범위에서 지정할 수 있도록 소속 장관에게 위임하고 있다. 지난 2009년부터 2012년 9월까지 개방형 직위 임용자 302명 중 순수 민간으로부터의 공무원 임용비율은 17.6%로서(아시아뉴스통신, 2012), 순수 민간인의 실질 유입은 국민의 기대에 미치지 못하고 있다. 이에 대한 원인으로 보수, 신분보장, 기존 공무원과의 갈등 문제 등을 지적해 볼 수 있다.

### (2) 부처 간 경계

부처 간 경계는 특정 부처에 공석이 생겼을 때 타 부처의 공무원에게까지 승진기회를 부여할 것인가의 문제이다. 결원이 생긴 경우 해당부처 내의 공무원에게만 경쟁을 허용할 것인지 아니면 타 부처의 공무원에게도 똑같은 기회를 줄 것인지에 따라 인사관리상의 효과가 서로 다르게 나타난다.

현재 우리나라를 비롯한 대부분의 국가가 폐쇄형에 입각하여 승진기회를 동일 부처 내로 한정하는 것이 일반적이다. 폐쇄형 승진의 이유를 알아보면 다음과 같다.

첫째, 저항을 최소화할 수 있다. 공무원뿐만 아니라 모든 조직 구성원들은 타 부처 간의 승진이 조직의 안정을 파괴하는 것으로 받아들이는 경향이 있다.

둘째, 공무원들은 부처 내의 모든 자리를 자신들만의 독점적 권리 혹은 소유권으로 생각하기 때문이다. 계급제에서 승진이 적체되어 있는 경우에는 더욱 그렇다. 대부분의 부처 내 공무원들이 결원이 나기만을 기다려 오던 차에 다른 곳에서 승진되어 보충된다면 기득권을 박탈당한 것으로 생각하기 쉽다.

셋째, 비록 직렬이 같다 하더라도 부처가 다른 경우 업무 적응상의 문제가 있다. 직렬과 상관없이 동일부처에 소속된 공무원들은 부처 나름대로의 조직문화와 업무수행 스타일을 형성하기 때문에, 단순히 직무의 성격이 같다고 해서 부처 간 승진진입을 허용하는 것은 불합리할 수 있다는 것이다(Stahl, 1983).

---

1) 이하에서는 2012년 1월 1일 대통령령 제23277호「개방형 직위 및 공모 직위의 운영 등에 관한 규정」의 직위공모제에 대한 설명을 다룬다.

그러나 부처경계를 넘어선 승진을 불허하는 것은 그 자체의 장점과 허용시의 부작용이 우려된다는 점에서 정당성을 갖는 반면에, 그에 따른 단점도 지적할 수 있다.

첫째, 부처 간 승진의 불균형 문제이다. 모든 부처가 이직률이나 퇴직률 또는 기구 확장이 같을 수는 없다. 즉 부처 간 결원의 차이가 생기고 이에 따라 승진에 소요되는 연수가 차이 나게 마련이다. 특히 우리나라와 같이 공개채용시험을 거쳐 여러 부처에 임명되는 경우 시험동기들 간의 승진 불균형은 공무원의 불만을 살 가능성이 높다.

둘째, 부처 공무원들을 '우물 안 개구리'로 만들 가능성이 높다. 부처의 전통과 관행이 계속 이어지기 때문에 문제를 보는 시각이 좁아지고 변화에 대한 적응력이 부족해질 수 있다. 또한 같은 조직에서 비슷한 사고와 행동양식을 가진 사람들끼리의 교류는 다양성과 창의성을 확장시키기보다는 경직과 침체와 같은 질적 저하를 가져오기 쉽다.

이에 우리나라에서는 현재 부처 간 승진을 제한적으로 허용하고 있다. 6급에서 5급으로의 승진에 있어 공개경쟁을 채택하고 있는 것이다. 일반승진이 소속부처 공무원 간 경쟁인 반면, 공개경쟁승진은 부처구분 없이 승진소요 최저연수(4년)를 2년 초과한 6급 공무원을 대상으로 하기 때문에 이 시험에 합격하는 경우 다른 부처로 승진 임명될 수 있는 길이 열리게 된다. 이는 실적 중심의 승진제도로 상당히 바람직한 것으로 받아들일 수 있다. 그러나 이 제도는 비정기적으로 실시되고 있기 때문에 부처이동의 필요성이 있을 때에는 승진보다는 부처 간의 수평적 인사교류를 활용하도록 하고 있다.

정부는 이러한 부처 간 경계를 점차 완화시켜 나가고 있다.[2] 대표적인 예로서 직위공모제는 인사행정의 투명성과 공정성을 높이고 우수 고급공무원의 범정부적 활용을 극대화하기 위한 목적으로 실시되고 있다. 이에 직위공모제는 3급 이상 실 · 국장 직위의 결원이 생겼을 때 소속장관이 우수인재의 유입 등이 필요하다고 판단되는 경우에 당해 기관이나 더 나아가 다른 행정기관의 소속공무원까지를 대상으로 해당 직위의 직무수행요건 등에 맞는 적격자를 널리 공개모집하여 충원하는 제도이다. 현재는 고위공무원단 직위 중 30% 범위에서 공모직위로 지정하도록 하고 있으며 선발은

2) 이하에서는 2012년 1월 1일 대통령령 제23277호「개방형 직위 및 공모 직위의 운영 등에 관한 규정」의 직위공모제에 대한 설명을 다룬다.

5인 이상의 위원으로 구성된 선발심사위원회에서 공모직위의 임용예정 직위별로 2명 또는 3명의 임용후보자를 선발하여 추천하고 소속장관이 최종 적격자를 결정하도록 하고 있다.

#### (3) 직렬경계

직렬경계는 폐쇄적인 것이 원칙이다. 직무의 성격이 다른 직위에 승진을 허용한다는 것은 직렬구분의 원칙을 훼손하는 일이다. 그러나 여기에서 문제가 되는 것은 직렬에 포함된 직위 수가 많지 않아 직렬 내에서만 승진을 허용하는 경우 고위직에의 진입기회가 제도적으로 차단될 수 있다는 점이다. 특히 문제가 되는 직렬이 기술 · 연구직이다.

계급제를 택하고 있는 국가에서는 일반행정직 공무원이 고위 정책결정계층의 절대다수를 차지하고 있다. 반면에 기술 · 연구직은 동일직렬 내에서만 승진이 허용되기 때문에 각 기관에서 차지하는 인적 비율이 낮은 경우에는 높은 직위까지의 승진이 불가능하다. 우리나라에서도 기술 · 연구직의 승진상 공정성 문제가 계속 제기되고 있다. 2008년도 통계로 행정부 4급 이상 공무원 중 기술직 · 이공계 출신의 비중은 30.9%이다. 이 비율은 2003년의 26.6%에 비해 다소 증가한 것이지만 고위직으로 올라갈수록 그 비율이 현저히 떨어지고 있다. 정보와 기술이 고도화되어 감에 따라 기술 · 연구직이 정책결정에 기여할 수 있는 기회가 확대되어야 할 것이다. 그러기 위해서는 중간계층까지는 직렬의 구분을 지켜 전문화를 유도하되 고위 정책결정계급에서는 직렬 간 구분을 없애고, 전문지식을 갖춘 기술 · 연구직을 적극적으로 활용하는 것이 보다 바람직하다고 할 수 있다.

### 2) 승진의 기준

승진의 기준으로서 가장 널리 이용되면서도 항상 논쟁 속에 있는 것이 연공서열(Seniority)과 실적(Merit)이다.

#### (1) 연공서열

연공서열(Seniority)에 의한 승진은 조직에 들어와서 근무한 연수를 기준으로 하는 것으로서 가장 객관적이면서도 간단한 승진기준이다. 어떠한 정실이나 인사청탁도 개입할 여지가 없이 기계적으로 승진이 결정된다. 조직에 질서와 안정이 유지되고 상의하달식 명령체계가 확립되어 단순 집행업무수행의 경우에 능률성을 확보할 수 있다. 그러나 연공서열 기준이 능력의 차이를 무시하게 되면 여러 가지 부작용을 낳을 수밖에 없다. 무엇보다도 능력을 가진 사람에게 열심히 일할 의욕이 생기지 않는다. 근무성적보다 누가 오래 근무했느냐가 중요한 승진기준이 된다면 근무성적이 높은 사람의 동기를 떨어뜨려 조직 전체를 하향 평준화시키는 결과를 가져올 것이다.

따라서 연공서열주의는 승진후보자들 간에 능력의 차이가 없을 때 가장 유용한 방법이다. 고도의 기술과 지식 또는 책임이 요구되는 직위에서는 능력의 차이가 나타나게 마련이기 때문에 고위직이나 전문직보다는 하위직에서의 단순 기능업무를 수행하는 경우에 보다 적합한 방식이라 할 수 있다(Hays & Kearney, 1995). 근무연한에 따른 경험의 축적이 직무수행이나 조직공헌도의 가장 중요한 척도가 될 수 있기 때문에 연공서열의 장점을 그대로 살릴 수 있다. 연공서열기준은 노동조합이 결성되어 있는 경우에 인사권자가 비노조원에 비해 노조원을 차별할 것을 우려하여 노조측에서 강력히 선호하기도 한다(Kearney, 1992).

(2) 실적

실적(Merit)이라는 말은 이미 실적주의제에서 논의한 바와 같이 여러 가지 의미를 내포하고 있다. 승진기준으로서의 실적은 결과로 나타난 직무수행실적이나 시험성적을 말하기도 하고 그러한 결과의 원인 역할을 하는 능력을 말하기도 한다. 실적을 승진의 기준으로 사용하게 되면 당연히 실적 내지 능력에 따른 경쟁의 원리가 적용되기 마련이다. 경쟁의 원리는 성공적인 직무수행을 요구하는 조직의 이해와 부합된다. 연공서열주의와는 달리 일한 만큼, 능력이 있는 만큼 승진의 대가를 받기 때문에 동기부여의 효과가 있고 결국 조직의 생산성 향상에 기여하게 된다(Hays & Kearney, 1995).

실적기준을 적용함에 있어 실적평가라는 어려운 과정이 성패를 좌우한다. 실적평가에서는 시험에서와 마찬가지로 측정의 타당성과 신뢰성의 확보가 가장 큰 관건이 된다. 그러나 실적평가는 어디까지나 사람이 내리는 것이기 때문에 항상 주관성이 개입될 여지를 갖고 있다(GAO, 1992). 실제능력과 관계없이 평가자의 주관이 개입된다면 승진은 왜곡되고 근무실적 향상은 기대할 수 없다. 또한 승진누락자에게는 실망과 불만을 안겨주게 되고, 승진후보자가 아닌 구성원들까지도 승진제도 자체에 불신을 갖게 된다. 이에 이들의 행동은 실적향상보다는 평가자와의 인간관계 유지 쪽으로 왜곡되어 나타날 수 있다.

실적기준 승진은 또한 공동체의식이나 협동정신을 바탕으로 조직이 움직이는 문화에서 집단의 결속력을 해칠 수 있다. 상호신뢰를 바탕으로 어느 정도의 능력부족을 이해하고 경험을 고려하여 승진이 허용될 때, 경쟁에서 낙오될 가능성이 더 높은 사람에게 오히려 심리적 안정감을 줄 수 있고, 조직에 대한 충성심도 이끌어 낼 수 있을 것이다. 동료 간에도 지나친 경쟁심리를 부추기지 않고 오히려 융화의 자세를 유도할 수 있을 것이다. 특히 업무의 유기적 협조가 필수적인 행정에서는 경쟁만을 최선의 가치로 보기 힘든 면이 있다. 이러한 이유 때문에 어느 조직이든 연공서열이나 실적의 한 기준에만 의존하지 않고 업무성격이나 직급에 따라 두 기준을 적절히 조화

**표 11-1 연공서열기준과 실적기준의 비교**

| 구분 | | 연공서열기준 | 실적기준 |
|---|---|---|---|
| 합리성 | | • 낮음 | • 높음 |
| 사회행동의 가치기준 | | • 전통적 기준, 정의적 기준 | • 가치적 기준, 목적적 기준 |
| 관리외적 요인 | 이해집단 | • 노동조합 | • 사용자 |
| | 사회 문화적 전통 | • 가족주의<br>• 종신고용제<br>• 집단주의<br>• 장유서열관<br>• 동양사회<br>• 운명공동체적 풍토 | • 개인주의<br>• 단기고용제<br>• 개인주의<br>• 능력서열관<br>• 서구사회<br>• 이익공동체적 풍토 |
| 관리내적 요인 | 계층 | • 하위층 | • 상위층 |
| | 직종 | • 일반직종 | • 전문직종 |
| 중심변수 | | • 사람(신분 중심) | • 직무(직무능력 중심) |
| 승진요소 | | • 근무연수, 경력, 학력, 연령 | • 직무수행능력, 업적 또는 성과 |
| 장 · 단점 | | • 집단중심의 연공질서의 형성<br>• 적용이 용이<br>• 승진관리의 안정성<br>• 객관적 기준 | • 개인중심의 경쟁질서의 형성<br>• 적용이 어려움<br>• 승진관리의 불안정<br>• 능력평가의 객관성 확보가 중요하나 어려움 |

자료: 김식현 외(1995).

시키는 지혜를 발휘하고 있다.

지금까지 살펴본 내용을 바탕으로 〈표 11-1〉은 승진의 두 가지 기준인 연공서열과 실적의 특징을 비교한 것이다.

### (3) 우리나라의 승진제도

우리나라는 일반승진, 특별승진, 근속승진 등 세 종류의 승진제도를 가지고 있다(〈참고 11-1〉 참조). 일반승진은 우리나라에서 가장 일반적인 형태의 승진이며, 보통심사위원회의 심사에 의하거나 승진시험에 합격한 자에 대해 승진이 이루어진다. 경우에 따라서는 심사와 시험을 병행하기도 한다.

특히, 이 중에서도 5급 이하 공무원의 승진에서는 경력, 근무성적, 그리고 가점제도를 활용하고 있다(〈표 11-2〉 참조). 경력은 승진예정직위와 유사한 직렬에서 몇 년이나 근무했는가를 중심으로 평가되는 것으로 연공서열기준이 반영된 것이다. 나머지 근무성적, 자격증, 특수지 근무경력, 실적 등은 모두 성적 · 능력 · 노력의 형태로서 실적기준에 해당된다.

현재 5급 이하 공무원의 경우 근무성적을 70점, 경력을 30점으로 하고 여기에

---

**참고 11-1**

### 우리나라 공무원 승진

- **일반승진:** 임용권자가 인사평정 또는 승진후보자명부의 순위에 의하여 승진심사위원회의 심사를 거쳐 적격자를 승진임용하는 방법이다. 다만 6급 공무원의 경우 심사, 승진시험 또는 심사와 시험 병행으로 승진대상자를 임용할 수 있다.
- **특별승진:** 청백리상 수상자, 창안상 수상자, 기타 특별한 자격요건을 갖춘 공무원에 대하여 승진요건의 충족여부에 관계없이 승진을 허용하는 제도이다.
- **근속승진:** 근무연수만을 승진기준으로 한다. 동일직급에서 일정 기간 근무한 경우 직급별 정원에 상관없이 승진을 허용한다. 예를 들어 9급으로 7년 이상, 8급으로 8년 이상 재직한 공무원은 각각 8급, 7급으로 근속승진할 수 있다.

---

가산점을 5점까지 부여할 수 있다. 다만 승진후보자 명부를 작성할 때 근무성적 점수와 경력점수를 실제 반영하는 비율은 각각 70~95%와 5~30%로 정하고 있다. 따라서 8, 9급의 하위직은 업무가 단순 기능적인 것이라서 경력과 능력이 높은 상관성을 가질 수 있기 때문에 경력의 비중을 더 높이고 근무성적의 비중을 낮추는 것도 고려해 볼 만하다.[3]

물론 이러한 배점비율은 실제 평가가 어떻게 이루어지느냐에 따라 형식적인 장치에 불과할 수도 있다. 경력은 엄격한 기준에 따라 평가하도록 되어 있어 주관의 개입이 제거될 수 있다. 그러나 근무성적은 얼마든지 주관적인 평가가 가능하다. 우리나라의 승진제도에서는 오래 근무한 공무원이 1차적으로 유리한 경력점수를 확보하고 있기 때문에 부하직원의 승진에 관심이 높은 상관은 전략적으로 경력점수를 고려하여 근무성적을 평가할 가능성이 높다.

배점비율에 의한 평가가 완료되면 성적순으로 승진후보자들의 명부를 작성하여 승진결정의 기준으로 삼는다. 5급 공무원으로의 일반승진은 이 명부의 고순위자순으로 일정범위 내에서 승진시험이나 승진심사를 실시한다. 특히 1995년 이전에는 승진시험에 의한 방법만이 허용되었다. 그러다 보니 5급 승진시험 예정자가 되면 시험준비

**표 11-2 요소별 반영비율**

| 요소 | | 배점비율 | 비고 |
|---|---|---|---|
| | | 5급 이하, 연구사, 지도사, 기능직 | |
| 근무성적<br>경　　력 | | 70~95%<br>5~30% | |
| 가점 | 직무관련자격증<br>특정직위 및 특수지역 근무<br>경력<br>업무혁신 등 공적 | 소속장관 결정 | 5점 |

자료: 「공무원성과평가 등에 관한 지침」(행정안전부 예규 제288호), 2010. 1. 1.

3) 승진후보자 명부의 점수는 다음 공식으로 계산된다:

승진후보자 명부 (100%+가산점) = 근무성적 (70~95%) + 경력 (5~30%) + 가점 (5점 이내)

때문에 직장근무를 소홀히 하고 심지어는 한 달여씩 자리를 이탈하는 것이 관례화되는 등의 부작용이 있어 제도의 시급한 개선이 요구되었다. 이에 현재는 소속장관의 결정에 따라 시험을 생략하고 승진심사로 이를 대체할 수 있도록 자율권을 부여하였다.

7급과 9급으로 공직을 출발한 공무원에게 5급 승진은 공직생활에서 가장 큰 관문이라 할 수 있다. 한편 5급 이상 공무원이 직면하게 될 어려운 승진 관문은 고위공무원단 진입이다. 고위공무원단 직위로 승진임용되기 위해서는 3급 공무원과 승진소요연수를 충족시킨 4급 공무원으로 역량평가에서 '보통' 이상의 점수(평균점수 2.5점)를 얻어 우선 고위공무원단 후보자가 되어야 한다. 실제 승진임용은 고위공무원단 후보자 중에서 근무성적, 능력, 경력, 전공 분야, 인품 및 적성 등을 고려하여 이루어진다.

## 제2절 배치전환의 이해

### 1. 배치전환의 의의

배치전환(Reassignment, Transfer)은 보수나 계급의 변동 없이 수평적으로 직위를 옮기는 것을 말한다. 우리나라의 경우 인사교류, 전직, 전보 등의 배치전환 제도를 운영하고 있다. 이 중 인사교류의 경우 기관을 중심으로 하여 중앙정부의 부처 간, 중앙정부와 지방정부, 그리고 지방정부 간에 이루어지는 수평적 인사이동을 의미한다. 우리나라와 같이 중앙인사기관이나 각 광역자치단체에서 일괄적으로 신규공무원을 채용하여 각 부처나 기초자치단체에 임명하는 경우 원하는 곳에 첫 발령을 받기가 쉽지 않다. 즉 시험 전에 생각했던 기관이나 적성에 맞는 기관이 아닌 곳에 임명될 가능성이 매우 높다. 따라서 이들 기관 간에 인사교류를 허용하는 것은 이들 공무원의 능력발전뿐만 아니라 기관의 직무수행 향상을 위해서도 매우 유익한 것이다.

반면 인사교류보다 훨씬 많이 이용되고 있는 배치전환의 유형이 전직과 전보이다. 전직 · 전보는 직무의 성격을 달리하는 직렬의 경계를 넘는가의 여부로 구분된다. 전직은 직렬의 경계를 넘어 다른 직렬의 동일계급으로 이동하는 것이고, 전보는 동일직렬 내에서의 수평적 이동이다. 전직과 전보를 구분하는 것은 무분별한 배치전환에

그림 11-3 배치전환

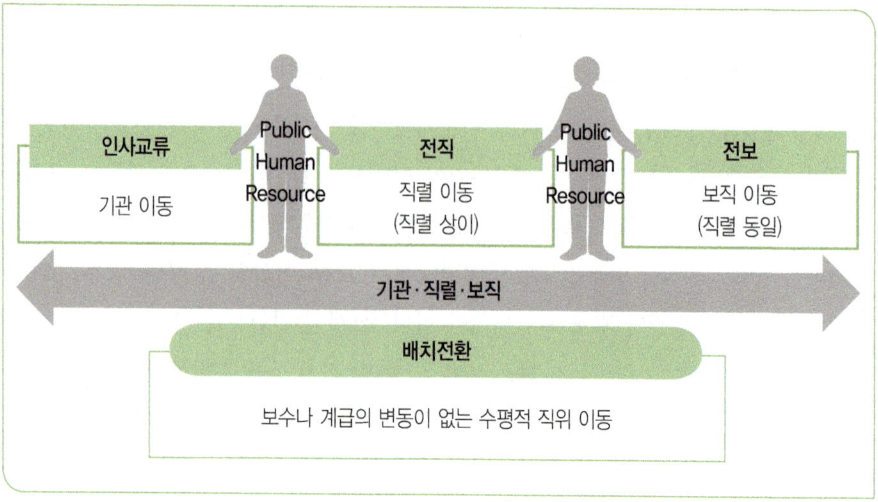


서 오는 부작용을 막을 수 있다는 점에서 의미가 있다. 즉 직무의 성격이 다른 직렬까지 아무런 제약 없이 이동이 가능하면 행정의 전문화를 저해하고 청탁이 개입될 여지가 많게 된다. 따라서 직렬을 변경하는 전직의 경우에는 시험에 합격한 경우로 한정함으로써 전직의 남용을 차단하고 있다.

## 2. 배치전환제도의 운영

배치전환은 초임보직이나 선발에서의 불완전을 바로잡아 개인의 능력을 최대한 활용할 수 있는 매우 유용한 제도이다. 〈참고 11-2〉에서 보는 바와 같이 우리나라의 경우 인사교류, 전직, 전보 등의 배치전환제도를 운영하고 있다. 일반적으로 조직의 필요로 이루어진 배치전환은 강제성을 띠게 된다. 반면 개인의 필요에 의해 배치전환을 원할 경우, 개인이 기관에 요청을 하고 이를 기관이 허용하는 식으로 운용되고 있다.

이러한 배치전환제도의 용도 및 중요성은 개인적 차원과 조직적 차원으로 구분하여 살펴볼 수 있다. 이를 구체적으로 살펴보면 다음과 같다.

## 참고 11-2 우리나라 공무원 배치전환

**우리나라 공무원 배치전환제도 관련 규정**
**(공무원임용령 · 공무원임용시험령 · 국가공무원법)**

■ **전보**

전보의 경우에 한 직위에 임용된 날부터 2년 이내에 다른 직위에 전보할 수 없다. 다만, 「정부조직법」 제2조 제3항 본문에 따라 실장 · 국장 밑에 두는 보조기관 또는 이에 상당하는 보좌기관인 직위에 보직된 3급 또는 4급 공무원은 그 직위에 임용된 날부터 1년 6개월 이내에, 고위공무원단 직위에 재직 중인 공무원은 1년 이내에 다른 직위로 전보할 수 없다. 5급 공개경쟁 채용시험에 합격한 공무원의 경우에도 최초 임용일부터 2년간(시보임용기간, 휴직 · 직위해제 및 정직 기간은 제외) 전보될 수 없다(공무원임용령 제45조, 제45조의 2).

■ **전직**

전직의 경우에는 더욱 까다롭다. 전직의 요건과 제한규정을 법으로 정하고 있고 전진에 필요한 시험을 실시하고 있다. 공무원임용시험령 제37조 제1항에 따르면, 5급 이상 공무원 및 5등급 이상 외무공무원의 전직시험은 제1차 시험과 제2차 시험을 구분하여 선택형(기입형을 포함할 수 있다)으로 실시하되, 시험실시기관의 장이 필요하다고 인정하면 면접시험이나 실기시험을 실시할 수 있다. 이 경우 시험실시기관의 장이 필요하다고 인정하면 제1차 시험을 면제할 수 있다. 제1항에도 불구하고 교정 · 보호 · 검찰 · 마약수사 · 출입국관리 · 철도경찰 · 행정 · 세무 · 관세 · 사회복지 · 통계 · 감사 · 사서 직렬의 5급 이상 공무원과 외교통상 및 외무영사 직렬의 5등급 이상 외무공무원의 제2차 시험은 논문형으로 실시하되, 주관식 단답형을 포함할 수 있다(공무원임용시험령 제37조 제1항, 제3항).

■ **행정기관 상호 간의 인사교류**

인사교류의 경우에도 인사교류위원회의 심의를 거쳐 인사교류계획을 수립하고 국무총리의 승인을 얻어 실시하도록 규정하고 있다. 행정안전부장관은 법 제32조의 2에 따라 ① 인력의 균형 있는 배치와 효율적인 활용, 행정기관 상호 간의 협조체제 증진, 국가정책 수립과 집행의 연계성 확보 및 공무원의 종합적 능력발전 기회 부여 등을 위하여 필요한 경우, ② 맞벌이, 육아, 부모 봉양 또는 가족 간호 등 공무원의 고충 해소를 위한 경우에 따라 인사교류는 경제 · 기술 · 사회 · 문화 및 일반행정 등 행정 분야별, 중앙행정기관과 지방행정기관 간의 조직 계층별 또는 업무의 성격이 유사한 전문 직무별로 실시한다(국가공무원법 제32조 제2항, 공무원임용령 제48조).

### 1) 조직차원

조직차원에서는 배치전환을 통해 인사관리의 융통성을 확보하여 조직성과를 높일 수 있다. 기관의 관리자는 필요한 사람을 적재적소에 배치하여 조직의 효과성을 극대화시키고자 한다. 똑같은 인적자원을 가지고 단순히 사람의 배치를 변화시킴으로써 조직의 성과를 높일 수 있다면 최고관리자에게 인사배치의 권한을 부여해야 한다.

특히 배치전환은 조직의 변화에 적응하기 위하여 반드시 필요하다. 조직의 구조는 끊임없이 변화한다. 조직이 커지기도 하고 작아지기도 한다. 전체적인 조직의 크기는 같지만 내부적으로 직위의 배열이 달라지기도 한다. 새로운 조직이 생기거나 기존의 조직이 없어질 때 새로운 충원이나 해고를 하지 않고 기존의 인원을 달리 배치하는 것이 저항을 피하고 비용과 노력을 절감하는 방법이다.

배치전환은 또한 능력발전의 기회를 제공한다. 특히 이러한 목적으로 배치전환을 제도화한 것이 순환보직(Job Rotation)이다. 순환보직과 같이 조직에 의해 계획된 배치전환은 특히 그 구속력이 강하다. 순환보직은 다양한 직무에 대한 경험기회를 부여함으로써 폭넓은 능력을 발전시킬 수 있다. 기능이나 지역이 다른 직위에 근무하게 함으로써 각 조직단위에 새로운 아이디어와 참신한 변화를 기대할 수 있다. 순환보직은 부수적으로 부패방지의 효과가 있다.

배치전환은 인간관계의 갈등을 해결하는 수단으로 쓰이기도 한다. 조직생활은 많은 사람과의 공동생활이다. 업무관계이든 개인의 사적인 관계이든 많은 접촉을 하다 보면 여러 가지 이유에서 갈등이 발생할 수 있다. 갈등관계로 인해 업무협조가 이루어지지 않는다든지, 상대방에 대한 비방으로 조직분위기를 흐린다든지 하면 결국 조직전체에 해로운 영향을 가져오게 된다. 조직의 관리자는 이러한 상황에서 업무상 접촉이 필요 없는 부서나, 지역적으로 완전히 떨어진 부서로 한 사람을 배치전환시킴으로써 갈등문제를 해결할 수 있다.

끝으로 배치전환은 승진의 숨통을 트게 하거나 승진기회의 균등을 위해서 필요할 때가 있다. 특정 직위에 어느 한 사람이 너무 오래도록 자리를 지키고 있으면 그 부서 내 다른 유능한 공무원은 승진기회를 갖지 못하게 된다. 이런 경우 한 자리에 장기근무한 사람을 다른 수평직위에 임명하고 바로 밑에 있는 사람을 승진시킴으로써 부서의 숨통을 트이게 할 수 있다(Wayne & Robert, 1990). 때로는 기관 간에 승진소요연수가 현격하게 차이가 나는 경우 이의 형평을 위해서 기관 간 교류를 시도할 수 있다.

### 2) 개인차원

개인차원에서 배치전환은 우선 능력발전을 위한 용도로 가장 많이 활용된다고 볼 수 있다. 앞서 언급하였듯이 첫 보직이 마음에 맞지 않게 배정된 경우가 있을 수 있고, 첫 보직은 괜찮았다 하더라도 계속 근무를 하면서 새로운 관심분야가 생겨날 수도 있다. 이때 개인의 입장에서는 일하면서 더 큰 보람을 느끼고 능력을 더 인정받을 수 있는 자리로 옮길 수 있길 바라게 된다.

개인의 배치전환요구가 항상 능력발전의 순수한 목적만으로 발생하는 것은 아니다. 때로는 단순히 개인의 생활근거지나 생활비 등을 고려하여 특정지역의 근무를 원하기도 하고, 직장 내 다른 사람과 불편한 관계를 피하기 위해 배치전환을 활용하기도 한다. 더구나 다른 기관이나 직렬에서 승진이 더 빠르고 사회적 평가가 더 높다는 이유로 배치전환을 요구하였을 수도 있다. 그 어느 경우이든 하나의 용도로 배치전환을 신청하는 경우는 드물 것이다. 이들 요소가 복합적으로 작용하여 새로운 직위로의 이동을 시도하게 되는 것이다.

## 제3절 경력개발의 이해[4)]

### 1. 경력개발제도의 의의

경력개발(CD: Career Development)이란 경력과 개발이 합쳐진 개념으로서 개인의 경력을 개발한다는 의미를 지니고 있다. 여기서 경력이란 한 개인이 평생 동안 거쳐 온 직무의 경험 과정으로 이해할 수 있다. 또한, 개발이란 단기적으로는 직무에 대한 만족감과 긍정적 태도를 갖게 하여 성과를 높이는 것이며 장기적으로는 개인의 정체성과 일에 대한 적응력을 향상시키는 것을 의미한다(김흥국, 2004).

4) 이하에서는 중앙인사위원회(2006)의 「경력개발제도 운영매뉴얼」에 관한 설명을 다룬다.

**그림 11-4** 경력개발

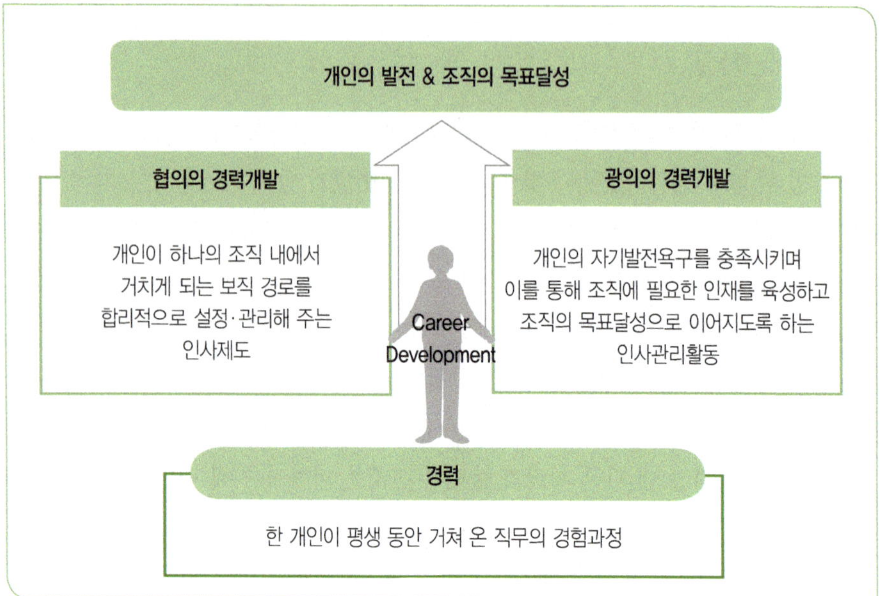


특히 협의의 개념으로서 경력개발이란 개인이 하나의 조직 내에서 거치게 되는 보직 경로를 합리적으로 설정 · 관리해 주는 인사제도를 뜻하며, 광의의 개념으로서 경력개발이란 조직 구성원의 자기발전욕구를 충족시켜 주면서 조직에 필요한 인재를 육성하고, 이것이 조직의 목표달성으로 이어지도록 하는 광범위한 인사관리활동을 포괄하는 제도를 의미한다.

따라서 경력개발제도(CDP: Career Development Program)는 독립적이고 새로운 제도라기보다는 인력계획, 교육훈련, 성과관리 등과 연관되어 있으며, 이러한 요소들을 합리적으로 연결 · 통합하는 제도라고 할 수 있다(〈참고 11-3〉 참조).

이러한 경력개발의 목적은 조직 구성원과 상사, 그리고 조직 중 어느 한쪽의 일방적인 목표나 성과를 달성하기 위한 것이 아니라, 조직 내 인적자원의 합리적인 개발을 통해 조직의 효과성 증대와 조직 구성원의 자기실현욕구를 동시에 충족시키는 데 있다. 이에 경력개발제도의 중요성은 다음의 측면에서 살펴볼 수 있다.

첫째, 맞춤형 인재의 개발 및 확보를 도모할 수 있다. 경력개발제도는 조직 구성원으로 하여금 입직부터 퇴직시까지 경력경로를 설계하도록 도와주고, 개인의 역량

## 참고 11-3 경력개발과정

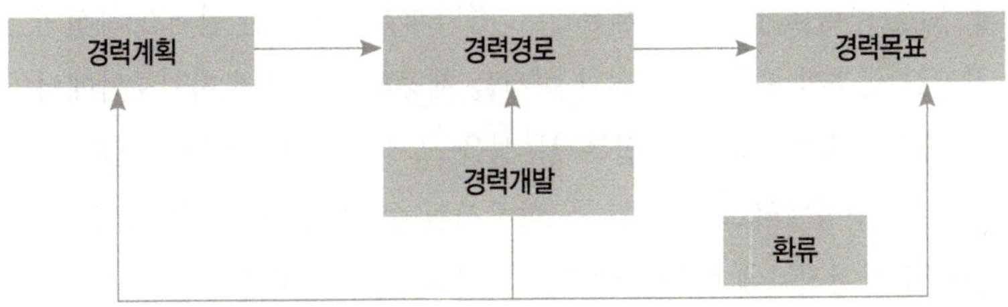


- **경력계획**
  경력목표를 설정하고 이 경력목표를 달성하기 위한 경력경로를 구체적으로 선택하는 과정

- **경력경로**
  개인이 설정한 경력목표에 도달할 수 있는 길이며, 개인이 경험했거나 앞으로 경험해야 할 직위의 연속을 의미

- **경력개발**
  개인은 경력계획을 수립하여 경력목표에 도달할 수 있는 경력경로를 설계하며, 경력개발의 제반 활동을 통하여 자기 자신을 개발하고 이를 통해 경력목표를 달성하게 됨

- **경력목표**
  개인이 조직에서 도달하려고 하는 최종의 직위

- **환류**
  목표와 실제 활동 사이에서 발생하는 오차는 환류(Feedback)과정을 거쳐 경력계획과 경력개발활동에 반영됨

개발 및 성과평가와 연관시켜 관리함으로써 조직이 원하는 맞춤형 인재를 육성할 수 있다.

둘째, 개인의 성장욕구를 충족시킬 수 있다. 경력개발제도는 공무원의 적성과 욕구(Needs)에 맞도록 경력을 계획하고 실행해나가면서 역량개발이 가능하도록 해 줌으로써 자아실현과 성장욕구의 충족을 가능케 한다.

셋째, 업무 수행의 전문성이 제고된다. 경력개발제도는 한 인재가 자신의 전문분야에서 장기간 근무할 수 있는 기회와 여건을 제공해 줌으로써 자기분야에서의 전문성 축적과 이를 바탕으로 조직의 업무전문성을 크게 향상시켜 나갈 수 있다.

넷째, 조직 구성원의 조직몰입도를 향상시킬 수 있다. 경력개발제도는 조직 구성원으로 하여금 자기직무에 대하여 애착을 갖게 하고, 이를 바탕으로 조직과 일체감을 느끼도록 한다.

궁극적으로 조직은 이러한 경력개발제도를 통해 조직목표와 개인목표를 통합함으로써 조직의 경쟁력을 강화하고 공무원의 역량을 제고시킬 수 있다. 따라서 이러한 경력개발제도는 전략적 인적자원관리의 관점과도 맥락을 같이 한다(〈그림 11-5〉 참조).

**그림 11-5 경력개발계획(CDP)의 목적**

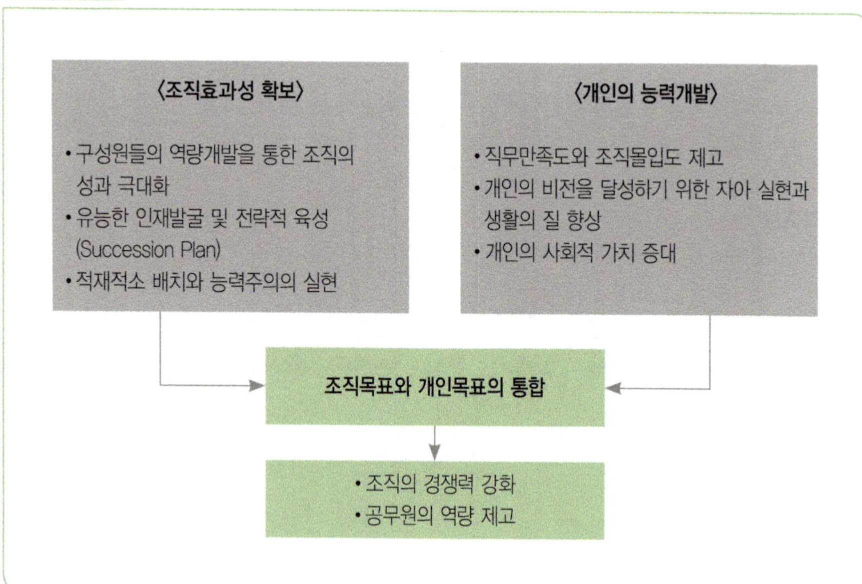

## 2. 경력개발제도의 운영

### 1) 경력개발제도 운영 원칙

경력개발제도의 주체로서의 개인은 생애목표 설정, 경력계획 수립, 보직에 따른 직무수행 및 역량강화를 거쳐 개인적 성장이라는 결과를 달성하며, 지원자로서 조직은 조직목표의 설정, 경력승인, 보직부여, 교육훈련 등의 과정을 거쳐 조직 구성원의 성공적인 직무수행을 통한 조직성과 확보가 가능해진다. 이를 위해서 경력개발제도는 다음의 원칙에 근거하여 운영된다.

#### (1) 자기주도의 원칙

경력개발제도 운영의 제1원칙은 자기주도의 원칙이다. 이는 조직 구성원 스스로가 적극적인 정보 수집을 통해 경력목표와 경력개발 계획을 작성하고 능동적으로 학습을 실시해야 함을 의미한다. 이를 위해 인사담당자는 개인으로 하여금 경력설계에 필요한 정보를 잘 파악할 수 있도록 충실한 직무정보를 제공해야 한다. 또한 경력설계를 위해 각 부처는 경력개발제도 운영 전담조직과 인력을 지정해야 하며 전담조직 및 인력은 직원의 경력발전 관리에 필요한 상담, 지원, 정보제공, 모니터링 및 피드백 기능을 수행해야 한다.

#### (2) 인재육성 책임의 원칙

경력개발제도 운영의 제2원칙은 인재육성 책임의 원칙이다. 이는 인재육성을 위해 경력개발제도의 주체로서 개인과 상사, 감독관, 인사부서가 협력적으로 노력해 나가야 함을 의미한다. 즉 경력개발은 상사와 부하의 공동책임사항이며 상급감독자는 소속직원에 대한 육성 역할을 수행해야 한다. 또한 인사부서는 경력개발 활동을 돕는 지원체계를 구축해야 하며 경력상담(Counselling), 지도(Coaching) 등을 수행하거나 정보제공, 경력개발 워크숍 개최, 리더십 강화교육 등을 실행해야 한다.

**표 11-3 경력경로 유형과 활용 분야**

| 유형 | 내용 | 활용분야 | 비고 |
|---|---|---|---|
| T 형 | 하위직급에서 순환 없이 전문화하고 상위직급에서 폭넓은 순환을 하여 넓은 시야를 갖게 함 | 일반관리자 육성 | 관리자 육성 |
| ㅗ 형 | 하위직급에서는 폭넓은 순환을 하여 직무확장을 경험하게 하고 상위직급에서 전문화함 | 전문참모 육성 | 기획/인사/예산 |
| 工 형 | 상 · 하위직급에서는 어느 정도 순환을 실시하고 중간직급에서 전문화함 | 직군별 관리자 육성 | 민원행정 |
| ㅣ 형 | 입직 이래로 전문분야만 종사하고 순환근무는 지양함 | 전문행정가 육성 | 연구지도 R&D |
| ± 형 | ㅗ 형에 工 형을 가미한 형태로서 하위직에서 다양한 직무를 경험하고 중간직에서 전문성을 발휘함. 국장급 이상 직위에 대해서는 다양한 경험을 다시 중시함 | 포괄적 육성 | 전 분야 |

자료: 박천오 외(2012) 재인용.

(3) 분야별 보직관리의 원칙

경력개발제도 운영의 제3원칙은 분야별 보직관리의 원칙이다. 이는 보다 효과적인 경력개발제도 설계 및 실행을 위해 부처의 조직을 여러 개의 전문분야와 공통분야로 구분하여 구성해야 함을 의미한다. 공무원의 경력, 전공, 적성 등을 종합적으로 고려하여 전문분야를 지정하고 〈표 11-3〉과 같은 경력경로유형에 따라 각 부처는 부처별 실정에 맞는 모형을 선택해야 한다. 또한, 보직관리는 원칙적으로 개인별 전문분야 내에서 이루어지도록 관리해야 한다.

(4) 직무와 역량 중심의 원칙

경력개발제도 운영의 제4원칙은 직무와 역량 중심의 원칙이다. 이는 직급이 아닌 직무 중심의 경력계획을 세우고 직무에서 요구되는 역량과 개인보유 역량 간의 적합 여부 판단 및 필요역량 개발에 중점을 두어야 함을 의미한다. 직무분석의 결과는 직무정보 및 역량수요 정보를 직원에게 제공해 주며, 이를 바탕으로 직원은 자신의 특성과 역량이 직무에 적합한지를 기준으로 보직경로를 설정할 수 있다. 또한, 역량강화를 위해 보직경로별 역량수요의 흐름에 맞게 교육훈련체계를 수립하고, 직무수행 평가를 통하여 역량과 교육훈련이 지속적으로 연계 · 운영되어야 한다.

(5) 개방성 및 공정경쟁의 원칙

경력개발제도 운영의 제5원칙은 개방성과 공정경쟁의 원칙이다. 이는 경력개발 기회가 모든 직원에게 공평하게 제공되어야 하고 보직이동의 기회도 역량을 갖춘 직원들에게 공정한 경쟁을 통해서 제공되어야 함을 의미한다.

### 2) 경력개발제도 운영 과정

조직차원에서 경력개발제도는 보직경로관리, 직무관리, 역량관리 등 3대 인사 영역과의 통합관리에 의해 성공적으로 수행될 수 있으며 직무설계, 경력설계, 경력관

**그림 11-6** 경력개발제도의 과정별 개인과 조직의 역할

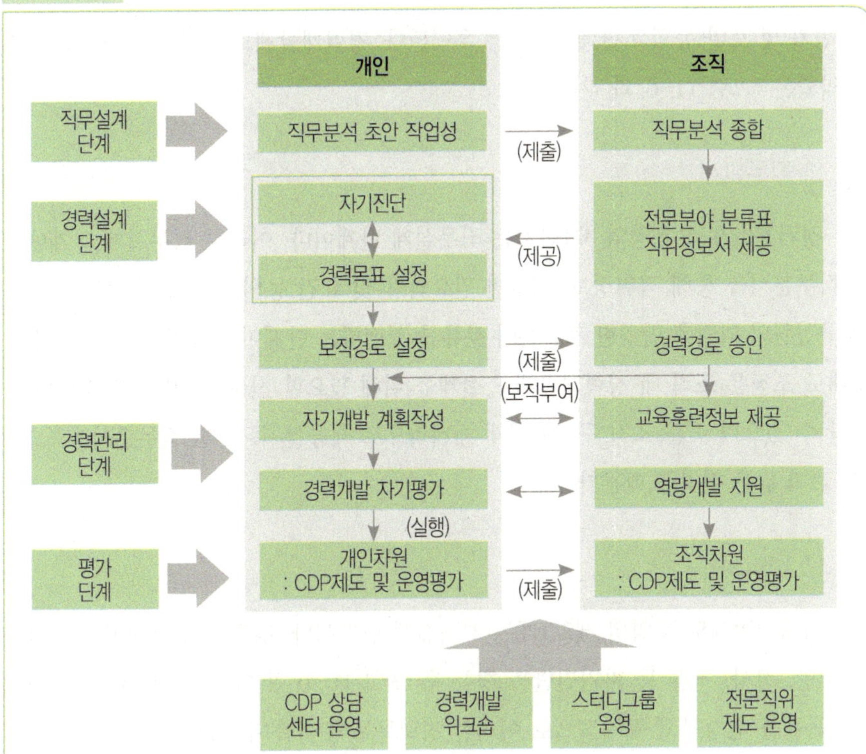


자료: 중앙인사위원회(2006e).

**그림 11-7 직무분석의 절차**

| | |
|---|---|
| 직무분석의 목적 | ▶ 경력개발계획 설계에 필요한 직무분석의 목적을 명시 |
| 분석대상 직무 확인 | ▶ 대규모 조직개편이나 이직률이 높은 직무가 있는 경우에는 대상 직무 확인 필요 |
| 구성원 참여 유도 | ▶ 직무분석을 목적과 과정을 알리는 커뮤니케이션을 통해 구성원의 동참 유도 |
| 정보 수집 | ▶ 정보수집 방법 결정<br>▶ 정확한 정보의 수집(재확인 작업 포함) |
| 분석 결과 및 산출 | ▶ 수집된 정보의 재확인과 누락된 정보의 보완<br>▶ 통일된 포맷의 직무기술서를 적용함으로써 경력개발계획 설계 과정에서 직무 간 비교를 용이하게 함 |
| 사후관리 | ▶ 직무기술서 수시 보완<br>▶ 조직개편시 대규모 보완작업 |

자료: 중앙인사위원회(2006e).

리, 평가 및 보완 등의 4 단계로 구성 · 운영된다. 경력개발제도의 과정별 개인과 조직의 역할은 〈그림 11-6〉과 같다.

(1) 직무설계

경력개발제도 운영의 제1단계는 직무설계 단계이다. 이러한 직무설계 단계에서는 직무분석을 통해 직위정보, 직무별 필요역량 및 요건 등의 정보를 파악하고, 조직 내 구성원의 의견을 반영한 전문분야 분류를 진행하는 단계이다. 특히 이러한 과정을 토대로 조직은 조직 내 경력개발제도 설계를 위해 필요한 전문분야별 직위정보를 구성할 수 있으며 이를 조직 구성원에게 체계적으로 제공할 수 있다. 직무분석은 〈그림 11-7〉과 같은 절차를 따른다.

(2) 경력설계

경력개발제도 운영의 제2단계는 경력설계 단계이다. 경력설계 단계에서는 자신의 희망, 적성, 역량 등 자기진단을 행한 후(〈참고 11-4〉 참조), 자기진단에 부합되는 경력목표를 설정하고 구체적으로 이러한 경력목표에 이를 수 있는 경력경로를 설계하는 단계이다. 일반적으로 서면인터뷰, 가치관 조사, 성격유형 검사, 직업흥미도 검

## 참고 11-4 자기진단서 양식

| 질문항목 | 응답내용 |
|---|---|
| 1. 전공분야는?(학문분야별 또는 계열별) | |
| 2. 관심 있는 정책 · 행정 분야는?(1개 이상) | |
| 3. 지금까지 거쳐 온 직무는? | |
| 4. 지금까지 보람과 흥미가 있었던 직무 경력은? | |
| 5. 지금까지 보람과 흥미가 없었던 직무 경력은? | |
| 6. 장래에 추구하고 싶은 직무경력은? | |
| 7. 추구하는 경력과 나의 경험과의 연관성은? | |
| 8. 추구하는 경력과 나의 잠재력은? | |
| 9. 나의 강점과 약점은? | |
| 10. 나의 경력의 패턴과 특징 및 가능성은? | |

### 표준 보직경로 설정 · 제시 양식

| 경력목표 | 문화분야 문화정책국장 | | |
|---|---|---|---|
| | 초기 순환보직 대상직위 | 전문 보직경로 대상직위 | 넓은 시야의 보직대상직위 |
| 표준 경력 경로 | 1) 국립국어원 언어정책부(7급)<br>2) 국립중앙박물관 박물관정책과(7급)<br>3) 정책홍보관리실 기획총괄담당관실(7급)<br>4) 문화정책국 국어민족문화과(7급) | 5) 문화정책국 국어민족문화과(6급)<br>6) 문화정책국 문화정책과(6급)<br>7) 국립국어원 기획과(5급)<br>8) 문화정책국 국어문화과(5급)<br>9) 문화정책국 문화정책과 (5급, 4급)<br>10) 국립국어원 기획과장(4급)<br>11) 문화정책국 국어문화과장(3급) | 12) 국립국어원 언어정책부장(3급)<br>13) 문화산업국장(2급)<br>14) 문화정책국장(2급) |
| 경로의 설명 | • 경로A의 이점 : 문화진흥정책 및 문화서비스 분야의 전문가로 성장<br>• 경로A의 단점 : 관련되는 소속기관의 보직을 거쳐야 하며, 문화정책 국장의 보직경쟁이 치열하여 목표가 달성되지 못할 수도 있음<br>• 경로A에 대한 인센티브 : 소속기관 근무기간에 대한 가산점 부여 | | |

* 대표 보직경로 A(7급 출발시): 문화정책 경로

자료: 중앙인사위원회(2006e)

사, 경력닻[5]의 판정 등 다양한 조사기법을 활용하여 검사한 다음, 자료수집, 자료정리, 자료해석을 통하여 자신의 흥미와 적성 및 경력발전 패턴을 도출할 수 있다.

### (3) 경력관리

경력개발제도 운영의 제3단계는 경력관리 단계이다. 경력관리 단계에서는 개인의 경력설계 및 승인을 거치는 경력설계 단계가 끝난 후, 조직에서 보직을 부여하고 개인의 역량강화를 위한 교육훈련계획과 경력개발을 위한 각종 지원제도를 활용하는 한편, 역량개발에 대한 자기평가를 통해 지속적인 피드백 과정을 거치는 단계이다.

경력관리 단계에서 공무원은 조직 내 전문분야를 선택하고 본인의 중장기적 경력경로 설계서를 완성하며 매년 개인의 경력목표를 달성하기 위하여 연초에 직속상사와 협의하여 자기개발계획(IDP: Individual Development Plan)을 수립해야 한다. 자기개발계획은 직무정보 · 성과목표 등의 관련 정보를 활용하여 업무 지식습득 · 교육훈련 등의 계획을 수립할 수 있다.

또한, 중장기적 경력목표를 달성하기 위하여 체계적으로 실행 가능한 개발계획을 수립해야 하며 경력목표에 따른 해당 직무의 자격요건 및 본인이 보유한 역량 · 기술 등을 확인하고 부족하거나 미흡한 항목을 중점적으로 개발해야 한다.

특히, 경력개발은 성과관리와도 밀접한 관계를 갖고 있다(〈그림 11-8〉 참조). 위

**그림 11-8 경력개발과 성과관리의 관계**

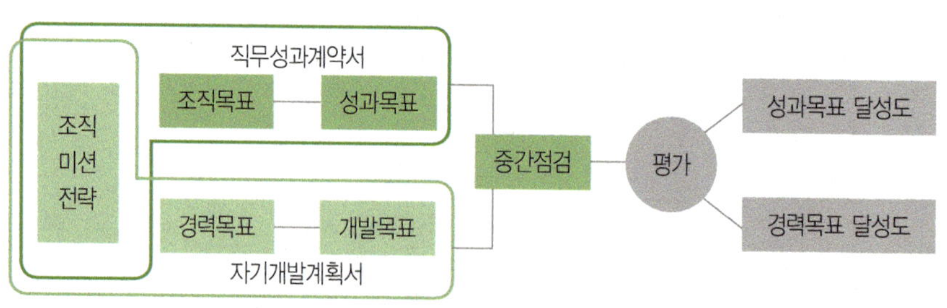


자료: 중앙인사위원회(2006e).

5) 경력닻(Career Anchor)이란 경력과 관련하여 개인이 가진 능력과 역량, 욕구와 목표, 그리고 가치관을 포괄하는 자아 개념을 의미한다.

에서 언급한 바와 같이 성과목표 설정시(직무성과계약제 · 근무성적평정제) 직속상사와 협의를 통하여 연간 자기개발계획을 수립하고 연말에 수행한 자기개발계획에 대한 평가를 실시해야 한다. 즉 조직의 미션과 전략에 따라 자기개발계획서와 직무성과계약서를 작성하고 성과목표 및 경력목표를 평가할 수 있다. 이때 평가결과는 개인에게 피드백해야 하며, 피드백 결과는 차기년도 자기개발계획에 반영해야 한다.

(4) 평가 및 보완

경력개발제도 운영의 마지막 제4단계는 평가 및 보완 단계이다. 평가 및 보완단계에서는 개인과 조직의 역량을 제고하기 위해 경력개발제도에 대한 지속적인 평가와 보완을 도모하는 단계이다. 바람직한 경력개발제도의 운영을 위해서는 경력개발제도에 대한 평가뿐만 아니라 이와 연계된 인적자원관리 기능의 효과성 제고에도 관심을 기울여야 한다.

## 제4절 문제점과 발전방향

### 1. 문제점

앞서 논의된 내용을 바탕으로 우선 우리나라 승진제도의 문제점을 살펴보면 다음과 같다. 첫째, 무엇보다도 가장 당면한 문제는 승진의 공정성 확보이다. 우선 승진후보자의 인사청탁과 인사권자의 정실인사에 대한 우려가 아직도 불식되지 않고 있다. 특히 고위공무원단 직위로의 승진은 고위공무원단 후보자 중에서 근무성적 · 능력 · 경력 · 전공분야 · 인품 및 적성 등을 고려하여 결정하도록 하고 있어 소속 장관의 의견이 중요하게 작용할 수 있다. 장관이 조직을 장악하고 리더십을 발휘할 수 있도록 인사권에 융통성을 부여한 것은 충분히 인정할 수 있으나 자의적 판단이 개입할 소지가 있고, 우리 현실에서 항상 청탁과 정실이 사실로 드러나는 경우가 많기 때문에 우려되는 바가 큰 것이다. 5급 이하 공무원의 승진에서 공정성의 시비를 일으키는 것은 역시 근무성적이 가장 크다. 근무성적평정에서 보다 자세히 논하겠지만 우리나라의 근무성적평정서는 평가요소가 추상적이고 주관적 판단의 여지가 많다. 더구나 관행적으로 연공서열을 먼저 고려하고 그에 따라 근무성적을 정하는 역산식 평정의 방법은 조속히 시정되어야 한다. 경력점수가 높은 부하에게 높은 근무성적을 줌으로써 승진의 가능성을 높이려는 상관의 동기가 있는 한 쉽게 해결되기 힘든 문제이다.

둘째, 우리나라 승진제도의 또 다른 문제점으로 승진적체를 들 수 있다. 인사의 공정성은 주로 승진에서 실패한 사람의 문제이지만 승진적체는 갓 공무원이 된 사람에서부터 심지어는 공직 지망자까지의 관심사이다. 현재 승진에 소요되는 연수는 각 직급별 · 직렬별 · 부처별로 차이가 있으나, 대체로 5급 승진부터 10년 내외로 보면 될 것이다(〈표 11-4〉 참조).

그렇다면 이러한 승진적체의 원인이 무엇인가를 살펴보아야 한다. 이는 근본적으로 피라미드식 계층구조에서 고위직의 수가 적기 때문에 발생한다. 과거 1970~80년대 초반까지의 경제성장과 정부팽창의 시대에는 정부기구의 확장과 산하기관의 신설로 밑에서 올라오는 공무원의 활로를 충분히 열어 줄 수 있었다. 모든 직급에서 빠른 속도로 승진의 가능성을 열어 주었다. 그러던 것이 1980년대 중반부터 우리나라에도 작은 정부, 효율적인 정부의 세계적 사조가 유입되면서 고위직 축소의 노력이 시작되었고, 김대중 정부는 고위직을 외부에 개방하는 조치까지 취하였다. 이러한 노력은 최근 이명박 정부에까지 강화되는 추세이므로 승진의 적체는 점차 가중될 수밖에 없다.

다음으로 배치전환의 문제점의 살펴보면 다음과 같다. 우리나라는 전보, 전직, 인사교류에 있어 엄격한 기준을 정해 놓고 있다. 그러나 실제 적용에 있어서는 역시 남용과 오용의 여지가 많이 있다. 대표적인 것들을 살펴보면 첫째, 징계의 수단으로

**표 11-4 현계급 승진소요연수(2008년)**

단위: 년

| | 평균 | 고위 공무원 | 1급 | 2급 | 3급 | 4급 | 5급 | 6급 | 7급 | 8급 |
|---|---|---|---|---|---|---|---|---|---|---|
| 일반직 국가공무원 | 6.8 | 2.6 | – | – | 8.9 | 8.9 | 9.7 | 7.2 | 6.6 | 4.0 |
| 일반직 지방공무원 | 6.8 | – | – | 4.7 | 7.4 | 10.4 | 11.2 | 9.1 | 5.9 | 2.6 |

자료: 행정안전부(2008c).

이용하고 있다는 것이다. 법적인 징계는 아니지만 직무수행상에 경미한 잘못을 저질렀을 경우 많은 사람이 피하는 한직으로 좌천시킴으로써 간접적으로 책임을 묻고 있다. 징계의 정당한 절차를 따르지 않기 때문에 신분상의 불이익으로 오용될 수 있다.

둘째, 사임의 강요수단으로 쓰이기도 한다. 도저히 받아들이기 힘든 보직을 부여함으로써 사임하지 않을 수 없게 만드는 것이다.

셋째, 잘못을 덮어 주고 징계를 피하도록 하기 위해서 사용하기도 한다. 특히 민원상의 과오를 범해서 민원인이 찾아와 잘못을 따질 때 해당 공무원을 배치전환시킴으로써 상황을 모면시키는 것이다. 새로 부임한 사람은 자신은 모르는 일이라고 책임을 회피하는 것이 보통이다. 이는 공직에 대한 불신을 낳게 하는 해악 중의 하나이다. 끝으로, 우리나라의 고질적인 병폐인 청탁과 정실에 의한 보직이 아직 근절되지 않고 있다. 제도를 앞선 이러한 부정적인 관행이 존재하는 한 배치전환의 긍정적 효과를 기대하기는 아직 어려운 상태이다.

배치전환의 남용이 있다 하더라도 제도 자체를 축소키는 것은 오히려 위험한 일이다. 물론 지나치거나 빈번하게 인사이동을 허용하는 것도 업무수행의 안정성 결여, 새 직위의 적응비용 발생, 전문화로의 역행, '좋은 자리'지키기 내지 '좋은 자리'로의 전근운동 등의 부작용을 가져오지만, 앞의 용도에서 언급된 공무원의 능력발전과 인사관리의 융통성을 위해 필수적인 제도임을 잊어서는 안 될 것이다(오석홍, 1993).

잘못된 하나를 통제하기 위하여 잘할 수 있는 소지마저 없애 버리는 과거의 접근방식으로는 현대의 급변하는 상황에 대응할 수 없다. 부작용이 있더라도 소수의 사람에게 창의적이고 발전적인 능력향상의 계기가 된다면 과감하게 그 제도를 받아들여야 하는 것이 현대의 개방적 접근방식이다. 정부에서도 각 부처기관의 인사관리에 대하여 보다 많은 자율성을 부여하고 책임관리가 이루어질 수 있도록 전보의 제한을 완화시키고 있다. 배치전환은 비록 부작용이 없는 것은 아니나 그 이상으로 긍정적인 효과가 있다고 판단된다. 배치전환의 근본정신을 훼손시키지 않고 부분적인 부작용을 줄일 수 있는 방안을 찾아야 할 것이다.

마지막으로 경력개발제도의 한계 및 문제점은 다음과 같다(중앙인사위원회, 2006e).

첫째, 조직 구성원이 지나치게 자기중심적인 경력발전을 원함으로써 비현실적인 경력목표를 추구하는 경우, 조직과 개인 간에 갈등을 초래하기 쉽다.

둘째, 승진만을 경력개발의 목적으로 보고 빠른 승진경로에 너무 많은 관심을 보임으로써, 많은 구성원들이 '인기 직위'로 경력목표를 집중시키거나 업무량이 적은 경력경로를 선호하려 한다. 이러한 경우, 개인의 희망 경력을 모두 수용할 수 없을 뿐 아니라 조직 갈등을 야기한다.

셋째, 보직경로와 관련하여, 순환보직을 적용하는 경우 특정 직위의 임기가 너무 적으면 담당업무의 전문성 부족으로 인한 효율성 저하가 야기될 수 있다.

넷째, 경력개발제도가 제대로 운영되기 위해서는 직무관련정보, 인사평가정보, 승진 및 직무이동정보, 교육정보, 경력상담정보 등이 체계적으로 수집 · 활용되어야 하는데, 아직까지는 이와 관련된 통합적인 정보시스템의 지원이 부족하다.

마지막으로, 경력개발제도와 타 인사관리제도와의 연계미비를 언급할 수 있다. 경력개발제도는 타 인사관리제도와 같은 목표를 지향해야 하는데, 평가나 보상, 승진 등은 연공서열 기준 중심이고, 경력개발은 직무역량 기준을 따를 경우, 인사관리상 혼란을 야기할 수 있고 궁극적으로는 경력개발제도의 실질적인 목적달성이 어려울 수 있다.

## 2. 발전방향

우선 우리나라 승진제도의 발전방향을 살펴보면 다음과 같다. 승진의 공정성은 투명성에서 찾을 수 있다. 고위공무원단 직위로의 승진결정에 대하여 인사심사를 하도록 한 것은 이런 점에서 의미가 있다. 해당 부처 장관은 고위공무원임용심사위원회의 인사심사가 있다는 사실만으로도 승진의 공정성을 의식하지 않을 수 없을 것이다. 승진대상자 명단을 인터넷에 공개하는 것은 승진의 투명성을 확보하기 위한 중요한 시도일 수 있다. 개인비방이나 흑색선전 등의 부작용을 효과적으로 방지할 수 있다면 인사청탁이나 정실인사를 막는 데 효과적일 것이다.

또 다른 문제점인 승진적체를 해소하기 위한 발전방안은 다음과 같다. 첫째, 교육훈련의 이용이다. 단기간의 교육은 효과가 없지만 위탁교육, 파견교육 등 1~2년의 장기교육을 매년 실시한다면 결국 해당직급의 자리가 늘어나는 효과가 있다. 물론 교육훈련은 승진의 숨통을 트기 위한 수단이 아니라 환경과 기술의 변화, 그리고 직무지식의 변화를 배우고 적응하기 위한 것이다. 그러나 국내외 위탁교육의 기회를 늘리는 것은 능력발전의 기회뿐만 아니라 승진의 기회를 늘리는 효과를 가져올 것이다. 심지어는 5급 이상으로 20년 이상 장기근속자에게 능력발전년제(대학교수의 연구년제에 해당)를 실시하여 공무원 스스로 자기발전을 위해 노력할 수 있는 기회를 주는 것도 고려할 수 있을 것이다.

둘째, 계급정년제의 도입이다. 이미 직업공무원제에서도 언급하였듯이 모든 계급에 정년을 도입하는 것은 부작용이 따를 수 있다. 현재로서는 승진의 적체가 심한 5, 6급의 경우를 고려할 수 있다. 20년 이상 장기근속자로, 승진의 좌절과 포기로 인해 오히려 공직의 분위기를 무기력하게 만들 가능성이 있는 공무원이 그 대상이 될 것이다.

셋째, 조기퇴직의 유도이다. 현재의 명예퇴직과 같이 이름만 그럴싸하고 퇴출의 수단으로 사용되는 제도로서는 승진적체의 문제를 풀지 못한다. 이 제도에 해당된 공무원은 물론 주위사람들이 불명예 퇴직으로 생각하는 인식을 불식시켜 떳떳한 퇴직이 되도록 보장해 주어야 한다. 보다 장기적으로는 직급, 계급 개념에서 직책 개념으로 바꿀 필요가 있다. 중앙부처의 경우 과장급 이하에서는 팀장과 팀원의 직책만을 두는 것이다. 전통적으로 국장, 과장, 계장 등의 직책과 직급(계급)을 동일시(과장은 서기관, 국장은 부이사관 등)하다 보니 지나치게 승진에 집착하는 결과를 가져오고 공직은 경직적인 권위구조화를 초래하였다. 이제 장관, 차관, 국 · 실장, 팀장, 팀원으로 단순화하여 능력에 따라 직책을 부여하고 직책을 중시하는 풍토로 전환해야 한다. 그렇게 변화되어 갈 때 승진은 지금까지의 신분이나 지위 상승의 개념이 약화되고 대신 승급과 유사한 보수인상의 의미가 커질 것이다. 연봉제를 도입하고 있는 민간기업의 경우 이미 직급이라는 것은 무의미하게 되었고 자신이 어떤 책임과 역할을 담당했는지가 중요하게 인식되고 있음을 주목할 필요가 있다.

다음으로 배치전환의 발전방향을 살펴보면 가능한 대안 중 하나가 경력개발(CD)을 활용하는 것이다. 우리나라에서 아직 경력개발(CD)을 위한 기초가 닦여 있지 않은 상태이지만 앞으로 신세대 공무원의 의식이 변화하면서 조직의 일방적인 인사명령으로는 직무와 사람의 바람직한 조화를 이루기 힘들 것이다. 개인에게 자신의 경력에 관한 중장기적인 발전계획을 세우도록 권장하고 조직에서도 이 계획이 실현될 수 있도록 도와주는 자세가 필요하다. 경력발전이 조금씩 정착되면 배치전환의 남용은 훨씬 줄어들 수 있을 것이다. 배치전환은 직무수행자의 적재적소주의에 입각한 인사이동으로 '매너리즘이나 파벌주의'의 폐해를 없애고 참신한 분위기를 조성하며 능력

**표 11-5** 근무연수별 전보비율

| 직급 | 근무연수 | | | | | |
|---|---|---|---|---|---|---|
| | 1년 미만 | 1~2년 | 2~3년 | 3~4년 | 4~5년 | 5년 이상 |
| 고위공무원 | 48.4% | 41.0% | 7.2% | 2.8% | 0.2% | 0.4% |
| 3 | 37.5% | 46.3% | 11.6% | 3.2% | 1.4% | 0.0% |
| 4 | 42.9% | 34.6% | 14.3% | 4.6% | 1.8% | 1.7% |
| 5 | 36.8% | 34.5% | 20.8% | 4.5% | 1.4% | 2.0% |
| 6 | 26.0% | 28.8% | 30.7% | 8.2% | 3.1% | 3.3% |
| 7 | 24.0% | 32.0% | 27.6% | 9.1% | 2.9% | 4.4% |
| 8 | 29.0% | 34.5% | 21.1% | 7.6% | 3.4% | 4.8% |
| 9 | 35.3% | 48.6% | 9.6% | 4.4% | 1.2% | 0.8% |
| 전체 | 30.2% | 34.8% | 22.4% | 6.9% | 2.5% | 3.2% |

자료: 행정안전부(2012b).

발전의 기회를 부여함으로써 인재를 개발하는 것이 주된 목적이다(다케우치 외, 1991). 지금까지는 성적에 의한 기계식 초임발령, 임기응변식 이동, 청탁과 정실의 영향 등이 상당히 지배적이었다면 이제부터라도 보다 계획적인 보직관리를 통해 개인의 능력발전에 도움을 주어야 할 것이다.

문제는 배치전환을 제도 본래의 목적대로 활용하면 좋은데 근래 우리나라의 실정에서는 배치전환의 의의를 살리지 못하고 오히려 '잦은 보직이동'으로 인한 전문성 결여가 더 큰 문제로 지적되고 있다. 즉 잦은 보직이동으로 전문성이 확보되지 못하고, 인수 · 인계시에 전임자의 지식이 후임자에게 전달되지 못할 뿐만 아니라, 결과적으로 정책집행의 단절과 비효율, 나아가 정책실패로 나타나는 점을 지적할 수 있다(〈표 11-5 참조〉). 적성에 맞지 않는 공무원이 적성에 맞는 직위를 찾아갈 수 있는 기회를 제공하는 배치전환의 본래 의미는 살리되 적성에 맞는 자리를 찾았을 때에는 그 분야에서 전문가가 되어 국민에게는 전문성에서 나오는 고품질 행정서비스를 제공하고 국제적으로는 전문지식에서 나오는 협상 경쟁력을 확보할 수 있도록 해야 할 것이다.

마지막으로 경력개발제도의 발전방향은 다음과 같다(중앙인사위원회, 2006e). 우선 현실적이며 타당한 경력목표를 설정하기 위해 조직 구성원이 조직전체의 상황 및 목표와 함께 자기평가를 통해 자신의 정확한 위치를 파악해야 하며, 경력목표 설정과정에서 자신의 경력욕구와 조직요구를 비교 평가한 후 상담활동을 적극 전개해야 한다.

둘째, 경력개발의 우선적인 목적은 조직 구성원의 경력 및 능력개발이고, 승진은 그 과정에서 부산물로 인식되도록 구성원의 인식을 전환해야 한다. 아울러 조직은 승진시 비인기부서 근무경력에 가산점 부여, 업무량의 편차 조정, 비인기직위에 대한 조기승진제 등과 같은 방법으로 직위 간 형평성을 확보해야 한다.

셋째, 순환보직의 문제를 해결하기 위해 조직의 안정성, 연속성, 전문성을 확보하면서도 개인의 경력개발을 유도할 수 있는 방안의 마련이 필요하며, 이를 위해서는 직급별 적정 전보제한기간 설정이 필요하다.

넷째, 경력개발제도를 체계적으로 지원하기 위하여 통합적인 인사정보체계의 구축이 요구된다. 특히 이러한 지원시스템은 구성원들이 자신의 경력욕구를 표현하고 상담할 수 있게 하는 경력개발 촉진제의 역할도 담당할 수 있도록 구축되어야 한다.

마지막으로 경력개발제도와 제반 인사제도와의 정합성을 강화하여 상호 연계성과 일관성을 갖도록 해야 한다. 특히, 경력지원체계를 구성하는 각종 하위 체계들이 상호 시너지 효과를 내면서 운영되도록 다양한 역할을 보완해야 하며, 장기적으로는 통합적이고 전략적인 인사관리체계의 구축이 필요하다.

# 개혁사례

## 서울시 '신 인사시스템' 도입, 전문가 공무원 키운다

배경환

**공공기관 최초 분야별 전문가 공무원 양성… '경력개발제도' 추진**

'철밥통 깨기'로 공직사회 개선에 나선 서울시가 이번에는 전문가 공무원 육성에 나선다. 이를 위해 서울시는 공공기관 최초로 공무원 개개인이 본인의 직무에서 전문가가 될 수 있도록 근무경력과 교육과정을 체계적으로 관리하기로 했다.

17일 서울시는 이 같은 내용을 담은 '신(信·神·新·辛)인사시스템'을 추진해 민선5기 개개인 인적자본 육성에 나선다고 밝혔다.

'신(信·神·新·辛)인사시스템'은 누구나 믿을 수 있고(信), 열심히 일하는 직원이 신명나고(神), 시대 변화에 새롭게 발맞추고(新), 무사안일주의를 과감히 타파한다는(辛) 뜻을 담았다.

우선 서울시는 일반직 5급 이하를 대상으로 경력개발제도(CDP: Career Development Program)를 추진한다. 이는 공무원의 근무경력 및 교육과정을 체계적으로 관리해주는 것으로 개인이 경로목표를 설정하면 시가 목표에 부합하는 보직경로를 설정하는 제도다. 즉 지금까지는 1~2년마다 실시되는 인사발령으로 전문성을 쌓기 어려웠지만 이제는 최소 3년 이상 근무하도록 하고 유사 직무수행을 원칙으로 할 방침이다.

경력개발제도 시행체계를 확립해 하반기부터는 일반직 5급 이하 중 직급별 경력 3년 미만인 2,956명에 대해 단계별로 시행된다.

또한 역량검증제 및 3진 아웃제가 도입된다. 3급(국장급) 승진시 고위간부로서 요구되는 자질과 역량을 사전에 평가하는 것으로 기존 성과목표 실적과 업무추진 실적을 통해 실시하던 승진평가를 더 강화한 것이다. 단 역량평가를 3번까지 통과하지 못하면 '3진 아웃제'가 적용된다.

민선4기 도입된 인사 드래프트제의 절차는 다소 개선된다. 드래프트제는 인사부서에서 일괄적으로 부서를 배치하던 전보방식에서 벗어나 자신이 원하는 전출부서를 5지망까지 작성하고 해당 실·국장이 직원을 선택할 수 있도록 한 제도다. 서울시는 이번 개선을 통해 전출을 희망하는 직원과 정기인사기간이 아닌 시기에 실·국에서 전출을 요청한 직원은 별도로 명단을 공개해 인사업무의 투명성을 제고할 계획이다.

이 밖에 출근시간을 오전 7시에서 10시 사이에 자유롭게 선택하도록 한 '유연근무제'와 퇴근시간이 연동되는 '탄력근무제' 등의 활용도도 높이기로 했다.

정효성 서울시 행정 국장은 "공직사회에서도 스페셜리스트를 육성해 미래 행정수요에 걸맞은 인재상을 정립하겠다"며 "민선4기에 강화된 인력과 조직에 민선5기 소프트웨어인 인적자본개발 프로그램을 결합해 명실상부하게 경쟁력 있는 조직을 만들어 나갈 것"이라고 밝혔다.

자료: 아시아경제(2011년 3월 17일).

## 토론 문제

**Q1** 승진대상의 범위를 개방/폐쇄시 장 · 단점에 대해 논의해 보세요.

**Q2** 승신적체를 헤소하기 위한 바람직한 방안에는 무엇이 있는지 논의해 보세요.

**Q3** 공무원의 보직경로 설정시 고려해야 하는 것은 무엇인지 토론해 보세요.

**Q4** 경력개발제도(CDP)의 해외사례들을 조사하고 시사점과 한계, 그리고 발전방안에 대하여 논의해 보세요.

**Q5** 승진, 경력관리를 위한 잦은 순환보직 관행의 폐단은 무엇인지 이야기 해보고 해결 방안에 대해 토의해 보세요.

# 영화로 보는 인사행정

## 킹스 스피치 (The King's Speech)

| 감독 : 톰 후퍼
| 출연 : 콜린 퍼스, 제프리 러쉬, 헬레나 본햄 카터, 가이 피어스, 마이클 갬본
| 장르 : 드라마
| 국가 : 영국, 호주(2010)

1939년, 세기의 스캔들을 일으키며 왕위를 포기한 형 때문에 버티(콜린 퍼스 분)는 본의 아니게 왕위에 오르게 된다. 실제로 소심한 성격과 병약한 체질로 인해 사람들 앞에 나서기 싫어했던 그가 왕이 된 것이다. 권력과 명예, 모든 것을 다 가진 그이지만 그는 마이크를 두려워했다. 사람들 앞에 서면 말을 제대로 하지 못하고 더듬는 콤플렉스가 있었기 때문이다. 이러한 이유로 국왕의 자리가 버겁기만한 버티와 그를 지켜보는 아내 엘리자베스 왕비(헬레나 본햄 카터 분), 그리고 국민들도 애가 타고 걱정하기는 마찬가지였다. 조지 6세의 아버지는 라디오 방송을 실시한 첫 영국왕이었다. 왕이 연설을 할 때, 국민들은 왕이 자신들의 편에 서 있다고 믿었고 그것이 당시 왕이 존재하는 상징적인 가치였다. 그런데 왕이 말을 잘 못한다면 그 존재 자체가 아무 소용이 없어지는 것 같아 조지 6세를 더욱 두렵게 했던 것이다. 게다가 제2차 세계대전 중이라는 불안한 정세 속에서 국민들은 믿고 따를 수 있는 새로운 지도자를 간절히 원하고 있다. 그러던 어느 날, 버티는 아내의 소개로 괴짜 언어 치료사 라이오넬 로그(제프리 러쉬 분)를 만나게 되고, 삐걱거리는 첫 만남 이후 둘은 기상천외한 치료법을 통해 말더듬증 극복에 도전하게 된다. 라이오넬 로그는 그와 더 이야기를 나누려고 하고 그가 왜 말더듬증이 생겼는지에 대해 이해하고자 한다. 그러면서 그가 가지고 있는 과거의 상처를 보듬어주고, 자신감을 되찾을 수 있게 도와준다.

조지 6세와 라이오넬 로그의 말더듬증 극복 과정에서 우리는 교육 · 훈련의 모습을 발견할 수 있다. 몸 전체에 긴장을 푸는 연습, 턱과 입을 풀며 온몸은 가볍게 유지하는 연습, 가슴을 펴고 올바르게 호흡하는 연습, 안 되는 발음 중심으로 연습 등을 꾸준히 한다. 처음에는 방 안에서 라이오넬 로그와 연습한다. 그리고 꾸준한 연습과 훈련을 바탕으로 실전 상황에서도 연설을 하게 된다. 처음에는 어려움이 많았으나 그는 결국 자신의 문제를 극복하고 성공적으로 연설을 마친다.

이 영화는 실화를 바탕으로 만들어진 영화이다. 전쟁 중 제2차 세계대전 당시 폭격 속에서도 궁을 떠나지 않고 끝까지 국민들 곁을 지킨 조지 6세, 그는 결국 국민들을 위해 자신의 콤플렉스를 극복했다. 부족한 점과 문제점을 정확히 파악하고 진단하며 장기적이고 적절한 교육훈련의 실행이 어떻게 다이몬드 원석 같은 개인의 잠재력과 역량을 다듬고 보듬어 환한 빛을 머금게 하는지를 느끼게 하는 영화이다. 또 하나의 시사점은 교육에 있어서도 정치나 행정에 있어서도 '진심'이 핵심이라는 것이다. 즉 진정한 국가적 인재를 키우기 위해서는 교육자와 피교육자 간에 신뢰를 다지고 서로 다가가며 진심과 열정으로 상대방을 이해하고 기다려 주는 시간이 필요하다. 정부기관의 교육훈련 과정에 있어서도 공무원들의 '진심과 열정'을 불러일으킬 수 있는 다양한 교육훈련 기법개발이 필요하며 궁극적으로 이는 공무원들의 공직동기 함양은 물론 대국민 서비스의 질 향상에도 크게 기여하리라 생각한다. 킹스 스피치라는 영화를 통해 다양한 인사행정의 요소들을 찾아보고 더 나아가 현대사회 있어 '진심과 열정의 삶'의 참의미를 되돌아보는 시간이 되길 바란다.

사진출처: NATE 영화(http://movie.nate.com).

## 연구로 보는 인사행정

### 비영리조직(NGO) 관리자들의 직업선택 동기에 대한 실증 분석 : 공식화와 멘토링의 매개효과를 중심으로

김민영 · 박성민 · 문상호

본 연구에서는 미국 NGO 근무자들의 직업선택 동기의 유형에 대해 분석해 보고 서로 다른 직업선택동기를 가진 구성원들이 NGO 임용 후 조직사회화 과정(공식화와 멘토링)의 매개기능을 통해 어떻게 직무태도에 영향을 미치는지에 대한 가설검증을 통한 실증분석을 수행 하였다. 연구 결과 첫째, 내재적 직업선택 동기(경력발전과 성장기회 및 공공서비스동기 요인)가 직무만족도에 영향을 미치고, 외재적 직업선택 동기(위생요인 및 업무환경 요인)는 직무만족도를 높이지는 못한다는 결과가 도출되었다. 둘째, 직무만족도는 높여주며 Red tape인식도를 낮춰주는 조직사회화 과정인 공식화가 공공기관 및 민간부분에서 뿐만 아니라 NGO에서도 조직결과를 높일 수 있는 중요한 변수로 작용하고 있음을 알 수 있다. 셋째, 외재적 직업선택 동기와 직무만족, Red tape인식도의 조직결과 간의 관계에서 조직사회화 과정 변수 중 하나인 공식화가 부분매개역할을 하고 있음을 알 수 있다. 본 연구를 통해 미국 NGO 조직의 낮은 임금수준, 불안정한 고용환경 속에서도 내재적, 외재적 직업선택 동기요인들이 조직사회화 과정을 매개로 하여 다양한 형태로 NGO 관리자들의 직무태도에 영향을 주고 있음이 밝혀졌다. 본 연구 결과를 바탕으로 향후 비교 행정학적 시각에서 NGO 근무자들의 직업선택 동기 및 NGO 조직사회화 과정인 공식화에 대한 논의를 한국적 맥락에서 심층적으로 발전시켜 나가야 할 것이다.

**Research Questions**

1) 공공조직의 교육훈련 방법 중 OJT(On-the-job Training: 코칭, 멘토링, 카운슬링 등)와 OFF JT(Off-the-job Training: 이론 강의, 감수성 훈련, 역할연기 등)의 조직사회화 과정이 조직효과성에 미치는 영향에 대하여 토론해 보세요.
2) 개인의 동기가 교육훈련 등 조직 사회화 과정을 통해 변화될 수 있는 것인가에 대하여 토론해 보세요.

**Research Framework**

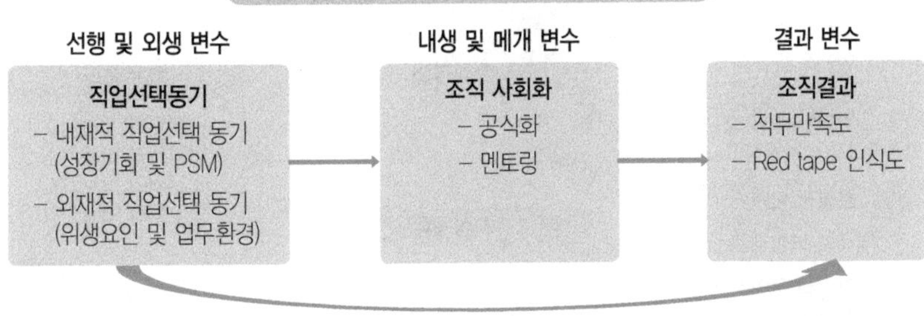


자료: 정책분석평가학회보(2012), 22(4):1~33

# 연구로 보는 인사행정

## 공공부문의 사회자본 확충과 지식관리 활성화를 통한 업무성과 제고방안 연구

김선아 · 박성민

본 연구의 목적은 사회자본을 중심으로 하는 지식관리 선행요인과 지식관리 활동, 지식관리 업무성과 간의 인과관계를 파악하고 이들 간의 연계방안을 제시함으로써 공공부문의 지식관리 활성화 정책을 제시하는 데 있다. 이를 위해 지식관리시스템을 운영하고 있는 중앙행정기관 공무원을 대상으로 설문조사를 실시하였으며, 이를 바탕으로 구조방정식 모형 분석을 실시하였다. 지식관리 선행요인(사회자본, 리더십, 보상체계 및 기술적요인)과 지식관리 활동 및 성과 간의 관계에 관한 가설검증 결과 각각의 지식관리 선행요인들은 지식관리 활동별로 차별적인 영향을 미치는 것으로 나타났다. 구체적으로 지식창출에는 사회자본의 관계적 요소와 규범적 요소, 리더십 요인, 기술적 요인이 지식공유에는 사회자본의 구조적 요소와 제도적 요인이 유의미한 영향을 미치는 것으로 나타났다. 그리고 지식창출은 지식공유에 유의미한 영향을 미치는 것으로 나타났으며, 지식공유만이 지식관리 업무성과에 유의미한 영향을 미치는 것으로 나타났다. 뿐만 아니라 지식창출 활동과 지식공유 활동의 두 변수가 사회자본 요인과 리더십 등의 선행변수와 지식관리 성과 간에 관계에 있어 중요한 매개역할을 하고 있음을 보여주고 있었다. 본 연구에서는 이러한 분석 결과를 바탕으로 지식관리 업무성과 향상을 위한 지식관리 전략을 사회자본 차원과 리더십 및 제도적 차원으로 구분하여 보다 적실성 있는 정책적 함의를 제시하였다.

### Research Questions

1) 공공조직의 지식관리 활성화 전략을 수립하는 데 있어 사회자본의 중요성에 대해 토론해 보세요.

2) 공공조직의 지식관리 활동에 있어 기관장 및 관리자 리더십의 역할과 그 의미에 대해 토론해 보세요.

### Research Framework

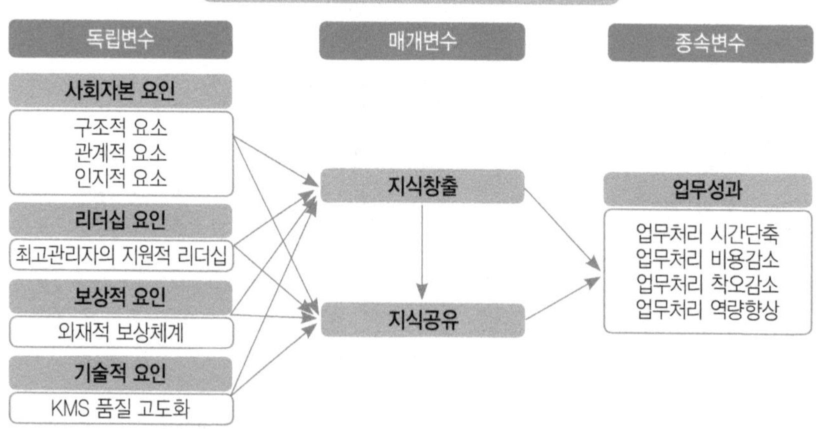


자료: 한국행정연구(2013), 23(3):25~64

# 제 6 편

# 인적자원의 유지 · 활용

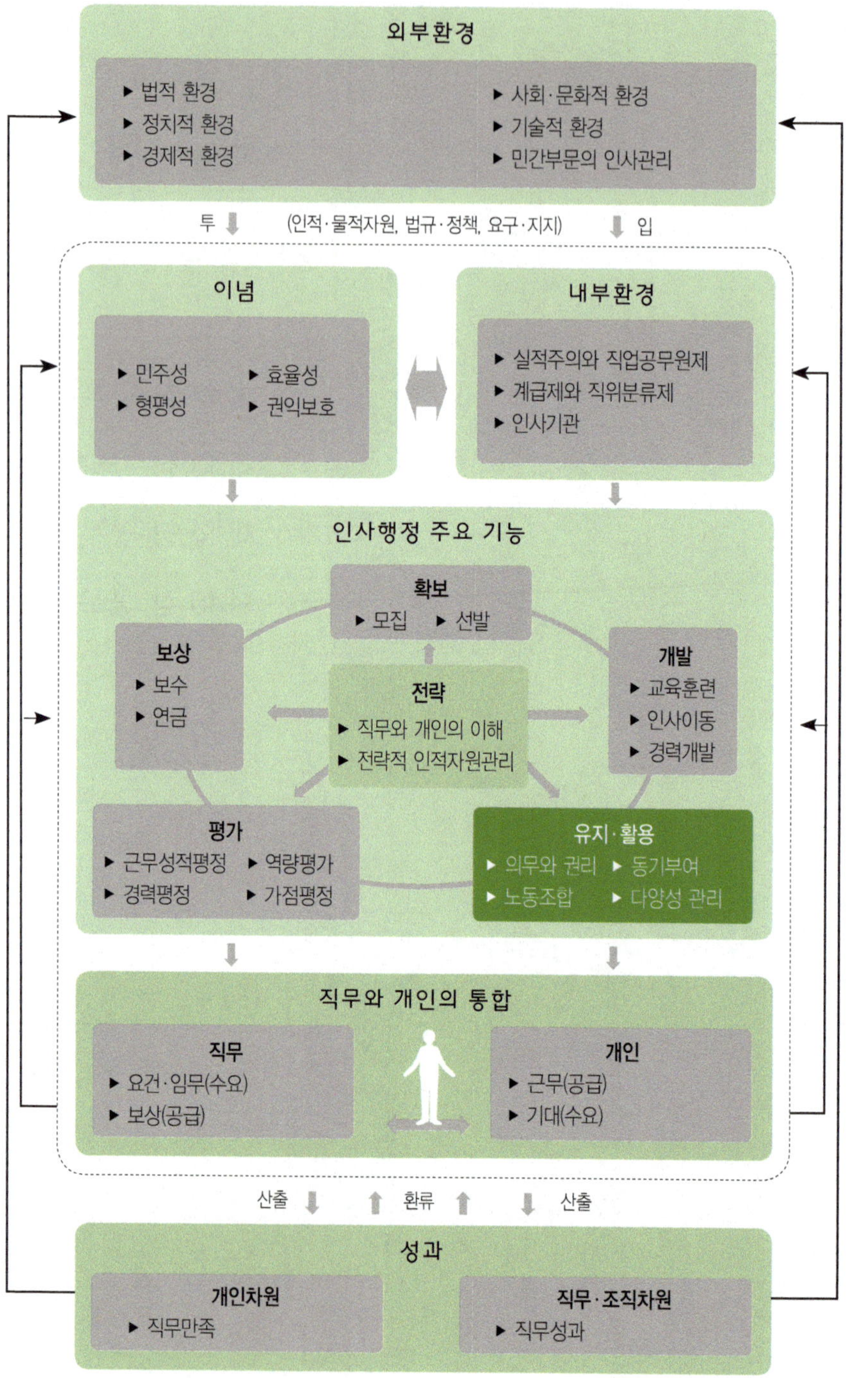
외부환경
▶ 법적 환경
▶ 정치적 환경
▶ 경제적 환경
▶ 사회·문화적 환경
▶ 기술적 환경
▶ 민간부문의 인사관리
투
(인적·물적자원, 법규·정책, 요구·지지)
입
이념
▶ 민주성
▶ 효율성
▶ 형평성
▶ 권익보호
내부환경
▶ 실적주의와 직업공무원제
▶ 계급제와 직위분류제
▶ 인사기관
인사행정 주요 기능
확보
▶ 모집 ▶ 선발
보상
▶ 보수
▶ 연금
전략
▶ 직무와 개인의 이해
▶ 전략적 인적자원관리
개발
▶ 교육훈련
▶ 인사이동
▶ 경력개발
평가
▶ 근무성적평정 ▶ 역량평가
▶ 경력평정 ▶ 가점평정
유지·활용
▶ 의무와 권리 ▶ 동기부여
▶ 노동조합 ▶ 다양성 관리
직무와 개인의 통합
직무
▶ 요건·임무(수요)
▶ 보상(공급)
개인
▶ 근무(공급)
▶ 기대(수요)
산출
환류
산출
성과
개인차원
▶ 직무만족
직무·조직차원
▶ 직무성과

# 제 12 장



# 공무원 동기부여

## 들어가는 말

우수한 능력을 보유한 사람을 선발하고, 이들을 교육함으로써 조직은 우수한 인적자원을 확보할 수 있게 된다. 인적자원의 확보와 개발의 과정이 끝나게 되면 이제 조직은 인적자원이 열심히 일할 수 있는 근무여건을 조성하고, 안정적인 환경에서 이들이 자신의 경력을 성공적으로 수행할 수 있도록 관리해야하는데, 이러한 과정에서 중요한 것이 동기부여 활동이라 할 수 있다. 조직은 개인의 직무능력을 성장시키기 위한 노력뿐만 아니라 이들이 적극적이고 능동적으로 일을 할 수 있도록 의욕을 북돋아주어야 한다. 이에 인적자원의 유지 · 활용의 첫 장에서는 공무원의 동기부여에 관한 내용을 다루고자 한다. 따라서 제12장에서는 동기에 관한 일반적인 이해를 바탕으로 공직동기, 동기이론, 동기영향요인 등에 대한 내용을 중심으로 살펴보고자 한다.

## 핵심용어

- 동기부여(Motivation)
- 내재적 동기(Intrinsic Motivation)
- 외재적 동기(Extrinsic Motivation)
- 자기결정성 이론(Self-Determination Theory)
- 공직동기(Public Service Motivation)
- 내용이론(욕구단계 이론, ERG 이론, 2요인 이론, 직무특성 이론)
- 과정이론(공정성 이론, 기대 이론, 성과만족 이론)
- 개인-직무 적합성(Person-Job Fit)

# 제1절 동기의 이해

## 1. 동기의 의의

### 1) 개념

개인의 직무성과는 한 개인이 보유한 업무 관련 지식, 기술, 능력 등의 직무능력뿐만 아니라 다양한 개인적 · 환경적 · 조직적 특성에 의해 결정된다. 따라서 동일한 직무능력을 보유한 사람들일지라도 그들의 직무성과는 각기 다르게 나타날 수밖에 없다. 특히 Hersey & Blanchard(1972)와 박동서(2001)는 직무성과를 결정하는 요인으로 직무능력 이외에 개인의 동기가 중요한 요인으로 작용하고 있음을 지적하였다.

이러한 동기(Motive)는 '움직이다(To Move)'라는 뜻의 라틴어 'Movere'에서 유래된 개념이다. 즉 동기는 사람을 움직이게 하는 힘을 의미하는 것으로서 조직 구성원이 얼마만큼 능동적으로, 또 열심히 일을 하느냐는 동기에 따라 달라질 수 있다. 다시 말해, 동기는 '사람의 행동을 활성화시키고 지속시키는 외적 자극과 내적 조건'이라고 정의할 수 있다.

따라서 인적자원관리의 관점에서 우수한 인적자원을 유지하기 위한 노력으로서 개인의 동기구조를 파악하고 이를 관리하려는 노력은 매우 중요하다고 할 수 있다. 특히 이러한 동기를 관리하는 활동을 설명함에 있어 우리는 '동기부여(Motivation)'라는 용어를 사용하게 된다. 이에 동기부여는 인적자원관리의 측면에서, '동기를 유발시킬 수 있는 외적 자극과 내적 조건들을 조직의 목표에 부합할 수 있도록 유지하고 관리해 나가는 활동'이라고 정의할 수 있다.

Robbins & Judge(2011)는 이러한 동기부여를 설명함에 있어 강도(Intensity), 방향(Direction), 지속성(Persistence) 등 3가지 핵심요소를 강조하고 있다. 동기부여에서의 강도는 개인이 조직목표를 달성하기 위해 얼마만큼 열심히 일하는가를 의미하며, 방향은 개인의 행동이 얼마만큼 조직목표에 부합하는가, 즉 노력의 품질을 의미한다. 뿐만 아니라 이러한 노력이 얼마만큼 오랫동안 유지될 수 있는가를 의미하는 지속성 등의 세 가지 요건이 충족될 때 동기부여를 통한 조직의 성과향상이 가능해짐을 지적하고 있다.

### 2) 중요성

인적자원관리에서 동기부여의 중요성은 조직효과성의 관점에서 설명할 수 있다. 조직효과성은 직무만족, 조직몰입, 업무성과, 이직률, 결근율 등 다양한 차원으로 설명될 수 있는데, 많은 선행연구를 통해 동기부여가 높은 수준의 조직효과성을 결정짓는 핵심요인으로 밝혀졌다. 앞서 언급한 바와 같이 개인과 조직의 성과는 개인이 보유한 업무능력뿐만 아니라 얼마만큼 즐겁게 일하는가, 얼마만큼 적극적으로 일하는가, 얼마만큼 능동적으로 일하는가에 따라 다르게 나타날 수밖에 없다. 다시 말해 동기부여 수준이 높아 직무를 자신의 소명으로 여기고 열심히 즐겁게 일하는 사람과 동기부여 수준이 낮아 수동적으로 일하는 사람과는 분명히 업무성과가 다르게 나타날 것이며, 높은 동기부여는 직무만족 및 조직몰입의 수준과도 깊은 관련이 있기 때문에 이직률 및 결근율을 낮추는데도 기여할 수 있게 된다. 따라서 조직효과성 향상에 있어 동기부여가 핵심적인 역할을 하고 있음을 이해할 수 있으며 이것이 우수한 인적자원을 유지하는 데 있어 동기부여가 무엇보다 중요한 이유이다.

그림 12-1 동기의 이해

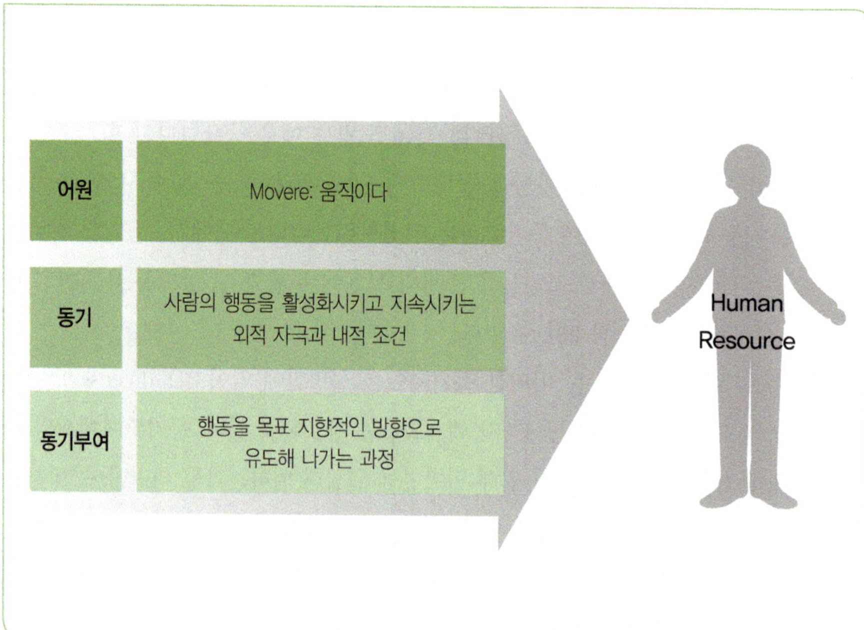

## 2. 동기의 유형

개인의 동기는 크게 두 가지 차원으로 구분하여 살펴볼 수 있다. 하나는 개인의 내적 요인에 의해 자발적으로 발생하는 내재적 동기이며 다른 하나는 내부 및 외부 요인에 의해 비자발적으로 발생하는 외재적 동기이다.

동기와 관련된 과거의 연구들을 살펴보면 많은 연구자들이 내재적 동기와 외재적 동기의 관계를 설명함에 이들을 양극단에 존재하는 유형으로 구분하였음을 알 수 있다. 따라서 보상과 같은 외재적 동기 강화요인이 주어질 때, 내재적 동기가 감소할 수 있으며, 반대로 자아실현과 같은 내재적 동기 강화요인이 충족될 때, 외재적 동기가 감소할 수 있음을 지적하였다. 즉 과거의 연구에서는 내재적 동기와 외재적 동기를 상충관계(Trade Off)로 이해하고 있었다.

그러나 최근의 연구에서는 내재적 동기와 외재적 동기를 연속선상에 존재하는 개념으로 이해하는 관점이 지배적이다. 즉 내재적 동기가 높을 때 외재적 동기가 낮아지거나 외재적 동기가 높을 때 내재적 동기가 낮아지는 것이 아니라 외재적 동기가 높을 때 이것이 내재적 동기로 전환되어 연속적으로 이어질 수 있음을 확인할 수 있다(Deci & Ryan, 1985). 따라서 인적자원관리에 있어서는 이러한 내재적 동기와 외재적 동기에 통합적으로 접근하여 조화로운 시각에서 이를 적정수준으로 끌어올려 관리하려는 노력이 중요하다고 할 수 있다. 이에 내재적 동기와 외재적 동기에 대해 구체적으로 살펴보면 다음과 같다.

### 1) 내재적 동기

내재적 동기(Intrinsic Motivation)는 개인의 내적 요인에 의해 자발적으로 발생하는 동기로서 직무를 수행함으로써 느끼는 개인의 흥미, 성취감, 만족감, 긍정적인 감정 상태에 의해 결정된다고 볼 수 있다. 즉 행동 자체가 즐겁고 흥미로울 때 발현되는 동기를 내재적 동기라고 이해할 수 있으며 이러한 내재적 동기는 '활동과정'에 대한 만족감으로 이해할 수 있다.

그림 12-2 동기의 유형

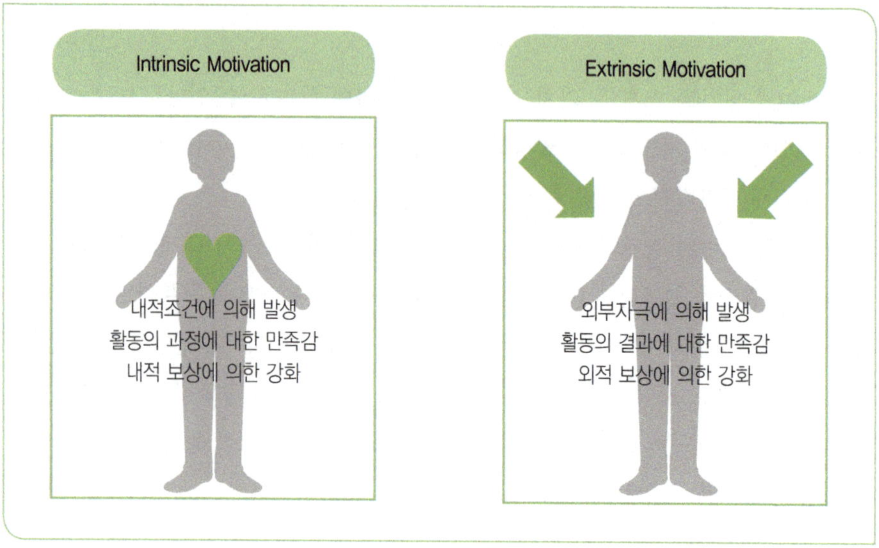


### 2) 외재적 동기

외재적 동기(Extrinsic Motivation)는 내적 · 외적 요인에 의해 비자발적으로 발생하는 동기로 자신 및 타인으로부터의 인정, 금전 · 비금전적 보상을 얻기 위한 수단으로서 발생하는 동기를 의미한다. 즉 행동에 따르는 산출을 얻기 위해 발현되는 동기를 외재적 동기라고 이해할 수 있으며 이러한 외재적 동기는 '활동결과'에 대한 만족감으로 이해할 수 있다.

# 제2절 자기결정성 이론의 이해

## 1. 자기결정성 이론의 의의

### 1) 개념

앞서 살펴본 바와 같이 기존에는 인간의 행동을 이해하는 데 있어 외재적 동기와 내재적 동기라는 이분법적 분류가 적용되고 있었다. 그러나 Deci & Ryan(1985)은 자기결정성 이론(SDT: Self-Determination Theory)을 통해 무동기 · 외재적 동기 · 내재적 동기가 자기결정성 수준에 따라 연속선상에 존재하며, 이러한 동기는 사회적 맥락에 따라 변화할 수 있는 유기체적 성격을 갖고 있다고 주장하였다. 자기결정성 이론에 따르면 개인이 자신의 행동을 스스로 결정하고 선택할 수 있는 '자기결정성(Self-Determination)' 수준이 가장 높을 때 내재적 동기가 발현될 수 있으며 개인이 지각하는 자기결정성의 수준에 따라 외재적 동기 역시 다양한 형태로 존재할 수 있다고 설명한다. 특히, 자기결정성 이론에 따르면 내재적 동기는 특정한 조직적 상황, 보상이나 규율과 같은 사회 환경적 요소, 작업 환경, 조직 문화 등에 따라 강화되거나 약화될 수 있으며(Park & Word, 2012), 외재적 동기 역시 사회화 · 내면화 과정을 통해 내적 동기로 변화할 수 있음을 강조하고 있다(Ryan & Deci, 2000).

이러한 자기결정성 이론은 인지 평가 이론(CET: Cognitive Evaluation Theory)과 유기체 통합 이론(OIT: Organismic Integration Theory) 등 두 가지 하위 이론을 기초로 발전하였다. 첫째, 인지 평가 이론(CET)은 인간이 갖고 있는 역량성(Competence)과 자율성(Autonomy)과 같은 근본적인 심리적 욕구에 초점을 맞추고, 내재적 동기에 있어 보상, 환류 등과 같은 외적 요소의 영향력을 실증적으로 규명한 이론이다. 이 이론에 의하면 사회적 맥락에서 환류, 의사소통, 보상과 같은 외재적 이벤트는 특정 행동을 수행하는 데 있어 역량성을 느끼게 하고, 이를 통해 내재적 동기를 강화할 수 있다고 설명한다. 이러한 인지적 평가 이론을 토대로 Ryan & Deci(2000)는 자기결정성 이론을 설명하는 데 있어, 내재적 동기를 유지하고 강화하는 핵심 요인으로 자율성(Autonomy), 역량성(Competence), 관계성(Relatedness) 등을 제시하였다. 자율성은 자신을 스스로 통제하고 자발적으로 행동하고자 하는 욕구를 의미하며, 유능성은 특정 업무를 성공적으로 수행하고자 자신의 능력을 발휘하려는 욕구를 의미한다. 마지막으로 관계성은 다른 사람과 관계를 맺고 상호작용 하고자 하는 욕구를 의미한다. Ryan & Deci(2000)는 자율성, 유능성, 관계성 등 세 가지 기본적인 욕구가 충족될 때 내재적 동기가 높아질 수 있다고 설명하였으며 특히 자율성의 역할이 가장 중요하다고 주장하였다.

둘째, 유기체 통합 이론(OIT)은 외재적 동기의 다양한 유형과, 이러한 외재적 동기의 조절을 내면화 하거나 통합하는 과정에서 강화 · 저해 요인으로 작용할 수 있는 맥락적 요소를 설명한 이론이다(Ryan & Deci, 2000). 즉 유기체 통합 이론은 외적인 요인에 의해 유발된 행동이 개인에 내면화 되고 통합되어 내재적 동기로 변화해 가는 과정을 설명한다. 이러한 유기체 통합 이론을 토대로 Ryan & Deci(2000)는 자기결정성 이론을 설명하는 데 있어, 조절 기제의 유형 및 과정, 인과성 소재의 지각 등 단계별 특징을 이해하기 위한 분석의 틀을 구성하였다. 이를 바탕으로 자기결정성 수준에 따라 구분되는 무동기 · 외재적 동기 · 내재적 동기로의 전환 과정을 이해할 수 있었으며 기존에는 단일체로 여겨졌던 외재적 동기를 다양한 유형으로 세분화하여 제시할 수 있었다.

### 2) 중요성

자기결정성 이론의 중요성은 인적자원의 관리적 측면에서 발견할 수 있다. 자기결정성 이론은 외재적 동기와 내재적 동기가 자기결정성 수준에 따라 연속체상에 존재할 수 있음을 설명함으로써 외재적 동기와 내재적 동기라는 기존의 이분법적 분류로는 설명하지 못했던 인간의 행동을 설명할 수 있게 되었다. 특히, '공익'의 실현과 '공공 가치'의 구현이라는 공공조직의 존재 목적과, 공공조직의 특수성을 고려할 때, 공공조직 구성원들의 내재적 동기는 조직 효과성 향상에 있어 핵심적인 요소라 할 수 있다. 이에 자기결정성 이론을 토대로 내재적 동기를 강화하거나 약화시키는 조직적 · 사회적 · 환경적 요인을 이해함으로써 어떻게 하면 외재적 동기를 내재적 동기로 전환할 수 있는지, 보다 가치 있는 상위수준으로의 동기 전환을 위해 필요한 조절 기제는 무엇인가 등의 질문에 대한 해답을 얻을 수 있을 것이라 생각된다. 특히, 이러한 고민과 더불어 Ryan & Deci(2000)가 지적하고 있는 바와 같이 내재적 동기를 유지하고 강화하는 데 있어 핵심적인 요소로 제시되고 있는 자율성, 역량성, 관계성 욕구를 효과적으로 충족시키기 위해 필요한 리더십, 조직 문화, 조직 구조, 조직 프로세스 측면에 관한 논의를 병행한다면 조직 효과성 향상을 위한 유용하고 발전적인 관리적 함의를 도출해 낼 수 있을 것이라 생각된다.

## 2. 자기결정성 이론의 동기 유형

자기결정성 이론은 유기체 통합 이론(OIT)을 기초로 자율성 혹은 자기결정성의 수준에 따라 동기의 유형을 무동기, 외재적 동기, 내재적 동기 등 크게 세 가지 차원으로 구분하였다(〈그림 12-3〉 참조). 첫째, 무동기는 행동할 의도가 결핍된 상태를 의미하며, 둘째, 외재석 동기는 외적 조절 기제에 의해 유발되는 동기를 의미한다. 셋째, 내재적 동기는 활동 그 자체에 내재된 만족감을 추구하기 위해 유발되는 동기를 의미한다. 조절 기제의 유형 및 과정, 인과성 소재의 지각 등 동기 유형별 특징을 살펴보면 다음과 같다(Ryan & Deci, 2000).

### 1) 무동기

무동기(Amotivation)는 행동할 의도가 결핍된 상태로서, 무동기 상태의 조직 구성원들은 어떠한 행동도 하지 않거나, 목표가 결여된 채로 행동하게 된다. 따라서, 무동기 상태에서는 조절 기제가 존재하지 않으며, 의도의 결여, 가치가 부여되지 않은 행

**그림 12-3 자기결정성 수준에 따른 동기 유형**

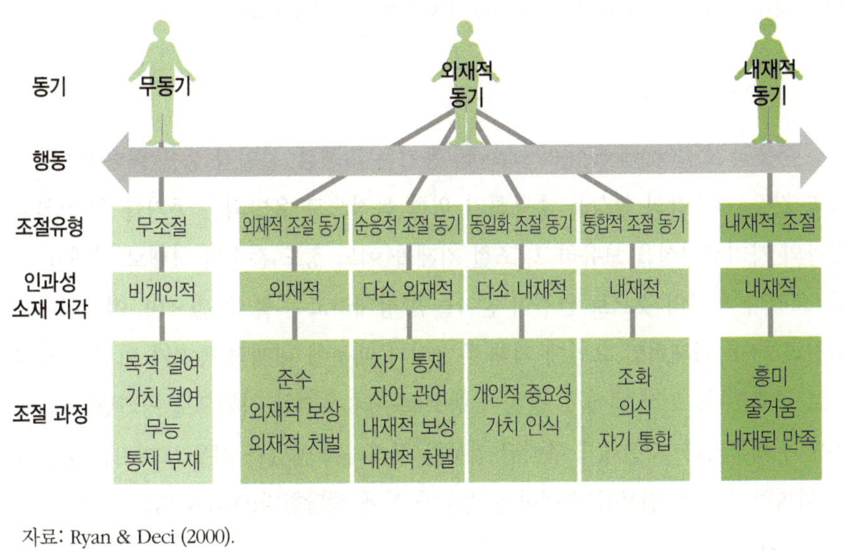


자료: Ryan & Deci (2000).

동, 과제를 해 낼 수 있는 능력의 결핍, 원하는 결과가 산출된 것이라는 기대의 결핍, 통제의 결핍 등으로 인해 발생한 것으로 이해할 수 있다. 따라서 이러한 행위는 비개인적(Impersonal) 행동으로 이해할 수 있다(Seligman, 1975; Bandura, 1986; Ryan, 1995; Ryan & Deci, 2000).

### 2) 외재적 동기

자기결정성 이론에서 외재적 동기(Extrinsic Motivation)는 조절 기제의 내면화 수준과 통합의 정도에 따라 외재적 조절 동기, 순응적 조절 동기, 동일화 조절 동기, 통합적 조절 동기 등 네 가지 유형으로 구분하였다. 이를 구체적으로 살펴보면 다음과 같다.

#### (1) 외재적 조절 동기

외재적 조절(External Regulation) 동기는 외적인 요구를 만족시키거나 외재적 보상을 획득하기 위한 목적으로 유발되는 동기를 의미한다. 즉 자기결정성이 결여된 채, 타율적으로 행동하는 상태로 이해할 수 있다. 따라서 이때의 동기는 외재적인 요인에 의해 유발되며, 이러한 상태일 때의 조직 구성원들은 통제와 소외를 경험하게 된다. 조직이 제공하는 성과급을 얻거나 처벌을 피하기 위해 타율적으로 업무를 수행하는 경우가 이에 해당한다(deCharms, 1968; Ryan & Deci, 2000).

#### (2) 순응적 조절 동기

순응적 조절(Introjected Regulation) 동기는 죄책감, 불안감 등을 회피하거나 자신감과 같은 자존감의 향상을 추구하기 위한 목적으로 유발되는 동기를 의미한다. 즉 약간의 자기결정성을 보유하고, 조절 기제를 어느 정도 흡수한 상태로 이해할 수 있다. 그러나 자신의 것으로 완전히 받아들인 상태라고는 볼 수 없으며, 이때의 동기는 여전히 다소 외재적인 요인에 의해 유발되기 때문에 내재적 동기가 아닌 외재적 동기로 구분된다. 조직 내에서, 상사나 동료로부터 우수한 직원으로 평가받기 위해 업무를 수행하거나, 자신에게 부여된 업무를 처리하지 않았을 경우 느껴지는 불안감 등을 회피하기 위해 업무를 수행하는 경우가 이에 해당한다(Deci & Ryan, 1995; Ryan & Deci, 2000).

(3) 동일화 조절 동기

동일화 조절(Identified Regulation) 동기는 행동의 목표 또는 조절 기제의 가치를 인식하여 자신에게 중요한 것으로 받아들인 상태에서 유발되는 동기를 의미한다. 즉 상대적으로 높은 수준의 자기결정성을 보유하고, 목표, 조절 기제와 자신을 동일시한 상태로 이해할 수 있다. 자기결정성 수준이 상당히 높으며, 이때의 동기는 다소 내재적인 요인에 의해 유발되지만, 여전히 특정한 목표를 달성하기 위한 행동이기 때문에 외재적 동기로 구분된다. 조직이 추구하는 비전과 목표를 스스로 중요하다고 인식하고 이와 자신을 동일시하여, 이러한 목표를 달성하기 위해 업무를 수행하는 경우가 이에 해당한다(Ryan & Deci, 2000).

(4) 통합적 조절 동기

통합적 조절(Integrated Regulation) 동기는 동일화 조절 동기가 완전히 개인에게 동화 · 통합된 상태에서 유발되는 동기를 의미한다. 즉 통합적 조절 동기는 동일화 조절이 개인의 다른 가치 및 욕구와 조화를 이룬 상태로 이해할 수 있다. 특히, 이러한 조화는 외적인 요인에 의해 강제된 것이 아니라 자기 스스로의 선택에 의해 내면화한 결과로 볼 수 있다. 외재적 동기 형태 중 자기결정성 보유 수준이 가장 높으며, 이때의 동기는 내재적 요인에 의해 유발되기 때문에 내재적 동기와 상당 부분 유사한 측면을 공유하고 있다. 그러나 업무 수행 자체에 내재된 즐거움을 위한 것이기보다는 그 외의 다른 결과를 획득하기 위한 행위로 이해되기 때문에 외재적 동기로 구분된다(Ryan & Deci, 2000).

### 3) 내재적 동기

내재적 동기(Intrinsic Motivation)는 활동 그 자체에 내재된 만족감, 즉 특정 업무를 수행하는 과정에서 발현되는 흥미, 즐거움으로 인해 행동하는 것을 의미한다. 따라서 흡수, 숙련, 자발적 흥미, 탐구 등과 같은 자연적 성향으로 이해할 수 있다. 자기결정성 이론에서는 자기결정성이 최고 수준에 도달할 때, 내재적 동기가 유발된다고 본다. 이러한 내재적 동기는 개인의 인지적 · 사회적 발달 측면에서 매우 중요한 역할을 하며 삶 전반에 걸친 활력과 즐거움을 유지하는 데 있어 핵심적인 역할을 담당한다는 측면에서 그 중요성이 강조되고 있다(Csikszentmihalyi & Rathunde, 1993; Ryan, 1995; Ryan & Deci, 2000).

## 제3절 공직동기의 이해

### 1. 공직동기의 의의

#### 1) 개념

Perry & Wise(1990)에 의해 제안된 공직동기(PSM: Public Service Motivation)는 주로 내재적 동기에 초점을 맞추어 논의되는 개념으로서 공공조직 고유의 특성으로 이해할 수 있다.

1980년대 이후, 신공공관리론(NPM: New Public Management)을 중심으로 정부개혁 활동이 진행되었다. 신공공관리론에 기초한 개혁 활동의 목표는 민간부문의 관리 원리 및 도구를 공공부문에 도입함으로써 관리상의 전문성 및 효율성 향상을 핵심으로 한다. 이에 인적자원관리에 있어서 성과와 경쟁을 중심으로 하는 성과급, 외

그림 12-4 공직동기의 이해

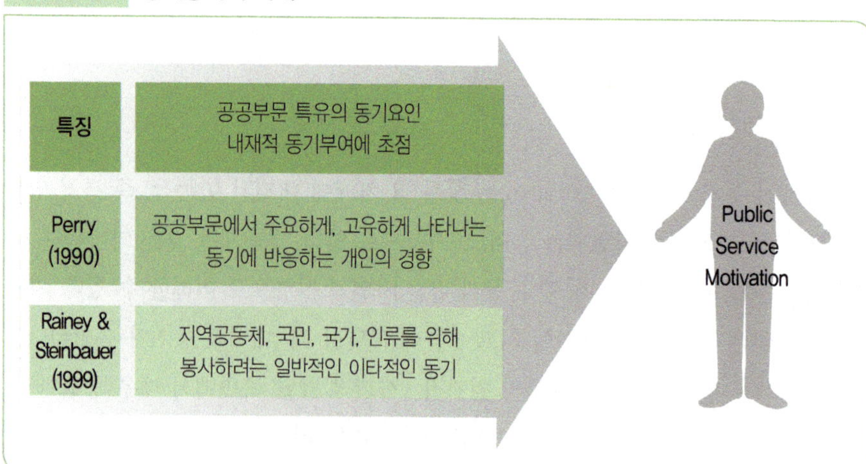

재적 보상과 같은 외재적 동기 유발요인에 초점을 두고 관리가 이루어졌다. 이러한 개혁 기조에 따라 공공부문과 민간부문의 유사성이 점차 확대되고 있으나 공공재(Public Goods)의 특성으로 인해 발생하는 무임승차 문제, 개인의 무능, 외부효과의 발생 등과 같은 문제를 해결하는 데 있어 공공조직의 역할을 건재하고(Rainey, 2009), '공익(Public Interest)'과 '공공가치(Public Value)' 실현의 매개체로서의 공공조직의 위상은 여전히 중요하다고 지적되고 있다(Bozenman, 2007; Moore, 1995). 따라서 공공조직과 민간조직은 조직운영 및 관리적 측면에서 서로 상이한 특성을 가질 수밖에 없는데, Rainey(2009)는 조직의 구조적 요인들인 목표, 구조, 문화적 측면과 더불어 조직의 심리적 요인들인 구성원들의 동기, 태도, 행동 등의 측면에서도 공공조직과 민간조직 간의 많은 차이가 있음을 지적하였다. 특히 조직 구성원들의 동기, 태도 측면에서 공공조직의 특징으로 외적 보상과 성과 간의 연관성이 약하다는 점을 지적하면서 공공조직 구성원들은 금전적 보상체계에 대한 반응 수준은 낮으나 공직동기 수준은 높다는 특징을 설명하고 있다.

즉 공직동기(PSM: Public Service Motivation)는 공공부문 특유의 동기구조를 설명하기 위한 이론이라 할 수 있다. Perry & Wise(1990)는 공직동기를 '공공부문에서 주요하게, 고유하게 나타나는 동기에 반응하는 개인적 경향'이라고 정의하면서 공직동기를 민간부문과 구별되는 공공부문의 독특한 동기요인임을 강조하였다. 또한 Rainey & Steinbauer(1999)는 공직동기를 '지역공동체, 국민, 국가, 인류를 위해 봉사하려는 일반적인 이타적 동기'라고 정의함으로써 공직동기의 이타적 측면을 강조하였다. 특히 이러한 공직동기는 일반적으로 논의되는 동기와는 다르게 조직 구성원이 되기 이전부터 개인의 성장과정에서 형성되는 개인의 기본적인 성향이다(유민봉 · 임도빈, 2007).

### 2) 중요성

공직동기의 중요성은 인적자원의 관리적 측면에서 발견할 수 있는데, 관리적 차원에서 공직동기는 결국 공공조직과 민간조직 간의 처방의 차이로 이어지기 때문이다. 현재 공공조직의 인사관리시스템은 대부분 민간조직의 인사관리시스템을 기초로 하고 있다. 그러나 공직동기에서 설명한 것처럼 공공조직 구성원과 민간조직 구성원 간의 동기구조가 다르다면 민간조직의 인적자원관리 방식에 기초한 성과평가 방식,

인센티브 시스템 등은 공공조직에서 효과를 발휘할 수 없다. 즉 이것은 공공조직 특성에 맞는 독자적인 인적자원관리시스템의 개발이 필요함을 시사하는 것이다.

특히 Perry & Wise(1990)는 공직동기를 설명함에 있어 3가지 명제를 제시하였다. 첫 번째 명제는 개인의 공직동기 수준이 높다면 공공조직의 구성원이 되고자 하는 가능성이 클 것이라는 것이었고, 두 번째 명제는 공공조직에서의 공직동기는 성과와 정의 관계가 있다는 것이었다. 세 번째 명제는 높은 수준의 공직동기를 갖고 있는 구성원을 보유한 공공조직은 개인의 성과를 다루는 데 있어 공리주의적인 인센티브, 즉 물질적 보상에 보다 적게 의존한다는 것이었다. 따라서 공직동기는 공공부문에서의 인적자원관리 전략을 수립하는 데 있어 매우 중요한 쟁점이라 할 수 있다. 공공조직 구성원들의 동기 특성에 맞는 관리전략을 수립할 때 공공조직의 성과가 극대화될 수 있기 때문이다.

## 2. 공직동기의 유형

공직동기는 개념적으로 합리적 차원, 규범적 차원, 정서적 차원 등 크게 세 가지 차원으로 구성되어 있다. 첫째, 합리적 차원의 공직동기는 공공정책 결정에 대한 호감도를 의미하며 둘째, 규범적 차원의 공직동기는 공익몰입을 의미한다. 셋째, 정서적 차원의 공직동기는 동정과 희생 등을 의미한다. 이를 구체적으로 살펴보면 다음과 같다(Perry & Wise, 1990; 이근주, 2005).

### 1) 합리적 차원(Rational Motive)

합리적 차원의 동기는 공공정책 결정에 대한 호감도를 의미한다. Rainey & Steinbauer(1999)는 공직동기를 정의하는 데 있어 이타성을 강조하였다면, Perry & Wise(1990)는 공공조직 구성원들을 이해함에 있어 타인과 국가를 위한 이타적인 활동을 수행하는 것뿐만 아니라 자신의 효용을 극대화하는 합리적 존재라는 것을 인정하였다. 다만, 극대화하고자 하는 효용의 목적은 민간조직의 구성원과는 구분이 된다. 공공조직 구성원들은 개인의 사적 이익뿐만 아니라 국민과 국가를 위해 봉사하는 행위가 개인의 효용으로 전환되고 이러한 효용의 극대화를 추구한다는 측면에서 합리적인 존재라고 보았다. 따라서 정책형성 과정에의 참여를 통해 사회적 목적을 달성함으로써 자아실현 등과 같은 자신의 욕구를 충족할 수 있으며 공공정책과 자신을 동일시함으로써 특정 정책이 성공적으로 실현될 경우 이를 자아실현과 동일하게 여겨 만족감을 느낄 수 있게 된다. 뿐만 아니라 공공조직의 구성원으로서 사회적 약자나, 충분하게 제 목소리를 낼 수 없는 특정 집단의 이해관계를 대표하여 그들을 보호함으로써 자아실현 욕구를 충족할 수 있게 된다. 즉 공직동기에 있어 합리적 차원의 동기는 공공조직 구성원만이 할 수 있는 정책과정에의 참여, 소수자들의 보호 등을 통해 사회의 문제가 해결되거나 완화되어 사회적 고통의 수준이 낮아질 수 있다는 사실이 자신에 대한 만족감, 자긍심과 같은 개인의 효용으로 이어질 수 있다는 것을 의미한다.

### 2) 규범적 차원(Norm-based Motive)

규범적 차원의 동기는 공익에 대한 몰입을 의미한다. 공익에 대한 몰입은 공익에 대한 봉사욕구, 정부에 대한 충성심, 사회적 형평의 추구 등을 포함한다. 특히 공익에 대한 봉사욕구는 규범적 차원의 핵심을 이루는 동기이다. 이는 Rainey & Steinbauer(1999)가 정의한 공직동기의 '이타성'을 가장 잘 반영하는 부분이라 할 수 있다. 공익에 대한 봉사가 본질적으로 이타성을 포함하고 있기 때문이다. 뿐만 아니라 규범적 차원의 또 다른 특징으로 정부에 대한 충성심을 제시할 수 있다. 공공조직 구성원, 즉 정부 관료들은 본질적으로 국가의 주권을 담보하는 역할을 수행하고 있기 때문에 높은 수준의 애국심과 국가 및 국민에 대한 충성심이 요구된다. 마지막으로, 규범적 차원의 또 다른 측면은 사회적 형평의 추구이다. 사회적 형평의 추구는 정치적 · 경제적 자원이 결핍된 소수자들의 복지에 관한 활동으로서 이는 행정의 정치적 특징을 반영하는 부분이라 할 수 있다. 공무원은 공공서비스를 제공함에 있어 효율성의 가치뿐만 아니라 사회적 형평성의 가치를 함께 고려해야 하기 때문인데 Frederickson(1971)은 이를 행정의 역할에 대한 정치적 특징이라고 설명하였다.

### 3) 정서적 차원(Affective Motive)

정서적 차원의 동기는 동정심과 희생정신을 의미한다. 동정과 희생은 정책의 사회적 중요성에 대한 진실된 신념으로부터 기인한 정책에 대한 몰입과 선의의 애국심 등을 포함한다. 공공조직 구성원은 개인적인 식별에 의해 특정 정책의 중요성을 판단

그림 12-5 공직동기의 유형

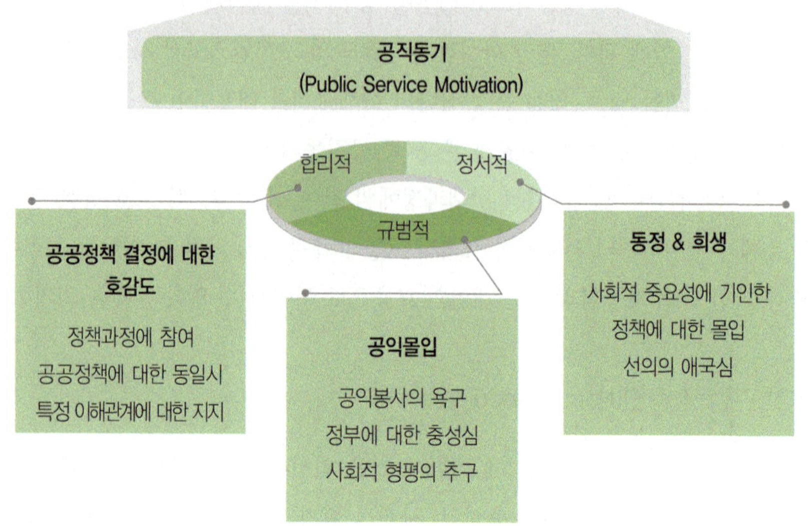


자료: Perry & Wise(1990).

하고 정책에 대한 몰입수준을 결정하기도 하지만, 많은 경우 사회적 중요성에 대한 진실된 신념에 의해 동기부여 수준이 결정된다. 특히 Frederickson & Hart(1985)는 공공조직 구성원들의 이러한 동기의 중심에는 '선의의 애국심(Patriotism of Benevolence)'이 존재하기 때문이라고 설명하였다. 선의의 애국심이란 '국가 내에 존재하는 모든 국민에 대한 광범위한 사랑과 그들에게 부여된 모든 기본적 권리를 보호해주고자 하는 마음'을 의미한다. 이러한 선의의 애국심은 타인에 대한 사랑과 희생에 기초한 것이기 때문에 정서적인 차원을 의미한다.

## 제4절 동기이론

조직 구성원들을 조직이 추구하는 방향에 맞게 의욕을 가지고 일할 수 있도록 유도하기 위해서는 개인의 동기구조를 정확히 파악하고 이에 알맞은 동기부여 전략을 수립하는 것이 중요하다. 이에 본 절에서는 개인의 동기구조를 설명할 수 있는 이론을 중심으로 살펴보고자 한다.

동기이론은 크게 내용이론과 과정이론 등 두 가지 차원으로 구분하여 살펴볼 수 있다. 내용이론은 동기유발 요인이 무엇인가(What)를 설명하는 이론이며 과정이론은 어떤 과정을 거쳐 동기가 유발되는가(How)를 설명하는 이론이다. 본 절에서는 내용이론으로서 욕구단계 이론, ERG 이론, 2요인 이론, 직무특성 이론 등을 설명할 것이며, 과정이론으로서 공정성 이론, 기대(VIE) 이론, 성과만족(EPRS) 이론 등을 다루고자 한다. 각 이론의 핵심적인 특징들을 살펴보면 다음과 같다.

## 1. 내용이론

내용이론에서의 핵심질문은 '무엇(What)이 조직 구성원의 동기를 유발시키는가?' 이다. 즉 내용이론에서는 동기구조를 파악하는 데 있어서 기본적으로 인간의 욕구(Needs) 혹은 욕망(Wants)이 무엇인가를 우선적으로 고려한다. 개인은 자신에게 결핍된 욕구를 충족하기 위해 노력하는데 이때 이러한 결핍을 충족하는 과정에서 동기가 발현될 수 있으며 조직은 이러한 개인의 욕구를 파악하고 이를 채워줌으로써 동기부여를 가능하게 할 수 있다.

내용이론으로는 대표적으로 Maslow(1954)의 욕구단계 이론, Alderfer(1972)의 ERG 이론, Herzberg(1959)의 2요인 이론, Hackman & Oldham(1980)의 직무특성 이론 등이 있다. 이를 구체적으로 살펴보면 다음과 같다.

### 1) 욕구단계 이론

Maslow(1954)는 개인의 동기를 욕구단계 이론(Hierarchy of Needs Theory)을 바탕으로 설명하였다. Maslow는 모든 개인에게 그 중요성에 따라 다섯 가지의 위계적인 욕구단계가 존재한다고 제시하였다(Maslow, 1954; Robbins & Judge, 2011).

첫 번째 단계는 최하위 욕구단계는 생리적 욕구(Physiological Needs)로서 이는 식욕, 주거, 성 등의 신체적 욕구를 의미한다.

두 번째 단계는 안전 욕구(Safety Needs)로서 이는 감정적 · 육체적 위험으로부터 자신을 보호하고자 하는 욕구를 의미한다.

그림 12-6 Maslow의 욕구단계 이론

자료: Maslow(1954)의 내용을 바탕으로 저자가 재구성.

세 번째 단계는 사회적 욕구(Social Needs)로서 이는 인간관계에서 느끼는 우정, 애정, 특정 집단에 소속함으로써 느끼는 소속감 등을 의미한다.

네 번째 단계는 존경 욕구(Esteem Needs)로서 이는 어떤 일을 행함으로써 느끼게 되는 자신감, 자율성, 성취감 등을 의미한다.

마지막으로 다섯 번째 단계는 최상위 욕구단계는 자아실현 욕구(Self-Actualization Needs)로서 이는 가장 창조적인 단계까지 자신이 성장하기를 바라는 자아발전에 대한 기대 및 자아 충족감 등을 의미한다.

특히 이러한 다섯 가지 욕구 단계는 다시 저차 욕구(Lower-Order Needs)와 고차 욕구(Higher-Order Needs) 등 두 가지 차원으로 구분할 수 있다. 생리적 욕구와 안전 욕구는 저차 욕구로, 사회적 욕구와 존경 욕구, 자아실현 욕구는 고차 욕구로 이해할 수 있는데, 저차 욕구와 고차 욕구 간의 차이점은 저차 욕구는 외적 보상 체계에 의해 충족되는 반면, 고차 욕구를 충족하는 데 있어서는 외적 조건보다는 개인의 내적인 조건이 더욱 중요하다는 것이다.

앞서 말했듯 Maslow는 이러한 다섯 가지 욕구가 위계적으로 존재한다고 가정하였기 때문에, 욕구는 순차적으로 충족되며 특정 단계를 건너뛸 수 없다고 설명하였다. 다만, 여기서의 욕구 충족은 '완전한 충족'을 의미하는 것은 아니다. 개인에 따라 하위 욕구가 일정수준 이상으로 충족되게 되면 차상위 단계의 욕구를 추구하게 되면서 순차적으로 새로운 동기부여가 가능해진다.

### 2) ERG 이론

Alderfer(1972)는 앞서 살펴본 Maslow의 욕구단계 이론을 수정하여 개인의 욕구단계를 세 가지로 축소하여 제시하였다(Alderfer, 1972; Cherrington, 1989; 유민봉 · 임도빈, 2007).

첫 번째 단계는 존재 욕구(E: Existence Needs)로서 생존을 위해 필요한 물질적 욕구를 의미한다. Maslow의 욕구단계 중 생리적 욕구와 안전에 대한 욕구 중 물리적 안전 욕구가 이에 해당한다.

두 번째 단계는 관계 욕구(R: Relatedeness Needs)로서 사람과의 관계에서 개인이 갖게 되는 모든 욕구를 의미한다. Maslow의 욕구단계 이론의 2단계인 안전 욕구 중, 대인 관계에서의 안전 욕구와 사회적 욕구, 존경 욕구 중 타인으로부터의 존중 욕구

그림 12-7 Alderfer의 ERG 이론

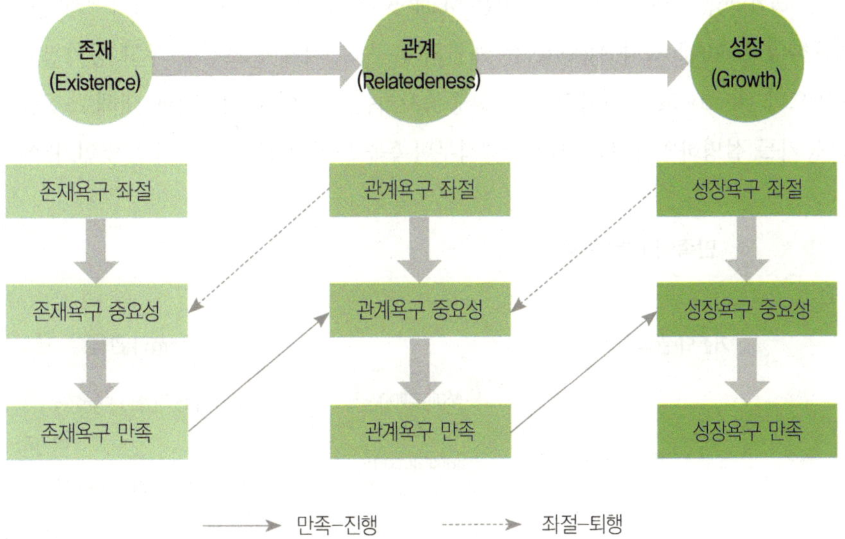


자료: Alderfer(1972)의 내용을 바탕으로 저자가 재구성.

가 이에 해당한다.

세 번째 단계는 성장 욕구(G: Growth Needs)로서 자기 자신의 내면적인 욕구를 의미한다. Maslow의 욕구단계 이론의 4단계인 존경 욕구 중, 자기로부터의 존중과 자아실현 욕구가 이에 해당한다.

Alderfer 역시 Maslow와 마찬가지로 욕구에 대해 위계적으로 접근함으로써 하위수준의 욕구가 만족되었을 때 차상위 욕구로 이동할 수 있다고 설명하였다. 그러나 Maslow가 욕구충족의 방향성에 있어서 저차원 욕구에서 고차원 욕구로의 일방향적 시각을 강조했던 반면, Alderfer는 차상위 계층의 욕구충족이 좌절되었을 때 하위단계의 욕구를 더욱 중요시 여기게 되어 회귀할 수 있다고 지적하였다. 예를 들어 동료와의 우정에 대한 욕구(관계 욕구: R)가 충족되지 못할 경우, 하위 욕구인 보수(존재 욕구: E)에 대한 욕구가 중요한 동기유발 요소가 될 수 있다는 것이 Alderfer의 ERG 이론의 핵심이다. 따라서 〈그림 12-7〉에서 보는 바와 같이 하위 욕구를 만족하게 되면 상위 욕구로 발전하는 '만족-진행' 과정을 거치게 되며, 상위 욕구에 대한 좌절이 일어날 경우 하위 욕구로 회귀하는 '좌절-퇴행' 과정을 거치게 된다.

### 3) 2요인 이론

Herzberg(1959)는 위에서 살펴본 Maslow와 Alderfer와는 다른 시각에서 동기에 접근하였다. Maslow와 Alderfer는 개인의 욕구 그 자체에 초점을 두고 동기를 설명하였으나 Herzberg는 개인의 욕구를 충족시키는 요인이 무엇인가에 대해 초점을 두고 동기를 설명하였다. Herzberg는 '직무만족을 느끼게 하는 요인이 무엇인가?'에 대

그림 12-8 만족에 대한 관점

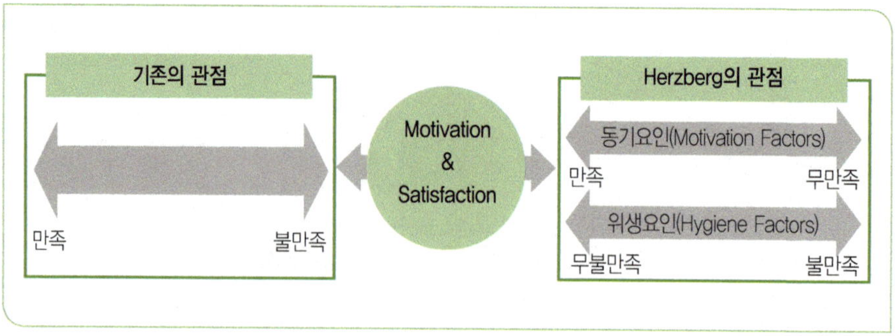

한 연구를 통해 개인이 직무에 대해 만족을 느낄 때와 불만족을 느낄 때, 각각의 결정요인이 서로 다름을 발견하였다.

기존의 접근에서는 만족(Satisfaction)과 불만족(Dissatisfaction) 간의 관계를 설명함에 있어 이들을 양극단에 존재하는 유형으로 구분하였다. 즉 만족의 반대개념으로서 불만족이라는 개념을 사용한 것이다. 그러나 Herzberg는 만족과 불만족을 서로 다른 차원으로 이해하였다. 즉 만족(Satisfaction)의 반대는 불만족이 아니라 만족을 느끼지 않는 무만족(No-Satisfaction) 상태일 뿐이며, 불만족(Dissatisfaction)의 반대 역시 만족이 아니라 불만족을 느끼지 않는 무불만족(No-Dissatisfaction) 상태라는 것이었다(〈그림 12-8〉 참조).

Herzberg는 이러한 관점에 따라 만족을 유발하는 요인과 불만족을 유발하는 요인을 분리하여 제시하였다. 이에 Hezberg의 동기이론은 2요인 이론(Two-Factor Theory)이라고 불리며, 여기서 2가지 요인은 만족을 유발하는 요인으로서 동기요인(Motivation Factors)과 불만족을 유발하는 위생요인(Hygiene Factors)으로 구성된다.

먼저, 만족을 유발하는 동기요인은 직무 자체가 주는 즐거움, 직무를 수행함으로써 느끼는 성취감, 타인 및 자신으로부터의 인정, 책임감, 승진기회, 성장과 같은 요소

그림 12-9 Herzberg의 2요인 이론

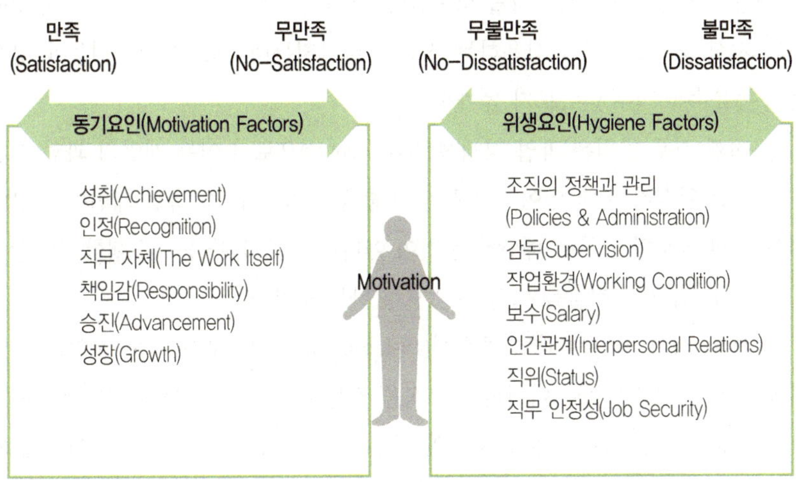


자료: Hezberg(1959)의 내용을 바탕으로 저자가 재구성.

를 포함한다. 반면 불만족을 유발하는 위생요인은 조직의 정책과 관리방식, 감독 및 관리자의 특징, 작업환경, 보수, 인간관계, 직위, 직무 안정성 등과 같은 요소를 포함한다. 따라서 동기요인은 내재적 보상, 위생요인은 외재적 보상 유사한 맥락에서 이해할 수 있다.

Herzberg의 2요인 이론의 핵심은 조직적 차원에서 조직 구성원들이 불만족을 느끼는 특정 조건을 제거한다고 할지라도 이것이 만족을 유발하는 요인, 즉 동기를 유발하는 요인이  될 수 없다는 것이다. 조직 구성원들이 조직이 추구하는 방향을 향해 능동적으로 일할 수 있는 환경을 조성하기 위해서는 위생요인을 제거하여 불만족을 없애는 노력뿐만 아니라 동기요인인 내재적 보상을 강화하는 노력이 더욱 중요함을 강조하였다.

### 4) 직무특성 이론

Hackman & Oldham(1980)은 직무특성 이론(Job Characteristics Theory)을 통해 개인의 동기를 직무 자체의 특성과 연관지어 설명하였다. Hackman & Oldham은 모든 직무를 다음의 다섯 가지 핵심직무 차원을 바탕으로 설명할 수 있다고 제시하였다(Hackman & Oldham, 1980; 유민봉 & 임도빈, 2007; Robbins & Judge, 2011).

첫 번째 직무 차원은 기능 다양성(Skill Variety)으로서 이는 직무가 개인에게 얼마만큼 다양한 활동을 요구하는가를 의미한다. 기능 다양성 수준에 따라 조직 구성원은 자신의 지식, 기술, 능력을 사용하는 정도가 달라지는데 일반적으로 기능 다양성의 수준이 높을수록 직무 만족도가 높아진다.

두 번째 직무 차원은 과업 정체성(Task Identity)으로서 이는 개인의 과업이 전체적인 직무를 완성하는 데 있어 차지하는 비중을 의미한다. 즉 특정 개인이 담당하는 과업이 전체 직무의 일부에 해당하는 것이 아니라 전체를 아울러 수행할 수 있는 기회를 부여함으로써 성취감을 느낄 수 있도록 하는 것이다.

세 번째 직무 차원은 과업 중요성(Task Significance)으로서 이는 개인의 과업이 타인에게 혹은 사회적으로 어떠한 중요성을 갖는지, 그 공헌도를 의미한다. 즉 과업 중요성 수준이 높을수록 개인은 자신의 직무를 보다 가치 있는 것으로 여기게 되어 적극적으로 직무를 수행할 수 있게 된다.

그림 12-10 Hackman & Oldham의 직무특성 이론

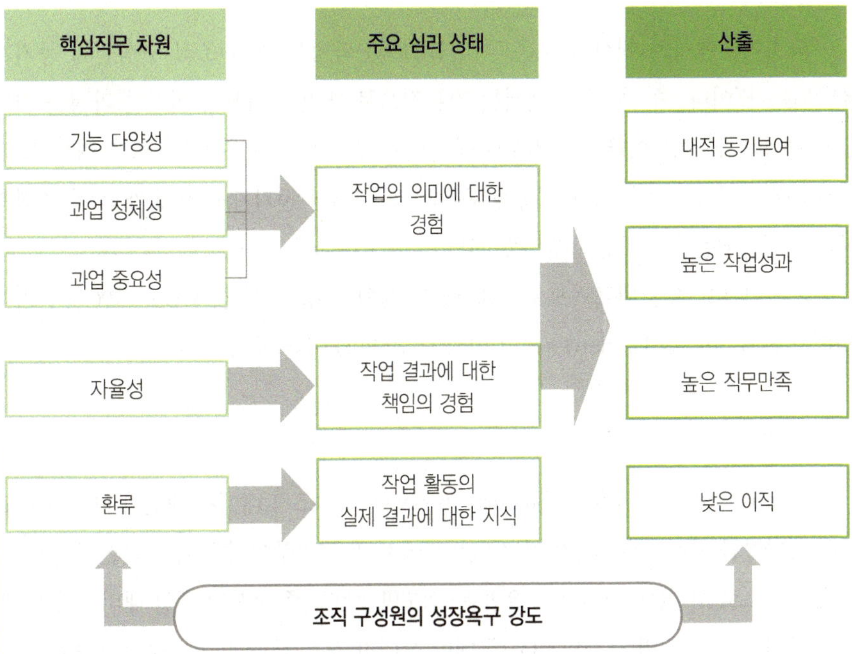


자료: Hackman & Oldham(1980).

네 번째 직무 차원은 자율성(Autonomy)으로서 이는 조직 구성원이 자신의 작업 일정 및 과정을 결정하는 데 있어서 자유의 정도를 나타내는 것으로서 권한위임, 재량권 등을 의미한다. 개인에 대한 조직의 자율성 부여 수준이 높을수록 개인은 보다 높은 책임의식을 갖고 직무를 수행하게 된다.

다섯 번째 직무 차원은 환류(Feedback)로서 이는 개인의 직무성과에 대한 평가결과를 당사자에게 알리는 것을 의미한다. 이러한 환류를 통해 개인은 자신의 직무성과를 보다 직접적으로 확인함으로써 직무수행에 따른 성취감 및 자긍심을 느낄 수 있다.

Hackman & Oldham은 〈그림 12-10〉에서 보는 바와 같이 직무가 이러한 다섯 가지 차원을 충족하고, 이것이 조직 구성원의 성장에 대한 욕구 및 강도와 결합할 때, 내재적 동기가 유발될 수 있으며, 이는 높은 작업성과, 높은 직무만족, 낮은 이직률 등의 조직효과성 향상과 연계될 수 있음을 지적하였다.

## 2. 과정이론

과정이론에서의 핵심 질문은 '어떠한(How) 과정을 거쳐 조직 구성원의 동기가 유발되는가?'이다. 즉 과정이론에서는 기본적으로 개인의 의욕이 어떠한 과정을 거쳐 실제 행동의 근간을 이루는 동기부여를 가능하게 하는가를 우선적으로 고려한다. 따라서 과정이론에서는 동기가 어떻게 유발되고, 이러한 동기가 어떻게 개인 및 조직의 성과로 연계되는가를 다룬다(유민봉 · 임도빈, 2007).

과정이론으로는 대표적으로 Adams(1963)의 공정성 이론, Vroom(1964)의 기대(VIE) 이론, Porter & Lawler(1968)의 성과만족(EPRS) 이론 등이 있다.

### 1) 공정성 이론

Adams(1963)의 공정성 이론(Equity Theory)에서는 조직 내에서 개인이 타인과 비교하여 얼마만큼 공정하게 다루어지고 있는가에 따라 동기부여 수준이 달라질 수 있다는 전제를 기초로 한다(Adams, 1963; 유민봉 · 임도빈, 2007). 즉 자신의 투입 대비 산출의 비율과 타인의 투입 대비 산출의 비율에 대한 상대적 평가 결과에 따라 공정성 혹은 불공정성을 지각하게 되고 이에 따라 개인의 만족도와 행동이 결정된다고 본다. 여기서 투입은 직무수행 과정에서 개인이 기여하게 되는 지식, 기술, 능력, 시간, 노력 등을 의미하며, 산출은 직무수행 결과로서 얻게 되는 보수, 승진, 성취감 등을 의미한다.

먼저, 공정성의 지각은 자신의 투입 대비 산출의 비율이 타인의 투입 대비 산출과 비교해 그 비율이 같거나 유사하다고 지각할 때 느끼게 된다. 타인과의 비교를 통해 개인이 공정성을 느끼게 되며 높은 수준의 만족감을 느끼게 된다.

반면, 불공정성의 지각은 자신의 투입 대비 산출의 비율이 타인의 투입 대비 산출보다 적을 때 발생하는 과소보상에 의한 불공정성과 자신의 투입 대비 산출의 비율이 타인의 투입 대비 산출보다 큰 나머지 개인이 죄책감을 느끼게 되어 발생하는 과대보상에 의한 불공정성으로 구분할 수 있다. 타인과의 비교를 통해 개인이 불공정성을 느끼게 되면 이러한 불공정성을 시정하기 위해 개인은 어떠한 행위를 하게 되는데 Adams는 이러한 불공정성을 시정하는 과정에서 동기부여가 가능해진다고 설명하였다.

특히, 불공정한 상황을 공정한 상황으로 시정하려는 노력은 다음의 6가지 대안 중 하나를 선택함으로써 가능해진다(Walster. *et al.*, 1978; Greenberg. G, 1989; Robbins & Judge, 2011).

첫째, 투입을 변경하는 것이다. 과소보상의 상황에서는 직무수행에 있어 투입하는 노력과 시간의 절대량을 줄이고, 과대보상의 상황에서는 노력과 시간의 절대량을 늘릴 수 있다.

둘째, 산출을 변경하는 것이다. 과소보상의 상황에서는 생산량을 늘려 더 많은 성과급을 받을 수 있도록 하거나 과대보상의 상황에서는 생산량을 줄여 전체적인 보상수준을 낮출 수 있다.

셋째, 자신에 대한 지각을 왜곡하는 것이다. 과소보상의 상황에서는 자신이 생각보다 열심히 일하지 않았다고 왜곡해 평가함으로써 투입 대비 산출의 비율 차이를 줄

그림 12-11 Adams의 공정성 이론

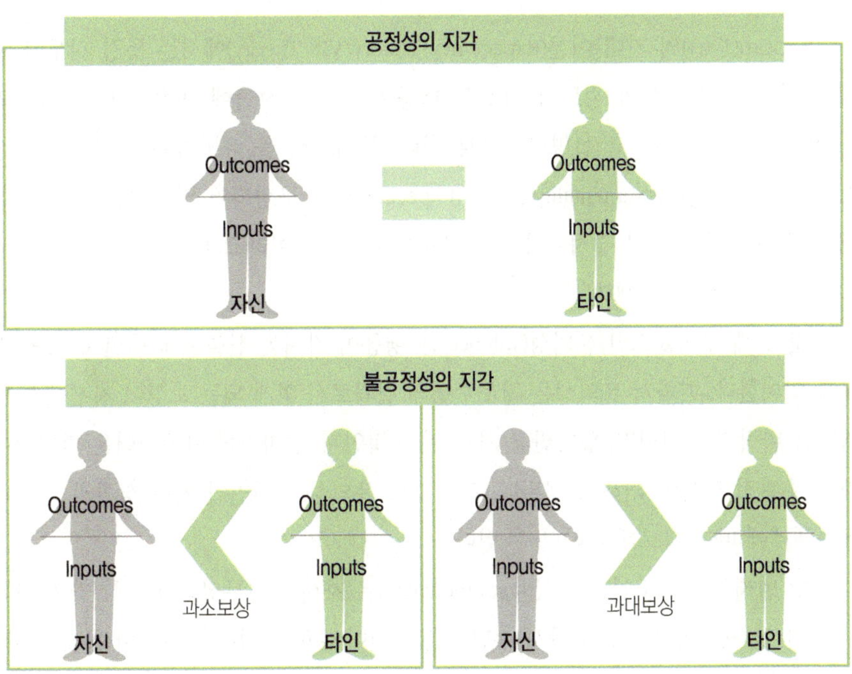


자료: Adams(1963)의 내용을 바탕으로 저자가 재구성.

일 수 있게 되며, 과대보상의 상황에서는 자신이 타인보다 훨씬 더 열심히 일했다고 왜곡해 평가함으로써 죄책감을 줄일 수 있다.

넷째, 타인에 대한 지각을 왜곡하는 것이다. 과소보상의 상황에서는 타인이 자신보다 훨씬 더 열심히 일했다고 왜곡해 평가함으로써 투입 대비 산출의 비율 차이를 줄일 수 있게 되며 과대보상의 상황에서는 타인이 자신보다 열심히 일하지 않았다고 왜곡해 평가함으로써 죄책감을 줄일 수 있다.

다섯째, 타인과의 비교에 있어 다른 준거 인물을 선정하는 것이다. 과소보상의 상황에서는 기존의 준거 인물보다 성과가 다소 떨어지는 사람을, 과대보상의 상황에서는 기존의 준거 인물보다 성과가 높은 사람을 선택함으로써 지각된 불공정성을 시정할 수 있다.

여섯째, 조직을 떠나는 것이다. 개인은 일을 그만둠으로써 불공정한 상황으로부터 벗어날 수 있게 된다.

### 2) 기대(VIE) 이론

Vroom(1964)의 기대 이론(Expectancy Theory/VIE Theory)에서는 특정 직무를 수행할 때 개인의 노력의 정도가 자신의 행동이 가져올 산출에 대한 기대의 강도와 매력에 의해 결정된다고 설명하는 이론이다. 특히 행동을 유발하는 노력은 유의성(Valence), 수단성(Instrumentality), 기대(Expectation)로 구성되어 있으며 이들의 결합에 의해 노력의 정도가 결정된다는 측면에서 VIE 이론이라고 불리기도 한다(Vroom, 1964; 유민봉 · 임도빈, 2007).

첫 번째 구성요소인 유의성(Valence)은 행동이 가져올 산출물에 대한 선호의 강도를 의미한다. 따라서 유의성은 직무수행의 결과로서 얻게 되는 보상이 자신에게 얼마만큼 바람직한 것인지, 얼마만큼 가치 있는 것인지, 얼마만큼 만족스러운 것인지에 대한 주관적 믿음에 의해 결정된다. 그러므로 유의성은 개인이 처한 상황과 개인의 욕구체계에 따라 다르게 나타날 수 있다.

두 번째 구성요소인 수단성(Instrumentality)은 자신의 직무성과와 보상 간의 관계에 대한 인식을 의미한다. 따라서 수단성은 자신이 수행한 직무성과에 대해 적정수준의 보상이 이루어질 것이라는 믿음으로서 주관적 확률에 기초한다. 특히 내재적 보상에 대한 수단성은 개인 스스로의 요인에 의해 결정되지만 외재적 보상에 대한 수단성

그림 12-12 Vroom의 기대이론

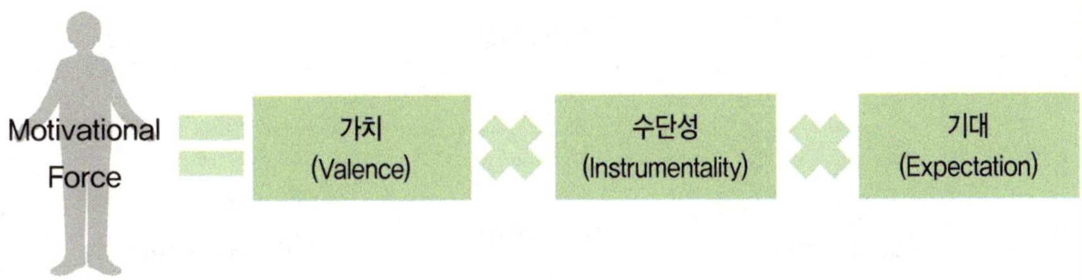


자료: Vroom(1964)의 내용을 바탕으로 저자가 재구성.

은 조직 내에 존재하는 공식화된 규칙에 의해 결정된다.

세 번째 구성요소인 기대(Expectation)는 개인의 행동이 일정 수준 이상의 성과를 가져올 것이라는 믿음을 의미한다. 즉 자신의 노력이 개인 및 조직의 목표에 부합하는 성과를 가져올 가능성에 대한 것으로서 이 역시 주관적 확률에 기초한다.

노력의 정도, 즉 동기부여는 〈그림 12-12〉에서 보는 바와 같이 보상의 가치를 의미하는 유의성(V)과 자신의 직무성과가 가져다 줄 적정수준의 보상에 대한 믿음을 의미하는 수단성(I), 바람직한 목표달성의 가능성을 의미하는 기대(E)의 결합으로 이루어진다.

### 3) 성과만족(EPRS) 이론

Porter & Lawler(1968)는 Vroom의 기대(VIE) 이론을 기초로 조직 구성원의 행동과 성과와의 관계를 설명하였다. 특히 Porter & Lawler는 개인의 행동을 유발하는 동기부여 수준이 노력(Effort), 성과(Performance), 보상(Reward), 만족(Satisfaction)들 간의 결합에 의해 결정될 수 있다고 설명함으로써 EPRS 이론이라고 불리기도 한다(Porter & Lawler, 1968; 오석홍, 1990; 김규정, 1998).

Porter & Lawler는 직무만족이 선행될 때 높은 직무성과가 발현될 수 있다는 기존의 시각과 달리 직무수행에 대한 결과로서 나타나는 직무성과가 직무만족의 원인으로 작용할 수 있음을 지적하였다(〈그림 12-13〉 참조).

즉 Porter와 Lawler는 자신의 노력이 특정 성과를 가져다 줄 것이라는 기대수준과, 이러한 노력을 통해 발현된 직무성과에 적정 수준의 보상이 이루어질 것이라는

**그림 12-13** 직무만족과 직무성과 간의 관계에 대한 관점

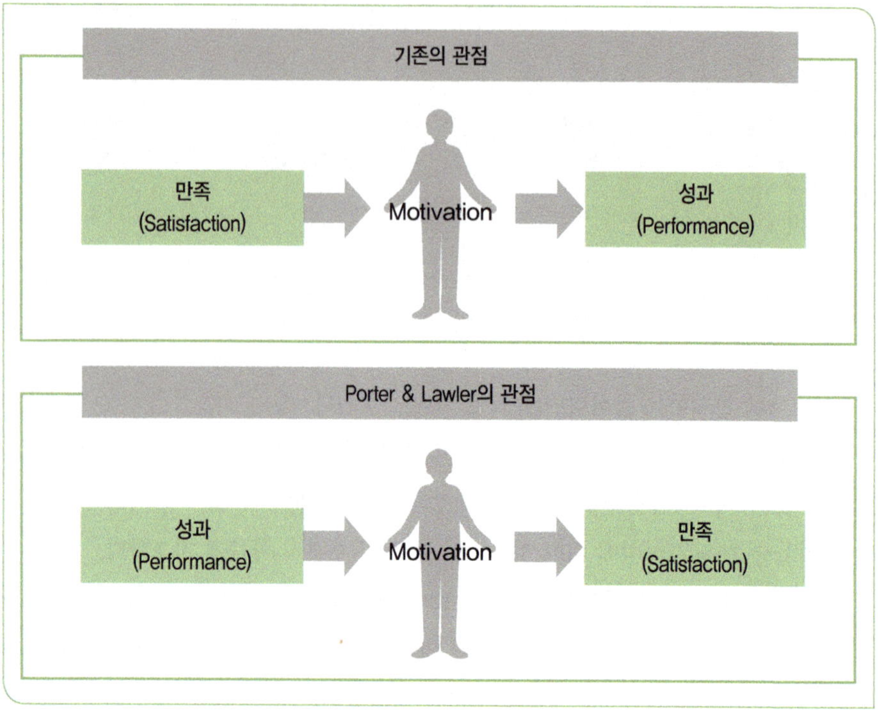


기대수준에 의해 노력의 정도가 결정될 수 있다고 보았다. 즉 성과만족(EPRS) 이론은 개인의 노력이 성과를 가져오고, 성과에 따른 적정수준의 보상이 이루어질 때 개인은 직무에 대해 만족을 하게 되고 이것이 다시 노력으로 이어질 수 있음을 설명한 이론이다.

**그림 12-14** Porter & Lawler의 성과만족(EPRS) 이론

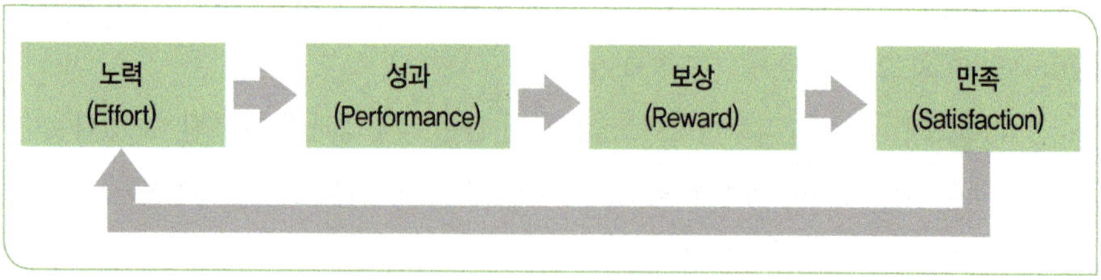

# 제5절 동기부여 영향요인

앞서 살펴본 내용이론과 과정이론은 각각 인간의 동기가 무엇에 의해서 그리고 어떻게 형성되는 것인가를 다루는 중요한 이론이다. 비록 가설적인 형태일지라도 이러한 이론들은 직무만족의 결정요인을 동기부여 측면에서 설명함으로써 보다 효과적인 인적자원관리를 위한 유용한 시사점을 제공한다. 이러한 이해를 바탕으로 우리는 동기부여가 개인의 직무만족을 향상시키는 핵심요인이며, 조직성과 향상에 있어서도 매우 중요한 위치를 차지함을 알 수 있었다. 본 절에서는 내용이론에서는 다루지 못했던 다양한 동기부여 영향요인을 다루고자 한다. 즉 개인의 욕구체계 이외에 동기부여에 어떤 요인들이 영향을 미칠 수 있는가를 개인, 직무, 조직, 인사정책 등 4가지 측면으로 구분하여 살펴보고자 한다.

## 1. 개인특성

관리적 차원에서 개인의 동기부여를 도모하고자 할 때, 우선적으로 고려해야 할 것이 개인의 특성이라 할 수 있다. 각 개인은 서로 다른 성격, 성장 배경, 가치관 등을 갖고 있기 때문에 동일한 동기요인을 적용한다 하더라도 다른 효과를 가져오게 된다. 최대의 동기부여를 이끌어 내기 위해서 조직은 개인의 특성을 충분히 관찰하고 그 특성에 적합한 동기요인을 적용할 수 있어야 한다. 이에 개인특성의 구체적인 내용을 살펴보면 다음과 같다.

### 1) 개인-직무 적합성(Person-Job Fit)

동기부여에 있어서 개인-직무 적합성(Person-Job Fit)은 상당히 중요한 의미를 갖는다. 적합성은 개인과 직무, 개인과 조직, 개인과 환경 등 다양한 측면에서 논의되어지는 개념인데, 이러한 적합성 패러다임은 크게 2가지로 구분해서 살펴볼 수 있다. 하나는 상호 보완적 부합성(Complementary Fit)이며, 다른 하나는 상호 일치적 부합성(Supplementary Fit)이다(Kristof, 1996; Muchinsky & Monahan, 1997; Cable & Edwards, 2004).

상호 보완적 부합성(Complementary Fit)은 개인과 조직의 특성이 서로가 원하는 것을 제공할 때 부합이 발생한다는 것이다. 즉 개인과 조직이 서로의 약점을 상대가 보유하고 있는 강점으로 보완하거나 서로가 필요한 바를 충족하기 위해서 존재할 때 부합이 발생한다고 보는 보완적 관점이다. 따라서 상호 보완적 관점에서의 부합은 개인이 조직이 필요로 하는 기술을 갖고 있거나, 또는 조직이 개인이 원하는 보상을 제공하는 것을 의미한다. 그러므로 상호 보완적 부합성은 개인의 요구나 선호를 개인이 속한 환경이 충족시켜 줄 때 발생하는 요구-공급 적합성(Needs-Supplies Fit)과 지식, 기술과 같이 개인이 보유한 능력이 환경의 수요를 충족시켜 줄 때 발생하는 수요-능력 적합성(Demands-Abilities Fit)으로 구분해 볼 수 있다(Kristof, 1996; Muchinsky & Monahan, 1997). 이러한 논의에서 알 수 있듯 상호 보완적 부합은 심리적 요구 이행(Psychological Need Fulfillment)의 차원에서 논의된다.

반면, 상호 일치적 부합성(Supplementary Fit)은 사람과 조직이 유사하거나 일치하는 특성을 갖고 있을 때 발생하는 부합을 의미한다. 만약 조직이 이미 작업장에서 널리 보유하고 있는 기술을 갖고 있는 사람을 고용할 경우 상호 일치적 부합이 발생하게 된다. 그러나 일반적으로 상호 일치적 부합 관점에서는 조직이 요구하는 것과 개인의 능력 간의 일치 여부보다는, 가치 일치(Value Congruence) 차원에서 논의된다. 개인적 차원에서 가치란 특정상황을 초월한 믿음이며, 바람직한 최종 상태 및 행동과 관련된 것이다. 이러한 맥락에서 조직적 차원의 가치 시스템은 어떻게 조직의 자원이 분배되고 어떻게 조직 구성원이 행동해야 하는지에 대한 규범을 제공한다. 따라서 이러한 가치 일치는 개인의 가치와 조직의 문화적 가치시스템의 일치를 의미한다.

일반적으로 개인-직무 적합성(Person-Job Fit)은 상호 보완적 부합 측면에서 다루어지는 개념으로서 개인의 욕구수준, 교육 및 기술수준과 같은 업무능력과 직무 특성의 일치 정도를 의미한다(최보인 외, 2011). 즉 직무가 요구하는 KSA(Knowledge, Skill, Ability)와 개인이 보유한 KSA 간의 일치 여부를 의미하는 것이다. 직무의 요구수준에 비해 개인의 능력이 월등히 앞서는 경우 동기부여 혹은 직무만족을 일으키기보다는 불만의 원인이 되기 때문에 이러한 상황에서는 보다 도전적이고 창의적인 업무를 맡기는 것이 동기부여의 효과를 가져올 수 있게 된다.

### 2) 가정환경

개인에게 있어 직장생활에서의 삶은 가정과 분리되어 생각할 수 없다. 가정환경은 다음의 두 가지 측면에서 중요한 의미를 갖는다. 우선, 어떠한 가정환경에서 자라왔느냐는 개인의 성격과 가치관을 형성하는 데 매우 중요한 역할을 한다고 할 수 있다. 뿐만 아니라 가정을 가진 직원과 혼자 사는 직원은 가정에서의 역할과 책임이 서로 다르고 이에 따라 개인의 동기요인이 다르게 나타날 수 있다. 특히 이러한 가정환경은 최근에 주목하고 있는 '일과 삶 균형(WLB) 정책'[1]의 측면에서 그 중요성을 찾아볼 수 있다.

### 3) 성격

개인의 성격유형 또한 동기부여와 밀접한 관계가 있다. 특히 개인의 성격과 성향에 따라 적합한 직무는 다르게 나타날 수 있다. 예를 들어 외향적이고 사교적인 사람에게는 사무직보다는 현장에서의 민원업무나 감독업무가 훨씬 적합할 것이며, 조심성 있고 분석적인 성격의 소유자에게는 정확성을 요구하는 직무에서 더 큰 동기가 부여될 것이다. 따라서 개인의 성격유형 혹은 성향을 파악하는 것 역시 동기부여에 있어 매우 중요한 개인특성 요인이라 할 수 있다(Fowler, 1988).

### 4) 욕구

앞서 내용이론에서 살펴본 바와 같이 개인의 욕구체계를 파악하는 것은 동기부여를 논의하는 데 있어 핵심이라 할 수 있다. 특히 Maslow가 주장한 욕구단계 이론과 Alderfer의 ERG 이론을 통해 개인욕구의 중요성을 이해해 볼 수 있었다. 그러나 Maslow와 Alderfer가 주장한 욕구의 다양한 계층은 다른 개인의 특성과 마찬가지로 동기부여에서 고려되어야 할 하나의 요소에 불과할 뿐이다. 따라서 동기부여는 단순히 욕구 하나만의 충족으로 이루어지는 것이 아니라 위에서 제시된 개인-직무 적합성, 가정환경, 성격 등과 같은 다른 개인적 특성과 다음에 살펴볼 직무특성, 조직특성, 인사정책 등의 다른 영향요인들이 복합적으로 작용하여 결정된다.

---

1) '일과 삶 균형'에 관한 내용은 제13장 다양성 관리 부분에서 보다 자세히 다루도록 하겠다.

## 2. 직무특성

동기부여에 있어서 직무특성은 직무 자체의 동기부여 효과를 의미한다. 이는 위에서 살펴본 Hackman & Oldham(1980)의 직무특성 이론을 바탕으로 이해해 볼 수 있다. 동기부여에 있어 직무특성은 개인이 직무를 수행하는 과정 속에서 어떤 성취감을 느낄 수 있어야 함을 의미한다. 즉 직무의 내용이나 관리가 일하는 사람에게 흥미와 의미를 부여할 수 있어야 한다는 것이다. 보다 구체적인 내용을 살펴보면 다음과 같다.

### 1) 과업기술의 다양성

과업기술의 다양성은 직무를 구성하고 있는 많은 과업들이 개인이 다양한 기술을 발휘하고 행동할 수 있는 기회를 제공하도록 구성되어야 한다는 것을 의미한다. 예를 들어 반복된 문서복사는 다양성이 결여된 과업의 대표적인 예이다. 따라서 전화를 받는다든지 또는 문서를 정리한다든지 하는 과업을 복합적으로 부여함으로써 일에 대한 흥미와 만족을 높일 수 있다고 본다.

### 2) 과업의 완결성

과업의 완결성은 과업이 전체 업무 처리과정의 일부분(Part)에 해당하는 것이 아니라, 전체(Whole)를 수행할 기회를 부여하도록 해야 한다는 것을 의미한다. 이를 통해 개인은 일을 완성하고 성취감을 느낄 수 있게 된다. 예를 들어 창구에서 민원업무를 보는 공무원에게 단순히 민원접수업무만 부여할 것이 아니라 접수에서 처리까지 책임지고 해결하도록 함으로써 더 높은 동기부여가 가능해질 수 있다.

### 3) 과업의 중요성

과업의 중요성은 과업의 의미, 공헌, 중요성을 개인이 인식할 수 있도록 해야 한다는 것을 의미한다. 중요하지 않은 과업이나 중요성을 모르는 상태에서 과업을 수행하는 경우 적극적이고 능동적인 자세를 유도해 내기 힘들기 때문이다.

### 4) 과업의 자율성

과업의 자율성은 과업을 수행함에 있어 개인에게 법규정이나 명령에 따르는 의무만 부여하는 것이 아니라 책임감이 따르는 재량권이 부여되어야 함을 의미한다. 과업수행자에게 권한이 위임되어 스스로 어느 정도 자율적으로 일을 처리할 때 개인은 더욱 책임감을 갖고 과업을 수행하게 된다.

### 5) 환류

환류는 과업수행의 결과가 어느 정도 목표를 달성했는지, 혹은 잘했는지 못했는지 등에 대한 정보를 개인에게 제공해야 함을 의미한다. 특히 자기실현욕구나 존중욕구가 강한 사람에게는 이러한 환류를 통해 성취감을 느끼고 타인의 인정을 확인하는 기회가 될 수 있다.

## 3. 조직특성

동기부여에 있어서 조직특성은 직무를 수행하는 환경요인과 동기부여의 관계를 설명한다. 직무수행은 진공 속에서 이루어지는 것이 아니라 어떠한 환경과 맥락 속에서 이루어지기 때문에 조직의 물리적 환경, 사회적 환경, 문화적 환경 등과 같은 조직의 특성이 동기부여와 직무만족에 중요한 영향요인으로 작용하게 된다(Fowler, 1988).

### 1) 물리적 환경

조직특성 중, 물리적 환경에 관한 내용은 작업환경을 의미하는 것으로서 Herzberg가 주장한 2요인 이론의 위생요인에 해당하는 내용이다. 덜거덕거리는 책상과 의자, 희미한 조명, 냉 · 난방 시설의 미비, 탁한 공기, 비좁은 공간 등은 동기를 떨어뜨리는 작용을 하게 된다. 관리자는 이러한 열악한 물리적 환경이 일에 대한 동기와 성과에 심각한 장애요인이 될 수 있음을 인식해야 한다.

### 2) 사회적 환경

조직특성 중, 사회적 환경에 관한 내용은 조직 내에서 동료, 상사 등과의 대인관계를 의미한다. 개인 혼자서 특정 제품을 만드는 일 등을 제외하고는 대부분의 직무 수행은 인간관계를 동반하는 하나의 사회적 과정이기도 하다. 즉 각 개인은 공식적·비공식적 집단 속에서 각자의 직무를 수행하게 되는 것이다. 이 과정에서 집단의 규범이나 가치, 행동양식은 개인의 동기에 많은 영향을 미치게 된다. 구체적으로 상사 혹은 동료와 어떠한 인간관계를 형성하고 있는지, 상사의 리더십 스타일은 어떠한지, 구성원들 간의 신뢰수준은 어떠한지가 동기부여 수준을 결정하는 데 있어 중요한 작용을 한다.

### 3) 문화적 환경

조직특징 중, 문화적 환경은 조직 전체의 문화 혹은 조직의 풍토를 의미한다. 개인은 특정 집단의 문화뿐만 아니라 전체 조직의 문화에 영향을 받게 된다. 조직문화 중에서 동기부여와 관련하여 가장 대표적인 예로서 잘못에 대한 지적방식을 생각해 볼 수 있다. 잘못을 묵과해서는 절대로 안 되겠지만 그렇다고 전체 목표달성의 관점에서 바라보지 않고 미시적인 잘못의 시정에만 초점을 두어 지적과 통제가 이루어진다면 이는 구성원으로 하여금 선례답습과 규정만능주의를 불러일으키게 한다. 지적과 통제는 본질적으로 '무엇을 하지 말라'는 것을 제시할 뿐, '무엇을 하라'에 관한 메시지는 전하지 못하기 때문이다. 새로운 일을 찾아서 하다 보면 오히려 지적될 가능성이 높아지기 때문에 선례와 규정만을 고집하게 되는 것이다. 이 밖에도 형식주의나 권위주의 등 우리나라는 동기부여에 부정적인 영향을 미치는 부정적 문화적 특징을 많이 보유하고 있다. 조직문화는 제도와 달리 쉽게 바꿀 수 없는 부분이지만 유능한 관리자라면, 잘못된 문화를 답습하기보다는 이를 타파할 수 있는 용기가 필요하다.

## 4. 인사정책

조직이 개인에게 제공하는 다양한 인사정책 중 특히 신분보장과 평가체계, 보수체계 등이 동기부여와 깊은 관계를 형성하고 있다.

### 1) 신분보장

일반적으로 안전욕구가 강한 사람에게는 신분보장이 동기부여 내지는 최소한의 불만예방 효과를 가져올 수 있다. 그러나 지나친 신분보장은 태만하거나 무능한 직무 수행자에 대한 적절한 제제를 불가능하게 만들기 때문에 조직의 생산성을 약화시키는 역기능을 발생시킬 수 있다.

### 2) 평가체계

인사정책 중 성과 평가체계의 객관성과 신뢰성의 확보는 동기부여에 있어 중요한 의미를 갖는다. 성과주의 인사관리 시스템의 강화로 인해 평가체계는 보수체계와 직결되는 사안으로 자리잡게 되었다. 만약, 조직의 평가체계가 객관적이지 못하다면 이는 곧 자신의 성과에 대한 적정수준의 보상이 이루어질 수 없음을 의미하게 된다. 따라서 조직 구성원 모두가 동의할 수 있는 객관적이고 신뢰성 있는 평가체계를 구축하는 것은 높은 수준의 동기부여를 위한 중요 과제라 할 수 있다.

### 3) 보수체계

인사정책 중, 보수체계는 신분보장이나 과업환경과 마찬가지로 Herzberg의 위생요인에 해당하는 것이다. 공정성 이론을 바탕으로 동료, 혹은 타 부문(공무원의 경우

**그림 12-15 동기부여 영향요인**

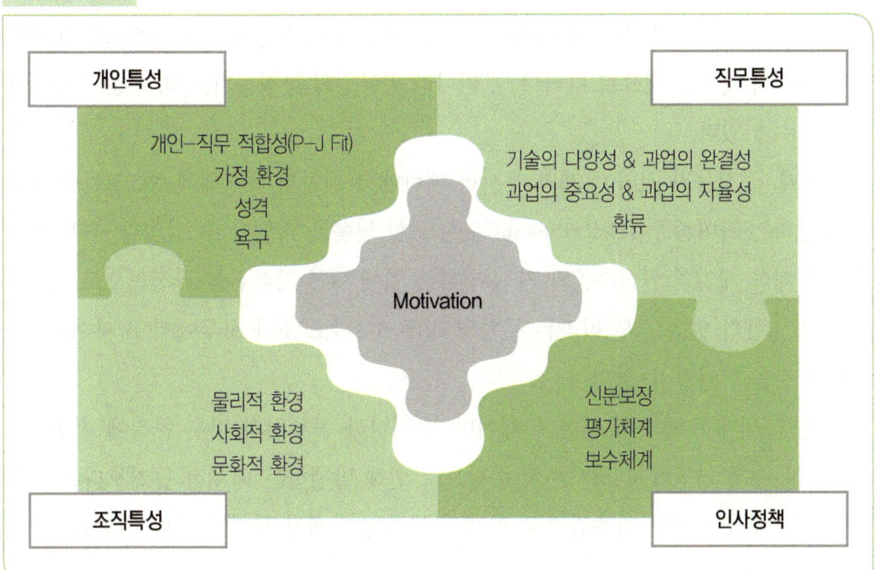

민간부문)과의 비교를 통해 개인이 지각하는 보수체계의 공정성이 동기부여에 영향을 미칠 수 있음을 확인할 수 있었다. 특히 보수가 생계를 유지하기 힘들 정도이거나 민간분야에 비해서 현저히 낮은 경우에 불만의 가장 큰 요인으로 작용하기 쉽다. 따라서 생계비와 형평성의 관점에서 보수를 적정 수준으로 유지시켜 주는 것은 특히 불만 감소에 매우 중요한 역할을 하게 될 것이다.

## 제6절 문제점과 발전방향

### 1. 문제점

〈표 12-1〉은 1992년부터 2004년까지 우리나라 공무원을 대상으로 직업선택동기를 조사한 자료이다(서원석 · 김광주, 1992; 조성한, 1996; 이헌수, 1998; 황성원 · 함종석, 2001; 황인수 외, 2004). 본 조사 자료를 통해 공무원 동기부여 측면에서 다음과 같은 문제점을 지적해 볼 수 있다.

첫째, 공직동기 저하 문제이다. 5차년도 조사 모두에서 공직을 선택함에 있어 신분보장이라는 요소가 가장 매력적으로 작용하였던 반면 공직동기(PSM)를 간접적으로 측정한 '공직의 역할과 사명이 매력적'이라는 문항의 경우 응답률이 신분보장의 절반에도 미치지 못하는 것으로 나타나, 우리나라 공무원의 공직동기(PSM) 수준이 낮음을 확인할 수 있었다.

둘째, 공직동기 저하 문제와 유사한 맥락에서 개인의 욕구체계 중, 고차원 욕구에 해당하는 자아존중감(Self-Esteem) 수준 또한 낮음을 확인할 수 있었다. 직무의 중요성에 대한 개인의 인식수준과 자신이 하는 일에 대한 자부심을 간접적으로 측정한 '권한과 영향력 있는 직업'이라는 문항의 경우 5차년도 조사 모두에서 최저수준으로 나타난 것을 확인할 수 있었다.

셋째, 내재적 동기의 저하 문제이다. 우리나라 공무원의 경우 공직에 진입함에 있어 직무수행 과정에서 느끼는 만족감으로 인해 발생하는 내재적 동기보다는 직무수행 결과에서 느끼는 만족감으로 인해 발생하는 외재적 동기가 보다 강함을 알 수

**표 12-1 우리나라 공무원의 직업선택 동기**

| 직업선택 동기 | 1992년 | 1995년 | 1998년 | 2001년 | 2004년 |
|---|---|---|---|---|---|
| 신분보장이 잘되는 직업 | 34.0% | 33.6% | 36.3% | 39.7% | 31.6% |
| 경제적으로 안정된 생활 | 7.8% | 7.5% | 8.5% | 6.2% | 10.1% |
| 공직의 역할과 사명이 매력적 | 14.8% | 13.7% | 15.3% | 15.8% | 14.8% |
| 권한과 영향력 있는 직업 | 0.7% | 0.9% | 0.4% | – | 2.0% |
| 근무조건이 좋은 직장 | 10.7% | 10.7% | 9.1% | 10.9% | 10.1% |
| 부모 또는 친지의 권유 | 18.8% | 15.8% | 15.7% | 15.1% | 13.0% |
| 다른 직장을 구하기 어려워서 | 8.8% | 8.1% | – | – | – |
| 기타/모름/무응답 | 4.4% | 5.3% | 7.6% | – | 2.4% |
| 표본 | 2,944명 | 1,836명 | 1,788명 | 1,268명 | 1,018명 |

자료: 서원석 · 김광주(1992), 조성한(1996), 이헌수(1998), 황성원 · 함종석(2001), 황인수 외(2004).

있었다. 2004년을 기준으로 살펴보면 공직을 선택함에 있어 신분보장, 경제적 안정, 근무조건 등과 같은 외재적 동기가 51.8%였던 반면 내재적 동기는 16.8%로 절반수준에도 미치지 못하는 것을 알 수 있었다.

'공익(Public Interest)'와 '공공가치(Public Value)' 실현의 매개체로서 공공조직의 위상을 생각할 때, 또한 동기가 보다 능동적이고 지속적인 활동으로 연계되는 데 있어 외적 동기보다 내적 동기가 중요하다는 점을 생각할 때 이는 바람직하지 못한 현상이라 할 수 있다.

## 2. 발전방향

위에서 살펴본 바와 같이 우리나라 공무원의 경우 전반적으로 내재적 동기보다는 외재적 동기가 보다 강함을 확인할 수 있었다. 이러한 문제점을 바탕으로 공직사회 활력 증진을 위한 발전방향을 제시하면 다음과 같다.

첫째, 단기적인 관점에서 동기부여를 통한 개인 및 조직의 성과향상을 위해서는 타인으로부터 인정, 금전 · 비금전적 보상과 같은 외적 보상체계 강화노력이 필요함을 추측해 볼 수 있다. 즉 다양한 인센티브 제도의 활용이 단기적인 관점에 공직사회의 활력을 증진하는 데 효과적으로 기능할 수 있을 것이라 생각된다.

둘째, 장기적인 관점에서는 이와는 다른 접근방법이 필요할 것이라 생각된다. 외재적 보상체계에 의해 발현되는 외재적 동기는 능동적이고 지속적인 활동으로 연계되는 데 있어 한계를 갖고 있다. 따라서 이러한 외재적 동기를 내재적 동기로 전환하려는 노력이 필요할 것이라 생각된다. 특히 Ryan과 Deci(2000)가 주장한 자기결정성 이론에서 외재적 동기가 내재적 동기로 전환됨에 있어서 직무의 중요성 인식, 가치 인식, 조화와 자각, 자아통합과 같은 요인이 중요한 조절요인으로 작용할 수 있음을 제시하고 있으므로 이에 주목할 필요가 있다.

셋째, 위와 유사한 맥락에서 공무원 사기 제고 및 동기강화를 위해서는 주로 근무여건 개선과 같은 외적 동기 강화요인에 중점을 두었던 과거의 접근방식에서 벗어나 개인이 직무수행 과정에서 성취감을 느끼고 삶 전반에 걸쳐 만족감을 느낄 수 있도록 다양한 내적 · 외적 동기 강화요인에 주목해야 할 필요가 있다. 〈표 12-2〉는 공무원들을 대상으로 Herzberg가 제시한 동기요인과 위생요인을 종합하여 직무에 있

**표 12-2 만족 및 불만족 요인**

| 요인 | 만족 응답비율(%) | 불만족 응답비율(%) |
|---|---|---|
| 보수 | 20.0% | 10.0% |
| 상사나 동료들로부터 인정 | 24.7% | 20.0% |
| 주어진 일을 성공적으로 해결하거나 완수 | 39.0% | 11.3% |
| 상사나 동료와의 원만한 관계 | 3.3% | 16.0% |
| 조직의 정책이나 관리에 대한 만족 | 1.3% | 23.7% |
| 직무에 대한 흥미 | 5.3% | 6.0% |
| 근무조건의 개선 | 1.7% | 3.0% |
| 재량권과 책임 부여 | 3.3% | 9.0% |
| 기타 | 1.3% | 1.0% |

자료: 서원석(2010).

어 만족을 결정하는 요인과 불만족을 결정하는 요인이 무엇인지를 조사한 결과이다. 만족을 결정하는 데 있어서는 '주어진 일을 성공적으로 해결하거나 완수했을 때'가 전체의 39.0%로 가장 높은 것으로 나타났으며 그 다음으로는 '상사나 동료들로부터의 인정을 받았을 때'가 24.7%, '보수에 대한 만족'이 20.0% 등의 순으로 나타났다. 반면, 불만족을 결정함에 있어서는 '조직의 정책이나 관리에 대한 불만족'이 전체의 23.7%로 가장 높은 것으로 나타났으며 그 다음으로는 '상사나 동료들로부터의 인정받지 못했을 때'가 20.0%, '주어진 일을 성공적으로 해결하거나 완수하지 못했을 때'가 11.3% 등의 순으로 나타났다. 따라서 조직의 인사관리 담당자는 이러한 연구결과에 주목하여 조직구성원들의 동기 형성의 주요요인을 파악하고 이러한 욕구체계를 충족시키기 위한 다양한 관리제도를 구축해야 할 것이다. 이러한 맥락에서 다음에 살펴볼 〈개혁 사례: 東西古今公私〉, 이명박 정부의 공직사회 활력증진 정책은 내적·외적 동기 강화요인을 함께 고려하여 다양한 방식으로 사기진작 및 동기부여 정책을 구현하였다는 점에서 그 중요성을 찾아볼 수 있다.

# 개혁사례

## 이명박 정부의 공직사회 활력 증진 정책

이명박 정부 출범 이후 보다 효과적인 공공 인적자원 관리를 위해 임용, 유지 · 활용, 보수 측면에서 다양한 변화가 시도되었다. 특히 공무원의 사기진작 및 동기부여 강화를 위해 '공직사회의 활력증진' 노력이 진행되었는데 이는 구체적으로 실무 공무원에 대한 사기진작, 공무원 처우개선, 가족친화적인 근무여건 조성, 공무상 재해 · 사망에 대한 보상 및 지원 현실화, 세종시 이주 공무원에 대한 지원, 퇴직 공무원 활용 확대방안 등 다양한 내용을 포함하고 있다.

▶ 실무 공무원 사기 진작

① 6급 이하 공무원 정년 연장
: 57세(08년) → 58세(09~10년) → 59세 (11~12년) → 60세(13년)
② 우수한 7급 장기재직자에 대한 6급 근속승진 임용
③ 계급별 겸임제한 폐지
④ 6급 이하 공무원 호칭 개선 및 일과 직무중심의 대외직명 사용
: 중하위직 공무원(당초) → 실무직 공무원(개선)
⑤ 기능 10급 폐지 및 일반직과 같이 9급 계급체계화
(사무직 기능 감축 및 일반직 전환)
⑥ 특수경력직 공무원 휴직 확대
: 병역 · 육아 휴직만 허용(기존)
→ 별정직의 경우 질병 · 가사 · 행불 휴직 허용, 계약직은 질병 휴직 추가 허용(개선)
⑦ 승진소요최저연수 개선
: 9급에서 3급까지의 승진소요최저연수를 직급별로 6개월~2년씩 단축(22년→16년)

▶ 공무원 처우 개선

① 공무원 보수 인상 (11년 5.1%, 12년 3.5%) 및 기본급 비중 확대(54% → 65%)
② 열악한 근무여건 종사자를 위한 수당 신설
③ 현실여건을 반영한 벽지 · 도서 등 특수지 조정
④ 공무원 출장여건 개선 및 여비지출 합리화

▶ 가족친화적인 근무여건 조성

① 육아휴직 이용 활성화 및 출산 장려
: 육아휴직 요건 완화
(자녀 만 6세 이하 → 만 8세 이하)
: 셋째 자녀 육아휴직기간 승진소요연수에 반영 확대(기존의 최대 3년 중 1년만 반영 → 3년 모두 반영)
: 계약직공무원의 육아휴직 제한기간 완화
② 유산시 휴가 · 배우자 출산휴가 · 입양휴가기간 연장
③ 육아휴직 · 출산휴가 기간 중 업무공백 최소화
: 출산휴가 · 육아휴직 '사전예고제' 도입
: 출산휴가 후 육아휴직시 출산휴가 기간 중에도 결원보충 허용
: '대체인력뱅크' 구축 및 한시계약직 신설
④ 유연근무제 활성화 추진 및 인사상 불이익 금지 명문화

▶ 공무상 재해 · 사망에 대한 보상 및 지원 현실화

① 위험직무 종사자의 순직 인정범위 확대, 순직유족보상금 상향
② 공무원 가족의 사망 조위금 및 재해부조금 지급기준 변경
: 개인 기준소득월액(기존) → 공무원 전체 기준소득월액 평균액(개선)
③ 공무수행 중 사망시 20년 미만 재직자도 유족연금 지급

④ 공무수행 중 발생한 부상 · 질병은 치유까지 요양비 지원

▶ 세종시 이주공무원 지원

① 임내주택 1,661세대 건립
② 이주공무원 대상 최대 5,000만원까지 대출 지원

▶ 퇴직공무원 활용 확대

① 퇴직예정공무원의 전직지원 · 사회적응을 위한 퇴직준비교육 확대
② 시험감독 · 민원상담 등 공직 내 활용 확대
③ 퇴직공무원의 사회참여활동 지원

주로 근무여건 개선 등 외적 동기 강화에 중점을 두었던 과거의 관행과 달리 조직 구성원들의 욕구체계를 다양한 시각에서 접근하고 이를 바탕으로 내적 · 외적 동기 영향요인들을 함께 고려하여 사기진작 및 동기부여 강화정책을 추진하였다는 점에서 이는 매우 바람직하다 할 수 있다.

자료: 안전행정부(2012e).

## 토론 문제

**Q1** 공공부문 인적자원관리에 있어서 동기부여와 공직동기(PSM)의 의미와 가치가 무엇인지 논의해 보세요.

**Q2** 공공조직 진입 이전에 형성되는 공직동기(PSM)의 영향요인은 무엇이 있는지 제시해 보세요.

**Q3** 조직 구성원들의 동기부여는 자아존중감, 전문성 강화, 조직 충성도, 조직성과 등의 변수들과 어떠한 관계에 놓여 있는지 토론해 보세요.

**Q4** 한국 공직사회에서 내적 보상체계와 외적 보상체계 중 어떠한 것이 보다 활력 있는 공직사회 구축에 있어 효과적인 방안으로 작용할 것인지 토론해 보세요.

**Q5** 공무원 동기강화 및 활력증진정책 선진화 방안에 대해 논의해 보세요.

# 제 13 장 다양성 관리

## 들어가는 말

상대주의 혹은 문화적 다원주의 시각에서 다양성의 의미와 가치가 주목을 받게 됨에 따라 조직 내 성공적인 업무수행을 위한 효과적인 인적자원관리 활동의 하나로 다양성 관리의 중요성이 강조되고 있다. 특히 기존의 다양성 관리가 '사회적 형평성의 구현'의 관점에서 이질적인 사회 구성원들을 어떻게 선발할 것인가에 중점을 두었다면, 최근의 다양성 관리는 '사회 전반의 삶의 질 향상'의 관점에서 인적자원의 선발 측면의 다양성 관리와 함께 다양한 욕구체계를 갖고 있는 조직 구성원들을 어떻게 관리할 것인가에 중점을 두고 있다. 다양성 관리의 적용범위와 그 중요성이 점차 확대되면서 다양성 및 다양성 관리의 중요성에 대한 정확한 이해와 이에 바탕을 둔 다양성 관리의 전략 수립은 효과적인 인적자원의 유지와 활용을 위한 핵심적 전제조건이라 할 수 있다. 따라서 제13장에서는 다양성과 다양성 관리에 대한 개념과 유형들에 대한 이해를 바탕으로 구체적으로 우리나라 공직사회에서 구현되고 있는 다양성 관리정책과 전략에 대해 균형인사정책과 일과 삶 균형정책을 중심으로 살펴보고자 한다.

## 핵심용어

- 다양성 관리(Diversity Management)
- 대표관료제(Representative Bureaucracy)
- 고용기회 균등정책(EEO: Equal Employment Opportunity)
- 소수집단 우대정책(AA: Affirmative Action)
- 균형인사정책
- 양성평등채용목표제
- 장애인 의무고용 제도
- 장애인 구분 모집제
- 지방인재채용목표제
- 지역인재추천채용제
- 일과 삶 균형정책(WLB: Work Life Balance)
- 유연근무제(Flexible Workplace)
- 친가족정책(Family Friendly Policy)
- 개인신상지원 프로그램(Support for Individual Growth)

# 제1절 다양성의 이해

## 1. 다양성의 의의

사회 및 조직 구성원 간에 혹은 구성원들로 구성된 다양한 집단들 간에 상호 이질성이 존재한다는 것은 매우 자연스러운 현상이다. 이러한 '차이'가 '차별'로 변질될 때 이는 갈등과 반목, 혼란 등을 야기시킬 수 있는 부정적 요인으로 작용하게 된다(이종범, 2008). 차이(Difference)는 '두 사람 간 또는 두 집단 간의 특성이 서로 다른 것'을 의미하고 '선정된 기준(또는 표준)에 따른 차이에 상징적 의미를 부여하면서 심리적이거나 물질적 차등 대우를 하는 상황'이 차별(Discrimination)이다(이종범, 2008). 한 국가체제 혹은 사회 내에서 다양한 소수자 집단들이 존재함을 알 수 있는데, 장애인, 여성, 외국인, 새터민, 양심적 병역기피자, 비정규직 노동자, 병리적 소수자, 동성애자 등이 그 예이다. 이러한 소수자 집단들의 구성원에 대한 이해와 차이를 인정하고 다양성을 포용할 수 있을 때, 즉 차별성을 지양하되 차이성을 인지하고 장려하고 축복할 수 있을 때 우리는 그 사회가 건강함과 성숙함을 지녔다고 말할 수 있을 것이다(Thomas & Ely, 1996; Ely & Thomas, 2001).

사회, 문화, 이민 정책적 시각에서 다양성에 대한 논의는 크게 두 가지 개념으로 나누어 살펴볼 수 있다. 첫째는 멜팅 팟(Melting Pot: 용광로) 접근방식으로, 이는 개념적으로 문화적 동화(Cultural Assimilation)와 문화적응(Acculturation) 의미 등을 내포하고 있다. 예를 들면, 과거 미국에 이민 온 사람들은 자신들이 태어난 곳에 대한 역사적 정체성을 버리고 새로운 나라의 생활방식을 채택하는 데 적극적이었다. 이민자들은 대개 이민 온 사회의 생활방식을 흡수하였고 그들이 떠나 온 문화에 대한 끈을 풀어 놓았다. 이러한 과정을 통해 많은 이민자들이 미국문화와 제도에 완전히 문화적으로 통합되었던 것이다. 멜팅 팟 시각에서 보면 '미국인 정체성'은 미국 구성원의 다수였던 백인 이민자 그룹에 동화되며 그들과 결혼하는 것으로 인식되었고, 이러한 시각은 '미국인이 된다'는 것을 '백인처럼 되는 것'과 동일시하는 백인우월주의적 사상을 학문화 한 백인학(Whiteness Studies)이 등장하면서 더욱 부각되었다. 이러한 시각이

다수를 지배하는 사회적 상황에서는 차이성을 바탕으로 한 긍정과 포용정책보다는 차별적 관념과 행동방식이 만연할 가능성이 높다고 할 수 있다.

두 번째 시각은 샐러드 볼(Salad Bowl) 접근방식으로, 다양한 소수집단의 문화와 정체성을 하나의 지배적(Dominant) 문화에 동화시키고자 하는 방식이 아니라, 샐러드에 담겨져 나오는 모든 내용물들이 각각의 맛과 향, 그리고 그 의미와 가치들을 인정받는 것처럼 중심문화 외의 주변문화의 가치관과 각 소수집단의 문화, 제도, 생활태도 등을 인정하고 개방적 시각에서 그 의미들을 해석해야 한다고 주장한다. 이는 문화적 다원주의, 다문화주의, 그리고 크게는 거대 담론을 부정하고 주변적 담론을 적극적으로 인정하자는 포스트모더니즘의 시각과 그 궤를 같이한다고 하겠다(이종범, 2008; Park & Joaquin, 2012).

이러한 다양성에 대한 상이한 시각들을 통해 현재 다문화주의(Multiculturalism) 사회로 빠르게 진입하고 있는 한국사회의 주류 및 소수자 중심의 주변문화에 대한 적극적 해석이 필요하며 더 나아가 궁극적으로 한국사회의 문화적 소통 및 통합에 대한 활발한 의견개진과 연구가 필요하다고 보인다. 또한 인사정책적 시각에서 다문화 시대에서의 효과적이고 다양한 소수자 관리정책 수단을 지속적으로 개발, 발전시킴과 동시에 정책의 문제점을 진단, 개선해 나가야 할 필요가 있다 (원숙연, 2008; 최무현, 2008).

## 2. 다양성의 유형

초기 다양성에 대한 관심은 유전적, 인구통계학적 속성에 기인한 다양성 속성과 제도적 장치에 초점을 맞춰 연구가 진행되었다. 즉 보다 협의의 관점에서 다양성에 접근하였고, 이러한 접근방식에 따라 인적자원관리에서의 다양성 관리는 이질적인 사회 구성원들을 어떻게 선발할 것인가에 중점을 두었다. 이에 협의의 관점에서 대표관료제의 이념을 바탕으로 하는 소수집단 우대정책(AA: Affirmative Action), 고용기회균등정책(EEO: Equal Employment Opportunity) 등으로 구현되었다.

그러나 최근에 와서는 사회 혹은 조직 내 다양한 이념, 가치, 신념, 선호, 문화 등과 같은 내적 가치의 다양성을 보다 중요하게 인식하고 이러한 다양성의 내용들을 포용하고 긍정적으로 해석하고자 하는 시도가 이루어지고 있다. 즉 보다 광의의 관

그림 13-1 다양성에 대한 관점

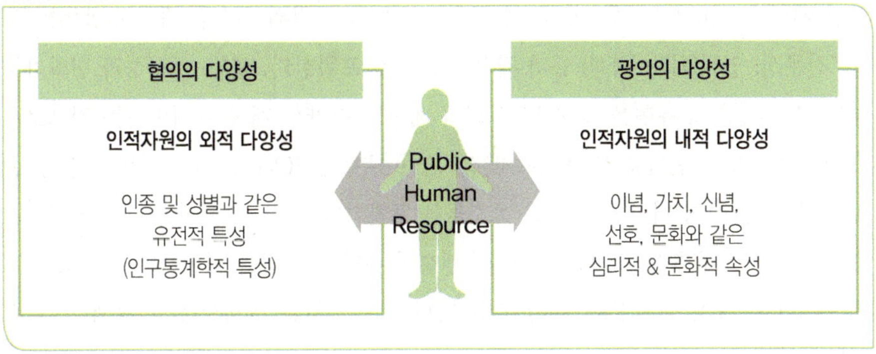


점에서 다양성에 접근하면서 심리적 · 문화적 속성에 기반한 다양성에 주목하게 되었다. 특히 이러한 측면에서 협의의 다양성과 광의의 다양성은 각각 표면적 다양성(Surface Level Diversity)과 심층적 다양성(Deep Level Diversity)으로도 유형화할 수 있다(Ivancevich & Gilbert, 2000)

이에 따라 인적자원관리에서의 다양성 관리는 선발 측면의 다양성 관리와 함께 다양한 욕구체계를 갖고 있는 조직 구성원들을 어떻게 관리할 것인가에 중점을 두고 이루어지고 있다. 이에 광의의 관점에서 다양성 관리는 '일과 삶 균형(Work Life Balance)' 정책을 중심으로 구현되고 있다(최도림, 2012; Larkey, 1996).

다양성의 개념은 Gardenswartz & Rowe(2010)의 다양성의 4단 모형(Four Layers of Diversity)에 의해 좀 더 명확히 범주화되었고(최도림, 2012),[1] 이 모형은 다양성 개념과 요소들을 '가시성'과 '변화가능성'을 기준으로 4가지 차원으로 유형화를 시도한 이근주 · 이수영(2012)의 연구를 통해 더욱 발전되었다고 보여진다. 다양성의 4단 모형에 대한 구체적인 내용은 <그림 13-2>와 같다.

첫째, 가시성은 높으나 변화가능성은 낮은 I 유형은 인구통계학적 다양성 개념을 의미하는 것으로서 성별, 연령(세대), 인종, 민족, 장애(육체적) 등과 같은 요소들을

1) 이 모형은 다양성을 개인적 차원, 내적 차원(귀속적 차원), 외적 차원(사회적 차원), 조직적 차원 등으로 나눈다. 개인적 차원은 개인의 성격으로 외향적인지 내향적인지 또는 분석적인지 직관적인지 등이 그 예가 될 수 있다. 내적 차원은 이미 결정되어 있는 개인적 특성으로 성별, 나이, 인종, 민족, 신체적 능력 등이 다양성의 기준으로 사용될 수 있다. 외적 차원은 사회생활 과정에서 만들어진 것으로 소득, 개인적 습관, 취미, 종교, 교육배경 등이 다양성 기준으로 제시될 수 있으며, 조직적 차원에서는 직종, 부서, 근속기간, 근무지, 직급 등이 기준으로 사용될 수 있다(최도림, 2012).

포함한다. 둘째, 가시성과 변화가능성이 모두 높은 Ⅱ유형은 가시적 역할수행형의 다양성 개념을 의미하는 것으로서 직업(사무직/생산직), 직위 · 직급, 숙련도(업무수행능력), 전문성, 언어(외국어능력) 등과 같은 요소들을 포함한다. 셋째, 가시성과 변화가능성이 모두 낮은 Ⅲ유형은 성장 및 사회적 배경의 다양성 개념을 의미하는 것으로서 고향(출신지역), 출신학교(전공), 가족배경, 혼인여부, 성격(Personality), 사회화 경험, 종교, 동기요인, 성적 지향 등과 같은 요소들을 포함한다. 넷째, 가시성은 낮으나 변화가능성은 높은 Ⅳ유형은 비가시적 역할수행형의 다양성 개념을 의미하는 것으로서 교육수준(학력), 노동지위(정규직/비정규직), 자녀유무, 가치관, 장애(정신적) 등과 같은 요소들을 포함한다.

종합해 보면, 다양성의 개념에 대한 가시성은 높으나 변화가능성은 낮은 Ⅰ유형은 인구통계학적 다양성의 개념으로서 협의의 다양성을 의미한다. 반면 다양성의 개념에 대한 가시성 수준은 높으나 변화가능성 수준이 높은 Ⅱ유형, 변화가능성의 수준

**그림 13-2 다양성의 4단 모형**

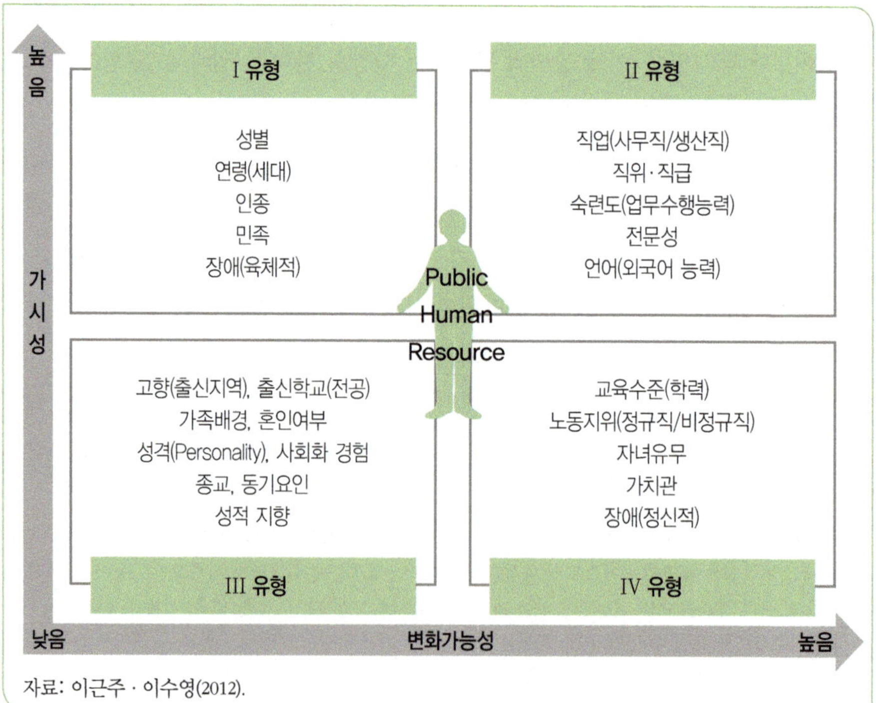


자료: 이근주 · 이수영(2012).

은 다르지만 가시성 수준은 모두 낮은 Ⅲ유형과, Ⅳ유형은 상대적으로 광의의 다양성을 의미한다. 즉 Ⅰ유형은 외적으로 드러나는 외적 다양성을 의미하는 반면 Ⅱ, Ⅲ, Ⅳ 유형은 내적으로 보유하고 있는 내적 다양성에 대한 요소들을 보다 많이 포함하고 있다. 특히 이러한 다양성의 개념 정의가 중요한 이유는 이에 따라 다양성 관리라는 처방의 차이로 이어질 수 있기 때문이다. Ⅰ유형에서의 다양성 관리는 외적 다양성으로 인해 발생하는 차별문제 해결이 주요한 목표가 되겠지만, Ⅱ, Ⅲ, Ⅳ유형에서의 다양성 관리는 내적 다양성으로 인해 발생하는 다양한 욕구체계 관리가 주요한 목표가 되기 때문이다. 따라서 이러한 다양성에 대한 현재의 논의와 연구들을 바탕으로 사회적, 조직적 차원에서의 다양성 개념의 구체화, 유형화, 모형화가 계속적으로 진행되어야 할 것이다.

## 제2절 다양성 관리의 이해

### 1. 다양성 관리의 의의

위에서 살펴본 다양성에 대한 개념 정의와 유형들을 바탕으로 다양성 관리(Diversity Management)를 정의해 보면, 다양성 관리란 '내적 · 외적 차이를 가진 다양한 노동력을 공평하고 효율적으로 활용하기 위한 체계적인 인적자원관리 과정'이라고 정의할 수 있다. 즉 채용, 교육 훈련, 평가 및 보상, 승진 등과 같은 인사관리 전 단계에 걸쳐 신체적, 심리적, 문화적으로 이질적인 노동력에 대한 형평성과 대표성을 실현하기 위한 인적자원관리 전략이라 할 수 있다. 특히, 이러한 다양성 관리는 다양성을 어떠한 관점으로 어떻게 정의하느냐에 구체적인 인적자원관리 전략이 다르게 나타날 수 있다. 인적자원의 외적 다양성에 주목하는 협의의 다양성 관리와 인적자원의 내적 다양성에 주목하는 광의의 다양성 관리는 지향목표와 실행전략이 다르게 나타날 수밖에 없기 때문이다.

이는 다인종 국가인 미국의 사례를 통해 쉽게 이해할 수 있다. 다양한 인종으로 구성된 미국의 경우 다양성 관리에 대한 논의가 일찍부터 시작되었다. 특히 미국에서의 다양성에 대한 논의는 인종차별에 대한 문제에서 시작되었다. 1960년대와 1970년대, 초기의 미국의 다양성 관리는 협의의 관점에서 다양성을 정의하였다. 이에 인적자원의 선발에 있어서 차별철폐에 중점을 두었고 법률적 접근(Legal Approach)을 중심으로 이를 해결하고자 하였다. 이에 고용기회 균등정책(EEO: Equal Employment Opportunity)과 소수집단 우대정책(AA: Affirmative Action) 등이 대표적인 다양성 관리 정책으로 구현되었다.

그러나 1980년대에는 보다 광의의 관점에서 다양성에 접근하였고, 이에 다양성을 자산으로 인식하면서 다양성의 이해(Understanding Diversity), 다양성 가치의 존중과 추구(Valuing and Pursuing Diversity), 다양성 가치의 관리(Managing Diversity), 다양성 가치의 극대화(Maximizing Diversity), 다문화적 접근(Multicultural Approach) 등에 대한 논의가 시작되었다. 이에 인종 및 성별로 인해 차별받아 왔던 소수집단의 대표성 확대와 평등주의적 다양성 관리의 시각에서 문화적 배경이 다른 다양한 개인들의 차이와 가치를 존중하고 포용하는 문화의 창조로 관리의 기조가 변화 및 확대되었다.

즉 협의의 다양성 관리는 '사회적 형평성의 구현'의 관점에서 인구통계학적 특성이 다른 이질적인 사회 구성원들을 어떻게 하면 공평하게 선발할 수 있는가에 초점을 두었고 이러한 문제에 대한 해결책으로 균형인사정책이 구현되었다. 특히 이러한 균형인사정책의 핵심가치는 공직구성을 사회의 인구통계학적 특징과 일치시켜 공직의 대표성을 확보하는 대표관료제(Representative Bureaucracy)의 이념에 기반한다고 볼 수 있다. 미국에서 주도적으로 시행되었던 고용기회 균등정책(EEO), 소수집단 우대정책(AA) 역시 같은 맥락으로 이해할 수 있다. 따라서 협의의 다양성 관리에서는 사회적 소수자들의 권리보호를 위한 평등기회 제공 및 적극적 조치의 제도화가 핵심적 내용이라고 할 수 있다.

반면 광의의 다양성 관리는 모집과 선발 측면에 초점을 맞추는 협의의 다양성 관리와는 달리 조직 관리적 차원에서 '조직효과성 향상'을 목표로 하고 사회적 차원에서는 '사회 전반의 삶의 질 향상'을 목표로 가치, 선호, 문화적 배경이 다른 이질적인 조직 구성원들의 욕구체계를 어떻게 하면 효과적으로 포용하고 충족시켜 줄 수 있는가에 초점을 두었다. 이러한 문제에 대한 해결책으로 제시된 일과 삶 균형(WLB: Work Life Balance)정책의 핵심은 개인의 '삶의 질(Quality of Life)'과 '근로의 질(Quality of Work Life)'을 통합적으로 관리하는 것이다. 이에 일과 삶 균형정책을 바탕으로 이루어지는 광의의 다양성 관리를 통해 개인은 사기진작, 조직몰입, 만족도 향상 등을 경험하게 되고, 이를 토대로 조직차원에서는 직무만족도 향상, 이직률 감소, 창의성 증대, 생산성 향상, 의사결정의 질 향상 등과 같은 조직효과성 향상을 기대할 수 있게 된다. 뿐만 아니라 개인의 만족도 향상, 조직의 성과향상이라는 선순환의 과정을 형성해 궁극적으로는 사회 전반의 삶의 질 향상이라는 결과를 기대할 수 있게 된다. 즉 공공부문에 있어 광의의 다양성 관리정책은 공무원 개인의 '삶의 질(Quality of Life)' 향상과 '근로의 질(Quality of Work Life)' 향상이라는 두 가지 핵심가치의 실현을 가능하게 함으로써 조직 및 사회적 차원의 상위 목표달성을 기대할 수 있게 된다.

그림 13-3 다양성 관리

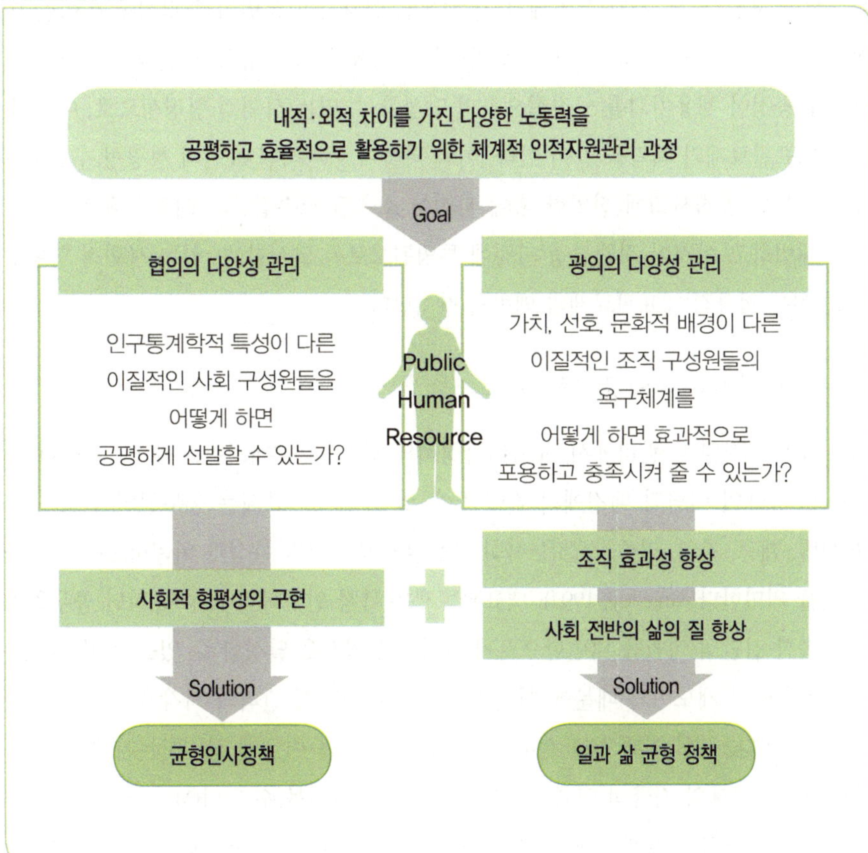

### 1) 협의의 관점에서 다양성 관리: 균형인사정책

#### (1) 균형인사정책의 개념

위에서 살펴본 바와 같이 협의의 다양성 관리는 '사회적 형평성의 구현'을 목표로 인구통계학적 특성이 다른 이질적인 사회 구성원들을 어떻게 하면 공평하게 선발할 수 있는가에 주목하였다. 그리고 이에 대한 해결책으로서 균형인사정책이 구현되었다. 균형인사정책이란 '과거로부터의 차별적인 인사관행으로 인해 상대적으로 공직에서 소외되었던 여성, 장애인, 과학기술인력, 지방인재 등 소수집단(Minority Group)을 적극적으로 공직에 임용하고 활용하는 인사제도'를 의미한다(박홍엽, 2006).

특히 균형인사정책을 중심으로 이루어지는 협의의 다양성 관리에서의 '사회적 형평성의 구현'은 두 가지 측면에서 가능하다. 일차적인 측면의 형평성 구현이란 이질적인 사회 구성원들, 특히 인종, 성별, 종교, 장애 등을 이유로 차별을 받아왔던 집단에게 공정한 채용기회를 보장함으로써 달성할 수 있는 사회적 형평성으로, 이는 소극적 대표관료제와 맥락을 같이 한다. 이와 더불어 이차적인 측면의 형평성 구현이란 실제 이들이 공직사회에 진입한 후에 자신이 소속된 소수집단의 이해관계를 적극적으로 대변하고 이것이 정책결정 과정에 투영됨으로써 달성할 수 있는 사회적 형평성으로, 이는 적극적 대표관료제와 맥락을 같이한다.

#### (2) 균형인사정책의 중요성

협의의 다양성 관리에서 균형인사정책의 중요성은 '대표관료제(Representative Bureaucracy)'의 이념적 배경에서 찾아볼 수 있다. 대표관료제는 공무원의 인적 구성을 성별, 계층, 지역, 인종과 같은 사회 구성원의 인구학적 특성과 비례하도록 구성하는 것을 의미한다(Kingsley, 1994). 대표관료제는 특정 인구학적 특성을 지닌 공무원이 그가 속한 집단의 이익을 대변함으로써 사회적 형평성을 달성할 수 있을 것이라는 기대에서 출발한 제도이기 때문에 협의의 관점에서 다양성 관리의 시각을 반영한 것이라 볼 수 있다. 특히 이때 '대표성(Representativeness)'을 어떻게 정의하는가에 따라 소극적 대표관료제와 적극적 대표관료제로 구분하여 살펴볼 수 있다(Mosher, 1982).

우선 소극적 대표관료제(Passive Representative Bureaucracy)에서의 대표성은 소극적 · 수동적 대표성을 의미한다. 따라서 소극적 대표관료제는 출신지역, 학교, 성별,

신분 등의 여러 기준에서 공무원의 인적 구성이 일반사회의 인적 구성과 통계적으로 비례하게 하는 상징적 · 구성론적 대표성을 의미한다. 반면, 적극적 대표관료제(Active Representative Bureaucracy)에서의 대표성은 적극적 · 능동적 대표성을 의미한다. 따라서 적극적 대표관료제는 사회 인구적 구성의 비례적 대표성을 확보한 관료들이 실질적인 정책결정에 있어 자신들의 출신집단이나 소속집단을 대표하고 책임지는 역할론적 대표성을 의미한다(특히, 최근 대표관료제 논의에 있어 중요시되는 부분은 소극적 대표관료제를 적극적 대표관료제로 발전시켜, 관료사회에서 보다 실질적 차원의 사회적 형평성을 실현하는 것에 있다)(Selden, 1997).

이를 종합적으로 살펴보면 소극적 대표관료제로서 발현되는 가치는 균형인사정책이 추구하는 일차적인 사회적 형평성인 상징적 형평성의 달성을 의미하는 것이며, 적극적 대표관료제로서 발현되는 가치는 균형인사정책이 추구하는 이차적인 사회적 형평성인 실질적 형평성의 달성을 의미하는 것이다. 즉 이러한 균형인사정책이 중요한 이유는 채용에 있어서 인구 통계학적 특성에 따른 차별을 시정함으로써 구현 가능한 사회적 형평성과, 다양한 국민의 관점을 정책에 반영하여 보다 나은 행정서비스를 제공함으로써 구현 가능한 사회적 형평성을 함께 실현할 수 있다는 측면에서 살펴볼

**그림 13-4** 대표관료제와 균형인사정책

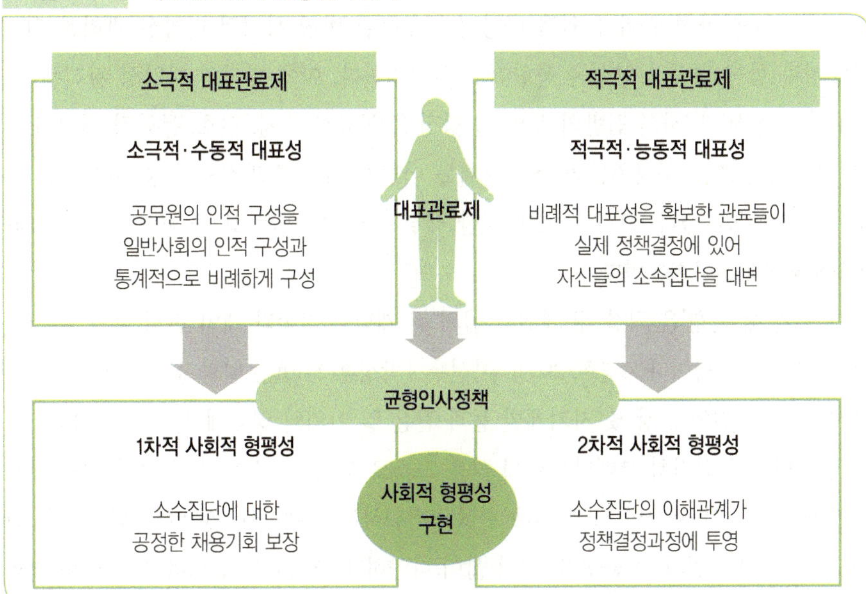

수 있다.

이러한 대표관료제의 이념적 배경을 바탕으로 균형인사정책을 중심으로 이루어지는 협의의 다양성 관리의 중요성을 살펴보면 다음과 같다. 첫째, 개인적 수준에서 균형인사정책은 차별, 편견, 고용불안과 같은 생산성에 부정적인 장애물을 제도적으로 제거함으로써 개인에게 복지수준 증대 및 의사결정권 확대와 같은 긍정적인 변화를 가져다준다. 특히 이를 통해 개인의 직무만족 향상 및 직무성과 향상을 기대할 수 있게 된다.

둘째, 작업집단 수준에서 균형인사정책을 통해 다양하고 이질적인 사회 구성원들이 공직 사회에 진입함으로써 창의성 증대, 문제해결력 제고, 의사소통 구조개선과 같은 긍정적인 변화를 기대할 수 있다.

셋째, 궁극적으로 조직수준에서는 앞서 살펴본 개인 및 작업집단 수준의 긍정적인 변화를 통해 조직몰입 향상, 이직률 및 결근율 감소 등과 같은 조직효과성 향상 및 조직유연성 제고, 조직의 사회적 이미지 개선 등을 기대할 수 있다.

### 2) 광의의 관점에서 다양성 관리: 일과 삶 균형정책

#### (1) 일과 삶 균형정책의 개념

협의의 다양성 관리가 외적 다양성에 주목한 반면 광의의 다양성 관리는 외적 다양성과 함께 내적 다양성을 통합적으로 고려한다. 이에 광의의 다양성 관리는 '조직효과성 향상'과 '사회 전반의 삶의 질 향상'을 목표로 가치, 선호, 문화적 배경이 다른 이질적인 조직 구성원들의 욕구체계를 어떻게 하면 효과적으로 충족시켜 줄 수 있는가에 주목하였다. 그리고 이에 대한 해결책으로서 일과 삶 균형(WLB: Work Life Balance)정책이 구현되었다.

'일과 삶 균형'은 직장 내 개인의 삶의 질 개념을 가족과 개인 전체 삶의 질 차원으로 확대한 개념이다(조경호, 2009). 이선우 · 박성훈(2010)은 일과 삶 균형이란 '직장에서의 삶, 개인의 성장 및 자기개발 등과 같은 일 이외의 영역에 시간과 심리적 · 신체적 에너지를 적절히 분배함으로써 삶을 스스로 통제 · 조절할 수 있으며 이를 통해 개인이 전반적인 자신의 삶에 대해 만족스러워하는 상태'라고 정의하였다. 또한, 박천오 외(2012)는 일과 삶 균형을 '일과 삶이 다양하게 연결되어 있으며 일과 삶의 영역을 넘나드는 개인이 적절한 균형을 취하면서 두 영역에서 최고의 만족을 느끼는 생활 상태'로 정의하고 있다(박천오 외, 2012). 따라서 일과 삶 균형은 직장에서의 삶의 질과 가정에서의 삶의 질에 통합적으로 접근하는 개념이며, 일과 삶 균형정책은 이질적인 내적 다양성을 보유하고 있는 조직 구성원들이 직장에서뿐만 아니라 가정에서도 만족감을 느낄 수 있도록 조직적 차원에서 그들의 다양한 욕구를 충족시켜줄 수 있도록 관리하는 것을 의미한다.

이러한 개념정의를 통해 우리는 일과 삶 균형정책이 개인의 '삶의 질(Quality of Life)'과 '근로의 질(Quality of Work Life)'이라는 핵심가치로 구성되어 있음을 알 수 있다. 여기서의 삶의 질이란, 삶을 영위하는 데 필요한 객관적인 조건과 환경에 대한 주관적인 평가로 이해할 수 있다(임희섭, 1996). 즉 삶의 질은 근로생활을 포함한 개인의 전반적인 생활에서 인식하는 만족도라고 볼 수 있다. 반면 근로의 질이란 직장생활에서의 개인이 자신의 욕구를 충족시켜 나가는 가치 인식과정으로 이해할 수 있다(신건호, 2004). 삶의 질과 근로의 질이라는 가치에 통합적으로 접근함으로써 이념, 가치, 신념, 선호, 문화와 같은 심리적 · 문화적으로 이질적인 노동력의 다양한 욕구체계를 충족할 수 있고 이를 통해 조직의 효과성 향상 및 사회 전반의 삶의 질 향상을 기대할 수 있다.

### (2) 일과 삶 균형정책의 중요성

광의의 다양성 관리에서 일과 삶 균형정책의 중요성은 역할갈등 이론과 전이 이론에서 찾아볼 수 있다. 먼저, 역할갈등 이론(Role Conflict Theory)을 살펴보면 다음과 같다. 역할갈등은 '개인이 자신에게 기대되는 다양한 역할 간에 충돌이 발생할 때 느끼는 부정적인 감정 상태'라고 정의할 수 있다(Kahn *et al.*, 1964; House & Rizzo, 1972; Robbins & Judge, 2011). 이러한 역할갈등은 역할모순에 의한 갈등과 역할긴장에 의한 갈등으로 구분할 수 있다. 역할모순에 의한 갈등은 한 개인이 여러 가지 지위를 갖게 되면서 각각의 지위 간에 기대되는 역할이 충돌하는 경우에 발생하는 갈등이다. 예를 들어, 결혼을 한 여성의 경우 직장에서는 조직 구성원이라는 지위와 가정에서는 주부라는 두 가지 지위를 갖게 되는데 이렇게 서로 다른 지위 간에 기대되는 역할 간의 충돌로 발생하는 역할갈등을 역할모순에 의한 갈등이라고 한다. 반면 역할긴장에 의한 갈등은 동일한 지위 내에서 두 개 이상의 기대역할 간 충돌에 의해 발생하는 갈등이

그림 13-5 역할갈등 이론(Role Conflict Theory)

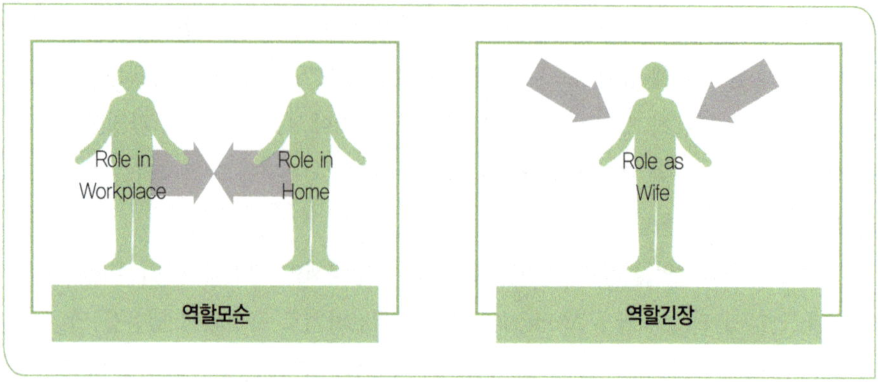


다. 예를 들어 가정에서 아내라는 지위에는 가정의 경제를 잘 이끌어 나가야 하는 생활력이 강한 아내로서의 역할이 요구됨과 동시에 아름답고 여성스러운 아내로서의 역할이 요구된다. 이렇게 동일 지위 내에서 기대되는 역할 간의 충돌로 발생하는 역할갈등을 역할긴장에 의한 갈등이라고 한다(〈그림 13-5〉 참조).

역할갈등은 구성원들의 탈진을 유발하고 이로 인해 개인적 차원에서는 직무만족과 조직몰입의 저하라는 결과를 초래한다. 뿐만 아니라 조직적 차원에서는 결근율, 이직률, 사고 등의 증가와 업무성과 저하라는 결과를 초래한다(정상완 · 한진환, 2006). 따라서 조직의 성과향상을 위해서는 개인의 역할갈등을 완화하려는 노력이 필요하다. 이러한 맥락에서, 일과 가정이라는 두 영역에서 균형과 조화를 가능하게 하는 WLB정책은 역할갈등을 완화하는 데 있어서 중요한 역할을 담당한다고 볼 수 있다.

역할갈등 이론과 함께 전이 이론(Spillover Theory)을 살펴보면 다음과 같다. 전이 이론은 한 영역에서의 태도와 행동이 다른 영역에서의 태도와 행동형성에 영향을 미친다고 보는 이론이다(Crouter, 1984). 직장에서 형성된 개인의 긍정적인 태도나 행동이 집에서의 태도와 행동에 긍정적인 영향을 미치거나, 집에서 형성된 개인의 긍정적인 태도나 행동이 직장에서의 태도와 행동에 긍정적인 영향을 미칠 때 긍정적인 전이효과라고 한다. 이와는 반대로 직장에서 형성된 개인의 부정적인 태도나 행동이 집에서의 태도나 행동에 부정적인 영향을 미치거나, 집에서 형성된 개인의 부정적인 태도나 행동이 직장에서의 태도나 행동에 부정적인 영향을 미칠 때 부정적인 전이효과라고 한다(〈그림 13-6〉 참조).

그림 13-6 전이 이론(Spillover Theory)

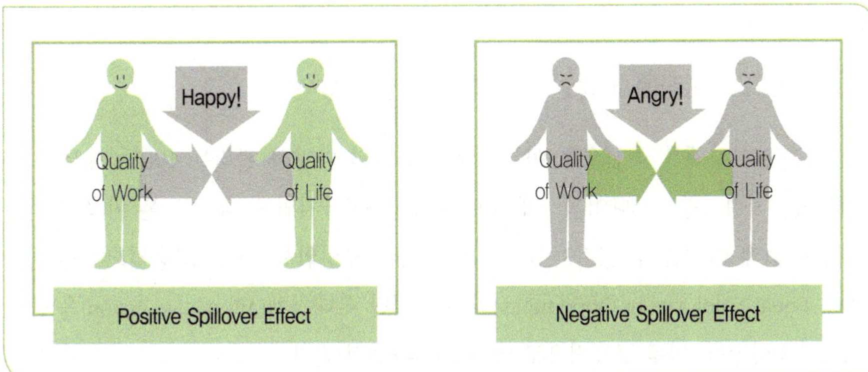


전이 이론의 관점에서 보면 왜 WLB정책이 중요한가를 보다 명확하게 제시할 수 있다. 부정적인 전이효과의 관점에서 본다면 직장이나 가정생활 등 어느 한 영역에서 불만족이 발생했을 때 이러한 부정적인 태도와 행동이 서로의 영역에 영향을 미쳐서 전체적인 성과와 만족도를 저하시키는 악순환의 고리를 형성하게 된다. 따라서 개인 및 조직적 차원의 성과향상을 위해서는 이러한 부정적인 전이효과를 약화시키고, 나아가 긍정적인 전이효과를 강화하기 위한 노력이 필요하며 이를 위해 각 영역에 통합적으로 접근하는 WLB정책이 중요한 역할을 담당한다고 볼 수 있다.

이러한 역할갈등 이론과 전이 이론을 바탕으로 일과 삶 균형정책을 중심으로 이루어지는 광의의 다양성 관리의 중요성을 살펴보면 다음과 같다. 첫째, 개인수준에서, 조직이 개인에게 직장뿐만 아니라 삶 전반의 만족도를 향상시킬 수 있는 다양한 정책을 제공함으로써 이질적인 내적 다양성을 보유한 조직 구성원들이 자신의 욕구체계를 충족해 나가고, 이를 통해 조직 구성원들이 인지하는 개인의 '삶의 질(Quality of Life)' 수준이 향상될 수 있다.

둘째, 조직수준에서, 조직 구성원들의 내적 다양성을 관리하고 그들의 욕구를 충족시켜 줌으로써 직무만족, 조직몰입, 직무성과 향상, 이직률 감소 등과 같은 '조직효과성 향상'을 기대할 수 있다.

셋째, 궁극적으로 사회수준에서는 개인 및 조직 수준의 긍정적인 변화를 통해 조직이 생산하는 서비스 품질 향상이라는 연쇄효과를 일으켜 사회 전반의 삶의 질 향상 및 높은 수준의 사회자본(Social Capital) 형성에 기여할 수 있게 된다.

## 2. 다양성 관리의 유형

### 1) 협의의 관점에서 다양성 관리: 균형인사정책

균형인사정책을 중심으로 이루어지는 협의의 다양성 관리는 1960년대부터 꾸준히 인종 · 성 · 종교 · 나이 · 장애 등에 관한 차별금지법을 제정해 온 미국의 사례를 통해 쉽게 이해할 수 있다.[2] 특히 미국에서의 균형인사정책은 고용기회 균등정책(EEO: Equal Employment Opportunity)과 소수집단 우대정책(Affirmative Action)을 중심으로 시행되었다. 이를 구체적으로 살펴보면 다음과 같다.

고용기회 균등정책(EEO)은 시민권리법(Civil Rights Acts of 1866)의 1981조에서 고용에서의 인종차별을 하지 못하도록 명시하면서 시작되었다. 특히 이 법은 1871년부터 주정부와 연방정부 모두에서 통용되면서 법적 강제력을 갖게 되었다. 고용기회 균등정책(EEO)은 성별, 인종, 장애 등과 같은 외적 다양성으로 인해 발생하는 차별을 철폐하기 위한 정책을 의미하는 것으로서 당시 상대적으로 차별받기 쉬운 여성과 특정 인종의 고용에서 발생하는 '인위적 장벽(Artificial Barriers)' 제거에 중점을 두었다. 특히 고용기회 균등정책(EEO)은 향후 Kennedy 대통령이 공표한 행정명령(Executive Order 19025)의 소수집단 우대정책(Affirmative Action)의 기초가 되었다.

특히 균형인사정책을 논의함에 있어서 고용기회 균등정책(EEO)은 소극적 차별 철폐 정책으로, 소수집단 우대정책(AA)은 적극적 차별보상 정책으로 이해되는데, 이는 〈표 13-1〉에서 나타난 차이에 근거한다.

우선 고용기회 균등정책(EEO)의 목적은 차별을 금지시키고 공정한 기회를 제공하는 것이다. 특히 고용기회 균등정책(EEO)의 법적 근거는 연방법인 시민권리법(Civil Right Act of 1966)에 두고 있다. 따라서 법적 강제력이 매우 강하다 할 수 있다. 그러나 이 정책은 채용 측면에서의 차별금지만을 강조했기 때문에 소극적인 차별철폐 정책

2) 미국에서 제정된 인종 · 성 · 종교 · 나이 · 장애 등에 관한 차별금지법은 Equal Pay Act of 1963, the Civil Rights Acts of 1866, 1964 and 1991, Executive Order 11375 and 19025, the Equal Employment Opportunity Act of 1972, the Age Discrimination in Employment Act of 1967, the Pregnancy Discrimination Act of 1978, the Older Workers Benefit Protection Act of 1990, the Family and Medical Leave Act of 1993, and the Lilly Ledbetter Fair Pay Act of 2009 등이 있다(Condrey, 2010).

**표 13-1 소극적 차별 철폐 정책과 적극적 차별 보상 정책**

| 구분 | 소극적 차별철폐 정책<br>: 고용기회 균등정책(EEO) | 적극적 차별보상 정책<br>: 소수집단 우대정책(AA) |
|---|---|---|
| 목적 | 차별금지<br>(법적 강제력) | 차별보상<br>(법원의 보상과 시정 추구) |
| 적용 범위 | 채용 측면에서<br>공정한 기회와 접근보장 | 채용뿐만 아니라<br>승진, 보상 등 인사관리 전반에 걸쳐<br>차별보상 정책이 영향을 미침 |
| 법적 근거 | 연방법에서 규정<br>:시민권리법(Civil Right Act of 1866) | 자발적 참여를 강조하나 법적 강제력 있음<br>:행정명령(Executive Order 19025) |

자료: Riccucci(1997); 진종순 · 배귀희(2007); 진종순(2010).

이라 할 수 있다.

반면 소수집단 우대정책(AA)의 목적은 인적자원관리의 전 과정에서 차별을 금지하는 것이었다. 또한 소수집단 우대정책(AA)의 법적 근거는 1961년 Kennedy 대통령이 발표한 행정명령(Executive Order 19025)에 두고 있었기 때문에 고용기회 균등정책(EEO)과 비교하여 법적 강제력이 상대적으로 낮았으며 법적 구속력에 의한 다양성을 확보하기보다는 자발적 참여에 의한 다양성 확보에 주목하였다. 특히 소수집단 우대정책(AA)이 적극적 차별보상 정책으로 이해되는 것은 채용 측면에서의 차별철폐만을 강조했던 고용기회 균등정책(EEO)과 달리 승진 및 보상 등과 같은 인적자원관리 전반에 걸쳐 차별보상을 추구했기 때문이다.

따라서 소극적 차별철폐 정책으로서 고용기회 균등정책(EEO)과 적극적 차별보상 정책으로서 소수집단 우대정책(AA) 모두 비례적 대표성을 확보하기 위한 균형인사정책으로서 외적 다양성으로 발생하는 차별을 철폐하고 이를 통해 사회적 형평을 추구하였다는 점에서 협의의 다양성 관리 정책이라 이해할 수 있다.

### 2) 광의의 관점에서 다양성 관리: 일과 삶 균형정책

일과 삶 균형정책을 중심으로 이루어지는 광의의 다양성 관리는 각 프로그램이 지향하는 목적에 따라 유연근무제, 친가족정책, 개인신상지원 프로그램 등 3가지 차

그림 13-7 일과 삶 균형정책의 유형

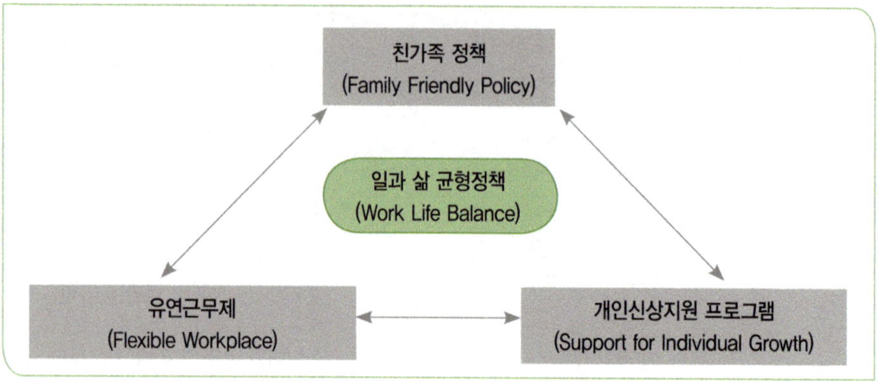


원으로 구분할 수 있다(〈그림 13-7〉 참조). 구체적인 내용을 살펴보면 다음과 같다.

첫째, 유연근무제(Flexible Workplace)는 조직 구성원 스스로 근무시간, 근무일수, 근무장소를 자유롭게 결정할 수 있는 제도를 의미한다. 따라서 유연근무제의 목표는 근무방식에 있어 개인의 자율성을 보장함으로써 업무효율을 증가시키고, 일 이외의 삶의 영역에 할애할 수 있는 시간을 확보할 수 있도록 지원하는 것이다.

둘째, 친가족정책(Family Friendly Policy)은 출산장려 프로그램 제공, 보육서비스 지원, 가족부양지원 등과 같은 가족생활 지원제도를 의미한다. 따라서 친가족정책의 목표는 임신, 출산, 육아, 교육, 재정 등과 같은 가족의 기능을 유지하고 강화하기 위한 것이다.

셋째, 개인신상지원 프로그램(Support for Individual Growth)은 교육훈련 프로그램의 제공, 자기개발 활동 및 문화생활 지원, 건강보조 프로그램 제도와 같은 개인발전 및 여가생활 지원제도를 의미한다. 따라서 개인신상지원 프로그램의 목표는 일의 영역에서 개인에게 요구되는 업무기술을 습득하거나 일과 가정 영역 모두에서 개인의 지속적인 성장과 발전을 위한 활동을 지원하는 것이다.

이상의 내용을 토대로 균형인사정책을 중심으로 하는 협의의 다양성 관리와 일과 삶 균형정책을 중심으로 하는 광의의 다양성 관리의 특징을 비교하면 〈표 13-2〉와 같다.

표 13-2 협의의 다양성 관리와 광의의 다양성 관리의 특징 비교

| 구분 | 협의의 다양성 관리 (균형인사정책) | 광의의 다양성 관리 (일과 삶 균형정책) |
|---|---|---|
| 대상 | 외적 다양성 | 외적 · 내적 다양성에 대한 통합적 접근 |
| 접근방식 | 강제적 | 자발적 |
| | 법적 · 도덕적 목적 달성 | 생산성 · 효율성 · 삶의 질 향상 |
| | 멜팅 팟(동화 중시) | 샐러드 볼(개성 중시) |
| | 조직 내 구성원의 변화를 야기 | 조직 내 제도와 운영의 변화를 야기 |
| | 모집과 선발의 형평성에 초점 | 개발 및 유지 · 활용의 관리적 요소에 초점 |
| 적용기간 | 단기적 · 제한적 | 장기적 · 계속적 |

## 제3절 우리나라 공직사회의 다양성 관리

### 1. 협의의 관점에서 다양성 관리: 균형인사정책

#### 1) 양성평등채용목표제

양성평등채용목표제는 공직 사회에서의 성비 불균형을 해소하기 위해 남녀 모두의 최소 채용비율(30%)을 설정하는 제도를 의미한다. 즉 공무원 채용에 있어서 남성 혹은 여성 어느 한쪽의 합격자가 채용 목표비율인 30% 미만일 때, 합격선 범위 내에서 해당 성(性)의 응시자를 추가 합격시키는 제도를 의미한다. 그러나 도입 초기 우리나라의 양성평등정책은 여성인력의 임용확대에 중점을 두고 논의되었다. 현재의 양성평등정책은 1996년에 도입된 '여성공무원채용목표제'에 기초한다. 1996년부터 2002년까지 운영된 여성공무원채용목표제는 행정고등고시, 외무고등고시, 7급 국가공무원, 9급 국가공무원 채용시험에서 연도별 여성채용목표비율을 정해 놓고 당해

연도 여성합격자가 목표비율 미만일 경우 목표미달 인원만큼 추가로 합격처리하는 방식으로 운영되었다. 그러나 여성공무원채용목표제 운영 후 남성들이 역차별을 받고 있다는 문제점이 제기되면서 2003년부터 2007년까지 한시적으로 '양성평등채용목표제'라는 명칭으로 변경하여 운영하였다. 그 후, 2007년 중앙인사위원회가 시행기간을 5년 연장하여 2012년까지 운영하였으며 다시 2017년 12월 31일까지 재연장이 결정되었다.

현재 우리나라에서 실시되고 있는 양성평등채용목표제는 5급 공무원 공개경쟁채용시험, 외교관후보자 선발시험, 7급 공무원 공개경쟁채용시험, 9급 공무원 공개경쟁채용시험 중 선발예정인원이 5명 이상인 시험단위를 대상으로 한다.[3] 시험실시단위별 채용목표인원은 시험실시 단계별 합격예정인원에 30%를 곱한 인원수로 설정하며 검찰사무직렬의 경우에만 20%가 적용되어 운영되고 있다.

2003년 양성평등정책 시행 이후 여성합격자 비율이 꾸준히 증가하면서 공직사회의 성비 불균형 문제가 상당부분 해소되고 있으며 2012년에는 국가직 7급 공무원 공개경쟁 채용시험의 여성합격자 비율이 35.8%로 나타나 양성평등채용목표제 실시 이후 최고 수준을 기록하였다.

### 2) 장애인 우대제도

장애인 우대제도는 공직사회에서 고용 취약 계층인 장애인의 고용기회 확대를 위해 실시하는 제도를 의미한다. 우리나라 공직사회에서 시행되고 있는 장애인 우대정책은 장애인 의무고용 제도와 장애인 구분모집제 등이 있다.

우리나라의 경우 2000년부터 장애인 의무고용 제도를 시행하였으며 이는 「장애인 고용촉진 및 직업재활법」의 제27조에 근거하여 운영되고 있다. 이에 국가와 지방자치 단체는 장애인을 전체 소속 공무원 정원의 3% 이상을 고용하도록 하고 있다. 뿐만 아니라 신규채용의 경우, 신규채용인원의 3% 이상을 법정신규채용비율로 선정하되, 직종별 장애인 공무원 수가 해당 정원의 3% 미만인 경우에는 공개채용비율을 6% 이상으로 설정하고 있다. 의무고용 미달기관은 의무고용비율 조기 달성계획을 수립하여 시행해야 하며, 의무고용률을 달성할 때까지 17인 미만을 공개채용하고 기능직

3) 안전행정부가 실시하는 경력경쟁채용시험에 대해서는 필요시 시험공고에 명시하고 적용한다.

등 경력경쟁채용 등에서 당해 연도 누적채용인원의 10%를 장애인으로 채용해야 한다. 또한 안전행정부는 의무고용률 미달기관에 대해서 의무고용비율에 도달할 때까지 미달 순위별로 장애인을 우선 배정해야 한다.

뿐만 아니라 보다 적극적인 관점에서 장애인의 공무원 임용을 촉진하기 위해, 필요하다고 인정되는 경우 선발예정인원의 일부분을 장애인만이 응시할 수 있도록 분리하여 실시하는 장애인 구분모집제도 실시하고 있다. 공개채용 기준, 연도별 구분모집 비율은 2000년 5.0%, 2009년 6.5%, 2010년 6.6%, 2011년 6.7%로 꾸준히 증가 추세를 보이고 있다.

### 3) 이공계 인력 우대제도

우리나라 공직사회에서는 이공계 공무원 임용확대 및 이들의 역량을 충분히 발휘할 수 있는 환경조성을 위해 채용, 보직관리, 승진, 교육훈련 등 인사관리 전반에 걸쳐 이공계 공무원에게 평등한 기회를 부여하고자 하는 균형인사정책을 실시하고 있다. 이공계 인력은 기술직군 및 행정직군 중 최종학력이 이공계 분야이거나 이공계 분야 대학(교) 졸업자 또는 이공계 분야 자격증을 소지하는 사람을 의미한다.

구체적으로 이공계 인력 우대정책을 다루고 있는 '이공계전공자 공직진출 확대방안(2003)', '공직 내 이공계인력 지원계획(2009)', '균형인사지침(안전행정부 예규 제64호)' 등을 살펴보면 우선, 임용 측면에서 이공계 인력확대를 위해 5급 공무원 공개경쟁채용, 경력경쟁채용, 계약직 임용 등 채용경로에 관계없이 정부 전체 5급 및 이에 준하는 신규채용 총 인원의 40%(연구직 · 지도직은 사정비율에서 제외)를 이공계 인력으로 채용하도록 명시하고 있다. 뿐만 아니라 이공계 고위공무원 임용확대를 위해 안전행정부 장관은 각 기관의 연도별 임용목표비율을 포함한 중장기 계획을 수립하여 시행할 수 있도록 하고 있으며 안전행정부와 중앙행정기관 등은 이공계 전문지식이 필요한 직위를 최대한 발굴하여 각 부처 직제시행규칙에 반영할 수 있도록 하고 있다. 더불어 이공계 출신 고위공무원 비율을 30% 이상 확대할 것을 장려하고 있다. 특히 이공계 인력에 대한 우대정책은 임용측면뿐만 아니라 승진 및 보직관리, 인사교류, 교육훈련 등에 대한 인사관리 전반을 포함하고 있어 보다 적극적인 균형인사 정책이라 할 수 있다.

### 4) 지방인재채용목표제

지방인재채용목표제는 공직구성의 지역 대표성을 강화하고 지방대학 활성화를 목표로 시행되는 제도를 의미한다. 2008년에 도입된 지방인재채용목표제는 5급 공무원 공개경쟁채용시험, 외교관후보자 선발시험 중 선발예정인원이 10명 이상인 시험단위를 대상으로 운영된다. 이에 따라 서울특별시를 제외한 지방학교의 재학생, 휴학생 및 졸업생, 중퇴자가 채용 목표 인원의 20% 이상이 될 수 있도록 선발예정인원을 초과하여 지방인재를 선발하게 된다. 지방인재채용제도 도입 당시 2011년까지 한시적으로 운영될 예정이었지만 기한이 2016년으로 연장되었으며 특히, 2014년부터는 확대 운영된다. 기존에는 추가 합격 상한인원이 5%로 설정되었으나 10% 상향 조정하여 운영되며, 추가 합격선의 경우 전 과목 평균합격점의 −2점에서 −3점으로 하향 조정하여 운영된다. 뿐만 아니라 향후에는 7급 공무원 공개경쟁채용시험에서도 지방인재채용목표제를 도입할 것을 검토 중에 있다(안전행정부 보도자료, 2013.11.05).

### 5) 지역인재추천채용제

지역인재추천채용제도는 인재등용의 기회균등과 지역적 균형을 도모하기 위한 제도이다. 이는 2005년 도입된 제도로서 지역인재추천채용제는 7급 공무원 및 9급 공무원 채용에 적용된다. 지역인재채용제도는 필기시험과 면접시험에서 각각 「지방자치법」 제2조 제1항 제1호가 정하는 특별시, 광역시, 특별자치시, 도 및 특별자치도 중 특정 광역자치단체에 소재하는 학교의 출신 비율이 10%를 초과하지 않도록 규정함으로써 지역별 균형합격을 도모한다.

지역인재 7급 선발시험은 학사학위 졸업자 혹은 졸업예정자를 대상으로 학과 성적이 상위 10% 이내이며, 영어능력검정시험 및 한국사능력검정시험 기준 성적을 통과하면 지원이 가능하다. 각 대학에서 추천을 받고 서류전형과 필기시험(PSAT), 면접시험을 거쳐 최종 합격이 결정된다. 지역인재추천채용제도의 최종합격자는 견습직원으로 견습근무기관(중앙행정기관)에서 고유 업무를 부여받아 1년간 견습근무를 수행하게 된다. 이후 근무성적 평가결과 등에 따라 일반직 7급 공무원으로 특별 채용되는 절차를 거치게 된다(중앙뉴스, 2011.09.18).

지역인재 9급 선발시험의 큰 흐름도 지역인재 7급 선발시험과 마찬가지로 서류전형, 필기시험, 면접 순으로 진행이 된다. 그러나 지역인재 9급은 특성화 고등학교 · 마이스터 고등학교, 전문대학의 추천을 받는다. 또한 필기시험의 경우 국어, 영어, 한국사 3과목 등으로 일반직 9급 공무원과 유사한 방식으로 출제된다. 지역인재 9급 최종합격자는 견습직원으로 중앙행정기관에서 6개월간 견습근무를 수행하게 되며, 이후 견습기관에서 임용 여부 심사를 거쳐 일반직 9급 공무원으로 임용된다.

### 6) 저소득층 우대제도

저소득층 우대제도는 저소득층 인재의 공직 임용을 확대하기 위한 제도이다. 저소득층 우대제도인 저소득층 구분모집제의 경우 9급 공개경쟁채용시험과 9급 경력경쟁채용시험을 대상으로 운영된다.「국민기초생활보장법」에 따른 수급자 또는「한부모가족지원법」에 따른 보호대상자에 해당하는 기간이 2년 이상인 사람에 한해 지원 가능하다. 구분모집 비율은 9급 공개경쟁채용시험의 경우 선발예정인원의 1% 이상으로 정하고 있으며, 9급 경력경쟁채용시험의 경우 부처별 연간 신규채용인원의 1% 이상으로 정하고 있다. 특히, 2015년부터는 구분모집 비율을 1%에서 2%로 상향조정하여 확대 운영될 예정이다.

## 2. 광의의 관점에서 다양성 관리: 일과 삶 균형정책

### 1) 유연근무제

우리나라의 경우 공무원의 근무방식과 형태를 개인 · 업무 · 기관 특성에 따라 선택할 수 있는 유연근무제도를 2010년 8월부터 중앙정부부처와 지방자치단체에 도입하여 운영하고 있다. 이러한 유연근무제는 공공부문의 생산성 향상 및 공무원의 일과 가정의 양립을 통한 사기진작을 목표로 한다. 2010년 8월, 중앙정부와 지방정부에서의 유연근무제 실시 이후 2011년 1월 정부는 전 공공기관을 대상으로 유연근무제 도입을 권고하였고 이에 공공부문 전체의 유연근무제 활용률이 꾸준히 증가하고 있다. 특히 안전행정부는 2011년 7월 4일, 유연근무제가 공직사회에 정착할 수 있도록 신청근거를 명문화하고 유연근무제를 신청한 공무원의 보수나 승진 등에 불이익을 줄 수 없도록 하는 근거규정을 마련하여 공공부문에서의 유연근무제 활성화를 도모

## 참고 13-1 유연근무제 활성화 사례

### 재정부에 부는 '수 · 금요일 6시 칼퇴근' 바람

정석원

지난 23일 저녁 6시 과천 정부청사 1동 기획재정부 건물은 퇴근 행렬로 붐볐습니다. 밤새도록 불이 켜져 있기로 유명한 청사 사무실도 하나 둘씩 불이 꺼졌습니다. 퇴근 시간이 넘었으니 사무실 불이 꺼지는 건 일반적인 일이지만 이날은 조금 더 특별했습니다. 저녁 6시 이후까지 사무실에 직원이 남아 일하고 있는 과의 과장들을 인사조치하겠다는 박재완 기획재정부 장관의 방침이 인사과를 통해 전달됐기 때문입니다.

박 장관은 올해 초부터 수요일과 금요일을 '가정의 날'로 지정해서 저녁 6시 정시 퇴근할 것을 지시하고 있습니다. "일주일에 두 번 정도는 일찍 귀가해서 가족과 저녁을 먹으며 '밥상머리 교육'을 하는 게 바람직하다"는 박 장관의 지론에 따른 겁니다.

박 장관이 인사조치를 거론하며 강조할 정도로 가정의 날 조기 퇴근을 채근하는 또 다른 배경은 이른바 '8–5제(8시 출근 · 5시 퇴근)' 불리는 유연근무제에 대한 강한 의지 때문이기도 합니다. 1시간 일찍 퇴근해서 남는 시간을 자기 계발에 쓰는 게 개인과 사회 모두에게 이익이라는 겁니다. 박 장관은 기획재정부 장관으로 취임한 지난해 6월 이후 지속적으로 유연근무제 확대실시 방침을 밝혔습니다. 지난해 6월에 열린 이명박 대통령 주재 국정과제 워크숍에서는 유연근무제를 내수활성화를 위한 주요 실천 방안으로 제시하기도 했습니다. 안전행정부 등 다른 부처에서 쉽게 받아들이지 않자 본인이 직접 7월부터 유연근무제를 신청해 실천에 옮기는 '1호 유연근무 장관'도 자처했습니다.

그러나 이 같은 박 장관의 의지에도 불구하고 유연근무제는 아직 도입이 요원해 보입니다. 안전행정부 등 관계 부처의 반대가 여전히 걸림돌입니다. 사회 전반에 '9시 출근 6시 퇴근'이 일반화됐는데 공공부문만 한 시간 일찍 퇴근하는 혜택을 누리는 걸로 일반 국민들에게 비쳐질 수 있다는 우려를 하고 있답니다.

박 장관이 내세우는 '내수활성화'라는 명분에 일반 국민들이 쉽게 동의하지 않는다는 점도 걸림돌입니다. 실제로 문화체육관광부가 지난해 6월 실시한 '서민경제 관련 여론조사' 결과를 살펴보면, 조사대상 중 10.1%만이 8~5제가 내수경기 활성화에 도움이 되는 정책이라고 응답했습니다. 박 장관 기대와 달리 1시간 일찍 퇴근한다고 해서 소비가 늘 것으로 일반 국민들은 생각하지 않는다는 것이죠.

박 장관이 인사조치까지 거론하면서 6시 정시 퇴근을 채근하는 배경에는 유연근무제 도입이 여러가지 난관에 처해 있는 것에 대한 답답함이 묻어있다는 시각이 많습니다. 현재 제도만으로 최대한 유연근무제와 비슷한 효과를 내도록 하겠다는 겁니다.

이런 박 장관의 방침에 대해 재정부 직원들은 엇갈린 반응입니다. "야근하지 말고 일찍 퇴근하라는 걸 싫어할 사람이 누가 있겠냐"라는 게 일반적인 생각입니다. 그러나 야근이 불가피한 일부 부서에서는 박 장관의 퇴근 지시에 당혹해 하는 분위기입니다. 중기예산편성안을 만들고 있는 예산실이 대표적인 경우입니다. 예산실의 한 직원이 "심의를 준비하다보면 금요일 저녁까지 불가피하게 남아서 일을 해야 하는데, 인위적으로 이를 금지시키면 토요일까지 나와서 일을 해야 하는 경우가 생기게 된다"고 하소연할 정도입니다.

박 장관 말처럼 유연근무제는 장점이 많은 선진국형 제도입니다. 그렇지만 아무리 좋은 제도라고 하더라도 현실을 무시하고 무리하게 도입하다보면 탈이 생기기 마련입니다. 흐르는 물처럼 자연스러운 게 좋겠지요. 이참에 기획재정부에 타성처럼 젖어있는 습관적 야근 관행도 고쳐지길 기대해봅니다.

자료: 조선일보(2012년 3월 27일).

---

하고 있다(안전행정부, 2011e). 뿐만 아니라 유연근무제의 유용성을 인지한 각 부처의 리더들은 다양한 방식을 통해 유연근무제를 장려하고 있다(<참고 13-1> 참조).

우리나라의 공공부문에서 시행되고 있는 유연근무제도는 시간제근무, 탄력근무, 원격근무 등 크게 3가지 형태로 구분할 수 있으며 구체적인 내용을 살펴보면 다음과 같다(<표 13-3> 참조).

우선 시간제근무의 경우 전일제 근무 즉 주 40시간, 일 8시간의 통상적인 근무시간보다 짧게 근무하며 1일 최소 3시간 이상, 주당 15~35시간을 근무하는 것을 의미한다.

다음으로 탄력근무의 경우 주 40시간 근무시간은 지키되 근무시간(출 · 퇴근 시간), 근무일수를 자율 조정할 수 있는 제도를 의미하는 것으로서 시차출퇴근형, 근무시간선택형, 집약근무형, 재량근무형 등이 있다. 시차출퇴근형의 경우 1일 8시간 근무체제는 유지하되 출근 시각을 자율적으로 조정하는 것을 의미하며, 근무시간선택형의 경우 주 5일 근무체제는 유지하되 1일 8시간에 구애받지 않고 출 · 퇴근 시간을 자율적으로 조정하는 것을 의미한다. 또한 집약근무형의 경우 1일 8시간에 구애받지 않고 주 5일 미만으로 근무하는 것을 의미하며, 재량근무형의 경우 출퇴근에 대한 의무 없이 프로젝트 수행으로 주 40시간 근무를 인정하는 것으로서 고도의 전문적 지식과 기술이 필요해 업무수행 방법이나 시간배분을 담당자의 재량에 맡길 필요가 있는 분야에 한해 활용할 수 있다.

마지막으로 원격근무의 경우 직장 이외의 장소에서 정보통신망을 이용하여 근무하는 제도를 의미하는 것으로서 재택근무형, 스마트워크 근무형 등이 있다. 재택근

**표 13-3 공공부문 유연근무제**

| 유형 | 형태 | 내용 |
|---|---|---|
| 시간제근무 | | • 주 40시간 미만 근무 |
| 탄력근무 | 시차출퇴근 | • 1일 8시간 근무 방식 유지<br>• 출근 시간 자율 조정 |
| | 근무시간선택 | • 주 5일 근무 유지<br>• 1일 8시간에 구애받지 않고 근무시간(출 · 퇴근시간) 자율 조정 |
| | 집약근무 | • 주 5일 미만 근무<br>ex) 1일 10시간 근무할 경우 주 4일 출근 가능 |
| | 재량근무 | • 출 · 퇴근 의무 없이 프로젝트 수행으로 주 40시간 인정<br>→ 고도의 전문적 지식과 기술이 필요해 업무수행 방법이나 시간배분을 담당자의 재량에 맡길 필요가 있는 분야 |
| 원격근무 | 재택근무 | • 사무실이 아닌 자택에서 근무 |
| | 스마트워크 | • 자택 인근 스마트워크센터 등 별도 사무실 근무<br>• 모바일 기기를 활용하여 사무실이 아닌 장소에서 근무 |

자료: 기획재정부(2012).

무형의 경우 사무실이 아닌 자택에서 근무하는 것을 의미하며 스마트워크 근무형의 경우 자택 인근의 스마트워크센터 등 직장 이외의 장소에 별도로 구축된 사무실에 근무하거나 모바일 기기를 이용하여 사무실이 아닌 장소에서 근무하는 것을 의미한다.

### 2) 친가족정책과 개인신상지원 프로그램

WLB 정책 중 유연근무제는 위에서 살펴본 바와 같이 2010년부터 새롭게 제도화되어 운영된 정책인 반면, 여기서 살펴볼 친가족정책과 개인신상지원 프로그램은 공무원의 역량강화 및 사기진작을 위해 기존부터 꾸준히 논의되고 추진되어 온 정책이라 할 수 있다. 오래전부터 운영되고 있는 공공부문의 후생복지, 맞춤형 복지제도, 교육훈련 프로그램이 친가족정책 및 개인신상지원 프로그램에 해당한다고 볼 수 있다. 특히 후생복지 및 맞춤형 복지제도는 친가족정책과 개인신상지원 프로그램의 일환으로, 교육훈련의 경우 개인신상지원 프로그램의 일환으로 이해할 수 있다. 교육훈련에 대한 내용은 제10장에서 자세히 다루었으므로 본 장에서는 후생복지와 맞춤형 복지제도를 중심으로 살펴보고자 한다.

### 3) 후생복지

후생복지는 정형화된 제도가 있다기보다는 공무원을 포함한 모든 근로자에게 정규보수 이외에 부수적으로 제공되는 모든 편익을 말한다. 그러나 부수적이라 해서 결코 경시하여서는 안 될 중요한 의미를 가진다. 소득수준이 높아지면서 조직 구성원들은 직장생활 이외의 여가나 문화 또는 건강 등의 문제에 많은 관심을 갖게 되었기 때문이다. 뿐만 아니라 후생복지는 보수 이상으로 공무원의 근무의욕 제고, 우수인력 확보, 이직률 감소 등에 매우 중요한 역할을 담당하고 있어 조직적 차원에서도 이에 관심을 기울이게 되었다.

일반적으로 알려진 후생복지의 범위와 종류는 너무나 다양해서 질서 있게 정리한다는 것이 쉬운 일이 아니다. 특히 민간부문에서는 노동조합의 활동과 함께 후생복지를 포함한 근무조건이 빠른 속도로 개선되어 가고 있어, 과거수준에서 크게 나아진 것이 없는 정부의 경우에 비해 훨씬 다양한 프로그램을 선보이고 있다. 공공부문에서 제공되고 있는 후생복지를 정리해보면 사회보험, 생활복지, 서비스시설, 유급휴가 등의 범주로 나누어 볼 수 있다.

먼저 사회보험이란 국가나 공익단체가 보험운영의 주체가 되어 근로자와 고용주, 그리고 때로는 국가가 공동으로 부담한 갹출금으로 근로자의 건강과 생계유지를 보장하려는 사회보장제도이다. 퇴직연금은 엄밀히 얘기해서 사회보험의 한 유형이며, 의료보험과 재해보험은 복지국가에서는 반드시 보장되어야 할 사회보험이다. 공무원의 경우 의료보험은 연금과 별도로 정부와 공무원이 공동부담하여 공무원 및 그의 가족을 질병에 의한 경제적 위험으로부터 보호하고 질병을 사전에 예방하는 역할을 하고 있다. 재해보험은 근무 중 불의의 사고와 산업재해로 발생하는 경제적 부담으로부터 근로자를 보호하려는 것으로, 공무원의 경우에는 별도의 보험을 실시하지 않고 연금에 장해급여와 공무상요양비 지급규정을 두어 공무원이 공무상 얻은 질병이나 부상으로부터 보호받을 수 있도록 하고 있다.

생활복지는 공무원의 보수 부족분을 보전해 주는 역할을 한다. 구내식당을 두어

저렴한 가격으로 식사를 제공하고, 통근버스를 운행하여 교통비를 절감할 수 있도록 하기도 하며, 공무원 전용매점을 개설하여 저렴한 가격으로 생필품 · 가전제품 등을 구입할 수 있도록 함으로써 생활비 보조의 의미를 가지는 것이다. 우리나라와 같이 주택문제가 심각한 상태에서는 주택보조가 가장 중요한 후생복지일 수 있다. 따라서 공무원 아파트를 지어 임대해 주거나 주택자금을 융자해 주는 등의 노력은 공무원에게 있어 보수인상 이상의 실질적인 생활보조 역할을 할 것이다. 공무원의 주택보급률이 일반국민보다 낮아, 주택수요가 더 큼에도 불구하고 실제로 이에 대한 지원이 이루어지지 않고 있는 실정이다. 다수의 민간기업이 주택구입자금이나 전세금을 저리로 융자해 주는 등의 후생복지 프로그램을 가지고 있는 것과는 대조적이라 할 수 있다. 생활복지 차원에서 정부에서는 자녀의 학자금 대부, 연금 대부, 은행자금 융자 알선 등을 해 주고 있다.

서비스시설의 제공은 소득수준의 향상과 함께 가장 관심이 모아지는 부분이다. 건강과 여가, 그리고 문화생활을 향유하려는 욕구가 강해지면서 체육시설, 연예오락시설, 문화시설, 휴양시설 등의 제공이 근로자의 사기에 많은 영향을 미치고 있다. 상당수의 민간기업이 자체 휴양시설로 콘도미니엄을 보유하고 있거나 회원권을 확보하여 근로자의 휴가시설로 이용토록 하고 있다. 때로는 독립 교육시설을 갖추어 문화강좌를 실시하고, 자체 도서관을 설치하여 근로자들이 수시로 독서하고 자기능력의 개발을 위한 활동을 할 수 있도록 뒷받침하고 있다. 정부는 공무원 연금관리공단에서 이러한 서비스시설을 제공하고 있으나 민간부문에 비해 아직 미약한 편이다.

마지막으로 유급휴가도 후생복지의 범위에 포함시켜 논의하고 있다. 민간부문의 경우 무노동 · 무임금의 원칙이 일반적으로 적용되기 때문에 유급휴가라는 것은 특별한 편익으로 여겨진다. 다만 공무원의 경우에는 노동과 대가의 교환에 대한 인식이 민간부문의 근로자에 비해 부족하기 때문에 야간근무나 휴일근무를 봉사로 생각하는 경우가 많듯이 유급휴가를 후생복지로 인식하기보다는 매우 당연한 제도로 받아들이는 것 같다. 공무원에게는 재직기간에 따라 최소 3일에서 최대 21일까지의 연가를 허용하고 있어 개인적인 휴식과 생활을 돌볼 수 있도록 하고 있다. 연가 이외에도 건강상의 이유에서 부여하는 병가, 공적인 업무상 허가하는 공가, 그리고 경조사 · 포상 · 임신 · 출산 · 생리 등의 특별한 사유가 있을 때 허가하는 특별휴가제도를 두고 있다. 특히 휴가중에는 인사 · 보수에서 전혀 불이익을 받지 않도록 보장하고 있다. 이러한 훌륭한 제도에도 불구하고 실제 업무가 바쁜 중에 자리를 비운다는 것이 곤란하고, 휴가를 꼭꼭 챙기는 공무원의 경우 태만한 공무원으로 인식되기 쉬우며, 상관의 휴가에 대한 소극적 태도 등이 복합적으로 나타나 공무원의 입장에서 휴가를 제대로 활용하지 못하는 경우가 많아 보인다. 이러한 현실을 고려하여 법정연가의 경우 미사용 연가에 대하여는 수당지급으로 대신할 수 있도록 1987년부터 실시해 오고 있으나 공무원 본인이나 상관의 휴가에 대한 기본적 인식은 크게 바뀌지 않은 것으로 볼 수 있다.

이와 같이 후생복지 차원에서 논의되고 있는 사회보험, 생활복지, 서비스시설 제공, 유급휴가 제도 등은 실시 목적 및 내용을 살펴볼 때 친가족정책 및 개인신상지원 프로그램의 일환으로 이해할 수 있다.

### 4) 맞춤형 복지[4]

후생복지와 함께 맞춤형 복지제도 역시 친가족정책과 개인신상지원 프로그램의 일환으로 이해할 수 있다. 맞춤형 복지제도는 사전에 설계되어 제공되는 복지혜택 중에서 공무원이 본인의 선호와 필요에 따라 개별적으로 부여된 복지점수를 사용하여 자신에게 적합한 복지혜택을 선택하는 제도를 의미한다. 획일적으로 복지혜택을 제공했던 기존의 방식에서 탈피한 수요자 중심의 복지제도라 할 수 있다. 맞춤형 복지제도의 도입배경을 살펴보면 다음과 같다. 먼저 사회 전반적으로 민주주의와 개인주의가 확산되면서 과거의 획일적인 복지에 대한 만족도가 감소되었기 때문에 복지혜택의 공급방식의 변화가 필요했다. 뿐만 아니라 주 5일 근무제, 여성의 사회진출 확대, 삶의 질 향상 등으로 인해 복지나 여가에 대한 수요가 다양화되고 고급화되었다. 이에 다양한 개인의 수요에 대응하여 적실성 있는 복지제도를 제공할 수 있도록 하자는 데 의견이 모아졌고 민간기업에서 실행되고 있던 카페테리아 플랜(Cafeteria Plan)[5]을 벤치마킹하여 공공부문에 도입하게 된 것이다.

일용직을 제외한 정부기관 소속 공무원들에게는 맞춤형 복지제도를 이용하기 위한 복지점수가 부여되는데 이는 기본복지점수와 변동복지점수로 구성되어 있다.[6]

4) 이하에서는 2009년 9월 8일 대통령령 제217175 「공무원 후생복지에 관한 규정」에 대한 설명을 다룬다.

5) 마치 식당에서 자신의 식성과 주머니 사정에 따라 음식을 골라먹듯이 주어진 복지메뉴 중에서 선택한다고 하여 붙여진 이름이다. 민간기업에서는 기본급부, 추가급부, 복리후생구좌 등으로 복지프로그램을 구성하고 있다(한국노동연구원, 2002).

6) 복지점수 1포인트는 1천원 상당의 가치를 제공한다.

**표 13-4 맞춤형 복지제도**

| 항목 | | 내용 | 선택안 예시 |
|---|---|---|---|
| 기본항목 | 필수 기본항목 | • 정부차원에서 필요성을 판단하여 설정하고 전체 공무원이 의무적으로 선택하여야 하는 항목 | • 생명보험<br>• 상해보험 |
| | 선택 기본항목 | • 운영기관의 장이 정책적 필요에 따라 설정하고 구성원이 의무적으로 선택하여야 하는 항목 | • 의료비 보장보험<br>• 특수보험 |
| 자율항목 | | • 공무원의 능력발전 및 삶의 질 향상에 기여할 수 있도록 운영기관별로 설정하고, 각 구성원이 자유롭게 선택할 수 있는 항목 | • 건강관리<br>• 자기계발<br>• 여가활용<br>• 가정친화 |

자료: 안전행정부(2011b).

기본복지점수는 공무원 개개인에게 일률적으로 부여되는 점수를 의미하며, 변동복지점수는 근무연수, 가족상황(부양가족 수), 소속 공무원의 업무성과, 징계여부 등에 따라 차등적으로 부여되는 점수를 의미한다. 공무원은 매년 1월 1일을 기준으로 연도별 복지점수를 부여받게 되는데 이러한 복지점수를 사용할 수 있는 것은 공무원이 필수적으로 선택해야 하는 기본항목과 이를 제외하고 남은 점수로 선택할 수 있는 자율항목이 있다(〈표 13-4〉 참조).

기본항목은 맞춤형 복지제도에 의한 복지혜택 중에서 정책적 필요에 의하여 공무원이 의무적으로 선택하도록 설계 · 운영되는 복지항목을 의미하는 것으로서 기본항목은 다시 필수 기본항목과 선택 기본항목으로 구분된다. 필수 기본항목은 정부차원에서 필요성을 판단하여 설정하고 전체 공무원이 의무적으로 선택해야 하는 구체적인 선택안으로 생명보험과 상해보험 등이 이에 해당한다. 반면 선택 기본항목의 경우 운영기관의 장이 정책적 필요에 따라 설정하고 구성원이 의무적으로 선택해야 하는 구체적인 선택안으로서 의료비 보장보험, 특수보험 등이 이에 해당한다. 따라서 필수기본항목 및 선택기본항목은 그 특성상 개인신상지원 프로그램의 일환으로 이해할 수 있다.

반면, 자율항목은 맞춤형 복지제도에 의한 복지혜택 중에서 공무원이 자율적으로 선택할 수 있도록 운영기관별로 설계 · 운영되는 복지항목을 말한다. 즉 공무원의 능력발전 및 삶의 질 향상에 기여할 수 있도록 운영기관별로 설정하고, 각 구성원이 자유롭게 선택할 수 있는 항목으로서 구체적인 선택안으로서 건강관리, 자기계발, 여가활용, 가정친화 등의 4가지 프로그램으로 구성되어 있다(〈표 13-5〉 참조).

건강관리 항목의 경우 병의원 외래진료, 약 구입, 안경 구입, 운동시설 이용 등 공무원 본인과 가족의 건강진단, 질병예방, 건강증진 등을 위한 복지항목 등으로 구성되어 있다. 따라서 건강관리 항목의 경우 친가족정책과 개인신상지원 프로그램 모두에 해당하는 제도로 이해할 수 있다.

자기계발 항목의 경우 학원수강, 도서구입, 세미나 연수비 등 공무원 본인의 능력발전을 위한 복지항목으로 구성되어 있다. 따라서 자기계발 항목의 경우 개인신상지원 프로그램의 일환으로 이해할 수 있다.

여가활용의 항목의 경우 여행시 숙박시설 이용, 레저시설 이용, 영화 · 연극관람 등 공무원 본인과 가족의 건전한 여가활용을 위한 복지항목으로 구성되어 있다. 따라서 여가활용 항목의 경우 건강관리 항목과 마찬가지로 친가족정책과 개인신상지원

**표 13-5 맞춤형 복지제도의 자율항목 구성**

| 선택안 | 내용 | 일과 삶 균형 |
|---|---|---|
| 건강관리 | • 병의원 외래진료, 약 구입, 안경 구입, 운동시설 이용 등 공무원 가족의 건강진단, 질병예방, 건강증진 등을 위한 복지항목으로 구성 | 친가족정책 + 개인신상지원 프로그램 |
| 자기계발 | • 학원수강, 도서구입, 세미나 연수비 등 공무원 본인의 능력발전을 위한 복지항목으로 구성 | 개인신상지원 프로그램 |
| 여가활용 | • 여행시 숙박시설 이용, 레저시설 이용, 영화 · 연극관람 등 공무원 본인과 가족의 건전한 여가활용을 위한 복지항목으로 구성 | 친가족정책 + 개인신상지원 프로그램 |
| 가정친화 | • 보육시설 · 노인복지시설 이용, 기념일 꽃 배달 등 일과 삶을 조화롭게 병행할 수 있도록 공무원 본인과 가족을 지원하는 복지항목으로 구성 | 친가족정책 |

자료: 안전행정부(2012d).

프로그램 모두에 해당하는 제도로 이해할 수 있다.

마지막으로 가정친화 항목의 경우 보육시설 · 노인복지시설 이용, 기념일 꽃 배달 등 일과 삶을 조화롭게 병행할 수 있도록 공무원 본인과 가족을 지원하는 복지항목으로 구성되어 있다. 따라서 가정친화 항목의 경우 친가족정책의 일환으로 이해할 수 있다.

따라서 필수 기본항목 및 선택 기본항목은 그 특성상 개인신상지원 프로그램의 일환으로 이해할 수 있다. 반면 자율항목의 경우 건강관리 항목과 여가활용 항목의 경우 친가족정책과 개인신상지원 프로그램 모두에 해당하는 제도로 이해할 수 있으며 자기계발 항목의 경우 개인신상지원프로그램, 가정친화 항목은 친가족정책의 일환으로 이해할 수 있다.

## 제4절 문제점과 발전방향

앞서 논의된 협의 및 광의의 다양성의 개념, 유형, 그리고 우리나라 다양성 관리의 사례 등을 바탕으로 현재 우리가 직면하고 있는 공공기관의 다양성 관리의 주요 문제점들과 이러한 문제점들을 해결하기 위한 개선 및 발전방향을 ① 협의적 개념인 균형인사정책과 ② 광의의 다양성 관리정책인 일과 삶 균형정책 등으로 구분하여 제시해 보고자 한다.

### 1. 문제점

먼저, 협의의 다양성 관리 측면에서 우리나라 균형인사정책의 문제점을 제시해 보면 다음과 같다. 첫째, 미국 EEO, AA정책을 바탕으로 설계된 국내 균형인사제도들의 경우 현행 평등고용기회 확대에 관한 법률 및 정책 준수라는 소극적 인사관리의 한계를 보여주고 있다. 이러한 소극적인 접근방식으로는 우리나라에 존재하는 근본적인 차별을 시정하는 데 한계를 나타낼 수밖에 없으며 이로는 다양성 관리를 통해 달성할 수 있는 개인적 · 조직적 · 사회적 차원의 다양한 성

참고 13-2

## 소수자 우대가 백인 역차별? … 미국은 공정사회 논쟁 중

고득점에도 대학 떨어진 수험생 "평등권 침해" … 대법원 곧 판결

전영선

텍사스주 스티븐 F 오스틴 고등학교 학생이었던 애비게일 피셔는 2008년 텍사스 대학에 지원했다. 피셔의 고등학교 졸업 성적은 674명 중 82등, 대학입학자격시험(SAT)에선 1180점(1600점 만점)을 받았다. 결과는 불합격이었다. 당시 텍사스 대학 신입생들의 SAT 성적은 1120~1370점 사이. 피셔는 SAT 점수가 합격선보다 높았다는 점, 자신보다 졸업 성적이 낮았던 소수인종 동급생들은 합격했다는 점 등을 들어 대학에 항의했다. 자신이 백인이라 낙방했다며 텍사스 대학을 상대로 소송도 제기했다. 미국 수정 헌법 제14조항이 보장한 평등권을 침해당했다는 것이다. 피셔 측 변호사는 "소수자 우대 정책이 다른 인종에 대한 차별로 이어지면서 누구나 동일한 적용을 받아야 하는 평등권을 침해하고 있다"고 주장했다.

대학 신입생 모집에 피부색을 얼마나 고려해야 하나. 소수인종 등 사회 후발주자의 도약을 돕기 위해 마련된 미국의 적극적 우대 조치(Affirmative action)가 갈림길에 놓였다. 5년째 이어지고 있는 '피셔 대 텍사스 대학' 소송은 결말을 향해 치닫고 있다. 지방법원(2009년)과 항소법원(2011년)은 텍사스 대학의 손을 들어줬다. 하지만 지난해 10월 시작한 연방대법원 심리는 피셔에게 유리하게 진행돼 각계에서 촉각을 곤두세우고 있다. 대법원은 앞으로 수일 내에 대학의 인종에 대한 배려와 일정한 특전이 인종과 종교, 성별에 관계없이 동등한 보호를 보장한 미국 수정 헌법 14조를 침해하는지를 결정해야 한다.

### 1978 · 2003년 두 차례 소송선 합헌 유지

텍사스 대학은 미국 대학 중에서도 소수 인종의 권리를 적극적으로 보호하는 대학이다. 가장 강력한 조치는 텍사스주 소재 어느 고등학교에서든 졸업 성적이 상위 10% 안에 들면 자동으로 입학할 수 있도록 한 제도다. 학군이나 SAT 성적을 따지지 않는다. 2008년엔 신입생 중 흑인 학생의 20%, 히스패닉 학생의 15%가 이 제도의 혜택을 받았다. 나머지 90%는 학업 성취도와 방과후 활동, 문화적 배경 등 다양한 조건에 따라 입학이 결정된다. 대학 측은 "대학 구성원의 다양성을 확보하기 위한 정책이며 인종은 입학 자격의 종합적인 판단을 위한 잣대 중 하나"라는 입장이다.

적극적 우대 조치는 1960년대 인권운동과 함께 태어났다. 이후 40여 년간 사회적 약자를 보호하기 위한 정책의 근간으로 활용돼 왔다. 존 F 케네디 대통령은 61년 행정명령(Executive Order 10925)으로 소수인종 등의 적극적인 지원 발판을 마련했다. 이후 린든 존슨 대통령은 고용평등기회위원회(EEOC), 연방 계약 프로그램을 도입하며 이를 강화해 나갔다. 하지만 지난 40년간 피셔처럼 개인의 노력보다 인종이 중요한 변수로 사용되는 것은 불공정하다는 항의가 끊임없이 제기돼 왔다.

'비차별 정책의 일환으로 발생한 차별'에 사회가 어떻게 대응해야 하는지에 대한 의견은 엇갈린다. 그럼에도 불구하고 그동안 대법원은 일관되게 적극적 우대 조치 찬성론에 손을 들어줬다. 시작부터 불리했던 소수인종에 대해 사회가 적극적으로 개입해 간극을 줄이는 것이 사회 정의에 부합한다는 것이다. 이 논리는 78년 캘리포니아 리전트 대학교, 2003년 미시간 법과대학교를 상대로 진행된 소송에서도 유지됐다.

적극적 우대조치가 다시 쟁점화되는 이유는 임박한 피셔 대 텍사스 대학의 판결이 과거와 다를 가능성이 크기 때문이다. 9명의 대법관이 심리하는 대법원 판결은 사안에 따라 진보와 보수 진영으로 갈려 찬반이 팽팽하다. 2006년 중도 성향의 샌드라 데이 오코너 대법관이 퇴임하면서 현재 연방 대법원의 저울은 우대 조치 반대 쪽으로 기울어져 있다는 게 미국 언론과 전문가들의 분석이다. 특히 이번 결정의 스윙 보트를 쥐고 있는 중도 성향의 앤서니 케네디 대법관은 2003년 미시간 대학 판결에서 적극적 우대 조치에 반대표를 던진 적이 있다.

### 이번엔 대법관 성향상 위헌 쪽이 우세

대법원이 소수인종의 입학 특전이 평등권을 위배한다고 판결할 경우 미국 사회에 미칠 파장은 막대하다. 다문화사회인 미국에서 소수자의 존재를 반영하고 이들이 목소리를 낼 수 있도록 한 정책의 근간이 뿌리부터 흔들리기 때문이다.

소수자 우대 조치가 미국을 평등한 사회로 만드는 데 얼마만큼 기여했는지에 대한 평가가 엇갈린다. 특히 보수 진영에선 효과가 없거나, 적다는 연구 결과도 자주 나온다. 혜택을 받아야 할 지원자보다 제도를 잘 활용한 영리한 지원자에게 유리하게 작용하는 제도적 허점이 존재하기 때문이다. 실제로 프린스턴 대학의 연구 결과 아시아계 신입생은 백인보다 140점, 히스패닉보다 270점, 흑인보다 450점 높은 SAT 점수를 받아야 대학에 진학할 수 있는 것으로 나타났다.

인디애나 대학교 모어 법과대 케빈 브라운 교수도 "우대 정책은 과거의 차별을 바로잡고 캠퍼스 다양화를 위한 것인데, 과거의 차별을 바로잡는 기능은 떨어진다"고 비즈니스 인사이더와의 인터뷰에서 지적했다. 하버드 대학의 라니 기니에르, 헨리 루이스 게이트 교수도 뉴욕타임스를 통해 "하버드에 입학하는 흑인 학생의 약 3분의 2는 해외 이민자이거나 이민자의 자녀, 혹은 국제결혼을 한 커플의 자녀"라고 밝혔다. "(미국 노예제도 등 때문에) 차별받은 가정의 후손들이 이 제도의 혜택에서 소외되고 있다는 것이 가장 큰 문제"라는 것이다.

### 70여 개 단체 "폐지 안 된다" 연대성명

대법원의 피셔 대 텍사스 대학 판결과 별개로 소수자 우대 정책에 어떤 형태의 변화 · 개선이 필요하다는 목소리도 나온다. 뉴욕타임스 칼럼니스트 빌 켈러는 10일 "대학의 다양성을 확보하기 위해 더 좋은 방법이 있는지를 찾아볼 필요가 있는 시점"이라고 밝혔다. 인종에 초점을 맞춰 생기는 부작용을 줄이고 보다 건전한 다양성을 담보할 수 있는 창조적 방법을 찾자는 것이다.

물론 인종별 간극이 여전히 남아 있는 상황에서 대안 없이 적극적 우대조치를 폐기하는 것은 시기상조라는 주장도 거세다. 아프리카계 미국 학생 연맹 등 70여 개 단체가 대법원 판결을 앞두고 연대성명운동을 벌이는 등 적극적으로 움직이고 있는 이유이기도 하다. 이 때문에 대법원 판결이 어떤 쪽으로 나든 사회 약자를 보호할 때 누구를 약자로 봐야 하는지 논쟁이 시작될 것이라는 분석이다.

**적극적 우대조치 쟁점**

**1. 소수인종 배려가 비소수인종 차별 유발했나**

애비게일 피셔 측 변호사 "텍사스 대학이 흑인 · 히스패닉에게 가산점을 준 결과 백인인 애비게일 피셔는 만인에게 동등한 대우를 보장한 수정헌법 14조의 평등권을 거부당했다."

**2. 적극적 우대조치는 불평등사회 개선 위한 필요악인가**

웬디 코프 '미국을 위한 교육' 대표 "미국 상위 340개 대학 졸업자 중 아프리카계는 5%, 히스패닉은 6%에 불과하다. 대학 교육에서 다양성을 보장하기 위한 정책은 여전히 필요하다. "

**3. 흑인 · 히스패닉 우대로 아시아계가 차별받고 있나**

토머스 에스펜세이드 프린스턴대 교수 "1997년 미국 사립대의 SAT 점수 분석 결과 아시아계 학생은 백인보다 140점, 히스패닉보다 270점, 흑인보다 450점 높아야 입학 가능한 것으로 나타났다."

자료: 중앙일보(2013.06.12).

과를 기대할 수 없게 된다.

둘째, 균형인사정책과 대표관료제를 적극적으로 도입할 경우 사회적 차원에서 역차별(Reverse Discrimination)의 문제가 발생할 수 있다. 미국의 경우, 최근 경제위기가 심화되고 이에 따른 고용불안상황이 지속됨에 따라 백인남성 등의 주류집단(Majority Group)을 중심으로 AA와 EEO가 상징적인 소수자 우대정책의 수준을 넘어서 사회적 균열과 갈등을 일으키고 또 다른 '차별'을 야기하는 역차별 정책이 되고 있다는 비판을 강하게 제기하고 있다.

## 참고 13-3 한국IBM, "채용시 성소수자 가산점"

이민우

한국IBM이 신입사원 채용에서 '성소수자'를 우대한다고 밝혀 화제가 되고 있다.

글로벌 IT기업인 한국IBM은 22일 취업사이트에 공고를 내면서 "내년 신입사원 채용 서류 전형에서 장애인과 보훈 대상자 외에 성 소수자(GLBT: 게이 · 레즈비언 · 양성애자 · 트랜스젠더)에게도 가점을 부여한다"고 밝혔다.

아웃팅(성 정체성이 타인에 의해 밝혀지는 것)을 방지하기 위해 지원 서류 양식에는 별도의 표기가 없고, 이메일을 통해 통보하면 가점 혜택이 주어지도록 한다.

김혜인 한국IBM 인사팀 차장은 "다양한 사람이 모여 업무를 해 나갈 때 생산성이 더 높게 나올 수 있다"며 "성소수자뿐만 아니라 전반적인 인사정책이 인력구성의 다양성을 고려해 이뤄지고 있다"고 설명했다. 다양성을 강조하는 것이 IBM 본사 차원의 철학이라는 것. 실제로 사무엘 팔미사노 IBM 회장은 다양한 사람을 포용할 수 있는 기업문화를 강조하는 것으로 알려졌다.

한편, 한국IBM의 성소수자 채용 우대정책은 이미 2~3년 전부터 시작되었지만, 실제로 가점이 주어진 것은 지난 해부터인 것으로 알려졌다.

자료: 아시아경제(2011년 9월 23일).

셋째, 다양성 관리에 대한 교육 프로그램의 부족이다. 현재 우리나라의 경우 결혼 이민자의 급격한 증가로 다인종 · 다민족 사회로의 진입을 앞두고 있는 상황이다. 그럼에도 불구하고 우리나라 공공부문의 경우 다양성 관리에 대한 교육훈련 프로그램의 부족으로 다양성에 대한 개념인지 및 다양성 관리의 성과에 대한 인식이 매우 부족한 실정이다. 다양성에 대한 사회적 관용성을 확보하지 못한다면 다양성 관리 정책에 대한 효과성도 낮게 나타날 수밖에 없을 것이다(연합뉴스, 2010.08.18).

다음으로 광의의 다양성 관리 측면에서 우리나라 일과 삶 균형정책의 문제점을 살펴보면 다음과 같다. 특히 여기서는 현재 정부에서 공무원의 일과 삶 균형 및 사기진작을 위해 중점적으로 추진하고 있는 유연근무제를 중심으로 살펴보고자 한다.

〈표 13-6〉은 안전행정부가 2012년도(2011년 12월 말 기준)에 발표한 공직사회의 유연근무제 운영현황에 관한 자료이다. 우리나라 공직사회의 경우 2010년과 비교해

**표 13-6 유연근무제 운영 현황**

| 구분 | 이용률 | 시간제 근무 | 탄력근무제 | | | | 원격근무제 | |
|---|---|---|---|---|---|---|---|---|
| | | | 시차 출퇴근 | 근무시간 선택 | 집약 근무 | 재량 근무 | 재택 근무 | 스마트 워크 |
| 총계 | 21,021명 | 0.5% | 97.4% | 0.6% | 0.1% | 0.0% | 0.5% | 0.8% |
| 중앙 | 5.9% (8,607명) | 0.7% | 95.6% | 0.9% | 0.2% | 0.0% | 1.2% | 1.5% |
| 지방 | 5.1% (12,414명) | 0.4% | 98.7% | 0.4% | 0.0% | 0.0% | 0.1% | 0.4% |

자료: 안전행정부(2012b).

2011년 유연근무제 이용률이 3.5배 증가하였으며 특히 지방자치단체의 경우 약 24배 증가한 것으로 나타났다. 그러나 이는 전년도와 비교한 수치일 뿐, 실질적으로 얼마만큼 활성화되어 있는가를 자세히 살펴보면 상황은 달라진다. 2011년의 유연근무제 이용 현황을 살펴보면 전체 중앙부처 및 지방자치단체 공무원 중 약 6%만이 유연근무제를 활용하고 있는 것으로 나타나 여전히 이용률이 저조한 것을 확인할 수 있었다.

뿐만 아니라 제도 선택에 있어서도 주 5일 및 1일 8시간 근무를 유지하면서 출근 시간만 변경하는 것으로서, 유연근무제도 중 가장 소극적인 제도라고 할 수 있는 시차출퇴근제의 이용률이 전체 97.4%, 중앙 95.6%, 지방 98.7% 등 압도적으로 높은 것으로 나타났다. 근무일수 및 근무시간의 변경 폭이 큰 근무시간 선택형, 집약 근무형, 재량근무형은 거의 0%에 가까운 이용률을 보이고 있었으며 본 사무실 이외의 장소에서 근무하게 되는 원격근무제 역시 재택근무형, 스마트근무형 모두 0%에 가까운 이용률을 보이고 있었다.

이를 종합해 살펴보면, 유연근무제 활성화를 위해 보수나 승진에 불이익을 줄 수 없도록 하는 근거규정을 마련하고, 이용률 향상을 위해 적극적으로 홍보를 하는 등 조직적 차원에서 다양한 노력을 전개하고 있으나 여전히 이용률이 저조하며, 다양한 방식으로 유연근무제를 활용할 수 있음에도 불구하고 실질적으로 활용되는 프로그램은 시차출퇴근으로 한정되어 있음을 확인할 수 있었다.

## 2. 발전방향

먼저, 협의의 다양성 관리 측면에서 우리나라 균형인사정책의 발전방향을 제시해보면 다음과 같다.

첫째, 균형인사제도의 내용에서 알 수 있는 바와 같이 평등고용기회 확대에 관한 법률 및 정책 준수라는 소극적 인사관리의 한계를 극복하기 위해 소극적, 상징적 대표관료제(할당제)를 어떻게 하면 적극적, 실제적 대표관료제(고위직 임용)로 전환, 발전시킬 수 있을 것인가에 대한 고민이 필요하다. 이를 위해 사회적 소수자의 고위직 진출 활성화를 제도적으로 보장하고, 소수계층의 이익옹호를 위한 구체적 정책을 산출하여 균형인사정책을 넘어 소수자 권익보호를 통한 삶의 질 향상이 가능해 질 수 있도록 해야 한다.

둘째, 앞에서 문제점으로 언급한 역차별(Reverse Discrimination)의 문제를 시정하기 위한 노력이 필요하다. 보다 효과적인 인적자원관리를 위해 외국인 근로자, 이주노동자, 결혼 이민자, 새터민 등의 소수자들을 위한 체계적이고 일관성 있는 인사 및 고용 법률입안, 다문화정책 실행 및 관리와 같은 노력은 매우 중요하다. 그러나 앞으로는 이와 더불어 미국의 평등고용정책 이론 및 제도상의 약점들을 극복하고 진정한 사회통합과 포용을 지향하는 효과적인 한국형 다양성 관리정책을 고안하고 제도화시키려는 노력이 요구된다. 이러한 노력을 통해 차별과 역차별이 함께 시정될 때, 보다 성과지향적인 다양성 관리가 가능해 질 것이다.

셋째, 공공부문 조직 구성원들이 다양성 관리의 유용성을 인지할 수 있도록 다양성 관리에 관한 교육프로그램을 개발해야 한다. 앞으로 더 많은 소수자 집단들의 구성원들이 우리나라 공공부문으로 진출하게 될 것이고 이러한 소수자 집단들에 대한 차이를 인정하고 축복할 수 있는 조직문화를 이루기 위해서는 문화적 · 가치적 다양성 확보 및 정착을 위한 현실적이고, 실질적이며 효과적인 다양성 관리 교육이 필요하다. 특히, 다양성 관리 교육프로그램의 구성에 있어, 균형인사정책과 관련된 법률과 제도숙지에 관한 교육프로그램, 다양성 관리 전략에 초점을 맞춘 교육프로그램, 문화적 다양성 프로그램, 멘토링, OJT, 경력개발 연계 프로그램 등으로 교육프로그램을 세분화 · 모듈화하고, 단기적 · 장기적 교육목표를 설정하여 진행함으로써 교육의 효과성을 높일 수 있을 것이다.

다음으로, 광의의 다양성 관리 측면에서 우리나라 일과 삶 균형정책의 발전방향을 제시해보면 다음과 같다. 김선아 · 김민영 · 김민정 · 박성민(2013)은 공공부문 및 민간부문 조직 구성원들과의 인터뷰를 통해서 유연근무제를 포함하여 조직 내에서 WLB정책의 활성화 방안에 관한 연구를 진행하였다. 이 연구에서는 WLB정책이 조직 내에 실질적으로 정착되고 널리 활용되기 위해, 무엇보다 리더십이 중요하다고 언급하고 있었다. 특히 이러한 리더십을 강화하기 위한 방안으로서 교육훈련 프로그램 및 홍보프로그램의 지속적인 운영 등이 제시되고 있었다.

또한 인사고과에서 불이익을 받지 않도록 철저한 제도 개선이 필요하다고 지적하고 있었으며, 유연근무제 활용으로 인해 발생하는 공백을 메우기 위해 조직적 차원에서 유연하게 대체인력을 구성하여 운영할 필요가 있음을 지적하였다.

뿐만 아니라 WLB정책이 조직 내에서 활성화되기 위해서는 최고관리자와 중간관리자의 관심과 함께 개방적 · 탄력적 · 자율적 조직문화가 구축되어야 함이 지적되었다.

협의의 다양성 관리와 광의의 다양성 관리 내용을 종합해 볼때, 궁극적으로 향후 공공부문의 다양성 관리는 균형인사정책이라는 소극적 접근을 넘어, 인적자원관리 및 인적자원개발 전략으로서 이해되어야 할 것이다. 유능한 인적자원의 확보, 창의성, 혁신성, 생산성 제고, 동료 및 상사와의 신뢰구축, 조직문화와 조직체계의 유연성 확보 등 다양성 관리가 갖는 긍정적인 효과에 주목하여 조직목표 실현을 위한 전략적 인적자원관리의 일부로서 다양성관리를 이해해야 할 것이다. 그러나 아직까지 우리나라에서는 다양성 및 다양성 관리정책의 개념과 범위가 불명확하기 때문에 다양성 관리 개념을 인사정책 도구화하는 데는 좀 더 시간이 걸릴 것으로 보인다.

## 30대 직장女 '12년째 대리'인 이유가 : 기절초풍

김범진 · 문희철

### 경력단절 해결 없이 리더 양성 어려워

금융권 대기업에 종사하는 여성 A씨(38)는 올해 12년차 대리다. A씨는 두 번의 출산 이후 임원 승진을 이미 포기했다. A씨가 근무하는 회사는 해당 직급 4년차 되는 해의 평가가 승진에 가장 큰 영향을 미친다. 4년 동안 인사고과가 누적반영된다. 4년 동안 한 번이라도 최하등급을 받은 적이 있으면 승진 대상에서 아예 제외된다. 대리 4년차에 A씨는 임신했고 출산휴가 3개월을 사용했다. 그런데 출산 휴가를 갔다는 이유로 최하등급 평가를 받았다. 승진에서 누락된 A씨는 4년을 기다렸지만 이번에는 뜻하지 않게 두 번째 아이를 낳았다. 결국 또다시 4년 동안 승진을 하지 못했다.

여성의 사회 진출은 활발해지고 있지만 임원 등 고위직에는 여전히 여성이 드물다. 2011년 100대 기업 여성 관리자 비율은 5%대, 여성임원은 1.5%에 불과하다. 컨설팅업체 맥킨지 조사를 보면 한국기업의 여성임원 비율이 아시아에서 가장 낮은 1%다. 유럽(17%)과 미국(15%)은 물론, 같은 아시아권임에도 중국(8%)이나 말레이시아(6%), 일본(2%)보다 낮다.

정부나 공공기관도 마찬가지다. 1~3급 고위공무원단 중 여성이 62명으로 전체의 4% 수준이다. 4급 이상 관리자급으로 범위를 넓혀도 8%대에 그친다. 지식경제부 산하 60개 공공기관 여성 임원은 전체의 5%도 안된다. 여성 기관장은 이효숙 한국지질자원연구원장 단 1명 뿐이고 한국전력공사, 한국가스공사, 전력거래소, 한국전자통신연구원 등 30개 기관에는 여성임원이 단 한 명도 없다.

#### ▶ 고위공무원단 여성 비율 4% 불과

그렇다고 여성의 사회진출이 부족한 것도 아니다. 지난해 사법고시와 행정고시 여성 합격자 비율은 40%를 넘어선다. 외무고시는 53%로 여성이 절반을 넘었다. 여성의 경제활동 참가율은 지속적으로 늘고 있지만 고위직 여성 비율은 여전히 정체상태인 가장 큰 이유는 일과 가정을 양립하기 어려운 환경 때문이다. 출산과 육아를 위해 퇴직하거나 휴직을 하는 여성이 많아 '경력단절'이라는 보이지 않는 차별이 존재한다. 특히 육아 문제는 고위직 진입을 가로막는 가장 큰 장벽 중 하나로 꼽힌다.

통계청 조사에 따르면 기혼여성 5명 중 1명은 다니던 직장을 결혼, 임신, 육아 등으로 그만둔 뒤 다시 취업하지 않는다. 2012년 기준, 경력단절 여성은 200만 명이나 된다는 추산이다. 출산, 육아 부담이 큰 여성이 회사 안에서 경력을 쌓기가 쉽지 않다는 뜻이다. 경기악화 때면 여성 채용을 줄이고 여직원을 우선적으로 구조조정하는 행태나 승진에서의 차별이 빈번하게 자주 일어나는 것도 경력단절 여성을 늘리는 요인이다.

김난주 한국여성정책연구원 전문연구원은 "여성 채용이 늘어나도 그만큼 또 노동시장에서 빠져나가는 게 현실"이라고 지적했다. 질 좋은 일자리를 가진 여성이라도 점점 질 낮은 일자리로 떠밀리거나 아예 일자리를 잃는 일이 잦다. 경력이 단절되다보니 기존 회사나 부서로 복귀하기 힘들고 호봉이나 연공서열에도 밀려 임금도 낮다. 실제 여성임원의 평균 임금은 남성 임원 대비 70% 수준에 그친다.

#### ▶ 여성임원 할당제 도입 서둘러야

전문가들은 "경력이 단절되지 않도록 출산과 양육 부담을 덜어줄 수 있는 여건을 만들어주는 게 시급하다"고 입을 모은다. 여성 고위직 비율을 늘리기 위해 여성임원 할당제를 강력히 도입해야 한다는 의견도 나온다. 여성임원 할당제는 기업 내 여성 고위직을 늘리기 위한 강력한 수단으로, 일정 비율을 충족시키지 못했을 때 벌금을 부과하거나 정부 보조금 지원을 제한하는 제도다. 현재 노르웨이, 핀란드, 스페인, 프랑스 등이 40%의 할당제를, 스웨덴은 50%까지 끌어올리는 게 목표다. 여성임원 할당제는 시행 국가에서 상당한 효과를 낸 것으로 평가된다. 2003년 세계 최초로 할당제를 도입한 노르웨이의 2011년 여성임원 비율은 42%에 이른다.

'육아=엄마'라는 고정관념은 남녀 간 고용 · 임금 차별로 이어진다. 때문에 여성계에선 남성 육아휴직제를 의무화하는 법 개정이 반드시 필요하다는 입장이다. 남성 육아휴직제가 활성화되면 고용 · 임금 차별도 줄어들 수 있다고 본다. 현행 육아휴직제는 2008년 1월 이후 태어난 영 · 유아를 둔 근로자는 성별에 관계없이 육아휴직을 신청할 수 있다. 부부가 모두 일하고 있다면 각각 1년씩 모두 2년을 사용할 수 있는 셈. 그러나 육아휴직을 사용하는 남성 근로자는 드물다. 직장 분위기를 비롯해 경제적 어려움, 인사 · 승진 불이익 등을 감당해야 하므로 현실적으로 육아휴직을 사용하기 쉽지 않다. 실제로 지난해 1월부터 6월 말까지 남성 육아휴직자(고용노동부)는 800명대로 전체 육아휴직자의 3% 미만이었다. 효과를 보려면 '남성 강제휴직제'를 입법화해야 한다는 목소리도 나온다. 예를 들어 스웨덴은 부부가 함께 쓸 수 있는 육아휴직 16개월 중 최소한 2개월은 아빠가 쓰도록 의무화했다.

정부정책의 실효성을 문제삼기도 한다. 정부가 각종 정책을 내놓고 있지만 실제 적용되는 곳이 적다는 것이다. 김원홍 한국여성정책연구원 연구위원은 "2017년까지 여성경제활동 참가율을 60%까지 늘리고 국공립 어린이집 보육 분담률을 30%로 높이는 등 여성 고위직 비율을 높이기 위한 다양한 여성 정책을 내놓았지만 문제는 시간이 지나면 흐지부지된다. 정부정책을 민간기업에 강제하는 정책이 필요하다"고 말했다.

여성의 소극성도 유리천장을 깨는 데 걸림돌로 작용한다. 차부장급이 되면 다수 여성이 비관리자 직책으로 이동한다. 업무 비중을 낮추고 육아 등 개인적인 일에 집중하기 위해서다. 때문에 임원 승진 비율에서도 차이가 날 수밖에 없다. 한 정책기관의 박사급 연구원은 "지금 젊은 여성과는 달리 1990년대 사회에 진출한 여성은 조직생활에서 목표의식이 부족하고 적극적이지 못했다. 자발적으로 승진을 포기하는 경우가 많아 고위직 인재 풀 자체가 부족한 상황"이라고 말했다.

▶ 여성 리더가 극복해야 할 6가지 패러독스

- 인맥, 수다가 아닌 사업으로 활용해야
- '연봉과 승진 등 6가지 승진 패러독스를 없애라'

하버드대 경영대학원이 발간하는 하버드비즈니스리뷰(HBR)는 1월 3일호에서 미국 내 여성 차별의 6대 현상을 짚었다.

HBR은 미국 대졸 여성이 남성보다 임금을 23% 덜 받는다며 먼저 '임금 패러독스'를 극복해야 한다고 강조했다. 대학 졸업 10년 후 직장인 연봉도 교육 · 사회복지 등 여성 진출 비율이 높은 직업을 제외하면 남녀의 임금 차이는 12%에 달한다. '선입관 패러독스(Double-Blind Paradox)'도 극복해야 할 과제다. 여성 리더가 적극적으로 행동할 때 조직원들이 공격적이라는 인상을 받을 수 있다는 조사결과가 나왔기 때문이다. 여성 특유의 행동이 리더로서의 역할에 걸림돌이 될 수 있다는 뜻이다. 셋째, '승진 패러독스'를 넘어서야 한다. 직장에서 여성이 기술과 재능 면에서 남성에 뒤처지지 않아도 승진하지 못하는 경우가 많은데 제도적으로 마땅한 해결책은 없다. 포춘 1000대 기업에서 여성 CEO 비율은 4%에 그친다. 미국 의회에서도 여성 비율은 20%에 머문다.

넷째, '네트워크 패러독스'로 남성 리더가 네트워크를 사업과 관련해 활용하는 반면, 여성은 사교(Interacting) 수준의 네트워크활동에 그치는 경향이 있다고 HBR은 지적했다. 다섯째 '기업가 패러독스'도 여성이 넘어야 할 산이다. 벤처기업을 중심으로 여성 리더의 창업 비율은 남성과 비슷하지만 여성 임원 비율은 7%에 불과하다. HBR은 "보다 많은 여성들이 기술과 과학 분야에 진출해야 한다"며 "벤처기업들이 여성 리더십의 가치를 인식해야 한다"고 강조했다. 마지막으로 '직장과 가정 패러독스'도 여성이 이겨내야 한다. 여성 임원이 많을수록 기업 실적이 우수하다는 연구결과를 감안하면 여성이 육아 등 가정과 관련된 이슈로 회사를 떠나는 것은 자신은 물론 기업 입장에서도 손실이 될 것이라고 HBR은 설명했다.

자료: 매경이코노미(2013년 1월 23일).

## 토론문제

**Q1** 한국 공직사회에서 소극적 대표성을 넘어서 적극적 대표성을 확보할 수 있는 방안에 대하여 토론해 보세요.

**Q2** 한국 공직사회에서 협의의 다양성 관리정책과 광의의 다양성 관리정책을 상호 조화롭게 발전시켜 나갈 수 있는 방안에 대해 이야기 해 보세요.

**Q3** 다양성 관리와 다른 인사행정 기능 요소들(예를 들면, 모집과 선발, 전략적 인적자원관리, 교육/훈련, 평가 등) 및 기관장의 리더십과의 연계성에 대해 토론해 보세요. 성공적 다양성관리정책을 실현하기 위해서 특히 어떠한 인사관리적 요소들이 중요하다고 생각하는지 토론해 보세요.

**Q4** 공공부문의 다양성 관리와 민간부문의 다양성 관리의 실제적 사례들을 인터뷰 혹은 논문, 신문기사 등을 통해 찾아보고 그 차이성과 유사성을 비교, 분석하여 발표해 보세요.

**Q5** 앞으로 공공기관들이 도입해볼 만한 혁신적 다양성관리 프로그램들을 제안해 보고 이러한 다양성 관리 프로그램이 조직성과 및 공무원들의 삶의 질에 미칠 긍정적 영향에 대해 토의해 보세요.

**Q6** 다문화주의 시대에 있어 한국정부가 적극적으로 도입해야 할 소수자 지원정책에 대해 이야기 해보고 소수자 집단의 공직진출확대 방안과 공직 내 능력 및 역량 발전방안에 대해 토의해 보세요.

제 14 장

한국인사행정론

# 공무원 의무와 권리

## 들어가는 말

공무원은 전체국민에 대한 봉사자로서의 역할과 공익 추구자로서의 역할이 요구된다. 이에 그들에게 요구되는 윤리기준과 그들이 향유할 수 있는 권리는 민간부문 조직 구성원들의 그것과는 다르게 나타난다.

특히 공공조직의 존재 목적을 생각할 때, 공무원으로서 지켜야 할 의무는 일반 국민보다 더 높은 기준의 잣대가 적용된다. 공무원의 행동은 사회의 공공가치 실현을 달성할 수 있도록 격려 · 조장되어야 하며, 다른 한편으로는 공무원으로서 지켜야 할 최소한의 규범을 벗어나지 않도록 통제되어야 한다.

또한 공무원은 공무원 신분 이외에 일반 국민의 한 사람으로서, 근로자로서, 헌법이 보장한 기본적 권리를 향유하고 있다. 그러나 국민, 근로자로서 누려야 할 기본적인 권리가 공무원이라는 특수한 지위로 인해 제한될 수 있다.

따라서 공공조직의 특수성으로 인해 발생하는 공무원의 의무와 권리에 대한 특별한 기준의 적용과 제한의 문제는 인적자원을 유지 · 활용하는 데 있어 중요한 작용을 한다. 이에 제14장에서는 공무원의 의무 측면에서, 그들의 행동 지침이 되는 윤리적 가치기준과 규범을 설명하고 권리 측면에서, 기본권의 제한과 권익보호를 살펴보고자 한다.

## 핵심용어

- 공익
- 공무원의 행동규범
- 소극적 부정
- 적극적 부정
- 징계
- 권리
- 기본권
- 권익보호
- 소청심사
- 고충심사

# 제1절 공무원 의무의 이해

## 1. 공무원 행동의 가치기준

### 1) 의의

공무원의 행동에 접근하는 전통적 시각은 바람직하지 않은 행동을 배제시켜 최소한의 규범준수를 확보하는 소극적 방식이었다. 이는 공무원의 역할이 단순히 그들에게 주어진 정책과 명령을 집행하는 것으로 한정되었던 정치 · 행정 이원론적 상황에서 적합한 방식이었다. 그러나 현재의 정치 · 행정 일원론적 상황에서는 공무원에 부여된 재량권이 확대되었고 이에 정책결정이나 집행에서 그들의 행동에 대한 책임성을 적극적으로 확보할 필요성이 대두되었다.

또한 정책과정에서 문제를 분석하고 해결방안을 찾는 데 있어 중요한 역할을 담당하는 공무원의 시각이 편협한 경우 공직의 질적 수준은 저하되기 마련이다. 이에 공공의 복리증진을 목적으로 하는 현대의 민주복지국가에서는 공무원에게 폭넓은 시각이 요구되며 이는 공직의 질적 수준과 윤리성을 높이는 데 있어 무엇보다 중요한 의미를 갖는다(Stahl, 1983).

그렇다면 우리는 여기서 공무원에게 넓은 시각을 제공하는 가치가 무엇인지에 대해 생각해 볼 필요가 있다. 일반적으로 가장 널리 인정되는 것은 행정이 지향하는 최고의 목표이자, 존재 이유라 할 수 있는 '공익(公益)'이다. 공익의 개념을 명확히 정의하는 것은 어렵지만 '우리는 공익 우선의 정신으로 국리민복을 추구함으로써 복지국가를 실현하는 겨레의 기수가 된다'(공무원 윤리헌장), '지방자치단체는 공익상 기타의 사유로 인하여 필요한 때에는 불균일 과세를 할 수 있다'(지방세법), '안전행정부장관이나 시 · 도지사는 공익상 필요하면 관계 지방자치단체에 대하여 협의회를 구성하도록 권고할 수 있다'(지방자치법) 등에서 볼 수 있는 것처럼 공무원 행동에 있어 공익이 중요한 가치기준이 되고 있음을 알 수 있다.

### 2) 공익의 의미

공익(Public Interest)은 매우 다의적으로 정의된다. 특히 공익에 대해서는 그 개념이 모호하고 너무 유토피아적이며 고정된 것이 아니기 때문에 공무원에게 구체적인 행동의 기준을 제공하기 어렵다는 입장(Leys & Perry, 1982)과 공익이란 분명히 인식이 가능하여 공무원 행동을 결정하는 데 있어 유용한 안내자 역할을 한다는 입장이 대립적으로 맞서고 있다. 전자는 공익을 하나의 실체라기보다는 다수의 이익들이 조정·타협되어 가는 과정이며, 그 과정을 거쳐 얻어진 결과물로서 공익을 이해하며(과정설), 후자는 공익의 실체를 인정한다(실체설).

즉 실체설 입장에서 공익은 사익을 초월해 사회 내에 실재하는 것이기 때문에 공무원은 그들 스스로 이러한 공익의 실체를 파악하고, 이를 극대화할 수 있는 결정을 내려야 한다. 이에 그들에게는 높은 수준의 통찰력이 요구된다. 반면 과정설의 입장에서 공익은 서로 상충되는 이익을 가진 집단들 사이에 상호조정 과정을 거쳐 균형상태의 결론에 도달했을 때 실현되는 것이다. 따라서, 이 경우에 공무원은 스스로 무엇이 사회에 가장 이익을 가져올 수 있는가를 결정하는 것이 아니라 서로 갈등관계에 있는 모든 이해당사자들의 이익을 조정하고 타협시켜 만족스런 결과가 나오도록 돕는 촉매자 혹은 조정자 역할을 담당하게 된다(Herring, 1951).

이처럼 실체설과 과정설은 서로 다른 시각으로 공익에 접근하고 있다. 그러나 두 시각 모두 공통적으로 '이익(Interest)'보다는 '공공(Public)'의 의미에 초점을 두고 있음을 알 수 있다. 「우리말 큰 사전」에서는 '공공'을 "일반사회의 여러 사람 또는 단체에 두루 관계되거나 이용되는" 것으로 풀이하고 있다. 이 풀이를 바탕으로 '공공'의 의미를 이해하면, '공공'은 "여러", "두루"의 표현에서처럼 특정화된 개인이나 집단에만 관련된 것은 아니라는 엄밀성을 함축하고 있지만, 공공에 포함되는 범위가 분명하게 한정될 수 없다는 탄력성도 인정하고 있음을 알 수 있다. 즉 이는 '공공'의 범위가 용어를 사용하는 주체와 사용되는 영역 및 상황에 따라 달라질 수 있음을 의미하는 것이다.

공공에 담긴 또 하나의 중요한 의미는 '두루 관계되거나 이용되는'의 표현에서 알 수 있듯이 평등성의 개념을 내포하고 있다는 것이다. 즉 공공의 범위가 모호하긴 하지만 공공의 범위 안에 있는 모든 구성원은 하나의 범주(One Public)로 간주되며 그 구성원들을 차별적으로 대우해서는 안 된다는 뜻이다. 즉 공공은 유동적인 포괄성과 평등성을 내포한 것이다.

이러한 내용을 종합해 보면, 공익이란 '특정 사회 구성원이 아닌 일반사회 내지 공동체의 여러 구성원에게 차별 없이 두루 관계되는 이익'이라고 이해할 수 있다(足立辛男, 1983). 개념의 경계가 유동적이라 하여 공익의 실체를 부정하기보다는 개념의 유동성으로 인해 발생할 수 있는 신화적 가치와 상황에 적합하게 해석될 수 있는 잠재성에 높은 가치를 부여하여, 이러한 공익의 기준이 공무원 행동에 미치는 유용성을 생각해 볼 필요가 있다. 자신의 이익을 표현하지 못하는 사람까지 포함하여 가능한 많은 사람을 생각하고, 이들을 차별없이 대하며, 이들 모두에게 이익이 돌아갈 수 있도록 행동하는 것은 공무원에게 무엇보다 중요하기 때문이다.

특히 실체설적 공익 역시 개인이나 집단의 이해를 조화롭게 조정해야 한다는 과정론에 의해서 그 실현 가능성이 더욱 높아질 수 있을 것이다. 즉 두 관점은 실용적 차원에서 상호 보완될 수 있을 것이다. 따라서 논의의 초점은 공익의 개념규정에 둘 것이 아니라, 공무원의 행동을 어떻게 공익이라는 가치를 추구하도록 이끌 것인가에 두어야 할 것이다. 공익의 상징적 신화성을 통해 공무원 행동의 방향을 제시해주고,

그림 14-1 공무원의 행동

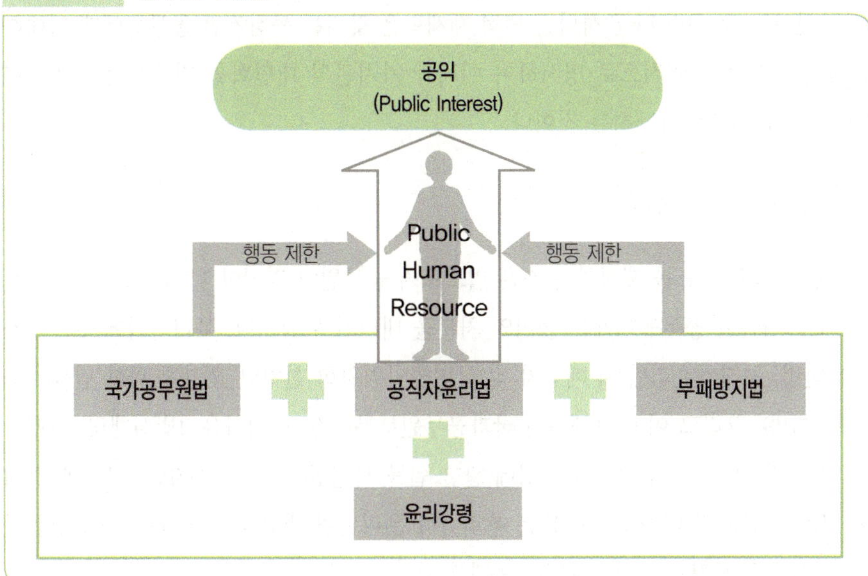

보다 올바른 결론에 도달할 수 있도록 구체적인 지침을 마련하는 데 관심을 기울여야 할 것이다.

## 2. 공무원의 행동규범

### 1) 의의

공무원의 행동은 직무 자체가 가지는 공공성으로 인해 그 영향력의 범위가 넓다. 이에 민간부문 조직 구성원들이나 일반인의 경우 아무런 문제가 되지 않는 행동이 공공조직에서는 그 특수성으로 인해 문제가 될 수 있는 경우가 있다. 이에 공무원에게는 상대적으로 높은 윤리기준이 요구된다.

그러나 한 가지 주의해야 할 점은 공무원의 높은 윤리의식이 윤리적 행동을 보장하지는 못한다는 것이다. 특히, 위에서 살펴본 바와 같이 공무원 행동의 가치기준이 되는 '공익'은 공무원의 행동 전반에 영향을 미치는 중요한 요소이지만 구체성을 결여하고 있어 행동에 대한 명확한 지침을 제공하는 데는 한계를 지니고 있다. 이에 보다 실용적 차원에서 공무원의 윤리적 행동을 보장할 수 있는 수단을 구비할 필요가 있다. 이러한 수단 중 하나는 사회적으로 용인할 수 있는 최소한의 규범을 정해서 이를 벗어나는 행동에 대해 법적 강제력을 동원할 수 있는 법규정(Ethics Legislation)을 마련하는 것이며, 다른 하나는 법적 제재력은 갖지는 못하지만 공무원에게 기대하는 규범내용을 선언적으로 명시하여 이러한 가치관의 내면화를 기대하는 윤리강령(Codes of Ethics)을 채택하는 것이다.

### 2) 윤리관련 법규

윤리관련 법규를 제정하는 것은 법으로써 공무원이 지켜야 할 도리를 분명히 하고 이를 위반한 공무원에게는 불이익 처분을 내리기 위함이다. 우리나라에서는 국가공무원법, 공직자윤리법, 부패방지 및 국민권익위원회 설치와 운영에 관한 법률(이하 부패방지법), 그리고 이를 구체화한 국가공무원복무규정, 공직자윤리법시행령, 부패방지 및 국민권익위원회 설치와 운영에 관한 법률 시행령(이하 부패방지법시행령)에 상세한 규정을 담고 있다. 〈표 14-1〉은 우리나라 윤리관련 법규내용을 간단히 정리한 것이다. 이를 구체적으로 살펴보면 다음과 같다.

**표 14-1 윤리관련 법규의 구조**

- 국가공무원법 (국가공무원복무규정)
  - 신분관련규정 : 품위유지
  - 직무관련규정
    - 적극적 규정: 성실 · 친절 · 공정 의무
    - 소극적 규정: 직장이탈금지, 금품수수금지, 비밀누설금지, 영리업무 및 겸직금지
- 공직자윤리법 (공직자윤리법시행령)
  - 재산등록
  - 선물신고
  - 퇴직공직자취업제한
- 부패방지법 (부패방지법시행령)
  - 부패행위 신고의무
  - 부패행위 신고자(내부고발자) 보호
  - 국민감사청구

(1) 국가공무원법

공무원으로서 마땅히 지켜야 할 행동규범은 각 국가의 역사와 문화에 따라 각기 다른 내용을 담고 있다. 우리나라의 경우 국가공무원법과 국가공무원복무규정에서 공무원의 행동규범을 상당히 포괄적이고 엄격하게 다루고 있다. 이는 크게 신분에 관련된 것과 직무에 관련된 것으로 분류해 볼 수 있는데, 전자는 전체국민에 대한 봉사자로서 사회의 모범상을 보여야 하는 공무원 신분상 지위에 기대되는 규범이고, 후자는 공무원으로서 수행하는 직무가 갖는 공공성으로 인해 요구되는 규범이다.

신분 관련 규정은 대표적으로 공무원 품위유지 의무가 있다. 품위는 행동 · 복장 · 언동 등 외적으로 나타난 모습으로서 이는 직무와 관련된 것이 아닌 공무원 신분에서 오는 의무이다. 따라서 일반국민과 비교해 직장 밖에서의 사생활까지도 상대적으로 엄격한 제한을 받는다. 어느 정도를 품위의 손상으로 볼 것인가는 공무원의 종류(교육공무원 · 경찰공무원 등), 공무원의 지위에 따라 결정되며 특히 그 시대의 사회적 통념이 중요하게 작용한다.

직무 관련 규정은 적극적 규정과 소극적 규정으로 구분할 수 있다. 바람직한 행위를 적극적으로 추구할 것을 주문하는 적극적 규정으로는 국가공무원법 및 관련규정에서 직무를 '성실히 수행할 것', '친절 · 공정 · 신속 · 정확하게 업무를 처리할 것', 그리고 '직무상 상관의 명령을 충실히 이행할 것' 등으로 명시하고 있다. 반면 바람직

하지 못한 행위를 예방하기 위한 소극적 규정으로는 '직장이탈금지', '영리업무 및 겸직금지', '직무상 알게 된 비밀누설금지', '사례 · 증여 · 향응 수수 금지' 등의 내용을 담고 있다.

⑵ 공직자윤리법

국가공무원법과 국가공무원복무규정을 위반할 경우, 행위 그 자체로써(불친절 · 명령불복종 · 직장이탈 · 겸업 · 비밀누설 · 금품수수 등) 잘못을 판별할 수 있게 된다. 그러나 공직자윤리법으로는 어떤 상태나 행위에 대한 잘못을 판별할 수 없다. 공직자윤리법은 특정 상태나 행위가 부정부패와 같은 나쁜 목적과 연결될 가능성이 있을 때, 이를 사전에 예방하기 위한 규정이기 때문이다. 이에 공직자윤리법은 재산등록규정, 선물신고규정, 그리고 퇴직공직자 취업제한 규정 등을 다루고 있다.

공무원의 재산규모 · 선물수수 · 퇴직 후 취업 그 자체는 개인의 이익추구를 기본적 경제행위로 보는 자본주의 국가에서 크게 비난받을 행위가 아니다. 그러나 재산이 갑자기 늘어났다거나, 일정규모 이상의 선물을 받았다거나, 퇴직 후 평소 직무상 고객으로 상대해 오던 기업에 취직한 경우는 이면에 무엇인가 반대급부가 있었을 것으로 의심해 볼 수 있다. 특히 반대급부는 공익에 상충되는 직무수행을 조장할 위험이 있다는 점에서 문제의 심각성이 크다. 이에 공직자윤리법은 공직자의 부정한 재산증식을 방지하고, 공무집행의 공정성을 확보하는 등 공익과 사익의 이해충돌을 방지하여 국민에 대한 봉사자로서 가져야 할 공직자의 윤리를 확립함을 목적으로 한다(공직자윤리법 제1조).

⑶ 부패방지 및 국민권익위원회 설치와 운영에 관한 법률(부패방지법)

국가공무원법이나 공직자윤리법이 공직부패를 방지하기 위한 규정 수준에 머물러 있다면 부패방지법은 이의 실효성을 확보하기 위한 도구적 성격이 강하다. 부패방지법은 공무원에게 같은 공직자의 부패행위를 알게 된 경우 이를 신고해야 할 의무를 부과하고 있으며, '내부고발자 보호제도'를 통해 이러한 신고를 이유로 직장 내에서 신분상의 불이익이나 차별을 받지 않도록 보장하고 있다. 또한 정부의 법령위반 내지 부패행위에 의하여 공익을 현저히 침해받았다고 판단할 때는 300인 이상이 연서하여 감사원에 직접 감사를 청구할 수 있는 '국민감사청구제도'를 도입하였다.

특히 공직부패 방지를 논의하는 데 있어 이를 책임지는 국민권익위원회의 지위가 직무상 독립성을 가지고 있고 3년의 신분이 보장되는 독립합의형의 대통령직속으로 구성되었다는 점이 중요한 의미를 갖는다. 국민권익위원회 설치를 통해 그동안 감사원, 국무총리실, 안전행정부, 검찰청 등 여러 기관에 산발적으로 분산되어 추진해 오던 부패방지 업무를 고충민원처리, 행정심판 기능들과 통합하여 국민의 권익구제 창구를 일원화하고 신속하고 충실한 원스톱 서비스 체제를 마련할 수 있었다. 구체적으로 국민권익위원회는 부패방지에 필요한 시책 및 제도개선 사항을 수립 · 권고하며, 공공기관에 대한 실태조사는 물론, 접수된 신고사항에 대해서도 조사가 필요한 경우 이를 감사원, 수사기관 또는 해당 공공기관의 감독기관에 이첩하고 차관급 이상 고위공직자의 부패행위에 대해서는 검찰에 직접 고발할 수 있는 권한을 부여받고 있다. 특히 공직자의 부패행위에 대해 동료 공직자는 물론 일반국민으로부터의 감시와 통제도 가능하게 함으로써 과거의 일시적 · 수사적 · 형식적 접근에서 보다 지속적이고 실질적인 부패방지 노력이 가능해졌다.

다만, 국가청렴위원회와 국민고충처리위원회 및 행정심판위원회는 기능과 역할, 성격이 달라 통합의 효과가 낮기 때문에 부패방지업무를 위한 독립기구(과거 국가청렴위원회)의 설치를 주장할 수 있다. 또한 국민권익위원회는 자체 조사권을 갖고 있지 않아 조사가 필요한 경우 경찰, 검찰, 감사원 등 기존의 사정기관에 의존하게 되어 있어 이들 기관의 견제와 비협조로 인한 비효율이 발생할 수 있음이 문제점으로 지적되고 있다.

### 3) 윤리강령

윤리강령은 공무원이 갖추어야 할 덕목과 추구해야 할 가치 및 행동지침을 헌장 형태로 공식화한 것이다. 강제성을 수반하는 법규와는 달리 공무원 스스로의 자율적 행동규제를 통해 공직의 윤리를 제고시키려는 수단으로 많은 나라가 윤리강령을 채택하고 있다.

현재 우리나라는 국가발전의 선도자로서 공무원에게 사명감을 고취시키기 위한 기본적 정신지표를 가장 추상적이고 포괄적으로 표현한 공무원윤리헌장, 헌장의 이념과 정신을 개인생활 · 직장생활 · 국가생활에서 어떻게 실천에 옮길 것인가에 대한 덕목을 밝힌 헌장 내의 공무원신조, 헌장에서 밝힌 기본정신과 신조를 보다 세부적으로 나누어 실천적 행동지침이 될 수 있도록 한 공무원윤리헌장실천강령 등을 구성하고 있다(〈참고 14-1〉 참조).

## 참고 14-1 우리나라 공무원 윤리강령

### 공무원윤리헌장(일부)

우리는 영광스러운 대한민국의 공무원이다. 오늘도 민족중흥의 최일선에 서서 겨레와 함께 일하며 산다.

(중략)

우리는 공익우선의 정신으로 국리민복을 추구함으로써 복지국가를 실현하는 겨레의 기수가 된다.

■ **공무원의 신조**

I. 국가에는 헌신과 충성을
I. 국민에게는 정직과 봉사를
I. 직무에는 창의와 책임을
I. 직장에선 경애와 신의를
I. 생활에는 청렴과 질서를

### 공무원윤리헌장실천강령(일부)

(생략)

■ **국민에겐 정직과 봉사를**

① 법령과 양심에 따라 공명정대하게 업무를 처리하여 국민의 신임을 얻는다.
② 모든 업무는 나와 관청의 편의보다는 국민편의 위주로 처리한다.
③ 공익우선의 정신으로 특정개인이나 단체에 대한 차별적 특혜를 거부한다.
④ 실속 없는 전시행정이나 지속성 없는 졸속행정의 폐습을 지양한다.
⑤ 공개행정을 실천하여 국민의 참여와 협조를 얻도록 노력한다.
⑥ 민원인을 대할 때에는 내 집의 손님처럼 친절과 예절을 다한다.

(생략)

## 3. 행동규범의 위반

### 1) 의의

높은 이상을 담고 있는 윤리적 가치기준을 개발하고 행동규범의 준수를 위해 윤리관련법이나 강령을 제정하여 이를 실효성있게 집행한다 할지라도 규범을 위반하는 사람은 항상 나타나기 마련이다. 새 정권이 들어서면 언제나 공직 기강 확립 및 사정이 역점 시책으로 등장하지만 여전히 뇌물수수 등으로 인해 공직 전체의 이미지를 손상시키는 불미스런 일들이 일어나고 있다. 세계화의 새로운 흐름 속에서 경제뿐만 아니라 사회 · 문화적인 소통이 중요해지고 있고, 사회자본으로서 신뢰의 중요성이 강조되고 있는 현재, 공무원의 부정부패 수준은 국가의 이미지를 결정하는 중요한 요소가 될 수 있다. 또한 대내적으로 정책의 수용도에 영향을 미칠 수 있으므로 공무원의 부정은 엄중하게 관리되어야 한다.

### 2) 유형

행동규범의 위반은 부조리, 비리, 비위, 부정, 부패, 부정부패 등 여러 가지 용어로 혼용되고 있지만 이들은 공통적으로 '그릇된', '잘못된', '옳지 않은' 행위라는 의미를 담고 있다. 이러한 행동규범의 위반을 보다 명확하게 이해하기 위해, 부정행위 주체와 부정행위의 내용에 따라 쌍방적 부정과 일방적 부정, 소극적 부정과 적극적 부정 등으로 구분하여 살펴보고자 한다(〈표 14-2〉 참조).

#### (1) 쌍방적 부정과 일방적 부정

쌍방적 부정은 공무원 일방이 공직을 이용하여 시민이나 다른 공무원에게 어떤 혜택을 주는 대가로 금품을 받는 금품수수행위를 말한다. 혜택에는 편법 인 · 허가, 단속 · 입찰 · 개발정보의 제공, 사건묵인 · 무마 등이 있다. 혜택에 대한 대가는 금전이 가장 대표적이지만 향응, 가족의 취직, 선물 등 다양한 형태가 있다.

반면 일방적 부정은 공무원 혼자서 자신의 사욕을 채우기 위해 공적인 신분을 이용하거나 공공재산을 사적으로 사용하는 이익추구행위와 이익과는 무관하게 책임

**표 14-2 공무원 부정의 유형**

- 부정
  - 쌍방적 부정
    - 대외 금품수수
      1. 특혜사례비
      2. 급행료
      3. 무마묵인비
      4. 상납금
      5. 접대비
    - 대내 금품수수
      1. 인사청탁비
      2. 무마묵인비
      3. 상납금
  - 일방적 부정
    - 적극적 이익추구
      1. 공금유용
      2. 정보의 사적 이용
      3. 공공재산 사적 이용
      4. 압력행사
    - 소극적 직무수행
      1. 대외
         - 불친절
         - 과잉단속
         - 업무지연
      2. 대내
         - 무사안일
         - 감독소홀
         - 부당한 명령에 복종

(대외 금품수수 ~ 적극적 이익추구: 해서는 안 될 일을 하는 행위 (적극적 부정))

(소극적 직무수행: 해야 할 일을 하지 않는 행위 (소극적 부정))

감이 결여되어 능동적이고 창의적으로 직무에 임하지 않는 불성실 행위가 있다. 이익추구행위의 예로는, 공금을 횡령 · 유용하는 행위와 자신이 가지고 있는 정보를 활용하여 부동산이나 주식에 투자하는 행위를 들 수 있다. 사무용품이나 기타 공공재산을 개인용도로 쓰는 것도 이익추구의 부정행위로 볼 수 있다. 또한 자신의 영향력을 키우기 위해 공직내부의 인사나 예산배정 또는 외부의 청탁문제에 개입하여 대가 없이 순수하게 압력만을 행사하는 경우도 이익추구행위의 예로 생각할 수 있다. 일방적 부정의 불성실 직무수행에 해당하는 것으로는 외부의 대민관계에서 주로 나타나는 불친절 행위나 일처리의 지연 또는 과잉단속 등을 예로 생각할 수 있다. 대내적으로는 3D업무나 민원 등 위험소지가 있는 일을 기피하거나 상관의 지시만을 피동적으로 다루는 무사안일행위가 불성실 행위에 포함될 수 있으며 근무시간 중에 인터넷으로 개인용무를 보거나 주식거래를 하는 것, 사적인 전화통화를 하는 것도 이에 해당한다. 뿐만 아니라 부정이 적발되거나 근무가 태만한 부하공무원에 대한 감독을 소홀히 하는 행위, 상관의 부당한 지시를 따르거나 심지어 상관에게 아부 · 아첨하는 행위도 이 범주에 포함될 수 있다.

(2) 소극적 부정과 적극적 부정

쌍방적 부정과 일방적 부정은 그 행위의 내용에 따라서 소극적 부정과 적극적 부정으로 구분할 수 있다. 적극적 부정이란 '해서는 안 될 일을 하는 행위'를 의미하며, 소극적 부정이란 '해야 할 일을 하지 않는 행위'를 의미한다. 즉 적극적 부정은 어떤 형태로든 공익을 해치면서 개인의 이익을 추구하는 부정행위이며, 소극적 부정은 적극적으로 직무를 수행해야 할 책임과 의무를 소홀히 하는 부정행위를 의미한다. 즉 소극적 부정은 '성실히', '친절하게', '신속하게' 직무를 수행하지 않는 행위이며, '감독을 철저히' 하지 않는 행위 역시 소극적 부정에 해당한다. 소극적 부정은 적극적 부정과 달리 공직을 악용하여 개인의 이익을 취하지는 않지만, 공무원의 직무자체가 가지는 공공성으로 인해 부정의 영향이 불특정 다수에게 폭넓게 미치게 되므로 적극적 부정 이상으로 중요하게 다루어야 할 문제이다.

부정의 유형을 이와 같이 적극적 부정과 소극적 부정으로 분류하는 것은 부정방지대책을 수립하는 데 있어 각기 다른 시각에서 접근할 필요가 있기 때문이다. 적극적 부정을 방지하기 위해서는 일반적으로 사정의 도구인 적발과 처벌을 강화할 것이 요구된다. 하지만 이때, 적발과 처벌을 통해 '해서는 안 될 일'을 방지하는 것뿐만 아니라 '해야 할 일'마저 하지 않는 부작용이 발생하지 않도록 주의해야 할 것이다. 마찬가지로 소극적 부정을 방지하기 위해서는 '해야 할 일'을 적극적으로 조장하기 위하여 권한을 부여하고 일하는 풍토를 조성해야 하지만, '해서는 안 될 일'까지 범할 부정의 소지를 제공하지 않도록 주의해야 할 것이다.

### 3) 부정의 요인

사회적 위해요소인 공무원의 부정을 방지하기 위해서는 부정의 개념과 유형에 대한 이해뿐만 아니라 실제 공무원이 왜 부정을 저지르게 되는가를 이해하는 것이 더욱 중요할 수 있다. 이에 여기서는 공무원 부정의 요인으로 제시되고 있는 다양한 의견을 개인차원, 조직차원, 환경차원으로 구분해서 살펴보고자 한다.

#### (1) 개인차원

개인차원에서 부정행위와 상관관계를 가정할 수 있는 요인으로는 공무원 개인의 성격 혹은 심리를 생각해 볼 수 있다. 일반적으로 도덕이나 정직성보다 돈 또는 편의를 더 중시하는 사람, '남들도 다 그러는데', '당신도 내 처지가 되면 이해할 수 있을거야' 식으로 자기행위에 대해 합리화를 잘 하는 사람, 직업에 대한 윤리의식이 결여되어 있는 사람 등이 부정에 관여할 가능성이 높은 사람으로 제시되고 있다. 또한 반복되는 승진탈락 등으로 사기가 저하되어 있거나 개인적인 일로 심리적 불안상태에 있는 사람도 부정에 취약하다고 제시되고 있으며 개인이 처해 있는 경제사정도 부정행위의 중요 요인이다. 과도한 부채, 소득에 비해 과도한 교육비와 생활비의 지출, 주식투자나 사채놀이, 고급 유흥장 출입, 도박행위 등으로 인해 자금이 필요한 상황에서는 금품수수나 공금횡령 등의 부정이 발생할 가능성이 높기 때문이다(Albrecht *et al.*, 1982).

#### (2) 조직차원

조직차원의 부정영향요인은 공무원이 현재 근무하는 부서 내지 부처차원에서 발견되는 요인들이다. 따라서 조직차원의 부정요인에는 조직풍토, 업무의 성격, 규정의 현실성, 부정공무원에 대한 처벌 등을 포함시킬 수 있다. 이를 구체적으로 살펴보면 다음과 같다.

① 조직풍토

조직풍토는 부처 내지 부서단위에서 오랜 기간을 거쳐 단위 구성원 모두가 묵시적으로 받아들이고 공유하는 신념 내지는 행동양식을 일컫는다. 부정을 유발하는 조직풍토로서 부서의 명예를 실추시키지 않기 위해 부정에 연루된 동료를 묵인해 주는 풍토를 생각해 볼 수 있다. 또한 뇌물수수나 상납금과 같이 잘못된 관행을 거절하려고 할 때, 거절한 사람을 분위기 파악을 못하는 사람 취급하거나 따돌리는 분위기도 부정적인 조직풍토로 지적해 볼 수 있다. 이러한 조직풍토는 현재의 부정을 묵과하는 잘못뿐만 아니라 부정을 계속 키우는 온상 역할을 한다는 측면에서 문제의 심각성이 크다.

② 업무성격

업무성격 측면에서는 일반적으로 독점성이 강한 업무일수록 부정의 가능성이 높다(Klitgaard, 1988). 독점성이 강하다는 것은 시민 · 고객의 입장에서 다른 공무원으로부터 대체 서비스를 받을 수 없음을 의미하는 것이며 보통 이러한 직무는 공무원 간 경쟁이나 감시 체계가 존재하지 않는다(Ackerman, 1973). 또한 업무수행의 재량권 부여 수준이 높고, 이러한 재량권 행사에 대한 감시가 소홀하거나 곤란할수록 부정에 취약하게 된다. 유사한 맥락에서 업무가 전문화되어 동료공무원이나 상관 또는 일반시민에 의한 상호감시가 곤란하다거나, 업무관련 내규가 외부에 공개되지 않아 민원인이 공무원의 일방적 요구나 결정을 받아들일 수밖에 없는 경우도 부정의 가능성은 높다.

③ 처벌의 엄격성과 일관성

부정을 저지른 공무원에 대한 처벌의 수준과 일관성 여부에 따라 다른 공무원의 행동은 달라질 수 있다. 부정행위를 발견하고도 조직내부에서 이를 묵인하거나 내부의 간단한 징계로 끝내 버린다면, 조직 구성원들은 이를 조직이 부정을 묵시적으로 허용하는 것으로 인식하여 그들로 하여금 부정행위를 조장하는 역효과를 가져올 수 있다. 이러한 풍토에서는 조직 구성원들이 부정행위에 대해 크게 죄책감을 갖지 않을 뿐만 아니라, 부정을 저질러 처벌을 받는 경우 오히려 처벌이 불공정하다며 이에 대하여 불만을 갖는 경우가 많다.

### (3) 환경차원

환경차원의 부정영향요인은 부처단위의 조직 밖에서 공무원의 부정행위에 영향을 미칠 수 있는 요인들이다. 따라서 환경차원의 부정요인에는 우리나라의 청탁 · 선물문화, 부정관련 법규정과 법집행 활동, 민원인의 유인, 공무원 보수 등을 포함시킬

수 있다. 이를 구체적으로 살펴보면 다음과 같다.[1)]

① 문화

문화는 일찍이 세계 각국의 부정현상을 비교론적으로 연구한 학자들에 의해 주장된 중요한 부정요인 중의 하나이다. 예를 들어, 당연한 행정 서비스임에도 불구하고 감사의 뜻으로 선물을 한다거나, 명절에 인사치레의 선물을 하는 것이 하나의 미덕으로 받아들여지는 문화에서는 공무원의 부정에 대한 경계의식이 미약할 수밖에 없다. 또한 온정주의, 연고주의 등의 정적 인간관계가 강한 문화에서는 친구 · 상관 · 동료 · 가족 등의 청탁을 거절하는 것이 쉽지 않아 부정이 발생할 가능성이 높다. 특히 이러한 문화에서는 부정에 관여된 공무원이 느끼는 사회적 불명예와 같은 도덕적 비용(Moral Cost)이 낮기 때문에 부정행위 억제를 위한 사회적 동인이 작동하지 않는다.

② 법규정의 현실성

법규정의 현실성도 부정과 밀접한 관계를 가진다. 법규정과 현실 간의 괴리가 심할수록 자의적으로 업무를 수행할 가능성이 더욱 높아진다. 법규정의 비현실성으로 인해 적용에 어려움이 있다면 그 어려움만큼 부정의 가능성은 커질 수밖에 없다. 따라서 법규정을 적용할 수도 있고 적용하지 않을 수도 있다면 그 폭만큼이나 부정의 소지는 넓어진다.

③ 법규정 및 법집행의 엄격성

부정이 초래하는 기회비용이 클수록 공무원이 부정행위시 얻을 수 있는 기대이익이 감소하게 되어 부정에 개입할 동기는 줄어들게 된다. 공무원은 이러한 기회비용을 법규정을 통해 예상할 수 있게 된다. 법규정을 통해 구체적으로 어떠한 행위가 금

---

1) 환경차원의 영향요인으로 경제성장 내지 현대화의 정도, 정치와 경제의 상대적 지배도, 정당성숙도(Huntington, 1968), 억압적 정치사회구조, 사회적 형평성, 경제성장(Theobald, 1990), 청탁 내지 선물 문화(McMullan, 1961) 등이 지적되고 있다. 이들 주장은 주로 후진국의 부패를 연구한 학자들에 의해 선진국과 차이점을 부각시키는 데 초점을 맞추고 있다. 따라서 후진국에 대한 편견이 개입되어 있고 또한 관리차원에서 통제가 어려운 거시적인 변수이기 때문에 부정방지방안과 연결시켜 생각할 때 논의의 유용성이 떨어진다. 다만 청탁이나 선물문화는 우리나라에서도 부정에 미치는 영향이 큰 것으로 보고 '청탁 안 하기', '선물 안 주고 안 받기' 운동이 전개된 적도 있어 환경요인에 포함시키고자 한다. 보수도 조직차원에서 논하기도 하나 보수의 결정이 부처차원에서 자율적으로 결정되는 것이 아니라 정치적 · 경제적 상황을 고려하여 결정된다는 점에서 환경차원으로 분류하고자 한다.

지되는지, 이를 위반할 경우 어떠한 처벌이 따르는지에 대한 분명한 정보를 얻을 수 있기 때문이다. 그러나 기회비용을 산출하는 데 있어 규정보다 더 중요한 것이 규정의 엄격한 집행이다. 규정이 완벽하게 구성되어 있다 할지라도 실제 운영과 처벌이 규정대로 이루어지지 않는다면 규정은 부정방지에 아무런 역할을 하지 못하게 된다. 따라서 부정방지를 위해서는 엄격한 법규정을 마련하는 것뿐만 아니라 이를 엄격하게 집행하려는 노력이 뒤따라야 할 것이다.

④ 민원인의 유인

사업상의 이익이 관여된 문제에서는 민원인이 자신의 윤리나 도덕보다 경제적 이익을 우선하기 쉽다. 예를 들어, 정부 공사를 수주하는 건설회사가 1억 원 정도의 간접비용(접대비용 · 뇌물 등)을 들여 순익 10억 원 정도를 남길 수 있다면, 뇌물로 공무원을 매수하여 공사를 수주하려는 동기가 발생하게 된다. 따라서 공무원을 상대하는 일반시민이나 기업인이 공무원을 부정의 상황으로 유인하는 정도에 따라 공무원의 부정에 대한 개입 수준도 달라진다.

⑤ 보수

보수수준의 적정성 문제도 때때로 부정의 영향요인으로 고려된다. 보수가 생계비에도 못 미칠 정도로 낮게 설정된 경우 부정에 대한 유인은 클 수밖에 없다. 이에 국민소득이 낮은 국가에서는 이러한 생계형 부정을 규모나 도덕성 측면에서 정치가나 고위공직자의 권력형 부정과 구분하여 생계를 위한 최소한의 자구행위로 간주하는 경우도 있다. 그러나 다른 요인과 마찬가지로 보수수준이 일방적으로 부정에 영향을 주는 단순한 관계로 파악해서는 안 된다. 공무원은 국민에 대한 봉사자로서 공직에 대한 사명감과 청렴도를 중시하기 때문이다.

### 4) 부정의 방지대책

앞서 살펴본 바와 같이 행동규범의 위반, 즉 부정은 그 행위의 내용에 따라 소극적 부정과 적극적 부정으로 구분할 수 있다. 소극적 부정은 '해야 할 일을 하지 않는 행위'를 의미하며, 적극적 부정은 '해서는 안 될 일을 하는 행위'를 의미한다. 부정의 유형을 구분하는 이유는 부정 방지를 위한 대책을 수립하는 데 있어 각기 다른 접근이 필요하기 때문이다. 이에 부정의 유형별 방지 대책을 살펴보면 다음과 같다.

### (1) 소극적 부정의 방지 대책

① 의식개혁과 권한위임

소극적 부정을 방지하고 적극적 직무수행을 유도하기 위해 필요한 것으로서 의식개혁과 권한위임을 들 수 있다. 공무원이 창의적 · 적극적 근무 자세를 갖추고 변화의 선도적 역할을 수행할 수 있도록 하기 위해서는 무엇보다 의식의 개혁이 중요하다. 관우월주의나 행정편의주의와 같은 전근대적 사고로는 고객만족 · 고객감동을 강조하는 민간기업과 시민의 의식에 뒤처질 수밖에 없다. 특히, 국정운영에 있어 정부에게 주도적인 역할이 요구되던 과거와 달리 현재는 기업과 시민에 대한 지원자 · 조력자로서의 역할을 요구하게 되었다. 이러한 역할을 수행하기 위해서는 앞서 논의한 공무원의 윤리적 가치기준인 공익에 대한 기본인식이 있어야 하고, 윤리강령이 형식적 장식품이 아니라 공무원의 가치관으로 내면화되어 공무원의 활동전반에 영향을 미쳐야 한다. 이를 위해서는 정기적으로 공무원에 대한 윤리교육이 이루어져야 하며, 일상 직무수행 과정에서 지속적인 상관의 관심과 지도가 필요하다.

공무원의 창의적 근무태도는 공무원이 자율적으로 직무를 수행할 수 있도록 실질적인 권한을 위임해 줄 때 가능하다. 행정의 효율성을 강조하였던 과거에는 중앙집권적인 통제중심의 획일적 행정이 요구되었으나 최근에는 사회 · 문화적 다양성이 강조되면서 개인, 지역, 문화적 특수성을 보다 잘 반영할 수 있는 분권행정이 요구되고 있다. 이에 자율성의 확대와 권한위임의 중요성이 어느 때보다 강조되고 있다. 공무원에게 실질적인 권한을 부여함으로써 일할 맛을 살려주고 그것이 국민에게 봉사하는 행정을 실현하는 데 더욱 효과적이라는 최근의 관리이론도 이와 맥락을 같이 한다 (Osborne & Gaebler, 1992).

물론 공직의 경우 국민에 대한 최종적인 책임을 확보해야 하므로 권한위임에는 한계가 있다. 또한 이에 따른 재량권 확대는 부정의 소지를 높일 수도 있어 적극적 직무수행과 더불어 적극적 부정의 가능성도 높일 수 있다. 따라서 권한의 위임에는 적절한 균형점을 찾는 노력이 필요하다.

② 불만요인의 제거

공무원에게 불만이 되고 있는 요인을 제거함으로써 무사안일 · 불친절 등의 행위를 예방할 수 있다. 우리나라 공무원이 무사안일 방지대책으로 지속적으로 요구하고 있는 부분은 불공정한 인사와 적발위주의 감사체계 개선에 관한 것이다.

불공정한 인사에 대한 불만은 계속 지적되고 있다(김병국 외, 2007). 인사가 불공정하다는 것은 정실이 개입되어 일한 만큼 인정받지 못한다는 것을 의미한다. 이를 해결하는 데 있어서는 인사권자가 솔선하여 공정한 인사를 실시하는 것이 가장 좋은 방법일 것이다. 그러나 이것이 가능하지 않을 때는 이를 제도적으로 보완하려는 노력이 필요할 것이다. 이에 제도적 보완장치로 근무성적평정시 부처사정에 따라 평정의 객관성을 높일 수 있는 목표관리방식(MBO)이나 행태기준평정척도법(BARS) 등의 도입을 고려할 수 있다.

또한 사정기관의 감사가 지나치게 적발위주로 이루어지고 있으며, 여러 기관의 중복감사로 인한 잦은 감사준비로 일상적인 업무수행에 차질이 생기고 있다는 점도 불만사항으로 지적되고 있다(안국찬, 2007). 적발의 기준은 법규정이기 때문에 결국 공무원으로 하여금 법규를 지나치게 경직적으로 해석하고 집행하는 행정행태를 조장할 수 있다. 이를 예방하기 위해서는 적발위주의 감사를 지양하고, 고의성 없이 적극적으로 업무를 수행하다 발생한 착오에 대해 이를 징계하기보다는 관용적으로 처리할 수 있어야 한다.

#### (2) 적극적 부정의 방지대책

'해서는 안 될 일을 하는', 즉 뇌물수수나 공금횡령 등의 적극적 부정을 막기 위한 대책은 의식개혁과 제도개혁으로 나누어 생각할 수 있다. 의식개혁은 부정행위 자체에 대한 인식을 변화시키는 것과 연고주의, 정적 인간관계 등 우리나라의 문화 내지 조직풍토에 관련된 오랜 관행을 변화시키는 것이다.

제도개혁은 부정의 동기나 기회를 사전에 제거하기 위한 제도, 부정행위에 대한 적발가능성을 높이기 위한 제도, 그리고 부정행위에 대한 처벌의 실효성을 확보하기 위한 제도 등으로 구분하여 생각할 수 있다.

보다 효과적으로 부정을 방지하기 위해서는 의식개혁과 제도개혁이 적절히 균형을 맞추어 이루어져야 할 것이다. 이때 제도개혁에 있어서는 이러한 대책이 부정을 방지하는 효과에 머무는 것이 아니라 소극적 부정을 조장하는 부작용을 낳을 수 있다는 점을 주의해야 할 것이다.

① 의식개혁

적극적 부정을 방지하기 위한 의식개혁의 대상은 부정을 직접 부추기는 비윤리적 이기심이다. 공무원으로서의 직책을 이용하여 자신의 이익을 추구하는 일이 얼마나 비윤리적이고 불명예인지를 분명히 인식시켜야 한다. 의식의 변화를 통해 행동의 변화를 유도하는 것이다(Fishbein & Ajzen, 1975). 이와 관련된 대표적인 성공 사례로 금연운동이 있다. 담배에 경고문 삽입이나 광고와 TV 토론을 통해 흡연은 건강에 해롭다는 인식을 확산시키고, 나아가 흡연이 신사에게는 어울리지 않는 부끄러운 행위임을 의식화시킴으로써 흡연행위를 스스로 포기하도록 만든 것이다. 부정방지 역시 이와 같은 체계적이고 대중적인 의식화 노력이 필요할 것이다.

의식개혁의 또 다른 대상은 부정행위를 간접적으로 조장할 수 있고 상당히 광범위하게 공유되고 있는 행정문화적 측면이다. 공과 사의 구분의식이 결여되었거나, 다른 공무원의 부정을 문제삼아 불편한 관계를 원하지 않는 의식이 개혁의 대상이다. 부하직원의 비리를 묵인한다든가, 잘못된 관행을 거부하는 공무원을 따돌리는 조직풍토 역시 의식의 개혁이 요구되는 영역이다. 그러나 이러한 의식들은 부정행위와 직접 관련된 것이 아니고 우리사회의 오랜 전통과 문화 속에서 다수의 공무원들이 공유하는 의식이기 때문에 변화를 시도하는 것이 쉽지 않다. 따라서, 이 경우에는 장기적이고 체계적인 교육 · 훈련 프로그램이 개발 · 운영되어야 할 것이며 공직사회뿐만 아니라 우리사회 모두가 관심을 갖고 유년기의 교육에서부터 시작하여 보다 합리적인 사고와 행동을 형성할 수 있도록 해야 할 것이다.

② 제도개혁

제도개혁 차원에서 논할 수 있는 것은 첫째, 부정의 동기와 기회 자체를 제거하는 것이다. 소극적 부정방지대책에서 논의한 불공정한 인사개선은 여기에도 해당된다. 인사가 공정하게 이루어지는 경우 인사청탁 또한 불필요하게 된다. 또한 비현실적인 법규정을 현실에 맞게 고치는 것도 공무원의 자의적인 행동폭을 줄이고 부정의 기회를 줄이는 데 기여할 것이며 공무원을 상대해야 하는 민원인으로 하여금 금품제공을 하지 못하도록 하는 것도 기회 자체를 봉쇄함으로써 부정을 방지하게 된다. 뇌물공여자에게는 철저한 조사와 처벌이 따르도록 하여 공무원뿐만 아니라 뇌물공여자에게까지 부정척결에 대한 강력한 메시지를 전달해야 한다. 뿐만 아니라 기업활동에 대한 규제나 독점이윤을 만들어 내는 인 · 허가 등의 정부업무를 대폭 완화하거나 민간부문에 위임하는 것도 하나의 부정방지대책이 될 수 있다. 둘째는 부정이 발생한 뒤 이를 적발할 수 있는 가능성을 높여야 한다. 특히 공무원의 부정을 가장 잘 발견할 수 있는 위치에 있는 상관과 동료의 역할이 중요하다. 동일 공간에서 많은 시간을 함께 생활하고 있는 동료와 상관이야말로 같은 부서 내에서 어떤 일이 일어나고 있는지 가장 정확하게 인지할 수 있는 사람이다. 자체감사실도 조직 내 모든 부서의 업무를 정확히 파악할 수 있는 위치에 있기 때문에 부정적발에 있어서 매우 중요한 역할을 한다.

부패방지법에서는 공직자의 부패행위 신고의무를 규정하고 있다. 이때 소속기관이 부패행위 신고자에게 신고를 이유로 어떠한 신분상 불이익이나 근무조건상의 차별을 하지 못하도록 하였다. 뿐만 아니라 부패행위신고에 의하여 신고와 관련된 정책 등의 개선 · 중단 또는 종료 등으로 공공기관의 재산상 손실을 방지한 경우 신고자에게 최고 1억 원까지 보상하도록 하고 있다(법 시행령 제71조). 제도적으로 부정행위의 적발 가능성을 높일 수 있는 가장 확실한 장치를 가진 셈이다. 하지만 우리나라의 경우 조직 내의 정적인 인간관계로 인해 부정을 묵인 · 무마하는 경향이 있어 이 제도의 실효성에는 의문이 제기된다. 따라서 검 · 경찰과 감사원과 같은 외부 사정기관의 지속적인 부정감시기능과 엄정한 법집행이 보완되어야 할 것이다.

마지막으로 부정행위가 적발된 경우에는 엄격하게 처벌이 이루어져야 한다. 징계는 직급의 고하를 막론하고 공정하게 처리되어 징계에 대한 불평이 일어나지 않도록 해야 한다. 그리고 징계효력은 특별한 사유가 없는 한 일관성있게 지속되어야 한다. 엄격하고 일관된 처벌을 통해 공무원에게 부정으로 발생하는 위험과 도덕적 비용이 매우 높음을 인지시켜야 한다.

## 4. 징계

### 1) 의의

일반사회에서 범죄자가 끊임없이 발생하는 것처럼 공직사회에서도 규범을 어기는 공무원은 항상 있게 마련이다. 이에 정부는 공직기강을 확립하고 국정운영의 안정

**표 14-3 공무원 징계의 종류**

· **파면**: 공무원신분을 완전히 잃는 것으로 5년간 공무원 임용의 결격사유가 된다.
· **해임**: 파면과 같으나 3년간 공무원 임용의 결격사유가 된다.
· **강등**: 1계급 아래로 직급을 내리고 공무원신분은 보유하나 3개월간 직무에 종사하지 못하며 그 기간중 보수의 2/3를 감한다.
· **정직**: 1개월 이상 3개월 이하의 기간으로 하고, 정직 처분을 받은 자는 그 기간중 공무원의 신분은 보유하나 직무에 종사하지 못하며 보수의 2/3를 감한다.
· **감봉**: 보수의 불이익을 받는 것으로 감봉기간 동안 보수액의 1/3이 감해진다.
· **견책**: 잘못된 행동에 대하여 훈계하고 회개토록 하는 것으로 6월간 승진과 승급이 제한되는 효력을 가진다. 징계의 한 종류이기 때문에 잘못된 행동과 훈계내용이 서면인 처분사유 설명서로 교부되어야 한다.

자료: 국가공무원법 제79조, 제80조.

성을 확보하기 위한 목적으로 이들에게 제재를 가한다.

징계는 법적인 의미와 행태론적 의미로 구분하여 살펴볼 수 있다. 법적인 의미로는 법규정 위반행위에 대하여 공식적인 제재를 가하는 것을 말한다. 이때 제재는 제재의 사유와 적법절차의 원칙에 따라 엄격하게 행해져야 한다. 현재 징계의 종류는 파면, 해임, 정직, 감봉, 견책으로 분류하고 있다(〈표 14-3〉 참조).

징계의 행태론적 의미는 근무규범의 준수를 확보하기 위한 관리활동이다. 인간의 행태를 자극에 대한 반응으로 보아 온 초기의 행태론자들에게 있어, 사람은 자신이 원하는 만족스러운 보상이 따르는 행태는 반복 · 강화하고, 싫어하는 부정적인 제재가 수반되는 행태는 피한다는 것이 하나의 법칙이었다. 이에 징계는 의무규정을 위반한 행동을 바로잡아 주고 행동을 올바로 이끌어 주는 동인 역할을 하게 된다. 따라서 행태론적 의미의 징계는 법적 징계 이외에도 단순한 구두경고, 잘못의 내용과 훈계의 내용을 서면이 아닌 구두로 전달하는 견책, 그리고 제재로서의 인사이동을 모두 포괄하는 의미이다.

### 2) 징계 사유

국가공무원법 제78조에는 세 가지 징계사유를 규정하고 있다. 그러나 징계의 사유에 해당한다고 해서 기관장이 단독으로 징계를 결정할 수는 없다. 앞서 말했듯이

## 참고 14-2 공무원 징계 사유

국가공무원법 제78조는 징계사유로 다음의 3가지를 규정하고 있다.

1. 이 법 및 이 법에 따른 명령을 위반한 경우
2. 직무상의 의무에 위반하거나 직무에 태만한 때
3. 직무의 내외를 불문하고 그 체면 또는 위신을 손상하는 행위를 한 때

자의적 판단과 정치적 압력에 의하여 공무원이 부당한 징계처분을 받아 신분을 위협받을 수 있기 때문이다. 이에 우리나라에서는 별도의 징계위원회를 두어 일정한 절차를 거치도록 하여 징계의 공정성을 기하고 있다. 징계위원회에는 사건을 심의하는 과정에서 징계대상자에게 반드시 진술의 기회를 부여해야 한다. 징계위원회는 비위의 유형과 비위의 정도 및 과실의 경중, 그리고 평소의 근무성적이나 상훈 등을 고려하여 징계의 종류를 의결하게 된다.[2] 징계처분을 받은 공무원이 징계처분에 대하여 이의가 있을 때에는 소청심사위원회에 심사를 청구할 수 있다.

### 3) 관리적 접근

#### (1) 의의

법적인 의미로서 징계는 어떤 행동이 어떤 규범과 기준에 위배되는가를 법적으로 판단하고, 그에 따른 불이익 처분이 공정한가에 초점을 둔다. 이에 반해, 관리적 의미로서 징계는 조직이 기대하는 행동을 어떻게 확보하느냐에 초점을 둔다. 이에 징계를 논의함에 있어 바람직하지 않은 행동의 가능성을 줄이는 데 있어 징계가 효과적인가, 즉 조직의 목표달성에 징계가 얼마나 기여할 수 있는가에 중점을 둔다.

징계가 효과적으로 관리될 때는 조직의 근무기강을 바로 세우고 조직의 성과를 높일 수 있지만, 그렇지 못할 때는 오히려 공무원들의 불평불만을 증가시키고 근무의욕마저 떨어뜨릴 수 있는 위험을 내포하고 있다. 따라서 관리적 차원에서 징계라는 자극이 공무원의 행태에 어떻게 작용하는지에 체계적이고 과학적으로 접근할 필요가 있다.

---

2) 이를 '징계양정'이라 한다.

(2) 효과적 징계관리

관리적 차원에서 징계에 접근하는 중요한 방식으로 핫스토브 법칙(Hot Stove Rule), 가중 징계(Progressive Discipline), 전향적 징계(Positive Discipline) 등이 있다. 핫스토브 법칙은 말 그대로 뜨거운 스토브를 만질 때의 반응에서 유추하여 개발된 것이다.[3] 이는 처벌위주의 징계로 잘못된 행동을 분명히 따지고 응징하려는 입장이다. 따라서 과거의 행동을 중시한다. 반면 전향적 징계는 잘못이 발생하지 않도록 교육하고 교정하는 것을 중시한다. 이것은 징계라기보다는 교육 내지 상담을 통해 구성원 스스로가 잘못을 인식하고 교정하도록 이끄는 방식이다. 따라서 상대적으로 미래의 행동을 중시한다. 특히 전향적 징계는 사용자와 고용인을 명령 · 복종의 관계로 접근하는 것이 아니라 건설적인 협조의 시각에서 접근할 것을 요구한다. 가중 징계는 앞의 두 방식의 중간 형태로서 그릇된 행동에 대한 제재를 가함에 있어 단계적으로 강도를 높여가는 방식이다. 경미한 정도의 규범위반행위에 대하여 중징계를 주기 전에 가벼운 처벌을 가함으로써 처벌대상자 스스로가 반성하고 행동을 고쳐나갈 수 있도록 하는 것이 가중처벌의 주된 목적이다.

## 제2절 공무원 권리의 이해

### 1. 권리제한

공무원은 두 종류의 신분을 지니고 있다. 하나는 정부에 고용된 고용인으로서의

3) 핫스토브 네 가지 법칙(Werther *et al.*,1989).
① 경고: 뜨거운 스토브에  가까이 갈수록 열기를 감지하듯이, 바람직하지 않은 행동에 대해 경고의 메시지를 전달하는 것.
② 즉각적 반응: 뜨거운 스토브를 만지자마자 손을 반사적으로 떼는 반응과 같이 잘못된 행동에 대해 즉각적인 조치를 취하는 것.
③ 일관성: 같은 동작을 여러 번 반복할 때 그 화상의 결과가 항상 일관되듯이, 개인의 반복되는 규정위반행위에 대하여 제재 정도가 일관성을 유지해야 한다는 것.
④ 몰인간성: 사람의 인격이나 특성이 고려되지 않고 오로지 손을 갖다 대는 행위로 인해 화상을 입듯이, 잘못된 모든 행위에 대하여 엄격하고 몰인간적으로 징계가 적용되는 것.

그림 14-2 공무원의 신분과 기본권의 제한

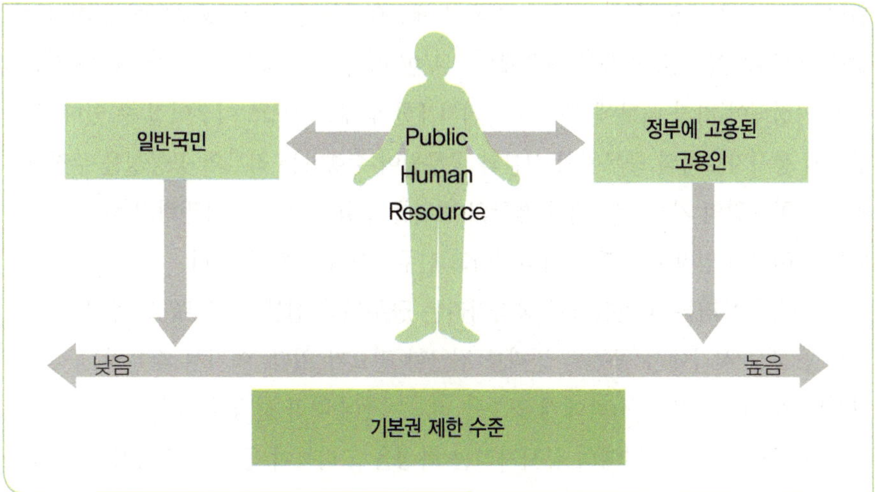


신분이고 또 하나는 일반국민의 신분이다. 이 두 신분 간의 차이를 어느 정도로 인정하느냐에 따라 공무원의 권리에 대한 제한범위는 달라지게 된다(〈그림 14-2〉 참조). 그 차이를 가장 크게 인정하는 입장에서는 공직에 근무하는 것을 하나의 특혜(Privilege) 내지 명예(Honor)로 본다. 따라서 국가와 공무원 간의 고용관계를 특별권력 관계로서 이해한다. 공무원의 신분 자체가 하나의 특혜이고 또한 자율적으로 정부에서 일할 것을 선택한 상황이기 때문에 공무원에게 국민으로서의 기본적 권리는 상당히 제한시킬 수 있다는 주장이다(Shafritz *et al.*, 1992). 이러한 입장은 국가의 절대권력을 인정하는 사회에서는 당연한 것으로 받아들여 왔지만, 국민주권에 대한 인식과 기본권에 대한 인식이 높아지면서 점점 그 설득력이 약해지고 있는 실정이다(Hays & Reeves, 1989). 그렇다고 공무원과 국가의 고용관계를 민간부문에서의 고용주와 고용인의 관계로 보아 공무원에게 국민으로서의 모든 기본권을 부여할 수는 없다. 공무원에 대한 국민으로서의 기본권을 국가가 부당하게 침해하는 것을 용납하여서도 안 되겠지만, 그 필요성을 전혀 무시할 수도 없기 때문이다.

이러한 필요성을 근거로 특혜론을 대체시킬 수 있는 이론이 공무원은 전체국민에 대한 봉사자라는 것과 공무원이 수행하는 직무의 공공성이 강하다는 주장이다. 전자는 공무원이 어느 특정정파의 이익을 대변하는 신분이 아니라 국민전체의 이익을 위해서 무사공평하게 봉사해야 하는 신분임을 강조한다. 반면 후자는 공무원 신분 그 자체가 아니라 수행하는 직무가 공공성을 띠고 있음을 강조한다. 전자의 경우 공무원의 신분에 초점을 둔다. 따라서 기본권 제한의 범위를 모든 공무원에게 획일적으로 적용할 수 있다면, 후자의 경우에는 직무에 따라서 그 공공성의 정도에 차이가 있음을 인정해야 하기 때문에 공무원의 권리제한이 개별적으로 이루어질 수 있다. 국민전체의 봉사자로서의 공무원의 신분과 공무원이 수행하는 직무의 공공성을 주장하는 입장이 공무원의 기본권에 대한 제한의 범위를 정함에 있어 국가권력의 남용이 우려되는 특혜설의 입장보다 훨씬 합리적이고 민주적이라고 할 수 있다.

따라서 우리는 국민전체의 봉사자라는 공무원의 신분과 공무원이 수행하는 직무의 공공성 시각에서 공무원 권리를 접근할 필요가 있다. 여기서 직무의 공공성은 그 직무가 얼마나 많은 사람에게 영향을 미치는가에 따라 결정되는 속성이다. 따라서 직무의 공공성과 국민전체의 봉사자라는 특징을 고려하여 공무원 권리에 대한 제한의 범위는 '다수국민에게 이익이 돌아가는 것이 무엇인가'에 의해 결정된다. 다만 직무의 공공성을 강조하는 입장은 개별적 직무상황을 고려하여 공무원에게 보다 많은 기본권을 허용하려는 전향적 시각을 반영하고 있다고 평가할 수 있다.

### 1) 정치활동의 제한

#### (1) 의의

모든 국민은 정치적 의견과 사상을 자유롭게 표현할 수 있다. 뿐만 아니라 정치적 의사형성에 능동적으로 참여할 수 있고 선거권과 공직취임의 권리를 가지고 있으며 나아가 정당에 가입하여 자유로운 정당활동 및 선거운동을 할 수 있는 권리를 보장받고 있다. 국민의 경우 이러한 정치적 기본권은 국가안전보장, 질서유지 또는 공공복리를 위해서만 제한할 수 있다. 이 경우에도 그 본질적 내용은 제한할 수 없다(권영성, 2010). 그러나 공무원의 경우 정당, 특히 집권여당으로부터 정치적 영향을 받지 않고 독립적으로 직무를 수행토록 하기 위하여 일반국민에 비해 정치적 활동에 있어 훨씬 많은 제약을 받게 된다.

공무원의 정치적 중립은 미국의 사례들을 통해 그 정당성을 확인할 수 있으며 이는 우리나라에도 적용될 수 있다.

① 미국

이미 앞에서 설명하였듯이, 엽관주의로 대표되던 1800년대 말까지 미국에서는 공무원의 상당수가 대통령에 대한 정치적 충성심을 바탕으로 한 정당원들로 구성되었다. 즉 공무원의 정치활동이 보장되었던 것이다. 그러나 이때의 정치활동은 당파성에 의한 것으로서, 국고에서 보수를 받으면서 당무를 보거나 당에 세금을 납부하는 사례도 있었다(Shafritz *et al.*, 1992). 공무원의 정치활동에 대한 부작용으로 정경유착의 정치적 부패가 생겨나고 행정의 전문성, 계속성이 결여되는 등의 폐해가 초래되었다. 문제의 근원은 공무원의 당파성에 있었기 때문에 당시의 개혁주의자들은 행정을 정치로부터 독립시키려는 운동을 전개시켜 나갔다.

이에 공무원의 정치적 중립을 통해 정치적 당파성과 부패를 막을 수 있으며 궁극적으로 정부의 윤리성과 민주성, 효율성 향상을 기대할 수 있을 것이라는 주장이 지지를 얻게 되었다. 즉 한편으로는 정책결정이나 정치자금모금과 관련된 정치적 간섭으로부터 공무원을 보호할 수 있고, 다른 한편으로는 공무원이 정치적 목적으로 공직을 악용하는 것을 방지함으로써 보다 효과적인 국정운영이 가능해진다는 것이었다(Dresang, 1991).

미국의 경우 공무원의 정치활동 중에서 문제가 되어 온 것은 국민전체의 이익이 아닌 특정 정파의 이익을 대변하는 행위에 있었다. 즉 정치적 중립은 당파정치로부터의 중립을 의미한다. 이에 공무원의 정치적 활동은 제한될 수밖에 없었다. 이러한 역사적 발전과정에서 우리가 알 수 있는 것은 공무원의 정치적 활동에 대한 제한이 국민과 정치인의 요구에 부응하는, 즉 국민을 위한 행정을 부정하는 것이 아니라 오히려 이를 더욱 보장하기 위함이라는 것이다.[4] 정치활동의 제한은 공무원의 중립을 통해 행정이 정치게임에 끌려들지 않고 국민에 대한 서비스를 보다 안정적으로, 보다 공평하게, 보다 능률적으로, 그리고 보다 민주적으로 제공하려는 데 근본목적이 있다고 할 수 있다.

---

4) 일반적으로 정치적 중립을 정치 · 행정 이원론과 같은 맥락으로 이해함으로써 이를 정치적 가치배분기능을 수행하게 되는 현대행정에 부합하지 않는 것으로 이해하는 경우가 많다(안병만, 1981). 그러나 정치적으로 중립자의 위치에 있는 것과 정책결정과정에서 요구되는 정치적 요구와 지지를 형성해야 할 책임과는 별개의 것이다. 정치적 중립이 정치적 투입을 무시하는 것을 의미하는 것이 아니라 특정 정파의 입장이 아닌 중립자의 입장에서 그 투입에 관심을 갖고 차별없이 대응하는 것으로 이해해야 할 것이다.

② 한국

정치활동 제한의 목적은 우리나라 공무원에게도 적용의 타당성을 인정할 수 있다. 우리나라는 1949년 국가공무원법 제정 당시부터 공무원의 정치운동참여를 금지시켜 왔다. 그러나 공무원과 정당원의 신분을 엄격히 구분하는 법적 장치가 있었음에도 불구하고, 공무원에 대한 집권야당의 압력과 선거에서의 공무원 개입 문제가 종종 발생하였다. 선거철이 되면 정부에서는 '선심성' 정책공약과 선거관련 예산지출이 늘어나고, 고위공무원은 출장이 잦아지는가 하면 일선공무원도 정부정책의 홍보에 적극 참여하게 된다. 정부에서는 선거에 즈음하여 공무원 보수를 인상하거나 대거 승진시키는 등의 방법으로 공무원의 보이지 않는 선거영향력을 기대하곤 했던 것이다.

이와 같이 우리나라에서의 공무원 정치활동은 법적으로 보장된 것이 아니라 거의 불법 · 탈법적으로 이루어진 비정상적인 것으로 집권여당이 유리하도록 선거에 영향을 미치는 행위였다. 이러한 공무원의 선거개입은 1992년 9월 18일 당시 노태우 대통령이 집권당인 민자당을 탈당하고 차기 대통령 선거를 관리할 중립선거 내각을 구성하겠다는 선언을 계기로 일대 전환을 맞게 되었다. 선거에서 대통령은 물론 공무원의 엄정 중립을 약속한 것이다. 야당은 대환영하였고 여당은 선거에서의 '여당 프리미엄'이 제거되는 것에 당혹감을 감추지 못했다. 중립 선언에도 불구하고 관권개입의 논란이 없었던 것은 아니었으나 과거와 비교했을 때 공무원의 정치적 중립이 비교적 잘 지켜진 선거로 평가되었다.

김영삼 정부 이후, 공무원의 정치적 중립성이 지속적으로 개선되었지만 선거에서의 관권개입 문제는 매 선거철마다 정치 쟁점에서 벗어나지 못하고 있는 실정이다. 각종 선거를 전후해서는 특히 검 · 경찰의 정치중립화가 가장 큰 쟁점으로 부각되었다. 선거 전후 불법선거를 이유로 입후보자와 당선자를 조사하고 구속하는 과정에서 검 · 경찰이 집권당의 편에 섰다는 것이다. 이는 여전히 선거에 막대한 영향력을 행사할 수 있는 검찰 및 경찰공무원의 중립이 만족할 수준에 못 미치고 있음을 말해 주는 것이다.

우리나라의 이러한 현상을 감안하면 공무원의 정치적 중립에 있어 공무원의 정파성을 방지하는 것이 가장 중요한 과제라고 할 수 있다. 공무원이 선거에 관여하여 특정 정파의 이익을 위해 활동하는 것을 막아야 한다는 것은 윤리적 · 민주적 당위성을 갖는다. 특히 신분보장 등의 직업공무원제 조건이 어느 정도 갖추어진 우리나라에서 공무원의 정치적 중립은 정부기능의 안정성이나 능률성 확보라는 목적보다 선거의 공정성과 민주성의 달성을 통해 정부의 정당성과 신뢰성을 확보하기 위한 필요성에서 더욱 강조되고 있다.

⑵ 제한의 범위

공무원의 정치적 중립을 확보하기 위해서는 앞에 지적한 대로 우선 부당한 정치적 압력으로부터 공무원을 보호하는 것이고, 다른 하나는 공무원의 정치관여를 제한하는 것이다(Dresang, 1991). 이 둘이 명확하게 분리될 수 있는 것은 아니지만 전자가 주로 정치적 요인에 의해 공무원이 불이익을 받거나 정부기능이 불안정해지는 것을 예방하기 위한 것이라면, 후자는 주로 공무원이 공직을 정치적 성공의 발판으로 이용하거나 아니면 정치활동의 참여로 직무수행에 지장을 초래하고 정부의 효율적 관리와 신뢰성에 손상을 입히는 행위를 예방하기 위한 것이다. 따라서 전자의 경우는 주로 공무원의 신분을 보장하고 인사관리의 공정성을 확보하기 위한 제도적 정치에 관심을 갖는다면, 후자는 공무원의 정치활동 제한이라는 안전판 확보에 초점을 두게 된다. 전자의 공무원 신분보장은 뒤에서 다시 논의하기 때문에 여기서는 공무원의 정치활동에 대한 제한범위를 논하고자 한다.

공무원의 정치활동에 대한 제한은 각국의 정치 역사에 따라 다른 양상을 보여주고 있다. 미국이나 우리나라와 같이 엽관주의나 관권선거의 폐해를 경험한 국가에서는 공무원의 정치활동 제한이 매우 엄격하고 광범위하게 적용되는 반면, 의회민주주의를 토대로 안정적인 직업공무원제를 오랜 전통으로 가진 영국, 독일, 프랑스 등 유럽국가는 정치활동을 관대하게 허용하는 편이다. 특히 독일과 프랑스는 공무원이 정당에 가입하고 활동할 수 있는가 하면 공무원 신분으로 의원직에 출마하는 것이 허용되고 있다. 영국의 경우 하위직 공무원에게는 완전한 정치활동을 보장하는가 하면 고위직으로 올라갈수록 규제를 강화하는 차별화 정책을 쓰고 있다.

우리나라는 헌법 제7조 제2항의 '공무원의 신분과 정치적 중립성은 법률이 정하는 바에 의하여 보장된다'는 조항에 따라 국가공무원법 제65조에 정치적 중립에 관한 규정을 두고 있다(〈참고 14-3〉 참조). 공무원에게는 ① 정당 기타 정치단체의 결성에 관여 · 가입을 금지하고, ② 선거에서 특정정당(인)의 지지 · 반대를 금지하며, ③ 다른

## 참고 14-3 공무원의 정치활동 제한의 범위

**국가공무원법 제65조(정치운동의 금지)**

① 공무원은 정당이나 그 밖의 정치단체의 결성에 관여하거나 이에 가입할 수 없다.
② 공무원은 선거에서 특정 정당 또는 특정인을 지지 또는 반대하기 위한 다음의 행위를 하여서는 아니 된다.
  1. 투표를 하거나 하지 아니하도록 권유운동을 하는 것.
  2. 서명운동을 기도 · 주재하거나 권유하는 것.
  3. 문서 또는 도서를 공공시설 등에 게시하거나 게시하게 하는 것.
  4. 기부금을 모집 또는 모집하게 하거나 공공자금을 이용 또는 이용하게 하는 것.
  5. 타인에게 정당이나 그 밖의 정치단체에 가입하게 하거나 가입하지 아니하도록 권유운동을 하는 것.
③ 공무원은 다른 공무원에게 제1항과 제2항에 위배되는 행위를 하도록 요구하거나, 정치적 행위에 대한 보상 또는 보복으로서 이익 또는 불이익을 약속하여서는 아니 된다.
④ 제3항 외에 정치적 행위의 금지에 관한 한계는 국회규칙, 대법원규칙, 헌법재판소규칙, 중앙선거관리위원회규칙 또는 대통령령으로 정한다.

공무원에게 이러한 금지조항을 요구하거나 정치적 행위결과에 따른 이익, 불이익의 약속을 하지 못하도록 하고 있다.

이 규정의 핵심은 정파성을 가진 특정정당, 정치단체, 정당인과의 관계에서 공무원에게 엄격한 중립을 지킬 것을 요구한 것이다. 이것은 국가공무원법 제1조(목적)에서 명확하게 밝히고 있듯이 공무원이 국민전체에 대한 봉사자라는 신분과 행정의 민주성과 능률성을 확보하기 위해 필요한 최소한의 기본권 제한으로 이해할 수 있다.

다만 제65조 제4항에는 제1, 2, 3항 이외의 '정치적 행위'의 금지에 관한 한계는 규칙이나 명령으로 정할 수 있도록 위임하고 있기 때문에 정치활동의 범위를 확대시킬 수 있는 여지를 남겨 놓고 있다. 더구나 대법원 판례에서도 공무원이 시국선언에 서명한 행위에 대해 정치적 행위라고 판결하고 있어 공무원의 정치활동이 실제로는 매우 엄격하게 제한되고 있음을 알 수 있다.[5]

5) "국가공무원인 원고가 민주회복국민선언대회에 정치인 등 70여 명과 함께 참여하여 반정부투쟁 등으로 말미암아 구금당하고 있는 인사들의 사면, 석방 등을 집단적으로 주장하고 범국민적 운동을 벌인다는 취지 아래 민주회복국민회의(가칭)를 발족하기로 하는 내용의 이른바 국민선언을 채택하고 원고도 이에 서명한 사실과 민주회복국민회의의 창립총회가 개최되어 그 기구가 구성된 사실이 인정되고, 원고의 이와 같은 행위는 정치단체의 결성에 관여, 정치적 행위를 한 것이므로 파면처분에 재량권 남용이나 일탈의 위법이 있다 할 수 없다."

이러한 정치활동의 제한을 적용받는 공무원의 범위와 관련해서는 특수경력직에 해당하는 정무직, 별정직, 계약직, 고용직 공무원에게는 적용하지 않도록 하였다.

#### (3) 정치활동 제한의 경향

정치활동의 제한은 헌법에 보장되어 있는 공무원의 참정권 및 표현의 자유를 어떠한 형식으로든 제한하게 된다. 뿐만 아니라 정치활동의 제한범위에 따라 정부의 안정성 · 능률성 · 신뢰성 수준이 달라지게 되고 이는 결과적으로 국민의 이해에 영향을 미치게 된다.

미국의 경우 엽관주의의 폐해에 대한 경계가 아직도 강하게 남아 있지만 일각에서 기본권 침해를 이유로 정치활동의 제한을 해제시키려는 움직임이 강하게 일고 있다. 특히 공무원 노동조합이나 인권단체가 중심이 되어 이러한 운동에 앞장서고 있다. 이들의 주장은 우선 공무원에게 정치적 자유를 허용하더라도 과거와 같은 남용과 부작용을 방지할 수 있는 각종 인사제도상의 장치가 마련되어 있고 또 정치적 의식이 충분히 성숙되어 있다고 주장한다. 특히 정책결정에 직접적인 영향을 미치는 위치에 있지 않은 공무원에게는 정치활동에 대한 제한이 해제되어야 한다는 것이다.

우리나라의 경우 앞에서 검토한 바와 같이 정파성이 강한 정치적 행위에 공무원 관여를 엄격히 제한하고 있다. 이것은 국가의 우월적 지위와 부정선거와 관권선거를 경험한 국민의 경계심이 복합적으로 반영된 결과로 볼 수 있다. 공무원이 선거결과에 영향을 미칠 수 있다는 가능성에 대한 견제와 공무원은 오로지 직무수행에만 전념해야 한다는 국민적 요구가 아직은 공무원 개인의 기본권 보장에 대한 관심보다 우선해 보인다. 앞으로 참여연대, 경제정의실천연합 등의 시민단체 또는 교수 등의 전문인들이 이 분야에 대한 관심을 가지면서 차츰 공무원의 정치활동 참여범위는 확대될 것으로 전망할 수 있다.

### 2) 표현의 자유에 대한 제한

#### (1) 의의

표현의 자유는 헌법에 보장된 오랜 역사를 가진 기본권 중의 하나이다. 헌법 제21조에는 '모든 국민은 언론출판의 자유와 집회결사의 자유를 가진다'고 규정하고 있다. 사상이나 의견을 개인적으로나 집단적으로 표현할 수 있는 표현의 자유를 보장한 것이다. 다수인의 합의를 토대로 형성되는 민주국가에서는 사회 구성원 간에 자유로운 사상과 의견의 교환은 정당한 국가를 형성하는 데 있어 필수불가결한 것이다. 의사전달은 구두, 문자, 형상, 집회 등의 매체를 동원해야 비로소 가능하다. 따라서 사상이나 의견을 상대방에게 전달할 수단과 기회가 제한받지 않아야 한다.

그러나 정치활동의 제한에서 보았듯이 공무원의 경우 정파성을 띤 정당이나 정치단체 또는 정당인을 위해서 정치문제에 대한 자신의 생각을 자유롭게 표현하거나 정치적 목적의 집회에 참여하는 것이 제한된다. 그렇다면 그러한 정치성을 띠지 않은 사상이나 의견에 대한 개인적 또는 집단적 표현행위가 공무원이라는 이유로 얼마나 제한될 수 있는 것인가? 표현의 자유라는 기본권 보장 측면에서는 허용하여야 하겠지만 정부조직운영의 효율성과 조직의 결속력을 위해서는 제한의 필요성이 요청되는 부분이다.

(2) 제한의 범위

어느 선에서 균형을 인정할 것인지에 대해서는 여러 가지 요소가 고려되어야 할 것이다. 공무원의 표현행위 및 내용이 국민에게 미치는 영향력이 클수록 더 많은 제한이 가해질 것이다.

우선, 공무원 의사표현의 대상집단이 조직 내부의 공무원들인지 일반국민인지에 따라 나누어 생각할 수 있다. 조직 외부의 일반국민을 대상으로 하는 표현이 허용되기 위해서는 그것이 국민적 관심사여야 하며, 내부 효율성을 해칠 위험이 없어야 한다.[6)]

또한, 집단적 표현행위일수록 개인적 표현행위보다 선동성이 높고 공공질서에 영향을 줄 가능성이 크기 때문에 법적 제재가 강할 수 있다.[7)] 그러나 집단의 규모가

---

6) 조직내부 구성원을 대상으로 한 의사표현의 사례를 보면, 미국의 한 학교 교사가 교육청장을 만난 자리에서 교육청의 교육정책이 인종차별이라고 비난한 것에 대해 미국 대법원은 교사의 행위를 표현의 자유로 인정하였다. 그러나 다른 판결에서 대법원은 인사명령에 불만을 가진 한 검사가 기관의 인사정책, 상관에 대한 신뢰도, 고충처리위원회의 필요성 등을 묻는 설문지를 돌린 행위는 표현의 자유로 인정하지 않았다(Lee, Jr, 1993). 판결요지는 이 행위가 일반국민의 일반적인 관심사(Public Concern)가 아닌 내부문제로서 오히려 기관의 근무협조체제를 해칠 잠재적 위험이 있다는 것이었다(Connick v. Myers, 1978).

7) 2010년 교사의 시국선언을 주도한 혐의로 기소된 교사에 대한 1심 선고에서 "시국선언은 국가공무원법에서 금지하고 있는 '공익에 반하는 목적을 위해 직무전념의무를 게을리 한 집단적 행위'로 봐야 한다"고 판결하여 집단적 표현방식이 문제가 될 수 있음을 밝혔다(연합뉴스, 2010.4.16).

클 경우 정치적 측면에서는 개인행동에 대한 제재보다 정치적 부담이 크기 때문에 제한규정에 관계없이 정부가 보다 관대한 입장을 취할 가능성이 높아 보인다.

공무원의 직급에 따라서도 개인의 표현이 조직에 미치는 위해의 정도가 달라진다. 하위직급일수록 그 영향범위가 좁기 때문에 표현의 자유가 보다 넓게 인정된다고 할 수 있다.[8] 이 외에도 직무의 종류에 따라, 공무원 신분이 정규 공무원인지 수습 공무원인지에 따라 그 영향력이 달라질 수 있으며, 이에 따라 표현의 자유에 대한 제한이 달라질 수 있을 것이다.

### 3) 사생활의 자유에 대한 제한

#### (1) 의의

공무원은 일반시민에 비해 사적 생활에 있어 많은 제약을 받고 있다. 초등학교 여교사가 한 남자와 법률상 혼인관계를 유지하면서 다른 남자와 동거생활을 계속한 경우에 교사라는 직위의 성질상 항상 국민의 사표가 되고 귀감이 되어야 한다는 이유로 징계가 인정되기도 한다(대판 1964.12.12.[64누82]). 일반회사에 취직하여 근무하는 경우 자신이 증식한 재산의 규모에 대해 어느 누구에게도 밝힐 필요나 의무가 없지만, 공무원의 경우에는 일정 직급에 오르면 본인은 물론 배우자까지 포함하여 재산을 등록 또는 공개해야 한다. 우리나라 헌법 제17조에는 '모든 국민은 사생활의 비밀과 자유를 침해받지 아니한다'고 규정하고 있으나, 공무원의 사생활 자유는 제한되어 공개를 요구받는 경우가 많으며, 일반시민의 경우 묵인되는 수준의 행동이 공무원이라는 이유로 용인되지 않는 경우가 상당히 있게 된다.

#### (2) 제한의 범위

공무원이 직장 안에서 또는 직장 밖에서 한 행동에 대해 어느 정도까지를 사적인 문제로 인정할 것인가? 이것은 일단 모든 국민에게 적용되는 사생활 자유권의 개념과 관련된 문제이다. 헌법 제17조의 사생활 자유권은 '사생활의 내용을 공개당하지

---

8) 미국에서 평화봉사단의 한 자원자가 베트남전에서의 미국 역할을 비판하였으나 이 자원자의 비판이 평화봉사단의 프로그램에 부정적인 영향을 미칠 정도의 충분한 고위직이 아니라는 이유로 파면시킬 수 없다고 판결하였다(Hays & Reeves, 1995).

아니할 권리, 사생활의 자유로운 형성과 전개를 방해받지 아니할 권리, 그리고 자신에 관한 정보를 스스로 관리 · 통제할 수 있는 권리 등을 내용으로 하는 복합적 성질의 권리'(권영성, 2010)로 해석되고 있다. 이를 공무원의 사생활 자유권 제한과 관련시킨다면 다음의 세 분야로 요약할 수 있다. 첫째, 공무원 개인의 생활방식에 관한 것, 둘째, 공무수행과 관련한 정보의 취득공개에 관한 것, 셋째, 정부가 가지고 있는 공무원의 인사기록에 대한 본인의 접근허용에 관한 것이다.

① 사생활의 침해

사람은 누구나 사생활에 대해 남의 방해를 받지 않고 자기가 원하는 방식대로 이를 계획하고 영위할 수 있어야 한다. 그러나 공무원의 경우 앞의 행동규범에서 보았듯이 품위유지와 청렴을 의무화하고 있고, 영리를 목적으로 한 업무나 다른 직업을 겸할 수 없도록 하는 등의 제한을 가하고 있다.

예를 들어, 일반국민의 경우 두발이나 의복착용에 대한 간섭을 받지 않으나 철도청의 열차공안원의 경우 정모를 벗고 제복 위에 점퍼차림으로 직무를 수행한 것이 품위손상에 해당된다(서고판, 1970.3.3)는 판결을 받았다. 공무원의 영리업무 및 겸직과 관련해서도 공무원은 합자회사의 유한책임사원이 될 수 없고(행정, 1976.10.27.), 공무원인 의사나 약제사가 근무시간 외 개업행위를 할 수 없다고 하였다(내사행, 1962.3.22.). 한 가지 주의할 점은 이들 결정이 모두 공무원법의 영리업무 및 겸직금지 규정에 의거해 내려진 것이고 헌법에서의 사생활을 보호받을 기본적 권리를 기준으로 한 판결은 아니라서 헌법차원에서 이를 해석하는 데는 한계가 있다.

② 사생활의 공개요구

사생활의 공개요구는 사생활의 비밀을 보장받을 권리에 대한 제한이다. 이는 사생활을 공개당하지 아니할 권리로서 "사사(私事)의 공개, 명예나 신용을 훼손하는 공표, 인격적 징표(본인의 고유한 속성)의 타인에 의한 이용 등 비밀영역 또는 인격적 영역의 불가침"(권영성, 2010)을 내용으로 한다. 특히 이러한 제한에 있어 문제가 수반되는 것은 공무원 본인이 공개를 꺼리는 사적 영역에 대한 정보를 요구당하는 경우이다. 미국의 경우 가장 쟁점이 되고 있는 사례로서 공무원이 사용하고 있는 책상과 서랍 등에 대한 수색, 다수의 일반시민과 접촉이 요구되는 공무원에 대한 AIDS검사, 공무원 및 공무원의 배우자 · 직계존속에 대한 재산공개 등을 열거할 수 있다.

공무원이 사무실의 책상 위에 가족사진을 올려놓고 서랍 안에 애인의 편지나 사진 또는 개인 메모를 보관하는 경우가 얼마든지 있을 수 있다. 또한 AIDS에 감염된 사실이나, 자신의 재산규모 등에 대해서 밝히고 싶지 않을 수 있다. 그러나 정부는 효과적인 기능 수행 및 효율적인 인력관리를 위해, 또한 국민의 알권리 충족을 위해 이들 정보를 확보하고 공개하려는 경우가 생겨난다. 이 경우 공무원의 사생활 자유권 제한은 고용주인 정부, 고용인인 공무원, 그리고 서비스 수요자인 국민의 이익 간에 형평을 고려함으로써 결정을 내리게 된다.

③ 자기정보의 관리통제권

자기정보의 관리통제권이란 사생활자유권에 포함시킬 수 있는 것으로 자기정보에 대한 자기통제의 권리를 의미한다. 좁은 의미에서 자기정보 관리통제권은 자기정보에 대한 열람 · 정정 · 사용중지 · 삭제 등을 요구할 수 있는 권리를 말한다(권영성, 2010). 공무원의 경우 공무원 개인에 관한 인사기록을 정부가 보유하고 있을 때 이 정보에 대한 알권리를 인정하는 것이다. 공무원 개인의 기록을 담고 있는 정보를 정부가 비밀로 분류하여 보관하고 있을 때 공무원에게 이의 접근을 허용하는 것이다. 우리나라 공무원의 경우 인사기록이나 근무평정 등 자신에 관한 많은 정보가 생산되고 있지만 이들 정보의 관리권에 대한 문제인식은 아직 미진한 상태이다.

**그림 14-3 공무원의 권리제한**

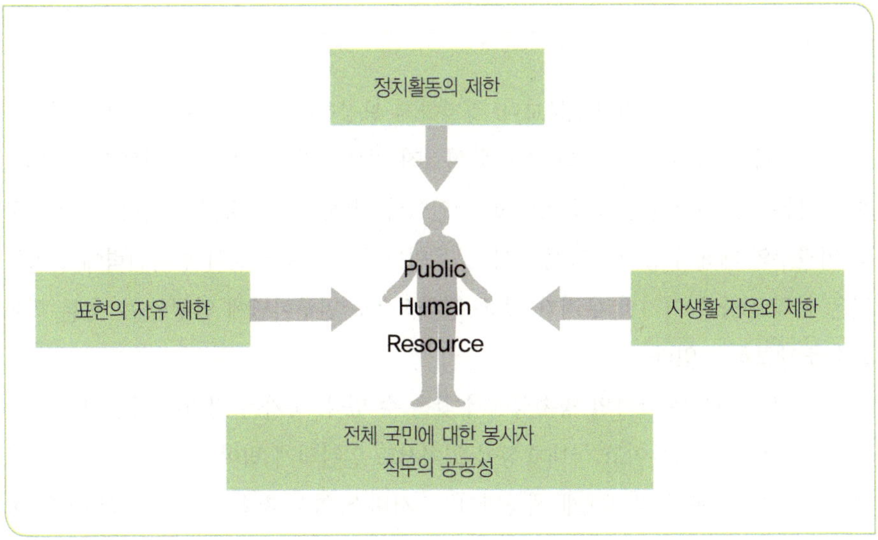

미국에서는 1974년 「공무원의 사생활법(Privacy Act)」이 제정된 후 8개 주에서 본인의 인사기록을 열람하고 잘못이 있는 경우 이를 수정 · 요구할 수 있는 권한을 부여하고 있다. 뿐만 아니라 정부가 공무원 개인에 관한 수사기록을 보유하고 있을 때 이 사실 자체를 해당 공무원에게 알리도록 규정하고 있다(Cook, 1988). 특히 최근에는 정보통신기술의 발달로 공무원의 개인기록에 관한 정보가 기술적 보호장치의 미비로 누출되는 경우가 발생하고 있어 자기정보를 스스로 관리하기가 더욱 힘들어지고 있는 설정이다.

## 2. 권익보호

### 1) 신분보장

신분보장은 공무원이 '가장 바라고 값으로 따질 수 없는 혜택'으로서(Rosow, 1976) 공무원의 상징이다. 민간부문의 회사원들이 인원감축에 의한 해고나 임원승진이 되지 않고 50세 이전에 회사를 떠나야 할지 모르는 불안에 시달리는 것을 생각한다면, 신분보장은 민간부문에서 그 가치가 훨씬 높게 평가될 수 있다.

공공조직에서 신분보장의 필요성은 정치적 · 법적 · 관리적 측면에서 발견해 볼 수 있다. 이를 구체적으로 살펴보면 다음과 같다.

#### (1) 정치적 접근

공무원의 신분을 민간부문보다 철저하게 보장해주는 이유는 공무원의 권익을 우선 고려해서라기보다 국가의 특성과 현실적 필요성에 의해서라고 이해할 수 있다. 즉 국가는 민간회사와는 달리 어느 한 개인이나 몇 사람의 소유가 아니다. 이미 미국의 엽관주의 폐해가 증명하고 있듯이, 공무원들의 신분을 소수의 정치권력에 맡기는 것은 힘의 집중을 야기할 우려가 있고, 결과적으로 민주이념에 역행할 수 있는 위험요소를 내포하고 있다.

또 다른 이유는 국가의 영속성에서 찾을 수 있다. 국가는 정권이 바뀌어도 외국과의 외교관계는 물론이고 국내행정에 있어서도 일관되게 법이 집행되고 정책이 관리되어야 한다. 또한 국민에게 제공되어 온 서비스 역시 지속적으로 공급되어야 한

**표 14-4 공무원 신분의 변경과 소멸**

- **당연퇴직**: 법이 정한 사유가 발생한 경우 별도의 처분이 필요 없이 공무원관계가 소멸되는 것이다. 형의 선고나 파면 · 해임의 중징계 처분을 받은 경우가 이에 해당한다.
- **직권면직**: 법이 정한 사유가 발생한 경우 임용권자가 일방적으로 공무원관계를 소멸시키는 것이다. 공무원 본인의 의사에 관계없는 임용권자의 재량권에 속한다. 직권면직 요건에 해당하는 예로서 직제와 정원규정이 바뀌어 현재의 공무원 수가 정원을 초과한 경우를 들 수 있다.
- **휴직**: 일정기간 동안 직무에 종사하지 않는 것으로 공무원관계는 계속 유지되는 상태이다. 본인이 원하는 청원휴직과 장기요양을 요하는 등의 휴직사유가 발생할 경우 본인의 의사에 관계없이 처분해야 하는 직권휴직이 있다.
- **직위해제**: 휴직과 같이 공무원의 신분은 유지하지만 휴직과는 달리 강제로 직무를 담당하지 못하게 하는 것이다. 직무수행능력 부족이나 근무성적이 불량한 경우가 직위해제의 요건에 포함되나 남용의 소지가 높아 적용에 신중을 요한다.
- **강임**: 승진과 반대로 현 직급보다 낮은 하위직급에 임용되는 것이다. 그렇다고 강임이 징계처분은 아니다. 직제나 정원의 조정 또는 예산의 감소에 따라 직위가 없어지거나 과원(過員)이 생긴 경우, 또는 타 직렬로의 전직시 본인이 동의하는 경우 이루어질 수 있다.
- **정년**: 일정 연령에 도달하면 당연히 공무원 신분을 상실하는 것이다. 정년의 적용을 받는 공무원은 경력직 공무원이다.
- **명예퇴직**: 정년 이전에 자진하여 퇴직하는 것이다. 20년 이상 근속한 공무원을 대상으로 하며, 승진적체 등을 해소하여 조직의 활성화에 도움을 줄 수 있다.

이들 용어를 자유의사의 인정 · 불인정에 따라 정리하면 다음과 같다.

| 구 분 | 자유의사 불인정 | 자유의사 인정 |
|---|---|---|
| 당연퇴직 | ○ | |
| 면 직 | ○(직권면직) | ○(의원면직) |
| 휴 직 | ○(직권휴직) | ○(청원휴직) |
| 직위해제 | ○ | |
| 강 임 | ○ | ○ |
| 정 년 | ○ | |
| 명예퇴직 | | ○ |

자료: 국가공무원법 제8장.

다. 따라서 법정책서비스가 안정적이고 지속적으로 유지되어야 할 필요성이 민간부문보다 훨씬 강하다. 이에 정부의 인적 구성원인 공무원에 대한 신분보장을 통해 인적자원의 안정성과 지속성을 확보하고자 하였고, 궁극적으로 이것이 행정의 일관성과 영속성을 담보할 수 있었던 것이다. 그러나 정치적 측면에서의 필요성은 정치발전이 이루어져 권력의 남용에 대한 우려가 사라지고 공직의 윤리성과 안정성이 확보된 민주사회에서는 줄어들 수밖에 없다.

⑵ 법적 접근

공무원의 신분이 제대로 보장되기 위해서는 이에 대한 실질적인 법적 장치가 마련되어 있어야 한다. 이를 충족시키기 위해서는 공무원 신분의 변경과 소멸(〈표 14-4〉 참조)시 그 사유가 법에 규정되어 있어야 하고, 이 경우에도 정당한 법적 절차를 준수하도록 함으로써 자의적인 신분조치를 막아야 한다. 또한 불이익 처분의 법적 사유가 없는 경우에는 본인의 자유로운 의사에 따라 이루어져야 한다.

① 법적 사유의 원칙

공무원의 신분상 불이익이 법에 근거해서만 가능할 수 있도록 규정한 것이다. 국가공무원법 제68조에는 '공무원은 형의 선고 · 징계처분 또는 이 법에서 정하는 사유에 의하지 아니하고는 그 의사에 반하여 휴직 · 강임 또는 면직을 당하지 아니한다'고 규정하고 있다. 여기에서 '형의 선고', '징계처분', 그리고 '이 법(국가공무원법)에 정하는 사유'가 법적 사유에 해당된다. '형의 선고'는 형사소송법에 근거해야 하고, '징계처분'은 국가공무원법에 의거하여 적법한 절차를 거쳐 이루어진 징계 중에서 파면과 해임의 중징계를 의미한다.[9)]

---

9) 공무원의 신분보장과 징계는 밀접한 관련을 가지고 있다. 징계규정을 엄격히 적용할수록 신분보장은 그만큼 위협받을 수 있다. 다만 징계 중에서 파면과 해임의 중징계만이 신분에 변화를 주게 된다. 신분의 변화는 이외에도 유무형의 압력이나 권고, 장기요양을 요하는 질병 또는 예산의 감소 등에 의해서 본인의 의사와는 관계없이 발생할 수 있다. 징계와 신분보장의 용어 간의 관계는 다음과 같이 표시할 수 있다.

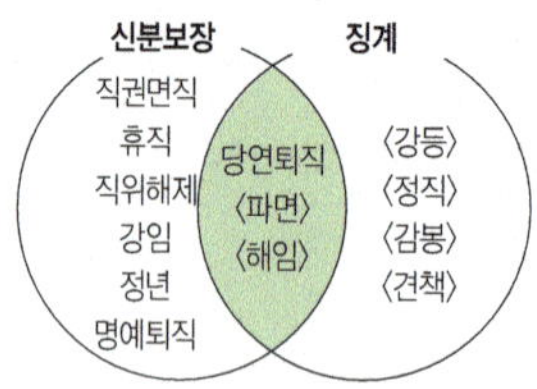

국가공무원법은 형의 선고나 중징계처분을 받은 경우 처분과 함께 공무원 신분이 자동적으로 상실되도록 정하고 있다. '이 법에 정하는 사유'란 국가공무원법에서 공무원 신분관계에 영향을 미치는 규정인 직권면직 · 휴직 · 강임 · 직위해제 · 정년 · 명예퇴직의 요건을 말한다.

② 적법절차의 준수

공무원에 대한 신분상의 불이익 처분은 그 처분이 이루어지기까지와 처분 후를 포함하여 법이 정한 정당한 절차를 준수해야 한다. 특히 신분상 불이익이 큰 경우일수록 엄격한 절차준수가 요구된다. 적법절차의 준수야말로 자의적이고 부당한 불이익 처분으로부터 공무원을 보호할 수 있는 유용한 장치이다. 적법절차의 준수는 불이익 처분 대상자에게 자신을 방어할 충분한 기회를 부여하는 것이다.

국가공무원법은 당연퇴직이 이루어지는 파면, 해임과 같은 중징계의 경우 징계위원회의 의결을 거치도록 하고 있고 징계대상자에게는 진술권을 부여함으로써 해명할 수 있는 기회를 주고 있다. 본인의 의사에 관계없이 이루어질 수 있는 직권면직의 경우에도 임용권자는 징계위원회의 의견이나 동의를 구하도록 규정함으로써 재량권 남용을 견제하고 있다.

③ 자유의사의 원칙

불이익 처분의 법적 사유가 발생하지 않은 상태에서는 본인의 의사에 반하여 불이익 처분이 내려질 수 없음을 의미한다. 따라서 본인이 자유의사로 휴직을 원하거나(청원휴직), 공무원관계를 소멸시키고자 사의를 표시하는 것은(의원면직) 얼마든지 허용된다. 다만 의원면직의 경우 사의표시(사직원제출)만으로는 공무원관계가 완전히 소멸되는 것이 아니고, 임용권자가 면직처분을 내려야만 비로소 공무원 자격이 상실된다고 본다(대판 1971.3.23.[71누7]). 한편 타인의 강요에 의해 제출된 사직원은 자유의사의 원칙에 위배된 것으로 사직원을 수리하여 면직처분을 내린 것을 위법으로 판결함으로써(대판 1974.12.10.[74누3]), 강압에 의한 신분상 불이익 처분이 금지됨을 분명히 하고 있다. 다만 국가공무원법에서 권고사직에 대한 금지규정이 삭제되어(1973. 2. 5), 현재 강압이 아닌 권고에 의한 사직의 경우는 법률에 위배되지 않는다고 해석할 수

있어 정치적으로 악용될 소지를 남겨 놓고 있다.[10]

(3) 관리적 접근

조직 목표달성에 있어 인적자원관리의 중요성이 강조되면서 관리적 시각에서 이러한 신분보장이 조직의 효과성 향상에 기여할 수 있는가에 주목하게 되었다. 현재 우수인재의 유인, 동기부여, 행정의 전문성과 능률성 향상 측면에서 서로 대립되는 주장들이 제기되고 있다.

① 우수인재의 유인

신분보장은 젊고 우수한 인재를 공직사회에 유인하는 데 공헌할 것이다. 이는 직업공무원제의 확립에 기여하고 또한 공무원의 질적 수준을 향상시킴으로써 결국 정책결정과 행정서비스의 질을 향상시킬 수 있다. 뿐만 아니라 민간부문과의 보수수준 비교에 있어 상대적 열위에 놓여 있는 정부에 신분보장은 인재확보경쟁에서 우위를 차지할 수 있게 하는 강력한 인사정책 수단일 수 있다.

그러나 신분보장은 연공서열에 의한 승진을 부추기므로 실적주의 원칙에 따라 능력 있는 공무원이 인정되고 발탁될 수 있는 기회를 차단시킨다. 이에 능력에 따라 자신을 성장시키고자 하는 우수한 인재는 비록 신분의 불안이 존재하더라도 능력만큼의 시장가치를 인정받을 수 있는 민간부문을 선호할 수 있다. 따라서 연공서열제와 통합되어 있는 신분보장제도는 오히려 능력있고 도전적인 우수인력의 유입을 막는 부정적 결과를 초래할 수 있다.

---

10) 대표적인 사례로서 1980년 7월부터 9월까지 국가보위비상대책위원회의 '정화계획'에 의하여 5천 명이 넘는 공무원이 해직된 사건을 들 수 있다. 당시 사직서를 받은 과정을 보면 국보위가 할당한 해직 인원을 채우기 위하여 임용권자는 소속 직원에게 일괄 사표를 쓰게 하여 비록 본인의 자필 사직서를 기초로 의원면직 처리한 것이지만, 그러한 상황에서는 사표를 쓰는 것 외에는 달리 선택의 여지가 없었으므로 자발적인 퇴직 의사가 있다고 보기는 어렵고 사실상 강제퇴직이라고 볼 수 있을 것이다. 하지만 당시의 대법원의 판례는 '임용권자가 일괄사표제출을 명하였다고 하여도 그 사표제출이 원고의 자유의사에 반하지 아니한 이상 이에 기한 의원면직처분은 적법하다'고 판시하였고(1981.111.24. 선고[81누120]), 같은 취지로 대법원은 '일괄 사직원을 제출한 경우…비록 사직원 제출자가 내심에 있어 실제로 사직할 뜻은 없었다고 하더라도 그 의사가 외부적, 객관적으로 표시된 이상 그 의사표시는 표시된 대로 효력을 발생하는 것이므로 위 사직원을 받아들인 의원면직처분을 당연무효로 볼 수는 없다'고 판시하였다(1986.7.22. 선고[86누43]).

② 동기부여

신분보장은 동기부여의 수단이 될 수 있다. Maslow의 욕구단계 이론에서 알 수 있듯 신분보장은 직장에서의 안전욕구가 강한 사람에게 중요한 동기요인으로 작용할 수 있다. 그러나 공직에 들어올 때 신분보장을 이미 고려하여 선택하게 되고 그러한 욕구나 기대가 공직의 진입과 함께 충족되는 것이기 때문에, 이의 동기부여 효과가 공무원이 되고 난 후에도 지속적으로 나타날 수 있을지는 의문이다. 지나친 신분보장은 오히려 새로운 아이디어를 구상하는 창의성과 변화를 주도적으로 이끌어 나가는 진취성을 발휘하는 데 방해가 될 수 있기 때문이다(Hersey & Blanchard, 1977). 또한 자신이 처한 환경을 비판적이고 경쟁적인 시각에서 바라보는 힘을 약화시킬 수 있다는 문제점도 제기되고 있다(Hayes & Reeves, 1989).

③ 행정의 전문성과 능률성

신분보장은 행정의 전문성과 능률성을 향상시킬 수 있을 것이다. 이것은 엽관주의의 폐단을 비판하는 과정에서 자연히 도출되는 개념이다. 선거에서 정치만을 실험해 온 정치인들은 관리의 전문지식이 부족할 수밖에 없고 정책과 자원의 관리가 비능률적일 수밖에 없었다.

그러나 현대에 있어서는 이 주장도 그 설득력에 의문이 제기되고 있다. 신분보장이 상대적으로 약한 민간부문의 전문성이 공공부문보다 약하다고 할 수 없기 때문이다. 신분보장이 약한 경우에 오히려 직장 내에서의 경쟁압력이 있고 직장을 그만두더라도 노동시장에서 자신의 가치를 높이기 위해 자신의 능력과 전문성 향상에 노력할 것이다. 기술과 지식이 급속히 변화하는 현대에는 신분보장을 위한 폐쇄형보다는 개방형 충원방식에 따라 인력을 확보하는 것이 공직 전체의 전문성과 역량을 키우는 데 유리할 수도 있다.

### 2) 소청 및 고충의 심사

고충심사와 소청심사의 청구는 피고용자인 공무원의 입장에서 정부의 인사결정이나 근무조건 또는 징계수준이 본인이 생각한 것과 차이가 있을 때 이의 시정을 정부에 요구하는 것이다. 소청심사는 중대한 불이익 처분을 심사청구 대상으로 하며, 고충심사는 인사 · 조직 처우 등 각종 직무조건과 기타 신상문제에 대해 공무원이 느끼는 불만이나 애로사항을 심사청구 대상으로 한다. 또한 소청심사는 본인에게 직접적이고 구체적인 이익의 침해가 있어야 가능하지만, 고충심사는 구체적 불이익이 아닌 추상적 · 심리적 상태에서의 불만으로도 청구가 가능하다. 이러한 차이점에도 불구하고, 소청 및 고충심사제도는 모두 공무원의 권리와 이익보호 측면에서 가장 중요하게 다루어지는 제도이다(〈표 14-5〉 참조).

### (1) 소청심사청구[11)]

#### ① 의의

소청심사제도는 공무원이 징계처분이나 공무원 본인 의사에 반하는 불리한 처분과 부작위에 대하여 이의를 제기하는 경우 이를 심사하고 결정하는 행정심판제도의 일종이다. 위법 · 부당한 인사상 불이익 처분에 대한 구제라는 사법 보완적 기능을 통하여 직접적으로는 공무원의 신분보장과 직업공무원제도를 확립하고, 간접적으로는 행정의 자기통제 효과를 도모함을 목적으로 한다.

소청심사청구(권)은 이와 같이 징계처분(파면 · 해임 · 강등 · 정직 · 감봉 · 견책)과 본인이 원하지 않은 신분상 불이익(퇴직 · 직위해제 · 면직)처분에 대하여 처분의 적법타당성 여부를 심사 · 결정하여 줄 것을 중립적이고 독립적인 소청심사기관에 구하는 행위 내지 권리를 의미한다.[12)]

소청심사의 청구를 공무원에게 허용함으로써 기대할 수 있는 효과는 다음과 같다. 첫째, 행정부가 결정한 불이익 처분을 법원에서 심사하기 이전에 행정부 내에서 다시 한번 점검함으로써 자기통제 내지 자기감독의 효과를 가져올 수 있다. 둘째, 부당한 인사상의 처분을 취소 또는 변경시켜 줌으로써 공무원의 신분을 보다 강하게 보장하여 공무원의 권익을 증진시킬 수 있다(김중양, 1996 재인용). 셋째, 잘못 결정된 불이익 처분은 심사과정을 통해 구제되기 때문에 처분결정을 보다 신중하고 정확하게 내리도록 유도할 수 있을 뿐만 아니라 사법부의 재판부담을 덜어주는 효과를 가질 수 있다.

---

11) 이하에서는 소청심사위원회(http://sochung.mopas.go.kr)의 소청심사제도에 대한 설명을 다룬다.

12) 2011년 소청제기 원인을 보면 징계처분에 대한 소청이 946건 중 827건으로 87.4%를 차지하고, 불이익처분에 대한 소청이 90건으로 9.5%, 2010.3.22부터 시행된 징계부가금은 29건으로 3.1%이다.

**표 14-5 소청심사와 고충심사**

| 구분 | 소청심사 | 고충심사 |
|---|---|---|
| 의의 | • 공무원이 징계처분, 기타 그 의사에 반하는 불리한 처분이나 부작위에 대하여 이의를 제기하는 경우 이를 심사하고 결정하는 행정심판제도 | • 공무원이 「근무조건 · 인사관리 기타 신상문제에 대하여 불만이 있는 경우」에 책임있는 인사권자에게 고충심사를 청구하여 심사 및 인사상담을 거쳐 고충에 대한 적절한 해결책을 강구하여 주는 제도<br>• 심사기관이 제3자적 입장에서 고충사안이 원만히 해결되도록 주선하고 권고하는 조정자적 역할을 수행하는 제도 |
| 대상 | • 국가공무원법상 소청심사의 대상에는 「징계처분, 기타 의사에 반하는 불리한 처분, 부작위」 등<br><br>– 징계처분: 파면, 해임, 강등, 정직, 감봉, 견책(징계부가금 포함)<br>– 기타 의사에 반하는 불리한 처분: 강임, 휴직, 직위해제, 면직, 전보, 계고(기각), 경고(불문) 등<br>– 부작위: 복직 청구 등(당사자의 신청에 대하여 행정청이 상당한 기간 내 일정한 처분을 하여야 할 법률적 의무가 있음에도 처분을 하지 않은 경우)<br><br>* 공무원의 신분변동에 해당되지 않는 처분 (예: 변상명령)<br>– 일반적, 추상적 행정법령 개정요구<br>– 행정청 내부적 의사결정 단계의 행위<br>– 행정청의 알선, 권고, 견해표명 등과 같이 법적효과를 발생하지 않는 행위 | • 근무조건<br>– 봉급 · 수당 등 보수에 관한 사항<br>– 근무시간 · 휴식 · 휴가에 관한 사항<br>– 업무량 · 작업도구 · 시설안전 · 보건위생 등 근무환경에 관한 사항<br>– 주거 · 교통 및 식사편의 제공 등 후생복지에 관한 사항<br><br>• 인사관리 승진 · 전직 · 전보 등 임용에 관한 사항으로서 임용권자의 재량행위에 속하는 사항<br>– 근무성적평정 · 경력평정 · 교육훈련 · 복무 등 인사행정의 기준에 관한 사항<br>– 상훈 · 제안 등 업적성취에 관한 사항<br><br>• 신상문제 성별 · 종교별 · 연령별 등에 관한 차별대우<br><br>• 기타 개인의 정신적 · 심리적 · 신체적 장애로 인하여 발생되는 직무수행과 관련된 사항<br><br>* 다른 법령에 의하여 처리되는 사항<br>– 소청심사 대상, 연금급여 심사 대상, 감사원의 처분에 대한 재심의 사항 등 국가 사무의 관리운영에 관한 사항<br>– 법률의 개폐, 예산조치의 요구 등 국회의 협력이 필요하거나 당해 행정기관으로는 곧 시정이 불가능한 사항 등 |
| 관할 | • 안전행정부 소청심사위원회 | • 보통고충심사위원회<br>• 중앙고충심사위원회 |

② 제도적 장치

우리나라에서는 국가공무원법 제정당시인 1949년에는 소청심사제도를 두지 않았고 1963년 처음 이 제도를 도입하여 심사기관으로 소청심사위원회를 설치하였다. 공무원의 권익보장은 소청심사위원회의 중립적이고 공정한 심사에 직접적인 영향을 받는다. 현재 위원회는 합의성과 독립성을 보장하기 위하여 위원장(차관급)을 포함한 5~7인의 위원으로 구성되어 있고 위원들은 임기 3년의 신분보장이 되어 있다. 과거 소청심사위원회는 불이익을 받은 공무원에 대한 구제역할이 미흡하다는 지적을 받아왔다. 1992년까지 구제율이 20% 수준에 머물렀기 때문이다. 다행히, 1993년 김영삼 정부 이후에는 구제율이 꾸준히 상승하여 현재 약 40% 수준을 유지하고 있다(안전행정부, 2008d). 이는 공무원의 권익보호에 대한 인식이 점차 바뀌어 가고 있음을 나타내는 것이다.

소청심사의 절차는 구제를 원하는 공무원이 심사를 청구하면서 시작된다. 징계처분이나 본인의 의사에 반하는 불이익 처분의 경우에 처분사유설명서를 본인에게 교부하도록 하고 있는데, 공무원은 이 설명서를 교부받은 날로부터 30일 이내에 소청심사를 청구해야 한다. 심사청구를 접수한 뒤부터는 소청심사위원회의 소관으로 가장 먼저 피소청인에게 사실을 통보하고 변명자료를 요구한다. 위원회는 필요시 사실조사를 실시하게 되며 이때 전문가의 도움을 구할 수 있다. 이렇게 준비된 심사자료를 토대로 심사를 실시하게 된다. 심사과정에서는 소청당사자(소청인과 피소청인)에게 진술의 기회를 부여해야 하고 필요시 구두로 심문할 수도 있다. 위원회는 소청심사결정서의 정본을 지체 없이 소청당사자에게 송부해야 한다(소청절차규정 제16조). 위원회의 결정은 기속력을 가져 불이익처분을 내린 처분권자에게 결정이행의 의무를 부과한다. 위원회의 결정에 대해 소청인이 불복하는 경우 행정소송을 제기할 수 있다(〈그림 14-4〉 참조).

불이익 처분이 내려지고 이의 구제에 대한 결정이 이루어지기까지는 길게 120일(청구기간 30일, 결정기한 60일, 예외적 연장가능기간 30일)의 시간이 소요된다. 특히 파면 · 해임의 중징계처분이나 직권면직의 경우 당장에 결원이 생겨 장기간 이 상태가 지속되면 업무의 안정성과 계속성 유지에 지장을 초래하게 된다. 그렇다고 곧바로 후임자를 보충하는 것도 원래의 처분이 취소될 경우를 생각하면 공무원의 권익을 중대하게 침해할 소지가 있다. 우리나라는 후임자의 졸속 임명에 의한 인사관리의 혼란을

**그림 14-4 불이익 처분에 대한 소청 절차**

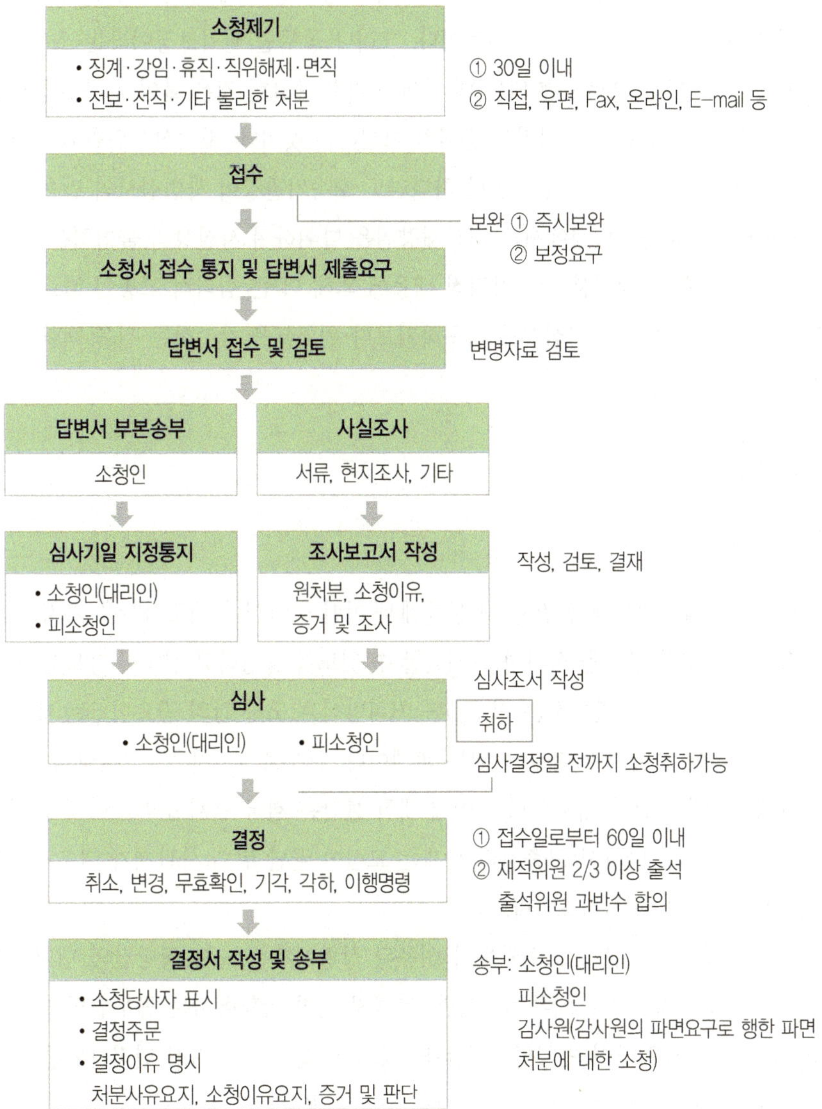


자료: 안전행정부 소청심사위원회(http://sochung.mopas.go.kr).

막고 공무원의 신분보장 차원에서 파면 · 해임 또는 직무수행능력의 부족으로 인한 직권면직의 경우 40일간 후임자 충원을 제한하고 있다.

소청심사위원회의 구성, 심사절차, 후임자 보충발령 유예 등은 공무원의 권익보장을 위해 매우 중요한 제도적 장치들이다. 그러나 공무원 권익보장이라는 소청심사제도의 목적이 실질적으로 구현되는 데 있어서 가장 중요한 것은 불이익 처분을 내린 조직에서 소청심사위원회의 결정을 충실히 이행하는 것이다. 소청심사위원회의 결정에 따라 원처분을 취소 또는 변경한다 하더라도 소속기관장이 사법심사의 망을 피해 보직변경이나 근무성적평정에서의 인사재량권을 발휘하여 사실상의 불이익을 줄 수 있기 때문이다. 특히 원처분자의 감정적 대응에 의해 더 큰 심리적 고통이 따르는 것을 간접 경험하는 경우 소청심사를 청구하기보다 원처분을 감수하는 길을 택할 수도 있을 것이다.

### (2) 고충심사청구

#### ① 의의

공무원이 직장생활에 관련된 제 문제에서 어떤 불만이나 애로사항을 가지고 있다면 정부는 이러한 불만을 심사하고 해결할 수 있도록 공정하고 신속한 제도를 구축해야 한다. 노동조합이 활동하는 경우 고충처리방식은 노사 간의 중요한 교섭대상이 되어 노사관리에 포함시켜 다루게 되는 과제이다. 근무조건 · 처우 · 인사상의 제 문제가 단체협약에 포함될 내용으로서 이에 대한 불만은 결국 단체협약의 이행에 대한 문제이기 때문이다. 따라서 고충처리 문제는 교섭이 끝난 뒤 노사관계가 협조적인지 대립적인지를 보여 주는 지표이다.

고충처리는 이와 같이 노조활동이 허용된 상황에서는 노사 쌍방간의 협약준수라는 노사관리의 차원으로 다루어지지만, 그렇지 못한 상황에서는 공무원의 의견을 수렴(주로 불만의 경우)하여 반영하는 정부의 제도적, 절차적, 배려적 인적자원관리 활동으로 다루어진다. 직속상관이나 기관장을 통한 비공식적인 불만 · 고충해결이 아니라, 제3의 위원회를 구성하여 보다 중립적 위치에서 문제를 처리하는 공식적인 제도이다. 이와 같이 고충처리 제도는 공무원이 느끼는 불만을 처리 · 해결하는 역할을 담당한다. 다만, 조직적차원에서 고충처리 제도는 때때로 노조의 결성을 사전에 차단하기 위한 수단으로서 활용되기도 한다.

② 심사청구의 범위

공식적인 고충처리 제도를 구축하는 데 있어 중점을 두어야 할 것은 고충심사의 범위와 절차에 관한 것이다. 범위문제는 좁게 직장생활에 관한 것으로 국한하는 경우와 넓게 징계처분을 포함하는 경우가 있다. 일반적으로 징계의 경우 법적사유에 의거하고 신분상의 불이익을 수반하는 것이어서 구제절차도 고충처리보다 훨씬 엄격하게 관리하고 있다. 이에 반해 고충처리는 조직 구성원으로 가지는 일반적인 불만을 대상으로 한다.

불만의 대상은 매우 광범위하게 인정한다. 어떠한 불만이라도 마음속에 품고 있게 하기보다 이를 표명하도록 하여 해소책을 찾는 것이 조직관리 차원에서 훨씬 생산적일 수 있기 때문이다. 대표적인 예를 열거해 본다면, 보수 · 근무시간 · 휴가 · 업무량 · 시설안전 · 후생복지 등의 근무조건, 승진 · 전보 · 교육훈련 · 근무성적평정 · 상훈 등의 인사조치, 그리고 성이나 종교에 의한 차별, 직장 내 성희롱 등 신상과 관련하여 가지게 되는 불만을 들 수 있다.

③ 고충처리기관 및 절차

우리나라 공무원법에서는 공무원의 인사상담 및 고충을 심사하기 위해 중앙인사관장기관에 5급 이상 공무원의 고충과 재심을 심사 · 처리하기 위한 중앙고충심사위원회를, 6급 이하 공무원과 기능직 공무원의 고충을 처리하기 위한 보통고충심사위원회를 설치하도록 하고 있고 시 · 도와 교육부, 그리고 경찰청 등의 기관별로 고충심사를 담당하는 기관을 설치하고 있다.[13] 현재 중앙고충심사위원회의 기능은 소청심사위원회에서 관장하고 있다. 고충심사청구는 쟁송이 아니기 때문에 어느 때나 위원회 설치기관의 장에게 신청이 가능하다. 다만 문서로 청구해야 한다. 설치기관의 장은 접수된 고충의 내용이 개인적 신상의 문제로서 비밀유지가 요구된다고 판단될 때

---

13) 우리나라 고충처리제도는 순수한 의미의 고충처리와 인사상담을 통합시킨 상태이다. 청구해 온 고충내용이 주로 개인적인 신상문제로서 비밀보장이 중요하다고 판단될 경우에는 외부의 고충처리위원회에서 심사토록 하는 것이 아니라 기관 내의 소속공무원 1인을 지명하여 상담에 응하도록 하고 있다. 이 제도를 인사상담이라 하는데 내부에서 비공식적으로 고충을 처리하는 것과 상당히 유사하다. 인사상담의 대상은 고충의 경우와 대체로 같으나 고충처리와 달리 공식적인 판단과 시정조치가 따르지 않고, 상담자가 개인의 전문적 지식을 동원하여 조언을 해 주는 것이라는 점에서 고충처리의 순수한 의미와 구분되는 제도이다.

그림 14-5 고충심사청구 및 처리절차

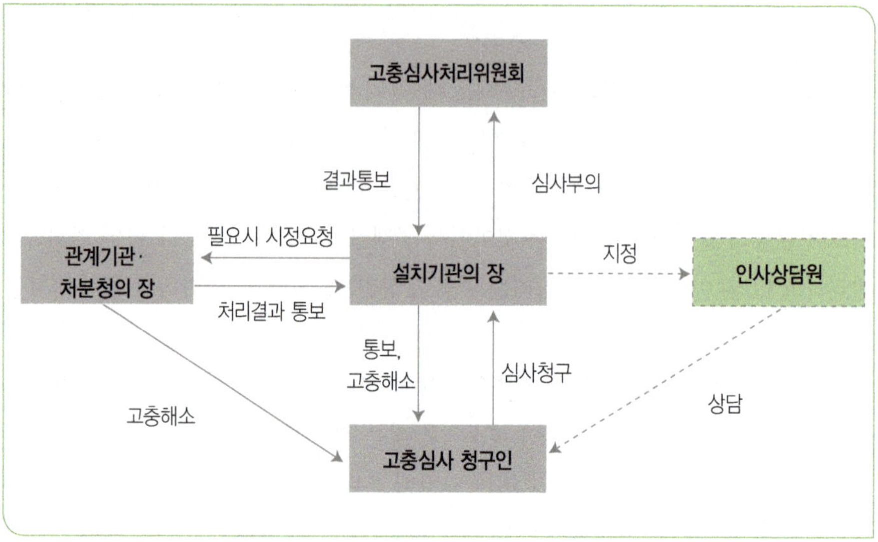


에는 소속공무원 중 1인을 지정하여 상담하게 한다(인사상담). 기타의 경우에는 고충처리위원회에 심사를 부의하도록 하고 있다.

고충심사위원회는 고충심사청구서를 접수한 날로부터 30일 이내에 이를 심사·결정하여 설치기관의 장에게 통보한다. 설치기관의 장은 필요시 직접 고충을 처리하거나 아니면 청구인에게 결과를 통보하고 관계기관 또는 처분청의 장에게 고충해소를 위한 조치를 요청하게 된다(〈그림 14-5〉 참조).

④ 실태

우리나라는 1981년에 공식적인 고충심사제도를 처음 도입하였고, 1991년에 고충처리 결과에 대한 관계기관의 이행의무를 강화하는 등 보다 적극적인 고충처리 의지를 제도화하고 있는 상태이다. 그럼에도 불구하고 기관장의 인식부족과 불만을 가진 공무원 또한 이 제도의 활용을 꺼리는 상태여서 제도의 이점을 제대로 살리지 못하고 있는 상태이다. 특히 불만이 있으면 이에 대해 조용한 해결방법을 강구하지 않고 무조건 제도에 의지하여 공식화하는 경우, 권위를 중시하는 우리나라에서 상관이 이를 자신의 지위에 대한 도전으로 받아들이게 되어 감정적인 대립관계로 발전하기 쉽다.

이에 공식적인 절차를 밟기보다는 부서 회식과 같은 비공식적인 자리에서 평소

그림 14-6 공무원의 권익보호

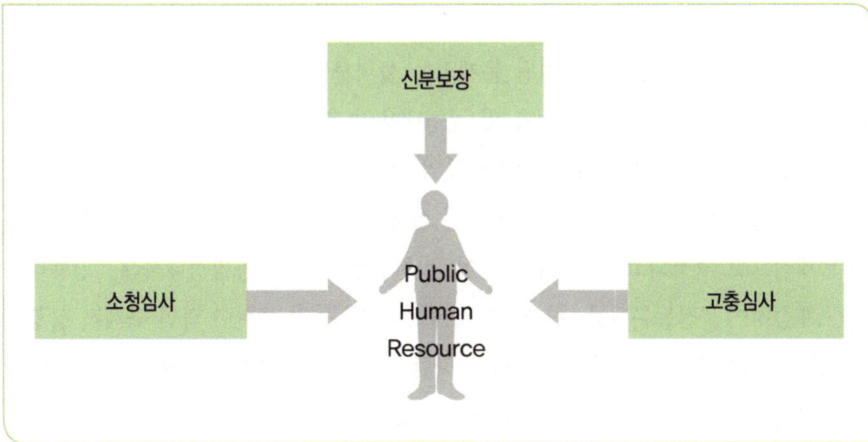


의 생각을 좀 더 솔직하게 이야기하거나, 상관이 자리를 특별히 마련하여 불만을 포함한 '어떠한 건의사항도 좋으니 한 마디씩 해 보라'는 권유가 있어야 평소의 생각을 털어놓는 등 불만표출에 있어 상당히 소극적인 태도를 보이고 있다. 이는 공개적으로 불만을 토로할 경우 자신에게 어떤 불이익이 발생할 수도 있다는 우려 때문인 것으로 생각된다. 특히 그 불만이 감독권을 가진 상관과 직접 관련되는 경우에는 더욱 조심스럽다. 국가공무원법에는 이러한 경우를 고려하여 고충심사를 청구하였다고 하여 불이익 처분이나 대우를 할 수 없도록 규정을 두고 있으나, 소청심사와 마찬가지로 기관장을 비롯한 상관의 적극적인 이해와 노력이 더욱 중요할 것이라 생각된다.

## 제3절 문제점과 발전방향

지금까지 공무원의 의무와 권리에 대해 살펴보았다. 공공조직의 특수성으로 인해 공무원에게는 일반국민 혹은 근로자와 달리 의무와 권리에 있어 특별한 기준이 적용되며 보다 많은 제약이 가해짐을 알 수 있었다. 특히 이러한 내용은 인적자원관리의 유지 · 활용 측면에 많은 시사점을 제공한다. 여기에서는 지금까지 논의된 내용을 바탕으로 공무원 의무와 권리 측면의 문제점과 발전방향에 대해 살펴보고자 한다.

## 1. 문제점

우선 공무원의 의무와 관련된 문제점을 살펴보면 다음과 같다. 첫째, 공무원이 지켜야 할 행동규범을 제시한 법규 및 규정내용의 추상성을 들 수 있다. 추상적이고 모호한 법규는 공무원에게 구체적인 행동의 지침을 제공하기가 곤란하다. 특히 윤리강령은 추상성 수준이 높아 윤리적 지침이 실제에서 아무런 도움을 주지 못한다는 점이 문제점으로 지적되고 있다. 예를 들어, 실천강령에 있는 '공명정대하게', '청백리정신을 계승하여', '전통문화를...창조적으로 발전시켜' 등의 표현이 과연 구체적 상황에서 어떻게 해석되는 것인지 불분명하고 사람마다 다르게 의미를 부여할 수 있다. 이에 추상적이고 모호한 법규정과 윤리강령의 동기부여 효과는 낮게 나타날 수밖에 없다(Cooper, 1982).

둘째, 제도운영의 문제점을 들 수 있다. 제도가 형식적으로 운영되는 경우, 공무원은 자신의 행동을 스스로 통제하고자 하는 의식이 낮아지며, 따라서 이들 제도가 본래 목표한 부정방지와 공정한 직무수행의 효과를 가져올 수 없게 된다. 특히 공직자재산등록의 경우, 정권이 바뀌면 그동안 부실하고 형식적으로 관리되어 오던 제도가 갑자기 강화되어 공직자 재산에 대한 암행실사를 실시한다. 이를 공직자 사정의 자료로 사용하는 등 공직윤리의 제고를 위한 지속적 · 관리적 목적이 아니라 문제 공무원의 퇴직을 유도하기 위한 일시적 · 정치적 목적의 정략적 도구로 변칙 운영되는 경우가 많았다.

셋째, 다른 공무원의 부정행위를 묵인하거나 감싸주는 행태와 의식문화이다. 상관은 잘못에 대한 징계가 아니라 '돌보는 것'으로 부하의 충성심을 확보하기까지 하며, 부서 내의 잘못에 대하여 지적하고 징계처분을 내리기보다는 여론의 비난이 가라앉을 때까지 지연작전으로 대응하기를 선호한다(Cherrington, 1989). 이러한 의식은 가족주의 문화에서 파생된 것으로 오랜 문화 속에서 다수의 공무원들이 공유하는 의식이기 때문에 변화하는 데 많은 노력이 필요할 것이다.

다음으로 공무원의 권리 및 권익보호에 대한 문제점은 부당한 인사권의 행사에 의해 공무원의 권익, 특히 신분의 안정성이 침해될 수 있음을 들 수 있다. 공무원 사정과정에서 정부기관은 합법적 수단인 권고사직과 명예퇴직을 주로 사용하나 이것이 비공식적으로 이루어지고 있어 실제 얼마만큼 자유의사가 반영되고 있는지는 알 수 없다. 즉 규정 자체의 문제보다 법의 정신에 어긋나게 규정을 남용하는 것을 문제로 지적할 수 있다.

## 2. 발전방향

공무원 행동의 기준으로 높은 윤리성을 유지하기 위해서는 다음과 같은 발전방향을 제시할 수 있다. 첫째, 법규 및 제도의 개혁을 통해 규정준수의 효과성을 높여야 한다. 부정의 동기가 되는 요인을 제도적으로 제거하고, 법규 및 제도를 구체적으로 규정하여 공무원의 자의적인 행동으로 인한 부정의 기회를 줄일 수 있을 것이다.

둘째, 엄격한 법의 집행을 들 수 있다. 지속적이고 일관성 있는 부정감시와 처벌이 필요하다. 특히 그동안 공무원의 비리부정에 대한 수사는 편파수사, 묵인, 솜방망이 처벌 등 부정적인 인식이 만연해 왔다. 엄격하고 일관된 처벌을 통해 공무원 개인에게는 부정에 대한 비용을 높임으로써 부정에 대한 기회를 줄이고, 사회적으로는 공직에 대한 신뢰성을 높일 수 있다.

셋째, 높은 윤리성을 확보하기 위해서는 무엇보다 공무원 개인과 집단의 의식의 개혁이 필요하다. 공무원 스스로가 국민에 대한 봉사자라는 사명감을 가지고 높은 윤리적 양심을 유지하도록 노력해야 한다. 나아가 정부는 전공무원을 대상으로 정기적인 교육을 실시하여 이들의 윤리적 양심을 제고시켜야 할 것이다. 특히 행정문화적 측면으로 우리 공직사회에서는 상관이 부하의 잘못을 묵인하는 '감싸주기' 풍토가 존재하는 것을 볼 수 있는데, 이러한 자세는 바람직한 것이 아니다. 윤리성을 확보하기 위해서는 잘못을 정확하게 지적하고 행동이 어떻게 바뀌어야 할 것인가를 사실에 근거하여 설득력 있게 설명해줘야 한다. 또한 설득의 선을 넘어선 경우에는 엄격하고 무서운 존재로서 부하 직원에게 인식되어야 올바른 행동을 유도할 수 있을 것이다.

공무원의 권리 및 권익보호에 대한 발전방향은 다음과 같다. 앞의 문제점에서 언급한 바와 같이 자의적이고 부당한 인사권의 남용으로 공무원의 신분 안정성이 침해받을 수 있음을 지적하였다. 그러나 정치민주화가 선진화된 국가에서는 정치적 측면이나 법적 측면에서의 신분보장이 어느 정도 충족되어 있다. 즉 공직의 윤리성이나 안정성이 확보되고 인권차원에서 공무원의 권익에 대한 인식이 충분하기 때문에 이러한 목적에서 신분보장의 필요성은 설득력을 점차 상실해 가고 있다. 따라서 정치적으로 성숙한 국가일수록 신분보장의 관리적 유용성에 더 큰 관심을 기울이게 된다.

우리나라의 경우 신분보장 수준을 현재보다 약화시키게 되면, 과거의 정치관행에 비추어 볼 때 부당한 인사권 행사에 의해 공무원의 권익이 침해될 가능성이 높아질 것이라 예상된다. 또한 공무원의 보수가 민간부문에 비해 상대적으로 뒤떨어지는 상황에서 공무원의 신분보장은 유능한 인재를 확보하는 데 있어 중요한 요소로 작용하고 있다. 때문에 우리나라 공직사회에서 현실적으로 신분보장 수준을 약화시키는 것은 많은 어려움이 따를 것이라 생각된다. 그러나 우리나라와 같은 정년보장형 신분보장은 공무원의 느슨한 근무태도와 공직의 정체화 등이 문제점으로 지적되고 있기 때문에 개방형 충원의 확대나 일부 계급에의 계급정년제 도입 등을 통해 공직사회에 긴장과 경쟁을 조성해 나가야 할 것이다.

## 공직사회 내부고발자 보호 안 하면 징계

손제민

### 총리실 '공직기강 방안' 징계 규정도 대폭 강화

정부는 공직사회의 '반부패' 문화 확산을 위해 내부고발자 보호 의무를 위반할 경우 징계하고, 솜방망이 처벌을 낳았던 공무원 징계 규정도 강화키로 했다.

국무총리실은 지난 18일 경기 과천 중앙공무원교육원에서 열린 장차관 국정토론회에서 이 같은 내용을 골자로 한 '공직기강확립방안'을 발표했다. 이 방안은 △감사 · 감찰 활동 강화 및 엄정한 처벌 △행정 제도 및 절차 개선 △반부패 분위기 확산 및 교육 등 세 분야로 이뤄졌다.

총리실은 정부와 공공기관이 내부고발자 보호 의무를 위반할 경우 이를 징계하는 '내부고발자 보호' 방안을 추진한다고 밝혔다. 내부 고발과 감시를 적극 유도해 공직사회의 반부패 관행을 확고하게 정착해 나가겠다는 뜻이다. 이를 위해 지난 3월 국회를 통과해 오는 9월부터 실시 예정인 '공익신고자보호법'의 추가 개정 등을 검토키로 했다.

총리실은 주중 상하이 영사관의 추문 등을 감안해 정부의 청렴도평가 대상에 재외공관을 포함시키는 등 청렴도평가 제도도 대폭 개선키로 했다. 공직사회 내부의 온정적 징계 · 처벌을 막기 위해 공무원 징계규정 개정도 검토키로 했다. 그간 공직 비리에 대해 대부분 주의 · 경고나 경징계로 그치는 '솜방망이 처벌'이 되풀이되어 부패 관행이 좀체 단절되지 않는다는 비판에 따른 것으로 보인다.

또 각 부처 · 기관의 자체 감찰기구 역량을 강화한다는 계획도 제시했다. 각 부처 내 감사 · 감찰 인력을 보강하는 한편 해당 기관장의 반부패 의지를 기관 평가에 반영한다는 방침이다.

공무원들의 비리 여지를 근본적으로 줄이기 위해 법정처리 기간이 경과되면 인허가가 완료된 것으로 간주되는 자동인허가제를 도입 · 확대하고, 행정규제도 대폭 개선키로 했다.

김황식 총리는 토론회 마무리 발언에서 "공직비리는 정권 차원의 문제가 아니라, 선진국 진입을 위해 반드시 극복해야 할 문제"라며 공직사회의 부패 관행 근절을 강조했다.

자료: 경향신문(2011년 6월 19일).

## 토론 문제

**Q1** 일반국민과 구별되는 공공부문의 행위주체자인 공무원이 가져야 할 필수적인 덕목과 가치기준이 무엇이 있을지 토의해 보세요.

**Q2** 공무원의 행동규범의 위반인 부정 요인의 유형과 그 특징들에 대해 이야기 해보고 공무원 부정을 방지할 수 있는 방안들이 무엇일지 논의해 보세요.

**Q3** 우리나라 공무원들의 정치활동제한과 표현의 자유제한에 대한 생각을 자유롭게 이야기 해보고 정치적 중립, 노조, 표현의 자유 등에 관한 다음의 주장들에 대해 다양한 의견들을 교환해 보세요.

- "공무원의 경우 직무 특성상 정당활동이나 선거 개입 등 정치적 기본권의 일부를 제한하는 것이 불가피하다. 공무원노조가 민간 상급 단체에 가입하는 것을 금지하는 법 개정이 필요하다. 공무원노조의 민노총 가입 자체를 위법으로 보기는 어렵지만, 가입 후 민간 노조 활동에 동참하게 되기 때문에 위법행위를 사전에 예방할 수 있는 법적 장치가 필요하다."

- "공무원 개개인이 정치적 견해를 표현하는 것이 아니라 노조가 집단적으로 정치적 견해를 내는 것이 문제이고 일반 민간 노조원과는 달리 신분과 정년을 보장받는 공무원으로 구성된 공무원노조가 민간 노조와 연대해 정부 정책에 반대하는 정치활동을 하면 국민이 용납하지 않을 것이다."

- "공무원의 직무와 지위를 이용한 정치활동은 제한하더라도 정치적 표현의 자유는 포괄적으로 허용해야 한다. 미국 · 영국 · 프랑스 등 선진국에서도 공무원의 정치 활동을 폭넓게 인정하고 있다. 공무원노조의 상급 단체 가입 권한을 제한하는 법을 만든다면 국제사회의 웃음거리가 될 것이다."

(조선일보, 2009. 10. 16 기사를 저자가 인용 · 편집함)

**Q4** 우리나라 공무원 징계의 종류와 효과적인 징계관리방안에 대해 토의해 보세요.

**Q5** 우리나라 소청심사청구제도와 고충심사청구제도의 주요 내용 및 절차에 대해 이야기 해보고 실제적인 공무원 권익보호를 위한 향후 발전방향에 대해 토의해 보세요.

# 제 15 장



# 공무원 노동조합

## 들어가는 말

2006년 1월 공무원의 노동조합 설립 및 운영 등에 관한 법률(이하 공무원노조법)이 시행됨에 따라 공무원도 합법적으로 근로자성을 인정받게 되었다. 이는 공무원이 국민에 대한 봉사자로서의 역할뿐만 아니라 근로를 제공하고 반대급부를 지급받는 근로자로서의 법적 지위를 인정받게 된 것을 의미한다. 이로써 공무원도 자신들의 권익보호를 주장하고, 조직의 중요한 의사결정에 공식적으로 참여할 수 있게 되었다.

그러나 공무원 노동조합의 경우 민간부문과는 차이점을 갖고 있다. 일반적으로 노동자에게는 헌법상의 기본권인 단결권 · 단체교섭권 · 단체행동권이 보장되지만, 공무원의 경우 노동3권이 불완전하게 인정되고 있다. 이는 공공조직의 특수성으로 인해 의무와 권리에 있어 보다 높은 수준의 윤리기준이 적용되고, 일정한 제약이 가해지는 것과 유사한 맥락에서 이해할 수 있다. 이러한 제약에도 불구하고, 2011년 기준 공무원 노조 조직률은 56.1%로 2009년 이후 꾸준히 증가하고 있으며, 공무원 노조의 양적, 질적 확대에 따라 인적자원의 유지 · 활용 측면에서 노사관계 관리에 대한 중요성이 증대되었다. 이에 제15장에서는 공무원 노동조합에 대한 일반적 이해를 바탕으로 노사관계 모형과 우리나라 공무원 노동조합 기능에 대해 살펴보고자 한다.

## 핵심용어

- 공무원 노동조합
- 노사관계(Labor Relations)
- 노사관계 체제모형
- 참여적 의사결정(Participative Decision Making)
- 노사파트너십 모형(Labor-Management Partnership Model)
- 협력적 노사관계
- 단결권
- 단체교섭권
- 단체행동권

# 제1절 공무원 노동조합의 이해

## 1. 공무원 노동조합의 의의

조직 구성원의 권익을 가장 확실하게 보장하는 방법은 구성원으로 하여금 자신들의 권익을 단체로 응집하여 표출하고 이를 실현시키기 위한 활동을 허용하는 것이다. 즉 가장 적극적인 방식으로 조직 구성원의 권익을 보호하기 위해서는 노동조합(노조)의 결성과 활동을 보장하는 것이다.

노동조합은 일반적으로 노동자들이 주체가 되어 노동조건의 유지, 개선, 기타 노동자의 사회 · 경제적 지위 향상을 목표로 자발적으로 결성한 조직 혹은 단체라 할 수 있다. 우리나라에서는 노동조합 결성과 활동에 있어 1987년에 커다란 전환기를 맞이했다. 당시 노동조합법, 노동쟁의조정법 등 노동관계법이 개정되었으며 이로 인해 공기업을 포함한 모든 근로자에게 단결권, 단체교섭권, 단체행동권 등의 노동3권이 노동자의 기본 권리로 보장되었기 때문이다. 그러나 공무원 노조활동의 허용은 그동안 사실상 노무에 종사하는 공무원으로 한정되었으며 1999년에 교육공무원으로, 그리고 약 20년이 흐른 2005년이 되어서야 공무원의 노동조합 설립 및 운영 등에 관한 법률이 통과되면서 6급 이하 일반직 공무원, 그에 상응하는 외무, 기능직, 별정직, 계약직 공무원으로까지 확대되었다.[1)]

그렇다면 우리는 공무원에게 노동조합의 결성이 허용된 것이 인적자원관리에 어떠한 의미를 갖는 것인지 생각해 보아야 한다. 노조가 없는 상태에서는 민간부문이든 공공부문이든 조직에서 일하는 사람은 모두 고용된 신분이다. 회사의 CEO나, 경비원, 부처의 장관이나, 하급 공무원 모두 사주와 정부에 고용된 봉급자일 뿐이다. 이러한 상태에서 조직 구성원들은 회사나 정부가 제시한 고용조건을 수용하면서 '고용관계(Employment Relations)'를 형성하게 된다.

1) 공무원 노동조합의 인정에는 다양한 환경적 요인이 작용하였으나, 특히 중요한 배경으로는 1991년 국제노동기구(ILO) 가입에 따른 국제협약 준수 의무가 있다. WTO의 출범에 따라 노동조건을 무역규제와 연계시키려는 움직임이 있었고, 1996년 OECD 가입이 확정됨에 따라 공무원을 포함한 노동조건의 선진화에 대한 압력이 계속해서 증가되었다.

그림 15-1 공무원 노동조합

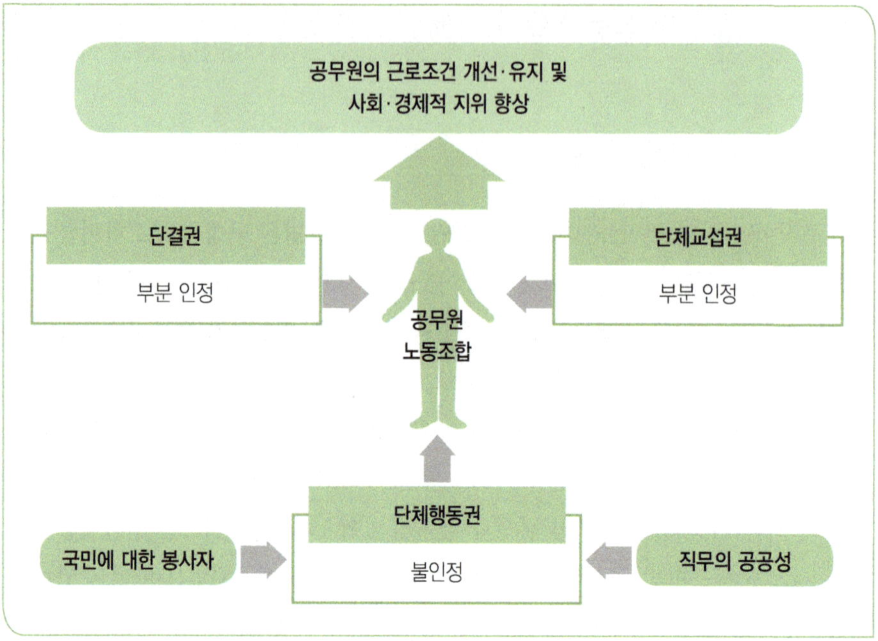


그러나 노조가 결성된 상태에서는 고용인의 신분이 노동자와 사용자의 신분으로 구분되어 '노사관계(Labor Relations)'를 형성하게 된다. 이는 과거 '고용관계'에서는 사주와 정부, 조직 구성원들 간의 관계가 일방향적인 상하의 명령 · 복종관계였다면, '노사관계'에서는 고용조건이나 근무조건 등에 대하여 동등한 지위에서 서로 협상하는 쌍방향적인 협상파트너로서 위치와 역할이 변화되었음을 의미하는 것이다. 이러한 노사관계는 협상의 본질상 협력관계보다는 대립관계로 발전하기 쉬워서 기존의 고용관계에 익숙한 조직풍토에서는 이에 대한 적응에 상당한 진통이 따르기 마련이다. 따라서 인적자원의 유지 · 활용에 있어서는 노동조합의 결성을 통해 보다 적극적으로 자신의 권리를 보호받고자 하는 공무원의 욕구를 적절히 파악하여 이를 수용하고 관리하려는 노력이 요구된다. 특히, 우리나라의 공무원 노동조합은 2009년 이후 양적으로 꾸준히 성장 추세를 보이고 있어 노사관계 관리가 공공 인적자원관리에 있어 중요한 과제가 될 것으로 예상된다.

## 2. 공무원 노동3권의 인정범위

위에서 살펴본 바와 같이 우리나라의 경우 2006년 1월 공무원의 노동조합 설립 및 운영 등에 관한 법률(이하 공무원노조법)이 시행됨에 따라 공무원도 합법적으로 근로자성을 인정받게 되었다. 그러나 공무원 노동조합의 경우 민간부문의 그것과는 다른 차이점을 갖고 있다. 이러한 차이점은 다양한 측면에서 살펴볼 수 있겠지만, 가장 두드러진 특징은 노동3권의 인정범위에 대한 것이다. 노동조합의 그 기능을 제대로 수행하기 위해서는 노동3권의 보장이 필수적이다. 따라서 어느 범위의 조직 구성원에게 노동조합의 결성을 허용하고, 어느 범위 내에서 단체교섭권과 단체행동권을 부여할 것인지는 노동조합을 논의하는 데 있어 가장 중요한 문제라 할 수 있다.

일반적으로 노동자에게는 헌법상의 기본권인 단결권 · 단체교섭권 · 단체행동권이 보장되지만, 공무원의 경우 노동3권이 불완전하게 인정되고 있다. 공무원 직무의 특수성과 국민전체의 봉사자로서의 지위로 인해 일반사회의 근로자와 동일한 정도의 근로자성을 띤다고 간주하기 어렵기 때문이다. 헌법 제33조 제2항에서는 '공무원인 근로자는 법률이 정하는 자에 한하여 단결권, 단체교섭권 및 단체행동권을 가진다'고 규정하여 법률이 정하는 자에게만 노동3권을 보장하고 있으며, 이를 근거로 사실상 노무에 종사하는 공무원과 교육공무원에 대해서만 노동3권을 보장하고 있다. 이외의 공무원에게는 노동3권이 제한적으로 인정되고 있다. 이를 구체적으로 살펴보면 다음과 같다.

### 1) 단결권[2)]

단결권은 근로자들이 근로조건의 유지개선을 목적으로 단체를 결성할 권리를 의미한다. 우리나라 헌법 제33조 제2항은 '공무원인 근로자는 법률이 정하는 자에 한하여 단결권 · 단체교섭권 및 단체행동권을 가진다'고 규정하여 단결권을 포함한 노동권을 법률에 위임하고 있다. 이에 따라 공무원노조법은 공무원노조에 가입할 수 있는 공무원의 범위를 직종, 직급을 기준(6급 이하)으로 구분하여 정하면서(제6조 제1항),

2) 이하에서는 고용노동부(2010)의 「공무원 노조 가입범위 판단기준」에 대한 설명을 다룬다.

법 제6조 제2항 및 시행령 제3조에는 6급 이하 공무원 중 직무의 성질을 기준으로 노조에 가입할 수 없는 공무원들을 구체적으로 규정하고 있다. 이를 구체적으로 살펴보면 다음과 같다(〈참고 15-1〉 참조).

법 제2조에서는 사실상 노무에 종사하는 공무원과 국 · 공립교원을 제외하고 있다. 이들은 공무원노조법 적용 제외 대상으로서, 사실상 노무에 종사하는 공무원은 지식경제부 우정사업본부 현업 공무원, 국립의료원 작업현장 노무종사 기능고용직이 이에 해당하며 이들은 민간부문 근로자와 동일하게 '노동조합 및 노동관계조정법'을 적용받는다. 공무원 신분인 국 · 공립 교원의 경우, 사립학교 교원과 함께 '교원의 노동조합 설립 및 운영 등에 관한 법률'을 적용받으므로 공무원노조 가입이 제한된다.

### 참고 15-1 단결권 인정 범위

**공무원 노조법**

**제6조(가입범위)**

1. 노동조합에 가입할 수 있는 공무원의 범위는 다음 각호와 같다.
① 6급 이하의 일반직 공무원 및 이에 상당하는 연구 또는 특수기술직렬의 일반직 공무원
② 6급 이하의 일반직 공무원에 상당하는 외무행정 · 외교정보관리직 공무원
③ 기능직공무원
④ 6급 이하의 일반직 공무원에 상당하는 별정직 공무원 및 계약직 공무원
⑤ 고용직공무원

2. 제1항의 규정에 불구하고 다음 각호의 1에 해당하는 공무원은 노동조합에 가입할 수 없다.
① 다른 공무원에 대하여 지휘 · 감독권을 행사하거나 다른 공무원의 업무를 총괄하는 업무에 종사하는 공무원
② 인사 · 보수에 관한 업무를 수행하는 공무원 등 노동조합과의 관계에서 행정기관의 입장에서 업무를 수행하는 공무원
③ 교정 · 수사 또는 그 밖에 이와 유사한 업무에 종사하는 공무원
④ 업무의 주된 내용이 노동관계의 조정 · 감독 등 노동조합의 조합원지위를 가지고 수행하기에 적절하지 아니하다고 인정되는 업무에 종사하는 공무원

직급을 기준으로 5급 이상 공무원(상당 포함)들도 공무원노조 가입이 제한되는데, 이는 계급제 성격이 강한 우리나라 공무원제도의 특성상 5급 이상 공무원은 주요정책의 결정에 직접 참여하거나 소속 하위 근로자들을 지휘 · 명령하는 관리자적 역할을 수행하고 있으므로 가입 대상에서 제외된다.

직무의 특성을 기준으로 보았을 때, 특정직 공무원과 정무직 공무원 역시 공무원노조 가입이 제한된다. 또한 6급 이하의 공무원이라 하더라도 다른 공무원에 대한 지휘감독권 행사자, 다른 공무원의 업무를 총괄하는 자, 노조와의 관계에서 행정기관의 입장에 서서 업무를 수행하는 자(인사, 보수에 관한 업무) 등이 노조에 가입할 경우 노조 운영 등에 지배 · 개입하는 등으로 노조의 자주성을 훼손할 우려가 있고 노사 간 힘의 균형을 잃어버림으로써 집단적 노사자치실현이라는 기본원리가 훼손될 우려가 있으므로 가입을 제한하고 있다.

이와 함께, 교정수사 등 직무의 특성상 국가 기능유지에 핵심적인 업무를 수행하고, 조직 내 지휘감독 체계가 강조되는 공무원과 노동관계의 조정감독 등 업무의 성격상 노사 간의 이해관계에 영향을 미침으로써 업무수행에 있어서 중립성과 공정성이 특히 요구되는 공무원 역시 공무원 노조 가입 대상에서 제외하고 있다.

### 2) 단체교섭권

단체교섭권은 근로조건의 유지 · 개선, 근로자의 사회 · 경제적 지위 향상을 위해 중요 의제들에 대해 사측과 교섭할 수 있는 권리를 의미한다. 이러한 단체교섭권은 근로자의 단결에 따른 조직력을 기반으로 근로자 개인으로서는 획득할 수 없는 내용의 단체협약을 사용자와의 평화적 교섭에 의해 체결하는 것을 목적으로 한다(김재기, 2006).

공무원 노조의 경우 그들에게 허용되는 단체교섭권의 범위가 매우 제한적이다. 공무원 노동조합 설립 및 운영 등에 관한 법률 제8조 제1항의 단서조항에서 '법령 등에 따라 국가나 지방자치단체가 그 권한으로 행하는 정책결정에 관한 사항, 임용권의 행사 등 그 기관의 관리 · 운영에 관한 사항으로서 근무조건과 직접 관련되지 아니하는 사항은 교섭의 대상이 될 수 없다'라고 규정하고 있으며 동법 시행령 제4조에서 이를 구체화하여 명시하고 있다(〈참고 15-2〉 참고).

## 참고 15-2 단체교섭권의 인정 범위

**공무원 노동조합 설립 및 운영 등에 관한 법률 시행령**

**제4조(비교섭 사항)** 법 제8조 제1항 단서에 따른 법령 등에 따라 국가나 지방자치단체가 그 권한으로 행하는 정책결정에 관한 사항, 임용권의 행사 등 그 기관의 관리 · 운영에 관한 사항은 다음 각 호와 같다.

1. 정책의 기획 또는 계획의 입안 등 정책결정에 관한 사항
2. 공무원의 채용 · 승진 및 전보 등 임용권의 행사에 관한 사항
3. 기관의 조직 및 정원에 관한 사항
4. 예산 · 기금의 편성 및 집행에 관한 사항
5. 행정기관이 당사자인 쟁송(불복신청을 포함한다)에 관한 사항
6. 기관의 관리 · 운영에 관한 그 밖의 사항

### 3) 단체행동권

단체행동권은 근로자가 근로조건의 개선 · 유지 등을 목적으로 자신의 요구를 관철시키기 위하여 사용자에 대항하여 단체행동을 할 수 있는 권리를 의미한다. 단체교섭의 결과가 제대로 이행되지 않았을 때, 근로자는 단체행동권을 행사함으로써 교섭의 실효성을 확보하고자 한다. 따라서 단결권, 단체교섭권, 단체행동권은 근로자의 권익보호에 있어 상호의존적인 역할을 한다고 볼 수 있다. 특히 단체행동권이 보장되지 않는 경우 단결권과 단체교섭권의 의미는 퇴색될 수밖에 없다. 일반적으로 단체행동권은 파업(Strike), 태업(Sabotage), 피케팅(Picketting), 보이코트(Boycott) 등의 형식으로 발현된다(유민봉 · 임도빈, 2007).

그러나 단체행동 혹은 쟁의행위는 조직과 사회에 심각한 손실을 초래한다. 특히 공공영역에서의 단체행동(쟁의행위)은 공공복리를 해치고 국민생활에 위협을 가져올 수 있기 때문에 우리나라에서는 공무원 노동조합 설립 및 운영 등에 관한 법률 제11조(쟁의행위의 금지)에서 '노동조합과 그 조합원은 파업, 태업 또는 그 밖에 업무의 정상적인 운영을 방해하는 일체의 행위를 하여서는 아니 된다'라고 명시함으로써 공무

**표 15-1 주요국의 공무원 노동기본권 보장 현황**

| 분류 | | 단결권 | 단체교섭권 | 단체행동권 |
|---|---|---|---|---|
| 미국 | 연방공무원 | 인정 | 인정(단, 임금 등 법정 근로조건 사항에 대해서는 제한) | 불인정 |
| | 주정부공무원 | 인정 | 인정여부 및 그 범위가 주마다 다름 | 허용여부 및 그 범위가 주마다 다름 |
| 영국 | 일반공무원 | 인정 | 인정 | 인정 |
| | 경찰공무원 | 단일단체에만 가입 가능 | 인정 | 형사벌대상 |
| 일본 | 일반공무원(국가, 지방) | 직원단체 | 협의, 건의권 | 불인정 |
| | 현업공무원 | 인정 | 인정(예산 제약) | 불인정 |
| 독일 | 관리 | 인정 | 불인정 | 불인정 |
| | 사무노무원 | 인정 | 인정 | 인정 |
| 한국 | 일반공무원 | 인정 | 인정 | 불인정 |
| | 현업공무원 | 인정 | 인정 | 인정 |

자료: 김재기(2006).

원노동조합의 쟁의행위를 법률로써 금지하고 있다.

우리나라 이외 국가들의 공무원 노동3권 인정범위를 살펴보면 〈표 15-1〉과 같다. 대부분의 국가에서 단결권과 단체교섭권을 제한적으로 허용하고 있으나 단체행동권의 인정에 있어서는 우리나라와 마찬가지로 제한을 두는 국가가 더 많음을 알 수 있다. 미국과 일본은 우리나라와 마찬가지로 공무원의 쟁의행위를 금지하고 있으며, 유럽의 경우 영국과 프랑스의 경우에 쟁의행위를 인정하고 있다. 그러나 이 경우에 공공서비스(Public Service) 제공에 문제가 발생할 경우 이를 제한할 수 있는 조치를 두고 있다(김재기, 2006).

## 제2절 노사관계 관리모형

위에서 살펴본 바와 같이 우리나라의 경우 2006년 1월부터 단결권과 단체교섭권을 제한적으로 허용하고, 단체행동권은 금지하는 내용의 '공무원 노동조합 설립 및 운영 등에 관한 법률'이 시행되면서 공무원 노동조합이 법적 지위를 부여받게 되었다. 이에 노사관계 관리가 공공 인적자원관리에 있어 중요한 과제로 부각되었다. 노사관계를 효과적을 관리하기 위해서는 노사관계에 접근하는 다양한 시각을 이해할 필요가 있다. 따라서 제2절에서는 노사관계 체제모형과 참여적 의사결정 모형을 중심으로 노사관계 관리모형을 살펴보고자 한다.

### 1. 노사관계 체제모형

〈그림 15-2〉는 노사관계를 체제모형으로 접근한 것이다. 노사관계도 내 · 외부 환경의 영향을 받을 수 있다. 따라서 체제 내부는 노동조합과 사용자의 구조적 측면과 실제 이들의 활동을 보여 주는 기능 측면으로 나눌 수 있다. 노사관계에서 가장 관심이 모아지는 곳은 단체협약을 도출하기 위한 일련의 협상과정이다. 협상은 노동조합이 노동조건의 유지 또는 개선을 목적으로 사용자와 벌이는 합의도출과정이다. 단체교섭이라 불리는 이 단계에서 성공하지 못하면 노사 간에 분쟁이 발생하게 된다. 분쟁상태가 발생하면 노조측의 실력행사 수단인 파업이나, 사측의 실력행사 수단인 직장폐쇄와 같은 극단적인 단체행동이 발현되지 않도록 제3자가 개입하여 노사 간 조정을 실시하게 된다.

처음의 단체교섭이나 차후의 분쟁조정이 성공하게 되면 노사 간에 노동조건에 관한 합의가 이루어지게 된다. 이렇게 합의된 단체협약에 대해서는 재협약이 이루어질 때까지 노사 모두 이를 성실히 이행할 의무가 있다. 그러나 실제 이행과정에 있어 협약 해석에 노사 간 이견이 발생하는 등 여러 가지 불평불만이 생길 수 있다. 이러한 문제점을 효과적으로 해결하기 위해 조직은 상담제도나 고충처리제도를 운영하는 것이 일반적이다. 이와 같이 협약체결 이후의 이행과정에서 노사관계는 일상의 인사관리과정에 통합되어 진행된다.

그림 15-2 노사관계의 체제모형

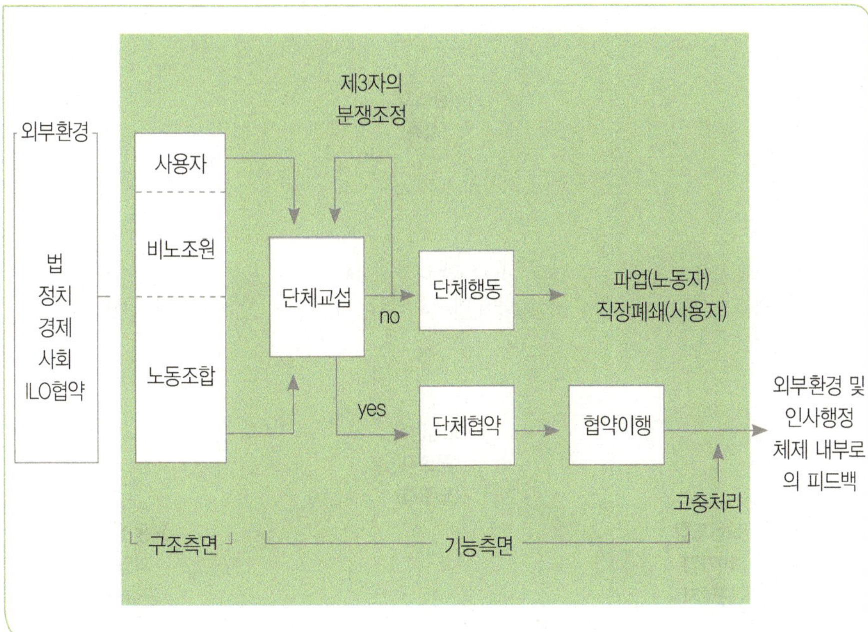


## 2. 참여적 의사결정 모형

참여적 의사결정 접근(Participative Decision Making Approach)은 노사관계에 있어서 근로자들의 '참여'를 핵심으로 한다. 이는 참여적 민주주의의 원리를 노사관계에 적용시키고자 하는 것이다. 모든 근로자를 조직의 운영과 관련된 이해관계자로 인식하고 전 계층의 근로자들을 조직의 의사결정에 참여시킴으로써 협력적인 노사관계를 형성하는 것을 목적으로 한다. 이를 통해 조직 구성원의 생산성과 직무만족의 향상을 기대할 수 있으며 근로자 개인은 스스로의 발전과, 변화에 대한 의지를 갖게 되는 등 긍정적인 결과를 얻을 수 있게 된다(Hays & Kearney, 1995).

참여적 의사결정 방식이 정착되기 위해서는 관리자와 근로자 사이의 상호 신뢰가 구축되어야 하며, 서로를 대립과 갈등의 상대로 인식하기보다 조력자, 협력자로서 상생할 수 있다는 인식이 선행되어야 한다.

이러한 참여적 의사결정 접근을 노사관계 모형에 반영한 것이 '노사파트너십 모

**그림 15-3 노사파트너십 내부 이해관계자 모델**

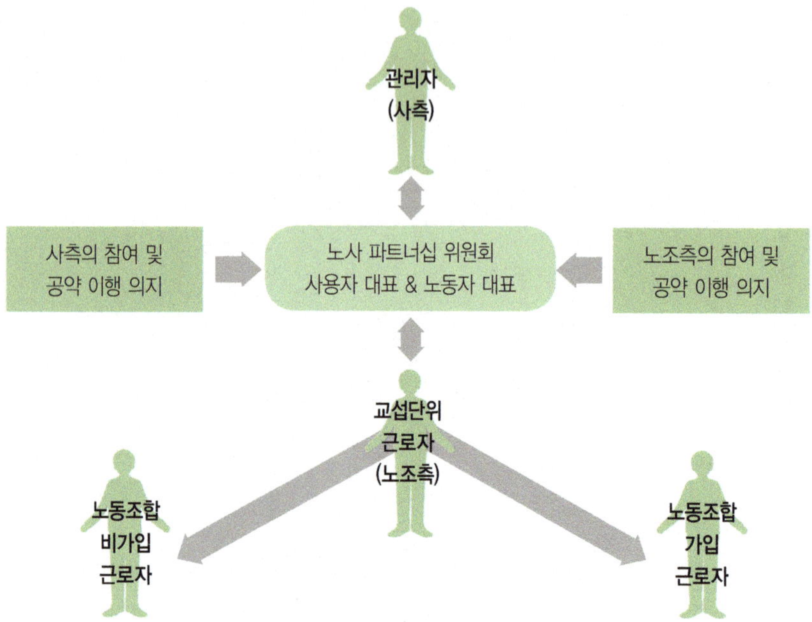


자료: Masters & Albright(2005).

형(Labor-Management Partnership Model)'이다(〈그림 15-3〉 참조). 노사파트너십 모형은 노사가 조직의 운영과 노사관계에 대해 중요한 의제를 논의할 때, 공동협상 테이블[3]을 통해 노조와 사용자 양측 모두 일반 조직 구성원들의 지원과 의견을 수렴하여 의사결정에 모든 구성원들의 의견이 동등하게 반영될 수 있도록 하는 협력적인 의사소통의 과정을 의미한다. 이는 1990년대 미국 클린턴 정부가 행정개혁 흐름 속에서 안정적이고 협력적인 노사관계를 구축하고자 시도한 것으로서 정부조직의 효과성 제고에 일정부분 성공을 거두었다고 평가되고 있다(한승주 외, 2011). 노사파트너십위원회(Labor-Management Partnership Councils)는 협상과정에 사용자 대표와 조직화된 노조 대표 외에도 노동자로서의 공무원 개인의 참여를 추구하여 조직 내의 모든 이해관계자의 의견을 수렴하고자 한 것이 특징이라고 할 수 있다(한승주 외, 2011).

---

3) 공동협상테이블의 예로서 미국 클린턴 정부의 노사파트너십위원회를 생각해 볼 수 있다.

**그림 15-4 파트너십 영향요인 모형**

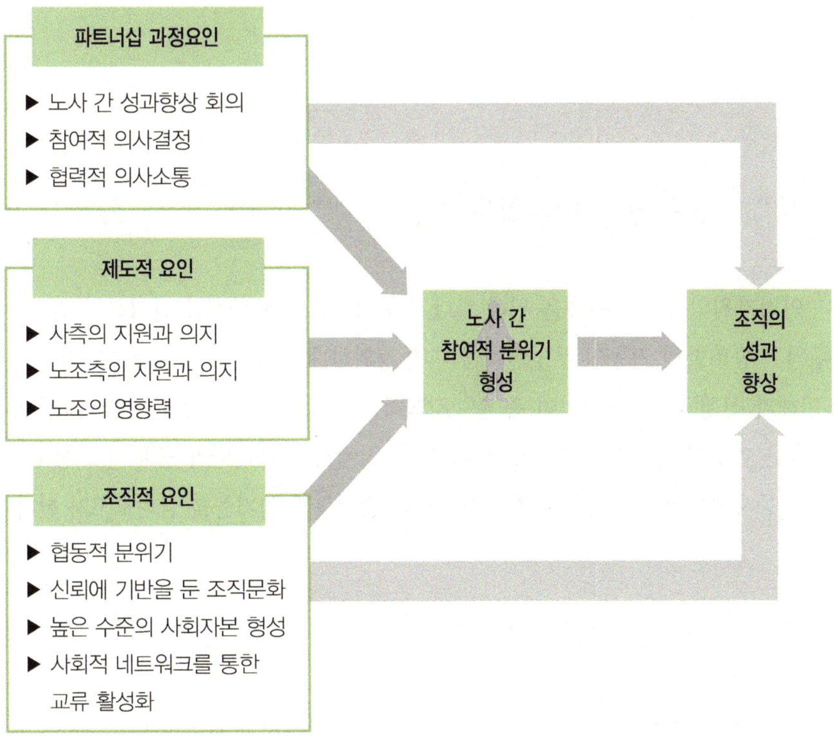


자료: Masters & Albright(2005).

특히 Masters와 Albright(2005)는 공공부문에서 노사관계 파트너십 모형이 성공적으로 발현되기 위해 필요한 요인을 파트너십 과정 요인, 제도적 요인, 조직적 요인으로 구분하여 구체화시킨 '파트너십 영향요인 모형'을 제시하였다(〈그림 15-4〉 참조).

파트너십 영향요인 모형은 건전한 노사관계 형성을 위한 요건으로 첫째, 파트너십 과정 요인으로 노사 간 성과향상 회의, 참여적 의사결정, 협력적 의사소통을 중요한 영향요소로 제시하고 있었으며, 둘째, 제도적 요인으로 사측의 지원과 의지, 노조측의 지원과 의지, 노조의 영향력을 중요한 영향요소로 제시하고 있었다. 셋째, 조직적 요인으로 신뢰와 협동을 기반으로 하는 조직 분위기와 문화의 조성, 높은 사회자본의 형성, 사회적 네트워크를 통한 교류의 활성화 등을 중요한 영향요소로 제시하고 있었다. 파트너십 성공요인 모형은 이러한 세 가지 차원의 선행요인들이 충족될 때, 사측과 노조측 간의 친화적인 참여적 분위기가 형성되어 파트너십을 구축할 수 있으며 이를 통해 궁극적으로, 조직성과가 향상될 수 있음을 설명하는 모형이다.

## 제3절 공무원 노동조합의 기능

인적자원의 유지 · 활용을 위해 보다 효과적으로 노사관계를 관리하기 위해서는 공무원 노동조합의 기능이 무엇인지에 대해 정확하게 이해해야 할 필요가 있다. 이러한 이해가 선행될 때, 긍정적인 측면은 강화하고 부정적인 측면은 예방할 수 있는 관리전략을 마련할 수 있기 때문이다. 이에 제3절에서는 우리나라 공무원 노동조합의 실제 활동사례를 바탕으로 공무원 노동조합의 순기능과 역기능을 살펴보고자 한다.

### 1. 공무원 노동조합의 순기능

공무원 노동조합의 순기능으로는 공무원의 권익 증진과 관리상의 민주성과 효율성 증진을 생각해 볼 수 있다(박천오 외, 2012). 이를 구체적으로 살펴보면 다음과 같다.

#### 1) 공무원 권익증진

공무원 노동조합의 기능 중 무엇보다 중요한 것은 공무원의 권익을 보호하는 것이다. 이는 노동조합의 존재 목적이기도 하다. 기존의 계층제적 권한구조하에서 고용인은 임금이나 작업조건 등에 대한 결정에서 상대적으로 약자일 수밖에 없었다. 특히 이들이 조직화되지 못하고 개별적으로 대응하는 경우 인사권을 행사하는 사용자나 상관과의 관계에서 절대적으로 불리한 위치에 놓일 수밖에 없었다. 노동조합을 결성함으로써 개별적으로는 권한과 책임이 낮지만 다수가 집약된 의견으로 행동을 취하고 이를 통해 조직의 생존에 대한 영향력을 높이게 되어 사용자와 대등한 위치를 확보할 수 있게 된다. 이로써 개별적 대응에서 당하기 쉬운 권익침해를 최소한으로 막을 수 있고, 나아가 현재의 낮은 임금수준과 열악한 근무조건을 개선시키는 효과를 가져올 수 있다(<참고 15-3> 참조).[4)]

## 참고 15-3 공무원 노조의 순기능: 공무원 권익 증진 예시

**경기도교육청 노조 "기능직 여성 공무원 근무 열악"**

이영주

전국공무원노조 경기도교육청지부는 15일 "교육기관에서 사무 · 시설보수 등의 업무를 도와주는 기능직 여성 조무공무원의 근무환경이 열악한 것은 물론 성희롱 등 인권침해에 시달리고 있다"라고 주장했다. 노조는 이날 경기도교육청 앞에서 가진 기자회견에서 이같이 밝히고 도교육청에 대책 마련을 촉구했다.

노조는 도내 기능직 여성 조무공무원 50여 명 중 28명을 대상으로 벌인 설문조사 결과 여성 조무공무원들이 불분명한 업무분담, 과도한 업무량 등을 호소했다고 밝혔다. 또 성희롱 등 직장 안에서 갖가지 인권침해까지 당하는 것으로 답했다고 설명했다.

일부 여성 조무공무원들의 경우 과다한 업무와 스트레스로 역류성 위염, 허리디스크, 손목 염좌 등에 시달리는 것으로 나타났다고 노조는 덧붙였다.

노조가 소개한 설문지 답변에는 '교내외 업무뿐 아니라 교장의 은행 · 우편 심부름 등 사적인 일까지 하고 있다', '풀 뽑기, 배수로 파기, 변기 뚫기, 심부름하기, 페인트칠하기 등이 업무 대부분이다', '누구의 통제도 받지 않는 곳에서 이뤄지는 성적인 농담은 참을 수 없다'는 등의 내용이 포함돼 있다.

노조의 한 관계자는 "도교육청이 여성 기능직 조무공무원들의 근무환경 개선에 적극적으로 나서야 한다"라며 "노조는 앞으로 도교육청이 기능직 공무원들의 근무환경 실태조사와 인권침해에 대한 대책을 수립하도록 강력히 요구할 것이다"라고 말했다.

자료: 연합뉴스(2011년 7월 15일).

4) 헌법재판소의 판례에서도 공무원의 권익보호가 노동권 보장의 중요목적임을 밝히고 있다. "헌법이 근로자의 근로3권을 보장하는 취지는 원칙적으로 개인과 기업의 경제상의 자유와 창의를 존중함을 기본으로 하는 시장경제의 원리를 경제의 기본질서로 채택하면서 노동관계당사자가 상반된 이해관계로 말미암아 계급적 대립 · 적대의 관계로 나아가지 않고 활동과정에서 서로 기능을 나누어 가진 대등한 교섭주체의 관계로 발전하게 하여 그들로 하여금 때로는 대립 · 항쟁하고 때로는 교섭 · 타협의 조정과정을 거쳐 분쟁을 평화적으로 해결하게 함으로써, 근로자의 이익과 지위의 향상을 도모하는 사회복지국가 건설의 과제를 달성하고자 함에 있다."

### 2) 관리의 민주성과 효율성 증진

공무원 노동조합의 두 번째 순기능은 공공부문 인적자원관리의 민주성과 효율성을 증진하는 데 있다. 공무원 노조는 부당한 정치적 정실인사를 배제시키는 데 기여할 수 있으며 자의적인 인사조치에 대해서도 노조 전체의 힘으로 적극적으로 대응할 수 있다(〈참고 15-4〉 참조). 또한 이러한 부당성의 공개를 통해 시민들로 하여금 정부가 하는 일에 관심을 이끌어 내고 참여를 자극하는 효과를 가져올 수 있다.

**참고 15-4**

### 공무원 노조의 순기능: 관리의 민주성 증진 예시

**곽노현 '특혜 인사' 파문 확산… 서울교육청 노조, 감사청구 서명 돌입**

조원일

서울시교육청 일반직공무원노동조합이 곽노현 서울시교육감의 측근 인사 챙기기를 비판하며 감사청구를 위한 서명운동에 돌입했다. 한국교원단체총연합회도 감사원에 감사청구를 예고하는 등 인사파행 파문이 확산되고 있다.

일반직노조는 29일 서울 신문로 시교육청 정문 앞에서 1인 시위를 시작하는 한편 편법인사에 대한 감사청구를 위해 조합원 서명운동에 들어갔다. 곽 교육감 퇴진 운동도 벌이기로 했다. 1인 시위에 참석한 이점희 노조위원장은 "곽 교육감이 무리한 인사를 강행한다면 다음 달 7일 기자회견 이후 다시 논의를 거쳐 더욱 강경하게 대처하겠다"며 "퇴진을 요구하는 공무원 파업도 가능하다"고 밝혔다.

일반직노조는 출근시간 1인 시위를 다음 달 7일까지 계속한 뒤 곽 교육감의 퇴진을 촉구하는 기자회견을 열기로 했다.

곽 교육감은 최근 비서실 내 5급 사무관을 늘리고, 7급으로 채용한 계약직 직원을 6급으로 승진시키려는 계획이 알려지며 비난을 받았다. 교육감 선거에 도움을 준 전국교직원노동조합 출신 등 2명을 5급으로 특채하는 절차도 진행 중이다. 또 이재하 시교육청 총무과장을 경기도 가평군 소재 서울시학생교육원 총무부장으로 전보발령 냈다. 이 과장의 인사는 비서실 조직개편 등에 협조하지 않았다는 이유라는 의심을 받고 있다. 송동호 일반직노조 단체교섭본부장은 "총무과장이 이런 식으로 전보조치되는 일은 전례가 없다"며 "무리한 인사에 대한 일반직 공무원의 분노가 터져 나오고 있다"고 말했다.

한국교총도 "피땀 흘려 노력하는 예비 교사들과 오랫동안 묵묵히 직무에 최선을 다하는 교육청 공무원들이 크게 좌절하고 있다"며 "곽 교육감이 무리한 특혜인사를 즉각 철회하지 않으면 교육감의 인사권 남용에 대해 감사원에 감사 청구를 할 것"이라고 덧붙였다.

한편 곽 교육감은 이날 기자간담회를 갖고 시교육청 비서실에 근무 중인 정책보좌관 등 측근 5명을 6급으로 승진시키려던 계획을 철회하겠다고 밝혔다. 하지만 공립고 교사 3명 특별채용은 계속 추진한다고 했다.

자료: 국민일보(2012년 2월 29일).

노조는 인사뿐만 아니라 정책결정이나 예산집행 등의 관리상의 잘못에 대해서도 사측에 이의 시정을 촉구함으로써 행정의 투명성을 높이고, 밀실에서 은밀하게 이루어지는 부정과 비효율을 방지하는 데 기여할 수 있다(〈참고 15-5〉 참조).

### 참고 15-5 공무원 노조의 순기능: 관리의 효율성 증진 예시

**양대웅 전 구로구청장, 업무상 배임혐의 고발**
**구로지방자치시민연대, 양 전 구청장과 전 총무과장 남부지검에 고발**

박종일

구로지방자치시민연대(이하 시민연대)와 전국공무원노동조합 부정부패추방위원회(이하 공무원노조)는 5일 양대웅 전 구로구청장과 전 총무과장에 대해 업무추진비 사용실태를 열람한 결과 업무상 배임혐의가 있어 서울남부지방검찰청에 고발할 예정이라고 4일 보도자료를 통해 밝혔다.

또 구로구청의 업무추진비 사용에 대해 열람한 결과 여러 문제점들이 있어 12월 5일 서울시에 주민감사를 요청할 예정이라고 밝혔다.

▶ 업무상 배임 관련

시민연대와 공무원노조는 2008년부터 2010년까지 구로구청의 기관운영업무추진비 및 시책추진업무추진비에 대해 열람한 결과 양대웅 전 구로구청장과 전 총무과장이 현금으로 1억 5,000만 원 가량을 증빙서류 없이 무단으로 사용한 것을 확인했다고 밝혔다. 사용사례로 구청장 업무추진비에서는 매월 47만원 상당을 2~3차례 사업비 명목으로 현금으로 지급받았는데 총 54건, 2,500만원을 수령증 한 장만으로 사용했다는 것이다. 또 현업직원이 아닌 비서실에게 격려금으로 3,500만원을 지급했다는 것이다. 전 총무과장은 3년간 무려 7,700만원을 현금으로 수령증 이외에 증빙서류 없이 사용했다고 밝혔다.

▶ 서울시 주민감사 추진 관련
또 시민연대와 공무원노조는 그 외 개인의 인맥관리로 경조사비를 낭비하고, 허위지출의혹이 있는 업무추진비 사용, 오후 11시 이후 업무추진비를 사용할 수 없음에도 유흥주점에서 사용한 사례, 업무추진비를 인건비로 지출한 사례 등 고질적인 업무추진비 부당 사용에 대한 관행을 없애기 위해 서울시 시민감사를 추진할 예정이라고 밝혔다.
이번 고발과 시민감사 추진은 1995년에 시작한 지방자치 역사상 서울시 25개 자치구 중 최초로 업무추진비 전체를 열람한 점에서 의미가 있으며 이를 볼 때 자치구의 업무추진비 사용관행에 대해 경종을 울릴 것으로 예상된다.

자료: 아시아경제(2012년 1월 3일).

## 2. 공무원 노동조합의 역기능

공무원 노동조합은 위에서 살펴본 바와 같이 공무원의 권익증진과 관리상의 민주성과 효율성 증진과 같은 긍정적인 역할을 한다. 그러나 공무원 노동조합은 공무원이 담당하게 되는 직무의 특수성으로 인해 행정의 능률성 저하, 실적주의의 약화와 같은 문제점을 초래할 수 있다(박천오 외, 2012). 이를 구체적으로 살펴보면 다음과 같다.

### 1) 행정의 능률성 제한

공무원에게는 근로자라는 역할에 앞서 전체국민에 대한 봉사자라는 역할이 강조된다. 따라서 공무원은 어느 특정개인이나 집단의 이익을 위해서 일하는 것이 아니라 모든 사람에게 중립적 입장에서 봉사해야 한다. 그런데 노조를 허용하게 되면 자신들의 집단이익을 위해 무리한 요구를 할 수 있으며 이를 실현시키기 위해 행동하다 보면 공익을 해치는 결과를 초래하기 쉽다(〈참고 15-6〉 참조).

또한 공무원의 지위 뿐만 아니라 이들이 수행하는 직무의 공공성으로 인해 노동조합의 활동이 사회적으로 부정적인 결과를 초래할 수 있다.[5] 정부가 수행하는 직

5) 헌법재판소의 판결에 "국민전체의 봉사자로서 공공의 이익을 위하여 근무하고 직무집행에 있어서 전념의무가 있는 것이 공무원의 신분상의 지위인 것으로 보아, 국가기능의 계속성의 확보를 위하여도 일반 근로자의 경우와 달리 입법자에 의한 제한은 부득이한 것"이라고 정의함으로써 공무원이 국민전체의 봉사자임과 직무의 공공성을 함께 인정하고 있다.

## 참고 15-6 공무원 노조의 역기능: 행정의 능률성 제한 예시

**터무니없는 공무원노조 요구**
**성과상여금 없애고 임금은 공기업 만큼 높여라**
**원로수당 · 위험수당도 주장**

배한철

공무원노동조합총연맹(이하 공노총) 협상단이 단체교섭을 벌이면서 터무니없는 요구안을 내세워 논란을 빚고 있다. 그동안 노조들은 기업 기준에 맞춘 요구조건을 제시하는 게 관례였다. 하지만 공기업이 '신이 내린 직장'으로 불리는 등 선망의 대상으로 떠오르자 이번에는 공기업 수준에 맞춰달라는 억지주장을 펴 여론의 따가운 눈총을 받고 있다.

9일 공노총 협상단이 정부에 내놓은 362개 조항 '2007년 단체교섭 요구안'에 따르면 공노총은 공무원 임금을 올려 단계적으로 공기업 수준에 이르도록 해야 한다고 주장하고 있다.

현재 중앙인사위원회 공무원 보수기준은 100명 규모 중소기업체 수준으로 이는 공기업의 70%에 불과하다는 게 노조측 논리다.

공노총 측은 "객관적으로 일의 중요도나 업무량으로 볼 때 공무원이 공기업 사원보다 일을 적게 하지 않는데도 신입 공무원 연봉은 1,200만원으로 3,000만원이 넘는 공기업에 비해 지나치게 낮다"고 항변했다.

노조측은 당장 올해 기본급을 4.6% 올리는 한편 그동안 실질임금이 줄어든 것을 고려해 5%를 추가로 인상하라고 요구했다. 또한 지난해 물가를 고려하면 실질임금이 1% 삭감된 만큼 봉급조정 수당을 신설해 연내에 보상하라고 밝혔다.

노조측은 성과상여금도 없애라고 목소리를 높였다. 팀 구성원별로 성과평가를 하는 것 자체가 불가능하기 때문에 성과상여금을 기본급으로 전환해야 한다는 주장이다. 현재 총보수의 3%를 성과상여금으로 차등 지급하고 있다.

특히 노조측은 55세 이상으로 20년 이상 근무한 6급 이하 공무원에게 원로수당 월 5만원을 지급하라는 요구도 내걸었다. 오랫동안 공무원으로 일했으나 직급이 안 올라간 경우 빨리 승진한 공무원과 형평성 문제가 있으니 이를 수당으로 보상해 줄 필요가 있다는 주장이다.

동료 직원이 장기 교육, 출산휴가를 떠나면 업무를 대신 해줘야 하는데 이때 월 10만원씩 업무대행수당을 별도로 줘야 한다는 내용도 포함하고 있다. 아울러 건강수당 월 10만원, 대도시 근무자 생계수당 5만원, 공무원 위험수당 8만원 등 다양한 수당을 신설하라고 요구했다. 가족수당을 모든 가족으로 확대하고 수당 액수도 1인당 월 10만원으로 올려야 한다는 것도 요구안에 담았다. 현재 가족수당은 배우자 3만원, 나머지 가족은 2만원이다.

퇴직 예정 공무원의 공로보상 차원에서 국내외 문화유적지 시찰에 필요한 경비를 500만원으로 통일해 지급하라는 내용도 있다. 노조는 10년 이상 장기근속 공무원에 대해서는 재충전을 위해 1년간 유급 안식휴가를 실시할 것을 요청했다.

노조측은 공무원연금법 개정안과 관련해서는 공무원연금 재정에 대한 정부 법정부담률을 현재 8.5%에서 25%로 끌어올려야 한다고 말했다.

이 같은 상식 밖의 요구에 대해 정부는 수용할 수 없다는 입장이다.

한편 지난 5일 본교섭 상견례를 한 정부와 공노총측은 오는 8월 말까지 실무교섭을 마무리한 뒤 9월 정기국회에 예산을 반영한다는 교섭 일정을 마련한 것으로 파악됐다.

자료: 매일경제(2007년 7월 10일).

무는 국가의 기능유지와 국민의 생활유지에 필수적인(Essential) 것이어서 이러한 직무의 수행이 중단되는 경우 국익에 중대한 해를 가져올 수 있기 때문이다(Cozzetto, Pedeliski & Tipple, 1996). 이에 대한 예로서, 2009년 11월, 공무원과 마찬가지로 직무의 공공성이 강한 공기업인 철도공사 노조파업으로 인해 열차운행서비스가 중단된 사태를 들 수 있다. 이 사태는 철도기관사들의 근로조건을 국민에게 알리는 계기도 되었지만, 2007년 국제금융위기 이후 회복 기미를 보이던 국가경제에 막대한 경제적 손실을 초래할 수 있다는 국민적 우려를 낳기도 하였다.

### 2) 실적주의의 약화

공무원 노동조합은 우리나라 인사행정의 기본 원리인 실적주의의 약화를 초래할 수 있다(Osborne & Gaebler, 1992). 노조원이 무엇보다 중시하는 것은 그들의 신분보장이다. 조직의 목표달성이라는 차원보다는 권익보호를 우선 생각하게 되어 외부에서의 개방형 충원을 반대하고, 연공서열에 의한 안전한 승진 보장을 선호하게 된다. 실적주의와 경쟁원리를 적용하지 못함으로써 무능력하고 나태한 공무원이 공직에 그대로 남아 있을 수 있고, 능력있는 공무원은 공직을 떠나거나 사기가 떨어지게 되어 공직전체의 역량이 악화되는 결과를 가져올 수 있다(〈참고 15-7〉 참조). 또한 기구 축소나 개편으로 인해 인원감축이 필수적인 경우에도 신분상의 불이익 때문에 이를 반대하기 쉽다(박영범 외, 1994).

## 참고 15-7 공무원 노조의 역기능: 실적주의의 약화 예시

**서울시 공무원노조 "공무원 퇴출제도 반대"**

송복규

서울시 공무원노조는 9일 성명을 내고 서울시가 추진하고 있는 공무원 퇴출제도(현장시정추진단)를 유보해야 한다고 주장했다.

노조는 5급 이하 직원만을 퇴출제도 대상으로 하는 것이 부당한데다 퇴출자 선정 과정에서 객관성이 부족해 인맥 · 학맥 등을 찾아 줄을 서는 부작용을 낳을 것이라고 강조했다.

노조는 이날 오전 집회를 갖고 현장시정추진단 시행 철폐를 요구하기도 했다.

임승룡 노조위원장은 "의견 수렴이 필요한 사안인 만큼 공청회나 공개토론을 거쳐 대안을 강구해야 한다"며 "국 · 실장의 권한이 확대되면서 벌써부터 잘 아는 국장들을 찾아다니며 부탁하는 직원들이 늘고 있다"고 말했다

자료: 머니투데이(2007년 3월 9일).

# 제4절 문제점과 발전방향

## 1. 문제점

지금까지 논의된 내용을 바탕으로 우리나라 공무원 노동조합의 문제점을 살펴보면 다음과 같다.

첫째, 공무원 노동조합의 역기능에서도 지적된 바와 같이 실적주의의 약화를 들 수 있다. 공무원 노동조합은 기본적으로 공무원 신분보장과 연금 등 기존의 안정적 권리를 옹호하기 때문에 실적주의와 배치된다.

둘째, 공무원 노조에 대한 국민적 수용도도 낮다는 점을 문제점으로 지적할 수 있다. 이는 아직까지 공무원을 노동을 제공하고 반대급부로 생계수단을 지급받는 근로자로 인식하는 견해가 부족하기 때문에 발생하는 문제이다. 국민적 여론이 공무원 노조에 대해서 공감하지 못할 경우, 공무원 노조활동은 정당성을 잃게 된다.

셋째, 일반 국민들뿐만 아니라 우리나라의 행정문화 역시 공무원 노조를 수용하기 곤란하다. 우리나라 행정문화에서는 노조의 집단이기주의로 인해 공무원의 중립적 지위와 직무의 공공성을 해칠 것을 염려하는 부정적 시각이 강하다. 또한 협상에서 타협을 이끌어내기 위해서는 양보와 결과에 대한 수용이 무엇보다 중요하지만, 이러한 의식수준 역시 부족한 실정이다. 민간부문의 사례에서도 양보보다는 노사 양측이 파업이나 직장폐쇄와 같은 극단적인 실력행사를 선택하는 경우가 더 많았다. 따라서 우리나라의 경우 전통적으로 적대적이고 투쟁적인 노사관계가 형성되어 있음을 알 수 있다. 노사의 원만한 협상은 토론과 논쟁, 양보와 타협, 평등과 존중을 요구한다. 이러한 조건은 개인주의 · 평등주의 · 분석주의의 오랜 전통을 가진 서구사회의 조직문화에서 더 충족될 수 있다. 우리나라의 경우 전통적으로 하나의 동질적인 통합집단으로 유지되어 왔기 때문에 노조의 결성으로 공직사회를 노 · 사집단으로 나누는 것은 오히려 집단 간의 분란과 기존의 위계질서에 혼란을 가져와 조직전체로서의(Organization as a Whole) 직무수행능력을 약화시킬 수 있다.

## 2. 발전방향

앞에서 지적되었던 문제점에 대한 발전방향을 살펴보면 다음과 같다.

첫째, 공무원 노동조합에 의해 지나치게 기득권이 옹호되어 실적주의제도가 약화되는 문제점을 지적하였다. 그러나 우리나라 공무원 노동조합은 조합원들의 권익보호 외에 공정한 인사제도 확립 및 부패방지 등을 목표로 삼고 있다. 이러한 공무원 노동조합의 순기능을 통해 바람직한 실적주의제도를 강화할 수 있으며 이를 통해 국민들에게 더 나은 공공서비스를 제공할 수 있을 것이다.

둘째, 국민적 공감대 형성이 필요하다. 공무원은 국민전체에 대한 봉사자임과 동시에 근로자로서의 역할을 갖고 있다는 점을 인식하고 공익확보라는 목표를 향해 함께 협력해 나가는 동반자로서 인식해야 할 것이다.

그림 15-5 노사관계의 패러다임 변화

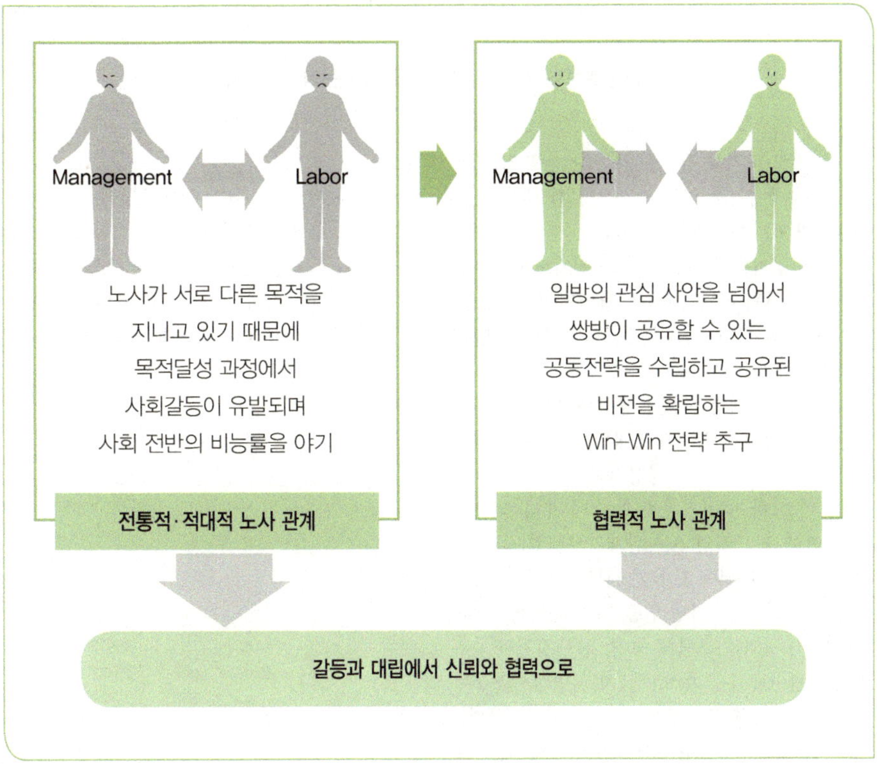


마지막으로 대립적 노사관계에서 협력적 노사관계로의 전환이 필요하다(〈그림 15-5〉 참조). 이는 신뢰를 바탕으로 공동의 목표와 공유된 비전을 확립함으로써 가능할 것이다. 협력적 노사관계를 형성할 수 있는 또 다른 핵심 요소들로는 소통, 리더십, 공동체 문화가 있다. 특히 소통은 노사 간 불신을 극복하고 신뢰를 강화할 수 있는 요소이다. 이러한 소통이 바람직하게 이루어지기 위해서는 관계의 중요성을 강조하는 노사 대표의 리더십이 중요하다. 또한 노사 양측 모두 서로를 조직의 가치와 비전을 공유하는 공동체로서 인식하고, 이러한 공동체 문화 형성을 통해 협력적 노사관계를 구축할 수 있을 것이다.

# 개혁사례

## 경기도, 노사문화대상 수상

김주홍

안전행정부 주관 2011 공무원 노사문화 기관 인증

경기도(도지사 김문수)가 '2011공무원 노사문화 우수행정기관 인증 및 노사문화 대상 기관 선정평가'에서 대상을 수상했다.

2일 경기도에 따르면 도와 경기도청공무원노동조합(위원장 윤주용)은 광역자치단체로는 유일하게 노사문화 우수행정기관으로 선정되는 영예를 안았다.

노사문화대상은 안전행정부에서 노사 간 협력해 상생의 노사관계를 정착시키고 모범적인 노사문화를 가꿔 온 행정기관을 선정해 인증하고, 이를 타 행정기관에 확산 전파해 공직사회 전반에 협력적인 노사관계가 뿌리내리도록 하기 위해 2010년에 도입한 제도이다.

시행 2회째인 금번 인증에는 지난 8월 정부중앙부처, 광역 기초단체 등 각급 행정기관 180여개 기관이 접수를 했으며, 1차 서면심사와 2차 현지실사를 통해 우수행정기관 7개를 선정했다.

이후 2010년 우수해정기관 5개 기관과 2011년 우수행정기관 7개 기관 중 모범기관으로 평가된 상위 8개 기관을 대상으로 지난 10월 3차 사례발표를 실시했으며, 최종적으로 경기도와 경기도청공무원노조를 공무원노사문화대상 기관으로 선정했다.

그동안 경기도는 노사문제에 대한 김문수 지사의 적극적인 지원을 바탕으로, 공무원노조를 상생의 파트너로 삼고 ▲전국 첫 공공기관 노사정 대타협, ▲노사 상생포럼 운영, ▲모범적인 단체교섭 체결, ▲노사정 공동선언문 채택 등 선진 노사문화 정착을 위한 프로그램을 추진해왔다.

또한 도청 공무원 노조는 ▲노-사 찾아가는 인사상담제도, ▲노사 청렴협약 체결, ▲봉급끝전 나눔을 통한 위기가정 무한돌봄 사업, ▲어려움에 처한 도민을 돕기 위한 자원봉사 등을 통해 타 행정기관의 모범적인 노조활동을 선도해왔다.

노사문화 우수행정기관 선정에 따라 경기도는 정부로부터 특별교부세를 지원받는 한편 정부의 각종 지원시책 시행시 우대를 받게 되며, 유공 공무원은 해외연수 기회를 부여받고, 경기도 사례가 우수사례로 채택돼 전국 행정기관에 배부된다.

자료: 아시아 투데이(2011년 11월 2일).

## 토론 문제

**Q1** 협력적 노사관계를 형성, 유지하기 위하여 우리나라에서 제시될 수 있는 공무원 노조의 개혁과제는 무엇인지 토론해 보세요.

**Q2** 공무원의 단체행동권 인정범위에 대하여 토론해 보세요.

**Q3** 공무원 노조의 당위성에 대한 조직 구성원의 수용도 제고방안에는 어떤 방법들이 있을지 제시해 보세요.

**Q4** 공무원노조의 일과 삶 균형(WLB)정책에 대한 기여방안과 정책적 함의에 대하여 논의해 보세요.

**Q5** 공무원노조는 "조직의 민주적 운영이라는 측면에서 민주성을 제고하나, 반면에 조직의 관리적 측면에서 능률성을 해친다."라는 지적이 있습니다. 이러한 가치 상충을 해소하기 위한 방안에는 어떠한 것들이 있는지 논의해 보세요(민주성 vs 능률성).

# 영화로 보는 인사행정

## 가족 시네마 : 인 굿 컴퍼니(In Good company)

| 감독 : 신수원, 홍지영, 이수연, 김성호
| 출연 : 정인기, 김지영, 선우선, 이명행

| 장르 : 가족, 드라마, 옴니버스
| 국가 : 한국(2012)

가족 시네마라는 영화는 옴니버스 형식의 영화로 순환선, 별 모양의 얼룩, E.D. 571, 인 굿 컴퍼니라는 4가지 이야기를 다루고 있다. 모두 가족과 관련된 내용이자 우리 사회의 이면을 여과 없이 보여주는 영화들이다. 먼저 '순환선'은 갑작스럽게 실직하게 된 가장의 이야기이다. 앞으로 어떻게 살아야 할지 막막하기만 한 그에게 아내가 둘째를 임신한 상황은 마음껏 기뻐할 수만은 없는 일이다. 출산일은 다가오고 비용을 모아야 하는데, 딱히 해결책은 없다. 그러다 시간을 때우려고 올라 탄 순환선에서 분유 값을 구걸하는 여자를 보게 된다. 갑작스러운 실직으로 인해 한 가장이 어떤 심정을 갖고 고민하는지, 가족의 의미를 다소 냉소적으로 전달하고 있다. '별 모양의 얼룩'은 유치원 캠프 화재사고로 딸을 잃은 지 1년이 지난 부모가 자신의 딸이 살아 있을 것이라는 심정을 놓지 못하고 방황하는 이야기를 다룬다. 'E.D. 571'은 과거에 등록금을 벌기 위해 기증했던 난자로 태어난 아이가 12년 후 골드미스인 김부장을 찾아온 이야기를 다룬 영화이다.

인 굿 컴퍼니(In Good Company)는 반어법의 제목으로, 앞서 다룬 다양성 관리 중 '일과 삶의 균형(WLB: Work Life Balance)'정책에 대한 문제를 현실적으로 보여준다. 야근도 철야 업무도 많은 직장을 다니고 있는 한 여성, 이 여성은 현재 임신을 한 상태이다. 임산부인 그녀에게 직장은 출산휴가를 주지 않고 사직을 권고한다. 같은 회사에 다니는 여직원들은 사표 제출을 말리며, 부당한 회사에 대항하여 '권고사직을 철회하지 않으면 일을 하지 않겠다'고 버티지만 차츰 팀장과의 대화에 넘어가 하나 둘씩 현실에 순응하며 일에 참여하게 되고 임신한 직원의 사표를 제출해버린다. 직장에서 야근과 철야를 밤새도록 하다 보니 매번 아이를 유치원에 밤늦게까지 맡기기 일쑤다. 저녁을 안 먹고 아이를 잠시 데리러 다녀오겠다고 해도 못 가게 하는 회사 때문에 엄마로서 겪는 갈등은 커져만 간다. 이렇게 한 사람이 처한 일은 결국 다른 한편에 순환의 고리로 이어진다. 아이를 데리러 다녀오는 것도 말리고, 임산부에게 권고사직을 한 남자 팀장의 와이프가 현재 만삭인 상태이다. 팀장의 와이프는 만삭의 몸으로 사정이 있는 교사 대신 대체교사로 하루 동안 일을 한다. 출산 후 복직하는 것을 염두에 둔 선택이었다. 아침부터 밤늦게까지 장시간 근무를 하다 아내는 쓰러지고 부모들이 데리러오지 않은 아이들은 쓰러진 선생님 주변에서 펑펑 운다. "도대체 누가 이렇게 애들을 안 데려가느냐!"고 절규하는 남자 팀장의 모습을 보며 일과 가정의 양립에서 고민하는 모든 이들을 다시금 생각해보게 한다. 그럼에도 불구하고 '나도 이런 상황에서 희생했으니까 너도 그냥 버티고 희생해'라는 야속한 대답을 느끼며, 이러한 문제에서 가장 소외당하는 것은 가족이라는 것을 말하는 것 같은 이 영화는 우리에게 많은 시사점을 주고 있다. 지치고 힘들어지는 악순환의 고리를 끊고 직장과 사회에서 진정으로 삶의 질을 높이기 위해서는 어떤 방법이 있을지 고민해 보길 바란다.

사진출처: http://www.mvgod.com/movie/

## 심리적 계약위반이 조직구성원의 행태에 미치는 영향 : 개인의 문화적 · 정서적 성향 및 조직상황변수의 조절효과

유민봉 · 심형인

이 연구는 근래 공기업 경영혁신에 따른 심리적 계약위반의 관리적 중요성과 기존 연구의 방법론적 주요쟁점을 문제인식으로 하여, 공기업 구성원이 심리적 계약위반 상황에서 어떠한 행태적 반응을 보이는지에 대하여 실증적으로 연구하였다. 행태적 반응은 조직에 대한 불만족이나 실망감을 경험하는 상황에서의 반응을 유형화한 이직(Exit), 발언(Voice), 충성(Loyalty), 태만(Neglect)의 EVLN 모형을 재구성하여 종속변수로 사용하였으며, EVLN에 영향을 미치는 요인에는 심리적 계약위반 이외에 개인성향변수(문화적 성향과 정서적 성향) 및 조직상황변수(절차공정성, 이직의 기회비용, 외부통제)를 포함시켜 이들 변수의 주효과(main effect) 및 조절효과를 위계적 회귀모형으로 분석하였다. 군집표집을 통해 확보한 401부의 설문지를 분석한 결과 심리적 계약위반 상황에서 구성원들은 조직에 부정적 영향을 줄 수 있는 이직의도와 태만의 반응이 높고, 조직에 유익한 충성의 반응은 낮음을 발견하였다. 또한 개인특성 변수 중 집단주의 성향과 긍정적 성향 그리고 조직상황변수들이 심리적 계약위반으로 발생할 수 있는 조직에 대한 구성원의 부정적 행태를 완화시킨다는 것을 확인하였다.

### Research Questions

1) 공공부문 인사개혁과 효율성 가치의 강조에 따라 구성원들의 태도와 행동에 어떠한 영향을 미치는지에 대해 토론해 보세요.

2) 조직 구성원들이 불만족스러운 상황을 인지할 경우 이에 대한 인적자원관리방안에 대해 논의해 보세요.

### Research Framework

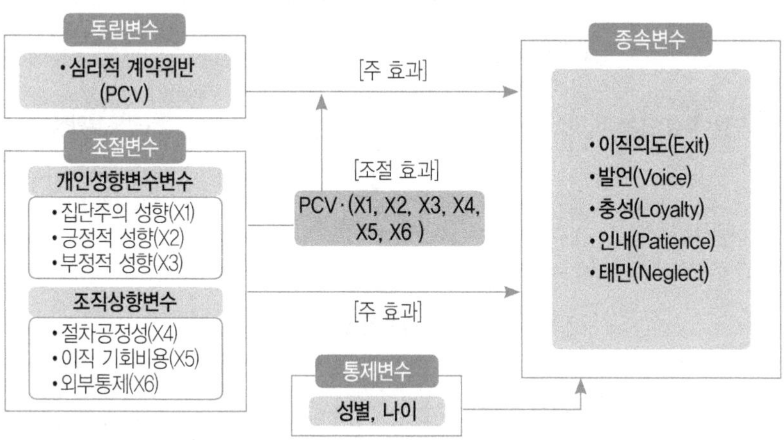


자료: 한국행정학보(2012), 46(2):421~449

# 연구로 보는 인사행정

## '일과 삶 균형' 정책과 정책 부합성이 조직효과성에 미치는 영향에 관한 연구 : 공공조직과 민간조직의 비교를 중심으로

김선아 · 김민영 · 김민정 · 박성민

본 연구는 인적자원관리에 있어서 '일과 삶 균형(WLB: Work Life Balance)' 정책의 중요성을 이론적 · 실증적으로 규명하고자 하였다. 특히, 본 연구에서는 WLB 정책을 유연근무제, 친가족정책, 개인신상지원 프로그램 등 3가지 차원으로 구분하여 제시하였으며, 분석대상을 공공조직과 민간조직으로 구분하여 기존 연구와의 차별화를 도모하였다. 이를 위해 제3차 여성가족패널(KLoWF) 자료를 바탕으로 WLB 정책과 정책 부합성, 조직효과성 간의 관계를 검증하였으며, 설문조사의 한계를 보완하기 위하여 공공조직 · 민간조직 여성 근로자와의 인터뷰를 진행하였다. 분석결과, WLB 정책과 조직 효과성 간의 관계에 있어 공공조직과 민간조직 간의 구분되는 차이가 있음을 확인할 수 있었으며 인터뷰를 통해 이러한 결과가 공공조직과 민간조직이라는 조직의 특성과 구성원들의 서로 다른 욕구체계에 기인한 것임을 알 수 있었다. 이러한 분석을 바탕으로 본 연구에서는 각각의 조직 특성에 맞는 수요자 친화적 WLB 정책 구축의 필요성을 제안하고, WLB 정책의 시행 측면의 문제점 및 개선방안 등을 제시하였다.

### Research Questions

1) 다양성 관리 정책(유연근무제, 친가족정책, 개인신상지원 프로그램)이 공공조직의 효율성과 효과성에 미치는 영향은 무엇인지 토론해 보세요.

2) 공공조직 내 다양성 관리 정책의 부합성과 실현성을 높이기 위한 방안은 무엇인지 토론해 보세요.

### Research Framework

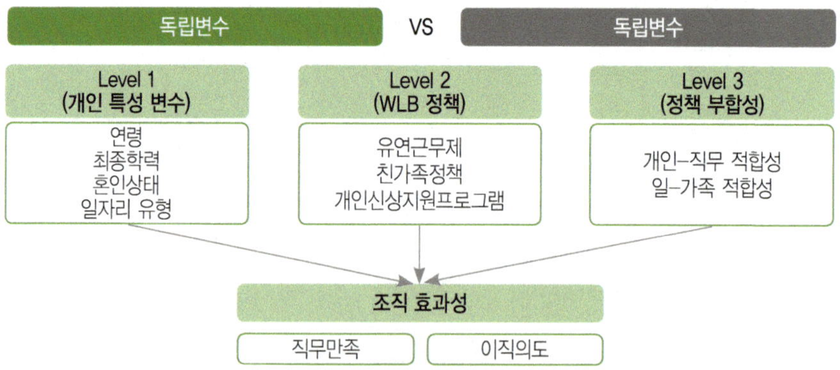


자료: 한국행정학보(2013), 47(1):201~237

# 제 7 편

# 인적자원의 평가

제 16 장 공무원 성과관리

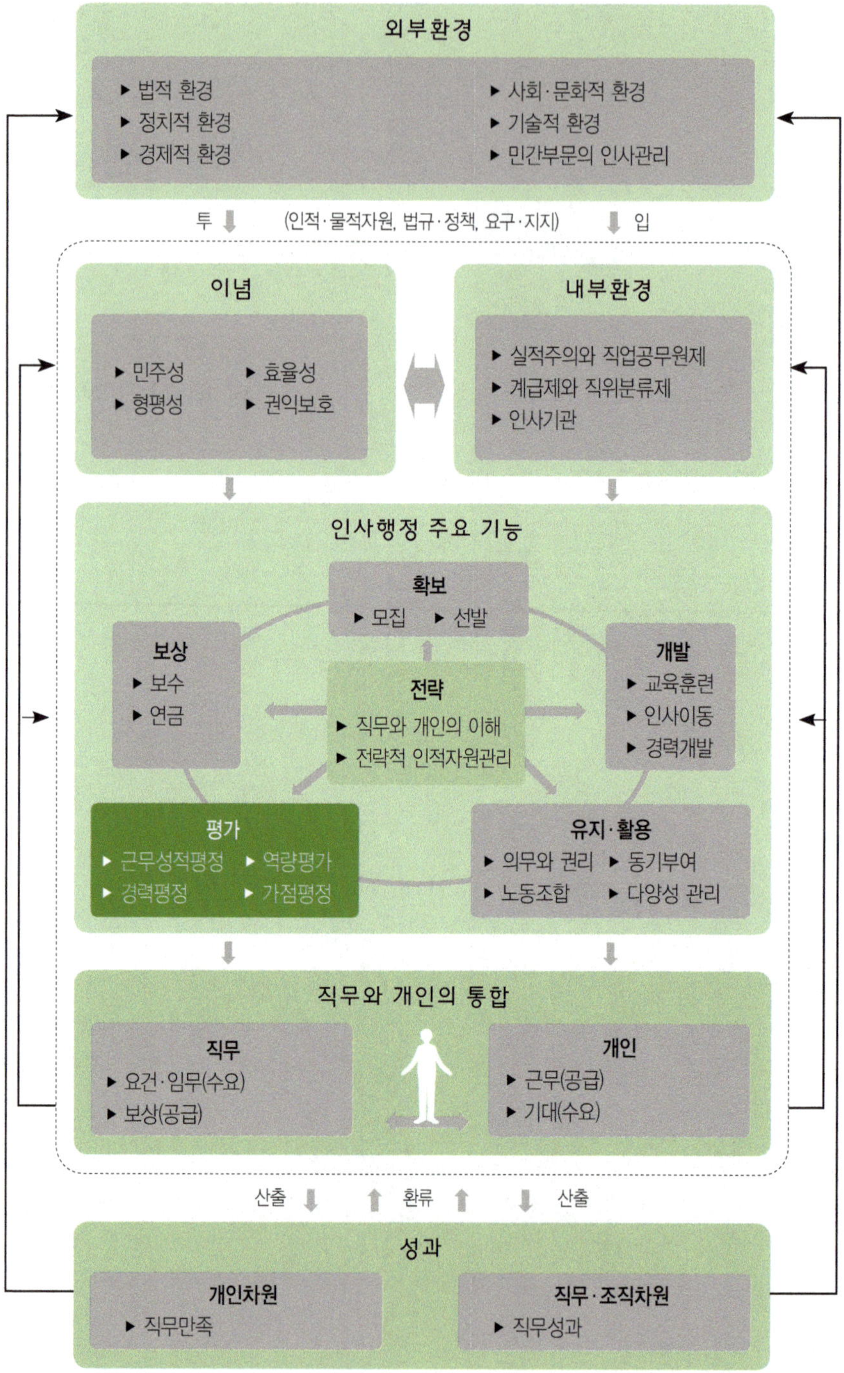

외부환경
▶ 법적 환경
▶ 정치적 환경
▶ 경제적 환경
▶ 사회·문화적 환경
▶ 기술적 환경
▶ 민간부문의 인사관리
투
(인적·물적자원, 법규·정책, 요구·지지)
입
이념
▶ 민주성
▶ 효율성
▶ 형평성
▶ 권익보호
내부환경
▶ 실적주의와 직업공무원제
▶ 계급제와 직위분류제
▶ 인사기관
인사행정 주요 기능
확보
▶ 모집
▶ 선발
보상
▶ 보수
▶ 연금
전략
▶ 직무와 개인의 이해
▶ 전략적 인적자원관리
개발
▶ 교육훈련
▶ 인사이동
▶ 경력개발
평가
▶ 근무성적평정
▶ 역량평가
▶ 경력평정
▶ 가점평정
유지·활용
▶ 의무와 권리
▶ 동기부여
▶ 노동조합
▶ 다양성 관리
직무와 개인의 통합
직무
▶ 요건·임무(수요)
▶ 보상(공급)
개인
▶ 근무(공급)
▶ 기대(수요)
산출
환류
산출
성과
개인차원
▶ 직무만족
직무·조직차원
▶ 직무성과

# 제 16 장



# 공무원 성과관리

## ■ ■ ■ 들어가는 말

인적자원을 유지하고 활용하기 위한 활동이 끝나면, 그 다음으로는 조직 구성원이 수행한 직무의 성과가 어느 정도인지를 평가하고 이를 관리하려는 활동이 필요하다. 과거 공공부문에서의 성과관리는 법적 책임성 준수 여부를 평가하는 소극적 관리에 그쳤다. 그러나, 신공공관리론의 기조하에 진행된 일련의 정부개혁 활동을 바탕으로 최근의 성과관리는 효율성과 능률성 등의 경제적 가치를 중시하게 되었다. 우리나라 「정부업무평가기본법」에서도 성과관리를 '정부업무를 추진함에 있어서 기관의 임무, 중 · 장기 목표, 연도별 목표 및 성과지표를 수립하고, 그 집행과정 및 결과를 경제성 · 능률성 · 효과성의 관점에서 관리하는 일련의 활동을 말한다'라고 정의하고 있다. 성과관리는 크게 기관 평가, 개인 평가, 사업 평가 등으로 구분해서 살펴볼 수 있다. 본 장에서는 인적자원의 평가, 즉 공무원 개인의 성과평가에 초점을 맞추어 논의를 진행하고자 한다.

인적자원평가는 보수와 승진을 결정하기 위한 목적뿐만 아니라 개인의 발전을 위한 중요한 정보가 된다. 따라서 평가가 어떻게 측정되고 결과가 어떠한 용도로 활용되는지는 조직 구성원들에게 중요한 학습효과를 일으키게 하고 행동결정의 중요한 요인으로 작용하게 된다. 인사행정에서 평가의 범위는 넓게 인사행정체제 전체를 포함시켜 이해할 수도 있다. 그러나 인적자원에 초점을 두고 확보, 개발, 유지 · 활용, 평가, 보상이라는 일련의 관리과정 측면에서 이해할 때에는 조직구성원 개인의 근무실적이 주된 평가의 대상이 된다. 따라서 공무원 성과평가에 있어 핵심은 근무성적평정이라 할 수 있다.

이에 제16장에서는 공무원 성과관리의 핵심을 이루는 근무성적평정에 대한 일반적 이해를 바탕으로 고위공무원단에게 적용되는 성과계약제와 역량평가제도의 운영과 5급 이하 공무원에게 적용되는 근무성적평가제와 경력평정, 가점평정 내용을 중심으로 살펴보고자 한다. 또한 이러한 성과평가 자료를 기반으로 운영되는 우리나라 공무원 성과급 제도도 함께 살펴보고자 한다.

## ■ ■ ■ 핵심용어

- 성과관리(Performance Management)
- 근무성적평정(Performance Appraisal)
- 성과계약
- 근무성적평가
- 역량평가
- 경력평정
- 가점평정
- 성과급(Pay for Performance)

# 제1절 근무성적평정에 대한 일반적 이해

## 1. 근무성적평정의 의의

### 1) 개념

근무성적평정(Performance Appraisal)은 개별 공무원의 근무실적, 근무수행능력, 그리고 근무태도 등을 공식적이고 체계적으로 평가하는 것을 의미한다. 근무성적평정은 사람을 평가의 대상으로 한다는 점에서 직무의 가치를 평가하는 직무평가와 구분된다. 다만 사람을 대상으로 하지만 직무수행과 관련된 요소만이 평가되어야 하기 때문에 직무와는 불가분의 관계를 가지고 있다. 즉 직무평가를 통해 성공적인 직무수행요건(평가기준)이 제시되며 근무성적평정을 통해 그 성공 정도를 평가하게 된다.

### 2) 중요성

근무성적평정은 시험의 타당성과 교육훈련의 수요조사에 중요한 자료로서 사용된다는 것을 언급하였다. 근무성적평정은 이 외에도 조직차원과 개인차원에서 다양한 중요성을 갖는다. 이를 구체적으로 살펴보면 다음과 같다.

우선, 조직차원에서 근무성적평정은 조직전체의 효과성 향상을 위한 도구로서 사용된다(Feild & Holey, 1975; Locher & Teel, 1977). 첫째, 근무성적평정은 시험성적과의 상관관계를 조사함으로써 시험의 타당성(기준타당성)을 검증할 수 있다. 선발시험에서 우수한 성적을 기록한 사람이 과연 근무성적도 우수하게 나타났는지를 연관시켜 봄으로써 타당성 측면에서 시험의 유용성을 검토할 수 있다.

둘째, 근무성적평정의 결과를 종합하여 조직의 문제점을 진단할 수 있다. 즉 현재 부족한 지식, 기술, 능력이 무엇인지를 파악함으로써 교육훈련 수요를 예측하고 채용 분야를 진단하는 등의 인력계획에 필수적인 정보를 제공한다.

셋째, 직무평가나 직무설계를 위한 정보를 제공한다. 직무수행실적이 좋지 않을 때 그 원인이 개인의 능력이나 노력의 부족에 있다고 보는 것이 일반적이나, 때로는 개인의 업무부담이나 책임이 지나치게 많은 경우일 수도 있다. 평정의 결과, 특정 직위의 점직자가 능력이 있고 최선을 다하는데도 실적이 계속 낮게 나타나는 것이 확인되면, 평정의 내용은 직무를 새로이 평가하고 설계하는 데 유용한 자료로 활용된다.

넷째, 근무성적평정을 개인의 승진, 승급, 징계 등의 상벌 결정 등 인사조치의 기준으로 활용하는 것이다. 이는 전통적 통제중심의 인사행정에서 가장 흔하게 활용되어 온 부분인데, 이는 자의적인 결정을 피하고 객관적 기준을 확보하기 위한 노력이라 할 수 있다. 특히 우리나라와 같이 신분이 보장되어 있는 공무원의 경우 징계보다는 승진의 기준으로 활용되는 것이 일반적이다.

다음으로 개인차원의 효용성을 살펴보면, 근무성적평정을 공무원 개인의 능력발전을 위한 목적으로 사용하는 것으로, 이는 인간의 성장을 강조해 온 후기 인간관계론과 함께 관심의 대상이 되기 시작하였다. 근무성적평정을 상벌의 통제수단이 아니라, 개인의 뛰어난 점과 부족한 점을 발견하여 환류시켜 줌으로써 개인 스스로 자신의 능력과 적성을 적극 발전시켜 나갈 수 있도록 활용하는 것이다.

유사한 맥락에서 근무성적평정 결과는 개인의 능력과 적성에 맞는 적재적소의 인사배치 및 개인의 필요에 적합한 교육훈련의 기회를 제공하는 데 사용됨으로써 공무원 개인의 능력개발을 지원할 수 있게 된다(Cherrington, 1987).

현재 우리나라에서는 근무성적평정을 승진 및 징계 결정에 사용하고 있는데, 직무수행에 관한 중요한 정보를 개인의 능력발전을 위해 적극 활용할 수 있도록 관심을 기울여야 할 것이다.

### 3) 근무성적평정의 체제모형

위에서 살펴본 바와 같이 근무성적평정은 개인과 조직, 나아가 인적자원관리의 전 활동에 걸쳐 다양한 의미를 갖는다. 그러나 이와는 달리 근무성적평정에 대한 비판적 시각도 존재한다. 이러한 비판의 대부분은 근무성적평정이 사람에 의하여 이루어지기 때문에 평가자의 주관이 개입하여 공정한 평정이 어렵다는 점과 평정상의 오류가 발생하여 평정의 타당성과 신뢰성을 확보하기 힘들다는 점을 문제점으로 지적하고 있다. 즉 공정성, 타당성, 신뢰성을 결여하는 경우 상대평가가 곤란하므로 객관적 인사조치의 기준으로 사용하기 힘든 점 등을 지적할 수 있다(Halachmi, 1995).

이러한 비판을 최소화하기 위해서는, 어떻게 하면 평가자 개인의 선호도나 감정 또는 직관의 작용을 최소화하고 객관적이며 합리적인 근무성적평정 체제를 만들 것

그림 16-1 근무성적평정 체제

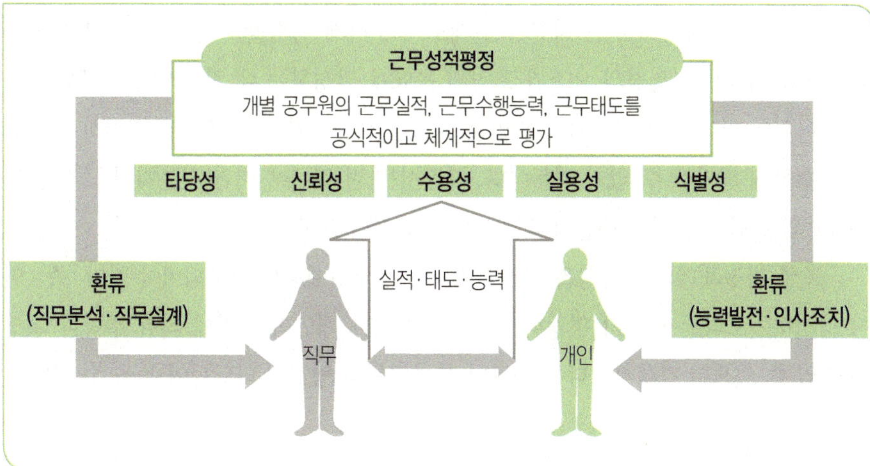


인가가 중요한 과제가 된다. 이를 위해 우리가 검토해야 할 주제는 근무성적평정 체제가 갖추어야 할 요건, 근무성적평정 체제의 개발 및 운영, 그리고 근무성적평정의 방법 등이다.

〈그림 16-1〉은 직무-개인 통합모형에 기초하여 근무성적평정의 역할과 요건을 나타낸 것이다. 근무성적평정 결과가 개인의 능력발전과 인사조치의 기준으로 환류되고, 직무에 어떤 문제점이 있을 경우에는 새로운 직무분석이나 직무설계를 위해 환류된다는 점을 보여주고 있다. 이러한 체제 모형을 바탕으로 다음에서는 근무성적평정 체제의 요건과 근무성적평정 방법, 근무성적평정 체제의 개발과 관리 등을 살펴보고자 한다.

## 2. 근무성적평정의 요건

근무성적평정 체제가 인사행정의 제 과정에서 유용한 역할을 하기 위해서는 기본적으로 갖추어야 할 요건들이 있다. 근무성적평정도 근무성적을 평가하는 하나의 측정도구이기 때문에 시험에서와 마찬가지로 평정방법상의 타당성과 신뢰성 그리고 식별력을 갖추어야 한다. 여기에 평정방법을 실제 적용하는 과정에서 수용성과 실용성을 요구한다.

(1) 타당성

직무수행실적이 우수한 사람을 실제로 우수하게 평정할 수 있는가의 요건을 충족시키기 위해서는 평정의 요소가 조직의 목표를 달성하는 데 직접적인 관련성을 가진 것이어야 한다. 목표달성과 상관없는 요소가 포함되면 실제 조직에 기여하는 사람을 우수하게 평가할 수 없기 때문이다. 따라서 관련 직무에 대한 전문지식을 갖춘 전문가들의 판단을 근거로 내용타당성을 확보할 것이 요구된다.

또한 평정체제의 타당성은 평정방법의 운영과정에서도 확보되어야 한다. 즉 1인이 평정하기보다는 다수가 평정함으로써 정실이나 개인적 편견에 의한 부당한 평정을 줄일 수 있으며 감독자보다는 동료나 부하직원의 평정이 타당성이 높을 수 있다.

(2) 신뢰성

근무성적평정에서의 신뢰성은 동시적 일관성을 의미하는 것으로 두 사람 이상이 독립적으로 행한 평정결과가 서로 유사해야 함을 의미한다. 이를 확보하기 위해서는 평정이 객관적으로 이루어져야 하는 것은 당연한 일이다. 즉 평정의 신뢰성을 높이려면 평정자의 주관적 · 자의적 요소가 평정에 개입하는 것을 방지하여야 한다.

(3) 식별력

평정체제는 탁월한 사람과 무능한 사람을 뚜렷하게 구분할 수 있는 식별력, 즉 판별력을 갖추어야 한다. 만약 이러한 구분이 불가능하다면, 열심히 일해 탁월한 실적을 올린 사람이 의욕적으로 직무수행에 임하려는 동기가 더 이상 유발되지 않을 것이다. 더구나 식별력을 갖추지 못한 평정의 결과가 인사배치의 기준으로 채택되는 경우 인사결과가 왜곡될 위험이 있으며 탁월한 실적의 보유자는 근무평정에 불만을 갖게 될 것이다. 우리나라와 같이 평정결과를 승진의 기준으로 사용하는 경우에는 특히 개인 간 차별을 두어야 하기 때문에 평정의 식별력은 더욱 중요한 요건이 된다.

(4) 수용성

근무성적평정 체제는 이를 실제로 운영하는 계선조직 내 감독자(평정자)들의 지지와 평정대상자의 이해가 있어야 한다. 감독자에게 평정업무는 부수적이기 쉽다. 유용한 평정체제는 평정자가 평정의 중요성을 인식하고 평정결과를 평정대상자의 능력 발전과 조직의 목표달성을 위해 활용할 수 있도록 유인할 수 있어야 한다. 평정대상자의 입장에서 수용성이란 평정체제를 적극적으로 받아들이고 평가에서 좋은 점수를 받기 위해 열심히 일할 동기가 유발되는 것을 의미한다.

#### (5) 실용성

평정체제는 평정자나 평정대상자 모두에게 쉽게 이해되고 평정이 힘들지 않도록 단순해야 한다. 평정체제는 또한 경제성이 있어 개발과 운영에 비용이 적게 들고, 여러 가지 다양한 용도로 활용할 수 있는 융통성이 높을 때 실용성은 높아진다(오석홍, 1989). 이러한 기준에서 우리나라의 평정체제는 단순성이나 경제성은 높지만 융통성이 낮아 앞으로 평정에서 얻은 정보를 유용하게 활용할 수 있는 방법을 강구해야 할 것이다.

## 3. 근무성적평정의 방법

근무성적평정의 방법은 평정자의 주관적 판단에 기초하여 평정대상자를 총체적으로 평가하는 조잡하고 간단한 것에서부터 실적관련요소를 세분하여 평가하는 복잡한 것까지 매우 다양한 방법이 개발되어 왔다. 이들 방법은 평정의 목적이나 평정자 등을 기준으로 분류할 수도 있으나, 여기서는 우리나라에서 사용하는 방법을 중심으로 살펴보고 그 밖에 대안적으로 활용할 수 있는 방법에 대해 알아보고자 한다.

### 1) 우리나라에서 사용하는 평정방법

우리나라 근무성적평정은 고위공무원을 포함한 4급 이상 공무원에게는 성과계약중심평가를, 5급 이하 공무원에게는 근무성적평가를 실시한다. 성과계약중심평가는 평가자와 평가대상자가 성과계약을 맺고 목표달성도를 평가하는 것으로 직무성과에 평가의 초점을 맞춘다. 반면 근무성적평가에서는 근무실적과 함께 직무수행 능력과 태도 요소를 포함시키고 있다.

이들 평가에서 성과계약중심평가는 목표관리제 평정법을, 그리고 근무성적평가에서는 도표식 평정척도법을 기본 평정방법으로 삼고있으며 여기에 자기평정법, 다면평정법, 서술법, 가점법, 강제배분법을 보완적으로 활용하고 있다.

#### (1) 도표식 평정척도법(Graphic Rating Scales)

도표식 평정척도법은 근무성적평정에 있어 가장 대표적인 평정방법이다. 직무평가에서 알아본 점수법과 기본원리는 같다. 전형적인 평정양식은 다수의 평정요소와 각 평정요소마다 실적수준을 평가할 수 있는 등급으로 구성되어 있다. 평정요소는 직무 및 사람과 관련된 실적과 능력, 그리고 태도를 구체적으로 평가할 수 있는 항목들이다. 한편 등급을 나타내는 척도상에는 1 · 2 · 3 · 4 · 5 내지는 수 · 우 · 미 · 양 · 가 등과 같이 간단히 표기하거나 때로는 각 등급의 의미를 구체적으로 기술한다. 등급의 의미를 기술하는 경우에는 평정요소마다 개별적인 척도를 만들어야 한다(〈참고 16-1〉 참조).

간편한 평정양식은 등급의 표시를 통일시키는 것이다. 이런 경우에는 평정요소와 등급을 상호 교차시켜 하나의 매트릭스 모양의 표를 만들며 어느 유형이든 척도상의 등급에는 일정한 점수가 부여되어 있다. 평정자는 각 평정요소마다 평정대상자를 관찰한 뒤 해당하는 등급에 동그라미나 체크 표시를 하게 되며, 표시된 등급의 점수

### 참고 16-1 도표식 평정척도법의 예

<table>
<tr><th colspan="2">평가요소: 전문지식</th><th colspan="5">평 정 척 도</th></tr>
<tr><td>정의</td><td>• 담당직무 수행에 직접적으로 필요한 이론 및 실무지식</td><td rowspan="2">5<br>담당직무 뿐 아니라 관련직무 수행에 필요한 지식을 충분히 가지고 있다.</td><td rowspan="2">4<br>담당직무 수행에 필요한 지식을 충분히 가지고 있다.</td><td rowspan="2">3<br>필요한 지식의 수준이 적정하며 지식부족에 의한 문제는 없다.</td><td rowspan="2">2<br>지식부족으로 직무 수행에 지장을 가끔 초래한다.</td><td rowspan="2">1<br>지식부족 때문에 직무수행에 문제가 많다.</td></tr>
<tr><td>착안점</td><td>• 직무수행에 요한 지식과 기술의 정도는?<br>• 직무수행에 필요한 법령이나 지침 등의 숙지도는?</td></tr>
</table>

자료: 총무처(현 안전행정부), 「인사업무처리요령」, 1995: 15 재구성.

를 모두 합산한 것이 평정대상자에 대한 종합평점이 된다.

도표식 평정척도법은 일반적으로 직무분석에 기초하기보다 직관과 선험을 바탕으로 하여 평가요소가 결정되기 때문에 작성이 빠르고, 쉬우며, 경제적이라는 장점을 가지고 있다. 또한 평가요소가 모든 직무 및 사람에게 일반적으로 나타나는 공통적인 속성에 근거하기 때문에 적용의 범위가 넓다. 평가자가 해당하는 등급에 표시만 하면 되기 때문에 평정 또한 간단하다. 끝으로 평정의 결과가 점수로 환산되기 때문에 평정대상자에 대한 상대적 비교를 확실히 할 수 있어 상벌결정의 목적으로 사용하는 데 효과적이라고 할 수 있다.

그러나 평정요소와 등급의 추상성이 높기 때문에 평정자의 자의적 해석에 의한 평가가 이루어지기 쉽다. 적실성, 판단력, 기획력 등 이들 평정요소의 개념이 구체적으로 조작화되지 않고 평정자 나름대로 해석해야 하기 때문에 사실은 똑같은 현상이라 하더라도 어떤 사람은 '우수'하다고 평가하는 반면 다른 사람은 '보통' 수준이라고 평가할 수 있다. 등급의 경우에도 단순히 '대단히 우수'하다든지 '탁월'하다든지 하는 수준을 평정자들이 이해하는 정도는 각자 다를 수밖에 없다. 한 평정요소의 평가가 다른 평정요소에까지 파급되어 나타나는 연쇄효과(Halo Effect)의 오류도 범하기 쉽다. 평정결과의 활용에 있어서도 일반적인 요소를 기준으로 이루어지기 때문에 평정대상자의 능력개발을 위한 유익한 자료를 만들어 내기는 곤란하다.

도표식 평정척도법이 지닌 이러한 단점을 부분적으로나마 보완하기 위하여 여타 평정방법을 병행하여 사용하고 있다. 현재 우리나라 공무원 근무성적평정은 근무실적과 직무수행능력을 기본적 준수사항으로, 그리고 직무수행태도를 부처의 자율적 결정사항으로 정하고 있는데 직무수행능력 부분의 평가는 전형적인 도표식 평정척도법을 적용하고 있다.

#### (2) 목표관리제 평정법(MBO Appraisals)

목표관리제(MBO: Management by Objectives) 평정법은 관리의 한 모형으로 개발된 목표관리를 평정에 적용한 것이다.[1] 목표관리란 관리자와 종업원이 함께 실적기준

---

1) 여기에서 목표관리란 개인의 욕구를 이용하거나 명령 및 지시에 의존하여 '목표를 관리'하는 전통적인 조직관리방식이 아니다. '목표에 의한 관리(Management by Objectives)'를 의미하는 것으로 목표가 관리의 대상이 아니라 관리의 수단으로 이용된다는 점을 기억해야 한다.

으로 사용할 목표를 설정한 다음, 일정기간 후 목표달성도를 측정하여 종업원에게 환류하고 성과에 대한 공동토의를 거쳐 새로운 목표를 설정하는 일련의 연속적 관리과정이다(Cherrington, 1987). 목표관리제에서의 목표는 평정대상자의 능력을 고려하여 개별 인간중심으로 설정된다는 특성을 가지고 있다(Heneman Ⅲ *et al.*, 1983). 목표관리제 평정법에서 개인의 능력이나 태도는 목표설정 과정에서만 고려되며, 실제 평가에서는 결과로서 나타난 실적만이 대상이 된다.

목표관리제 평정법은 목표가 뚜렷하기 때문에 평정이 용이하고 신뢰성이 높으며, 참여를 이용하여 평정자와 평정대상자 간의 긴장을 완화시킬 수 있고, 피드백을 통한 개인의 능력발전에 공헌할 수 있다는 장점도 있다(Hays & Reeves, 1989). 반면에 유용한 목표관리가 되기 위해서는 측정 가능한 목표를 설정해야 하는데 행정의 경우는 특히 이 같은 목표설정이 곤란하며, 목표가 개인의 특수성을 고려한 것이기 때문에 개인 간의 비교를 위한 평정으로서 사용할 수 없고, 참여를 바탕으로 하기 때문에 제도의 개발과 운영에 많은 시간과 비용이 따른다는 단점이 있다. 우리나라에서는 모든 공무원에게 성과목표를 정하도록 하고 이를 평가하여 승진과 성과급에 반영하고 있다. 그러나 우리나라에서는 아직 행정업무의 특성상 목표를 계량화하는 단계로 발전하기까지는 많은 시행착오가 예상된다. 평정대상자와 평가자와의 목표 및 평가기준 합의, 그리고 평가결과와 보상의 효과적 연계 등이 성패의 중요한 과제가 될 것으로 보인다.

#### ⑶ 자기평정법과 다면평정법

근무성적평정 방법은 평정자를 중심으로 여러 가지 형태로 분류할 수 있다. 평정을 평정대상자의 상관인 감독자가 행할 때 감독자평정법이라 하며, 동료가 할 때 동료평정법, 부하가 상관을 평정할 때 부하평정법이라고 한다. 때로는 평정대상자 자신이 스스로를 평가하는 경우도 있는데 이를 자기평정법이라 하고, 상급자 · 동료 · 부하 · 고객 등 여러 사람이 동시에 평가하는 경우를 다면평정법이라 한다.

근무성적평정을 인사관리에 사용할 때에는 인사관리상의 감독책임을 지고 있는 직속상관이 평정을 하는 것이 계층제적 논리로 보아 타당하다고 할 수 있다. 그러나 근무평가를 통제가 아니라 능력개발의 목적으로 사용하고자 할 때에는 평가결과의 정확성과 신뢰성이 더욱 중요하며 이럴 때는 동료나 부하직원의 평가가 유용성을 발휘할 수 있다. 자기평정법과 다면평정법 역시 같은 맥락에서 이해할 수 있는 평정방법이다. 다면평정법은 일반적으로 360°평정법, 집단평정법 또는 복수평정법이라는 말을 사용하기도 한다.

자기평정법은 평정대상자 본인에게 자신에 대한 평가의 기회를 줌으로써 감독자가 모르거나 잊었던 사실을 상기시켜 올바른 평정에 도움을 줄 수 있다. 감독자가 평정대상자의 행동이나 태도를 항상 관찰하는 데는 시간적 · 공간적 · 인지적 제약이 따르며 설사 관칠했다 하더라도 이를 오랫동안 기억하고 있다고 보기는 힘들기 때문에 자기평정을 동시에 활용함으로써 평가의 정확성을 높일 수 있다. 뿐만 아니라 평정대상자가 평정과정에 참여했다는 자체가 평정대상자의 근무평정에 대한 이해와 수용성을 높일 수 있고, 자신의 근무실적에 대해 점검할 기회를 줌으로써 자신의 능력발전 및 목표달성에 대한 동기를 유발시킬 수도 있다(Campbell & Lee, 1988).

다면평정법은 여러 사람을 평정자로 활용함으로써 평가에 참여하는 소수인의 주관과 편견, 그리고 이들 간의 개인편차를 줄임으로써 객관성과 공정성을 높일 수 있는 제도이다. 또한 감독자 이외에도 동료 · 부하 · 고객 등 다양한 사람들의 참여를 통해 평정에의 관심도와 지지도를 높일 수 있는 장점이 있다. 우리나라에서는 1998년 공무원임용령을 개정하여 동료 · 하급자 · 민원인 등의 평가결과를 승진 임용시 반영할 수 있도록 하였고, 2001년 개정에서 승진 임용시 뿐만 아니라 성과상여금 지급, 특별승급, 교육훈련, 보직관리 등 각종 인사관리에 다면평정 결과를 반영할 수 있도록 하였다. 그러나 이명박 정부는 다면평가가 평가의 공정성을 높이는 데 기여한 점도 있지만 인기투표, 감정개입, 모르는 직원에 대한 평가로 인한 타당성 결여 등을 이유로 다면평가 결과를 공무원의 역량개발과 교육훈련의 목적으로만 활용하고 승진, 전보, 성과급 지급 등에는 참고자료로만 사용토록 하는 지침과 함께 각 부처에서 자율적으로 운영하도록 하였다(행정안전부, 2010.01.04).

#### (4) 서술법

서술법은 평가자가 평정대상자의 실적, 능력, 태도, 장 · 단점 등에 대하여 직접 기술하는 것으로, 기술방식을 평정자의 재량에 완전히 맡기는 자유서술법(Open-Ended)과 정해진 형식에 따르도록 하는 제한서술법(Guided)이 있다. 서술법이 도표식 평정척도법과 같은 다른 평정방법에 보완적으로 사용될 때에는 특별히 추가적 설명이 요구되는 사항이나 평가를 종합적으로 요약하는 등의 제한서술법을 택한다.

서술법 자체만으로는 평정대상자 간 상대적 비교의 곤란 및 서술자의 주관적 의견과 서술방식의 차이에서 오는 평정의 신뢰성 결여로 인사조치의 정보로 사용하기는 곤란하다. 또한 문장구성에 많은 시간과 노력이 요구되므로 서술해야 할 당사자로부터 협조가 잘 되지 않는다는 문제도 있다(Cascio, 1989). 그러나 도표식 평정척도법을 보완하기 위해 사용되고 제한적 형태로 짧은 문장을 요구하는 공무원 근무성적평정서의 경우는 큰 문제점이 없을 것이다.

#### (5) 강제배분법

강제배분법은 도표식에서 흔히 나타나기 쉬운 집중화 경향, 관대화 경향, 또는 일관적 착오 등의 오류를 시정하고자 도표식에 보완적으로 사용되는 방법이다. 즉 평정대상자가 받은 종합평정점수에 대한 분포를 보았을 때 중간등급 또는 상위 내지 하위등급에 빈도수가 몰리는 현상을 방지하고 종형의 정규분포에 가깝게 하기 위하여 평정등급에 일정한 비율을 강제로 배분하는 방법이다.[2)]

조직 내 상관–부하 간의 의리 내지 온정주의는 한국의 행정문화가 갖는 한 특성이다(백완기, 1993). 상관이 부하를 의리로써 이끌어 주고 돌봐 주는 풍토에서는 강제배분 규정 없이는 관대화 현상이 나타날 것이 분명하다. 따라서 강제배분에 의해 조직 간 평정의 형평을 유지하는 것이 중요하다. 우리나라는 평정자와 확인자의 평정단계에서는 강제배분을 적용하지 않고 있다. 대신에 승진심사에 근무성적을 반영하기 위해서 근무성적평정위원회에서 기관의 전체 평정대상자를 대상으로 등급과 평점을 부여할 때 강제배분을 적용하여 배분비율을 2:2:3:2:1(수 · 우 · 미 · 양 · 가)로 설정하고 있다.

#### (6) 가점법

가점법은 직무수행과 관련하여 특수성이 인정되는 경우 인센티브 성격의 점수를 부여하여 이들 행위를 장려하는 방식이다. 정상적인 근무성적평정 이외에 추가되

2) 현재 학부제를 도입하고 있는 많은 대학교에서 상대평가제를 도입하고 있는데 이것 또한 강제배분법의 한 예이다.

는 점수이기 때문에 형평성을 기하기 위하여 평정의 가점 기준을 엄격히 정할 것이 요구된다. 우리나라에서는 승진후보자명부 작성시 직무관련 자격증의 소지, 특수 지역 근무, 격무부서근무와 같은 특정 직위에서의 근무, 업무혁신 등에 대하여 가점을 주고 있다. 이들 중 업무혁신의 경우 객관적 기준을 정하기 곤란하고 평정자의 주관이 반영될 소지가 있어 형평성 논란이 있을 수 있는 항목이다.

### 2) 대안으로서의 평정방법

우리나라 정부에서 적용하고 있는 방법 이외에도 많은 평정방법들이 있다. 그 중에서 널리 알려지고 앞으로 우리가 고려해 볼 만한 대안으로 중요사건 기록법, 행태기준 평정척도법, 그리고 행태관찰척도법 등이 있다. 이를 구체적으로 살펴보면 다음과 같다.[3]

#### (1) 중요사건 기록법(Critical Incident Method)

중요사건 기록법은 평정대상자의 직무수행과 관련된 중요사건을 관찰하여 평정기간 동안 일시적으로 기록해 놓았다가 누적된 사건기록을 중심으로 평정하는 방법이다(〈참고 16-2〉 참조). 때로는 미리 중요사건을 열거하여 놓고 그 중에서 해당하는 항목을 선정하도록 하는 방법도 있다.

중요사건 기록법은 인간적 특성이 아니라 구체적으로 관찰된 개인의 행태를 중심으로 평정하기 때문에 행태변화를 목적으로 하는 교육훈련이나 평정결과에 대한 평정대상자와의 상담시 중요한 정보를 제공한다. 다만 서술법에 따라 중요사건을 직접 기록하는 경우, 기록 및 기록의 유지에 시간과 노력을 요하며, 개인 상호 간의 상대 비교가 어렵다는 단점을 갖고 있다.

#### (2) 행태기준 평정척도법(Behaviorally Anchored Rating Scales)

행태기준 평정척도법(BARS)은 도표식 평정척도법이 갖는 평정요소 및 등급의 모

---

3) 이 외에도 체크리스트법, 강제선택법, 서열법 등이 있다. 이에 대한 자세한 설명은 유민봉 · 임도빈(2003). 「인사행정론」, 박영사를 참조하기 바란다.

## 참고 16-2 중요사건기록법 예시

**평가요소 : 문서관리**

| 일자, 장소 | 바람직한 행동 | 일자, 장소 | 바람직하지 못한 행동 |
|---|---|---|---|
| 2/4, 사무실 | 담당자 부재시 접수된 문서를 본인의 문서에 안전하게 보관하였다가 다음날 담당자에게 전달함. | 3/7, 사무실 | 작업을 마치지 않은 상태에서 점심시간이 되자 대외비에 해당하는 문서를 책상 위에 놓아 둔 채 식사하러 나감. |

**평가요소 : 대인협조관계**

| 일자, 장소 | 바람직한 행동 | 일자, 장소 | 바람직하지 못한 행동 |
|---|---|---|---|
| | 관찰 못함 | 3/27, 예산 담당관실 | 비품 구입을 위한 예산배정을 예산담당관에게 요구하였으나 거절당하자 언성을 높이며 담당관의 책상을 손으로 치는 사건이 있었음. |

## 참고 16-3 행태기준 평정척도법 예시

평정대상자의 형태를 가장 대표할 수 있는 난에 체크 표시하여 주십시오.

**평정요소 : 문제해결을 위한 협조성**

| 등급 | 형태유형 |
|---|---|
| (  ) 7 | 부하직원과 상세하게 대화를 나누고 그에 대한 해결방안을 내놓는다. |
| (  ) 6 | 스스로 해결할 수 없는 문제는 상관에게 자문을 구하여 해결책을 모색한다. |
| (  ) 5 | 스스로 해결하려는 노력은 하나 가끔 잘못된 결과를 초래한다. |
| (  ) 4 | 일시적인 해결책으로 대응하여 문제가 계속 발생한다. |
| (  ) 3 | 부하직원의 의사를 고려하지 않고 독단적으로 결정을 내린다. |
| (  ) 2 | 문제해결에 있어 개인적인 감정을 앞세운다. |
| (  ) 1 | 어떤 결정을 내려야 할 상황인데 결정을 회피하거나 계속 미룬다. |

호성과 해석상의 주관적 판단개입, 그리고 중요사건 평정법이 갖는 상호 비교의 곤란성을 보완하기 위하여 두 방법의 장점을 통합시킨 것이다. 즉 주관적 판단을 배제

하기 위하여 직무분석에 기초하여 직무(Job)와 관련된 중요한 과업(Task) 분야를 선정하고, 각 과업분야에 대해서는 가장 이상적인 과업행태에서부터 가장 바람직하지 못한 행태까지를 몇 개의 등급으로 구분하고, 각 등급마다 중요행태를 명확하게 기술하고 점수를 할당한다(〈참고 16-3〉 참고). 이때 중요행태는 중요사건 기록법에서 아이디어를 얻을 수 있다. 한편 평정척도는 직무수행 담당자와 계선상의 관리자가 공동으로 참여하여 설계하게 된다.

BARS는 평정대상자의 행태를 관찰하여 척도상의 유사한 과업행태를 찾아 표시하면 되기 때문에 평정자에 의한 오류를 줄일 수 있고, 척도설계과정에 평정대상자가 참여하므로 그의 신뢰와 적극적인 관심 및 참여를 기대할 수 있다(백완기, 1993). 반면에 직무가 다르면 별개의 평정양식이 있어야 하며, 동일직무에서도 과업마다 별도의 행태기준을 작성해야 하는 등 개발에 많은 시간과 비용, 노력이 요구된다. 특히 평정대상자의 가장 대표적인 행태 하나만을 선택한다는 것이 논리적으로 모순된다는 점이 단점으로 지적되기도 한다(Borman, 1979).

## 참고 16-4 행태관찰척도법 예시

평정요소 : 부하직원과의 의사소통

| 평정항목 | 등급 | | | | |
|---|---|---|---|---|---|
| | 거의 관찰하지 못한다. | | | | 매우 자주 관찰한다. |
| 새 정책이나 내규가 시행될 때 게시판에 내용을 게시한다. | 1 | 2 | 3 | 4 | 5 |
| 주의력을 집중하여 대화에 임한다. | 1 | 2 | 3 | 4 | 5 |
| 지시사항을 전할 때에는 구두로 한 것을 다시 메모로 전달함으로써 확인한다. | 1 | 2 | 3 | 4 | 5 |
| 메모는 간략하고 이해하기 쉽게 적는다. | 1 | 2 | 3 | 4 | 5 |
| 상부의 지시사항이 있을 때 이를 즉시 전하지 않고 며칠 지난 뒤에 전함으로써 일을 서두르게 만든다 | 1 | 2 | 3 | 4 | 5 |

자료: Fisher *et al.*, (1993). 부분수정.

(3) 행태관찰척도법(Behavioral Observation Scales)

BARS의 단점인 바람직한 행동과 바람직하지 않은 행동과의 상호배타성을 극복하고자 개발된 것이 행태관찰척도법(BOS)이다. BOS도 BARS와 마찬가지로 행태에 관한 구체적 사건 · 사례를 기준으로 평정하며 등급에서는 도표식 평정척도법과 유사하게 사건의 빈도수를 표시하는 척도를 구성한다(〈참고 16-4〉 참조). 즉 BARS와 도표식 평정척도법을 혼합한 것으로 이해할 수 있다. 이때 평정항목으로 선정된 것은 모두 직무와 밀접한 관련성을 가진 것들이어야 하며 직무에 능통한 전문가의 판단을 의지하게 된다. 이는 시험에서 언급한 내용타당성을 확보하는 것과 같은 논리이다.

BOS의 장점은 평정요소가 직무와의 관련성이 높다는 것이다. 따라서 평정결과를 통해 평정대상자에게 행태변화에 유용한 정보를 환류할 수 있다. 특히 도표식 평정척도법이 갖는 평정요소의 추상성을 해소하고 등급에 있어서도 막연히 탁월 · 우수 · 보통 등으로 평가하는 것이 아니라 평정항목의 행동이 얼마나 자주 관찰되느냐를 기준으로 이루어지기 때문에 평정자의 주관을 줄이는 데 도움이 된다(Latham & Mitchell, 1978).

### 3) 평정방법의 선택

합리적이고 과학적인 평정방법을 개발한다는 것이 결코 쉬운 일이 아니다. 위에서 살펴본 바와 같이 모든 평정방법은 그 나름대로 장점과 단점을 동시에 지니고 있다. 평정방법만을 두고 말한다면 타당성과 신뢰성 수준이 가장 높은 평정방식을 선택해야 할 것이다. 그러나 실제 평정방법의 운용과정까지 고려한다면 이 기준만으로는 부족하다. 특히 평정을 어떠한 목적으로 사용할 것인가가 가장 중요한 선택 기준이 될 것이다.

평정방법 중에는 개인 간 상대적 비교를 가능하게 하여 인사조치, 특히 상벌결정의 목적에 적합한 것이 있는 반면 단순히 개인의 능력발전을 위한 환류도구로서 적합한 것이 있다. 인사결정의 기준으로 사용하는 경우에는 타당성과 신뢰성의 기준을 충족시키고 식별력을 갖추어 개인 간 평정에 공정을 기하는 것이 중요하다. 반면에 능력발전을 위한 정보의 환류를 목적으로 하는 경우에는 평정의 결과를 받아들이려는 평정대상자의 자세 또는 구체적인 능력발전 프로그램 여부 등이 평정방법의 선택에 영향을 미칠 것이다.

## 4. 근무성적평정 체계의 개발과 관리

근무성적평정을 연구대상으로 할 때 그 대상에 포함되는 요소들이 많이 있다. 그 중에서 평정에 영향을 미치는 가장 중요한 변수가 평정을 실시하는 평정자, 평정을 받게 되는 평정대상자(일명 피평정자), 평정의 도구로 사용하는 평정방법이라 할 수 있다. 평정자가 평정대상자를 관찰하여 평정하는 과정에 평정방법이 매개체로 작용하게 되면 세 변수가 상호작용하여 평정결과가 나타나게 된다. 평정결과는 평정자와 평정대상자 모두에게 환류되는 일련의 순환과정을 형성하게 된다. 평정이 과학적이고 합리적이기 위해서는 평정결과를 포함한 이상의 네 요소에 대하여 세심한 주의를 기울여 종합적인 근무성적 평정체계를 구성하여야 한다(〈그림 16-2〉 참조).

한편 평정방법은 이것을 활용하는 평정자와의 관계와 이것이 적용되는 평정대상자와의 관계에서 평정절차와 평정요소의 문제가 제기된다. 즉 평정방법과 평정자

그림 16-2 근무성적 평정체계

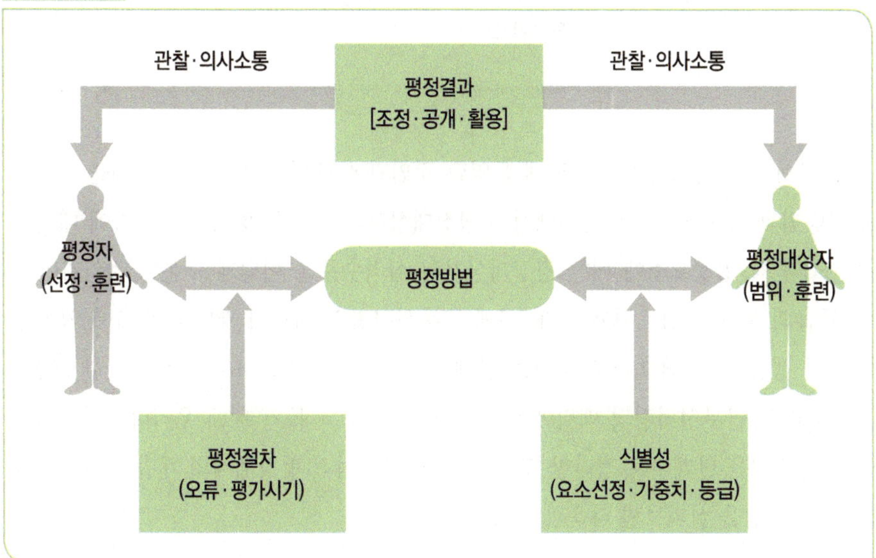

## 참고 16-5 우리나라 근무성적 평정단계

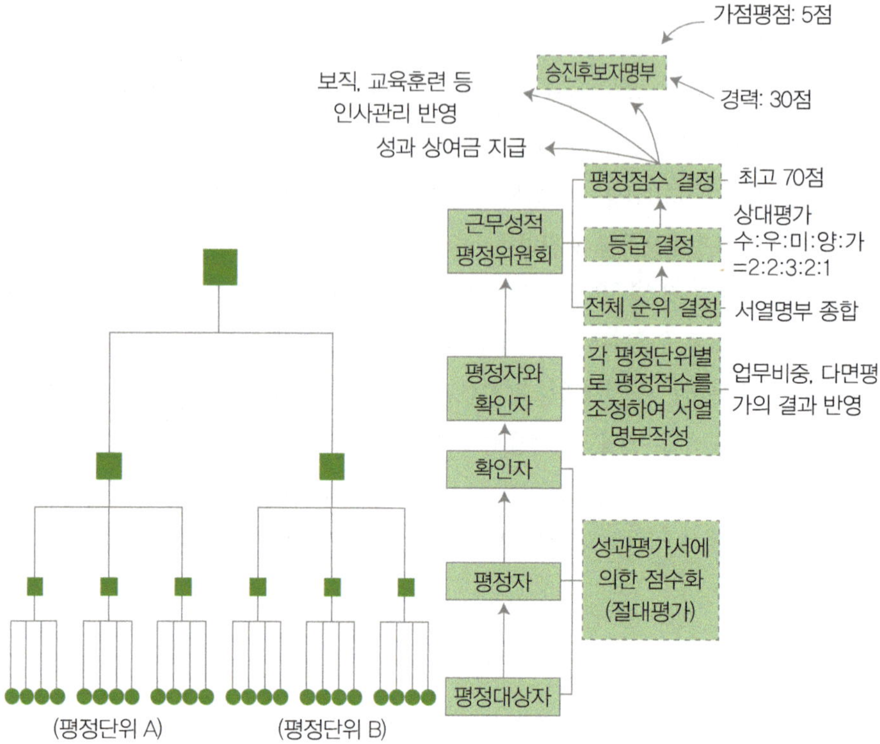


의 관계에서는 평정방법을 어떻게 운영할 것인가에 대한 평정절차의 문제를, 그리고 평정방법과 평정대상자의 관계에서는 평정대상자의 무엇을 평정할 것인가에 대한 평정요소와 각 평정요소에 대한 평정대상자의 실적수준을 어떻게 구분할 것인가에 대한 등급의 문제를 검토해야 한다. 이에 근무성적평정 체제의 개발과 관리에 있어 구체적인 쟁점은 〈그림 16-2〉의 괄호 안에 표기하였다. 〈참고 16-5〉는 이러한 쟁점을 우리나라의 근무성적평정 맥락에서 이해할 수 있도록 돕기 위해 우리나라의 근무성적 평정과정을 단계별로 정리한 것이다. 이제 근무성적 평정체계의 개발과 관리에 있어 주요 쟁점을 살펴보면 다음과 같다.

### 1) 평정자

#### (1) 평정자 선정

근무성적평정이 하나의 평가로서 적용될 때는 반드시 그 주체와 객체가 있게 마련이다. 평정자는 평가의 주체로서 평정의 결과에 직접적인 영향을 미친다. 따라서 평정자를 누구로 할 것인가는 전체 평정체제의 개발에서 매우 중요한 문제이다. 평정결과를 상별결정의 용도로 사용하는 대부분의 평정체제에서는 상벌결정에 대한 조직상의 책임을 지는 상위 감독자와 차상위 감독자가 평정자가 되는 것이 일반적이다. 그러나 평정의 목적이 상벌결정보다는 개인의 능력발전인 경우에는 상위 감독자 이외에 타부서의 상관, 부서 내외의 동료 또는 부하, 심지어는 평정대상자 자신이나 서비스를 제공받는 시민도 평정자가 될 수 있다. 앞의 다면평정에서 보았듯이 우리나라에서도 과거 획일화된 상관평정에서 벗어나 평정자의 범위의 확대를 시도하는 기관이 나타나고 있다.

평정자 선정과 관련된 또 하나의 쟁점은 평정자의 수이다. 일반적으로는 평정자의 수가 많으면 많을수록 평정이 정확하고 공정하게 이루어질 것을 기대할 수 있다. 다수가 평정에 참여함으로써 평정자 개인이 범하기 쉬운 오류를 상호 상쇄시킬 수 있고, 개인이 놓치기 쉬운 실적을 광범위하게 관찰해 낼 수 있다는 장점이 있는 것이다(Schneier, 1977). 이와는 반대로 다수가 평정에 참여하는 경우 평정대상자와 근거리에서 자주 관찰할 기회를 갖지 못한 사람까지도 평정에 참여하게 되고, 그 결과 관찰하지 못한 부분 내지는 몇 번의 관찰결과에 근거하여 평정해야 하는 경우도 생겨 오히려 평정의 타당성을 감소시킬 우려도 있다.

우리나라에서는 현재 감독자평정을 원칙으로 하고 여기에 자기평정을 보완적으로 활용하고 있다. 자기평정 결과는 감독자가 평정시 하나의 기초자료로 활용하도록 하고 있다. 평정의 책임은 바로 위 상관인 감독자와 차상위 감독자가 지고 있다. 평정서에서는 이들을 각각 평정자와 확인자로 부르고 있으며, 보통 1차 평정자와 2차 평정자로도 통용되고 있다. 감독자와 차상위 감독자에게 부가된 평정책임은 50:50으로 하고 있다.

이는 의리나 온정주의적 행정문화에서 오는 평정상의 관대화 경향이나 한 사람에게만 맡기는 데서 오는 정실 · 편파 평정을 견제하여 평정의 공평성을 기하기 위함일 것이다. 그러나 2차 평정자에게 요구되는 책임의 정도는 1차 평정에서 정실이나 편견에 의해 현저한 불공정성이 나타난 경우 이의 시정 정도로 이해해야 할 것이다. 평정의 주된 책임은 1차적 지휘통솔과 인사상의 책임을 진 직접 감독자에게 주어져야 하며, 차상급 감독자의 평정책임 비중은 낮출 필요가 있을 것이다.

#### (2) 평정자 훈련

평정자 훈련의 목적은 평정의 타당성과 공정성을 높이고 평정의 효과를 이룩하는 데 있다. 따라서 훈련은 이 목적을 달성하기 위한 노력이다. 이에 평정자 훈련에 있어서는 다음의 사항을 고려해야 한다.

첫째, 평정의 타당성과 공정성을 높이기 위해서는 평정방법을 올바로 이해시키고 작성하는 방법을 교육해야 한다. 특히 평정자가 평정과정에서 범하기 쉬운 착오를 일으키지 않도록 흔히 발생하는 오류의 유형과 오류예방조치를 훈련시켜야 한다.

둘째, 평정을 정확하고 공정하게 하는 목적은 평정을 통해서 성공적인 직무수행이 유도되고 나아가 조직전체의 목표를 달성하는 것이다. 따라서 평정자는 평정양식을 올바로 작성하는 데만 그칠 것이 아니라 평정의 결과를 이용하여 평정대상자에게 직무수행의 동기를 부여할 수 있는 방법을 강구해야 한다.

셋째, 훈련목적을 달성하기 위해 무엇보다 중요한 것은 평정자에게 평정의 중요성을 인식시키는 일이다. 평정자의 전체 업무에서 평정이 차지하는 비중은 극히 미미하다(Nalbandian, 1981). 일반 직무수행과는 달리 평정의 결과에 대한 계선상의 책임의식보다는 인사기관에 대한 협조사항으로 인식되고 있는 상황에서는 더욱 그렇다. 평정이 조직의 효과성이나 평정대상자에게 미치는 영향이 얼마나 중요한 것인가를 평정자 자신부터 인식해야 한다.

### 2) 평정요소

#### (1) 평정요소 선정

① 실적중심과 사람중심

평정요소의 선정은 평정대상자의 무엇을 평가할 것인가에 대한 것으로, 우선 근

그림 16-3 근무성적 평정요소의 구조적 연관성

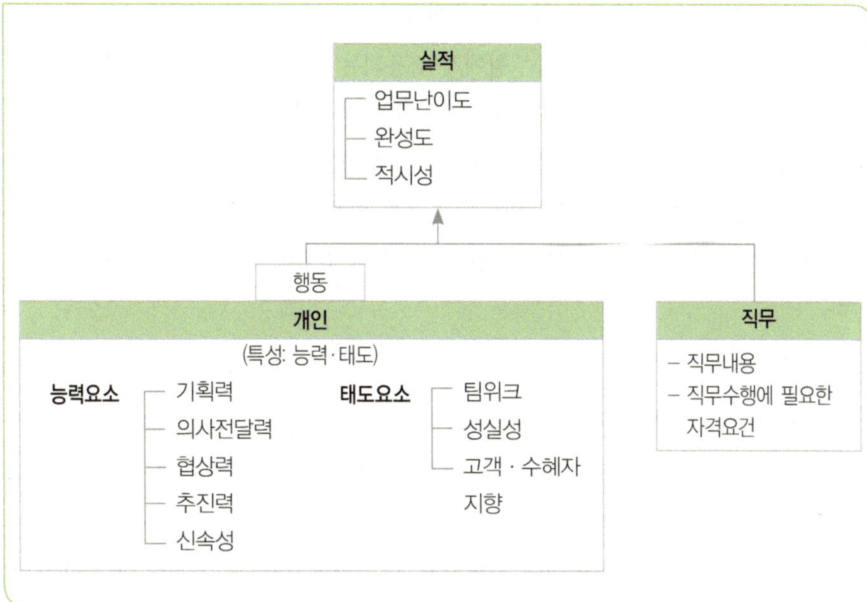


무성적의 범위와 그 근무성적을 가장 잘 대표할 수 있는 요소들을 결정하는 문제이다.

평정요소는 크게 실적에 관련된 것과 사람에 관련된 것으로 나눌 수 있다. 실적 측면에서는 '상사가 부하에게 기대하고 요구하는 업무의 내용과 수준'을 얼마나 달성했는가를 평가하는 것으로 업무의 질과 양을 주로 평가범위에 포함시킨다(다케우치 유타카 외, 1991). 가장 협의의 근무성적 의미는 바로 직무내용을 기준으로 한 실적을 말한다. 실적중심 평정요소는 직무를 구성하는 구체적인 과업을 평정범위에 포함시키기 때문에 객관적이고 과업목표 중심의 평가가 가능하다.

일반적으로 '근무성적평정'이라 하면 근무성적이라는 말 때문에 직무수행의 실적(Performance)에 한정하여 이해하기 쉽다.[4] 그러나 '근무성적평정'이란 이제 하나의 관용어가 되어 실적뿐만 아니라 개인 측면의 직무수행능력이나 태도까지도 포함하는 의미이다. 능력이나 태도는 개인의 내면적 특성이다. 특히 태도는 마음의 상태(State of Mind)를 의미하는 것으로서 평가자는 직무수행과 직접적인 관계가 적은 전반적인

4) 여기에서의 실적(Performance)은 일반적으로 실적주의제에서의 실적(Merit)보다 협의의 개념으로 Merit의 한 요소라 할 수 있다.

인간됨을 평가하는 잘못을 저지르기 쉽다. 주관적 판단이 개입할 우려가 높기 때문에 근무성적평정에서 그 비중을 낮추는 추세이다.

〈그림 16-3〉은 5급 이하 공무원에게 적용되는 공무원 성과평가서 양식에 포함되어 있는 평정요소의 구조적 연관성을 직무와 연결시켜 나타낸 것이다. 우선 직무는 직무의 내용과 직무수행에 필요한 자격요건을 구체화시킴으로써 평정의 기준을 제공하게 된다. 개인적 특성인 능력과 태도는 직무를 수행하면서 구체적인 행동으로 표출되어 실적을 낳게 하는 원인이자 과정이며 실적은 최종적으로 나타난 결과라 할 수 있다.

② 주의점

실적과 개인적 특성을 평정의 커다란 두 범주로 이해한 다음은 이들을 대표할 수 있는 구체적 평정요소의 선정문제가 남는다. 평가요소를 선정할 때에는 특히 다음 몇 가지 점을 주의해야 한다.

첫째, 조직전체의 목표달성에 공헌하고 성공적인 직무수행에 밀접한 관계가 있는 것이어야 한다. 특히 평정방법이 많은 사람에게 적용되는 경우 담당직무와 거리가 먼 요소가 평정요소로 포함되지 않도록 주의해야 한다.

둘째, 개인적 특성의 경우 그 자체가 추상적이고 내면적일 뿐만 아니라 많은 사람에게 적용되는 요소를 선정하다 보면 추상성이 더욱 높아지기 쉽다. 이 경우도, 평정자의 자의적 해석을 줄이려면 구체적으로 관찰이 가능한 행태를 평가기준으로 제시함으로써 평정자가 평정요소를 명확히 이해하고 평정자들이 이를 공통된 의미로 받아들일 수 있도록 해야 한다.

셋째, 평정요소 간 의미의 중첩을 피해야 한다. 직무성공에 관계가 있는 모든 요소를 포함시키다 보면 요소 간 의미가 겹칠 수 있다. 중첩이 심할수록 평정요소 간 의미의 구분이 모호해지며, 평정요소에 부여된 배점이 왜곡되기 쉽다.

### (2) 가중치 설정

평정요소가 결정되고 나면 각 평정요소가 조직의 목표달성이나 성공적 직무수행에 기여하는 정도에 따라 가중치(Weight)를 설정하게 된다. 개별 평정요소에 대한 가중치 결정 이전에 실적과 개인적 특성 간의 비중을 정할 필요가 있다. 이 중에서 개인적 특성은 평정자의 주관이 개입되어 불공정한 평가가 되기 쉽고 직무와의 연계성을 제시하기 힘들다는 이유에서 근래에는 실적에 대한 비중을 높이는 경향이 있다.

특히 실적과 개인적 특성에 대한 비중은 평정의 목적에 따라 결정된다. 평정이 실적에 대한 보상이나 처벌의 의미가 있는 실적급 또는 징계의 자료로 사용될 경우 실적의 비중이 절대적으로 높아야 하지만, 우리나라와 같이 평정의 결과가 승진결정의 중요한 기준으로 이용되는 경우에는 지금까지의 성적에 대한 보상과 더불어 앞으로 담당할 직무를 성공적으로 수행할 수 있는가에 대한 잠재능력도 평가해야 한다는 점에서 개인적 특성도 중요시될 수 있다.

다음에 특히 문제가 되는 것은 개별 평정요소의 가중치를 정하는 것이다. 여기서는 직무의 내용을 고려하고 그것이 조직전체의 목표달성에 얼마나 중요한가를 분석하여 정하는 것이 합리적이다. 임의적이고 편의적으로 가중치가 결정되는 경우 근무성적평정은 조직전체의 효과성을 해치는 왜곡된 행동을 유도할 수 있다. 예를 들어 '친절 · 정확 · 신속'을 중시해야 할 민원담당 공무원에게 '상관과의 업무협조성'에 더 큰 가중치를 부여한다면, 해당 공무원은 주민에 대한 서비스보다는 상관의 지시를 더 의식하는 행동을 보일 것이다.

우리나라의 경우 과거에는 모든 평정요소에 균등한 가중치를 부여했기 때문에 실적, 능력의 범주에 각각 몇 개의 평정요소가 포함되어 있느냐로 각 범주의 가중치가 결정되었고 실적범주 평정요소에 실제로는 능력범주 평정요소가 포함되어 있는 등 비판의 소지가 많았다. 이에 현재는 근무성적 평정에 있어 실적:능력의 비중을 50:50으로 하고 있고 평정요소별 가중치도 부처의 자율로 변경이 가능하도록 하고 있다. 이는 인사행정의 기본철학이 자의성보다는 객관성, 연공보다는 실적이나 능력을 강조하는 방향으로 변화되어 가고 있음을 보여주는 것이다.[5)]

### (3) 등급산정

평정대상자의 무엇을 평정할 것인가, 그리고 그 평정요소를 얼마만큼 중요시할 것인가를 결정한 다음에는, 평정요소별로 평정의 등급을 부여해야 한다. 등급을 일반

5) 승진기준에서도 과거 자격증과 특수지 근무에만 부여하던 가점제도에 업무혁신과 같은 실적 항목을 추가하여 5점을 부여하고 있다.

척도에 비유하면 눈금에 해당한다. 일반척도를 보면 눈금이 있고 눈금 간에 간격이 있으며 각 눈금에는 숫자가 표시되어 있다. 평정척도에서도 등급의 수와 등급 간의 간격, 그리고 등급을 나타내는 용어가 관심의 대상이 된다.

특히 이러한 등급은 바로 평정대상자의 근무성적을 차등화하는 것과 직결된다. 따라서 등급의 수는 평정체제가 갖추어야 할 요건 중 식별력에 중요한 영향요인으로 작용한다. 등급의 수가 너무 적은 경우 근무성적이 다른데도 한 등급에 평정되어 식별력을 상실하게 된다. 한편 등급의 수가 너무 많아도 등급 간 의미의 구분이 모호하여 평정이 어렵게 되고 결과적으로 근무성적을 올바로 식별하기 힘들어진다. 우리나라는 근무실적과 직무수행능력 평가 모두 5등급으로 나누고 있다.

평정요소에 부여된 점수(가중치)는 각 등급에 다시 할당되어야 하며, 이때 등급 간 평점간격의 문제가 생긴다. 가장 쉬운 방법은 주어진 점수를 같은 간격(등간격)으로 분배하는 것이다. 우리나라의 경우도 이러한 등간격 척도의 원리를 따르고 있다. 그러나 이 방법은 평정대상자를 차등하기 위한 인위적 배점일 뿐 등급에 의한 평정대상자의 행동에 동기를 유발시키는 요인은 없다. 바람직한 직무수행을 격려하고 그렇지 못한 직무수행을 사전에 예방할 수 있도록 동기유발을 시키려면 최저등급에 대한 점수를 아주 낮게, 그리고 최고등급은 상대적으로 높게 정하는 방법도 고려해 볼 수 있다.[6]

### 3) 평정절차

#### (1) 오류

평정자가 평정도구(방법)를 이용하여 평정대상자를 평정하는 과정에서는 여러 가지 오류가 발생한다. 평정오류의 원인은 평정방법에 내재되어 있는 경우도 많지만 평정자 개인의 특성이나 상황적 요인에서도 찾을 수 있다. 따라서 평정오류를 극복하기 위해서는 이러한 여러 요인에 대한 다면적인 접근이 필요하다. 이에 평정오류의

6) 평점간격에서 한 가지 유의할 사항은 등급 간 배점에 따라 평정요소에 주어진 가중치의 효과가 전혀 나타나지 않을 수 있다는 것이다. 예를 들어, 창의성과 노력도에 각각 5점과 10점을 할당하였다면 노력도가 더 중요하다는 인식을 갖게 된다. 그러나 실제등급 간 배점을 5 · 4 · 3 · 2 · 1과 10 · 9 · 8 · 7 · 6 점으로 하고 있다면 등급 간 평점간격은 1점으로 같기 때문에 평정요소 간 비중이 전혀 반영되지 않은 것이다. 실제 등급 간 배정이 10 · 8 · 6 · 4 · 2가 되어야 가중치가 반영된 것이다.

그림 16-4 집중화 · 관대화 · 엄격화 경향

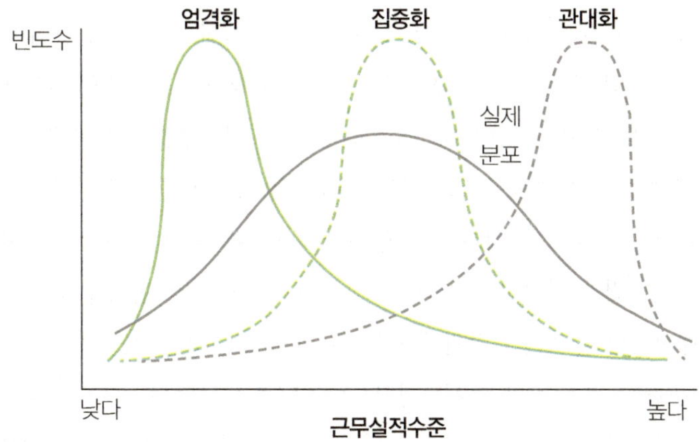


종류와 오류를 줄이기 위한 방법을 살펴보면 다음과 같다.

① 연쇄효과

연쇄효과는 영어 'Halo Effect'의 번역어이다. 'Halo'란 달과 같은 광체 주위에 나타나는 달무리와 같은 둥근 띠를 말한다. 즉 하나의 근원에서 그 영향력이 주위에 퍼져 나가는 것을 의미한다. 평정오류로서의 연쇄효과란 평정자가 가장 중요시하는 하나의 평정요소에 대한 평가결과가 성격이 다른 나머지 평정요소에도 연쇄적으로 영향을 미쳐 유사하게 평가되는 것을 의미한다. 평정요소의 의미가 다른데도 불구하고 평정결과가 평정요소 상호 간에 일관된 관계를 보여 주는 경우이다.

특히 이러한 연쇄효과는 도표식 평정척도법에서 자주 발생한다. 평정요소와 등급을 매트릭스형으로 정렬해 놓았을 때에 맨 처음 평정요소에 대한 평정등급이 나머지 요소에도 유사하게 반복되어 나타나기 쉽다. 따라서 이러한 오류를 줄이기 위해서는 평정척도를 만들 때 등급을 서로 달리할 수 있다. 또 다른 방법은 평정을 평가자별이 아니라 평정요소별로 하는 것이다. 하나의 평정요소에 대하여 모든 평정대상자의 평정을 마치고 다음 평정요소로 넘어가면 연쇄효과에 의한 오류를 줄일 수 있다.

② 집중화 · 관대화 · 엄격화 경향

집중화 경향(Central Tendency)은 평정척도상의 중간등급을 중심으로 평가하는 경향이다(〈그림 16-4〉 참조). 평정자에 대하여 충분한 정보를 가지지 못한 상태에서 아주 높거나 낮은 평가에서 오는 심리적 부담을 줄이고자 할 때 자주 나타나는 현상이다. 평가요소를 정확히 이해하지 못한 상태에서도 발생할 수 있는 현상이며, 실제로는 무능력한 사람에 대해서 '좋은 게 좋다'는 식의 후한 평가를 하는 경우에도 나타난다.

이와는 달리 관대화 경향(Leniency Tendency)은 실제수준보다 관대하게 평가하는 경향이다. 평정결과의 분포를 그린다면 전체적인 등급이 상향조정됨으로써 평가가 좋은 쪽으로 치우친 분포를 나타내게 된다(〈그림 16-4〉 참조). 평정자가 사물에 대하여 전반적으로 너그럽게 평가하는 인지구조를 가지고 있거나,[7] 평정결과가 공개되는 경우에 평정대상자와 불편한 인간관계에 놓이는 것을 피하려는 경우에 흔히 발견된다.

한편, 관대화 경향과 반대되는 현상으로 엄격화 경향(Strictness Tendency)을 살펴볼 수 있다. 엄격화 경향은 평가기준을 엄격하게 적용함으로써 실제수준보다 낮은 평가 결과가 도출되는 경우인데, 이는 흔하게 발생하지는 않는다.

집중화 경향을 방지하기 위한 강력한 방법은 상대평가를 반영하는 강제배분법이다. 평가요소와 등급의 의미가 모호한 도표식 평정척도법보다는 행태를 기준으로 한 평정척도법(BARS)을 사용하여 불확실한 상태에서의 평정을 배제시키는 것을 고려할 수 있다. 그러나 강제배분법을 적용하는 경우에 우수집단에서 선의의 피해자가 나오고 무능한 집단에서 '불로이득'이 발생할 수 있다는 단점이 있다. 따라서 보다 근원적인 해결은 평정자에 대한 사전교육을 통해 보다 바람직한 방향으로 평정의 자세를 전환시키는 것이 필요하다.

③ 근접효과

근접효과(Recency Effect)는 평정시점에 가까운 실적이나 사건일수록 평정에 더 크게 반영되는 경향이다. 평정대상기간 중의 모든 실적과 능력이 종합적으로 같은 비중으로 평가되어야 하지만, 시간이 지난 것일수록 평정자의 기억에 남아 있지 않거나 중요하지 않은 것으로 인식하는 데서 오는 오류이다.

과정을 평가하지 않고 오직 결과로 나타난 실적을 기준으로 평가하는 MBO평정법을 활용하거나 아니면 중요사건 기록법을 통해 평정일지를 계속 기록함으로써 근

---

7) 어떤 평정자가 다른 평정자에 비해 근본적으로 저평가되거나 고평가되는 경향이 있는 경우 체계적 오류 또는 일관적 오류(Systematic or Constant Error)라는 말을 사용하기도 한다.

접효과를 예방할 수 있다.

④ 선입견

선입견(Personal Bias or Prejudice)은 평정대상자의 개인적 특성인 종교, 성, 연령, 교육수준, 출신학교나 지역 등에 대하여 평정자가 평소에 가지고 있는 편견이 평정과정에 반영되는 것을 말한다. 아기를 안고 서 있는 남자가 그냥 서 있는 남자보다 더 친절하다고 생각하는 것, 은행에 가서 여자가 지점장 자리에 앉아 있을 때 '여자가 잘 해낼 수 있을까?' 하는 생각 등이 이에 해당한다.

때로는 자신을 기준으로 하여 특성이나 행동이 유사한 사람을 더 우호적으로 평가하는 경우도 있는데 이 역시 선입견에 의한 것이라 볼 수 있다.[8] 예를 들어, 평정자는 테니스를 좋아하는데 피평정자는 수영을 좋아하고, 평정자가 여당을 지지하는 편인 데 비해 피평정자는 야당편이라면 평정대상자는 실제보다 낮게 평가될 가능성이 높다는 것이다(Pulakos & Wexley, 1983).

(2) 평정시기

평정시기는 그동안 비공식적으로 관찰해 온 평정대상자의 근무성적을 종합적으로 판단하여 근무성적평정서를 작성하는 시기를 말한다. 평정의 시기는 우선 평정을 얼마나 자주 할 것인가에 의해서 영향을 받는다. 동기이론에 따르면 피드백을 전제로 한 평정은 자주 이루어지는 것이 바람직할 수 있다. 성과에 대한 피드백이 자주 이루어지고 성과와 보상과의 관계를 분명히 할수록 평정대상자의 동기수준이 높아지기 때문이다. 또한 평정의 횟수가 잦을수록 연쇄효과나 근접효과 같은 평정상의 착오도 줄일 수 있고 지시나 감독도 더욱 효과적이라고 한다(Hays & Reeves, 1989).

그러나 평정에 요구되는 시간과 노력을 고려하게 되면, 공식적인 평정은 1년에 2회 내외로 하는 것이 일반적이다. 하지만 신규채용자나 하급공무원은 장기 근속한 직업공무원이나 고위직의 경우보다 평정횟수가 많은 것이 보다 바람직하다고 할 수 있다. 구체적인 평정시기는 평정결과에 대한 활용상의 편의와 평정실행상의 편의를 고려해야 한다. 평정결과 활용 측면에서는 가장 최신의 자료를 이용하는 것이 타당성이 높다는 점에서 승진이나 보수결정 또는 교육훈련대상 선정의 경우, 바로 직전에

8) 이는 때로 유사성 효과(Similar-to-me Effect)라고도 부른다.

근무성적평정이 이루어지는것이 보다 바람직할 것이다. 반면 평정실행 측면에서는 평정자의 편의성과 관련하여, 타 업무량이 많지 않아 세심한 평정을 할 수 있는 시기가 적당할 것이다.[9)]

### 4) 평정결과

(1) 조정

평정의 공정성을 확보하기 위해서는 평정자의 평정성향이나 태도 또는 평정도구로 인한 체계적인 오류를 제거해야 한다. 평정의 결과를 토대로 서로 다른 평정자가 평가한 평정대상자들을 상대비교하여 성적이 우수한 공무원을 승진시키는 경우에는 특히 평정의 공정성이 중요하다. 평정자로 인한 편차를 조정할 필요가 생기는 것이다. 이러한 이유에서 평정자 이외에 그 평정자의 상관(우리나라에서 확인자라 함)을 평정에 참여시킴으로써 평정자의 오류와 평정자 간 편차를 조정하도록 하고 있다. 우리나라에서는 확인자 이외에 평정결과를 조정할 목적으로 근무성적평가위원회를 두고 있다.

평정자의 평정결과에 대하여 확인자의 조정을 허용할 때는 그 범위를 어느 정도로 할 것인가가 중요한 문제이다. 평정자와 확인자의 용어가 암시하듯이 확인자는 1차 평정자의 평정을 존중하고 조정은 명백한 사실이 누락되는 등의 오류가 있거나 평정자간 현격한 편차가 있을 때, 또는 직무의 난이도나 책임도가 불균등하여 이를 반영해야 하는 경우 등에 한정하는 것이 바람직할 것이다. 확인자나 조정위원회의 위원들은 평정자에 비해 평정대상자를 관찰하고 평가하기에 불리한 위치에 있기 때문이다. 조정자들에게 지나친 권한을 부여하는 것은 불공정한 평정을 시정하기보다는 조정자의 또 다른 불공정행위인 자의성과 정실이 개입할 여지가 많아질 수 있다. 또한 조정단계에서 1차 평정결과를 과도하게 변경시키는 경우 평정자는 자신의 평정역할에 가치를 부여하지 않고 무성의하게 평정에 임할 가능성이 높다.

이에 우리나라에서 확인자는 자신이 감독하는 여러 평정자 간 평정의 차이를 고려하여 평정자와 함께 근무성적의 서열을 정하도록 하고 있다. 우리나라의 현 근무성

9) 우리나라의 경우 5급 이하 및 기능직 모든 공무원에 대해, 6월과 12월 말을 기준으로 근무성적평정이 진행되고 있으며 소속 장관의 재량에 따라 변경할 수 있도록 하고 있다.

적 평정과정에서 평정자와 확인자의 평정점수는 서열을 정하기 위한 준비단계이지 평점점수가 그대로 승진에 반영되는 것은 아니다. 근무성적평가위원회는 평정단위에서 올라온 서열과 평정단위별 업무비중 등을 감안하여 모든 평정대상 공무원을 상대평가한다.[10] 이 경우에도 평정단위 내의 순위는 조정할 수 없도록 하고, 다만 평정단위 간의 서열조정을 주로 하고 있어 평정단위별 평정자와 확인자의 결정을 존중하고 있다. 그러나 확인자가 실질적인 영향력을 행사하려는 의도만 있다면 평정의 결과를 변화시킬 수 있는 여지는 남아 있기 마련이다. 확인자는 평정대상자에 대한 서열을 평정자와 함께 결정하도록 하고 있지만 평정자의 상관이라는 점에서 확인자의 의도가 순위결정에 있어 상당히 중요한 요인으로 작용할 것이다.

#### (2) 공개와 활용

평정결과의 공개는 그 정도에 따라 여러 형태를 생각할 수 있다. 소극적 공개는 평정결과에 대해 평정대상자의 접근을 허용하는 것을 의미하며 적극적 공개는 평정결과를 놓고 문제점에 대해 평정자와 평정대상자 간에 평정면접을 실시하는 것을 의미한다.

소극적 의미에서 평정대상자에게 평정결과를 확인할 수 있도록 허용하는 것은 평정의 공정성을 확보하고, 평정대상자의 자기반성 및 발전의 기회를 제공하는가 하면, 인사의 투명성 원칙에 부합한다는 측면에서 긍정적인 평가를 받고 있다. 반면에 평정자와 평정대상자 사이에 감정적인 갈등의 관계를 형성할 수 있고, 평정자는 이러한 불편한 관계를 우려해 관대한 평정을 하기 쉬우며, 때로는 평정대상자로 하여금 반성과 발전이 아니라 근무의욕을 떨어뜨리는 결과를 가져올 수도 있다는 점이 단점으로 지적되고 있다(오석홍, 1989).

반면 적극적 공개를 의미하는 평정면접(Performance Appraisal Interview)은 두 평정당사자가 마주앉아 능력과 실적을 향상시키기 위한 진지한 대화의 기회를 갖는 것이다. 단순히 정보를 공개하는 것보다 그 결과를 놓고 대화를 한다는 것은 상호 이해를 높이고, 평정대상자의 입장에서는 자신을 진단할 수 있는 귀중한 자리가 될 수 있다. 그러나 평정결과의 단순한 공개와는 달리 평정면접은 평정자와 평정대상자 모두가 이를

10) 상대평가하여 등급이 결정되면 동일 등급 내에 있는 평정대상자들에게 서열에 따라 점수를 부여하게 된다.

불편해 하고 꺼려할 수 있다. 평정자가 평정대상자의 잘못을 면전에서 이야기하고 평정대상자가 그것을 받아들일 마음의 준비가 되어 있지 않은 경우에 더욱 그렇다.

우리나라는 그동안 평정결과 공개시 발생할 수 있는 불필요한 잡음과 인간관계의 갈등조장 등을 우려하여 평정결과의 공개를 금지해 왔다. 그러나 2005년 말 기존의 공무원평정 규정을 전면 개정하면서 평정의 공정성과 타당성을 확보하기 위하여 성과면담을 의무화하고 나아가 평정대상 공무원의 요청이 있으면 평정결과를 본인에게 알려주도록 규정하였다. 앞으로 평정결과 공개를 공정성과 타당성 제고뿐만 아니라 다면평가와 함께 평정대상자의 능력개발을 위해 적극 활용하는 노력이 필요할 것이다.

### 5) 평정대상자

#### (1) 범위

근무성적 평정체제를 확립하기 위해서는 평정대상자의 범위를 정해야 한다. 이는 평정할 대상공무원의 범위를 말하는 것으로 크게 두 종류를 생각할 수 있다. 하나는 전체공무원 중에서 근무성적평정의 대상에 포함시킬 공무원의 범위이며, 또 하나는 동일 평정서를 적용할 공무원의 범위이다.

전자의 경우는 평정의 목적과 밀접한 관련을 가지고 있다. 평정이 인사이동의 기준이나 실적급의 결정에 이용되는 경우 평정대상자의 범위는 실적주의가 적용되는 공무원에 한정하는 것이 타당할 것이다. 우리나라는 과거 5급 이하의 공무원에만 적용되어 오던 근무성적평정을 1999년부터 4급 이상 공무원까지 확대하였다.

후자의 경우 평정서에 포함될 평정요소를 평정대상자에 따라 어떻게 선정할 것인가의 문제이다. 우리나라는 1998년까지 5급 공무원과 6급 공무원 이하를 구분하여 두 유형의 평정서를 적용하였으나 1999년부터 부처의 자율에 맡기고 있다. 이때 5급 이하의 경우 앞에서 설명한 것처럼 실적, 능력의 두 범주에서 구체적인 평정요소를 선정하게 된다. 한편 4급 이상과 고위공무원의 경우 목표관리제 평정에 따라 평정자와 평정대상자가 합의한 목표의 달성도를 평정하게 된다.

### (2) 훈련

근무성적평정 체제의 성공 여부는 평정대상자의 수용 정도에 좌우된다. 평정대상자가 평정의 목적을 이해하고 좋은 평정을 받으려고 노력을 할 때 평정체제의 유용성은 증가된다. 따라서 근무성적 평정의 목적을 달성하기 위해서는 평정대상자들로 하여금 적극적으로 평정을 받아들이도록 하는 교육부터 실시해야 한다.

또한 평정의 결과가 공개되고 환류가 이루어질 때에는 평정자와의 인간관계에 갈등이 생기지 않게 하고, 근무성적평정이 평정대상자의 능력발전을 위해 유용한 제도임을 상기시켜줘야 할 것이다. 또한 평정결과의 환류는 특히 평정대상자의 성취동기와 밀접한 관계가 있다. 성취동기가 높을수록 피드백에 관심이 높고 긍정적인 태도를 취하므로 관리자는 평정대상자의 성취지향적 동기를 유발시키도록 노력해야 할 것이다.

## 제2절 우리나라 공무원의 성과평가 제도

우리나라 공무원의 성과평가 제도는 적용대상에 따라 고위공무원을 포함하는 4급 이상 공무원의 성과평가와 5급 이하 공무원의 성과평가로 이원화하여 살펴볼 수 있다. 고위공무원과 4급 이상 공무원에게는 근무성적평정인 성과계약제와 역량평가가 적용되며, 5급 이하 공무원에게는 근무성적평정인 근무성적평가와 경력평정, 가점평정이 적용된다. 제2절에서는 구체적으로 이러한 성과평가 제도의 운영방식에 대해 살펴보고자 한다.

### 1. 고위공무원 및 4급 이상 공무원 성과평가

고위공무원과 4급 이상 공무원에게 적용되는 성과평가 제도는 대표적으로 성과계약제와 역량평가 등 두 가지로 구분하여 살펴볼 수 있다. 각 제도의 평가대상, 평가자와 확인자, 평가시기, 평가항목, 평가절차 등을 살펴보면 다음과 같다.

참고 16-6

## 우리나라 공무원의 성과평가

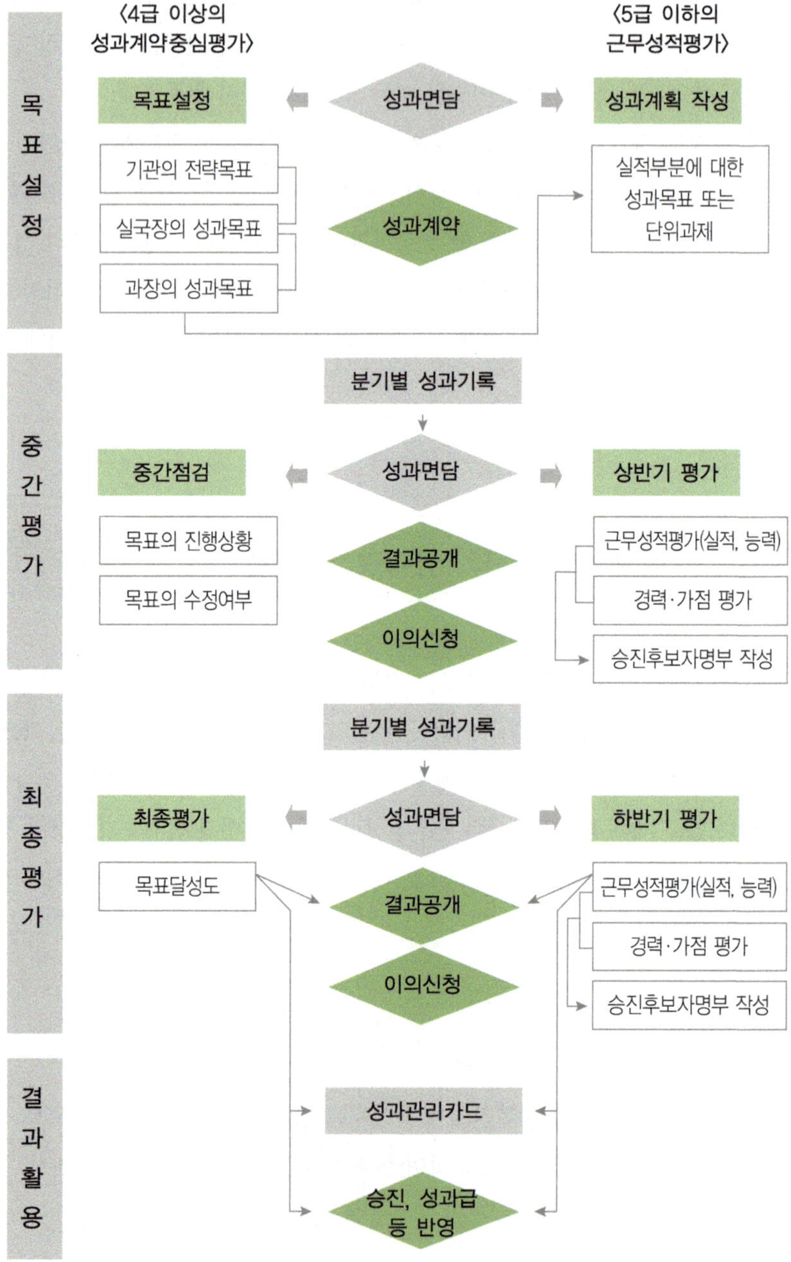

### 1) 근무성적평정: 성과계약(Performance Agreement)[11)]

(1) 평가대상

성과계약의 적용대상은 4급 이상 공무원(고위공무원단에 속하는 공무원포함)과 연구관 · 지도관이며 지방자치단체 및 교육청 등에서 근무하는 4급 이상 국가직 공무원과 고위공무원도 이와 동일하게 적용된다. 다만, 이들에 대해서는 안전행정부 · 교육부장관 등 소속 장관이 업무수행과정 및 성과를 관찰할 수 있는 상급 또는 상위 감독자 중에서 평가자를 지정하게 된다. 또한 4급 상당 이상 별정직 공무원, 4호 이상 계약직 공무원, 5급 상당 이하 공무원 중 성과계약 등 평가가 적합하다고 인정되는 공무원, 특정직 공무원, 정무직 공무원, 지방공무원 등의 일부도 성과계약을 적용받게 된다.

(2) 평가자와 확인자

성과계약의 평가자는 평가대상 공무원의 업무수행 과정 및 성과를 관찰할 수 있는 상급 또는 상위감독자 중 소속장관이 지정하며 확인자는 평가자의 상급 또는 상위감독자 중 소속장관이 지정한다. 다만, 소속장관은 평가항목의 특성에 따라 필요하다고 인정하는 경우에는 일부 평가항목에 대하여 평가자 또는 확인자를 달리 정할 수 있고, 평가자의 상급 또는 상위 감독자가 없는 경우에는 확인자를 지정하지 않을 수 있다. 따라서 일부 평가항목의 경우 외부고객, 타 부서 상급자 등을 평가자로 지정이 가능하고, 평가위원회 및 평가단 등의 활용이 가능하다. 만약 소속장관이 평가자 또는 확인자를 2인 이상으로 지정하는 경우에는 성과계약의 체결, 성과면담, 평가결과의 공개 및 이의신청을 처리할 평가자와 확인자를 따로 지정해야 한다.

(3) 평가시기

4급 이상 공무원(고위공무원단에 속하는 공무원포함)을 대상으로 하는 성과계약은 일반적으로 12월 31일을 기준으로 연 1회 다음해 초에 평가된다.

---

11) 이하에서는 2011년 8월 29일 대통령령 제23101호「공무원 성과평가 등에 관한 규정」과 2011년 9월 19일 행정안전부 예규 제376호「공무원 성과평가 등에 관한 지침」의 근무성적평정에 대한 설명을 다룬다.

(4) 평가항목

각 소속 장관은 4급 이상 공무원(고위공무원단 포함)에 대한 근무성적평정에 있어 부처 내 직종 · 직위 · 직무특성 등을 감안하여 개인의 업무 실적에 대한 성과목표 달성도 평가결과, 부서 또는 조직단위의 각종 부서운영 평가결과, 그 밖에 직무수행과 관련된 자질 또는 능력 등에 대한 평가결과 중에서 하나 또는 그 이상의 평가항목을 정할 수 있다. 평가항목 예시는 〈표 16-1〉과 같다.

**표 16-1 평가항목 예시**

| | |
|---|---|
| 평가항목별 평가예시 | • **개인 실적 평가**: 개인 성과목표 달성도 평가<br>– 조직의 전략목표와 평가지표를 바탕으로 개인의 성과목표와 지표를 도출하여 평가자와 평가대상 공무원간에 성과계약을 체결하고, 평가지표 측정결과에 따른 목표달성도를 기준으로 평가<br><br>• **부서 실적 평가**: 부서운영 평가결과<br>– 조직(본부–지원부서 · 사업부서, 소속기관) 및 부서단위(과 · 팀, 관 · 국 · 실 등)의 성과를 측정 · 관리하기 위한 각종 평가<br>예) 정책만족도, 민원만족도, 전화친절도, 지식관리, 규제개혁 등 부서단위 각종 평가결과<br><br>• **직무 수행 능력 평가**: 직무수행과 관련된 자질 또는 능력 평가<br>– 개인 및 부서업무 실적에 대한 평가 외에 직무수행과 관련된 자질과 능력에 대한 평가<br>예) 역량평가, 청렴도평가 등 |
| 평가항목 구성예시 | • 개인 실적 평가 + 부서 실적 평가 + 직무수행 능력 평가<br>• 개인 실적 평가 + 부서 실적 평가<br>• 부서 실적 평가 + 직무수행 능력 평가<br>• 개인 실적 평가 + 직무수행 능력 평가<br>• 개인 실적 평가<br>• 부서 실적 평가<br>• 직무수행 능력 평가 |

자료: 행정안전부(2011e).

(5) 평가절차

성과계약 평가절차는 〈그림 16-5〉에서 보는 바와 같이 전략계획 단계, 목표설정 단계, 중간점검 단계, 최종평가 단계 등 4가지 단계로 구분해 볼 수 있다. 각 단계별 주요 내용들을 살펴보면 다음과 같다.

**그림 16-5 성과계약 평가절차**

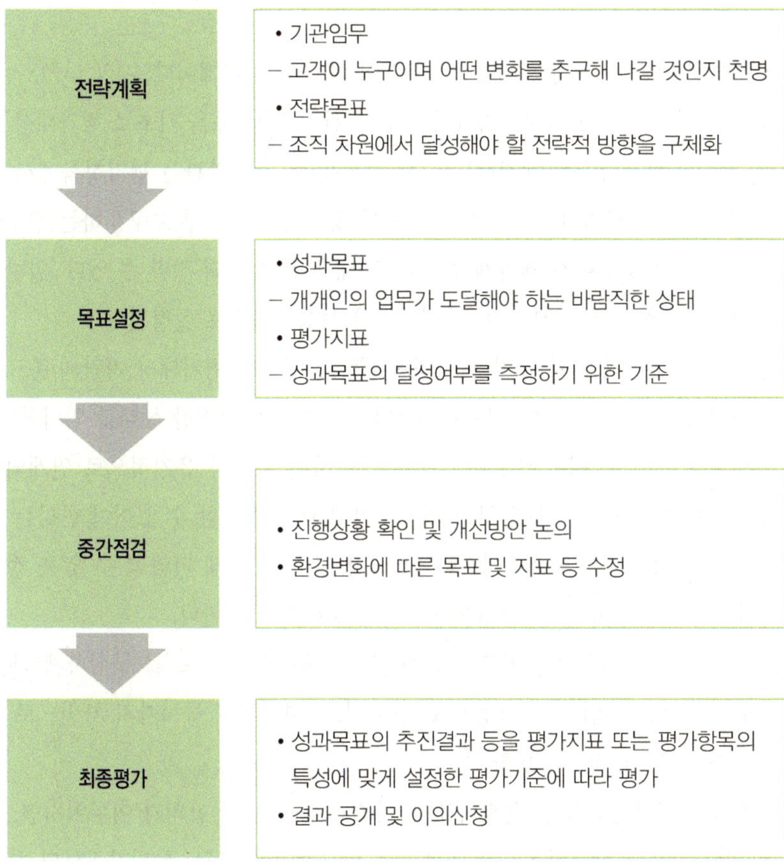


자료: 행정안전부(2011e).

① 전략계획

전략계획은 중앙행정기관의 장이 당해 기관의 전략목표 달성을 위해 수립하는 중·장기 계획을 의미한다. 성과계약 등 평가를 위해서는 먼저 개인별 '목표'와 '지표'를 설정해야 하는데, 개인의 업무성과가 기관임무 달성에 유기적으로 기여하도록 하기 위해 개인 간 성과계약 체결에 앞서 전략계획 수립 과정이 필요하다. 기관 특성에 따라 〈성과관리전략계획〉을 수립하는 기관이 있으며, 국무총리실의 「성과관리 전략계획 및 시행계획 수립 지침」을 참고하거나 PMS(Performance Management System), BSC(Balanced Scorecard) 등 다양한 방법론을 활용하여 수립하게 된다.

② 목표설정

목표설정 단계는 구체적으로 성과계약이 체결되는 단계이다(〈서식 16-1〉 성과계약서 참조). 소속장관은 평가대상기간의 해당 기관의 임무 등을 기초로 평가대상 공무원과 평가자가 성과계약을 체결하도록 해야 하는데, 소속장관은 평가항목에서 성과목표 달성도를 제외하거나 성과목표 달성도를 평가항목의 일부로 구성하는 경우에는 그 계약을 체결함에 있어서 계약체결 방법 및 내용 등을 달리 정할 수 있다. 일반적으로 성과계약은 1월 초에 체결 되며, 계약기간은 보통 1년으로 설정된다.

공무원 개인 실적 평가에 있어 '성과목표'란 근무성적 평가대상 기간의 종료시점을 기준으로 공무원 개개인의 업무가 도달되어야 하는 바람직한 상태를 의미한다. 성과계약에 있어 성과목표는 조직 내·외부, 상·하위 목표가 유기적으로 연계되도록 설정되어야 한다는 연계성과, 업무의 최종적인 효과를 파악할 수 있어야 한다는 결과지향성, 일반적이거나 추상적이어서는 안 되며, 누구나 쉽게 파악할 수 있을 정도로 구체적이어야 한다는 구체성 등 3가지 요건을 충족시켜야 한다.

이러한 성과목표의 달성 여부를 측정하기 위해서 '평가지표'를 구성하게 되는데, 평가지표의 유형은 투입지표, 과정지표, 산출지표, 결과지표 등 4가지 차원으로 구분하여 살펴볼 수 있다(〈표 16-2〉 참조).

평가자와 평가대상자 간 성과목표, 평가지표 등에 관한 합의가 이루어지면, 성과목표 및 평가지표는 상·하위자간 연계성을 확보해야 하므로, 상위자로부터 하위자로 순차적으로 성과계약이 체결된다. 성과계약서 내용에 대해 평가자와 합의하고, 평가자가 최종 서명함으로써 성과계약이 완료된다.

## 서식 16-1 성과계약서

### 성과계약서

■ 평가대상기간 : 0000년도

| | 소속 | 직위 | 성명 | 서명 |
|---|---|---|---|---|
| 평가대상자 | | | | |
| 평가자 | | | | |

기관의 임무와 목표를 달성하기 위해 甲과 乙은 상호 합의에 의해 다음과 같이 성과계약을 체결한다.
작성일 : . . . (승계시 사유도 추가 기재)

■ 개인 성과목표

| No. | 성과목표 | 평가지표 | | 실행계획 |
|---|---|---|---|---|
| | | 평가지표명 (측정방법 포함) | 목표점 | |
| | | | | |
| | | | | |
| | | | | |
| | | | | |
| | | | | |
| | | | | |
| | | | | |
| | | | | |
| | | | | |

〈작성요령〉

※ 주의 : 성과계약서는 각 부처 평가항목의 특성에 맞게 변경가능하나, 「공무원 인사기록 · 통계 및 인사사무 처리 규정」(제8조)에 따라 성과관리카드를 통한 성과정보관리의 필요상 주요업무의 성과와 평가자 등은 반드시 나타나도록 설계하여야 함

1. 성과목표
• 전략목표 또는 상위 목표를 달성하기 위한 개인의 성과목표를 말함
– 성과목표의 수는 가급적 5개 이내로 한정

2. 평가지표
• 성과목표 달성도를 측정하기 위해 사전에 정하는 기준을 말함
– 평가지표 타당성 검증을 통해 바람직한 지표를 결정하되, 과 · 팀장의 경우 과정 또는 산출지표도 보완적으로 활용 가능
• 평가지표를 측정하는 기준과 목표점을 작성하며, 지표별 구체적인 등급결정 기준에 대해서는 별도 관리 가능
• 각 부처 사정에 따라 성과목표 또는 평가지표별로 비중 설정 가능

3. 실행계획
• 성과목표 및 평가지표를 달성하기 위해서 당해연도에 추진할 구체적인 활동을 간결하게 기술

자료: 행정안전부(2011e).

**표 16-2 평가지표**

| 구분 | 내용 |
|---|---|
| 투입지표 | • 성과달성에 동원된 자원의 양을 나타내는 지표<br>예) 직업훈련 프로그램 예산, 인력 |
| 과정지표 | • 사업 진행과정에서 나타나는 산출물의 양을 나타내는 지표<br>예) 직업훈련 프로그램 출석률/진도율, 프로그램별 진행과정과 만족도 |
| 산출지표 | • 자원을 투입하여 나타난 1차 산출물을 나타내는 지표<br>예) 직업훈련 프로그램 참가자 수 대비 수료자 수 |
| 결과지표 | • 1차적 산출물을 통해 나타나는 궁극적인 사업의 효과, 정책이 미치는 영향력을 나타내는 지표<br>예) 직업훈련 수료 후 취업자 수 및 소득증가율, 프로그램 만족도 |

자료: 행정안전부(2011e).

③ 중간점검

일반적으로 7~8월 경, 각 부처는 성과계약서를 토대로 평가대상 공무원의 소관 업무 추진상황 및 환경변화에 대한 대응 여부 등을 확인하기 위해 자체 점검을 실시한다. 성과목표의 정상적인 진행과 환경변화에 대한 적응성 확보, 조직 전체의 성과관리 등을 위해 중요한 과정이라 할 수 있다.

이에 평가대상자는 평가지표의 측정결과와 성과목표별 주요 업무추진실적, 추진과정상 특기사항 및 지원 요구사항 등을 확인하고 필요한 자료를 준비한다. 평가자는 평가대상자에 대한 자체적인 성과기록 등을 토대로 필요시 성과면담을 실시하게 되는데, 이때 평가자는 평가대상자의 업무추진실적을 점검하고, 업무추진상의 문제점 및 개선방안에 대해 논의하게 된다. 또한 환경변화에 따른 성과목표 및 지표 등의 수정이 필요한가의 여부를 검토하게 된다. 그 후, 평가자는 성과목표별 점검결과(정상추진, 개선필요, 부진) 등 논의 내용과 점검 의견을 자율적으로 기록하게 된다.

④ 최종평가

일반적으로 최종평가는 12월 31일을 기준으로 다음해 1월 말~2월 초에 완료된다. 평가대상기간 중 평가대상 공무원의 소관 업무에 대한 성과계약의 성과목표 달성도 등을 감안하여 평가하며, 성과목표 달성도 등은 평가대상 기간 동안 평가대상 공무원이 달성한 성과목표의 추진결과 등을 평가지표 또는 평가항목의 특성에 맞게 설정한 평가기준에 따라 평가하게 된다. 특히, 평가대상 공무원이 수행하는 업무의 중요도와 난이도, 평가대상 공무원의 자질과 태도, 〈성과관리시행계획〉에 대한 정책평가결과 등을 종합적으로 고려하여 평가하게 된다(〈서식 16-2〉 최종평가서 참조).

**서식 16-2** **최종평가서**

최종평가서

■ 평가대상기간 : 0000년도

| | 소속 | 직위 | 성명 | 서명 |
|---|---|---|---|---|
| 평가대상자 | | | | |
| 평가자 | | | | |
| 확인자 | | | | |

| No. | 성과목표 | 평가지표 | | | 주요실적 |
|---|---|---|---|---|---|
| | | 지표명(측정법) | 목표점 | 결과 | |
| 1 | | | | | |
| 2 | | | | | |
| 3 | | | | | |
| 4 | | | | | |
| 평가자 의견 | | ※ 업무추진실적, 조직관리능력, 기타 등에 대해 기재 | | | |

| 최종등급 | |
|---|---|
| 작성일 : . . . | |

※기타 성과목표별 실적

| No. | 성과목표 | 주요실적 |
|---|---|---|
| 1 | | |
| 2 | | |

〈작성요령〉

※ 주의 : 최종평가서는 각 부처 실정에 맞게 변경 가능하나, 공무원 인사 및 성과정보관리의 통일성을 위하여 '성과목표', '평가지표', '주요실적', '평가자 의견', '최종등급'은 반드시 포함되어야 함

* 최종평가서는 핵심목표별 실적 위주로 1쪽 이내로 작성하되, 불가피한 경우에는 2쪽 이내로 작성(다만 전출입 · 파견자 등의 경우 기관장에게 상세정보 제공 위해 분량 확대 인정)

1. 성과목표 및 평가지표
• 당초 설정한 성과목표와 평가지표, 목표점을 그대로 기록하고, 지표별 측정결과를 기록

2. 주요실적
• 핵심 성과목표 및 평가지표를 달성하기 위해서 당해연도에 추진한 핵심활동을 간결하게 기록
* '주요실적'은 핵심사항 위주(실무적이고 지엽적인 사항 기술 금지)로 3건 이내로 하여 피평가자 본인이 직접 작성

3. 평가자 의견(평가자 작성)
• 평가대상자의 업무추진실적, 조직관리능력, 기타 등에 대하여 기재
* 실적과 능력에 대한 평가의견은 구분 작성이 곤란하여 종전의 '실적에 대한 평가의견란', '능력에 대한 평가의견란'을 통합

4. 최종등급(평가자 작성)
• 평가대상자의 자질과 태도, 성과계약서와 자체 성과기록, 정책평가결과 등을 종합적으로 고려하여 성과계약 등 평가 최종등급 결정

5. 기타 성과목표별 실적
• 성과목표를 달성하기 위해서 당해연도에 추진한 핵심활동을 간략히 기록
* 핵심 성과목표를 제외한 기타 성과목표에 대하여는 평가지표란을 생략

자료: 행정안전부(2011e).

최종평가는 〈표 16-3〉에서 보는 바와 같이, 매우 우수 · 우수 · 보통 · 미흡 · 매우 미흡 중 하나의 등급으로 부여함으로써 평가가 완료된다. 특히 고위공무원 인사평가가 관대하다는 지적에 따라 2009년부터 평가방식을 절대평가에서 상대평가로 전환하였고 이에 성과평가 등급별 비율을 설정함으로써 성과평가제도의 객관성과 공정성을 제고하였다. 따라서 최상위등급의 인원은 평가대상 공무원 수의 20% 이하의 비율로 제한하고 있으며 하위 2대 등급(미흡 및 매우 미흡)의 인원은 10% 이상의 비율로 의무 배정하도록 하고 있다.

최종평가 이후, 평가자의 평가 및 확인자의 확인 등 성과계약 등 평가가 완료된 후 평가대상 공무원 본인에게 평가결과를 공개하게 된다. 만약 평가자의 성과계약 등 평가결과에 이의가 있는 평가대상 공무원은 확인자에게 이의신청 및 결정서를 작성하여 이의를 제기할 수 있다. 이의신청 내용이 타당하다고 판단되는 경우, 확인자는 평가자와 협의하여 평가결과를 조정할 수 있으며, 기각하는 경우 그 결과를 대상 공무원에게 서면 또는 전자우편으로 고지하도록 규정되어 있다.

**표 16-3 평가등급**

| 등급 | 내용 | 비율 |
|---|---|---|
| 매우 우수 | • 전례가 없을 정도로 획기적인 성과를 달성 | 20% 이하 |
| 우수 | • 당초 계획을 초과하여 기대 이상의 성과를 달성 | – |
| 보통 | • 당초 계획대로 기대한 성과를 달성 | – |
| 미흡 | • 업무추진과정상 문제가 발생하여 당초 계획에 미달 | 10% 이상 의무 배정 |
| 매우 미흡 | • 업부추진과정상 심각한 문제가 발생하여 당초 계획에 현저히 미달 | |

자료: 행정안전부(2011e).

### 2) 역량평가(Competency Evaluation)[12)]

역량(Competency)은 저성과자 혹은 보통의 성과자와 비교하여 고성과자에게 나타나는 공통적인 특성으로 이해할 수 있다. 즉 역량은 조직의 목표달성을 위해 뛰어난 성과를 나타내는 고성과자의 차별화된 행동특성과 태도를 의미한다. 역량의 개념은 능력(Ability, Capacity)과 혼용되어 사용되기도 한다. 하지만 능력은 개인적 차원에서, 성공적인 업무수행을 위해 개인이 보유한 자질에 초점을 맞춘 개념이라면 역량은 조직적 차원에서, 조직 목표달성 및 조직 성과창출을 위한 자질에 초점을 맞춘 개념이라는 점에서 차이를 발견해 볼 수 있다. 따라서 역량은 성과에 기반한 행동(Performance Related Behavior)이기 때문에 보유능력이 아니라 발휘능력이자 실천능력을 의미한다. 우리나라 행정안전부는 역량을 '조직의 목표달성과 연계하여 높은 직무성과 및 조직성과 달성을 위해 요구되는 직무 담당자의 행동특성과 태도'로 정의하고 있다.

한국 공직사회에서는 이러한 역량에 대한 정의를 바탕으로 고위공무원에 대한 역량평가를 실시하고 있다. 역량평가는 고위공무원으로서 직무를 성공적으로 수행하

12) 이하에서는 2011년 8월 29일 대통령령 제23101호 「공무원 성과평가 등에 관한 규정」과 2011년 9월 19일 행정안전부 예규 제376호 「공무원 성과평가 등에 관한 지침」, 2012년 3월 30일 대통령령 제23691호 「고위공무원단 인사규정」, 행정안전부(2008), 행정안전부(2010), 행정안전부(2011)의 역량평가에 대한 설명을 다룬다.

기 위해 요구되는 문제인식, 전략적 사고, 성과지향, 변화관리, 고객만족, 조정통합 등과 관련된 능력과 자질을 사전에 철저히 검증하여 적격자만을 고위공무원단에 진입할 수 있도록 하는 사전 검증 장치로서의 역할을 담당한다. 특히 우리나라 공직사회에서 이루어지는 역량평가는 실제 직무상황과 유사한 모의상황을 피평가자에게 다양하게 제시하고, 그 상황에서 피평가자의 역할과 행동을 훈련된 다수 전문 평가자가 관찰하고 합의하는 절차를 통해 최종 역량평가 결과를 도출하는 객관적이고 과학적인 평가기법을 의미한다.

역량평가는 다음과 같은 측면에서 기존의 평가체계와 구별되는 중요성을 지닌다.

첫째, 역량평가는 구조화된 모의 상황을 설정하여 현실적 직무상황에 근거한 행동을 관찰 · 평가하는 방식이다. 즉 추측이나 유추가 아닌 직접 나타난 행동을 관찰함으로써 평가자의 주관성을 배제할 수 있다.

둘째, 역량평가는 피평가자의 과거성과를 평가하는 것이 아니라 미래행동에 대한 잠재력을 측정하는 것이다.

셋째, 역량평가는 다양한 실행과제를 종합적으로 활용함으로써 개별 평가기법들이 지니는 한계를 극복할 수 있고, 이를 바탕으로 다양한 역량을 측정할 수 있다.

넷째, 역량평가는 다수의 평가자가 참여하고 평가자 간의 합의에 의해 평가결과가 도출되기 때문에 개별 평가자의 오류를 방지하고 평가의 공정성을 확보할 수 있다.

이러한 역량평가를 통해 바람직한 고위공무원 역량요건을 설정할 수 있고, 고위공무원단 진입 이전에 능력과 자질을 체계적으로 검증함으로써 고위공무원단 선발의 공정성과 신뢰성을 제고할 수 있다. 뿐만 아니라 역량평가 결과를 반영한 교육훈련 수요예측과 교육실시가 가능해짐에 따라 체계적인 고위직 능력개발 시스템이 정립되고 역량평가 자료를 인사관리에 활용함으로써 고위직 인사의 적실성 확보를 기대할 수 있다.

역량과 역량평가에 대한 이해를 바탕으로 우리나라에서 실시되고 있는 역량평가 제도의 구체적인 운영방식을 살펴보면 다음과 같다.

#### (1) 평가대상

역량평가의 평가대상은 고위공무원단 후보자 교육을 이수하고 고위공무원단 직위로 승진임용되려는 3급 · 4급 공무원 및 고위공무원단 직위로 전보되려는 연구관 ·

지도관이 포함된다. 또한 고위공무원단 직위인 일반직 · 별정직 · 계약직 공무원으로 신규채용되고자 하는 대상자도 역량평가를 거쳐야 한다.[13)]

### ⑵ 평가자

역량평가를 담당하는 평가자, 즉 역량평가위원은 고위공무원이거나 고위공무원이었던 자 또는 인사행정이나 역량평가 등에 관한 학식과 경험이 풍부한 자 중에서 임명 또는 위촉된다. 각 부처 · 단체의 추천을 받은 평가위원 후보자는, 고위공무원 역량의 분석 · 평가기법의 숙지 · 실행과제의 설계 · 평정척도의 이해 등에 대한 워크숍 · 교육훈련 · 모의평가 참가의 단계별 과정을 거쳐 행정안전부 역량평가위원으로 위촉되어 실제 평가에 참여하게 된다.

### ⑶ 평가시기

역량평가는 후보자 교육과정 이수자 등을 대상으로 순차적으로 시행하되, 각 부처 소속 공무원을 균형 있게 배정한다. 행정안전부는 각 부처별 평가일정을 배정하기 위하여 부처별 후보자 교육과정 이수인원, 고위공무원단 직위 수 및 고위공무원으로의 승진자 수 등을 종합적으로 고려한다.

일반적으로 역량평가는 매회 6명을 기준으로 주 2회 시행을 원칙으로 하고 있는데, 매회 평가대상자는 여러 부처의 공무원과 개방형 직위에 응모한 민간인으로 구성된다.

### ⑷ 평가 방법

역량평가는 실제 직무상황과 유사한 4개의 실행과제를 평가대상자에게 제시하

---

13) ① 지방자치단체 및 지방교육행정기관의 고위공무원단 직위에 신규채용되는 지방공무원 또는 민간인, ② 고위공무원단 직위인 비서관, 장관정책보좌관, 비상계획관, 대통령실의 경호업무 관련 직위에 별정직공무원 또는 계약직공무원으로 임용되는 자, ③ 기타 비서관, 장관 정책보좌관 등에 상당하는 고위공무원단 직위에 별정직 공무원으로 임용되는 자, ④ 고위공무원단 직위 또는 이에 상당하는 직위에 국가공무원으로 재직한 경력이 있는자는 역량평가 면제 대상이다. 또한 고위공무원으로서 역량을 이미 갖추고 있다고 볼 만한 특별한 사유가 있어 소속장관이 그 특별한 사유를 소명하여 행정안전부장관과 합의하는 경우 협의를 통한 평가면제가 가능하다.

그림 16-6 고위공무원 역량평가 실행과제

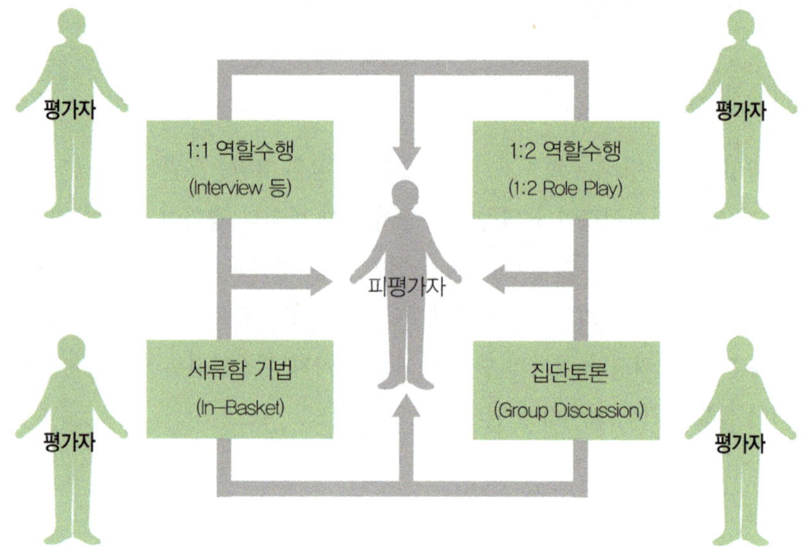


자료: 행정안전부(2010b).

고 이때 나타나는 평가대상자의 행동특성을 4명의 평가자가 교차적으로 평가한 후 평가자회의를 통해 결과를 합의 · 조정하여 최종 평가결과를 도출한다(〈그림 16-6〉 참조). 실행과제(Exercise)는 업무상황에서 나타날 수 있는 갈등구조를 토대로 모의상황을 구성한 것으로 평가자가 피평가자의 행동특성들을 평가할 수 있도록 개발한 것이다. 고위공무원단 역량평가에서는 1:1 역할 수행(Interview), 1:2 역할수행(1:2 Role Play), 서류함 기법(In-Basket), 집단토론(Group Discussion) 등 4개의 실행과제를 시행하고 있다.

〈표 16-4〉에서 보는 바와 같이 구체적으로 각 실행과제별 상황을 다음과 같이 설정할 수 있다.

1:1 역할수행 과제는 평가위원 1명이 입실하여 진행하는 모의상황이다. 평가위원의 역할은 조직 외부의 업무관계자 혹은 조직 내 상급자 · 동료 · 하급자 · 기자 등 과제마다 다르게 구성되며, 평가대상자는 주어진 모의상황에서 업무관련 면담, 코칭, 기자와 인터뷰, 업무대책 발표 등 요구되는 역할을 수행하게 된다.

**표 16-4 고위공무원 역량평가 실행과제 예시**

| 실행과제 | 내용(예시) | 시간 |
|---|---|---|
| 1:1 역할수행 | • 현안 문제에 대응하기 위한 기자와의 인터뷰, 업무대책 발표, 부하직원 코칭 등 실시 | • 준비 30분<br>• 진행 30분 |
| 1:2 역할수행 | • 부서 간 업무중복 문제 등을 해결하는 상황 | • 준비 30분<br>• 진행 30분 |
| 서류함 기법 | • 여러 가지 현안과제를 시간 내 처리하는 상황 | • 준비 50분<br>• 진행 30분 |
| 집단토론 | • 부처별 공통문제 등을 합의 · 조정하는 상황 | • 준비 40분<br>• 진행 50분 |

자료: 행정안전부(2010b).

1:2 역할수행 과제는 평가위원 2명이 입실하여 진행하는 모의상황이다. 각 평가위원은 다양한 입장을 주장하고 있으며, 평가대상자는 주어진 모의상황에서 요구되는 역할을 수행하게 된다. 예를 들어 부서 간 업무중복 문제상황을 설정하고 이를 해결하는 방식으로 진행할 수 있다.

서류함 기법은 주어진 역할에서 수행해야 할 일상적인 여러 가지 과제가 주어지고 이에 대한 방향검토, 업무지시, 절차설계, 의견피력 등을 수행하게 된다. 즉 주어진 시간 내 혼자서 업무를 얼마나 잘 처리할 수 있는가를 볼 수 있도록 편지, 메모, 문서, 투서 등에 대한 문제해결 및 의사결정을 하는 과정을 살펴보는 것이다. 따라서 여러 가지 현안과제를 시간 내 처리하는 상황을 설정하고 진행할 수 있다.

집단토론은 평가대상자 3명이 참가하여 공동의 의사결정을 위한 토론을 전개하는 과제이다. 평가위원 1인이 과제에서 주어진 역할에 따라 토론을 진행하며, 각 평가대상자는 주어진 상황을 해결하기 위한 자신의 대안을 제시하고 근거를 전개하면서 합의를 모색하게 된다. 예를 들어 부처별 공통문제 등을 합의하고 조정하는 상황을 설정할 수 있다.

#### (5) 평가항목

역량평가의 평가항목은 고위직에 대한 직무분석, 해외정부 및 민간사례 벤치마

**표 16-5 고위공무원 역량평가 항목**

| 사고(Thinking) | 업무(Working) | 관계(Relating) |
|---|---|---|
| 문제인식<br>전략적 사고 | 성과지향<br>변화관리 | 고객만족<br>조정 · 통합 |

자료: 행정안전부(2010b).

킹을 통해 도출한 6개의 공통역량으로 구성된다. 특히 이러한 평가역량을 공익을 대변하고, 조직을 관리하며, 성과에 책임을 지고, 변화를 주도하며, 국정의 목표를 구현하는 등의 고위공무원의 역할 수행에 기초가 되는 역량으로 구성되었다.

〈표 16-5〉에서 보는 바와 같이 사고(Thinking) 역량군은 문제인식, 전략적 사고로 구성되어 있으며, 업무(Working) 역량군은 성과지향, 변화관리로 구성되었다. 마지막으로 관계(Relating) 역량군은 고객만족, 조정 · 통합으로 구성되었다. 즉 역량평가에서는 정책의 수립과 집행과정에서 ① 적절한 사고체계를 구성하여(문제인식, 전략적 사고), ② 대상자와 필요한 관계를 형성하고(고객만족, 조정 · 통합), ③ 업무를 적절하게 처리하는지(성과지향, 변화관리)를 평가한다.

각 역량군별 요구 역량에 대한 정의를 살펴보면 〈표 16-6〉과 같다.

사고 역량군의 문제인식 역량은 정부의 파악 및 분석을 통해 문제를 적시에 감지 · 확인하고 문제와 관련된 다양한 사안을 분석하여 문제의 핵심을 규명하는 것을 의미하며, 전략적 사고 역량은 장기적인 비전과 목표를 설정하고 이를 실행하기 위한 대안의 우선순위를 명확히 하여 추진방안을 확정하는 것을 의미한다.

업무 역량군의 성과지향 역량은 주어진 업무의 성과를 극대화하기 위한 다양한 방안을 구축하고, 목표달성 과정에서도 효과성과 효율성을 추구하는 것을 의미하며, 변화관리 역량은 환경변화의 방향과 흐름을 이해하고, 개인 및 조직이 변화상황에 적절하게 적응 및 대응하도록 조치하는 것을 의미한다.

관계 역량군의 고객만족 역량은 업무와 관련된 상대방을 고객으로 인식하고 고객이 원하는 바를 이해하고 그들의 요구를 충족시키려 노력하는 것을 의미하며, 조정 · 통합 역량은 이해당사자들의 이해관계 및 갈등상황을 파악하고 균형적 시각에서 판단하여 합리적인 해결책을 제시하는 것을 의미한다.

표 16-6 고위공무원 역량평가 항목의 정의

| 역량군 | 역량명 | 역량정의 |
|---|---|---|
| 사고 | 문제인식 | • 정부의 파악 및 분석을 통해 문제를 적시에 감지 · 확인하고 문제와 관련된 다양한 사안을 분석하여 문제의 핵심을 규명 |
| | 전략적 사고 | • 장기적인 비전과 목표를 설정하고 이를 실행하기 위한 대안의 우선순위를 명확히 하여 추진방안을 확정 |
| 업무 | 성과지향 | • 주어진 업무의 성과를 극대화하기 위한 다양한 방안을 구축하고, 목표달성 과정에서도 효과성과 효율성을 추구 |
| | 변화관리 | • 환경변화의 방향과 흐름을 이해하고, 개인 및 조직이 변화상황에 적절하게 적응 및 대응하도록 조치 |
| 관계 | 고객만족 | • 업무와 관련된 상대방을 고객으로 인식하고 고객이 원하는 바를 이해하고 그들의 요구를 충족시키려 노력 |
| | 조정 · 통합 | • 이해당사자들의 이해관계 및 갈등상황을 파악하고 균형적 시각에서 판단하여 합리적인 해결책을 제시 |

자료: 행정안전부(2010b).

(6) 평가결과

위의 역량평가 항목을 바탕으로 4명의 평가자에 의한 평가가 이루어지게 된다. 4명의 평가자는 역량항목별로 5점 만점으로 평가하게 되는데, 평가자 회의를 통해 결정된 평가대상자의 평균점수가 '보통' 이상(종합 평균점수 2.5점 이상)인 경우에 피평가자는 평가를 통과할 수 있게 된다.

통과/미통과의 결과는 보통 평가 후 1~2주 정도에 후보자 교육이수자의 경우 소속부처로, 개방형 직위 지원자 등의 경우에는 지원부처로 통보된다. 특히, 평가대상자 개인에게는 평가위원이 작성한 결과보고서를 별도로 송부하는데, 이때 평가 점수는 서열의식에 따른 경쟁의 과열과 부작용을 방지하기 위해 공개되지 않으며 각 역량별 등급수준만 통보된다.

만약 역량평가에 미통과한 경우 역량보완과정을 거친 후 재평가를 받을 수 있는데, 재평가를 받을 수 있는 횟수의 제한은 없다. 이는 역량평가가 역량 부족자를 단순히 선발에서 배제하기 위한 것이 아니라 고위공무원의 능력과 자질을 향상시키기 위

**표 16-7 평가점수별 등급 기준**

| 등급 | 매우 우수 | 우수 | 보통 | 미흡 | 매우 미흡 |
|---|---|---|---|---|---|
| 점수 | 4.5 이상 | 3.5~4.5 | 2.5~3.5 | 1.5~2.5 | 1.5 미만 |

자료: 행정안전부(2010b).

하는 것에 목적을 두기 때문이다. 다만, 2회 연속으로 미통과하는 경우에는 역량보완을 위한 일정기간 경과 후에 재평가를 받을 수 있다.

이러한 역량평가의 통과는 고위공무원단 승진 · 채용 · 전보의 기본요건이 되며, 각 역량별 평가결과는 행정안전부 인사심사 등에서 대상 직위에의 적합성 등을 검증하기 위해 활용된다. 또한, 개인에게 제공되는 평가결과보고서는 인사기록카드와 같이 관리되기 때문에 각 개인의 자신의 장 · 단점을 파악하여 향후 역량개발방안을 수립하는 기초자료로 활용할 수 있다.

## 2. 5급 이하 공무원 성과평가

5급 이하 공무원에게 적용되는 성과평가제도는 대표적으로 근무성적평가와 경력평정, 가점평정 등 세 가지로 구분하여 살펴볼 수 있다. 각 제도의 평가대상, 평가항목, 평가절차 등을 살펴보면 다음과 같다.

### 1) 근무성적평가[14)]

#### (1) 평가대상

근무성적평가의 적용대상은 5급 이하 일반직 공무원(연구직 · 지도직 포함) 및 기능직 공무원이 포함된다. 별정직공무원은 「별정직공무원 인사규정」에 따라 일반직공무원에 준하여 평가하며, 계약직공무원은 「계약직공무원규정」과 「특수경력직공무원 인사규칙」에 따라 평가한다.

14) 이하에서는 2011년 8월 29일 대통령령 제23101호 「공무원 성과평가 등에 관한 규정」과 2011년 9월 19일 행정안전부 예규 제376호 「공무원 성과평가 등에 관한 지침」의 근무성적평정에 대한 설명을 다룬다.

(2) 평가자와 확인자

근무성적평가의 평가자는 평가대상 공무원의 업무수행 과정 및 성과를 관찰할 수 있는 상급 또는 상위 감독자 중 소속장관이 지정하며 확인자는 평가자의 상급 또는 상위 감독자 중 소속장관이 지정한다. 다만, 소속장관은 평가항목의 특성에 따라 필요하다고 인정하는 경우에는 일부 평가항목에 대하여 평가자 또는 확인자를 달리 정할 수 있고, 평가자의 상급 또는 상위 감독자가 없는 경우에는 확인자를 지정하지 않을 수 있다. 따라서 일부 평가항목의 경우 외부고객, 타부서 상급자 등을 평가자로 지정이 가능하고, 평가위원회 및 평가단 등의 활용이 가능하다. 만약 소속장관이 평가자 또는 확인자를 2인 이상으로 지정하는 경우에는 성과목표의 선정, 성과면담, 평가결과의 공개 및 이의신청을 처리할 평가자와 확인자를 따로 지정해야 한다.

(3) 평가시기

5급 이하 일반직 공무원(연구직 · 지도직 포함) 및 기능직 공무원을 대상으로 하는 근무성적평가는 일반적으로 6월 30일과 12월 31일을 기준으로 연 2회 실시된다. 다만, 소속장관이 필요하다고 판단하는 경우, 정기평가 또는 정기평정 기준일을 달리 정할 수 있고, 정기평가 또는 정기평정을 연 1회 실시할 수 있다. 소속장관은 직종, 직무특성, 인사관행 등의 이유로 정기평가 또는 정기평정 기준일을 달리 정하는 경우 평가 대상기간은 동일하게 해야 한다. 또한 이처럼 평가 기준일을 달리하는 경우 경력평정도 근무성적평가일을 기준으로 실시해야 하며, 승진후보자명부는 정기평가 기준일 다음 달 말일을 기준으로 작성해야 한다.

(4) 평가항목

근무성적평가의 평가항목은 근무실적과 직무수행능력을 기본항목으로 하며, 평가항목의 총점은 100점으로 한다. 그러나 경우에 따라 소속장관이 판단하여 직무수행태도의 평가 또는 부서단위의 운영평가를 평가항목으로 추가 지정하여 평가할 수 있다. 이때, 평가항목 간의 균형유지를 위하여 근무실적과 직무수행능력의 평가점수는 어느 하나의 비율이 70%를 초과하지 않도록 설정해야 하며, 추가항목으로 지정할 경우 직무수행태도는 10%, 부서단위의 운영평가는 20% 이내로 설정해야 한다.

근무실적에 대한 평가는 연초에 수립한 성과계획서, 해당기간 동안의 업무실적 등을 참고하여 〈서식 16-3〉과 같이 공무원 성과평가서 또는 소속장관이 정하는 바에 따라 평가요소별로 정하되, 연초의 성과목표 또는 단위과제 이외에 연도 중간에 추가된 업무도 포함하여 평가한다.

직무수행능력에 대한 평가는 〈서식 16-3〉과 같이 공무원 성과평가서 또는 소속장관이 정하는 바에 따라 평가요소별로 배점을 정하여 평가한다. 이때 소속장관은 업무의 특성을 반영하여 평가요소 및 요소별 배점을 달리 정할 수 있으며, 근무실적의 평가요소는 업무난이도, 완성도, 적시성 등으로, 직무수행능력의 요소는 기획력, 의사전달력, 고객지향, 협상력 등으로 정할 수 있다.

**서식 16-3 공무원 성과평가서**

**공무원 성과평가서**

**평가대상기간 :**

| 성명 | 소속 | 직위 | 직급 | 현직급임용일 | 현보직일 |
|---|---|---|---|---|---|
| | | | | | |

**1. 담당업무**

| |
|---|
| |

**2. 근무실적 평가(50점)**

| 연번 | 성과목표 또는 단위과제 | 업무 비중(%) ㉮ | 주요실적 | 평가요소 | | | | 소계 점수 |
|---|---|---|---|---|---|---|---|---|
| | | | | 업무난이도 (10점) ㉯ | 완성도 (20점) ㉰ | 적시성 (20점) ㉱ | 합산 점수 | |
| 1 | | | | ① ② ③ ④ ⑤ | ① ② ③ ④ ⑤ | ① ② ③ ④ ⑤ | | |
| 2 | | | | ① ② ③ ④ ⑤ | ① ② ③ ④ ⑤ | ① ② ③ ④ ⑤ | | |
| 3 | | | | ① ② ③ ④ ⑤ | ① ② ③ ④ ⑤ | ① ② ③ ④ ⑤ | | |
| 4 | | | | ① ② ③ ④ ⑤ | ① ② ③ ④ ⑤ | ① ② ③ ④ ⑤ | | |
| 추가 업무 | | | | ① ② ③ ④ ⑤ | ① ② ③ ④ ⑤ | ① ② ③ ④ ⑤ | | |
| 추가 업무 | | | | ① ② ③ ④ ⑤ | ① ② ③ ④ ⑤ | ① ② ③ ④ ⑤ | | |
| 총 점 | | | | | | | | |

1) 추가업무는 연초에 성과계획을 수립한 이후에 추가된 업무를 의미

2) 각 평가요소별로 매우 미흡(①)-미흡(②)-보통(③)-우수(④)-매우 우수(⑤)의 5단계로 평가하되, 매우 미흡(①)은 당초 계획을 현저히 미달한 경우, 미흡(②)은 당초 계획을 미달한 경우, 보통(③)은 당초 계획을 달성한 경우, 우수(④)는 당초 계획을 초과한 성과를 달성한 경우, 매우 우수(⑤)는 획기적인 성과를 달성한 경우에 부여하도록 함

3) 합산점수=㉯+㉰+㉱, 소계점수=㉮×(㉯+㉰+㉱), 총점은 각 소계점수를 합산

### 3. 직무수행능력 평가(50점)

| 연번 | 평가 요소 | 요소별 배점 | 정의 | 평가 등급 | 소계 점수 |
|---|---|---|---|---|---|
| 1 | 기획력 | 9점 | • 창의적인 시각을 가지고 문제를 예측하고 실행가능한 계획을 만든다.<br>• 효과적인 설명이 가능하도록 일목요연한 계획을 만든다. | ① ② ③ ④ ⑤ | |
| 2 | 의사 전달력 | 6점 | • 표현이 간결하면서도 논점이 빠지지 않도록 문서를 만든다.<br>• 논리적이면서 설득력 있는 말로 설명을 한다. | ① ② ③ ④ ⑤ | |
| 3 | 협상력 | 6점 | • 상대방의 의도를 적절히 파악하여 자신의 입장을 설득한다.<br>• 서로 상반되는 이해관계에 대하여 효과적으로 조정을 한다. | ① ② ③ ④ ⑤ | |
| 4 | 추진력 | 5점 | • 맡은 업무에 책임감을 가지고 목적한 바를 완수한다.<br>• 열정을 가지고 환경적인 불리함을 극복한다. | ① ② ③ ④ ⑤ | |
| 5 | 신속성 | 5점 | • 계획된 일정에 따라 지연됨이 없이 일을 처리한다.<br>• 주어진 과제에 대한 집중력을 가지고 예상되는 소요시간보다 빨리 일을 처리한다. | ① ② ③ ④ ⑤ | |
| 6 | 팀워크 | 8점 | • 타인을 존중하며 팀원들과 협조적인 분위기를 만든다.<br>• 타인의 적절한 요구와 건설적인 비판을 수용한다. | ① ② ③ ④ ⑤ | |
| 7 | 성실성 | 5점 | • 무단조퇴 · 무단결근 등 조직운영에 장애가 되는 행위를 하지 않는다.<br>• 맡은 업무 및 조직의 발전에 헌신적인 자세를 갖는다. | ① ② ③ ④ ⑤ | |
| 8 | 고객 · 수혜자 지향 | 6점 | • 업무와 관련하여 국민이나 내부수혜자(타 공무원)가 원하는 바를 이해하며, 그들의 요구를 충족하도록 배려하는 능력 | ① ② ③ ④ ⑤ | |
| 총 점 | | | | | |

* 평가요소별로 '전혀 그렇지 않다(①)-거의 그렇지 않다(②)-가끔 그렇다(③)-자주 그렇다(④)-항상 그렇다(⑤)'의 5단계로 평가함

### 4. 종합평가

| 종합평가등급 및 점수 | 종합평가의견 |
|---|---|
| | ※ 업무추진실적, 조직관리능력, 기타 등에 대해 기재 |

| 평가자 | 직위(직급): | 성명: | 서명: |
|---|---|---|---|
| 확인자 | 직위(직급): | 성명: | 서명: |

자료: 행정안전부, 「공무원 성과평가 등에 관한 지침」, 2010. 1. 1.

(5) 평가절차

① 성과목표 설정

매년 초 평가대상 공무원은 본인의 1년간의 업무목표에 관한 성과계획을 작성하여 평가자 및 확인자와의 면담을 통해 합의된 성과목표 등을 선정한다. 이때 성과목표는 상급자 또는 상위자의 성과목표를 실현하기 위한 세부과제로 선정하며, 단위업무를 수행하는 5급 이하 실무자로서 책임의 범위상 엄격한 의미의 성과목표를 설정하기 곤란한 경우에는, 성과목표 대신 '단위과제'를 성과목표로 설정할 수 있다. 다만 순수지원업무, 신청 등을 접수받아 처리하는 단순 · 반복적인 업무 등을 수행하는 경우에는 예외적으로 성과목표 등 성과계획 수립을 생략할 수 있다. 또한 평가대상자가 전보된 경우, 평가대상자는 전보된 부서의 전임자가 선정한 성과목표 또는 단위과제를 승계하여 수행한다. 이러한 절차를 거쳐 평가대상자는 평가자와 함께 〈서식 16-4〉와 같은 성과계획서를 작성한다.

② 평가자의 평가

평가자는 필요한 경우 평가대상자의 업무수행 상황을 점검하여 〈서식 16-4〉와 같은 공무원 성과계약서 또는 소속장관이 정하는 바에 따라 필요시 성과기록을 작성한다. 또한 평가자는 성과계획서, 성과기록 등을 참고하여 평가대상 공무원과 성과면담을 실시하고 〈서식 16-5〉와 같은 성과면담결과 또는 소속장관이 정하는 바에 따라 성과면담결과를 기록한다. 다만, 소속장관이 필요하다고 인정할 경우에는 주기적 성과기록(〈서식 16-6〉 참조)과 성과면담 서식을 통합하여 운영할 수 있다. 평가자는 성과면담 결과를 참고하여 최종평가시 「종합평가의견란」에 내용을 기재한다.

평가자는 평가실시 이전에 평가의 방향에 대해 확인자와 협의한 후 협의된 평가방향에 따라 평가하되, 소관 평가대상 공무원에 대한 평가는 독자적으로 한다. 이때 평가자는 평가대상 공무원의 적극적 업무추진태도 등을 감안하여 평가해야 한다. 만약 도전적 · 적극적으로 성과목표를 설정하고 목표달성을 위해 열심히 노력하였지만 불가피한 상황으로 목표를 달성하지 못한 경우, 해당 업무의 난이도 · 중요도, 성실한 직무수행태도 등을 감안하여 평가하여야 하며, 적극적으로 직무를 수행하다 고의가 아닌 행위로 인하여 징계 등 불이익 처분을 받은 경우 이를 이유로 평가시 불이익을 주어서는 안 된다. 평가자는 이러한 평가의견을 반드시 작성하여 성과관리카드에 기록 · 관리해야 한다.

**서식 16-4 성과계약서**

## 공무원 성과계획서

■ 평가대상기간 :

| 성명 | 소속 | 직위 | 직급 | 현직급임용일 | 현보직일 |
|---|---|---|---|---|---|
| | | | | | |

1. 담당업무

| |
|---|
| |

2. 성과계획

| 연번 | 성과목표 또는 단위과제 | 일정 / 계획 | 주요성과 / 산출물 | 담당역할 |
|---|---|---|---|---|
| 1 | | | | |
| 2 | | | | |
| 3 | | | | |
| 4 | | | | |
| 5 | | | | |

년 월 일

평가자 직위(직급) : 성명 : 서명:

자료: 행정안전부(2011e).

**서식 16-5 성과면담결과**

| 성과면담결과 | | | | | | | |
|---|---|---|---|---|---|---|---|
| 소속 | | 직급 | | 성명 | | 평가기간 | |
| 우수한 점 | | | | | | | |
| 미흡한 점 | | | | | | | |
| 기타사항<br>(추진과정상<br>특기사항,<br>지원요구사항<br>등) | | | | | | | |

년 월 일

평가자 직위(직급) : 성명 : 서명:

자료: 행정안전부(2011e).

**서식 16-6 주기적 성과기록 관리**

주기적 성과기록 관리

| 성명 | 소속 | 직위 | 직급 | 현직급임용일 | 현보직일 |
|---|---|---|---|---|---|
| | | | | | |

1. 담당업무

| |
|---|
| |

2. 성과목표 진척상황 점검 (분기별 기록)

| 기간 | 성과목표 또는 단위과제 | 추진실적 | 평가자 기록 |
|---|---|---|---|
| 1/4 | | | |
| 2/4 | | | |
| 3/4 | | | |
| 4/4 | | | |

1) 평가자 기록은 피평가자의 업무수행과 관련하여 평가자가 관찰한 객관적인 사실, 우수, 미흡 등으로 평가하는 사항에 대해서는 그 평가의 근거 등을 기재함

자료: 행정안전부(2011e).

③ 평가단위에서의 평가

평가단위는 조직전체의 평가결과 조정을 용이하게 하기 위해 직무의 유사성, 직급별 인원수 등을 고려하여 소속장관이 정한다. 평가단위의 확인자는 평가자가 평가한 평가등급 등을 확인하고, 평가자와 함께 〈서식 16-7〉과 같이 평가단위별 평가결과를 작성하여 근무성적평가위원회에 제출한다.[15] 평가단위에서의 평가등급은 평가자와 확인자가 평가단위 내 순위를 조정하면서 부여한 등급을 기재하되, 평가등급의 수는 3개 이상으로 하며, 최상위등급의 인원은 평가단위별 인원수의 상위 20%, 최하위등급의 인원은 하위 10%의 비율로 분포되도록 한다. 다만, 소속장관은 필요한 경우 최상위등급 및 최하위등급의 인원의 비율을 달리 정할 수 있다.[16]

④ 근무성적평가위원회에서의 평가

근무성적평가위원회는 각 평가단위별 평가결과를 기초로 전체 평가대상공무원들을 상대평가하여 순위를 정하고 등급을 구분하며 평가등급의 수는 3개 이상으로 한다. 다만, 최상위 또는 최하위 등급에 해당하는 공무원이 없을 경우에는 해당 비율을 차하위 또는 차상위등급으로 합산할 수 있으나, 인원비율이 배정되는 등급이 최소

**표 16-8 근무성적평가의 평가등급 예시**

| 등급 | 평가가능점수 | 비율 |
|---|---|---|
| 수 | 64점 이상 ~ 70점 이하 | 2할 |
| 우 | 56점 이상 ~ 64점 미만 | 2할 |
| 미 | 46점 이상 ~ 56점 미만 | 3할 |
| 양 | 34점 이상 ~ 46점 미만 | 2할 |
| 가 | 34점 미만 | 1할 |

자료: 행정안전부(2011e).

15) 평가단위별 평가결과 작성시 확인자는 평가자가 평가한 동일평가자군에 속하는 자의 순위를 바꿀 수 없다.

16) 평가단위에서의 평가시, 초과근무수당 부당수령자 및 이를 승인해 준 초과근무승인권자에 대한 명단을 별도 관리하여 평가에 반영하도록 하고 있다.

## 서식 16-7 평가단위별 평가결과

### 평가단위별 평가결과

○ 평가단위명 :
○ 평가대상직급 :
○ 평가대상기간 :                부터                까지

| 순위 | 평가단위 등급 | 성명 | 근무부서 | 직책 또는 담당직무 | 평가자 원점수(등급/점수) | 비고 |
|---|---|---|---|---|---|---|
| | | | | | | |
| | | | | | | |

※ 작성요령
○ 평가단위 등급은 평가자와 확인자가 평가단위 내 순위를 조정하면서 부여한 등급을 기재한다.
○ 평가자 원점수는 별지 4호에 따른 당초 평가자가 평가한 종합평가등급과 점수를 기재한다.
○ 평가자가 2인 이상인 경우 평가자 상호 간에 발생하게 되는 평가점수 편차를 조정하기 위하여 확인자는 평가자와 협의하여 평가대상 공무원의 순위를 조정할 수 있다.
– 평가대상공무원이 담당하는 직위의 조직 내 비중, 평가대상 공무원들 간 성과의 상대적인 차이, 조직에 대한 기여도 등을 감안하여 조정한다.
– 동일한 평가대상 공무원군에 대해서는 확인자가 그 상호 간의 서열을 조정할 수 없다.
단, 평가결과에 대한 피평가자의 이의신청이 받아들여져 등급 및 평가점수가 변경된 경우는 예외로 하며, 이 경우 변경된 내용을 근무성적평가위원회에 통보한다.

※ 확인 · 평가자

| 구분 | 직위 | 직급 | 성명 | 서명 | 일자 |
|---|---|---|---|---|---|
| 확인자 | | | | | |
| 평가자 | | | | | |
| 평가자 | | | | | |
| 평가자 | | | | | |
| 평가자 | | | | | |
| 평가자 | | | | | |
| 평가자 | | | | | |

자료: 행정안전부(2011e).

한 2개 이상이어야 한다.[17] 또한 소속장관은 최상위 등급과 최하위 등급[18]의 인원비율을 달리 정할 수 있다.

근무성적평가점수 부여[19]시에는 동일한 등급 내에서는 평가점수 간 간격과 평가점수별 인원수가 균등하도록 하고, 평가점수가 평가등급별로 규정된 평가가능점수 전체에 고루 분포되도록 한다. 이때 근무성적평가점수 부여방법은 인사관련 예규 제정 및 기관장 결재를 통해 일관성 있게 운영하도록 한다.

⑤ 결과 공개 및 이의신청

평가자는 근무성적평가 완료 이후 평가대상 공무원 본인의 평가결과를 알려 주어야 한다. 다만, 소속장관은 기관별로 부처 내 상황, 직원 의견 수렴결과 등을 고려하여 달리 정할 수 있다. 이때 '평가결과의 공개대상'은 평가대상 기간 내 평가자의 평가결과 즉 성과평가서상 '4. 종합평가'란의 평가등급 및 점수, 종합평가 의견으로 한정된다.

평가결과의 본인공개를 원칙화한 기관은 모든 평가단위에서의 근무성적평가가 완료된 후, 평가대상 공무원 본인의 평가결과를 공개해야 하며, 평가대상자 본인의 공개요청이 있을 경우, 평가결과를 공개하는 기관은 모든 평가단위에서의 근무성적평가가 완료된 후,[20] 인사담당부서에서 평가대상 공무원에게 공개요청 가능기간을 고지해야 한다.

평가결과 공개 후, 평가자의 근무성적평가 결과에 이의가 있는 평가대상 공무원은 확인자에게 〈서식 16-8〉과 같이 이의신청 및 결정서를 작성하여 이의를 제기할 수 있다.[21] 인사담당부서에서는 근무성적평가의 단계별 추진일정을 소속공무원들에게 미리 공지하여 근무성적평가결과에 대한 이의신청을 기한 내에 할 수 있도록 하고, 평가일정을 인지하지 못해 해당 공무원이 이의신청기한을 도과함으로써 불이익

17) 동일 평가단위에 속하는 자에 대하여는 그 상호간의 순위를 변경하여 평가할 수 없다.

18) 근무성적평정결과 최하등급에 해당될 경우 「공무원보수규정」 제14조(승급의 제한)에 의거, 6월의 기간 동안 승급시킬 수 없다.

19) 근무성적평가 점수는 소수점 첫째 자리까지 부여된다.

20) '근무성적평가 완료' 시점은 기관 내 모든 평가단위별 평가자의 평가 및 확인자의 확인이 종료되어 〈서식 16-7〉과 같이 평가단위별 평가결과를 인사담당부서에 제출한 이후 시점을 의미한다.

21) 이의신청의 경우, 정기평가기준일로부터 20일 이내에 이의신청의 모든 절차를 완료하여, 승진후보자명부 작성 등의 다음 일정에 지장이 없도록 해야 한다.

이 발생하지 않도록 하여야 한다. 따라서 모든 평가단위에서의 평가결과 공개가 완료되면, 인사담당부서는 확인자에 대한 이의신청 제기기간과 이의신청에 대한 확인자의 결정기한을 고지해야 한다. 확인자는 이의신청 내용이 타당하다고 판단되는 경우, 평가자와 협의하여 해당 공무원의 성과평가서상의 평가결과 및 평가단위별 평가결과를 조정할 수 있으며, 기각하는 경우에도 그 결과를 대상 공무원에게 알려주어야 한다. 확인자의 결정내용에 불복하는 평가대상 공무원은 근무성적평가위원회에 이의신청을 할 수 있다.[22)]

모든 확인자에 대한 이의신청 절차가 완료되면, 인사담당부서는 근무성적평가위

**서식 16-8 이의신청 및 결정서**

**이의신청 및 결정서**

| 소속 | | 직급 | | 성명 | |
|---|---|---|---|---|---|
| 근무성적평가 결과 | | | | | |
| 이의신청의 취지 및 이유 | | | | | |
| | | | 년 월 일 | | |
| | | 신청자 | 성명: | | 서명: |
| 확인자의 결정 내용 | | | | | |
| | | | 년 월 일 | | |
| | | 신청자 | 성명: | | 서명: |
| 위원회의 결정 내용 | | | | | |
| | | | 년 월 일 | | |
| 위 원 성명: | 서명: | | 위 원 성명: | | 서명: |
| 위 원 성명: | 서명: | | 위 원 성명: | | 서명: |
| 위 원 성명: | 서명: | | 위 원 성명: | | 서명: |

자료: 행정안전부(2011e).

22) 5급 이하 공무원에 한해서, 근무성적평가위원회에 이의신청을 할 수 있다.

원회에 대한 이의신청 제기기간과 이의신청에 대한 근무성적평가위원회의 결정기한을 고지해야 한다. 근무성적평가위원회는 이의신청 내용이 타당하다고 판단되는 경우에는 신청 공무원의 평가결과를 조정하도록 확인자에게 통보하며, 확인자는 평가자와 협의하여 해당 공무원의 성과평가서상의 평가결과 및 평가단위별 평가결과를 조정한다. 이의신청 절차가 모두 완료된 후, 근무성적평가위원회는 평가단위별 평가결과를 조정해야 한다.

### 2) 경력평정[23)]

#### (1) 의의

경력평정은 공무원의 경력(민간근무경력 포함)을 현직급과의 근시성 · 유사성 정도 등을 기준으로 갑 · 을 · 병 · 정, 기타경력으로 구분하고, 각 경력별로 일정비율에 따라 평정점을 산출하여 승진임용의 기초자료로 활용하고자 하는 것이다.

#### (2) 평정대상

경력평정의 대상자는 평정기준일 현재 승진소요최저연수에 도달한 5급 이하 공무원(연구직 · 지도직 공무원 포함) 및 기능직 공무원을 포함한다.

#### (3) 확인자

경령평정의 확인자는 각급 기관의 인사담당관이 된다. 다만, 소속 장관은 필요에 따라 확인자를 달리 지정할 수 있다.

#### (4) 평정시기

경력평정은 정기평정과 수시평정으로 구분하여 실시된다. 정기평정의 경우 6월 30일과 12월 31일을 기준으로 연 2회 실시된다. 다만, 소속장관이 연 1회 평가하는 것이 적정하다고 판단시, 근무성적평가일을 기준으로 연 1회만 실시할 수 있다. 또한

23) 이하에서는 2011년 8월 29일 대통령령 제23101호「공무원 성과평가 등에 관한 규정」과 2011년 9월 19일 행정안전부 예규 제376호「공무원 성과평가 등에 관한 지침」의 경력평정에 대한 설명을 다룬다.

소속장관이 정기평가 또는 정기평정 기준일을 달리하는 경우 경력평정도 근무성적평가일을 기준으로 실시한다.

수시평정의 경우 승진후보자명부 조정사유가 발생한 경우에 실시하되, 정기평정 기준일 현재를 기준으로 실시한다.

(5) 평정방법

① 경력평정 가능기간

경력평정 가능기간은 소속장관이 계급별 승진소요최저연수 이상으로 각 기관의 특성에 맞게 정한다(〈표 16-9〉 참조).

② 경력평정 대상기간

경력평정 대상기간은 소속장관이 정하는 경력평정 가능기간 중 실제로 직무에 종사한 기간을 대상으로 하며, 휴직 · 직위해제 · 정직기간 등 직무에 종사하지 않은 기간은 경력평정에 산입하지 않는다. 다만, 「공무원임용령」 제31조 및 「연구직 및 지도직공무원의 임용 등에 관한 규정」 제14조에서 규정하는 기간은 경력평정에 산입한다.

시간제근무 공무원의 경력에 대한 경력평정 대상기간은 해당 계급에서 1년 이하인 시간제근무기간에 대해서는 경력평정 대상기간에 전부 포함시키고, 1년을 넘는 기간에 대해서는 아래 방식에 의해 계산하여 경력평정 대상기간에 포함시킨다.

**표 16-9 계급별 경력평정가능기간**

| 계급 | 경력평정가능기간 |
|---|---|
| 5급 | 5년 이상 |
| 6급 | 4년 이상 |
| 7급 · 8급 · 기능 6급 이상 | 3년 이상 |
| 9급 · 기능 7급 · 기능 8급 | 2년 이상 |
| 기능 9급 · 기능 10급 | 1년 6개월 이상 |

자료: 행정안전부(2011d); 행정안전부(2011e).

$$\text{시간제 근무기간} \times \frac{\text{시간제근무 공무원의 주당 근무시간}}{\text{공무원의 주당 근무시간}^{24)}}$$

③ 경력평정점 산출방법

경력평정점의 총점은 30점을 만점으로 운영되며, 각 경력기간에 대하여 환산율을 적용하여 산출한 '환산경력기간'(월단위)에 '월경력평정점수'를 곱하여 산출한다. 직종이 다른 공무원 경력 상호 간 또는 공무원 경력과 민간경력 상호 간의 상당계급 및 경력환산율, 경력기간의 계산 등 경력평정점의 산출방법 등에 관하여는 행정안전부장관이 정하는 바에 따른다.

환산경력기간은 경력평정 가능기간 내의 경력 중 실제 직무에 종사한 기간(경력평정 대상기간)에 대하여 「공무원 성과평가등에 관한 지침」의 [별표 1], [별표 2]의 경력환산율표에서 정한 환산율을 곱하여 산출하게 된다.[25] 환산경력기간은 경력평정 대상이 되는 기간의 연 · 월 · 일에 해당 환산율을 곱하여 산출하되, 1개월을 30일로 계산하고 소수점 이하의 일수는 반올림한다. 환산경력월수는 총환산경력기간을 월수로 환산하여 계산하되, 15일 이상은 1개월로 계산하고, 15일 미만은 산입하지 않는다.

월경력평정점수는 기준기간인 [승진소요최저연수 + 2년]을 기준으로, 이전과 이후로 나누어 월경력평정점수를 차등 적용한다.[26] 소속장관은 경력평정 가능기간과는 별도로 만점도달기간을 설정하여 경력평정 가능기간 내에 만점에 도달할 수 있도록 월경력평정점수를 정한다.[27]

24) '공무원의 주당근무시간'은 2005년 이전은 44시간, 2005년은 42시간, 2006년 이후는 40시간으로 한다('일' 단위 이하로 산출된 시간에 대하여는 1일로 산정한다).

25) ① 공무원 경력: 갑경력(10할), 을경력(8할), 병경력(6할), 정경력(3할)
② 기타 경력: 박사학위소지경력(10할), 자격증소지경력(8할, 10할), 정부투자기관 · 민간기업 등 근무경력(6할)

26) 기준기간을 초과하는 기간에 대하여는 경력평정점을 낮게 부여한다.

27) 만점도달기간을 별도로 설정하지 않을 경우, 평정제외기간(휴직(질병휴직, 연수휴직, 가사휴직, 해외동반휴직) 및 직위해제, 정직 등)이 있는 대상자는 그 기간이 평정가능기간을 벗어날 때까지는 경력평정 만점에 도달할 수 없게 된다.

(6) 평정절차

경력평정은 〈서식 16-9〉의 서식(경력 · 가점평정표)에 의해 실시된다. 다만, 소속 장관은 필요시 경력 등 평정표의 양식을 달리 정할 수 있다. 확인자는 작성된 평정표의 부본을 승진후보자명부 작성권자에게 제출하여야 하며, 평정대상공무원의 요구가 있는 때에는 당해 공무원의 경력 등 평정표를 열람시켜야 한다. 또한 오류가 있을 시에는 확인자가 지체 없이 정정해야 한다.

**서식 16-9 경력 · 가점평정표**

**경력 · 가점평정표**

○ 소속 : ○ 직급 : (현직급임용일 : 년 월 일)
○ 성명 : ○ 평정일자 : 년 월 일

| 경력평정 대상기간 | 구분 | 직급 | 경력기간 (년 · 월 · 일) | 환산경력기간 |
|---|---|---|---|---|
| | | | | |
| | 총 환산경력기간 : 년 월 일 (월) | | | |

| 환산경력기간 | 월평정점 | 환산월수 | 평정점 |
|---|---|---|---|
| 7(6,5)년 이내 | | | |
| 7(6,5)년 초과 | | | |
| 총평정점 : ( 점) | | | |

| 가점 항목 | 구분 | 가점내역 | 평정점수 |
|---|---|---|---|
| | 직무관련 자격증 | | |
| | 특정지역 | | |
| | 특정직위 | | |
| | 기 타 (업무혁신 등) | | |
| | 가점합계 : ( 점) | | |

| 총 평정점수 | 점 |
|---|---|

| 확인자 | 직 위 : 성 명 : (서 명) |
|---|---|

※ 평정기관을 달리하여 전보되는 경우에는 이 표를 즉시 이관하여야 한다.

자료: 행정안전부(2011e).

### 3) 가점평정[28]

(1) 의의

가점평정은 공무원 평정에 있어서 직무관련 자격증 소지, 특정 직위 및 특수지에서의 근무한 경력 또는 탁월한 근무실적 등이 있는 경우 승진후보자명부 작성시 가산점을 부여하는 것을 의미한다. 가점평정의 목적은 해당 기관에 대한 근무유인을 촉진하고 업무혁신동기를 부여하며 해당 공무원의 사기를 양양시키는 데 있다.

(2) 평정방식

소속장관은 5점의 범위 내에서 자율적으로 가점부여 항목과 기준을 정하여 운영한다. 가점부여 항목은 직무관련 자격증, 특정직위에서의 근무경력, 특수지에서의 근

**표 16-10 가점부여 기준결정시 고려사항**

| 구분 | 고려사항 |
|---|---|
| 직무관련 자격증 | • 「공무원 성과평가등에 관한 지침」의 [별표 4], [별표 5]에 제시된 자격증 및 「국가기술자격법」 및 그 밖의 법령에 의하여 국가가 공인한 민간자격증 중 소속장관이 직무관련 여부를 판단하여 지정할 수 있으며, 소속장관이 정한 평정점 부여 |
| 특정직위 근무경력 | • 자체감사담당, 전문직위, 국민권익위 근무, 행정기관 간 인사교류, 격무부서근무 경력 등에 대해서 소속장관이 정한 평정점 부여<br>• 해당 직위에서 일정기간 근무한 공무원에 대해서 가점 부여 가능 |
| 특수지역 근무경력 | • 특수지 가, 나, 다, 라 지역에 따라 소속장관이 정한 평정점 부여<br>• 특정직위 및 특수지역 근무경력 가점은 소속장관이 정한 경력평정 가능기간 범위내에서 부여 |
| 업무혁신 등 실적가점 | • 승진후보자명부의 근무성적평가 반영기간을 고려하여 부여<br>• 종전의 승진후보자명부에 반영된 실적가점이 있는 경우에는 소속장관이 정한 실적가점을 기준으로 비율 등을 고려하여 환산 반영 |
| 기타 | • 직무특성, 원격근무자(스마트워크 : 재택근무, 스마트오피스 근무) 등 기타 사항에 대하여도 소속장관이 정한 일정한 기준 이상에 해당할 경우 가점 부여 가능 |

자료: 행정안전부(2011e).

28) 이하에서는 2011년 8월 29일 대통령령 제23101호 「공무원 성과평가 등에 관한 규정」과 2011년 9월 19일 행정안전부 예규 제376호 「공무원 성과평가 등에 관한 지침」의 가점평정에 대한 설명을 다룬다.

무경력, 업무혁신 등으로 할 수 있다. 가점부여 기준은 당해 기관의 인력운영상황, 예시 '가점평정 기준표' 등을 고려하여 자율적으로 결정한다. 다만, 소속장관은 가점기준을 기관의 실정에 맞게 자율적으로 정하여 운영하되, 특별한 경우를 제외하고는 특정 가점종류에 대해 반영비율이 지나치게 편중되지 않도록 고려가 필요하다.

가점부여 항목 또는 기준을 정하거나 변경할 경우에는 근무성적평가 대상기간 전(6월 또는 12월 전)에 미리 소속공무원들에게 내용을 공개하고 의견을 수렴해야 하며, 〈표 16-10〉의 사항을 고려하여 가점부여 기준을 결정해야 한다.

## 제3절 우리나라 공무원 성과급 제도

### 1. 성과급의 의의

성과급 제도(Pay for Performance System)는 개인 혹은 집단의 직무수행 실적을 보수 결정의 기준으로 삼는 것을 의미한다. 즉 개인이나 집단이 달성한 직무의 성과를 측정하여 그 결과에 따라 보수를 차등적으로 지급하는 방식이다. 따라서 측정 가능한 직무성과 혹은 직무수행의 결과와 보수를 직접적으로 연결하게 되므로, 성과급 제도하에서는 개인의 직무성과와 보수 간의 직접적 관계가 설정된다. 성과급 제도는 개인이 조직에 기여한 성과의 정도와 보상을 직접적으로 연결시켜 보수체계의 형평성 실현 및 동기부여를 통한 조직효과성 향상에 기여할 수 있다. 이를 구체적으로 살펴보면 다음과 같다(오석홍, 2000).

첫째, 성과급 제도를 활용함으로서 보수체계의 형평성을 도모할 수 있다. 성과급은 개인에게 부여된 직무의 결과를 바탕으로 지급되는 보수이며, 조직에 대한 공헌의 가능성보다는 실제 얼마만큼 공헌했는지, 즉 실현된 공헌을 기준으로 하는 보수이기 때문에 보수체계의 형평성을 실현할 수 있다. 따라서 성과급은 조직 내에서 분배적 정의를 실현하는 도구로서 활용된다.

둘째, 성과급은 동기부여를 유도할 수 있다. 제12장에서 살펴본 동기이론 중 과정이론에 해당하는 공정성 이론, 기대(VIE) 이론, 성과만족(EPRS) 이론을 동기부여에 있어 보상체계의 중요성을 확인할 수 있었다. 성과급은 직무성과를 보수와 직접적으로 연관시켜 공무원으로 하여금 동기를 유발시킬 수 있게 한다. 또한 저성과자들의 직무태도를 개선하거나 암묵적으로 조직을 떠나도록 압박하는 도구로 활용되기도 한다. 이러한 동기유발 과정을 통해 궁극적으로 조직효과성 향상을 기대할 수 있다.

반면 성과급 제도는 다음과 같은 문제점도 지니고 있다.

첫째, 대부분의 근로자들이 이 제도를 불신하는 경향이 있다. 동료와의 정보교환을 통해 보상이 본인의 실적에 못 미친다거나 불공평하다고 생각하기 쉽다. 많은 사람이 본인의 실적을 적어도 보통 이상으로 과대평가하는 경향이 있기 때문이다.

둘째, 근무성적평정의 객관성과 신뢰성 문제이다. 근무성적이 관찰 가능한 자료에 근거하기보다 상급자의 평가에 주로 의존하기 때문에, 특히 평정에서의 편견이나 정실을 배제하기 곤란하다.

셋째, 성과급이 적용되어 기본급 인상이 일단 이루어지면 다음 해에 근무성적이 떨어짐에도 불구하고 성과급 적용 이전의 상태로 환원되지 않고 그대로 유지되는 경우가 많다. 따라서 보수수준이 실제 직무가치 이상으로 상향조정되고 인건비 부담이 커지는 결과를 초래하기 쉽다.

## 2. 성과급의 유형

성과급은 성과측정과 지급단위가 개인이냐 집단이냐에 따라 개인성과급과 집단성과급으로 분류한다.

### 1) 개인성과급

개인성과급의 대표적인 예는 생산라인에서 생산량 1단위당 임금률을 정한 다음 성과(생산량)만큼 임금률을 곱해 임금을 지급하는 경우이다. 임금률을 정하지 않고 판매액의 일정비율을 임금으로 지급하는 커미션(Commission)방식도 있다. 도서 · 가전제품 등의 외판에서 자주 있는 일로 총판매액에서 10%를(예를 들어) 커미션으로 지급받는 것이다. 어떤 경우이든 근로자의 수입이 성과에 의존하기 때문에 불안정하다는 단점이 있다. 이런 이유 때문에 보수전체를 성과급에 의존하는 경우는 제조업 분야의 판매직 · 생산직이나 일용직 · 임시직에서 부분적으로 찾아볼 수 있으며, 대부분의 경우에는 생활의 안정이나 채용 등을 고려하여 기준목표량까지는 성과에 관계없이 고정급을 지급하고 기준을 초과한 양에 대하여 성과급을 적용하게 된다.

이런 방식의 또 다른 예가 보너스(Bonus) 지급형태이다. 목표를 초과달성하여 이윤이 창출되었거나 비용의 절감이 발생한 경우 이에 기여한 개인에게 이윤이나 비용 절감분의 일부를 일시불로 지급하는 것이다. 이윤추구의 민간기업에서 주로 활용할 수 있는 방법이나, 최근에는 정부부문에서도 제안제도에서 소개한 대로 예산절감의 효과를 가져온 제안의 경우 절감액의 일부로 개인에게 금전적 보상을 해 주는 예가 있다.

개인성과급은 상호협조와 공동노력에 의한 조직기여도를 약화시킬 가능성이 높다. 성과급과 연결된 개인의 목표에만 너무 집착하기 때문에 협동노력에 의한 조직전체의 거시적 목표달성을 소홀히 하기 쉽다. 특히 상대적 평가를 통해 그 중에서 가장 우수한 사람에게 성과급이 지급되는 경우에는 소수의 승리자를 위해 다수의 패배자를 만들어 다수의 사기를 저하시키는 결과를 초래하기 쉽다.

### 2) 집단성과급

개인성과급의 문제점 때문에 집단 내지 기관차원의 성과급을 선호하기도 한다. 집단성과급은 어떠한 성과가 개인의 노력이기보다 집단의 협동노력이라는 전제하에 성과의 측정단위를 집단으로 한다. 생산공장의 조립선(Assembly Line)이나 정부의 품의제와 같이 직무성과가 한 개인의 노력이나 우수성이 아니라 동일선상에서 일하는 집단구성원 모두의 공동노력과 공동책임이 수반되는 경우에 특히 당위성을 갖는다고 볼 수 있다. 집단성과급도 개인성과급과 기본적으로 같은 목적을 가진 제도로서 집단성과가 금전적 보상과 연결되기 때문에 동기부여의 효과가 있고, 개인주의보다 집단의 공동체의식의 제고를 기대할 수 있다. 다만 집단 내 개인 간의 차별성을 구분하지 않기 때문에 무임승차(Free-Rider)의 동기가 생길 가능성이 높다.

## 3. 우리나라 성과급 제도의 운영

우리나라의 공무원 성과급 제도는 1995년 '특별상여수당'이라는 명칭으로 최초로 도입되어 행정부 소속 4급 이하 공무원을 대상으로 1998년까지 운영하였다. 특별상여수당제도는 근무실적이 우수한 10%의 공무원을 실적에 따라 3개 등급으로 구분하여 월 봉급액의 50% 내지 100%를 지급하던 제도로서 공무원의 업무성과에 대한 평가를 바탕으로 보상을 제공했다는 점에서 의미가 있었으나 지급대상 공무원의 범위가 10%에 불과했으며 지급규모가 크지 않았기 때문에 선정결과에 대한 의심과 불만이 컸다. 따라서 오랫동안 연공서열 위주의 평가를 성과에 연계하여 공직사회의 생산성과 서비스의 질을 높이기 위한 유인책으로서 부족하다는 지적을 받았다(하상묵, 1996).

이에 공직사회의 경쟁력을 높이기 위해 공무원 인사와 급여체계를 사람과 연공중심에서 성과와 능력중심으로 개편해 나가야 한다는 것에 인식을 같이 하게 되었고, 1999년부터 성과급 제도는 성과연봉제와 성과상여금제도로 대체되어 운영되었다. 성과연봉제는 1~4급 과장급 이상 고위공무원에게 적용되는 성과급 제도를 의미하여, 성과상여금제도는 4급 복수직 서기관 이하 공무원에게 적용되는 성과급 제도를 의미한다.

4급 이상 고위공무원단에 적용되는 성과연봉제는 〈표 16-11〉에서 보는 바와 같이 전년도 성과에 따라 연봉인상률이 결정된다. 이때 공무원의 직급은 구분하지 않고 있다. 따라서 시간이 경과할수록 절대액 기준에서 직급 간 격차가 벌어질 가능성이 높다. 특히 전년도의 연봉인상액이 차년도의 연봉결정시 계속 누적하는 방식을 적용함으로써 동일직급 내에서도 연봉의 격차가 커질 것이다. 이러한 격차를 부분적으로 해소하기 위해 직급별 연봉상한액이 정해져 있어 기본연봉액과 성과연봉액이 이 상한액을 초과하는 경우 당해 연도에는 전액 지급하나 다음 연봉의 기본연봉은 상한액까지만 허용하도록 하고 있다.

**표 16-11 성과연봉제의 평가등급별 인원비율·지급률**

| 평가등급 | S등급 | A등급 | B등급 | C등급 |
|---|---|---|---|---|
| 인원비율 | 20% | 30% | 40% | 10% |
| 가산율 | 7% | 5% | 3% | 0% |

자료: 행정안전부(2013).

**표 16-12 성과상여금제도의 평가등급별 인원비율·지급률**

| 평가등급 | S등급 | A등급 | B등급 | C등급 |
|---|---|---|---|---|
| 인원비율 | 20% | 30% | 40% | 10% |
| 지급률 | 172.5% | 125% | 85% 이하 | 0% |

자료: 행정안전부(2013).

4급 이하 복수직 서기관 이하 공무원에게 적용되는 성과상여금제도는 현재 근무실적이 우수한 90%의 공무원에 대하여 지급하고 있으며, 최고등급인 S등급인 경우 기준호봉 봉급액의 172.5%의 성과상여금을 지급한다.

## 제4절 문제점과 발전방향

### 1. 문제점

공무원 성과관리에서는 공무원 성과평가 측면과 성과보상 측면을 함께 다루었다. 이에 문제점과 발전방향을 논의함에 있어서도 성과평가 측면과 성과보상 측면을 함께 다루고자 한다.

먼저 성과평가 측면의 문제점이다. 우리나라 공무원 성과관리 체계의 중심을 이루는 근무성적평정은 성과계약중심평가를 하는 4급 이상의 공무원의 경우 실적을, 5급 이하 공무원을 대상으로 하는 근무성적평가에서는 실적 · 능력 · 태도를 평정요소로 포함시키고 있다. 위에서 살펴본 내용을 바탕으로 우리나라 공무원 근무성적평정의 몇 가지 문제점을 살펴보면 다음과 같다.

첫째, 직무의 성공적 수행이나 조직효과성과의 적합성이 규명되지 않은 채 직무분석이 아닌 전문가의 판단이나 직관력에 의해 평가요소가 결정되고 있다. 그러다 보니 도표식 평정척도법의 가장 큰 문제점인 평정요소의 표현이 추상적이며 질적 판단을 요구하게 되고, 평정자의 주관적 판단이 작용할 여지가 많다.

둘째, 점수의 허구성이다. 점수 자체만 판단할 때 80점보다는 90점이 우월하다는 것은 누구나 인정한다. 그러한 점수에 의하여 승진이나 기타 인사조치를 취했을 때 점수에 근거했기 때문에 객관적이라고 말할지 모른다. 그러나 점수 뒤에는 여러 가지 주관적 판단과 편견이 작용할 수 있다. 도표식 평정척도법에 따라 최종적으로 평정점수가 숫자로 나타났다 하여 그것을 숫자가 갖는 가치중립성과 동일시할 수 없는 이유가 여기에 있다.

셋째, 적용범위가 지나치게 넓다. 현 근무성적평정서는 5급 이하의 모든 공무원에게 적용되는 것이다. 그러다 보니 평정요소의 선정이 일반적이고 추상적일 수밖에 없다. 다행히 정부는 평가양식을 원형(Prototype)으로 제시하고 각 부처는 직무의 특성을 고려하여 자율적으로 양식을 개발할 수 있도록 하였다. 이는 매우 바람직한 변화라고 할 수 있다. 이제 각 부처는 직급과 부서의 직무특성을 고려하여 보다 구체적이고 적실성 있는 평정요소를 선정하는 노력을 기울여야 할 것이다.

다음으로 성과보상 측면의 문제점이다. 우리나라 공무원 성과급 제도는 4급 이상 고위공무원에 적용되는 성과연봉제와 4급 이하 복수직 서기관 이하 공무원에 적용되는 성과상여금제도로 이원화되어 운영되고 있다. 위에서 살펴본 내용을 바탕으로 우리나라 공무원 성과급 제도의 몇가지 문제점을 살펴보면 다음과 같다.

첫째, 성과급이 성과의 측정을 전제로 하는데 공공부문에서는 생산성의 측정이 상대적으로 어렵다는 점이다. 성과급의 목적이 개인의 성과와 보상을 연계함으로써 조직 전반의 성과향상을 도모하는 것이다. 이러한 목적에 알맞게 성과급이 구현되기 위해서는 공정한 생산성 측정이 선행되어야 한다. 그래야만 성과급 도입에 대한 구성원의 지지를 얻을 수 있고 구성원이 제도를 수용하고 성과급에 매료되어 더 높은 성과를 달성하려고 노력할 때 본 제도의 성공이 보장될 수 있다. 그러나 기술적 · 이론적으로 성과의 측정이 타당치 못하고 여기에 평가자의 자의성이 개입하는 경우 성과급으로 동기를 유발시킨다는 것은 불가능한 일이다. 그런데 행정은 재화의 생산보다는 서비스 제공의 비중이 훨씬 크기 때문에 양보다 질적인 측면이 더욱 강조된다. 문제는 서비스 만족도나 친절도 등을 포함한 행정의 질적 요소를 성과측정에 포함시키는 경우 주관적 평가의 위험을 배제할 수 없다는 점에서 성과측정의 딜레마가 있다.

둘째, 계량적(정량적) 측정만을 중시하여 근무와 성과의 질적(정성적)인 측면을 무시하는 경우 발생하는 부작용이다. 측정치에만 집착하게 되면 성과의 내용이 부실해지기 쉽다. 예를 들어, 교통법규 위반차량 단속건수에 따라 성과급이 지급된다면 교통경찰관은 사고예방과 원활한 교통소통의 본연의 목적보다는 규정위반차량을 찾아내서 '딱지'를 떼는 데 더 큰 유인이 생기기 마련이다. 교통표지판이나 신호체계의 개선으로 위반차량을 줄일 수 있는데도 성과급제도가 오히려 이의 개선을 막는 쪽으로 작용할 수 있다.

셋째, 성과의 정도가 개인의 노력으로도 어쩔 수 없는 경우가 많다는 것이다. 즉 개인의 통제범위 밖인 환경의 영향에 의해 성과가 좌우되는 경우이다. 범죄자 검거수에 비례하여 성과를 측정하는 경우에도 우범지역과 안전지역과는 차이가 크다. 이러한 환경의 차이가 성과급의 차이로 나타나서는 안 된다. 이런 점을 극복하려면 생산성에서도 논의하였듯이 비교대상이 되는 개인이나 집단이 모두 유사한 직무수행 환경하에 있어야 하는데 직무의 내용이나 지역의 다양성이 큰 정부에서 이런 조건이 충족되기가 쉽지 않다.

## 2. 발전방향

발전방향에 대한 논의 역시 문제점과 마찬가지로 성과평가 측면의 발전방향과 성과보상 측면의 발전방향을 함께 다루고자 한다.

먼저 성과평가 측면의 발전방향이다. 근래 민간부문에서는 근무성적평정(인사고과)에 대한 근본적인 이념과 발상의 전환을 주장하고 있다. 인적자원을 효율적으로 활용하기 위해서는 종래의 연공중심, 통제지향적 평가, 상대평가, 비공개원칙에서 능력중심, 개발 · 육성주의, 절대평가, 공개원칙으로 바뀌어야 한다는 것이다. 〈표 16-13〉은 민간부문의 신인사고과제도의 개선방향으로 제시된 내용을 이 책에서 논의구조에 맞게 수정 · 재정리한 것이다. 비록 10여 년 전에 주장된 내용들이지만 이러한 개혁 내용들은 현재 우리나라 공무원의 근무성적 평정제도의 개선을 논의하는 데 있어 많은 시사점을 제공한다. 특히 이러한 내용 중 일부는 실제 공공부문에 적용되어 공무원 성과평가 제도 개선에 기여하고 있다.

다음으로 성과보상 측면의 발전방향이다. 성과상여금제도는 성과연봉제와 함께 공직의 생산성을 높이기 위한 중요한 제도개혁이라 할 수 있다. 그러나 이 제도가 정착되기 위해서는 시간이 필요할 것 같다. 특히 성과연봉제와 마찬가지로 공정하고 타당한 성과평가와 배분기준이 이 제도의 실효성을 좌우할 것이다. 위에서 제시된 문제

**표 16-13 신인사제도하에서의 근무성적 평정체제 개선방향**

| 구분 | | 현재 | 개선 | 내용 |
|---|---|---|---|---|
| 근무성적평정의 기본방향 | | 신상필벌 | 신상무벌 | • 가점주의 |
| | | 단기적<br>과거지향적 | 장기적<br>미래지향적 | • 장기 인재육성 전략<br>• 경력개발제도와 연계 |
| | | 연공중심 | 실적중심<br>능력중심 | • 승진의 형식요건 → 능력 · 실적향상의 정보 |
| 평정방법 | 척도 | 도표식 | 행태기준<br>MBO평정 | • 능력 · 태도평정 → 행태기준<br>• 실적평정 → 목표관리 |
| | 평가방식 | 상대평가<br>추상적<br>이미지고과 | 절대평가<br>구체적<br>행태중심 | • 선별 → 개발지향<br>• 구체적 · 사실적 행동<br>• 직무수행능력개발 지향 |
| 평정자 | 선정 | 상관/1인 | 다면<br>집단 | • 동료평가, 자기평정, 부하의 상관평가 |
| | 훈련 | 지침서 | 정기적<br>실시 | • 평정오류 배제, 평정판단기준 통일<br>• 모의근무성적평정 실습, 워크숍 |
| | 역할 | 감시<br>통제자 | 조언자 | • 권위주의형 → 발전 동기부여형 |
| 평정 대상자 | 범위 | 직급별<br>동일 | 직렬<br>목적별<br>다양 | • 평정표의 세분화<br>• 평정표의 형태, 요소, 대상의 차별화 |
| 평정요소 | 가중치 | 요소별<br>동일 | 활용목적별<br>직급별<br>차별화 | • 상여 → 실적중시<br>• 승진 → 능력중시<br>• 상위직급 → 능력 · 실적중시<br>• 하위직급 → 태도중시 |
| 평정절차 | 시기&기간 | 일관성<br>평가 | | • 2~3년간 누적관리 |
| 평정결과 | 조정 | 요소별<br>일률적 | 계속적평가<br>요소별차별 | • 실적(평정자: 60%, 확인자: 40%)<br>• 능력(평정자: 40%, 확인자: 60%) |
| | 공개 | 비공개<br>원칙 | 공개원칙 | • 자기개발, 신뢰성회복, 목표관리, 면담 |
| | 활용 | 승진<br>중심 | 다목적 | • 처우면: 성과급<br>• 육성면: 교육훈련, 배치전환, 경력개발 |

자료: 안희탁(1996).

점을 바탕으로 우리나라 공무원 성과급 제도의 발전방향을 살펴보면 다음과 같다.

첫째, 성과 평가제도와 보상제도의 연계에 있어 공정성과 객관성의 확보이다. 정부는 현재 4급 이상 공무원에 대해 성과계약제를 기반으로 하는 점수제로 평가하고 있다. 목표달성도에 의한 평가는 1999년 처음 시도되는 것으로 측정의 타당성이 먼저 검증되어야 하고 다음으로 평가자 및 평가대상자의 충분한 이해와 학습, 그리고 공정성도 확보되어야 한다. 특히 5급 이하의 경우 근무성적을 활용하는 것이 가장 용이한 방법이나 타당성 결여가 문제가 될 것이다. 근무성적이 승진에 반영되기 때문에 승진 가능성이 높은 연공자에게 높은 점수를 부여하는 것이 관례로 되어 있다. 따라서 승진한지 몇 년 되지 않은 공무원은 근무성적을 낮게 받게 되고 성과상여금을 받을 가능성이 희박한 것이다. 이들에게는 상여금의 인센티브 효과가 미미한 것이다. 이러한 현실을 개선하기 위해 정부가 2002년부터 각 기관의 사정에 따라 등급별 인원, 지급률, 평가방식(다면평가 적용), 부서 단위별 상여금 지급 등을 탄력적으로 변형 · 적용할 수 있도록 한 것은 매우 바람직한 변화라 할 수 있다.

둘째, 성과급 비중확대를 통한 동기부여 효과의 극대화이다. 초기 우리나라에서는 성과급 제도를 도입함에 있어 개인별로 상여금을 지급하는 경우 그 지급대상의 확대와 지급률의 폭을 줄인 경험이 있다. 그러나 이는 상여금제도의 본래 취지를 벗어난 것이다. 상여금 수준과 등급 간 차이가 크지 않다면 동기부여의 효과는 미미할 수밖에 없기 때문이다. 성과급 제도가 성과우수자에 대한 차별화된 인센티브로 자리잡을 때 성과급 제도의 본래 목적이 달성될 수 있을 것이다. 이에 우리나라는 2006년 당시 약 2%에 그쳤던 성과급 비중을 단계적으로 확대하고 있다. 실제 고위공무원의 경우 총보수 기준, 2006년에는 1.8%, 2008년부터 2011년까지는 8.5%에 그쳤으나, 2012년부터는 기본급 대비 12%로 양적 확대가 이루어졌다. 일반공무원의 경우도 총보수 기준, 2006년에는 2.0%, 2008년부터 2011년까지는 4.0%에 그쳤으나, 2012년부터는 기본급 대비 6.5%로 확대하여 운영하고 있다.

셋째, 집단 및 조직 성과급의 확대이다. 어떠한 경우에서든 개인 단위의 상여금 지급은 경쟁이 유발되고, 그것은 긍정적 효과와 함께 구성원 간 협동노력에는 부정적인 효과를 발생시킬 수 있기 때문에다. 따라서 개인보다는 부서 단위의 집단 상여금 방식이 구성원의 수용도 측면이나 생산성 제고 측면에서 더 효과적일 수 있을 것이다.

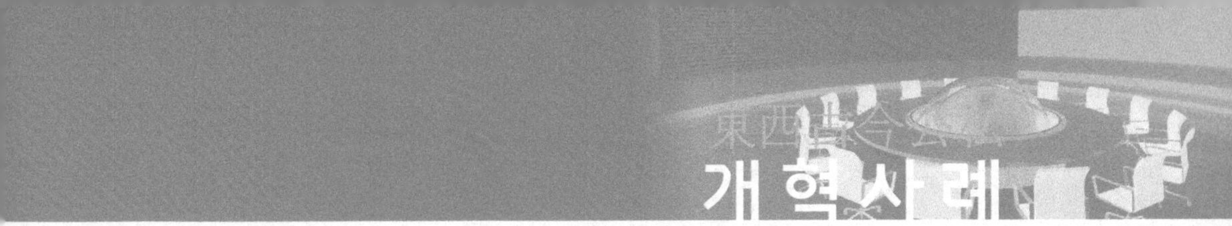


## 캐나다 고위공무원 성과관리 프로그램

박성민 · 김선아

### Performance Management Program for Executives

본 장의 개혁사례에서는 캐나다의 고위공무원 성과관리 프로그램(Performance Management Program for Executive)를 다루고자 한다. 캐나다 고위공무원 성과관리프로그램은 다음의 세 가지 목적을 바탕으로 시행된다. 첫째, 명확한 목표 설정과 업적에 대한 엄격한 평가를 통한 우수 성과의 장려, 둘째, 성과에 대한 인정과 보상, 셋째, 성과 관리에 대한 일관성 있고 공평한 체계를 제공하기 위함이다(Treasury Board of Canada Secretariat, 2009).

캐나다 고위 공무원 성과관리 프로그램의 흐름은 〈그림 16-7〉에서 보는 바와 같이 5단계로 구분해 볼 수 있다.

**그림 16-7 고위공무원 성과관리 프로그램의 흐름**

| | |
|---|---|
| 책무 (Commitments) | • 기대 성과<br>– 정책과 프로그램 – 관리<br>– 리더십 |
| 평가 (Assessment) | • What: 성취한 결과<br>• How: 핵심 리더십 역량 |
| 등급산정 (Rating) | • 뛰어난 목표달성(Surpassed)<br>• 초과 충족(Succeeded +)<br>• 충족(Succeeded)<br>• 미흡 충족(Succeeded –)<br>• 미충족(Did not Meet) |
| 성과보상 (Performance Pay) | • 경제적 증가(Economic Increase)<br>• 급여 변동 범위(In-Range Salary Movement)<br>• 위험 수당(At-Risk Pay)<br>• 상여금(Bonus) |
| 성과환류 (Performance Feedback) | • 연중(Mid-Year)<br>• 연말(Year End) |

자료: Treasury Board of Canada Secretariat(2009).

첫 번째 단계는 책무(Commitments) 단계로서, 이는 성과 계약서(Performance Agreements) 작성을 기반으로 한다. 성과계약은 고위공무원과 고위공무원의 직속 상관 사이에 기대되는 성과 주기에 대한 상호이해를 바탕으로 작성되며, 이것은 정책과 프로그램, 관리, 리더십과 관련된 5~6개 이상의 성과 측정 지표로 구성되어있다.

두 번째 단계는 평가(Assesment) 단계로, 성과 대상(What)으로서 성취한 결과에 대한 평가와, 성취 방법(How)으로서 주요 리더십 역량에 대한 평가가 이루어지는 단계이다. 특히 Government Of Canada(2006)의 '핵심 리더십 역량(Key Leadership Competencies)'에서는 고위공무원에게 기대되는 효과적인 행태(Effective Behavior)와 비효과적인 행태(Ineffective Behavior)를 구분하여 제시함으로써 공무원에 올바른 정보를 제공하고 있다. 효과적인 행태로 제시되고 있는 성취방법(How)으로서의 핵심 리더십 역량에 대한 평가는 가치와 윤리, 전략적 사고, 참여, 관리의 우수성 등 4가지 영역으로 구성된다. 가치와 윤리역량은 진실성과 존중을 바탕으로 구성되어 있으며 전략적 사고 역량은 분석과 아이디어를 통한 혁신을 주요 내용으로 하고 있다. 또한 참여 역량은 사람, 조직, 파트너의 동원을 주요 내용으로 하고 있으며 관리의 우수성 역량은 활동관리, 인적자원관리, 재무관리 등을 주요 내용으로 하고 있다. 즉 캐나다 고위공무원 평가는 실제 무엇을 이루어냈는가에 대한 내용뿐만 아니라 이것을 어떻게 이루어냈는가에 대한 내용을 종합적으로 고려하여 이루어진다.

세 번째 단계는 등급 산정(Rating)의 단계로서 매우 뛰어난 목표달성(Surpassed), 초과 충족(Succeeded +), 충족(Succeeded), 미흡한 충족(Succeeded −), 미충족(Did not Meet) 등 5단계로 구분된다. 성과등급 산정은 성과계약서에 대한 고위공무원 각자의 성과뿐만 아니라 그들이 직면한 관련 문제의 범위와 복잡성에 의존하여 결정된다. 또한 등급 산정은 무엇을 달성하였는가 뿐만 아니라 그들이 어떻게 성과를 달성하였는가를 반영하여 결정된다. 결과의 달성에 있어서 주요 리더십 역량을 입증하는 것은 인정되고 보상된다.

네 번째 단계는 성과급 지급의 단계로서, 캐나다 고위공무원은 성과관리 프로그램의 결과에 기초하여 보상을 받을 수 있는 기회를 제공받는다. 이러한 성과급 지급은 경제적 증가(Economic Increase), 급여 변동 범위 내 지급, 위험수당(At-Risk Pay) 지급, 상여금(Bonus) 지급 등의 등의 4가지 형태로 운영된다.

마지막 단계는 성과환류(Performance Feedback)의 단계로 이는 연중(Mid Year)과 연말(Year End)에 제공된다. 성과환류의 주안점은 성장하고 건설적인 환류를 공유하고, 성과강화를 위한 권고사항을 포함시키는 것에 있다. 직속 상관은 성과 주기 내내 줄곧 성과환류를 제공함과 동시에 성과주기의 연중평가와 연말평가에 중점을 둔다.

특히 이러한 내용은 향후 우리나라 고위공무원단의 성과관리 체계를 개선 · 발전 시키는데 있어 중요한 의미를 제공할 수 있을 것이라 생각된다.

먼저, 캐나다 고위공무원 성과관리 프로그램의 성과 측면을 살펴보면 다음과 같다. 첫째, 평가체계 운영의 적실성이다. 캐나다의 경우 우리나라와 마찬가지로 고위공무원 성과관리 프로그램을 일반 공무원 성과관리와 구별하여 운영하고 있다. 고위공무원과 일반공무원 간의 업무특성 차이, 부여되는 지위와 권한 등과 같은 차이점을 고려할 때 이는 적합한 판단이라고 생각된다. 뿐만 아니라 핵심리더십 역량을 바탕으로 평가되는 '성취방식(How)'에 대한 평가의 경우 고위공무원단 내에서 직위별 특성을 감안하여, 차별화된 지표를 개발 · 적용함으로써 평가의 적실성을 높이는 데 기여하였다.

둘째, 조직성과와 개인성과와의 연계이다. 고위공무원은 조직성과 차원과 개인성과 차원을 구분하여 성과계약서를 작성하게 되는데 이때 조직성과는 정부의 주요 정책 및 프로그램을 고려하여 이를 달성하기 위한 고위공무원의 개인의 성과목표로 설정하고 있다. 즉 조직성과와 개인성과를 밀접하게 연계시킴으로써 정부운영에 있어서 고위공무원의 책무성을 강화하였다.

셋째, 결과 중심의 측정지표 운영이다. 조직성과 평가측정 지표의 경우 약 35% 이상이 과정 중심의 측정지표로 구성되어 있어 문제점으로 지적되었던 반면 고위공무원 개인성과 평가측정지표의 경우 조직목표와 개인목표와의 연계정도, 정책 · 인사 · 재무 측면의 책임성 등 성과의 결과 측면이 보다 강조되었음을 확인할 수 있었다.

넷째, 성과평가 결과와 연계된 다양한 보상 프로그램의 운영이다. 캐나다 고위공무원 성과평가에 따른 보상체계의 경우 경제적 증가, 급여변동 범위, 위험 수당, 상여금 등 다양한 형태의 보상기회를 제공하고 있다. 평가와 보상의 명확한 연계 및 보상유형의 다양화는 동기부여를 통한 개인의 성과향상에 기여할 뿐만 아니라 업적이 중심이 되는 조직문화를 구축함으로써 정부의 역량 향상에도 기여한다고 판단된다.

반면, 캐나다 고위공무원 성과관리 프로그램의 한계 측면을 살펴보면 다음과 같다. 첫째, 개인 성과관리 체계는 캐나다의 조직성과관리와 비교했을 때, 개인의 성과 달성도만이 주요 고려사항으로 다루어지고 있었을 뿐, 측정방식과 측정지표의 적절성에 대한 논의가 부재했다. 즉 평가도구의 신뢰성 및 타당성을 제고하기 위한 과정이 결여되어 있었다. 향후 적절한 환류과정의 보장, 메타평가의 활용 등 평가지표의 개선을 위한 제도적 보완이 필요할 것이라 생각된다.

둘째, 장기적 목표 경시 문제이다. 성과계약서를 작성할 당시 매년 변화되는 상황을 고려하여 고위공무원이 달성해야 할 주요 목표가 설정되고 있으나 1년 단위로 평가가 이루어지기 때문에 가시적이고 단기적인 목표에 치우칠 가능성이 존재한다. 따라서 이를 견제할 수 있는 방안의 마련이 필요하다.

셋째, 평가 프로그램 운영 일정의 일괄 적용 문제이다. 현재 캐나다 고위공무원의 성과관리 프로그램은 1년 주기 운영 일정을 6단계로 구분하여 일괄적으로 적용하고 있다. 그러나 성과계약서 작성시기 및 평가시기를 소속 부처 자율에 맡겨 결정할 수 있도록 함으로써 제도의 적합성을 높이는 것이 보다 바람직할 것이라 판단된다.

자료: 성과관리-공공부문 외국제도 캐나다편(2013).

## 토론 문제

**Q1** 공공부문에서 성과의 의미와 사회적 가치는 무엇인지 생각해 보세요. 민간기업과 비교해서 공공기관의 성과와 공무원의 성과를 측정하고 관리하고 평가하는 데 있어 가장 중요시 되는 부분이 무엇인지 토론해 보세요.

**Q2** 공공부문에서 개인의 역량과 조직의 역량이 실제 성과로 연결되고 있다고 생각하나요? 만약 그렇지 않다면 가장 큰 이유는 무엇인지와 이를 해결하기 위한 해결책에 대해 논의해 보세요.

**Q3** 역량기반 성과관리는 직무분석을 통한 직위분류제 수립을 전제로 진행됩니다. 계급제 전통으로 인해 한국정부의 직위분류제가 아직까지 정착되지 못함에도 불구하고 역량평가를 적극 도입하여 실행하는 것이 과연 올바른 것인지 토론해 보세요.

**Q4** 고위공무원단 진입시 적용되고 있는 역량평가는 역량 미달자를 거르기 위한 소극적 차원의 필수 역량평가라 할 수 있습니다. 과연 이러한 방식은 올바른 것인가요? 아니면 차별화 역량을 적용한 적극적 차원의 평가를 통하여 선발 및 임용에 반영하는 것이 옳은지 토론해 보세요.

**Q5** 공무원 성과관리의 선진화 방안에 대해 논의해 보세요.

## 체포왕

| 감독 : 임찬익
| 출연 : 박중훈, 이선균, 김정태, 이성민, 최덕문
| 장르 : 코미디, 액션, 범죄
| 국가 : 한국(2011)

"무조건 실적! 실적이야!!" 구역이 붙어 있는 마포서와 서대문서는 사사건건 비교당하는 탓에 밥그릇 싸움이 치열하다. 오로지 좋은 실적을 내야만 대접받고 살아남는 무한경쟁시대에서 반칙의 달인으로 악명을 떨치는 마포서 팀장 황재성(박중훈 분)은 묻지도 따지지도 않고 일단 잡고 보는 검거 실력으로 실적 1위를 달린다. 반면 서대문서로 입성한 신임 팀장 정의찬(이선균 분)은 경찰대 출신이지만 오자마자 잡은 날치기 범인을 재성에게 빼앗겨 실적이 깎이고 만다. 경찰대 출신이 아닌 재성은 승진을 위해, 의찬은 포상금을 위해 '올해의 체포왕' 자리를 놓고 경쟁하게 된다. 이때 마포와 서대문 일대를 들썩이게 만든 승점 2,000점짜리 '마포 발바리 사건'이 일어난다. 이 사건의 범인 체포가 지금까지 쌓은 실적을 단번에 뒤엎을 수 있는 기회인 것이다. 이에 마포서와 서대문서는 합동수사를 진행한다. 하지만 두 경찰서의 지나친 실적 경쟁으로 인해 수사는 결국 미결로 끝이 나고, 재성은 지구대로 의찬은 검문소로 가게 된다. 재성은 지구대에 근무하면서 점차 실적주의에서 벗어나 인간적인 경찰의 모습으로 변모한다. 그때 재성이 근무하던 지구대에서 미결로 마무리되었던 발바리 사건이 재발한다. 수사를 위해 도움을 청하지만 아무도 수사를 도와주지 않자 그는 의찬을 찾아가 도움을 요청하고 둘은 경찰청의 도움 없이 범인을 잡게 된다.

체포왕에서는 경찰조직에 대한 제도와 현상을 기본 바탕으로 영화를 전개하고 있다. 따라서 이 영화에서는 경찰조직에 대한 내용과 함께 인사행정과 관련된 문제들을 함께 고민해 볼 수 있다. 학연과 지연 등 조직 내 파벌의 문제나 계급제의 폐해, 부정부패와 관련된 문제 등도 비춰지지만 무엇보다 크게 부각되는 것은 '실적주의와 근무성적평가'에 관한 문제이다. 앞서 교재에서 다루었듯이 실적주의는 지식 · 기술 · 능력 등의 요인을 기준으로 공직 임용이나 인력관리, 성과에 대한 보상 등을 결정하는 방식을 의미한다. 이러한 실적주의는 현대 사회에서 인사의 중요한 틀이 되었다. 영화에서 여실히 드러나는 것처럼, 경찰조직 역시 치안유지와 범죄 예방, 그리고 수사에 이르기까지 모든 업무에서 실적을 바탕으로 한 인사제도를 운용하고 있다. 즉 검거 실적, 예방 실적 등에 따라 보상과 승진에 차이가 생긴다. 이때 우리가 생각해보아야 할 키워드가 이번 장에서 다루었던 '성과평가'이다. 실적 · 성과를 어떻게 공정하게 평가할 것인가와 관련되어 고민해 볼 필요가 있다. 본래 국민의 안전과 범죄자에 대한 처벌, 사회질서 유지를 위한 경찰 본연의 목적을 달성하기 위한 촉진 기제로 실적주의에 기반한 인사관리제도를 활용하고 성과평가를 하는 것이다. 하지만 영화에서는 이러한 실적주의의 과도한 강조가 국민의 안전과 정의의 실현이라는 목표보다 개인의 승진과 보상이라는 욕구를 위한 주객전도가 될 수 있다는 것을 보여주며, 공무처리나 실적 과정에서의 비리 등도 간접적으로 비판하고 있다. 영화 속에서 발견한 다양한 인사행정의 요소들을 다시 우리 주변 현실과 연결 시켜 고민해보는 것은 어떨까.

사진출처: NATE 영화(http://movie.nate.com).

# 연구로 보는 인사행정

## 성과평가제도 수용성의 선행 및 결과요인에 관한 연구: 한국 NGO를 중심으로

김민영 · 박성민

이타주의적 동기와 자발적 결사를 특징으로 하는 NGO가 국가정책결정과정에 참여하면서 '과연 NGO가 주요 국가정책 결정자로서의 사회적, 제도적 효율성, 신뢰성, 책임성 등을 실현할 수 있는가'에 대한 질문에 다양한 측면에서 정당성 문제가 제기되고 있다. 조직 내부의 공공관리론적 측면에서 보면, NGO는 조직에 직면한 책임성과 신뢰를 제고하기 위해서 조직 내부에 효과적인 성과평가제도 도입 및 운영이 절실히 필요하다. 선진국 및 국제시민사회의 NGO는 자신들의 사회적 책임성을 제고하기 위해 일반적으로 자기규제(Self-regulation) 메커니즘 등의 방안을 활용한다. 이에 본 연구는 NGO 조직 내부의 자기규제 메커니즘으로 작용할 수 있는 기제를 성과평가제도로 인식하고 이에 대한 연구를 진행하고자 한다. 따라서 본 연구에서는 우선, 어떠한 조직 변수들이 조직구성원들의 3가지 차원의 수용성(관리, 결과, 지표)에 유의미한 영향을 주고 있는지 규명하고자 한다. 다음으로 3가지 차원의 수용성과 조직특성이 어떠한 양식으로 사회가 요구하는 책임성 및 신뢰에 영향을 주고 있는가에 대한 문제를 규명하는 것이 본 연구의 목적이다. 본 연구의 분석결과를 요약하면 다음과 같다. 첫째, 개인이 조직에 몰입하거나 개인과 조직의 가치 및 미션을 일치시킴으로써 성과평가제도 수용성이 높아짐을 확인할 수 있었다. 둘째, 본 연구에서 제시되고 있는 개인 및 조직특성과 책임성 간의 관계에 있어서, 연령, 성과평가지표 수용성, 위계문화, 윤리적리더십, 교육훈련 타당성이 책임성과 정(+)의 영향관계를 가지는 것으로 나타났다. 셋째, 본 연구에서 제시되고 있는 개인 및 조직특성과 신뢰 간의 관계에 있어서, 연령, 성과평가제도결과 및 지표 수용성, 개인-조직 부합성, 경쟁적 합리문화, 윤리적 리더십, 교육훈련 타당성 및 전이성이 신뢰와 정(+)의 영향관계를 가지는 것으로 나타났다. 마지막으로, NGO에서는 집단문화가 형성될 시 강조되는 수직적 문화보다 수평적 조직문화 형성이 신뢰도를 높일 수 있는 방안임을 확인할 수 있었다.

### Research Questions

1) 공공조직에서 개인 및 조직을 대상으로 실시되고 있는 성과평가제도 수용성을 높이기 위한 방안은 무엇인지 토론해 보세요.
2) 성과중심의 평가제도가 비영리 조직 혹은 공공조직에 주는 긍정적, 부정적 영향에 대해 토론해 보세요.

### Research Framework

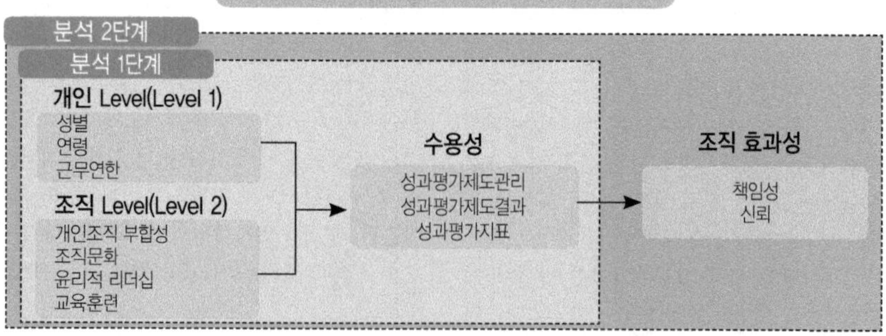


자료: 정책분석평가학회보(2013), 23(4):87~125

# 제 8 편 인적자원의 보상

제 17 장 보수와 연금

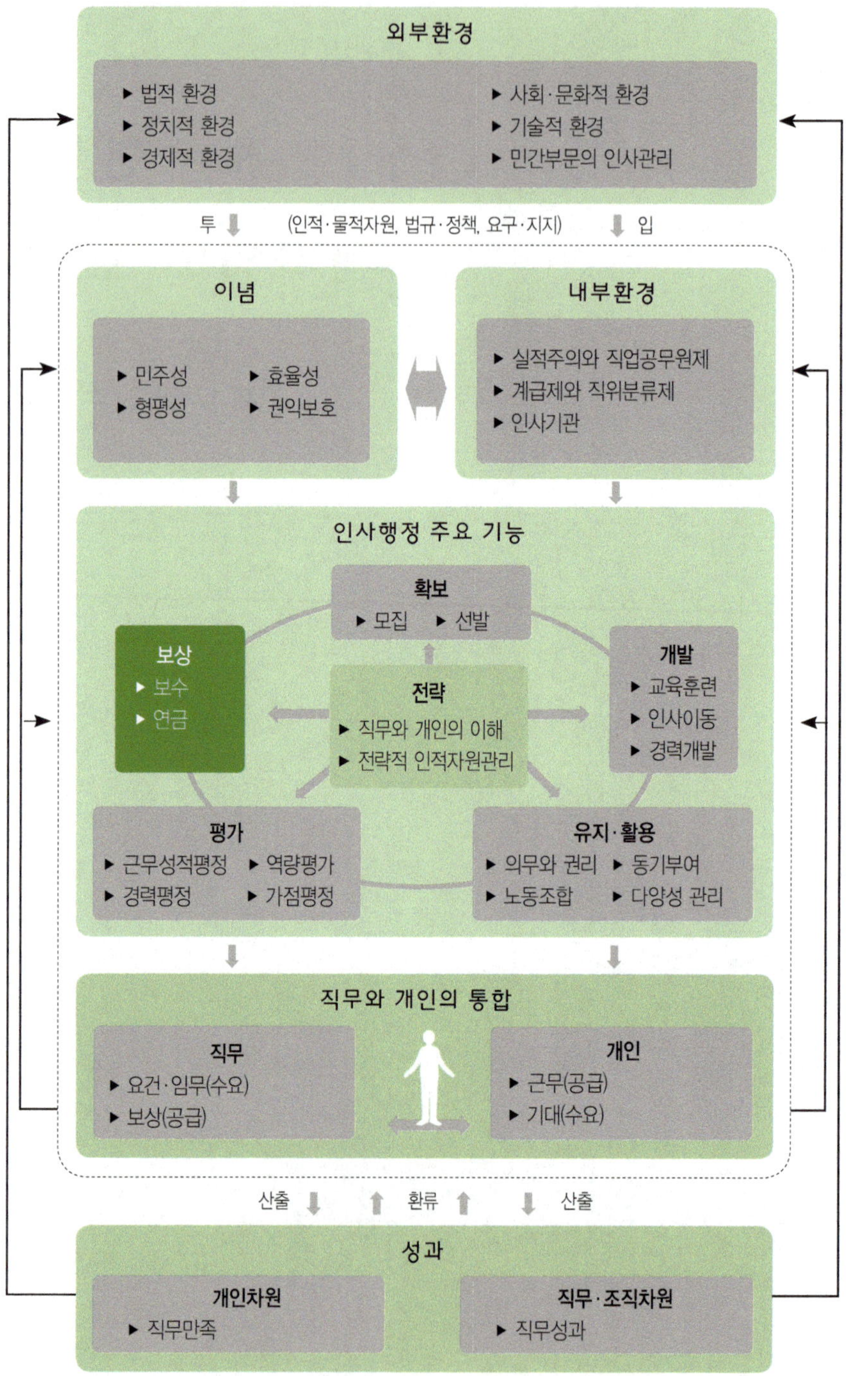
외부환경
▶ 법적 환경
▶ 정치적 환경
▶ 경제적 환경
▶ 사회·문화적 환경
▶ 기술적 환경
▶ 민간부문의 인사관리
투
(인적·물적자원, 법규·정책, 요구·지지)
입
이념
▶ 민주성
▶ 효율성
▶ 형평성
▶ 권익보호
내부환경
▶ 실적주의와 직업공무원제
▶ 계급제와 직위분류제
▶ 인사기관
인사행정 주요 기능
확보
▶ 모집 ▶ 선발
보상
▶ 보수
▶ 연금
전략
▶ 직무와 개인의 이해
▶ 전략적 인적자원관리
개발
▶ 교육훈련
▶ 인사이동
▶ 경력개발
평가
▶ 근무성적평정 ▶ 역량평가
▶ 경력평정 ▶ 가점평정
유지·활용
▶ 의무와 권리 ▶ 동기부여
▶ 노동조합 ▶ 다양성 관리
직무와 개인의 통합
직무
▶ 요건·임무(수요)
▶ 보상(공급)
개인
▶ 근무(공급)
▶ 기대(수요)
산출
환류
산출
성과
개인차원
▶ 직무만족
직무·조직차원
▶ 직무성과

# 제 17 장



# 보수와 연금

## 들어가는 말

행정의 본질적인 과업을 수행하기 위해 인적자원을 활용했으면 조직은 그에 적합한 보상(Compensation)을 제공해야 한다. 일에 대한 정당한 보상은 헌신적인 직무수행을 이끌어 내는 데 있어 필수적인 요소라 할 수 있다. 뿐만 아니라 보상은 동기부여 측면 이외에도 우수인력의 채용과 유지, 국가예산관리, 공무원의 생계유지 및 소득증대 등 다양한 측면에서 중요한 의미를 가진다.

보상은 명예 · 권력 · 승진 · 능력발전기회 · 상훈 · 근무환경 개선과 같은 비금전적 요인과 금전적 요인으로 구분하여 살펴볼 수 있다. 그러나 비금전적 보상은 금전적 보상에 대한 보완적 역할을 하는 것일 뿐, 기본적인 보상의 기능은 금전적 보상이 담당한다. 조직이 조직 구성원에게 제공하는 금전적 보상은 직접보상과 간접보상으로 구분할 수 있다. 직접보상은 공무원에게 직접 금전의 지급이 이루어지는 것으로 봉급, 수당, 상여금과 같은 보수가 이에 해당한다. 반면 간접보상은 공무원 본인에게 직접적으로 금전적 이전이 이루어지는 것은 아니지만 연금, 의료보험, 주택지원, 금융공제, 유급휴가 등의 지급과 같이 공무원에게 부가적인 편익을 제공하는 것이다. 특히, 보수가 민간부문에 대해 상대적으로 낮은 수준에 머무는 공직에서 이러한 간접보상의 제공은 공무원에게 심리적 안정을 부여하여 직무에 전념하게 함으로써 직업공무원제 확립에도 기여할 수 있다.

이에 제17장에서는 인적자원의 직접보상 수단으로서 보수 체계를, 간접보상 수단으로서 연금체계를 중심으로 살펴보고자 한다.

## 핵심용어

- 보수(Pay)
- 봉급(Salary)
- 수당
- 연봉
- 보수관리
- 보수수준
- 보수체계
- 보수형태
- 연금

# 제1절 보수의 이해

## 1. 보수의 의의

### 1) 개념

보수(Pay)는 공무원이 정부로부터 근로한 대가로 지급받게 되는 금전적 보상이다. 공무원 보수규정 제4조는 보수에 봉급과 각종 수당을 포함시키고 있다. 보수는 민간부문에서 흔히 사용되는 임금과 유사한 개념이다. 우리나라 근로기준법 제2조 제1항 5호에는 '임금이란 사용자가 근로의 대가로 근로자에게 임금, 봉급, 그 밖에 어떠한 명칭으로든지 지급하는 일체의 금품을 말한다'고 규정하고 있다. 즉 넓은 의미의 임금은 봉급(좁은 의미의 임금)과 수당을 합한 것으로 공무원 보수규정의 보수와 같은 의미이다. 일반적으로 봉급(Salary)과 좁은 의미의 임금(Wage)은 같은 개념이다. 다만 봉급은 사무직이나 관리직에 종사하는 화이트칼라가 받는 보상을, 임금은 주로 생산직에 근무하는 육체근로자(블루칼라)가 받는 보상을 말한다. 그러나 최근에는 이를 구분하지 않고 혼용하여 쓰는 것이 일반적이다. 우리나라의 경우 보수는 정부조직에서, 임금은 민간부문에서 통용되고 있는 용어이다(〈표 17-1〉).

공무원 보수는 개념상으로 민간부문의 임금과 유사하지만, 성격면에서는 상당한 차이를 갖고 있다. 이를 구체적으로 살펴보면 다음과 같다.

첫째, 공무원의 보수에는 보수의 가장 일반적 성격인 노무에 대한 반대급부적 측

**표 17-1 보수와 임금의 개념**

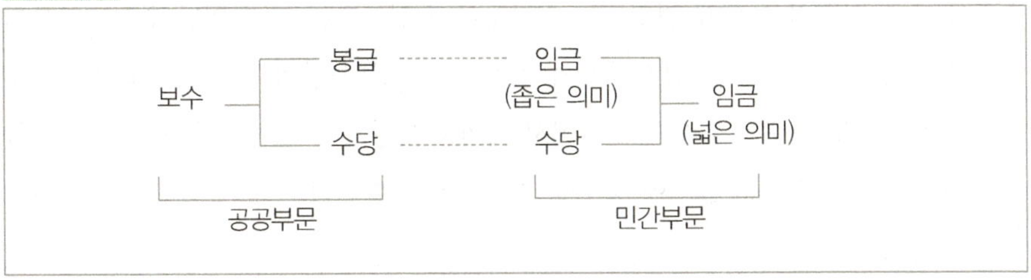

면[1] 이외에도 '공무원과 그 가족의 최저생활을 보장하기 위한' 생활보장적 급부 성격을 갖고 있다. 즉 공무원 보수는 수행하는 직무뿐만 아니라 일반의 표준생계비를 고려하여 결정하도록 하고 있으며, 압류의 경우에도 보수금액의 2분의 1에 대해서만 가능하도록 하고 있다(민사집행법 제246조, 국세징수법 제33조). 이는 공무원으로서 공직수행에 전념할 것을 의무화하는 대신 최소한의 생활을 유지하는 데 필요한 금전적 보상은 보장하겠다는 의미이다.

둘째, 근무에 대한 반대급부의 성격을 가진다 하더라도 근무의 가치를 정확하게 계산할 수 없어 합리적 보수수준이 어느 정도인지 결정하기 곤란하다. 정부가 제공하는 재화나 서비스는 시장에서 교환가치가 형성되는 것이 아니기 때문에, 근무의 가치를 구체적으로 정하는 데 많은 어려움이 있다. 특히 정부가 수행하는 다양한 직무는 민간부문에서는 찾아보기 힘든 고유성을 갖고 있어서 보수수준 결정에 있어 유용한 잣대를 제공하는 것이 어렵다. 경찰, 소방, 식품검사 등을 이러한 성격의 대표적인 직무로 꼽을 수 있다(Stahl, 1983).

셋째, 보수수준의 결정에 있어 법적 · 정치적 · 경제적 요인과 같은 외부 환경의 영향을 많이 받는다. 보수의 출처가 국민의 세금이기 때문에, 국회나 국민의 직 · 간접의 통제를 받게 되고 대통령을 포함한 누구도 법규정에 근거하지 않고는 금전이나 유가물을 지급할 수 없게 되어 있다(국가공무원법 제46조). 따라서 공무원 보수는 경직성이 매우 강하다. 이러한 특징으로 인해 공무원 보수는 때로 정당한 정치적 합의가 아니라 선거를 맞아 공무원 선심용으로 오용되기도 한다. 선거를 준비하는 집권당은 공무원으로부터 무언의 지원을 얻어내기 위해 정략적으로 보수수준을 높게 결정하기도 한다. 또한 법적 · 정치적 요인 이외에도 경제적 측면에서는 공무원 보수 인상률을 결정함에 있어 민간부문의 임금수준이나 물가에 미치는 영향과, 인건비 증액에 따른 여타 사업예산의 감소를 고려하여 결정하게 된다.

넷째, 노사협약에 의해 결정되는 민간부문의 임금과는 달리 일반적으로 공무원의 보수는 정부의 일방적인 결정에 의해 결정된다. 노동조합의 결성과 협상권한이 부여된다 하더라도 보수는 협상의 대상에서 제외시키는 것이 일반적이다. 국민의 세금으로 지불되는 보수수준 결정에 공무원 스스로가 참여한다는 것이 국민주권의 원리

1) 「국가공무원법」 및 「공무원보수규정」에 휴직중이거나 직위해제중인 자, 또는 결근한 자에게 봉급을 감액하여 지급할 수 있도록 한 것은 반대급부적 성격을 반영한 것이다.

에 위배되며, 설사 정부대표자와 공무원 노조 간에 임금타결을 보았다 하더라도 기획재정부나 국회의 반대로 타결이 무산될 가능성이 있기 때문이다.

### 2) 중요성

보수는 일에 대한 단순한 대가차원을 넘어 인적자원의 확보, 유지 · 활용, 평가 기능과 밀접한 연관을 가지면서 성공적인 인적자원 관리에 있어 중요한 역할을 담당하고 있다. 특히, 자본주의 원리가 민간분야는 물론 공공분야의 고용관계 규정에까지 영향을 미치는 현대에 있어서 보수는 더욱 중요한 의미를 갖게 되었다. 이에 보수의 중요성을 다음 두 가지 측면에서 발견해 볼 수 있다.

첫째, 민간부문과의 인력확보 경쟁이 심화되면서 보수는 인재확보는 물론 현직자의 유지 · 관리에 있어 중요한 역할을 담당하게 되었다. 보수는 개인적 측면에서 가장 중요한 경제적 소득의 원천이자, 사회적 신분을 나타내는 지표이기 때문이다. 가장 단적인 예로, 프로구단의 선수 스카우트에서 선수의 '몸값'을 더 준 구단이 결국 우

그림 17-1 보수

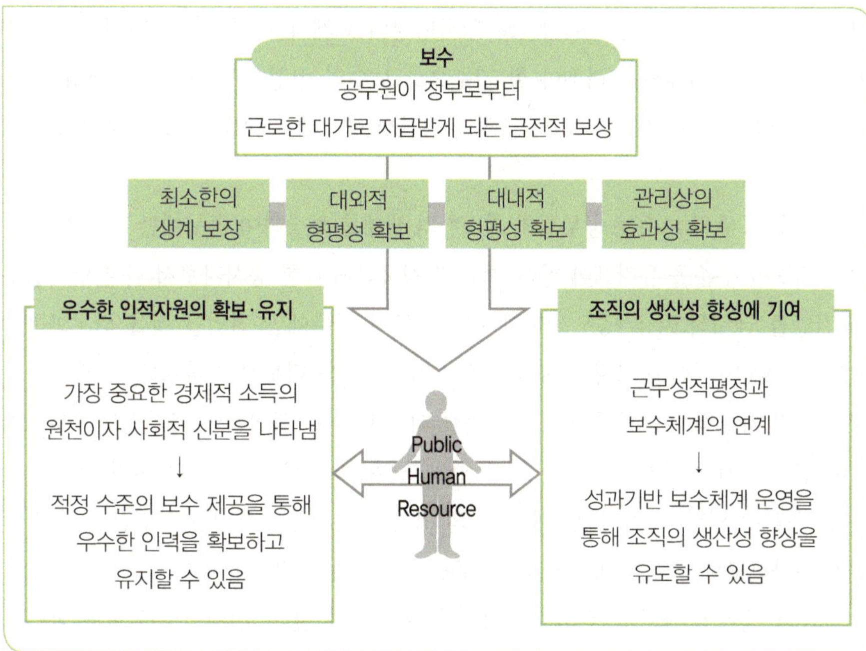

수한 선수를 데려가는 것을 보면 보수가 인력확보와 유지에 있어 얼마나 중요한 것인지를 짐작할 수 있다.

둘째, 성과 기반 보수체계의 운영을 통한 생산성 향상이다. 인적자원에 대한 평가는 통제기능도 있고 능력개발을 위한 정보 환류 기능도 있지만 보수의 객관적 기준을 제공하는 기능도 담당한다. 특히 성과급이나 연봉제와 같이 평가와 보수체계를 연계하는 성과 기반 보수체계의 운영을 통해 조직의 생산성 향상을 기대할 수 있게 되었다.

## 2. 보수의 관리

### 1) 보수관리의 기준

#### (1) 규범적 기준

위에서 언급한 바와 마찬가지로 보수는 단순히 일에 대한 대가차원을 넘어 우수인력의 채용과 유지, 동기부여, 국가예산관리, 공무원의 생계유지 및 소득증대 등 여러 측면에서 중요한 의미를 갖는다. 따라서 보상의 핵심을 이루는 보수를 체계적이고 효율적으로 관리하는 것이야말로 인사행정의 요체라 할 수 있다. 이러한 보수의 효율적 관리를 위해서 고려해야 할 기준으로 보수의 적정성과 대외적 형평성, 대내 공무원 간의 보수 공정성, 그리고 조직의 생산성 향상에 기여할 수 있는 효과성을 들 수 있다.

첫째, 공무원 보수는 공무원의 최소한의 생계를 보장하여 근무에만 전념할 수 있도록 적정한 수준을 유지해야 한다. 특히 전체국민에 대한 봉사자로서 다른 영리업무나 겸업을 금지하고(국가공무원법 제64조), 오로지 공무에만 전념할 것을 의무화하고 있는 상황에서는 더욱 그렇다. 보수수준이 기본생계를 비롯한 자녀교육 · 주택 · 문화생활 등의 기본적 욕구를 충족시키지 못할 때 이로 인한 불만족이 커지면서 근무태만이나 생산성 저하 내지는 이직률 증대, 나아가 부정의 확산 등과 같은 여러 가지 부작용을 낳을 수 있다. 따라서 공무원 직급의 고하를 막론하고 투철한 사명감을 갖고 국민에 봉사하도록 하기 위해서는 보수수준을 적정하게 보장해야 한다.

둘째, 공무원 보수는 대외적 형평성을 확보해야 한다. 경제성장과 함께 국민소득이 향상되고 공무원의 보수가 생계비를 넘어서는 시점에 도달하면 무엇보다도 중요한 것이 보수의 대외적 경쟁력을 확보하는 것이다. 이는 공무원 보수수준과 민간부문의 보수수준의 균형을 의미하는 것으로서, 공공부문에 있어 우수인력의 확보와 유지 · 활용에 무엇보다 중요한 요인이 된다.

셋째, 공무원 보수는 대내적으로 개인 간 공정한 차등을 두어야 한다. 어렵고 책임이 따르는 일을 하는 사람과 쉽고 책임이 없는 일을 하는 사람 간에는 엄연한 보수의 차이가 있어야 한다. 이에는 각 개인의 투입요소 중 어느 것을 기준으로 하여 보수의 차등을 결정할 것인가의 문제가 발생하는데, 공직에 근무한 연수에 비례하여 높은 보수를 주는 것이 하나의 방법이 될 수 있다. 대내적으로 보수에 있어 공정한 차등이 보장될 때, 보수에 대한 불만이 줄어들고, 적극적인 근무의욕을 고취시킬 수 있는 최소한의 여건을 조성할 수 있게 된다.

넷째, 앞의 세 원칙이 선결되었다면, 보수가 조직의 생산성 향상에 기여할 수 있도록 관리되어야 한다. 보수의 적정성과 대외적 형평성이 주로 보수의 일반수준을 결정하는 데 적용되는 원칙이고, 대내적 보수의 공정성이 보수체계를 개발하는 과정에서 준수해야 할 기준이라면, 보수의 효과성은 이러한 원칙이 충족되고 나서 보수의 지급방식을 결정하는 과정에서 반영되어야 할 원칙이다. 보수의 효과성을 확보하기 위해서는 무엇보다도 실적에 따라 보수를 차등 지급하는 방식이 검토되어야 한다.

#### (2) 관리기준

보수관리 체계는 위의 규범적 기준에 대응하여 관리의 기준은 보수수준(Pay Level), 보수체계(Pay Structure), 그리고 보수형태(Payment Methods)의 세 영역으로 나누어 생각할 수 있다(이재규 외, 1996).

첫째, 보수수준의 관리는 공무원 전체에 대해 적정한 보수수준을 결정하는 것으로 민간부문의 임금수준, 생계비, 기타 국가재정 등의 요소를 고려하여 보수의 일반수준을 정하는 과정을 말한다. 공무원의 보수수준이 2011년 기준으로 민간기업의 85.2% 수준(행정안전부, 2012e)이라는 등의 비교는 바로 보수의 일반수준을 가지고 말하는 것이다. 이때 민간부문의 임금수준을 조사하기 위해서는 직무의 내용이 유사한 것을 골라 임금조사가 이루어져야 하는데 직무분석과 직무평가의 자료, 즉 직무기술서와 직급명세서 등이 참고자료로 쓰이게 된다. 보수수준 결정에서는 이와 같이 대외적인 보수의 형평성을 유지해야 하고 생계비를 충족시켜 줄 정도의 적정수준을 유지할 것이 요구된다.

둘째, 보수수준 관리가 전체 공무원의 평균보수 개념을 말한 것이라면, 보수체계의 관리는 개별 공무원의 보수총액을 정하여 개인 간에 보수격차를 두는 것을 말한다. 따라서 보수체계 관리는 개인 간의 차이에 따라 보수를 차등화함으로써 동기부여가 가능하도록 이루어져야 한다. 개인 간의 차이는 근무경력, 학력, 직무의 난이도와 책임, 능력, 성과 등 여러 측면에서 나타나게 된다. 이러한 차이를 적절하게 배합하여 조직 내부에서 개인 간 보수의 공정성이 확보되도록 보수표를 개발하는 것이 보수체계 관리의 핵심이라 할 수 있다.

셋째, 보수형태의 관리는 보수를 계산하여 공무원에게 지급하는 방식을 말한다. 이는 일반적으로 고정급과 성과급으로 분류된다. 고정급은 성과에 관계없이 일정기간을 단위로 정액을 지급하는 것이고, 성과급은 일의 성과에 대한 양과 질을 평가하여 그에 상응하게 차등 지급하는 형태이다. 공무원 보수관리의 세 영역별 개념과 보기를 정리한 것이 〈표 17-2〉이다.

보수수준, 체계, 형태가 결정되어 보수가 지급되면 여기에 연금과 비금전적 보상이 합해져 인적자원에 대한 전체적인 보상이 이루어지고 이러한 보상수준에 대한 개인의 기대를 바탕으로 만족수준이 결정된다. 이러한 보수관리 체계를 도식화한 것이 〈그림 17-2〉이다. 이를 바탕으로 보수관리 영역별 주요 내용을 살펴보면 다음과 같다.

**표 17-2 보수관리의 영역**

| 보수관리의 영역 | 개념 | 보기 |
|---|---|---|
| 보수수준의 관리 | 전체 공무원의 보수수준 결정 | 생계비조사 · 임금조사 · 지불능력 |
| 보수체계의 관리 | 개별 공무원의 보수총액 | 직무급 · 연공급 · 직능급 · 실적급 |
| 보수형태의 관리 | 지급방법 | 고정급 · 성과급 |

자료: 이재규 외(1996)의 내용을 토대로 용어 수정.

그림 17-2 **보수관리 체계모형**

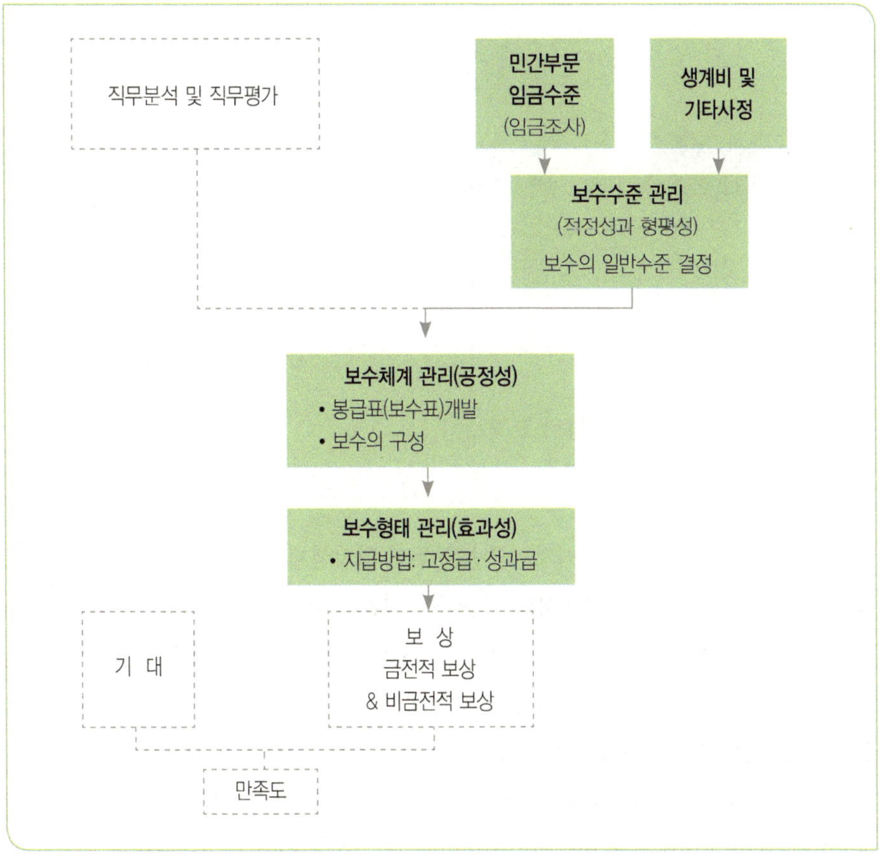


## 2) 보수수준의 관리

국가공무원법 제46조 제2항에는 '공무원의 보수는 일반의 표준 생계비, 물가 수준, 그 밖의 사정을 고려하여 정하되, 민간부문의 임금수준과 적절한 균형을 유지하도록 노력하여 결정한다'고 규정하고 있다. 이에 따라 공무원 보수수준 결정에는 생계비 수준과 민간부문의 임금수준을 조사하여 반영하며, 이 두 가지 당위적 기준 이외에도 현재 우리나라의 경제환경(정부의 지불능력 · 경제정책 · 물가수준 등)과 부가적 편익 등을 고려하여 결정된다(〈그림 17-3〉 참조).

**그림 17-3 보수수준 관리의 영향요인**

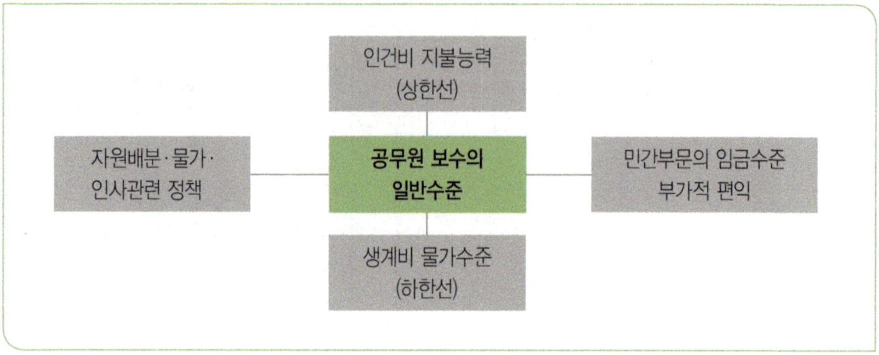


(1) 보수의 일반수준 결정시 고려사항

① 생계비(Cost of Living)

민간부문의 근로자에게 최저임금법을 두어 최저생계비 보장을 위해 노력하듯이, 공무원의 경우에도 소속사회에서의 인간다운 생활유지에 필요한 적정한 수준의 보수를 보장해 줄 것이 요구된다(Stahl, 1983). 공무원의 경우 담당직무의 특수성 때문에 민간부문과의 직장이동이 어려우며 부업을 통해 수익을 올리는 것도 제한되어 있다. 또한 보수인상을 위한 실력을 행사할 단체행동의 수단도 제한되기 때문에 보수수준 결정에서 정부의 특별한 배려가 필요하다. 즉 정부가 공무원의 직무의 경제적 가치나 공무원의 책임수준에 관계없이 보장되어야 할 보수의 하한선을 고려하여 사회윤리적 책임을 진다.

② 민간부문의 임금수준

민간부문에서 동일한 인적자원을 대상으로 채용경쟁을 벌여야 하는 기업들은 경쟁기업과 대등한 보수수준을 유지하는 것이 우수한 인적자원의 확보와 유지에 있어 필수적이다. 정부의 경우 동일업종의 경쟁상대는 없으나 다양한 직무분야에서 민간부문 및 정부투자기관과 인적자원 확보에 있어 경쟁관계에 놓여 있기 때문에 이들 분야의 임금수준을 고려하지 않을 수 없다. 특히 정부의 경우, 재화와 서비스의 비시장성으로 인해 공무원의 노동가치를 자체적으로 평가할 수 없다. 이에 민간부문의 임금수준은 공무원 보수수준 결정에 있어 중요한 기준이 된다.

③ 인건비 지불능력

보수수준은 정부의 인건비 지불능력에 직접적인 영향을 받는다. 균형예산을 지향하는 정부에서 공무원 인건비는 세입과 세출의 재정규모를 고려하여 결정할 수밖에 없다. 특히 세입규모는 국민이 세금을 부담할 수 있는 담세능력에 의해 직접 좌우되는 것이고, 길게는 국가의 전반적인 경제수준을 반영하는 것이다. 국민의 납세 부담이 큰 불황기에 정부의 지불능력을 넘어서는 공무원 보수의 인상은 생각하기 곤란하다. 따라서 정부의 인건비 지불능력은 보수수준의 상한선 역할을 할 것이다.

④ 자원배분 · 물가 · 인사관련 정책

공무원 보수수준은 정부정책의 반영이다. 특히 자원배분에 관한 정책은 보수수준을 직접 다루는 것이나 다름없다. 정해진 파이를 인건비와 경제개발 · 사회복지 · 교육 · 국방분야의 사업경비 등으로 배분하는 결정이기 때문이다. 이들은 서로 상충관계(Trade-Off)에 놓여 있기 때문에 한쪽을 중시하면 다른 쪽이 상대적으로 경시될 수밖에 없다. 따라서 보수수준 결정은 독립적으로 결정하는 것이 아니라 국민에게 재화와 서비스를 제공하는 사업성 정책에 얼마나 지출의 우선순위를 두어 추진할 것인가를 함께 고려해야 한다.

뿐만 아니라 보수수준 결정은 자원배분에 관한 정책 외에도 물가정책을 반영하게 된다. 정부는 공무원 보수인상이 물가에 미치는 영향과 민간기업의 임금수준에 미치는 영향을 함께 고려하게 된다. 거시경제적 시각에서 정부는 물가억제의 목표와 기업에 임금가이드라인을 제시하게 된다. 이는 '모범적인 고용주'로서의 표본이 되어야 할 정부가 이를 지키지 않을 수 없기 때문이다.

또한 공무원의 보수수준은 외부적인 영향요인에 수동적으로 대응하는 역할뿐만 아니라 행정의 생산성 향상을 위한 적극적 관리의 수단으로 고려되고 있다. 특히 공무원의 전반적인 사기향상을 꾀하거나 정부가 추진하는 정책을 적극 수용하고 실행하도록 유도하기 위해서 인적자원관리 정책에 있어 보수수준을 전략적으로 활용하기도 한다.

⑤ 물가수준

정부의 보수수준은 그것이 물가에 미칠 영향을 고려하기도 하지만 지난해의 물가수준(물가상승률)에 의해서 영향을 받기도 한다. 정부, 민간부문 할 것 없이 물가상승률을 보수수준 결정에 반영해야 한다는 논리는 매우 단순하다. 물가는 상승하는데 보수인상이 그에 미치지 못하면 실질구매력이 전보다 떨어지고 결국 보수는 마이너스 인상의 결과를 초래하기 때문이다. 따라서 물가상승률은 전년도의 보수수준을 최소한 유지시키기 위해서, 그리고 생계비는 최저의 인간다운 생활유지를 위해서 지켜져야 할 보수수준의 하한선으로 생각할 수 있다.

⑥ 부가적 요인

부가적 요인이란 보수 이외에 공무원이 받는 부수적 편익을 말한다. 부수적 편익은 보수와는 다른 형태를 취하지만 보상의 일종이기 때문에 단순히 보수만으로 대외적 형평성을 유지하는 것은 오히려 전체적 보상차원에서는 불평등한 결과를 가져올 수 있다. 지금까지 공무원이 민간기업의 근로자에 비해 더 나은 혜택을 받고 있는 것으로 여겨져 온 것으로 신분보장과 연금제도를 꼽을 수 있다. 일부 공무원의 경우 퇴직 후 특정업무를 수행할 수 있는 자격(세무사 · 변리사 · 법무사)을 부여하는데, 이것 역시 퇴직 후 소득을 보장해 줄 수 있다는 점에서 민간부문의 종업원이 가지지 못하는 혜택이라 할 수 있다. 이 밖에 공무원의 승진, 휴가, 근무시간 준수, 후생복지 등도 부가적 편익의 고려대상에 포함시킬 수 있다.

### 3) 보수체계의 관리

임금조사[2)]와 생계비 기타 보수관련 요소를 고려하여 공무원 보수의 일반수준을 정하고 나면 이제 개별공무원의 보수총액 수준을 결정해야 한다. 보수체계 관리는 개별공무원의 총보수수준과 보수의 구체적 내용이 어떠한 기준(생계 · 연공 · 직능 · 직무 · 실적)에 근거한 것인지를 다루게 된다.

2) 임금조사: 정부에서 공무원의 보수수준 결정을 위해 민간부문의 기업체로부터 필요한 자료를 수집하여 이들의 임금수준 실태를 파악하는 과정을 말한다.

**그림 17-4 임금곡선과 보수정책선**

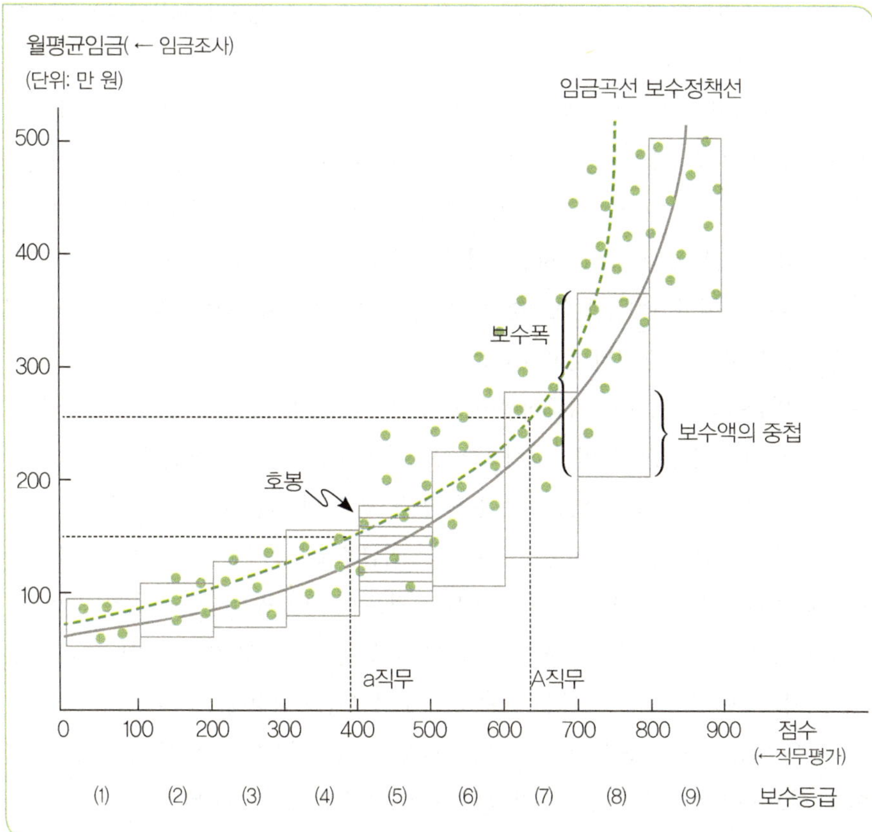


### (1) 개별공무원의 보수수준 결정: 보수표 개발

① 임금곡선과 보수정책선

개별공무원의 보수수준을 합리적으로 결정하기 위해서는 직무분석 · 평가와 임금조사가 실시되어 있어야 한다.[3] 직무평가를 통해 이미 모든 직무에 대한 점수가 계산된다(점수법과 요소비교법). 개별공무원의 보수수준은 바로 이 직무평가의 결과와 임금조사 결과를 서로 결합시켜 직무의 가치를 계산하게 된다. 이 두 조사의 결과를 결

3) 우리나라에서는 직무분석 · 평가가 되어 있지 않은 상태라서 임금곡선에 의한 합리적 보수결정이론의 현실적 유용성은 적은 편이다.

합시키기 위한 방법이 우선 X · Y축상에 산점도를 그리는 것이다. X축은 직무평가에서 얻는 기준직무의 점수를, Y축에는 임금조사에서 얻은 비교직무의 임금을 표시한다(〈그림 17-4〉 참조).

산점도상에는 임금조사대상 기업 수에 기준직무의 수를 곱한 것만큼의 점이 그려지게 된다. 산점도상의 점을 대표하는 선(회귀분석에 의한 회귀선)을 그리면 이것이 민간부문의 임금곡선이 된다. 따라서 임금곡선은 직무의 내적 가치(직무평가의 점수 내지 등급)와 그 직무에 대한 노동시장에서의 평균 외적 가치와의 관계식을 나타내는 것이다. 직무평가에서 630점에 해당하는 기준직무 A는 민간부문에서 월평균 260만 원의 임금을 받고 있음을 나타내고 있다.[4)]

이 임금곡선을 통해서 기준직무에 포함되지 않은 비기준직무에 대한 임금도 평가할 수 있게 된다. 예를 들어, 〈그림 17-4〉에서 비기준직무 a는 직무평가에서 390점을 받았고 이때 민간부문의 임금수준은 월평균 1백 50만 원임을 알 수 있다.

〈그림 17-4〉의 임금곡선은 민간부문의 임금조사자료를 기초로 작성된 것이기 때문에 그 자체가 공무원의 보수수준이 되는 것은 아니다. 공무원의 경우에는 임금곡선과 함께 생계비 · 임금정책 · 경제적 고려사항 등을 참고하여 각 등급마다 최고 · 평균 · 최저의 보수수준을 나타내는 새로운 보수정책선을 설정해야 한다. 따라서 보수정책선은 임금조사를 통한 대외적 형평성(Y축)과 직무평가를 통한 대내적 공정성(X축), 그리고 여기에다 정부의 보수정책을 종합적으로 반영한 것이 된다.

② 보수등급(Wage Grade)

X축의 보수등급은 보수의 내적 공정성을 반영하는 중요한 지표이다. 동일한 직무에 대한 동일한 보수의 원칙이 적용될 부분이다. 즉 직무의 가치가 유사하다고 판단되는 직무평가의 점수를 묶어 단일 보수등급으로 처리하게 된다. 보수등급에서 고려해야 할 쟁점은 등급을 몇 개로 나눌 것인가이다.

---

4) 임금곡선은 J자형의 모양을 보이게 된다. 고위직으로 올라갈수록 직무의 가치 증가폭보다 그 직무를 수행하는 사람의 시장가치가 훨씬 크게 평가되는 것을 말한다. 조직이 추구해야 할 방향설정과 전략, 그리고 구성원에 대한 근무의욕 고취까지 소수 고위관리자(경영자)의 영향이 지대함을 나타낸 것이다. 고위관리자의 시장가치는 미국과 같이 자본주의 시장원리가 지배하는 국가일수록 높이 평가되고 있어 가파른 J자형을 그리게 된다. 반면에 정부의 경우에는 고위직 공무원에 대하여 조직에 미치는 영향과 책임의 시장가치를 인정하기보다는 높은 보수에 대한 국민적 정서와 국가봉사자로서의 역할강조 때문에 보수상한을 제한하는 것이 보통이다. 따라서 공무원의 보수곡선은 상대적으로 완만한 J자형을 보이게 된다.

등급이 지나치게 많으면 등급 간 보수차이가 극히 미미하여 상위등급으로의 승진에 대한 매력이 없고 인사관리도 등급이 많은 만큼 복잡하게 된다. 그렇다고 등급 수를 너무 적게 하는 경우에는 한 등급에 너무 오래 정체되어 있기 때문에 승진에 의한 동기부여가 문제되고 직무차등성을 충분히 반영하지 못하는 단점이 있다. 등급을 몇 개로 하는 것이 적당한가는 이렇듯 보수의 공정성뿐만 아니라 인사관리상의 여러 문제를 동시에 고려하여 결정해야 한다. 〈그림 17-4〉에서는 편의상 100점 단위로 등급을 결정하고 있다.

③ 보수폭과 호봉

동일등급 내에서의 최고와 최저의 보수수준 차이를 보수의 폭(Wage Range, Width, or Spread)이라 한다. 보수의 폭은 고위직으로 올라갈수록 넓은 것이 일반적이다. 하위직은 직무의 내용이 일상적이고 반복적인 반면에 관리직 이상 고위직으로 올라갈수록 책임의 정도나 조직의 생산성에 미치는 영향이 크기 때문이다. 따라서 보수폭은 등급의 수와 반비례하여 커질 것이다. 등급의 수를 세분하여 직무특성과 개인특성 모두를 등급에 반영시킬 수 있다면 보수폭은 좁아지게 된다. 그러나 앞에서 언급한 것처럼 등급의 수는 제한될 수밖에 없다.

그러한 경우 보수폭은 등급에서 소화하지 못한 직무 이외의 다른 요소에 대한 가치를 반영하게 된다. 예를 들어, 같은 일을 처음 맡아 하는 사람과 5년째가 되는 사람을 같은 수준으로 보상할 수는 없다. 보수폭은 이와 같이 등급이 같더라도 근무연수나 자격 또는 실적 등의 차이를 보수에 반영시키고자 한 것이다. 보수폭은 이들 요소의 차이 정도에 따라 몇 단계로 다시 나누게 된다. 이렇게 나눈 하나하나를 호봉(Step)이라 한다. 즉 봉급의 호수를 말한다. 상위호봉으로의 이동은 승급이라 하여 등급의 수직적 이동인 승진과 구분된다.

승급의 가장 큰 기준으로 근무연수를 꼽는다. 여기에는 장기간의 근무를 보상함으로써 장기근속을 유도하고, 부양가족이나 교육비 등 생계비 상승을 고려해 줄 수 있고, 직무수행능력과의 어느 정도 상관성을 반영할 수 있다. 또한 근무기간은 객관적이기 때문에 다른 기준에 의한 자의적 승급을 막을 수 있고, 선임자를 우대함으로써 조직의 안정에 기여할 수 있다는 장점을 지적할 수 있다(오석홍, 1993). 그러나 근무기간만을 유일한 기준으로 삼는 경우는 드물다. 근무기간을 지나치게 강조하는 경우 직무수행실적의 유 · 무능을 무시하게 되어 조직의 활성화 및 생산성 향상에 오히려 지장을 주기 때문이다. 이러한 이유에서 우리나라는 근무연수를 원칙으로 하고 근무성적불량자에 대한 승급기간을 연장시키거나 우수제안 채택자에 대한 특별승급을 예외적으로 적용하고 있다.[5)]

④ 등급 간 보수액의 중첩

〈그림 17-4〉에서 각 등급의 보수폭은 인접등급의 보수폭과 부분적으로 중복되고 있음을 알 수 있다. 어느 등급의 보수폭 상단이 바로 상위등급의 보수폭 하단과 일부 겹치는 것을 말한다. 즉 한 등급에서 일정기간 이상 장기 근속한 경력공무원에 대하여는 바로 상위등급에 임용된 상대적으로 경력이 낮은 공무원보다 더 큰 보상을 해주고 있다. 오랫동안 한 등급에서 경력을 쌓아 온 사람의 조직에 대한 기여도가 더 크다고 보는 것이다(Fisher *et al.*, 1993).

보수액의 중첩 또는 보수폭의 중복은 등급승진에 대한 지나친 경쟁과 집착을 완화시킬 수 있다. 중복이 없는 경우 상위등급의 최저호봉은 이전 등급의 최고호봉보다도 높은 보수를 받기 때문에 승진은 신분상승과 함께 상당한 보수인상의 효과를 가져온다. 그러므로 승진에 대한 집착이 그만큼 강할 수 있다. 그러나 중첩이 지나친 경우는 반대로 등급구분의 의미가 상실되어 승진의 동기부여 효과를 저해할 가능성이 높다.[6)]

이런 점에서 직위분류제를 택하는 미국과 같이 상하 인접등급과 각각 보수폭의 2분의 1 이상이 중복되지 않도록 하여 차상(하)위 등급과는 중첩이 일어나지 않도록 하는 것이 일반적이라고 한다(Dresang, 1991).

⑤ 보수표 작성

보수표는 지금까지의 결정내용을 토대로 하여 한 축에 등급(계급)을, 다른 한 축

5) 민간부문에서는 일정근무연수가 지나면 자동적으로 승급이 이루어지는 경우에 '근속승급' 또는 '자동승급'의 용어를 사용하고 근무성적에 대한 평가를 기초로 승급을 허용하는 경우에 '고과승급'이라는 용어를 구분하여 사용한다.

6) 전 등급에 걸쳐 완전하게 중복이 일어나는 경우, 즉 등급을 무시하고 호봉에 의한 차이만을 인정하는 제도를 '단일호봉제'라 한다. 교육공무원과 같이 직무의 내용이 승진에 의해 크게 변화하지 않는 경우에 적절하다. 단일호봉제에서는 승진적체의 문제는 전혀 없으나 잘못하면 승진의 동기가 사라져 나태한 근무태도를 초래할 수 있다.

에 호봉을 표시하여 각각의 등급과 호봉에 해당하는 보수액을 체계적으로 정리해 놓은 표를 말한다. 보수표를 통해서 공무원은 본인에 해당하는 보수액이 얼마인지, 승진이나 승급이 되면 현재보다 얼마의 보수가 인상되는지, 그리고 다른 사람과 비교하여 상대적으로 얼마나 받고 있는지를 일목요연하게 확인할 수 있다. 보수표는 신규공무원의 보수결정이나 기존공무원의 보수변경 등 조직 구성원 전체에 대한 보수의 전모를 통일적이고 체계적으로 표준화시켜 놓은 것이어서 보수를 효율적으로 관리하는 데 많은 도움이 된다. 보수표는 일단 만들어지면 그 뒤부터는 점증주의 논리에 따라 지난 해의 보수표에 보수인상률만을 적용하여 변경하는 방식으로 계속 사용하는 것이 일반적이다. 따라서 보수를 장기적으로 계획성 있게 관리하는 데 무엇보다 중요하다.

규모가 크고 직무의 성격이 다양할 때에는 보수표 자체를 여러 개 만들어야 직무의 가치를 공정하게 수용할 수가 있다. 대부분의 경우 직종이 다른 경우 직종에 따라 구분하는 것이 보통이나, 임금교섭을 독자적으로 할 수 있는 노동조합이 있는 경우 노동조합의 단위별로 보수표를 달리할 수도 있다. 우리나라에서는 일반직, 교육직, 경찰 · 소방직, 기능직, 고용직, 연구직 등의 직무성격상 차이를 인정하여 보수표를 각각 다르게 만들고 있다.

### (2) 보수의 구성

보수체계 관리에서 개인의 총보수수준 결정만큼이나 중요한 또 하나의 내용이 보수를 구성하는 구체적인 항목을 정하는 일이다. 여기에는 실제보수 운용과정에서 사용하는 항목과 이론적인 항목이 있다.

#### ① 실질적 구성

보수의 실질적인 지급항목을 보면 기본급과 부가급으로 구성된다. 우리나라에서는 법적으로 봉급과 수당이라는 용어를 각각 사용한다. 기본급은 보수구성의 핵심부분으로서 각종 수당이나 연금 등 다른 보수항목의 산정기준이 된다. 즉 기본급은 임금체계를 대표하는 근간으로서 보수관리는 기본급을 중심으로 이루어지게 된다. 부가급은 기본급을 보완하는 것으로 수당과 상여금을 포함한다. 수당은 직무내용 · 근무환경 · 생활여건 등과 관련하여 기본급에 담지 못하는 특수한 차이를 보상해 줄 수 있다. 따라서 기본급을 탄력적으로 보완하는 역할을 하게 된다. 상여금은 남들보다

**그림 17-5** 공무원 보수구조

**• 연봉제 적용 공무원(4급 과장급 이상 공무원)**

- 연봉
  - 기본 연봉 : 봉급, 기말수당, 정근수당(가산금 포함), 관리업무수당, 명절휴가비, 교통보조비, 가계지원비 등
  - 성과 연봉 : 전년도 업무성과의 평가결과에 따라 차등지급
- 연봉외급여 (제수당)
  - 가족수당
  - 자녀학비보조수당
  - 정액급식비
  - 직급보조비 등

**• 호봉제 적용 공무원(4급 복수직 서기관 이하 공무원)**

- 봉급 (기본급)
- 수당 (26종)
  - 상여수당 (3종)
    - 대우공무원수당(월봉급액의 4.1%)
    - 정근수당(월봉급액의 0~50%, 연 2회)
    - 정근수당가산금(월 5~13만원, 추가가산금 포함)
    - 성과상여금(지급기준액의 0%~230%)
  - 가계보전수당 (4종)
    - 가족수당(배우자: 월 4만원, 기타가족: 월 2만원, 4인까지, 자녀 중 셋째부터 3만원 가산금 지급, 자녀의 경우 4인초과가능)
    - 자녀학비보조수당(중 · 고생 자녀의 학비, 분기별)
    - 주택수당(하사 이상 중령 이하, 월 8만원)
    - 육아휴직수당(봉급액의 40%, 상한 100~하한 50만원)
  - 특수지근무수당
  - 특수근무수당 (14종)
  - 초과근무수당 등 (4종)
- 실비변상 등 (4종)
  - 정액급식비(월 13만원)
  - 직급보조비(월 7~75만원)
  - 명절휴가비(월봉급액의 60%씩, 연2회)
  - 연가보상비(1급 이하, 20일 이내)

자료: 행정안전부 공무원성과급여포털(http://pac.mopas.go.kr).

특별히 우수한 성과를 거둔 경우 이를 보상하기 위해 지급하는 부가급이다. 보너스(Bonus)가 대표적인 예이다.

우리나라 공무원의 보수구조는 연봉제가 적용되느냐 호봉제가 적용되느냐에 따라 크게 둘로 나누고 있다. 연봉제는 4급 과장급부터 적용되며 호봉제는 4급 복수직서기관 이하에 적용된다(〈그림 17-5〉 참조). 보수구성의 일반 용어와 다른 표현을 쓰고 있는데 연봉제에서는 연봉이 기본급의 유사개념이라 할 수 있다. 한편 3급 과장 이하의 호봉제 적용 공무원에게 성과상여금을 적용하는데 이를 수당과 별개로 구분하지 않고 그 속에 포함시킴으로써 상여금의 구분을 명확히 하지 않고 있다.

② 이론적 구성

보수의 이론적 구성은 보수구성의 결정기준을 의미한다. 효율적인 보수관리가 되기 위해서는 대외적으로 경쟁력 있는 보수수준이 되어야 할 뿐만 아니라, 최소한 생계비가 보장되고 대내적으로 직무와 개인의 가치를 공정하게 보상하여 일에 대한 동기를 유발시킬 수 있도록 보수체계가 구성되어야 한다. 즉 대외적 형평성을 고려하여 보수수준에 대한 정책적 결정이 서게 되면 그 보수수준은 생활보장과 노동대가의 공정한 보상이 가능하도록 구성되어야 한다. 생활보장의 원칙은 생계비를 보수결정

**그림 17-6 보수체계의 구성**

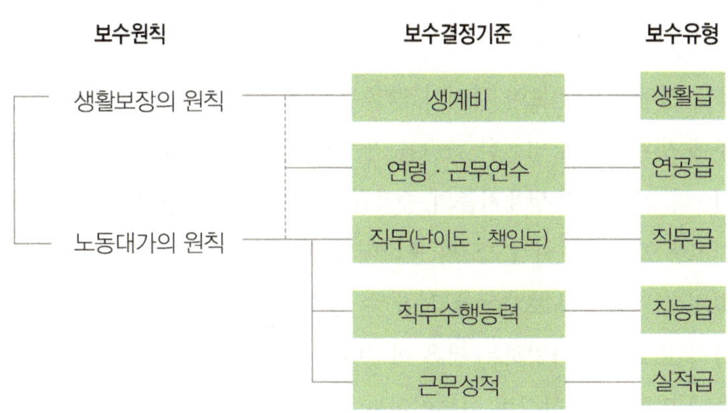


자료: 안희탁·양병무(1993).

의 기준으로 적용하게 되고, 노동대가의 원칙은 직무와 실적, 그리고 직무수행능력을 보수의 결정기준으로 채택하게 된다. 이를 더욱 세분하면 보수체계는 일반적으로 생활급, 연공급, 직무급, 직능급, 실적급의 유형으로 분류한다(〈그림 17-6〉 참조).

■ 생활급

생활급은 공무원과 그 가족의 기본적인 생활 내지 생계유지에 필요한 경비를 중심으로 보수를 결정하는 것이다. 따라서 생활급은 지출과 상관성이 높은 연령이나 가족상황, 특히 교육비 지출을 요하는 자녀수를 고려하게 된다. 외교관이 현지에 부임할 때 그 나라의 생계비를 고려하여 보수를 조정하거나 물가상승률에 연동하여 보수를 조정하는 것 모두가 생활급을 반영한 것이다.

생활급은 보수에 대한 불만을 예방하기 위해서 반드시 충족되어야 할 부분이다. 그러나 생활급은 직무의 특성이나 개인의 노력 · 능력과는 무관하게 지급되는 것이기 때문에 조직의 유지 · 발전을 위한 생산성 향상에는 크게 기여하지 못한다. 따라서 생계지출 관련요소인 연령이나 자녀수는 생계유지에 필요한 최소 수준까지만 보수에 반영하고 나머지는 노동대가를 보상할 수 있도록 보수체계를 설계하게 된다.

■ 연공급

연공급(Seniority-based Pay)은 근속연수 · 연령 · 경력 · 학력[7] 등 속인적 요소의 차이에 따라 보수의 격차를 두는 보수체계이다. 이들 요소에 대한 속성이 강할수록 공무원의 가치가 높다는 가정 하에 보수가 높아진다. 근속연수만 기준으로 하는 경우 근속급이라는 용어를 사용한다.

연공급은 생애주기로 보아 나이가 많을수록 부양가족이 늘고 그만큼 지출도 많아지기 때문에 생활급과도 밀접한 관련을 가지고 있다. 이런 점에서 생활급의 일부로 보기도 한다. 즉 연공급은 생계지출의 증가를 반영하여 생활을 보장하고, 근속을 장려하여 종신고용으로 연결시킴으로써 공직에의 귀속감을 높이며, 연장자가 우대되는 가부장 사회의 서열중심적 보수체계라 할 수 있다(이재규 외, 1996). 그러나 연령이 순수한 생활급적 요소만을 반영하는 것은 아니다. 연령이 많아지면서 경험과 재교육 등 꾸준한 학습에 의한 능력 향상이 이루어지는 경우 '연령=능력'의 등식이 성립하여 직

7) 학력의 경우 연령과의 상관성에서 연공급 요소로 고려되기도 하고, 능력과의 상관성에서 직능급 요소로 고려될 수도 있다.

능급적 요소를 내포할 수 있기 때문이다.

한편 연공급은 능력과 실적요소를 구체적으로 반영하지 못하기 때문에 능력개발이나 생산성 향상을 위한 동기가 자발적으로 부여되지 않는 단점을 가지고 있다. 특히 연공서열의 조직 · 인사구조는 보수성이 강해 변화에 탄력적 대응력이 약하고, 장기근속자의 비중이 많아져 인건비 부담이 가중되는 현상이 나타나게 된다(이재규 외, 1996).

■ 직무급

직무급(Job-based Pay)은 직무의 난이도와 책임의 정도에 따라 직무의 가치를 결정하고 그 가치를 보수와 연결시킨 보수체계이다. 직무급을 도입하기 위해서는 제6장에서 논의한 직무분석과 직무평가를 실시하여 각 직무에 대한 상대적 가치를 평가하는 것이 선행되어야 한다. 동일직무 동일보수의 원칙을 적용하여 보수의 공정성을 기하기 위해서이다.

직무급은 직무평가에 의해 각 직무마다 가치가 부여되고 일정한 범위 안에 드는 직무를 같은 등급으로 묶어 동일한 가치(보수)를 부여한다. 순수한 직무급에서는 동일등급에 단일보수액을 적용하고 보수인상은 상위등급으로의 승진에 의해서만 기대할 수 있도록 하는 것이다. 여기에는 근속이나 연령 또는 생계비가 반영되지 않는다. 그러나 이러한 순수형 직무급 제도는 드물다. 보수폭에서 설명하였듯이 등급마다 일정한 보수의 폭을 두어 등급 안에서 급여인상(승급) 효과를 접목시키게 된다. 보수폭을 두는 경우에도 직무급의 보수합리성을 살리기 위해서는 연공요소에 의한 '자동승급'보다는 직무수행능력이나 실적과 같은 생산성 관련요소를 고려한 '고과승급'의 기준을 적용할 것이 요구된다.

순수 직무급 유형은 속인적 요소를 배제하고 직무의 객관적 가치만을 보수에 반영하기 때문에 다른 유형의 보수체계에 비해 합리적이고 과학적이라 할 수 있다. 또한 '동일직무에 대한 동일보수'의 원칙에 충실하기 때문에 개인별 보수의 차등에 대한 불만을 해소시킬 수 있다. 특히 고과승급을 채택하는 경우 근무실적이 보수와 직접 연계되기 때문에 보수에 의한 동기부여 효과를 일으키고, 조직전체의 생산성 향상에 기여할 수 있다는 장점을 가지고 있다.

반면에 직무급이 성공하기 위해 충족되어야 할 조건이 있다. 첫째, 직무의 내용을 명확히 하고 직무의 상대적 중요도 또는 등급을 결정해야 한다. 이를 위해서는 직무분석과 직무평가가 선행되어야 한다. 둘째, 인사제도 내지 풍토가 직무급 실행과 보조를 맞출 수 있어야 한다. 직무급은 직위분류제를 근간으로 하여 모든 채용 · 교육훈련 · 승진 · 평가 등의 인사관리가 객관적이고 합리적으로 이루어질 수 있는 제도 내지 풍토가 되어 있을 때 함께 공존할 수 있다(안희탁 외, 1993). 셋째, 직무급이 성공을 거두려면 보수수준이 최소한 생계비 수준을 넘어야 한다. 기본적인 생활이 보장되고 난 뒤에야 직무의 가치나 능력 또는 실적에 의한 동기부여의 효과를 기대할 수 있을 것이다.

■ 직능급

공무원의 직무수행능력을 측정하여 그 능력이 우수할수록 보수를 우대하는 보수체계이다. 직능급(Skill-based Pay)은 직무를 기준으로 한 속직급과 사람을 중심으로 한 속인급의 혼합형태로서 '직무를 전제로 한 사람에 대한 보수'(신유근, 1987)로 '동일 직무 수행능력에 대한 동일보수'의 원칙을 반영한 것이다.[8)]

역사적으로 직능급은 일본에서 연공급의 단점을 보완하기 위해 개발된 보수체계로서 서구의 합리적 보수관리(직무급)와 동양의 연공적 전통을 절충시키려는 것이다(이재규 외, 1996). 경력자보다 젊은층이 신기술과 기계를 다룰 수 있는 능력이 앞서면서 연공서열과 기능서열 간에 괴리현상이 나타나고 젊은층이 기존의 연공기준 보수에 강한 불만을 표출하기 시작한 것이다(안희탁 외, 1993). 이에 대응하여 직무를 수행할 수 있는 능력을 연공급에 연계시킨 것으로 볼 수 있다.

보수를 직무수행능력과 연계시키는 것은 개인에게 학습과 자기개발, 나아가 생산성 향상의 동기를 제공하는 효과를 가진다(Lawler, 1990). 특히 직무중심이 아닌 사람중심으로 인사관리가 이루어지고 직무수행능력을 강조하기 때문에 급변하는 기술환경에 대응하여 인적자원의 배치나 활용에서 직무급보다 훨씬 유연성을 발휘할 수 있다.

그러나 이러한 효과가 제대로 발휘되려면, 개인은 새로운 기술과 지식을 습득하겠다는 자기개발에 대한 적극적인 열의가 뒷받침되어야 한다(Fisher *et al.*, 1993). 조직 차원에서도 개인의 능력개발을 위한 많은 투자가 있어야 한다. 기술과 지식의 습득에

8) 직능급의 한 유형으로 자격급을 들 수 있다. 자격급은 자격취득에 따라 보수 차이를 두는 제도이다. 자격이라는 것이 특정직종이나 직무(의료, 변호사, 건축사, 약사, 영양사 등)를 수행할 수 있는 능력을 공적으로 증명하는 것이라는 점에서 직능급의 한 유형으로 본다.

의해 승진과 승급이 주로 결정되므로 교육훈련에 대한 수요가 높을 것이기 때문이다 (안희탁 외, 1993).

■ 실적급

실적급(Performance-based Pay)은 개인의 실제 근무실적과 보수를 연결시킨 것이다. 실제 개인이 실현시킨 직무수행의 산출결과를 보수기준으로 삼는다는 점에서 개인의 투입 측면인 연공이나 능력요소를 기준으로 삼는 것과 차이가 있다. 좁은 의미에서 실적급은 전년도의 근무실적을 금년도의 기본급 결정에 반영하는 제도이다.

실적급은 넓은 의미에서 보수지급형태인 성과급과 동일개념으로 사용한다. 다만 성과급이 다양한 성과측정을 토대로 개인뿐만 아니라 집단차원에서의 보상을 포함하고 또한 기본급뿐만 아니라 수당 · 상여금 형식으로 지급할 수 있다는 점에서, '개인차원'의 '근무성적'을 '기본급'에 반영하는 실적급과 구분할 수 있다. 실적급은 1년 단위로 조정되고 조정액이 기본급에 반영되어 지속적인 영향을 주는 반면, 성과급은 1년 내지 이보다 짧은 주기로 해당 기간에만 효력이 있다. 혜택을 받는 범위에 있어서도 실적급이 조직 구성원의 광범위한 보수조정을 꾀하는 효과가 있다면, 성과급은 아주 탁월한 성과를 보인 소수의 개인이나 집단에게 한정적으로 혜택을 부여하는 것이 일반적이다. 우리 정부는 1~4급 과장급 이상 고위공무원에게 실적급을, 4급 복수직 서기관 이하 공무원에게 성과급을 도입하면서 이를 성과연봉과 성과상여금으로 구분하고 있다.

실적급을 적용하기 위해서는 근무성적과 현재의 직급에 따른 실적급 지급지침을 개발해야 한다(〈표 17-3〉 참조). 이때 근무성적의 등급이 같다 하더라도 상위직급자에게 적용하는 보수인상률은 하위직급자보다 낮게 설정한다. 상급자는 보수액이 크기 때문에 낮은 인상률만으로도 절대액에서는 큰 인상효과를 가질 수 있는 것이다. 동일직급 범위 내에서는 당연히 근무성적이 우수할수록 높은 인상률이 적용된다 (Fisher *et al.*, 1993). 실적급은 근무실적과 보수를 연계시킴으로써 근로자의 동기를 유발시킬 수 있다는 점이 가장 큰 장점이라 할 수 있다.

반면에 실적급의 문제점으로 지적할 수 있는 것은 다음과 같다. 첫째, 대부분의 근로자들이 이 제도를 불신하는 경향이 있다. 동료와의 정보교환을 통해 보상이 본인의 실적에 못 미친다거나 불공평하다고 생각하기 쉽다. 많은 사람이 본인의 실적을

**표 17-3 실적급 지급**

| 직급의 범위 | 근무성적 등급 | | | |
|---|---|---|---|---|
| | 탁월 | 우수 | 보통 | 미흡 · 불량 |
| 최상위직급 1/4 | 5 | 3 | 1 | 0 |
| 상위직급 1/4 | 6 | 4 | 2 | 0 |
| 하위직급 1/4 | 7 | 5 | 3 | 0 |
| 최하위직급 1/4 | 8 | 6 | 4 | 0 |

자료: Fisher *et al.* (1993).

적어도 보통 이상으로 과대평가하는 경향이 있기 때문이다(Meyer, 1975).

둘째, 근무성적평정의 객관성과 신뢰성 문제이다. 근무성적이 관찰 가능한 자료에 근거하기보다 상급자의 평가에 주로 의존하기 때문에 평정에서의 편견이나 정실을 배제하기 곤란하다.

셋째, 실적급이 적용되어 기본급 인상이 일단 이루어지면 다음 해에 근무성적이 떨어지더라도 실적급 적용 이전의 상태로 환원되지 않고 그대로 유지되는 경우가 많다. 따라서 보수수준이 실제 직무가치 이상으로 상향조정되고 인건비 부담이 커지는 결과를 초래하기 쉽다.

■ 종합결정급

보수의 결정기준으로 생계비, 연공, 직무수행능력, 직무, 실적 등을 종합적으로 검토하고 적절하게 배합하여 보수의 대내적 공정성을 확보하는 방식이다. 조직에의 기여도 내지 목표달성에의 기여도라는 측면에서 보면 직무의 가치나 근무실적을 기준으로 보수체계를 구성해야 할 것이다. 그러나 보수수준이 생계비 지출을 충분히 보상하지 못하고 인사관리의 기준이 연공서열을 중시하는 상황에서는 생활급과 연공급의 현실적 필요성을 완전히 무시할 수도 없다. 때로는 능력을 보수의 기준으로 삼아 능력개발을 위한 학습동기를 계속 부여함으로써 외부기술의 변화에 능동적으로 대응할 수 있도록 하는 직능급도 고려할 수 있다. 종합결정급이란 이와 같이 어느 하나의 기준에 따르기보다는 현재의 보수체계나 인사제도 등을 감안하여 각 기준에 적절한 가중치를 두어 이를 하나의 보수체계에 통합하는 것이라 할 수 있다.

우리나라 보수체계도 여러 가지 유형이 복합적으로 반영된 종합결정급의 형태로 볼 수 있다. 다만 기본급과 부가급의 비중이 거의 1:1 수준이어서 기본급이 보수체계의 근간을 이루지 못함을 지적할 수 있다. 따라서 기본급 결정과 부가급인 수당이 어떻게 결정되느냐를 보면 보수의 결정기준을 짐작할 수 있다.

우선 기본급에서는 연공요소가 많다. 기본급 인상은 호봉승급과 승진에 의하여 이루어진다. 승급은 연공기준이 전적으로 반영되고 있고,[9] 승진은 근무성적, 교육훈련실적, 그리고 경력을 기준으로 이루어진다. 하지만 근무성적평정의 부실로 실제로는 연공의 요소가 많이 작용하고 있다. 김대중 정부 이후 실적가점제도를 도입하는 등 실적기준을 제도적으로 점차 강화시켜 나가고 있는 상황이다. 이러한 제도가 실제 적용과정에서 어느 정도 반영되느냐가 중요한 과제이다.

한편 수당에서는 가족수당, 자녀학비보조수당, 주택수당, 정액급식비, 근속수당 등 생활급과 연공급의 요소가 많이 나타나고 있다. 요약하면 우리나라의 보수체계는 직무요소나 실적요소의 반영률이 낮아 보수의 동기부여나 생산성 향상의 효과가 결여되어 있고 개인간의 공정한 보수차별이 곤란하다고 할 수 있다.

### 4) 보수형태의 관리

보수형태의 관리는 보수를 계산하여 공무원에게 지급하는 방식을 말한다. 보수지급 형태는 크게 시간급과 성과급으로 나눈다.

#### (1) 시간급

시간급(Time Payment)은 작업의 양이나 질 또는 성과와 무관하게 일한 시간(기간)에 따라서 미리 정한 정액급을 지급하는 방식이다. 단위기간당 보수액(시간당 임금률 내지는 연간 총보수액)이 고정되어 있기 때문에 고정급이라고도 한다. 지급기간에 따라 시급제, 일급제, 주급제, 월급제, 그리고 연봉제의 형태를 취한다. 시급, 일급, 주급은 주로 기능직이나 하위직 또는 임시직(Part-Time Worker)에 주로 적용되고, 정식 사무 · 관리직에게는 월급제 내지는 연봉제가 주로 적용된다. 우리나라는 공 · 사부문을 막론하고, 정식직원인 경우에는 직급의 상하를 막론하고 월급제를 일반적으로 채

9) 승급은 거의 1년에 1호봉씩 자동적으로 이루어지고 있고 극히 예외적으로 실적요소인 근무성적이나 제안채택이 적용되고 있다.

택하고 있다. 시간급의 수준은 앞에서 검토한 임금조사 등을 통해 결정되고 생활 · 연공 · 능력 · 직무 · 실적 등의 요소를 반영하여 결정된다.

(2) 성과급

성과급(Output Payment)은 개인이나 집단이 달성한 근로의 성과를 측정하여 그 결과에 따라 보수를 차등적으로 지급하는 방식이다. 지급방식에서 특별한 관심을 끄는 것은 역시 성과급이다. 조직에 기여한 성과의 정도와 보상을 직접 연결시키기 때문에 동기부여와 생산성 향상의 수단으로 활용가치가 크기 때문이다. 성과급은 성과측정과 지급단위가 개인이냐 집단이냐에 따라 개인성과급과 집단성과급으로 분류한다. 이에 대한 설명은 제16장 공무원 성과관리에서 자세히 다루었으므로 앞 장을 참고하도록 한다.

## 제2절 연금의 이해

### 1. 연금의 의의

(1) 개념

공무원은 누구나 언젠가 공직을 떠나게 된다. 그것은 법이 정한 정년이거나, 자유의사에 의한 퇴직이거나, 아니면 사망에 의한 것일 수도 있다. 이것은 퇴직 공무원이나 유족에게 있어 소득원의 상실을 의미한다. 이러한 경우에 퇴직자는 물론 공무원 유족에게 생계유지의 안정을 위해 지급되는 보상이 연금이다. 연금은 신분보장과 함께 민간부문의 근로자에 비해 상대적으로 공무원이 누리는 중요한 혜택이다.

연금은 본래 봉건 · 군주시대에 영주나 군주에게 장기간 헌신적으로 일해 온 관료의 노고에 대하여 퇴직시 보답으로 제공하는 은전에서 그 유래를 찾고 있다. 그러나 현대민주국가에서 국가의 주체와 공무원의 봉사대상은 군주가 아니라 국민이기 때문에 연금의 은전적 성격은 더 이상 인정하기 곤란하다. 대신 공무원이 근로의 대가로 받아야 할 보수를 일정기간 유예(거치)시켜 놓았다가 되돌려받는 것으로 보는 것이 일반적이다. 특히 연금으로 지급되는 금액의 일부를 공무원이 공동부담하는 상황에서는 더욱 '거치된 보수(Deferred Compensation)'의 성격을 가진다고 할 수 있다(박동서, 1990). 이 경우 연금은 광의의 보수가 될 것이다. 한편 공무원 입장에서 연금은 법에 정한 기준에 따라 공무원 본인이 지급받을 액수가 얼마인지의 예측이 가능하기 때문에, 비록 정규보수와는 다르게 당장의 정기적 소득은 아니지만 미래의 일정시점에 실현되는 기대소득이라 할 수 있다.

우리나라는 1960년 공무원연금법이 통과되어 실시되어 오고 있는데 공무원의 퇴직 또는 사망과 공무로 인한 부상 · 질병 · 장애 · 재해 등에 대한 금전적 보상을 규정하고 있다. 이 법은 단순히 퇴직이나 사망시 지급하는 본래적 의미의 퇴직연금뿐만 아니라, 공무상 부상이나 질병 등으로 인해 요양이 필요하거나 재해를 당해 재산상 손해를 받은 때에 이에 대해 지원하는 후생복리적 연금까지를 포함하고 있어 연금제도를 상당히 포괄적으로 규정하고 있다.

#### (2) 중요성

연금제도는 관리측면에서 중요한 의미를 가진다. 첫째는, 퇴직 이후나 예기치 않은 사고를 당하여도 생활의 안정을 유지시켜 준다는 점에서 공무원이 안심하고 공무에 전념할 수 있도록 유도할 수 있다는 점이다. 특히 본인의 사망시 유족에게 연금이 지급된다는 점은 가족의 생계를 담당하고 있는 대부분의 우리나라 공무원에게 있어 상당한 심리적 안전판 기능을 할 것이 확실하다.

둘째, 우수인재의 확보와 직업공무원제의 수립에 기여할 수 있다. 보수가 상대적으로 불리함에도 불구하고 우수한 인력을 공직에 유인하는 데 연금이 아직 중요한 역할을 하고 있는 것으로 보인다. 또한 연금은 장기간(우리나라의 경우 20년) 재직한 공무원을 대상으로 하기 때문에 공무원의 이직을 방지하고 장기근속을 유도함으로써 직업공무원제를 수립하는 데 매우 중요한 요인이라 할 수 있다.

셋째, 연금제도는 다른 한편으로 원활한 인력의 교체를 촉진하여 공직의 변화에 유리하게 작용할 수 있다. 연금은 장기간 공직에 근무하면서 타성에 젖은 공무원이 안심하고 은퇴할 수 있는 길을 열어 주게 된다. 그러나 반론도 만만치 않다. 퇴직금의 혜택을 받고 떠나는 사람은 무능한 사람이 아니라 밖에 나가서도 얼마든지 재취업할

그림 17-7 연금

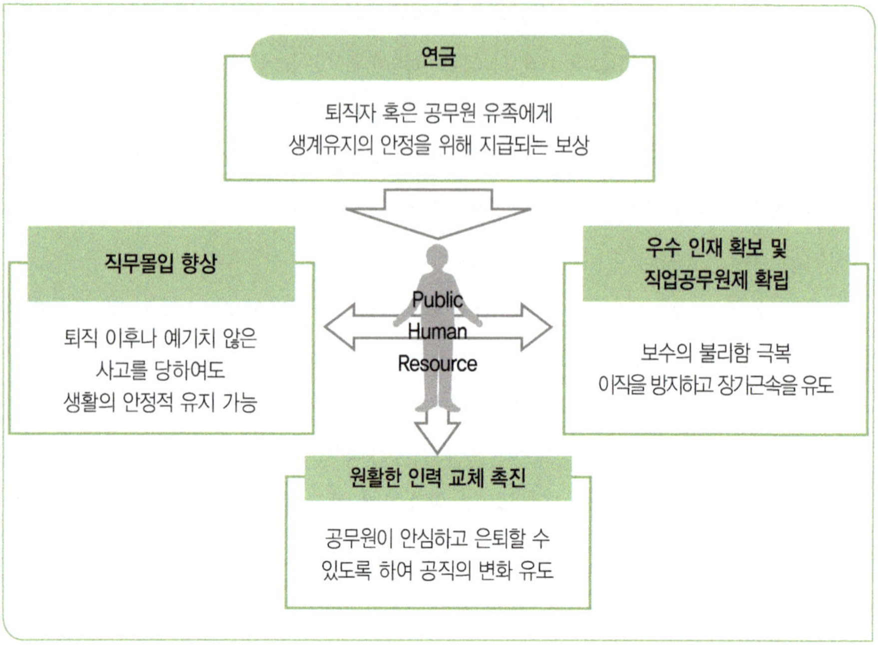


수 있는 유능한 사람일 가능성이 높다. 우리나라와 같이 연공에 의해 보수가 주로 결정되는 상황에서는 장기 근무한 공무원일수록 보수가 많기 때문에 공직을 떠날 인센티브는 더욱 없다고 보아야 할 것이다.

## 2. 연금의 관리

### 1) 연금의 관리체계

연금의 관리는 기금의 확보에서 배분까지 세 가지 측면에서 접근할 수 있다. 첫째, 연금기금의 조성으로서 재원조달원으로부터 기금을 확보하는 과정에서의 관리이다. 둘째, 연금이 모든 대상 공무원에게 안정적으로 지급될 수 있도록 재원조달원으로부터 조성된 기금을 안전하면서도 수익성 있게 운용하여 기금을 증식시켜 나가는 일이다. 셋째, 실제로 요건을 충족시킨 공무원에게 연금을 지급하는 것으로 기금의

그림 17-8 연금관리 체계모형

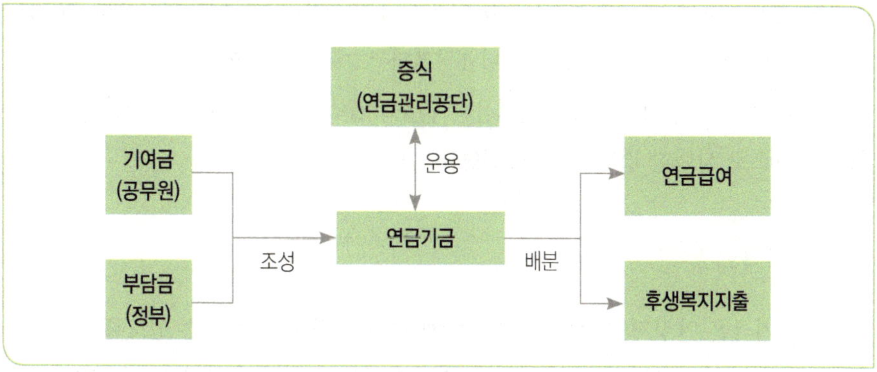


배분이라 할 수 있다(〈그림 17-8〉 참조).

연금도 일종의 보험으로서, 보험회사가 보험에 가입한 사람들로부터 재원을 확보하여 이 재원을 수익사업에 투자하여 더욱 증식하고 그 돈으로 보험금 지급사유가 발생하였을 때 피보험자에게 약속한 금액을 지불하는 것과 마찬가지이다.

### 2) 기금의 조성

연금수혜자에게 연금을 지급하기 위해서는 재원이 있어야 한다. 수혜자 부담을 원칙으로 하는 보험의 원리를 적용한다면 공무원이 전액을 부담해야 할 것이다. 그러나 공무원연금은 국가가 공무원의 생활안정을 고려하여 만든 제도이기 때문에 오히려 정부가 단독으로 부담하거나 아니면 공무원과 공동으로 부담하게 된다. 전문용어로 공무원이 기금조성에 참여하는가를 중심으로 기여제(Contributory System)와 비기여제(Non-Contributory System)라는 말을 사용하고 있다.

정부의 사용자적 입장에서나 공무원의 공무전념의무 부과 내지 생활안정을 위한 인사정책적 입장에서 정부가 재원조달에 중요한 역할을 담당해야 함은 당연할 것이다. 그러나 근래 많은 국가에서 정부의 재정이 악화되면서 정부의 부담을 줄이고 공무원의 기여도를 높이려는 경향이 높아지고 있다. 특히 퇴직공무원의 평균수명이 길어지면서 연금지출이 늘어나게 되어 정부나 공무원 할 것 없이 기여의 정도를 높여가고 있다.

우리나라는 공무원과 정부가 호혜의 원칙에 따라 1:1 비중으로 재원조달에 참여하고 있다. 공무원의 기여금은 2010년 1~12월 기준소득월액의 6.3%, 2011년 1~12월 기준소득월액의 6.7%, 2012년 1월부터는 기준소득월액의 7.0%이다. 이는 그동안 기여금 징수의 기준인 보수월액을 기준소득월액으로 개정하고 기여금과 부담금을 단계적으로 상향한 결과이다(공무원연금공단).

### 3) 기금의 운용

연금기금은 안정적 재정의 확보를 위해 수익을 최대로 늘릴 수 있도록 운용되어야 하며, 다른 한편 지나친 위험부담이 따르지 않도록 재정의 안전을 유지하는 범위 안에서 균형을 이루어야 한다. 수익률을 높이기 위해서는 주식이나 회사채 또는 수익증권 등 위험을 감수하는 적극적 투자가 요구된다. 반면에 연금기금은 공무원이 신탁한 재산으로서 수익성이 낮더라도 재산의 안전관리와 전체 재정규모의 안정을 위해 적절한 통제가 있어야 한다. 기금의 운용은 이와 같은 수익성과 안정성 이외에도 예기치 않은 급여지출에 대비하여 항상 현금화가 가능하도록 환금성을 갖추어야 한다. 역시 환금성을 높이려면 시중 금융기관에 단시간 예치해야 하기 때문에 수익성은 희생될 수밖에 없다.

우리나라에서 공무원연금제도 창설 당시에는 기금의 확실하고 안전한 운용만을 규정하고 있었다. 따라서 수익성 있는 투자를 통해 기금을 증식하기보다는 안전운용에 초점을 두었고, 특히 경제발전을 위한 재정투융자의 공공재원으로 활용하여 왔다. 그러나 기금의 안정성만을 강조하여 기금을 정부가 강제적으로 국민경제를 위한 재원으로 이용하는 것은 공무원의 사적 재산권을 임의로 침해하는 결과를 초래할 수 있다. 기금의 투자분야로 볼 때, 공공금융이 기금의 안정성과 공공성을 중시한 것이라면 기금증식은 수익성을 강조한 것이다. 〈표 17-4〉에서 볼 수 있듯이 기금은 공공금융, 기금증식, 그리고 후생복지사업에 주로 투자되고 있다.

### 4) 기금의 배분: 연금급여지급

정부 부담금과 공무원의 기여금을 그 해 수입으로 하여 연금급여를 지출하게 된다. 부족분이 생길 때에는 적립된 연금기금에서라도 연금수혜자에게 급여의 확실한

**표 17-4 투자부문별 기금운용 실태와 수익률**

| 연도 | 기금총액 (단위: 천원) | 공공금융 (%) | 후생복지 사업(%) | 기금증식 (%) | 지불준비금 (%) | 기타 (%) | 기금운용 수익률(%) |
|---|---|---|---|---|---|---|---|
| 1990 | 3,578,610,447 | 37.3 | 29.3 | 28.0 | 3.3 | 2.1 | 10.5 |
| 1991 | 4,043,598,188 | 37.9 | 25.8 | 30.3 | 3.1 | 2.9 | 11.2 |
| 1992 | 4,491,768,140 | 37.9 | 24.4 | 27.8 | 4.9 | 5.0 | 9.4 |
| 1993 | 4,900,278,573 | 37.9 | 23.1 | 26.2 | 8.3 | 4.5 | 9.2 |
| 1994 | 5,241,354,082 | 35.4 | 20.5 | 31.2 | 9.7 | 3.2 | 10.7 |
| 1995 | 5,149,503,667 | 34.3 | 19.3 | 31.2 | 9.0 | 6.2 | 10.4 |
| 1996 | 5,680,464,076 | 29.1 | 13.5 | 45.8 | 9.1 | 2.5 | 9.5 |
| 1997 | 6,201,532,744 | 26.1 | 14.2 | 44.9 | 11.9 | 2.9 | 10.5 |
| 1998 | 4,784,412,668 | 15.5 | 15.6 | 46.8 | 11.9 | 2.9 | 5.4 |
| 1999 | 2,628,963,016 | 1.0 | 16.1 | 56.8 | 25.9 | 0.3 | 12.5 |
| 2000* | 1,775,152,481 | – | 3,204 | 2,612 | 6,311 | △17,992 | 3.5 |
| 2001* | 2,089,636,323 | – | 3,053 | 3,931 | 4,285 | △25,756 | 17.7 |
| 2002* | 2,727,627,026 | – | 4,143 | 4,592 | 3,425 | △26,212 | 12.5 |
| 2003* | 3,067,504,646 | – | 4,207 | 4,393 | 1,032 | △18,597 | 12.5 |
| 2004* | 3,321,784,012 | – | 4,368 | 4,169 | 1,688 | △14,633 | 8.3 |
| 2005* | 3,829,451,599 | – | 6,203 | 4,043 | 2,326 | △10,767 | 15.3 |
| 2006* | 4,222,903,627 | – | 3,762 | 4,466 | 2,231 | △8,527 | 10.3 |
| 2007* | 4,804,308,480 | – | 5,108 | 4,986 | 1,925 | △8,958 | 13.8 |

주: 1. 공공금융: 국민투자기금예탁금, 국민주택기금예탁금, 재정자금예탁금, 공공자금예탁금
2. 후생복지사업: 주택사업, 복지시설사업 등
3. 기금증식: 연금대부사업, 투자유가증권 등(채권, 주식, 창업투자조합출자 등)
4. 지불준비금: 제급여 지급 등을 위해 단기자금에 예치한 금액
5. 기타: 재특융자금, 미수 수익 등
6. 기금운용수익률: 당해연도 연금기금수익/전년도 기금총액×100

자료: 행정안전부, 「행정안전부 2008통계연보」.

* 2000년 이후 자료에서 기금총액과 수익률을 제외한 항목의 단위는 억원.

보장을 해 주어야 한다. 연금급여는 본래 일정기간 이상 장기간 재직한 공무원에게 지급하는 퇴직관련급여를 말하는 것이나, 우리나라에서는 여기에 후생복지적 성격을 가진 단기급여를 포함시키고 있다(〈표 17-4〉 참조).

**표 17-5 연금급여의 종류**

<table>
<tr><th>유형</th><th colspan="3">종류</th><th>지급요건</th></tr>
<tr><td rowspan="17">장기</td><td rowspan="4">퇴직급여</td><td colspan="2">퇴직연금</td><td>공무원이 20년 이상 재직하고 퇴직한 때</td></tr>
<tr><td colspan="2">퇴직연금일시금</td><td>20년 이상 재직 후 퇴직한 공무원이 퇴직연금에 갈음하여 일시금으로 지급받고자 할 때</td></tr>
<tr><td colspan="2">퇴직연금공제일시금</td><td>20년 이상 재직후 퇴직한 공무원이 20년을 초과하는 재직기간 중 일부기간을 일시금으로 지급받고자 할 때</td></tr>
<tr><td colspan="2">퇴직일시금</td><td>공무원이 20년 미만 재직하고 퇴직한 때</td></tr>
<tr><td rowspan="5">유족급여</td><td colspan="2">유족연금</td><td>20년 이상 재직한 공무원이 재직 중 사망한 때<br>퇴직연금 또는 장해연금수급자가 사망한 때</td></tr>
<tr><td colspan="2">유족연금부가금</td><td>20년 이상 재직한 공무원이 재직 중 사망하여 유족연금을 청구한 때</td></tr>
<tr><td colspan="2">유족연금특별부가금</td><td>퇴직연금수급권자가 퇴직 후 3년 이내에 사망한 때</td></tr>
<tr><td colspan="2">유족연금일시금</td><td>20년 이상 재직한 공무원이 재직중 사망하여 유족연금에 갈음하여 일시금으로 지급받고자 할때</td></tr>
<tr><td colspan="2">유족일시금</td><td>20년 미만 재직한 공무원이 사망한 때</td></tr>
<tr><td rowspan="6">재해보상 급여</td><td rowspan="2">장해 급여</td><td>장해연금</td><td>공무상 질병 · 부상으로 인하여 장애상태로 되어 퇴직한 경우</td></tr>
<tr><td>장해보상금</td><td>장해연금에 갈음하여 일시금으로 지급받고자 할 때</td></tr>
<tr><td rowspan="4">유족 급여</td><td>유족연금</td><td rowspan="2">공무상 질병, 부상으로 사망시</td></tr>
<tr><td>유족보상금</td></tr>
<tr><td>순직유족연금</td><td rowspan="2">위험직무 수행 중 사망시</td></tr>
<tr><td>순직유족보상금</td></tr>
<tr><td>퇴직수당</td><td colspan="2">퇴직수당</td><td>공무원이 1년 이상 재직하고 퇴직 또는 사망한 때 ('91. 10. 1 시행)</td></tr>
<tr><td rowspan="3">단기</td><td>재해보상 급여</td><td colspan="2">요양급여<br>– 공무상요양비</td><td>공무상 질병 · 부상으로 인하여 요양기관에 요양을 할 때 또는 공무상 질병 부상 치유 후 재발한 때(재요양)</td></tr>
<tr><td rowspan="2">부조급여</td><td colspan="2">재해부조금</td><td>공무원의 주택이 수재 · 화재 기타 재해로 인하여 재해를 입은 때(공무원, 공무원의 배우자 또는 공무원이 상시 거주하는 직계존비속 소유의 주택)</td></tr>
<tr><td colspan="2">사망조위금</td><td>공무원의 배우자, 부모(배우자의 부모 포함), 자녀가 사망한 때 · 공무원이 사망한 때</td></tr>
</table>

자료: 공무원연금공단(http://www.geps.or.kr).

특히 장기급여 중 퇴직급여 부분에서 지적할 것은 1995년 이전에 임용된 공무원까지는 퇴직 직후부터 사망할 때까지 장기간 연금혜택을 받는다는 것이다. 군인연금 재정상태가 악화된 이유 중의 하나가 계급 정년에 의해 40대부터 연금을 수령하기 시작하여 그 뒤 몇 십년간 혜택을 받는 사례가 많다는 것에 있다. 공무원도 마찬가지로 연금지급 개시연령이 낮은 데서 재정의 압박이 생길 수 있다. 특히 40~50대의 퇴직 공무원은 정부가 1/2 이상 출자 또는 재정지원하는 기관이 아닌 한에는 정부기관이나 민간기업에 재취업해도 연금혜택이 중단되거나 줄어들지 않기 때문에 연금의 본래 목적이나 고용정책면에서의 사회적 형평에 어긋난다는 지적이 있을 수 있다.

이러한 재정불안을 해소하기 위하여 정부는 1996년 신규임용되는 공무원부터는 연금지급개시연령제를 도입하여 지급 개시 연령을 60세에서 최근 65세로 상향조정하고, 정년이 60세 미만인 직종은 5년이 경과한 때부터 적용하였다. 월지급액 역시 과거에는 퇴직 전 최종 3년 평균이었으나 현재는 전(全)재직기간 평균으로 개정되어 연금지출규모를 줄이고 있다.

## 제3절 문제점과 발전방향

### 1. 문제점

지금까지 살펴본 내용을 바탕으로 우리나라 공무원 보수 및 연금 체계의 문제점을 지적하면 다음과 같다.

먼저, 우리나라 공무원 보수체계의 문제점으로 첫째, 기본급과 부가급의 불균형을 들 수 있다. 보수인상은 기본급을 기준으로 하고 있지만 기본급의 보수 대표성이 매우 약하다.[10] 기본급만으로 보수의 전체를 짐작하기도 곤란하고 수당과의 성격구분이나 균형이 상당히 왜곡되어 나타나고 있다. 예를 들어, 근속연수나 개인의 특별한

10) 공무원 보수 5% 인상이라고 보도될 때, 보수 총액을 기준으로 하면 인상률이 이에 훨씬 못 미치는 이유가 여기에 있다.

사정(가족수당 · 자녀학비보조수당) 또는 직무조건과 무관하게 개인의 기본급을 기준으로 일률적으로 지급되는 기본급 연동의 경직성 수당이 있다. 기본급이 인상되면 수당도 인상되는 것이다. 기본급과 부가급의 이러한 불균형은 다른 보수항목의 산정기준이 되는 기본급의 비율을 낮추려는 동기와, 기본급을 기준으로 대외에 공표되는 명목상의 보수인상률은 낮추고 각종 수당의 신설이나 확대를 통해 편법으로 실질적인 보수인상을 보장해 주었기 때문이다. 이는 물가나 국민정서를 고려해 기본급을 기준으로 한 명목상의 보수인상률 내지 총보수수준에만 매달리고 보수의 체계상 관리는 경시하고 있음을 보여 주는 것이다. 결국 보수체계는 지속적으로 복잡 · 다양화되어 보수의 공정성 확보와 동기부여의 본래 역할을 수행하지 못하고 있는 실정이다.

둘째, 수당이 직무의 특성이나 일의 성과 또는 작업조건의 차이를 차별적으로 반영하지 못하고 있다. 직무요소나 실적요소의 반영률이 낮아 보수의 동기부여나 생산성 향상의 효과가 결여되어 있고 개인 간의 공정한 보수차별이 곤란하다.

다음으로 공무원연금의 문제점으로는 첫째, 기금고갈을 지적할 수 있다. 공무원연금의 연도별 수입지출상태를 보면 1992년까지 흑자를 유지했으나 1993년 이후 적자가 시작되어, 1999년에 무려 2조 7,500억원, 2000년에 9,400억원 이상의 적자가 발생하였다. 다행히 2001년부터 기금이 증가하기 시작하였는데, 이는 2001년부터 시작된 공무원의 기여율과 정부의 부담률을 인상한 효과라 할 수 있다. 군인연금의 경우에는 1970년대부터 이미 적자에 들어섰고 1980년대 이후로는 계속 국고에서 연간 연금급여 지출액의 50% 이상을 보조해 주고 있는 실정이다. 이러한 결과는 기금조성 측면에서 보면 정부와 공무원에게 비용부담률을 낮게 적용한 데도 원인이 있겠지만, 또 다른 원인은 기금형성 방식에서 찾을 수 있다. 현재 기금형성은 적립방식(기금제)을 택하고 있다. 적립방식(Funding System, Accumulation of Fund)은 공무원으로 재직하는 동안 보수의 일부를 갹출하고 여기에 정부의 부담금을 합하여 기금으로 적립해 가는 방식이다. 그러나 이 방식은 연금수혜자의 연령구조에 따라 많은 영향을 받게 된다. 평균수명의 연장에 따라 연금수혜자가 계속 누적되어 가면서 어느 시점에서는 당해 연도의 갹출료 수입보다 급여지출이 많아지게 된다. 이때부터 그동안 적립된 기금이 줄어들기 시작하고 기금고갈의 위기를 맞게 되는 것이다.

둘째, 연금기금을 연금급여, 특히 퇴직관련급여로 배분함에 있어 문제가 되는 것이 연금지급액의 기준이 되는 기본급(봉급)과 수당의 구성비율이다. 연금지급이 봉급을 기준으로 이루어지기 때문이다. 이러한 문제점을 개선하고자 정부는 연금계산시 봉급과 제수당을 보수월액에 포함시켰다. 1991년에는 또 퇴직수당제를 도입하여 1979년에 비하여 3배 이상으로 퇴직급여를 인상시켰다. 퇴직급여 지급액이 증가하자 최근에는 급여산정의 기준보수를 보수월액에서 기준소득월액으로, 연금산정 기준보수 평균기간을 종전에 퇴직 전 최종 3년 평균에서 전(全)재직기간 평균으로 개정하여 연금지출액을 줄이고자 하였다. 그러나 종합적이고 합리적인 보수체계 없이는 연금급여의 지급은 지속적으로 불안정하게 될 것이다.

## 2. 발전방향

우선적으로 보수체계의 발전방향으로 제시할 수 있는 것이 합리적인 보수체계의 관리이다. 기본급이 어느 정도 보수 대표성을 띠며, 수당은 기본급의 보완적인 역할을 할 수 있도록 기본급과 수당을 구성하는 것이 바람직할 것이다. 그러나 앞서 언급한 이유들(다른 보수항목의 산정기준이 되는 기본급의 비율을 낮추려는 동기, 기본급을 기준으로 대외에 공표되는 명목상의 보수인상률은 낮추고 각종 수당의 신설이나 확대를 통해 편법으로 실질적인 보수인상을 보장)로 인해 현실적으로 기본급의 수준을 인상하는 것이 쉽지 않다.

이에, 이러한 보수체계의 문제점을 보완하기 위한 다른 방법으로 성과급 제도를 들 수 있다. 현재 우리나라는 1~4급 과장급 이상과 계약직 공무원을 직무성과계약제로 평가하고 그 결과에 따라 성과연봉(실적급)을 지급하며, 또한 4급 복수직 서기관 이하 공무원은 성과상여금을 도입하여 개인별이나 부서별로 차등 지급할 수 있도록 하였다. 이 제도의 성패는 평가의 객관성과 공정성을 확보하는 데 달려 있다.

다음으로 연금에 대한 발전방향을 살펴보면, 첫째, 연금의 기금고갈을 해결하기 위해 현재의 적립방식과 대비를 이루는 부과방식(비기금제: Pay-as-you Go System)적립방법으로의 전환이 요구된다. 부과방식은 당해연도의 급여지출을 그 해에 조달하는 방식이다. 현재 재직 중인 공무원으로부터 갹출한 수입과 당해 정부예산에서 연금지출에 맞추어 나간다. 따라서 기금의 적립은 이루어지지 않으며 비상시를 대비한 지불준비금만을 보유하고 있으면 된다. 적립방식에 의한 기금형성은 시간이 지남에 따라 재정이 악화되고 지출을 감당하기 힘들어지기 때문에 부과방식에 의한 재원조달

비중이 커지는 경향이 있다. 그에 따라 우리나라도 2001년부터는 급여부족분 전액을 사용자(국가 또는 지방자치단체)가 보전하는 부과방식 형태로 전환하였다.

또한 연금지급 기준의 문제는 보수와 연금을 포함하여 정부가 종합적인 보상체계와 원칙을 세워 개선해 나가지 않고 그때그때 대증요법식으로 대응하는 데에는 문제가 있다. 각종 수당을 필요에 따라 보수월액에 포함시킬 것이 아니라 기본적으로 봉급과 수당의 체계를 먼저 합리적으로 고치고, 그 틀 속에서 계획성 있게 연금급여의 기준과 지급액이 정해져야 한다.

셋째, 연금기금은 안정적 재정의 확보를 위해 수익을 최대로 늘릴 수 있도록 운용되어야 하며, 다른 한편으로는 지나친 위험부담이 따르지 않도록 재정의 안전을 유지하는 범위 안에서 균형을 이룰 수 있도록 해야 한다. 수익률을 높이기 위해서는 주식이나 회사채 또는 수익증권 등 위험을 감수하는 적극적 투자가 요구된다. 반면에 연금기금은 공무원이 신탁한 재산으로서 수익성이 낮더라도 재산의 안전관리와 전체 재정규모의 안정을 위해 적절한 통제가 있어야 한다.

넷째, 기금운용을 담당하고 있는 공무원연금관리공단의 자율성과 자금관리 전문능력을 키워야 한다. 금융기관의 투자전문가와 경쟁하여 투자의 수익을 올리기 위해서는 투자에 대한 권한과 책임이 부여되어야 하고 그들과 대등한 능력을 갖춘 투자전담반을 구성하여 운영할 필요가 있다. 특히 국가사업의 투자재원 확보를 위해 기금을 사용하는 등 정부가 기금운용에 압력을 행사하는 일이 없어야 할 것이다.

## 개혁사례

### 유럽 국가들 연금개혁 속도 낸다

정영현

그리스를 비롯한 상당수 유럽국가들이 연금개혁안을 확정한 데 이어 영국에서도 공공부문 연금개혁이 본격화되고 있다. 그동안 퇴직 후 쏠쏠한 연금 혜택을 누려왔던 국민들이 제도 변화에 강력하게 반대하고 있지만 유럽 각국 정부는 미래를 위한 '피할 수 없는 선택'이라며 연금개혁에 속도를 내고 있다.

1일 파이낸셜타임스(FT)에 따르면 영국의 공영방송인 BBC는 '최종임금 연금제(Final Salary Pension Scheme)'를 더 이상 적용하지 않기로 했다. 최종임금 연금제는 퇴직 직전 마지막 급여액을 기준으로 연금액을 산정하는 제도다. 대략 퇴직 직전 연봉의 3분의 2에 달하는 금액이 퇴직자에게 매년 연금으로 지급된다. 따라서 근로자들로서는 유리하지만 회사로서는 부담이 큰 제도라는 평가를 받아왔다. BBC의 자린 파텔 CFO(최고재무책임자)는 "지난 2008년 4억 7,500만 파운드였던 적자 규모가 1년 만에 20억 파운드로 확대됐다"며 불가피한 결정이었다고 말했다.

BBC의 이번 결정은 영국 정부가 재정긴축안을 발표한 후 공공기관이 연금제도에 손을 댄 첫 사례다. 텔레그라프지는 "당연히 다른 공공기관들이 영향을 받게 될 것"이라며 "현재 공공부문 근로자 600만 명 중 500만 명 이상이 최종임금연금제 혜택을 누리고 있다"고 말했다.

프랑스 정부도 연금개혁을 위한 노력을 지속하고 있다. 지난 달 16일 연금제도 개혁안이 확정 발표된 후 노동계가 거세게 반발하고 있지만 정부는 "모든 유럽 국가들이 정년을 늘리는 상황이라 피할 수 없다"며 단호한 입장을 취하고 있다. 특히 연금개혁을 주도하고 있는 에릭 뵈르트 노동장관이 로레알 상속녀의 탈세 스캔들에 연루됐다는 의혹이 터졌지만 니콜라 사르코지 대통령은 오히려 그에 대해 '전적인' 신뢰를 보냈다. 프랑스는 현재 60세인 정년을 오는 2018년까지 62세로 상향 조정하는 내용의 연금제도 개혁안을 오는 9월 의회에 상정할 예정이다. 프랑스의 연금 재정 적자는 지난 해 80억 유로에서 올해 320억 유로로 확대될 것으로 예상된다.

유럽 재정 위기의 진원지인 그리스는 지난달 27일 말도 많고 탈도 많았던 연금개혁안을 확정했다. 여성의 연금수령 연령을 현행 60세에서 65세로 점진적으로 상향 조정해 남성과 똑같이 맞추고, 연금납부 기간을 37년에서 40년으로 확대하기로 했다. 정부의 개혁안 확정 발표 후 노동자들은 격렬한 시위를 벌이고 있다.

동유럽에서도 재정 적자 타개를 위해 연금제도에 손을 대려는 움직임이 빨라지고 있다. 체코는 우파인 시민민주당의 페트로 네카스 당 대표가 새 총리로 지명됨에 따라 연금 및 건강보험 개혁에 속도가 붙을 것으로 예상된다. 헝가리는 이미 올해부터 연금 개시 연령을 57세에서 62세로 높였다.

자료: 서울경제(2010년 7월 1일).

## 토론 문제

**Q1** 보수의 개념, 특성 및 중요성에 대해 이야기해 보고 계급제를 근간으로 하고 있는 우리나라 직업공무원체제에 있어 가장 유용한 보수유형은 무엇일지 논의해 보세요.

**Q2** 보수관리체계 모형과 보수수준 관리의 영향요인 모형의 내용들을 살펴보고 우리나라 공공부문에 있어 보수의 관리와 결정에 있어 특히 중요한 요소들이 무엇일지 논의해 보세요.

**Q3** 공공기관과 민간기업의 보수수준의 결정과정과 영향요인들을 조사해 보고 이들 간의 유사점과 차이점들에 대해 이야기해 보세요.

**Q4** 우리나라 정부기관의 실적급 및 성과급제도 운영과 관리에 있어 문제점과 한계에 대해 조사해 보고 이에 대한 발전방안에 대해 토의해 보세요.

**Q5** 우리나라 연금급여의 종류와 내용에 대해 살펴보고 외국의 연금제도개혁 사례들을 바탕으로 연금기금의 건전성과 실효성을 확보하기 위한 방안에 대해 토론해 보세요.

## 경호(Gung Ho)

| 감독: 론 하워드
| 출연: 마이클 키튼, 게데 와타나베, 조지 웬트, 미미 로저스, 존 터투로
| 장르: 코미디, 드라마
| 국가: 미국(1986)

해들리 빌이라는 마을에 있는 도산 직전의 자동차 공장을 살리기 위해, 공장의 감독인 헌트는 새로운 해결책을 모색한다. 그는 해결책으로 일본식 경영관리기법을 도입하려 한다. 그는 일본의 아싼 모터사를 방문해 해들리 빌에 현지 생산 공장을 세울 것을 권유한다. 그러나 일본의 경영진은 헌트의 제안을 쉽게 받아들이지 못한다. 의문점을 던지는 일본인 경영진들을 헌트는 기막힌 제안으로 설득한다. 헌트의 기발한 아이디어와 언변에 설득당한 일본인 경영진들은 결국 해들리 빌에 공장을 설립하기로 한다. 공장이 설립되고 가동되지만 헌트의 생각처럼 일이 잘 풀리지 않는다. 원리원칙과 근면함을 추구하는 일본인과 자유로움과 개성을 추구하는 미국인과의 문화적 · 정서적 차이가 발생해 계속 갈등을 겪게 된다. 헌트는 자신의 생각대로 일본의 경영기법을 받아 들여 적용하려고 하지만 그것은 기존의 방식에 익숙한 마을 사람들과 공장 직원들에게 혼란을 불러 일으킨다. 공장의 폐쇄 위기에 봉착한 이들은 서로 간의 이해가 더 필요하며 서로에게 배울 장점이 있다는 사실을 깨닫게 된다.

이 영화에서 가장 대표적인 쟁점은 문화적 차이로 인한 충돌이다. 근무행태의 문화적 차이뿐만 아니라 일본과 미국이 지닌 문화적 · 정서적 차이, 사고방식의 차이가 드러난다. 집단적이고 위계적인 기업 문화를 기본으로 하며 한 직장에 평생 충성하는 일본인과 공동체보다는 개인주의적 생활에 익숙하며 업무와 여가를 엄격하게 구분하는 미국인들은 업무행태에 있어서 차이를 보일 수밖에 없다. 이러한 차이가 계속 부딪히면서 갈등이 발생하게 된다. 이는 다양성 및 다양성 관리 내용과 연관지어 생각해 볼 수 있을 것이다.

또 한 가지 인사 행정적으로 연관하여 생각해보고 싶은 키워드는 보상이다. 극 중 일본인 경영진은 직원들에게 15,000대의 자동차 생산량을 요구한다. 또한 이를 채우지 못할 경우 직원들에게 어떠한 보상도 하지 않을 것이라고 단언한다. 미국인 직원들은 15,000대를 생산하는 것은 거의 불가능한 일이라고 반발한다. 그리고 15,000대라는 생산량에 근접했을 경우에도 소기에 보상을 받을 것이라 기대한다. 하지만 지나치게 많은 목표량을 요구받았음에도 불구하고 중간 정도의 성취에 대한 보상을 전혀 받지 못한 직원들은 분노하며 파업을 감행한다. 이러한 일련의 사태는 달성 가능한 목표설정을 하지 못하고, 동기부여에 실패하며 성취에 대한 적절한 보상을 하지 못했기 때문에 발생한 일이라 볼 수 있다. 열심히 일한 직원에게 적절한 보상을 제고하는 것은 중요하다. 보수나 연금과 관련된 내용은 '보상'이라는 측면에 속하는데, 이는 인사행정의 이념이나 환경, 확보 · 개발 · 유지 및 활용 · 평가에 비해 이론적으로 덜 부각되는 경향이 있다. 하지만 보상은 현실적으로 필요로 하는 중요한 부분이다. 대부분의 영화에는 스토리의 흐름에 따른 보상이 숨어 있다. 영화 속에 숨어 있는 보상이 무엇인지 찾아보고 현실에서 보상과 관련된 문제들에도 관심을 갖고 생각해보길 바란다.

사진출처: http://www.movpins.com

# 연구로 보는 인사행정

## 주인-대리인 이론 시각에서 분석한 인사개혁 시스템 효과성에 관한 연구: 미국 Georgia 주정부 공무원을 대상으로

박성민

1883년 Pendleton Act 이후 미국에서는 인사 및 행정 시스템의 과학화와 정교화를 위한 다양한 개혁의 프로그램들 –예를 들면, National Performance Review(NPR), The President's Management Reform Agenda(PMRA) 등– 이 제시되어 왔다. 공공분야의 비효율적이고 형식주의의 문제를 민간분야의 경영혁신기법의 도입과 응용을 통해 해결하고자 했던 것이다. 이러한 공공부문 인사/조직 관리 개혁의 일환으로 1996년 미국 조지아(Georgia)주 주지사 Zell Miller는 top-down 방식 전략과 신공공관리론(NPM) 및 신관리주의(Neo-managerialism)의 사상적 배경을 통해 주정부 전체의 인사시스템을 급진적으로 바꾸는 "조지아(Georgia) 주 인사시스템 개혁"을 전격적으로 시행하게 된다. 이 연구는 이러한 정치적, 역사적 배경을 바탕으로 주인-대리인 이론(The Principal-agent Theory), 기대이론(Expectancy Theory), 목표설정 이론(Goal-setting Theory) 등의 시각들을 통하여 미국 조지아 주정부가 시행하는 4가지 인사개혁 시스템- 금전적 인센티브 시스템(A Monetary Incentive System), 지식 인센티브 시스템(A Knowledge Incentive System), 재량적 통제 시스템(A Discretionary Controlling System), 업적 관리 시스템(A Performance Monitoring System)-의 효과성과 적실성에 대해 논하였다. 주인, 대리인, 그리고 인사개혁 시스템에 대한 이론적인 논의와 함께 공공적 업무동기, 직무만족, 그리고 이직의도에 관한 문헌 검토를 바탕으로 4가지의 Research Questions과 9가지 연구가설을 제시하였다. 이론적 분석 모형 틀과 다양한 통계학적 연구방법(즉 확인적 요인분석, 경로분석, 위계적 선형 모형)들을 통해 이러한 인사개혁 시스템들이 직간접적으로 조직발전과 효과성에 긍정적 영향을 미치고 있음을 발견하였다. 특히 재량적 통제 시스템과 업적 관리시스템이 조지아 주정부 공무원들의 동기와 직무만족도, 그리고 조직 효율성을 높이는 데 효과적이고 또한 이직의도를 낮추는 데 가장 크게 작용하는 것으로 나타났다. 끝으로 이 연구는 분석 결과 등을 토대로 다양한 연구적, 실무적 함의 등을 제시하고 있다.

### Research Questions

1) 한국 공공기관 내 직접보상 및 간접보상 시스템 개혁을 통한 조직효과성 제고 방안에 대해 토의해 보세요.

2) 미국 인사관리처 홈페이지(https://www.opm.gov/)를 참고하여 미국의 다양한 보수 관리 시스템에 대해 알아보고 정책적, 관리적 시사점과 한계점에 대해 토의해 보세요.

Research Framework

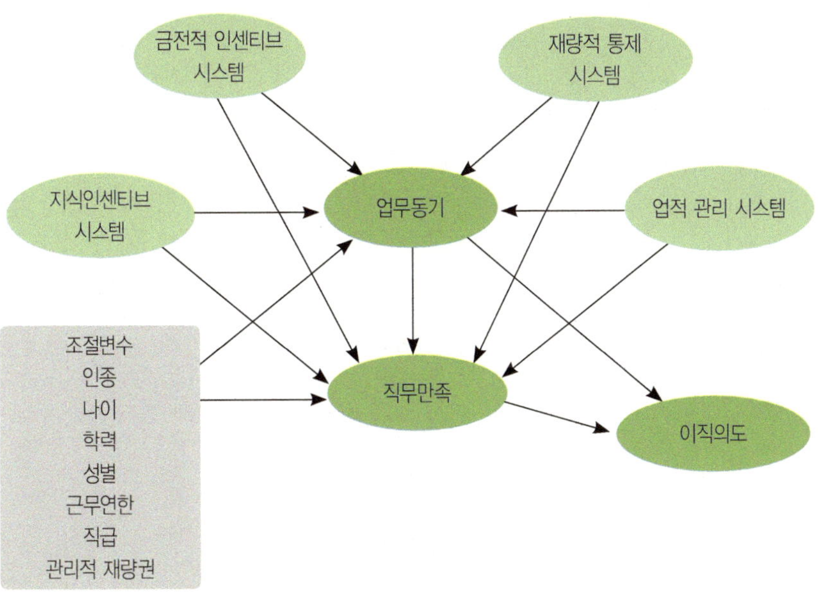


자료: Public Management Review(2010), 12(3):403-437

# 참고문헌

## 국내문헌


강성철 · 김판석 · 이종수 · 진재구 · 최근열(1996), 새인사행정론, 「대영문화사」

강성철 · 김판석 · 이종수 · 최근열 · 하태권(2008), 새인사행정론, 「대영문화사」

강성철 · 김판석 · 이종수 · 진재구 · 최근열(2009), 새인사행정론, 「대영문화사」

고승희(2008), 충청남도 공무원 교육훈련정책의 발전방향, 한국행정학회 하계학술대회 발표논문

권경득(2006), 지방행정혁신과 인사제도의 개선, 한국지방자치학회 학술대회

권경득 · 강인호 · 김신 · 이원희(2001), 행정인턴쉽 프로그램의 도입 · 운영에 관한 시론적 연구, 「한국행정학보」, 35(2): 177~195

권영성(1996), 헌법학원론, 「법문사」

______(2010), 헌법학원론, 「법문사」

권용수(2006), 공무원 역량기반훈련에 관한 고찰, 「한국인사행정학회보」, 5(1): 129~148

권해수(2002), 시차이론과 제도변화: 고시제도 개혁을 중심으로, 「한국행정학회」, 동계학술대회 발표논문

기획재정부(2012), 공공기관 유연근무제 추진실적, 기획재정부 보도자료

김규정(1998), 행정학원론, 「법문사」

김민영 · 박성민(2013), 성과평가제도 수용성의 선행 및 결과요인에 관한 연구: 한국 NPO를 중심으로, 「정책분석평가학회보」, 23(4): 87~125

김병국 · 김영희(2005), 지방자치단체의 인사공정성 강화방안, 「한국인사행정학회보」, 4(2): 41~63

김선아 · 김민영 · 김민정 · 박성민(2013), '일과 삶 균형' 정책과 정책 부합성이 조직효과성에 미치는 영향에 관한 연구: 공공조직과 민간조직의 비교를 중심으로, 「한국행정학보」, 47(1): 1~36

김선아 · 민경률 · 이서경 · 박성민(2013), 직업선택동기와 직무만족 및 이직의도 간의 관계에 관한 공-사 비교 연구, 「한국행정연구」, 22(3): 271-314

김선아 · 박성민(2013), 공공부문의 사회자본 확충과 지식관리 활성화를 통한 업무성과 제고방안 연구, 「정책분석평가학회보」, 23(3): 25-64

박성민 · 김민영 · 김민정(2013), 개인-직무 및 개인-조직 간 적합성이 조직결과에 미치는 영향력 분석, 「한국행정논집」, 25(2): 557-593.

김승태(2006), 공무원 채용시험제도 평가 및 개선방안에 관한 연구,「현대사회와 행정」, 16(2):133-181

김식현(1995), 인사관리론, 「무역경영사」

김식현 · 정재훈(1995), 노사관계론, 서울: 학현사

김재기(2006), 공무원과 노동인권, 「한국학술정보」

김중양(1996), 한국인사행정론, 「법문사」

_____(2001), 충무공과 인사행정,「인사행정」, 제8호: 3
김중양 · 김명식(2000), 공무원법,「박영사」
김현주(2003), 역량기반 인적자원관리(CBHRM)의 도입과 발전: 한국 기업을 위한 상황론적 접근법,「POSRI 경영연구」, 3(1)
김호영(2001), 인사의 기회균등,「인사행정」, 제9호: 겨울
김홍국(2000), 경력개발제도의 설계,「서울대노사관계연구」, 11(1): 139~169
네이버 백과사전, 주니어보드, http://100.naver.com/100.nhn?docid=776523, 2010. 6
다케우치 유타카 외(1991),「새시대의 인재들」, 정장호 옮김, 매일경제신문사
민경률 · 박성민(2013), 유연근무제가 조직결과에 미치는 영향력에 관한 연구: 공공조직 내 개혁가치의 조절효과를 중심으로,「한국행정논집」, 25(4):1211~1248
박동서(1990), 인사행정론,「법문사」
_____(2001), 인사행정론,「법문사」
박성민 · 김민영 · 김민정(2013), 개인-직무 및 개인-조직 간 적합성이 조직결과에 미치는 영향력 분석,「한국행정논집」, 25(2):557-593.
박성민 · 김선아(2013), 성과관리: 공공부문 외국제도 캐나다편, 국무총리실 정책분석평가실 정책 보고서
박영범 · 카멜로 노리엘(1994), 공공부분 노사관계의 국제적 추세와 한국의 과제,「한국노동연구원 연구보고서」
박천오 · 강제상 · 권경득 · 조경호 · 조성한 · 박호엽(2012), 현대인사행정론,「법문사」
박천오 · 최무현(2010), 참여정부의 사회형평적 인재등용정책: 성공요인과 정책적 함의, 한국인사행정학회보, 9(2): 31~57
박홍엽(2006), 균형인사정책의 실효성 평가와 개선방안,「한국행정연구원 연구보고서」
박홍엽(2006), 공공갈등관리시스템의 비교연구,「한국인사행정학회보」, 5(1): 149~188
배귀희 · 임승후(2008), 전략적 인적자원관리(SHRM)의 공공부문 도입에 관한 탐색적 연구: 자원기반이론(RBV)의 관점에서,「한국사회와 행정연구」, 18(4): 63~89
배득종(1997), 공무원 재임용제,「자유기업센터」
백완기(1993), 한국의 행정문화,「고려대학교출판부」
서원석 · 김광주(1992), 공무원의 인식과 행태에 관한 연구,「한국행정연구원 연구보고서」
서원석(2010), 공직생산성 제고를 위한 공무원 사기의 진작 방안.「한국행정연구원 연구보고서」
신건호(2004), 근로생활의 질(QWL) 향상을 위한 인사관리에 관한 연구,「한몽경상연구」, 13: 145~171
신유근(1987), 인사관리,「경문사」
신홍철 외(1994), 한국의 벤치마킹,「사계절」
안국찬(2007), 광역자치단체의 기초자치단체에 대한 행정감사의 개선방안~전라북도의 사례를 중심으로,「한국지방자치연구」, 8(3): 45~64
안병만(1981), 한국의 직업공무원제도 발전방향에 관한 세미나: 공무원의 정치적 중립 재평가,「한국행정학보」, 15(1): 7~22
안양호(2009), 정부인력관리계획의 성공적 정착방안,「한국인사행정학회보」, 8(1): 121~143

안희탁(1996), 한국기업의 신인사제도 도입실태와 도입방안,「 한국경영자총협회」
안희탁 · 양병무(1993), 직무급의 이론과 실무,「한국경영자총협회」
양현모 · 황성원(2010), 공무원 채용제도 개선에 관한 소고: 부처별 자율채용제 시행을 중심으로.「한국거버넌스학회보」, 17(1): 203−236.
오석홍(1989), 인사행정론,「박영사」
_____(1993), 인사행정론,「박영사」
_____(1990), 조직이론,「박영사」
_____(2000), 인사행정론,「박영사」
원숙연(2008), 다문화주의시대 소수자 정책의 차별적 포섭과 배제: 외국인 대상 정책을 중심으로 한 탐색적 접근,「한국행정학보」, 42(3): 29~49
유민봉(2002), 한국인사행정론,「박영사」
_____(2005), 미국 노스 캐롤라이나 주정부의 인사제도와 운영의 특성: 분권성과 대표성을 중심으로,「한국행정연구」, 14(4): 243~264
_____(2006), 한국인사행정론,「박영사」
_____(2010), 한국 행정학(제3판),「박영사」
유민봉 · 임도빈(2007), 인사행정론,「박영사」
___________(2012), 인사행정론−정부경쟁력의 관점에서,「박영사」
유민봉 · 심형인(2013), 심리적 계약위반이 조직구성원의 행태에 미치는 영향: 개인의 문화적 · 정서적 성향 및 조직상황변수의 조절효과,「한국행정학보」, 47(1):201~237
윤수재 · 임동진(2009), 중앙행정기관 성과관리시스템의 실태분석 및 개선방안 연구,「한국행정연구원 연구보고서」
윤태범(2009), 공직자의 바람직한 자세와 공직가치 제고 방향, 공직자 자세와 민주시민의식 함양 방안 관련 토론회 발표 자료
이근주(2005), 공사부문 종사자간의 동기요인의 차이 분석: PSM을 활용하여,「한국행정연구」, 14(2): 81~104
이근주 · 이수영(2012), 다양성의 유형화를 위한 시론적 연구,「한국인사행정학회보」, 11(1): 175~197
이도형(2007), 정부의 전략적 인적자원관리: 디지로그 공무원 만들기,「북코리아」
이선우 · 박성훈(2010), 공공기관의 활기차고 재미있는 직장 만들기 사례연구,「한국인사행정학회보」, 9(2): 89~112
이용학(2011), 공무원의 역량기반 교육훈련 프로그램 평가,「공공인적자원과 정책 4호」
이재규 · 김성국 · 권중생(1996), 인적자원관리론,「문영사」
이종범(2008), 정부수립 60년, 한국행정학회 동계학술대회 발표논문집
이종수(2009), 행정학사전,「대영문화사」
이헌수(1998), 행정에 관한 공무원의 인식과 태도,「한국행정연구원 연구보고서」
이현영(2010), 공무원의 필요역량에 대한 중요도 및 수행수준 인식비교를 통한 역량기반 공무원 교육훈련 방향에 대한 고찰,「한국인사행정학회보」, 9(3): 57~73
임희섭(1996), 새 시대의 직업윤리,「신사회공동선운동연합」

정상완 · 한진환(2006), 역할갈등과 직무만족에 관한 연구, 「한국콘텐츠학회논문지」, 6(2): 127~135

조경호(2009), 공무원 후생복지 만족도와 생산성, 「한국인사행정학회보」, 8(3): 219~241

조성한(1996), 행정에 관한 국민과 공무원의 인식조사, 「한국행정연구원 연구보고서」

진재구(1992), 직업공무원제 확립을 위한 인사행정기관 및 공직분류체계 개편방안, 「한국행정연구원 연구보고서」

진종순(2010), 여성공무원 승진제도의 발전방안 연구, 「한국사회와 행정연구」, 21(3): 277~300

진종순 · 배귀희(2007), 참여정부 균형인사정책 성과평가 연구, 「중앙인사위원회」

최도림(2012), 다양성에 대한 이론 및 연구 동향과 한국에의 적용 가능성, 「한국인사행정학회보」, 11(1): 111~129

최무현(2008), 기획특집논문: 다문화시대의 소수자정책 수4단에 관한 연구: 참여정부의 '다문화정책'을 중심으로, 「한국행정학보」, 42(3): 51~77

최병대 · 김상묵(1999), 실적주의 인사행정의 재검토, 중앙인사위원회 창립기념 특별세미나

최보인 · 장철희 · 권석균(2011), 개인-조직 적합성과 개인-직무 적합성의 효과성 연구, 「조직과 인사관리 연구」, 35(1): 199~232

하상묵(1996), 공무원 성과급(특별상여수당) 제도의 합리적 운영방안, 「한국행정연구원 연구보고서」

한국공항공사(2012), 「내부자료」

한국노동연구원(2002), 선택적 근로자복지제도 도입방안, 「한국노동연구원 연구보고서」

한승주 · 이철주 · 최홍석(2011), 협력적 노사관계로의 행정개혁: 클린턴 정부의 경험과 우리나라에의 시사점, 「한국행정논집」, 23(1): 67~96

함종석(2010), 행정에 관한 공무원 인식조사, 「한국행정연구원 연구보고서」

황병수(1992), 초일류시대 초일류사원, 「HRD 컨설팅」

황성원 · 함종석(2001), 행정에 관한 공무원의 인식과 태도, 「한국행정연구원 연구보고서」

황인수 · 안상현 · 서성아 · 하태권 · 이재원(2004), 행정에 관한 공무원과 국민의 의식조사, 「한국행정연구원 연구보고서」

### [국가예규집]

「고위공무원단 인사규정」, 대통령령 제23691호, 2012. 03. 30 개정

「공무원 보수규정」, 대통령령 제24299호, 2013. 01. 09 개정

「공무원 성과평가 등에 관한 규정」, 대통령령 제23101호, 2011. 08. 29 개정

「공무원 성과평가 등에 관한 지침」, 행정안전부예규 제376호, 2011. 09. 19 개정

「공무원보수 등의 업무지침」, 행정안전부예규 제424호, 2012. 09. 26 개정

「공무원보수 등의 업무지침」, 행정안전부예규 제445호, 2013. 01. 22 개정

「개방형 직위 및 공모직위의 운영 등에 관한 규정」, 2006. 06. 12 개정

「개방형 직위 및 공모 직위의 운영 등에 관한 규정」, 제3조, 2009. 09. 08 개정

「개방형 직위 및 공모 직위의 운영 등에 관한 규정」, 제3조, 2011. 02. 25 개정

「개방형 직위 및 공모 직위 운영지침」, 안전행정부예규 제42호, 2013. 12. 12 개정

고용노동부(2010), 「공무원 노조 가입범위 판단기준」
「공무원 교육훈련법 시행령」, 대통령령 제23101호, 2011. 01. 01개정
「공무원 성과평가 등에 관한 법률 제14조」, 2009. 12. 31 개정
「공무원 직위공모에 관한 규정」, 2000. 11. 01 제정, 대통령훈령 제98호
「공무원성과평가 등에 관한 지침」, 행정안전부 예규 제 288호, 2010. 01. 01, 개정
공무원성과평가급여포털(2013), http://pac.mopas.go.kr
공무원연금공단(2013), http://www.geps.or.kr
「공무원임용령」, 대통령령 제25075호, 2014.01.10 타법개정
「공무원 후생복지에 관한 규정」, 대통령령 제217175, 2009. 09. 08
「개방형 직위 및 공모 직위의 운영 등에 관한 규정」, 대통령령 제23277호, 2011. 02. 25. 개정
「개방형 직위 및 공모 직위 운영지침」, 행정안전부예규 제397호, 2012. 02. 03 개정
「개방형 직위 및 공모 직위 운영지침」, 안전행정부예규 제42호, 2013.12.12 개정
「균형인사지침」, 행정안전부예규 제408호, 2012. 04. 30 개정
「균형인사지침」, 안전행정부예규 제64호, 2013.12.31 개정
「책임운영기관의 설치 · 운영에 관한 법률 시행령」, 대통령령 제24983호, 2013.12.12 일부개정
대판 1964. 12. 12 [64누82]
대판 1971. 3. 23 [71누7]
대판 1974. 12. 10 [74누3]
1981. 11. 24 선고 [81누120]
1986. 7. 22 선고 [86누43]
디지털예산회계시스템(2013), http://www.digitalbrain.go.kr
내사행, 1841, 1962. 3. 22
민사집행법 제246조
부정방지대책위원회(1996), 「공무원의 부조리에 관한 의식조사」
사이버국가고시센터(2009~2012), 공무원시험 경쟁률
사이버국가고시센터(2012), 2012년도 5급 국가공무원 민간경력자 일괄채용시험 시행 공고
사이버국가고시센터(2012), 2013년 국가공무원 공채시험 주요 변경사항 안내
사이버국가고시센터(2012), 2013년 지역인재 및 기능인재 견습직원 선발시험 예비공고
사이버국가고시센터(2012), 2013년도 국가공무원 공개경쟁채용시험 계획 공고
사이버국가고시센터(2013a), 2013년도 국립외교원 외교관후보자 선발시험
사이버국가고시센터(2013b), 2013년도 국가공무원 임용시험: 행정직 분야
사이버국가고시센터(2014), 2013년도 공무원 공개경쟁채용 필기시험 합격자 통계
서고판 1970. 3. 3 [69구230]
서울특별시인재개발원(2010), http://hrd.seoul.go.kr
소청심사위원회(2013), http://sochung.copas.go.kr
안전행정부(2013), 「2013 공직박람회 개요」
안전행정부(2014a), http://www.mospa.go.kr
안전행정부(2014b), 「국가공무원 채용시험 종합 안내서」

안전행정부(2014c), 「교육훈련정보센터」
지방공무원인사제도(2013), 「공무원 능력발전」
안전행정부 보도자료(2013), 공직 내 소수그룹 맞춤형 인사 지원 확대: 수요자 맞춤형 인사 서비스 제공, 정부 3.0 기반 조성
안전행정부 보도자료(2014), 대한민국 공무원의 평균적인 삶을 소개합니다: 2013 공무원 총조사 결과 공표
안전행정부 참고자료(2013), 책임운영기관, 정부 3.0시대 협업모델로 나선다: 책임운영기관장, 안행부 주관「민 · 관 합동간담회」에서 실천방안 논의
입법통합지식관리시스템(2013), http://likms.assembly.go.kr/law
「정부업부평가 기본법」 법류 제9966호/공표일(2010.01.25)/시행일(2010.01.25)/일부개정
중앙공무원교육원(2010), http://www.coti.go.kr
중앙공무원교육원(2012), 중앙공무원교육원 학칙 제 266호
중앙공무원교육원(2013), http://www.coti.go.kr
중앙인사위원회(2002), http://www.csc.go.kr
중앙인사위원회(2006a), http://www.csc.go.kr
중앙인사위원회(2006b), 「인사행정」
중앙인사위원회(2006c), 「공무원인사개혁백서」
중앙인사위원회(2006d), 「인력관리메뉴얼」
중앙인사위원회(2006e), 「경력개발제도(CDP) 운영매뉴얼」
중앙인사위원회(2007), http://www.csc.go.kr/
「지방공무원 균형인사 운영지침」, 행정안전부 예규 제248호, 2009. 07. 06 개정
행정 180-15861, 1976. 10. 27
행정안전부 보도자료(2010), 다면평가는 공무원 역량개발 · 교육훈련 등에만 사용
행정안전부 보도자료(2008), 09. 19
행정안전부(2008a), 「과학적 인사관리를 위한 역량평가」
행정안전부(2008b), 「행정안전백서」
행정안전부(2008c), 「공무원 총 조사」
행정안전부(2008d), 「행정안전통계연보」
행정안전부(2010a), 「고위공무원단 인사운영 매뉴얼」
행정안전부(2010b), 「고위공무원단 진입을 위한 역량평가 안내」
행정안전부(2011a), 「행정안전통계연보」
행정안전부(2011b), 「국가 공무원 인사통계」
행정안전부(2011c), 「2011년 제7회 견습 직원 추천현황 분석」
행정안전부(2011d), 「공무원 인사실무」
행정안전부(2011e), 「조직생산성 향상 및 공무원 사기양양을 위한 유연근무제 운영지침」
행정안전부(2012a), 「공무원 성과평가 등에 관한 규정」 해설집
행정안전부(2012b), 「국가 공무원 인사통계」
행정안전부(2012c), 「개방형 직위 및 공모 직위 운영매뉴얼」

행정안전부(2012d),「공무원 연금복지 이해」
행정안전부(2012e),「내부자료」
행정안전부(2012f),「민 · 관보수수준 실태조사결과」
행정안전부(2012g),「책임운영기관 기관장 직무가이드」

[신문기사]

경향신문, 2011. 06. 19
국민일보, 2012. 02. 29
디지털타임즈, 2009. 05. 06
매경이코노미, 2013. 01. 23
매일경제, 2001. 07. 10
매일경제, 2001. 08. 22
머니투데이, 2007. 03. 09
서울신문, 2011. 05. 30
서울경제, 2010. 07. 01
서울신문, 2012. 10. 05
서울신문, 2012. 02. 17
아시아경제, 2011. 03. 17
아시아경제, 2012. 01. 03
아시아뉴스통신, 2012. 10. 17
아시아투데이, 2011. 11. 02
연합뉴스, 2010. 03. 09
연합뉴스, 2010. 08. 28
연합뉴스, 2010. 04. 16
연합뉴스, 2011. 07. 15
연합뉴스, 2012. 11. 22
중앙뉴스, 2011. 09. 18
조선일보, 2009. 10. 16
조선일보, 2010. 03. 23; 충청일보, 2010. 05. 31; 한겨레신문, 2010. 04. 05
조선일보, 2010. 06. 14
조선일보, 2012. 03. 27
중앙일보, 2013. 06. 12
프레시안, 2006. 07. 31
한겨레신문, 1996. 06. 16
헤럴드 경제, 2012. 05. 24
헤럴드 경제, 2013. 01. 17; 2013. 01. 18

## 국외문헌

Adams, J. S. (1963), Toward an Understanding Inequity, *Journal of Abnormal and Social Psychology*, 67:422~436

Albrecht, W. S., Romney, M. B., Cherrington, C. J., Payne, I. R. & Roe, A, V. (1982), How to Detect and Prevent Business Fraud, Englewood Cliffs, NJ: Prentice-Hall

Alderfer, C. P. (1972), Existence, Relatedness, and Growth: Human Needs in Organizational Settings, Free Press

Andrew, J. (1981), Resume Liars are Abundant, Experts Assert, The Wall Street Journal, April 24.

Bandura, A. (1986). *Social foundations of thought and action: A social cognitive theory*. Englewood Cliffs, NJ: Prentice-Hall.

Battaglio, R. P, Jr. & Condrey, S. E. (2009), Reforming Public Management: Analyzing the Impact of Public Service Reform on Organizational and Managerial Trust, *Journal of Public Administration Research and Theory*, 19(4): 689~707

Beach, D. S. (1980), Personnel: the management of people at work, 2nd., New York: Macmillan.

Borman, W. C. (1979), Format and Training Effects on Rating Accuracy and Rating Errors, *Journal of Applied Psychology*, 64: 410~421

Boxall, P. & Purcell, J. (2000), Strategic human resource management: where have we come from and where should we be going, *International Journal of Management Reviews*, 2(2): 183~203

Bozenman, B. (2007), Public Values and Public Interest, Georgetown University Press

Cable, D. M. & Edwards, J. R. (2004), Complementary and Supplementary Fit: A Theoretical and Empirical Integration, *Journal of Applied Psychology*, 89(5): 822~834.

Campbell, D. J. & Lee, C. (1988), Self-Appraisal in Performance Evaluation: Development versus Education, *Academy of Management Review*, 13:302~314

Cascio, W. F. (1989), Managing Human Resources, 2nd ed., New York: MacGraw-Hill

Cavanagh, M. J., Hurst, M. W. & Rose, R. (1981), The Relationship between Job Satisfaction and Psychiatric Health Symptoms for Air Traffic Controllers, *Personnel Psychology*, 34: 691~707

Cherrington, D. J. (1987), Personnel Management: The Management of Human Resources, 2nd ed., Dubuque, Iowa: W. C. Brown Publishing Co.

_______________(1989), Organizational behavior: the management of individual and organizational performance, Boston: Allyn & Bacon

Condrey, S. E. (2010), Handbook of Human Resource Management in Government, John Wiley & Sons.

Cook, S . H. (1988), Privacy Rights: Whose Life Is It, Anyway? In John Matzer(ed.), Personnel Practices for the '90s: A Local Government Guide, Washington, D. C,:

The International City Management Association

Cooper, T. L. (1982), The Responsible Administrator: An Approach to Ethics for the Administrative Role, Port Washington, NY: Kennikat Press

Cotton, J. L & Tuttle, J. M. (1986), Employee Turnover: A Meta-Analysis with Implications for Research, *Academy of Management Review*, 11:57

Cozzetto, D. A., Pedeliski, T. B. & Tipple, T. J. (1996), Public Personnel Administration: Confronting the Challenges of Change, NJ: Prentice-Hall

Crouter, A. C. (1984), Spillover from Family to Work: The Neglected Side of the Work Family Interface, *Human Relations*, 37(6): 425~441

Csikszentmihalyi, M., & Rathunde, K. (1993). The measurement of flow in everyday life: Toward a theory of emergent motivation. In J. E. Jacobs (Ed.), *Developmental perspectives on motivation* (pp. 57-97). Lincoln: University of Nebraska Press.

Cynthia, D. F., Schoenfeldt, L. F. & James, B. S. (1993), Human Resource Management, Boston: Houghton Mifflin Co.

Dawis, R. V., Lofquist, L. H. & Weiss, D. J. (1968), A Theory of Work Adjustment: A Revision, Minnesota Studies in Vocational Rehabilitation

deCharms, R. (1968). *Personal causation*. New York: Academic Press.

Deci, E. L. & Ryan, R. M. (1985), Intrinsic Motivation and Self-Determination Theory in Human Behavior, Plenum Press

Deci, E. L., & Ryan, R. M. (1985). *Intrinsic motivation and self-determination in human behavior*. New York: Plenum.

Deci, E. L., & Ryan, R. M. (1995). Human autonomy: The basis for true self-esteem. In M. Kemis (Ed.), *Efficacy, agency, and self-esteem* (pp. 31-49). New York: Plenum.

Denhardt, R. B. (1993), Theories of Public Organization, Monterey, CA: Brooks/Cole Publishing Co.

Dennis, L. D. (1991), Public Personnel Management and Public Policy, 2nd, ed., New York: Longman

Donald, F. M. & Yager, E. G. (1978), Making the Training Process Work, New York: Harper & Row

Drauden, G. M. (1988), Task Inventory Analysis in Industry and the Public Sector, in Sidney Gael(ed,) The Job Analysis Handbook for Business, Industry, and Government, Vol, II, New York: John Wiley & Sons

Dresang, D. L. (1991), Public Personnel Management and Public Policy, 2nd, ed., New York: Longman

Dunnette, M. D. (1966), Personnel Selection and Placement, Belmont, CA: Wadsworth

________(1976), Aptitude, Abilities, and Skills in M. D. Dunette(ed), Handbook of Industrial and Psychology, Chicago: Rand Mcnally College Publishing Co.

Ely, R. J. & Thomas, D. A. (2001), Cultural Diversity at Work: The Effects of Diversity

Perspectives on work Group Processes and Outcomes, *Administrative science quarterly*, 46(2): 229~273

Feild, H. & Holley, W. (1975), Performance Appraisal—An Analysis of Statewide Practices, *Public Personnel Management*, 4: 145~150

Fishbein, M. & Ajzen, I. (1975), Belief, Attitude, Intention, and Behavior, Reading, MA: Addison-Wesley Publishing Co.

Fisher, C. D., Schoenfeldt, L. F. & Shaw, J. B. (1993), Human Resource Management, 2nd ed., Boston: Houghton Mifflin Co.

Fleishman, E. A. (1979), Evaluating Physical Abilities Required by Jobs, *Personnel Administrator*, 24: 82~92

Fowler, A. (1988), Human Resource Management in Local Government, Longman

Frederickson, H. G. (1971), Toward a New Public Administration: The Minnowbrook Perspective: Chandler Publishing, 309~331

Frederickson, H. G. & Hart, D. K. (1985), The Public Service and the Patriotism of Benevolence, *Public Administration Review*, 45(5): 547~553

Graham, H. T. & Bennett, R. (1991), Human Resource Management, 6th ed., London: Pitman Publishing

Greenberg, G. (1989), Cognitive Reevaluation of Outcomes in Response to Underpayment Inequity, *The Academy of Management Review*, 32(1): 174~184

Hackman, J. R., & Oldham, G. R. (1980), Work Redisign, Addison-Wesley

Halachmi, A. (1995), The Practice of Performance Appraisal, in Jack Rabin et al.(eds.), Handbook of public personnel Administration, New York: Marcel Dekker, Inc.

Hays, S. W. & Reeves, T. Z. (1989), Personnel Management in the Public Sector, Dubuque, Iowa: Wm. C. Brown Publishers

Hays, S. W. & Kearney, R. C. (1995), Promotion of Personnel-Career Advancement, In Jack Rabin et al.,(Eds.), Handbook of Public Personnel Administration, New York: Marcel Dekker

Henderson, R. (1989), Compensation Management Rewarding Performance, 5th ed.

Heneman Ⅲ, H. G., Schwab, D. P., Fossum, J. A. & Dyer, L. D. (1983), Personnel/Human Resource Management, Homewood, IL: Richard D. Irwin, Inc.

Herring, E. P. (1936), Public Administration and the Public Interest, New York: McGraw-Hill Book Co.:

Hersey, P. & Blanchard, K. H. (1972), Management of Organizational Behavior, Englewood Cliffs, NJ: Prentice-Hall

Herzberg, F., Mausner, B., & Snyderman, B. (1959), The Motivation to Work, John Wiley & Sons

House, R. J. & Rizzo, J. R. (1972), Role conflict and ambiguity as critical variables in a model of organizational behavior, *Organizational Behavior and Human Performance*,

7(3): 467~505

Hulin, C. L. (1966), Job Satisfaction and Turnover in a Female Clerical Population, *Journal of Applied Psychology*, 50: 280~285

Hungtington, S. P. (1968), Political order in changing societies, New Haven: Yale University Press

International Personnel Management Association (1973), Guidelines for Drafting a Public Personnel Administration Law, Chicago: IPMA

Ivancevich, J. M. (1986), Foundations of Personnel/Human Resource Management, 3rd ed., Homewood, IL: BPI Irwin

Ivancevich, J. M. & Gilbert, J. A. (2000), Diversity Management: Time for a New Approach, *Public Personnel Mawnagement*, 29(1): 75~92

Jackson, A. (1965), First Inaugural Address, in Inaugural Addresses of the Presidents of the United States, Washington D.C.: U. S. Government Printing Office

Kahn, R. L. Quinn, R. P. & Snoek, J. D. (1964), Organizational Stress: Studies in role conflict and ambiguity, New York: Wiley

Kaufman, H. (1965), The Growth of the Federal Personnel System, in the American Assembly(ed,), The Federal Government Service, Englewood Cliffs, NJ: Prentice-Hall

Kearney, R. C. (1992), Labor Relations in the Public Sector, New York: Marcel Dekker: 236~237

Kingsley, J. D. (1944), Representative Bureaucracy: An Interpretation of the British Civil Service, Ohio: The Antioch Press

Klingner, D. E. & Nalbandian, J. (1981), Public Personnel Management: Contexts and Strategies, Englewood Cliffs, NJ: Prentice-Hall

Klitgaard, R. (1988), Controlling Corruption, Berkeley, CA: University of California Press

Kristof, A. L. (1996), Person-Organization Fit: An Integrative Review of Its Conceptualizations, Measurement, and Implications, *Personnel Psychology*, 49(1): 1~49

Lane, L. M. (1992), The Office of Personnel Management in Patricia W. Ingraham and David H. Rosenbloom(eds), The Promise and Paradox of Civil Service Reform, Pittsburgh, PA: The University of Pittsburgh Press

Larkey (1996), The Development and validation of the workforce Diversity questionnaire-An Instrument to Assess Interactions in Diverse Workgroups, *Management communication quarterly*, 9(3): 296~337

Latham, G. P. & Mitchell, T. R. (1978), Importance of Participative Goal Setting and Anticipated Rewards on Goal Difficulty and Job Performance, *Journal of Applied Psychology*, 63: 163~171

Lawler, E. E. & Porter L. W. (1967), The Effect of Performance on Satisfaction, *Industrial*

*Relations*, 7(1): 20~28

Lawler, E. E. (1987), What's Wrong with Point-Factor Job Evaluation, Personnel, 18(5):20~28

__________(1990), The New Plant Revolution Revisited, *Organizational Dynamics*, 19(2): 5

Lee, Jr., R. D. (1987), Public Personnel Systems, 3rd ed., Gaithersburgh, ML: Aspen Publishers, Inc.

Leibenstein, H. (1966), Allocative Efficiency vs, 'X-Efficiency', *American Economic Review*, 56: 392~415

__________(1975), Aspects of the X-Efficiency Theory of the Firm, *Bell Journal of Economics*, 6: 580~606

Leland, G. V. & Louis, O. (1980), Attitude Survey Supports Training Needs, *Public Personnel Management*, 9: 31~35

Leys, W. A. R. & Perry, C. M. (1982), Philosophy and the Public Interest, Washington D.C.: The Bureau of National Affairs

Locher, A. H. & Teel, K. S. (1977), Performance Appraisal—A Survey of Current Practices, *Personnel Journal*, 56: 245~254

Locke, E. A. (1969), What is Job Satisfaction?, *Organizational Behavior and Human Performance*, 4: 309~336

Lucia, A. D. & Lepsinger, R. (1999), The Art and Science of Competency Model

Maslow, A. (1954), Motivational and Personality, Harper & Row

Masters, M. F. & Albright, R. R. (2005), How Internal Stakeholders View Partnership: Implications for Future Federal-Sector, *Labor-Management Relations Review of Public Personnel Administration*, 25: 353~383

McCormick, E. J. & Ilgen, D. R. (1980), Industrial Psychology, 7th ed., Englewood Cliffs, NJ: Prentice-Hall

McGregor, Jr., E. B. (1988), The Public Sector Human Resource Puzzle: Strategic Management of a Strategic Resource, *Public Administration Review*, 48: 941~950

McMullan, M. (1961), A Theory of Corruption: Based on a Consideration the Public Services and Governments of Colonies and Ex-Colonies in *The Sociological Review*, 9(2): 181~201.

Meyer, H. H. (1975), The Pay-for-Performance Dilemma, *Organizational Dynamics*, 3(3): 39~50

Mondy, R. W. & Noe, R. M. (1996), Human Resource Management, 4th ed., Boston: Allyn and Bacon

Moore, M. H. (1995), Creating Public Value: Strategic Management in Government, Harvard University Press

Morgan, G. (1986), Images of Organization, Beverly Hills, CA: Sage Publications

Mosher, F. (1982), Democracy and the Public Service, 2nd ed., New York: Oxford

University Press

Muchinsky, P. M. & Monahan, C. J. (1987), What is Person–Environment Congruence? Supplementary versus complementary Models of fit, *Journal of Vocational Behavior*, 31: 268~277

Nalbandian, J. & Klingner, D. E. (1981), The Politics of Public Personnel Adminstration: Towards Theoretical Understanding, *Public Administration Review*, 41: 541~549

Nalbandian, J. (1981), Performance Appraisal: If Only People Were Not Involved, *Public Administration Review*, 41: 392~396

Nigro, F. A. & Nigro, L. G. (1986), The New Public Personnel Administration, 3rd ed., Itasca, IL: F. E. Peacock Publishers, Inc.

OPM, et al. (2005), HCAAF Practitioners Guide

Osborne, D. & Gaebler, T. (1992), Reinventing Government: How the Entrepreneurial Spirit is Transforming the Public Sector, Reading, MA: Addison–Wesley, Publishing Co.

Park, S. M. & Jaoquin, M, E. (2012), Of Alternating Waves and Shifting Shores: the Configuration of Reform Values in the U.S. Federal Bureaucracy. *International Review of Administration Sciences*, 78(3): 514~536

Park, S. M., & Word, J. (2012). Driven to service: Intrinsic and extrinsic motivation for public and nonprofit managers. *Public Personnel Management*, 41(4): 705–734.

Peahazur, E. J. & Schmelkin, L. P. (1991), Measurement, Design, and Analysis, Hillside, NJ: Lawrence Erlbaum Associates, Publishers.

Perry, J. L. & Poeter, L. W. (1982), Factors Affecting the Context for Motivation in Public Organizations, *The Academy of Management Review*, 7(1): 89~98

Perry, J. L. & Wise, L. R. (1990), The Motivational Bases of Public Service, *Public Administration Review*, 50: 367~373

Perry, J. L. (1996), Measuring Public Service Motivation: An Assessment of Construct Reliability and Validity, *The Journal of Public Administration Research and Theory*, 6(1): 5~22

Perry, J. L. (1997), Antecedents of Public Service Motivation, *The Journal of Public Administration Research and Theory*, 7(2): 181~197

Phillips, J. J. (1983), Handbook of Training Evaluation and Measurement Methods, San Diego University Associates

Porter, L. W. & Lawler, E. E. (1968), Managerial Attitudes and Performance, Richard D. Irwin

Pulakos, E. D. & Wexley, K. N. (1983), The Relationship among Perceptual Similarity, Sex, and Performance Ratings in manager–Subordinate Dyads, *Academy of Management Journal*, 26: 129~139

Rainey, H. G. & Steinbauer, P. (1999), Galloping Elephants: Developing Elements of a Theory of Effective Government Organizations, *Journal of Public Administration*

*Research and Theory*, 9(1): 1~32

Rainey, H. G. (2009), Understanding and Managing Public Organizations(Fourth Edition), Jossey-Bass

Riccuci, N. M. (1997), Cultural Diversity Programs sto Prepare for Work Force 2000: What's Gone Wrong? *Public Personnel Management*, 26(1): 35~41

Robbins, S. T. & Judge, T. A. (2011), Organizational Behavior(Fourteenth Edition), Pearson

Roe, R. A. (1984), Individual Characteristics, in P. J. D. Drenth, H. Thierry, P. J. Williams, and C. J. de Wolff(eds.), Handbook of Work and Organizational Psychology, vol. 1., New York: John Wiley & Sons

Rose-Ackerman, S. (1973), Corruption: A Study in Political Economy, New York: Academy Press

Rosow, J. M. (1976), Public Sector Pay and Benefits, *Public Administration Review*, 36: 540

Ryan, R. M. (1995). Psychological needs and the facilitation of integrative processes. *Journal of Personality*, 63:397-427.

Ryan, R. M. & Deci, E. L. (2000), Self-Determination Theory and the Facilitation of Intrinsic Motivation, Social Development, and Well-Being, *American Psychologist*, 55(1): 68~78

Schneier, C. E. (1977), Multiple Rater Groups and Performance Evaluation, *Public Personnel Management*, 6: 13~20

Schwab, D. P. & Cummings, L. L. (1970), Theories of Performance and Satisfaction, *Industrial Relations*, 9: 408~430

Schwab, D. P. (1978), Motivation in Organizations, in L. R. Bittel(ed.), Encyclopedia of Professional Management, New York: McGraw-Hill

Selden, S. C. (1997), The Promise of Representative Bureaucracy, Armonk, N. Y.: M. E. Sharpe

Seligman, M. E. P. (1975). *Helplessness*. San Francisco: Freeman

Shafritz, J. M., Riccucci, N, M,, Rosenbloom, D. H. & Hyde, A. C. (1992), Personnel Management in Government, 4th ed., New York: Marcel Dekker, Inc.

Spencer, L. M. & Spencer, S. M. (1993), Competence at work: Model for Superior Performance, New York: J. Wiley & Sons

Stahl, O. G. (1983), Public Personnel Administration, 8th ed., Cambridge: Harper & Row

Steers, R. M. & Rhodes, S. R. (1978), Major Influences on Employee Attendance: A Process Model, *Journal of Applied Psychology*, 63: 391~407

Steven, W. H. & Zane T. R. (1989), Personnel Management in the Public Sector, Dubuque, Iowa: Wm. C. Brown Publishers

Super, D. E. & Crites, J. O. (1962), Appraising Vocational Fitness, New York: Harper and Row.

Swanson, R. A. (2008), Brief on the framework for applied disciplines: Boundaries, contributing, core, useful, novel, and irrelevant components, *Human Resource*

*Development Review*, 6(3): 321~329

Sylvia, R. D. (1994), Pubic Personnel Administration, Belmont, CA: Wadsworth Publishing

The Public Service Research Council(1982), Public Sector Bargaining and Strikes, 6th ed., Vienna, VA: The Public Service Research Council

Theobald, R. (1990), Corruption, development, and underdevelopment, Durham: Duke University Press; London: Macmillan

Thomas, D. A. & Ely, R. J. (1996), Making Differences Matter: A New Paradigm for Managing Diversity, *Harvard business review*, 74(5): 79~91

Thompson, F. J. (1995), The Politics of Public Personnel Administration, in Steven W, Hays and Richard C, Kearney(eds,), Public Personnel Administration, Englewood Cliffs, NJ: Prentice-Hall

Thurow, L. (1970), Investment in Human Capital, Belmont, CA: Wadsworth

Treasury Board of Canada Secretariat(2009), Guidelines on the Performance Management Program for Executives 2009~2010

U. S. Civil Service Commission (1961), Basic Training Course, Washington, D. C.: Government Printing Office

U. S. General Accounting Office (1992), Senior Executive Service: Options about the Federal Work Environment, Washington, D.C.: The Government Printing Office

U. S. Government Printing Office (1977), Personnel Management Project, Final Staff Report and Appendices to Final Staff Report, Washington D.C.

U. S. Office of Personnel Management (2005), HCAAF Practitioner's Guide, Section Ⅰ~3~Ⅰ~5

U. S. Office of Personnel Management (2008), OPM Workforce Planning Model

Vroom, V. (1964), Work and Motivation, John Wiley & Sons

Walster, E., Walster, G. W. & Scott, W. G. (1978), Equity: Theory and Research, Allyn & Bacon

Wanous, J. P. (1973), Effects of a Realistic Job Preview on Job Acceptance, Job Attributes, and Job Survival, *Journal of Applied Psychology*, 58: 327~332

Wanous, J. P. (1978), Realistic Job Previews: Can a procedure to Reduce Turnover also Influence the Relationship between Abilities and Performance?, *Personnel Psychology*, 31: 250

Weiner, Y. & Vardi, Y. (1980), Relationship between Organization, Career Commitments, and Outcomes: An Integrative Approach, *Organizational Behavior and Human Performance*, 26: 81~96

Werther, Jr. W. B. & Davis, K. (1989), Human Resources and Personnel Management, 3rd ed., New York: McGraw-Hill

Wexley, K. N. & Latham, G. P. (1981), Developing and Training Human Resources in Organizations, Glenview, IL: Scott, Foresman

Wexley, K. N. & Yukl, G. A. (1984), Organizational Behavior and Personnel Psychology, Homewood, IL: Richard D, Irwin, Inc.

Whicker, M. L. (2006), The Economy and Public Personnel Management, in Jack Rabin et al(eds.), Handbook of Public Personnel Administration, New York: Marcel Dekker

Williams, J. D. (1980), Public Administration: The People's Business, Boston: Little, Brown Company

Wright, P. M. & McMhan, G. C. (1992), Theoretical Perspectives for Strategic Human Resource Management, *Journal of Management*, 18(2): 295~320

足立辛男(1983), 政策評價におけ公益(Public Interest)概念の意義と役割, 政策科學と政治學, 日本政治學會編

Connick v. Myers, 461 U.S. 138, 1978

http://www.opm.gov/

http://www.pmf.gov/

# 색인

ㄱ



ㄴ

ㄷ



ㅁ



ㅂ



ㅅ

ㅇ

ㅊ



ㅌ



ㅍ



ㅎ

# 저자소개

## [유민봉]

성균관대학교 행정학과 졸업(1980)
미국 텍사스주립대학교 존슨정책대학원 정책학 석사(1986)
미국 오하이오주립대학교 행정학 박사(1990)
제23회 행정고등고시(1979)
미국 오하이오주립대학교 교환 및 초빙교수(1997–1999)
미국 듀크대학교 교환교수(2005)
성균관대학교 기획조정처장(2006–2008)
성균관대학교 사회과학부장 및 국정전문대학원장(2008–2010)
한국행정학보 편집위원장(2009–2010)
대통령 비서실 국정기획수석비서관(2013. 2–2015. 1)
성균관대학교 행정학과 및 국정전문대학원 교수(1991–2016)
제20대 국회의원(비례대표, 자유한국당, 2016–2020)

## [박성민]

연세대학교 정치외교학과 졸업(1997)
미국 컬럼비아대학교 국제공공정책대학원 공공정책학 석사(2002)
미국 조지아대학교 행정학 박사(2007)
미국 네바다주립대학교(UNLV) 그린스펀행정대학원 조교수(2007–2009)
입법고시, 행정고시 시험출제위원(2011.1–현재)
한국공항공사 인적자원개발 (HRD) 교육자문위원(2011.4–현재)
Korean Social Science Journal 부편집장(2012.1–현재)
한국행정학보 및 International Review of Public Administration 편집위원(2012.1–현재)
성균관대학교 SKKU Young Fellow(2013.2–현재)
현 성균관대학교 행정학과 및 국정관리대학원 부교수(2010.3–현재)

제5판
한국인사행정론

초판발행 2002년 3월 10일
제 5 판발행 2014년 2월 28일
중판발행 2023년 3월 10일

지은이 유민봉 · 박성민
펴낸이 안종만 · 안상준

편 집 전채린
기획/마케팅 정연환
표지디자인 홍실비아
제 작 고철민 · 조영환

펴낸곳 (주) 박영사
서울특별시 금천구 가산디지털2로 53, 210호
(가산동, 한라시그마밸리)
등록 1959. 3. 11. 제300-1959-1호(倫)
전 화 02)733-6771
f a x 02)736-4818
e-mail pys@pybook.co.kr
homepage www.pybook.co.kr
ISBN 979-11-303-0074-0 93350



정 가 32,000원